퀵 DELE 델레 B2

초판 1쇄 인쇄   2025년 3월 21일
초판 1쇄 발행   2025년 4월 17일

지은이	권소영, Dalia Lumbreras Cobo
발행인	임충배
홍보/마케팅	양경자
편집	김인숙, 왕혜영
디자인	이경자, 김혜원
펴낸곳	도서출판 삼육오(PUB.365)
제작	(주)피앤엠123

출판신고 2014년 4월 3일
등록번호 제406-2014-000035호

경기도 파주시 산남로 183-25
TEL 031-946-3196 / FAX 050-4244-9979
홈페이지   www.pub365.co.kr

ISBN 979-11-94543-10-7 13770

답이 바로 풀리는

DELE

권소영, Dalia 저

델레 감독관
출제

델레 B2

PUB훈오

머리말

　최근 스페인어에 대한 정보가 점점 많아지고 있지만, DELE B2 수준의 실력을 준비하기에는 아직도 자료가 충분하지 않습니다.

　관련 강의를 듣거나 여러 교재를 기반으로 공부할 때에도, 늘어만 가는 궁금증을 시원하게 해결하기가 쉽지 않았던 분들을 위해 이 교재를 만들게 되었습니다.

　본 교재는 옆자리에 앉아 차근차근 알려주는 선생님처럼, 독해 · 듣기 시험의 객관식 문제를 위한 명확한 정답 해설뿐만 아니라, 오답들을 제거해야 하는 이유까지도 자세하게 짚어드립니다. 또한, 작문 · 회화 시험의 주관식 문제를 위한 글 · 발표 형식과 내용별 시작 문구 가이드라인을 잡아드립니다.

　이 자리를 빌려, 출판을 가능하게 만들어 주신 도서출판 삼육오의 왕혜영 과장님께 진심으로 감사의 말씀을 전하고 싶습니다.

　이 교재가 DELE B2 시험 준비에 조금이나마 도움이 되어 드리기를 바라며, 자격증을 빠르게 취득하실 수 있길 기원합니다.

권소영 드림

목차

학습 방법

- **총 5개 세트**로 유형과 질문에 대한 충분한 준비
- **실제 시험 답안지**를 작성하며 시험에 미리 대비하는 **모의고사 세트**
- **무료 자료**를 활용하여 완벽한 복습까지!

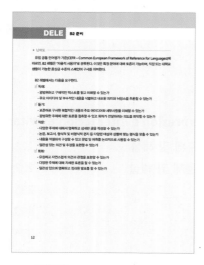

(1단계)

DELE 알기

1️⃣ 시험 접수방법과 시험당일 준비사항을 상세하게 소개
2️⃣ 각 레벨이 요구하는 난이도와 문법요소, 채점 기준 등을 안내

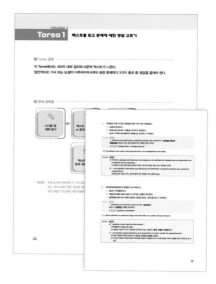

(2단계)

연습문제

1️⃣ 각 영역의 Tarea별 유형을 상세하게 분석하여 학습 팁을 제공
2️⃣ 지시사항을 미리 숙지하여 실제 시험에서 효율적으로 시간을
   배분할 수 있도록 도움
3️⃣ 정답 및 오답 설명과 함께 필수 어휘를 학습
4️⃣ 작문과 회화 작성 가이드를 제공하여, 스스로 문장을 만들 수
   있도록 유도

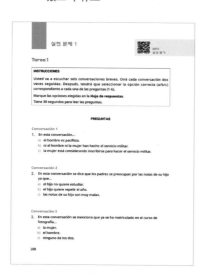

(3단계)

실전문제

1️⃣ 연습문제에서 익힌 내용을 바탕으로 각 Tarea별로 더 깊이
   있게 준비
2️⃣ 영역별로 문제를 반복적으로 풀어보며 완벽하게 적응하는
   단계

4단계

모의고사

1. 실제 시험장과 같은 조건으로 시뮬레이션하는 단계
2. 모든 영역을 정해진 시험 시간에 맞추어 풀이
3. 작문을 포함한 답안지 마킹을 완료한 후, 실제 시험에서
   소요되는 시간과 과정을 미리 예측

5단계

복습하기 (추가 자료)

1. 〈퀵 단어노트〉로 필수 어휘와 함께 난이도 있는
   단어까지 한 번에
2. 〈퀵 단어 테스트〉로 주요 어휘를 다시 한번 체크
3. 〈퀵 오답노트〉로 풀이한 문제를 완벽하게 분석
4. 〈퀵 레벨업 C1 따라잡기〉 C1 수준의 난이도 높은 작문,
   회화영역 모범답안을 추가로 제공
5. MP3 음성파일을 반복 청취하며 듣기 쉐도잉 연습
6. 감독관 질문 및 회화 영역 가이드 음성파일 제공

MP3 활용 팁

▶ 스페인, 아르헨티나 등 다양한 국적의 개성 있는 발음에 대비
▶ 시험 감독관의 질문 음성파일을 듣고, 순발력 있게 답변하는 연습
▶ 원어민의 회화 가이드 음성파일을 듣고 반복적으로 따라 말하면서 고득점 표현을 자연스럽게 익힘

추가 자료 다운로드 방법

www.pub365.co.kr 홈페이지 접속 → 도서 검색 → 퀵 델레 B2 → 추가 자료 다운로드

DELE 소개

■ DELE (Diploma de Español como Lengua Extranjera)

스페인어를 할 줄 안다면? 우리는 때때로 자신의 외국어 능력을 증명해야 한다. 스페인어를 배우고 그 지식의 정도를 인증하는 아주 중요한 수단이 바로 DELE 자격증이다.

DELE는 스페인 교육부의 이름으로 스페인어의 진흥과 교육을 담당하는 공공기관인 세르반테스 문화원에서 수여하는 공식 자격증으로 스페인어의 능력과 숙달 정도를 평가, 인정하는 역할을 하고 있다. DELE는 국제적인 명성을 가진 자격증이며, 응시자 개인의 능력 평가 이외에도 전 세계 수많은 교육기관과 기업에서 기준으로 삼고 있다. 또한, 많은 교육기관에서 스페인어권 국가로의 유학을 준비하는 학생들에게 DELE 자격증을 요구하기도 한다.

스페인어는 전 세계에서 네 번째로 많이 사용되는 언어이며 2024년 기준 6억 명 이상의 인구가 이 언어를 사용하고 있다. 또한 그 사용자 수는 향후 40년 내에 약 7억 2천6백만 명으로 정점에 도달할 것이라고 세르반테스 문화원은 예측하고 있다. 이처럼 앞으로도 스페인어에 대한 수요는 나날이 증가할 것으로 예상되며, 스페인어의 능력을 검증하는 DELE 자격증은 국내외로의 학업 또는 구직활동에 있어 큰 도움이 될 것이다.

■ 시험단계

DELE 자격증은 A1 부터 C2까지 총 6개의 단계로 나뉘어진다.

A1	기초적인 어휘와 표현들을 이용한 언어 구사에 집중하는 단계이다. 자주 사용되는 일상 표현을 이해하고 사용할 수 있는 언어 능력을 평가한다.
A2	응시자가 자신과 관련된 경험 영역〈가족, 쇼핑, 관심 장소, 직업 등〉에 대한 기본 정보와 관련하여 표현할 수 있는지를 평가한다.
B1	업무, 학업 또는 일상생활의 가장 일반적인 상황을 적절하게 이해하고 대응하며 요구 사항을 전달할 수 있는 언어 능력을 평가한다.
B2	추상적이고 복잡한 텍스트를 이해하며 일상적인 의사소통에는 큰 노력을 필요로 하지 않을 정도의 유창함과 자연스러움을 갖춘 능력을 평가한다.
C1	말하고 싶은 내용을 제약 없이 명확하게 표현할 수 있는 충분한 언어 능력을 요한다. 관용적 표현과 구어체 표현을 포함하여 광범위한 어휘를 구사해야 하며 사회, 직무, 학문 분야에서 언어를 유연하게 사용하고 표현하는 것을 평가한다.
C2	높은 수준의 언어 사용과 이를 통해 나타나는 문화적 습관에 대한 지식이 필요하다. 의미론적, 문법적 영역에서도 의미와 뉘앙스를 구별할 수 있어야 하며 높은 수준의 전문성을 평가한다.

A1 - B2		100점 만점	합격을 위한 최소 점수
그룹 1	독해	25점	그룹 1 합산 후 30점
	작문	25점	
그룹 2	듣기	25점	그룹 2 합산 후 30점
	회화	25점	

C1		100점 만점	합격을 위한 최소 점수
그룹 1	독해와 언어의 사용	25점	그룹 1 합산 후 30점
	듣기와 작문	25점	
그룹 2	듣기와 언어의 사용	25점	그룹 2 합산 후 30점
	독해와 회화	25점	

C2	100점 만점	합격을 위한 최소 점수
독해와 듣기, 언어의 사용	33.33	20점
의사소통의 통합적 능력: 독해와 듣기, 작문	33.33	20점
의사소통의 통합적 능력: 독해와 회화	33.33	20점

대교 인천센터 (4월/10월) 홈페이지 http://vanvo.co.kr
한국 외국어 대학교 (5월/7월/11월) 홈페이지 https://dele.hufs.ac.kr
대구 가톨릭 대학교 (5월/7월/11월) 홈페이지 http://daegudele.cu.ac.kr

대교인천센터
- 해당 홈페이지에서 상품 구입형태로 결제 (카드, 휴대폰 결제 가능)

한국외국어대학교
- 응시 등급에 해당하는 응시료 입금
- 입금 시 받는 사람 통장 표기 내역에 '응시자 이름/ 응시 월/ 응시 레벨' 예) '홍길동 5월 B2' 와 같이 표기
- 입금 확인증을 전자 파일 (pdf / jpg / bmp / gif / png) 로 준비 (이체 후 화면 캡처 이용 가능)

유의사항
- 출생 도시 정확히 기재 예) SEÚL, BUSAN, DAEGU, SUWON...
- 가장 자주 사용하는 이메일 기재
- 입금 완료한 화면: 입금확인서 첨부 (파일명: 응시자 이름)
- 입금일: 응시자의 생일이 아닌 입금한 일자 정확히 기재

접수확인 페이지에서 입력내용 확인
- 응시 연도, 응시 월, 생년월일, 이메일로 확인

→ 접수 후

접수 확인증 (Resguardo de Inscripción)을 이메일로 발송

시험 1주일 전 수험표 확인
- 응시일로부터 1주일 전에 이메일로 개인별 시험 일정과 세부 사항들이 적힌 수험표 발송
- 대교센터 접수는 1회 통합(회화시간 포함), 한국외대 접수는 이메일 2회(회화시간 분리) 발송
- 수험표 미수령 문의메일
: 대교센터 dele@daekyo.co.kr
: 한국외대 dele@hufs.ac.kr
수험표 체크 리스트
- 이름과 성 확인
- 시험 응시 장소 확인
- 필기 시험 날짜와 시간 확인
- 회화 시험 날짜와 준비 시작 시간 확인 (개인마다 다른 회화시간 배정)

■ 시험 준비물

☑ 사진이 있는 신분증 (사본이나 모바일 증명서 안됨)

　　성인: 주민등록증, 운전면허증 또는 여권

　　학생: 위의 신분증이 없을 경우 본인의 사진, 이름, 생년월일이 포함된 학생증 또는 청소년증으로 대체

☑ 수험표

☑ 접수 확인증 (Resguardo de Inscripción)

☑ 필기구: 2B 연필, 지우개, 연필깎이, 검정 볼펜 (작문 필기구와 수정 도구는 변경될 수 있음)

☑ 독해 및 듣기 답안 작성시 2B 연필 사용

■ 시험 당일 TIP

☑ 필기시험은 8시 30분부터 입실 가능

　　시험장 문을 8시 30분에 개방하므로 너무 일찍 또는 늦게 도착하지 않는 것이 좋다.

☑ 시험 보는 장소의 위치를 익혀 둘 것

　　당일 아침에 길을 헤매는 일이 없도록 미리 시험 보는 건물의 위치를 알아 두고 가는 것이 좋다.

☑ 손목시계를 준비할 것

　　시험장 내 시계가 비치되지 않는 경우가 종종 있다. 이 경우 시험 감독관이 종료 10분 전 및 5분 전 고지해 준다. 개인의 효율적인 시간 배분을 위해 손목시계를 준비하는 것을 추천한다. (애플 워치, 갤럭시 워치 등 스마트 워치는 착용할 수 없다)

☑ 시험 전 듣기 음성을 들으며 듣기 시험에 익숙해질 것

　　시험장에 가는 동안 평소에 연습하던 문제의 듣기 음성을 들으며 워밍업을 해주는 것이 좋다.

☑ 시험 전 필수 어휘 다시 보기

　　일상생활은 물론 다양한 전문분야와 관련된 어휘들이 출제된다.

　　B2 레벨에서 자주 등장하는 주제별로 단어 리스트를 만들고 암기하는 것이 큰 도움이 될 것이다.

☑ 마킹 시간을 꼭 남겨둘 것

　　시험시간에는 답안을 마킹하는 시간이 포함되어 있으므로 시간을 잘 남겨두고 답을 체크해야 한다. 또는 각 영역이 끝날 때마다 답안지에 미리 마킹하는 것도 하나의 방법이다.

■ 난이도

유럽 공통 언어평가 기준(CEFR – Common European Framework of Reference for Languages)에 따르면, B2 레벨은 "자율적 사용자"로 분류된다. 이것은 특정 분야에 대해 토론이 가능하며, 직장 또는 대학교 생활이 가능한 중상급 수준의 스페인어 구사를 의미한다.

B2 레벨에서는 다음을 요구한다.

☑ 독해:
- 광범위하고 구체적인 텍스트를 읽고 이해할 수 있는가
- 주요 아이디어 및 부수적인 내용을 식별하고 내포된 의미와 뉘앙스를 추론할 수 있는가

☑ 듣기:
- 표준어로 구사된 복합적인 내용의 주요 아이디어와 세부사항을 이해할 수 있는가
- 광범위한 주제에 대한 토론을 청취할 수 있고 화자가 전달하려는 의도를 파악할 수 있는가

☑ 작문:
- 다양한 주제에 대해서 명확하고 상세한 글을 작성할 수 있는가
- 논문, 보고서, 형식적 및 비형식적 편지 등 다양한 대상과 상황에 맞는 형식을 맞출 수 있는가
- 내용을 적절하게 구성할 수 있고 문법 및 어휘를 논리적으로 사용할 수 있는가
- 일관성 있는 의견 및 주장을 표현할 수 있는가

☑ 회화:
- 유창하고 자연스럽게 의견과 관점을 표현할 수 있는가
- 다양한 주제에 대해 자세한 토론을 할 수 있는가
- 일관성 있으며 명확하고 정리된 발표를 할 수 있는가

☑ 독해

총 70분	평가 항목	공략 포인트
Tarea 1	복합적인 텍스트의 주요 아이디어와 구체적인 정보를 이해하기	각 문제에 해당하는 정확한 정보를 텍스트에서 찾아내야 한다.
Tarea 2	특정한 주요 정보를 찾아내고 각 사람의 감정, 태도 및 생각을 추론하기	같은 주제를 다루는 여러 텍스트에서 함정을 피하며 확실한 단서를 발견해야 한다.
Tarea 3	텍스트를 재구성하며 여러 내용 간의 관계를 파악하기	빈칸에 들어갈 문장과 바로 앞뒤 문장에서 내용의 일관성과 문법적인 연결고리를 확인해야 한다.
Tarea 4	복합적인 텍스트 안에서 알맞은 문법구조와 어휘를 파악하기	전체적인 해석보다는 빈칸 바로 앞뒤에서 단서를 찾아내야 한다. 자주 등장하는 문법구조 및 어휘를 미리 공부해두는 것이 좋다.

☑ 듣기

총 40분	평가 항목	공략 포인트
Tarea 1	형식적 또는 비형식적 대화에서 주요 아이디어와 구체적인 정보를 파악하기	빠르게 진행되는 여러 짧은 대화에서 결정적인 키워드를 들어야 한다.
Tarea 2	형식적 또는 비형식적 대화에서 특정한 정보를 알아내기	각 문제가 대화를 주고받는 두 사람 중 정확히 누구에게 해당되는지 확인해야 한다.
Tarea 3	대화에서 구체적이고 상세한 정보를 파악하고 내포된 의미를 추론하기	인터뷰 진행자와 대상자가 주고받는 대화에서 각 문제의 주제를 파악하고 함정과 단서를 구분해야 한다.
Tarea 4	형식적 또는 비형식적 독백에서 주요 아이디어를 파악하기	여러 짧은 독백의 화자가 각각 어떤 문제에 해당되는지 확인해야 한다.
Tarea 5	긴 독백에서 구체적이고 상세한 정보를 파악하고 내포된 의미를 추론하기	하나의 긴 독백에서 각 문제의 주제를 파악하고 함정과 단서를 구분해야 한다.

☑ 작문

총 80분	평가 항목	공략 포인트
Tarea 1	음성녹음을 듣고, 주요 아이디어와 주장을 명확하고 자세하게 표현하는 형식적 또는 비형식적 편지를 작문하기	음성녹음의 내용을 참고하며 편지를 써야 한다. 무엇보다 요구되는 편지글의 형식, 지시사항 및 단어 수를 지키며 작문하는 것이 중요하다.
Tarea 2	신문, 잡지 또는 블로그를 위한 개인 의견이나 기사 형태의 형식적 글을 작문하기	두 가지 옵션 중 한 개를 빠르게 선택한 후, 주어지는 그래프 또는 텍스트를 정확히 분석하고 의견을 표현해야 한다. 무엇보다 요구되는 글의 형식, 지시사항 및 단어 수를 지키며 작문하는 것이 중요하다.

☑ 회화

준비 20분 시험 20분	평가 항목	공략 포인트
Tarea 1 (6-7분)	문제상황을 해결하기 위한 제안들의 장단점을 논하고 해당 주제에 대해 대화하기	준비 시간 동안 언급할 제안들의 순서와 장단점을 간략하게 메모하는 것이 좋다. 의견을 발표할 때에는 같은 표현을 반복하지 않고 다양한 문장구조를 보여주어야 한다.
Tarea 2 (5-6분)	상황을 묘사하고 해당 주제에 대한 경험 및 의견을 표현하며 대화하기	풍부한 어휘와 표현을 활용하며 사진을 자세하게 설명해야 한다. 질문에 대답을 할 때에는 단답형이 아닌 완성된 문장구조로 말하는 것이 중요하다.
Tarea 3 (3-4분)	그래프 또는 설문조사의 내용을 분석하고 해당 주제에 대해 대화하기	주제에 대한 소개 및 개인적 의견을 언급한 후, 실제 결과를 확인하고 비교하며 설명해야 한다. 유일하게 사전 준비를 할 수 없는 항목이므로, 주어진 자료에 대해 되도록 빠른 분석을 할 필요가 있다.

☑ 작문

점수	평가 항목
3 (최고점수)	√ 형식 - 제시된 상황에 알맞은 형식을 사용한다. - 주요 아이디어 및 세부사항이 논리적으로 정리되어 있다. - 요구된 지시사항을 모두 충족시킨다. √ 논리성 - 글이 명확하고 일관성 있으며 올바르게 구성되어 있다. - 다양한 주제를 취합하고, 주요 아이디어와 세부사항을 자연스럽게 연결한다. - 전체적인 구성, 문단 구분 및 부호 표기가 올바르다. √ 문법 - 매우 높은 문법 수준을 보여준다. - 간혹 문법 또는 관용표현 오류가 보일 수 있다. - 올바른 맞춤법을 사용하며 중요하지 않은 일시적 오류가 있을 수는 있다. √ 어휘 - 폭넓은 어휘력과 다양한 관용표현 및 구어체를 활용한다. - 추상적 및 문화적 주제 또는 특정한 아이디어 및 문제에 대한 의견과 주장을 정확히 전달한다.
2 (합격점수)	√ 형식 - 몇 가지 오류가 있으나, 제시된 상황에 상당히 알맞은 형식을 사용한다. - 글의 구성에 문제가 보이더라도, 전체적인 해석에 큰 영향을 주지 않는다. - 요구된 지시사항의 대부분을 충족시킨다. √ 논리성 - 글이 명확하고 일관성 있으며 구성이 보인다. - 여러 아이디어를 관련시킬 수 있으며, 제한적이지만 적합한 연결 구조를 사용한다. - 구성, 문단 구분 및 부호 표기가 올바르며, 오류가 있더라도 해석에 영향을 주지 않는다. √ 문법 - 적절한 문법 수준을 보여준다. - 해석에 영향을 주지 않는 오류들이 보인다. - 상당히 올바른 맞춤법을 사용하며 해석에 영향을 주지 않는 오류들이 보인다. √ 어휘 - 적절한 어휘력과 다양한 관용표현 및 구어체를 활용한다. - 간혹 정확한 표현을 사용하지 못하고 돌려서 설명할 때가 있다. - 부정확한 어휘를 사용할 수 있지만 중요하지 않은 수준이다.

1
(불합격
점수)
	√ 형식
	  - 글의 형태 및 어휘가 제시된 상황에는 해당될 수 있으나, 알맞은 형식이 아니다.
	  - 전체적인 해석에 영향을 줄 정도로 구성이 올바르지 않다.
	  - 요구된 지시사항 중 몇 가지만 언급한다.
	√ 논리성
	  - 글이 짧고 간단하며 매우 기본적인 연결 구조를 사용한다.
	  - 주요 아이디어만 제한적인 표현을 통해 전달한다.
	  - 구성, 문단 구분 및 부호 표기가 제한적이므로, 글의 전체적인 해석을 위해 여러 번의 독해가
	    요구된다.
	√ 문법
	  - 일상적인 상황에서 사용하는 기본적인 문법 요소 및 구조를 사용한다.
	  - 해당되는 상황의 배경 설정 덕분에 이해하고 넘어갈 수 있는 오류들이 보인다.
	  - 여러 번의 독해를 요구하는 잦은 맞춤법 오류가 보인다.
	√ 어휘
	  - 일상생활에서 문제없이 생활할 수 있는 수준의 기본적인 어휘력을 보여준다.
	  - 제시된 상황에 알맞은 어휘력이 요구될 때에는 잦은 오류들이 보인다.

0
(최저점수)
	√ 형식
	  - 글의 형태 및 어휘가 제시된 상황에 해당되지 않으며 알맞은 형식이 아니다.
	  - 전체적인 해석이 불가능할 정도로 구성이 올바르지 않다.
	  - 요구된 지시사항을 따르지 않으며, 단어 수도 지켜지지 않는다. (100자 미만)
	√ 논리성
	  - 글이 정리가 되어있지 않으며 완성되어 있지 않다.
	  - 논리적인 구조가 보이지 않는다.
	  - 구성, 문단 구분 및 부호 표기와 관련된 많은 오류가 글의 전체적인 해석을 방해한다.
	√ 문법
	  - 단순한 문법구조를 사용하며 수많은 오류들이 보인다.
	  - 반복적인 맞춤법 오류들이 글의 해석을 방해한다.
	√ 어휘
	  - 내용을 올바르게 전달하기에는 부족한 수준의 기본적인 어휘력을 보여준다.
	  - 부정확한 어휘를 사용하며 다른 언어의 등장이 글의 해석을 방해한다.

☑ 회화

점수	평가 항목
3 (최고점수)	√ 논리성 - 내용이 일관성 있으며 올바르게 연결되어 있다. - 적합한 언어적 요소들을 자연스럽게 활용하며 편하게 대화한다. √ 유창함 - 긴 대화 또는 발표에서도 자연스러운 의사소통과 뛰어난 유창함 및 표현력을 보여준다. - 어휘 또는 구조적인 부족함을 채우기 위해 추가 설명을 할 수 있다. - 외국인의 억양이 명백히 들릴 수 있으나, 발음이 정확하고 뉘앙스 및 태도의 차이를 구분해 주는 다양한 억양을 활용한다. √ 문법 - 매우 높은 문법 수준을 보여준다. - 간혹 문법 또는 구조적 오류가 보일 수 있으나, 스스로 고칠 수 있으며 이해에 영향을 주지 않는다. √ 어휘 - 폭넓은 어휘력과 다양한 표현을 활용한다. - 간혹 부정확한 어휘를 사용할 수는 있지만, 어떠한 주제라도 막힘없이 말하고자 하는 것을 명확하게 표현할 수 있다.
2 (합격점수)	√ 논리성 - 내용이 명확하고 일관성 있으며, 제한적일 수 있으나 올바른 연결 구조를 사용한다. - 말하는 내용이 길어질 때 제어를 못하는 모습을 보일 수도 있다. - 대화 상대와 협력하며 적절한 대화를 유지한다. √ 유창함 - 어휘 또는 구조적인 부족함이 있을 수 있으나, 발표가 상당히 안정적으로 진행된다. - 긴 공백시간이 조금밖에 없다. - 외국인의 억양이 명백히 들릴 수 있으며 때때로 오류가 보이지만, 발음이 정확하다. √ 문법 - 적절한 문법 수준을 보여준다. - 이해에 영향을 주지 않는 오류들을 보여주며 간혹 스스로 고치는 경우도 있다. √ 어휘 - 적절한 어휘력과 다양한 표현을 활용한다. - 복합적인 문장과 단어를 사용하면서 일반적인 주제들에 대해 관점을 표현할 수 있으며, 명확한 묘사를 할 수 있다. - 간혹 부정확한 어휘를 사용하거나 올바르지 않은 단어를 선택할 수 있다.

1 (불합격 점수)	√ 논리성 　- 기본적인 연결 구조를 사용하며 간략한 형태로 아이디어들을 나열할 수 있다. 　- 일상적인 주제에 대해 간단한 대화를 할 수 있다. 　- 정확한 이해를 위해 대화 상대가 한 말을 반복해 주거나 추가로 설명해 주어야 한다. √ 유창함 　- 말하는 내용이 이어지고 이해되지만, 구성을 계획하고 올바른 문법 및 어휘를 생각하기 위해 　　긴 공백시간이 자주 필요하다. 　- 외국인의 억양이 명백히 들릴 수 있으며 때때로 오류가 보이지만, 발음이 정확하다. √ 문법 　- 예측할 수 있는 상황에서 사용하는 일상적인 구조를 사용한다. 　- 이해에 영향을 주지 않는 오류들을 보여준다. √ 어휘 　- 간단한 정보는 정확하게 전달할 수 있으나, 제한적인 어휘력이 명확한 묘사 또는 관점 표현을 　　방해한다. 　- 단순한 문장을 사용하고, 적합한 단어를 곧바로 생각해낼 수 없으며 잦은 오류가 있다.
0 (최저점수)	√ 논리성 　- 단순한 연결 구조를 사용하며 제한적인 내용을 발표할 수 있다. 　- 정확히 이해하고 질문에 대답을 하거나 간단한 문장을 말하기 위해서도 대화 상대의 도움이 　　필요하다. √ 유창함 　- 매우 간단한 표현을 구사한다. 　- 말하기 시작할 때 주저하고, 문장을 재구성해서 말하는 경우가 많으며 긴 공백시간이 잦다. 　- 발음이 상당히 정확하지만, 이해에 영향을 줄 수 있는 억양 및 오류가 있다. √ 문법 　- 단순한 몇 가지 구조를 올바르게 사용한다. 　- 시제 및 성수 일치 같은 기본적인 규칙의 반복적인 오류가 보인다. √ 어휘 　- 일상적이고 단순한 상황과 관련된 정보를 전달할 수 있는 수준의 제한적인 어휘력을 보여준다. 　- 적합한 단어를 곧바로 생각해낼 수 없으며 잦은 오류가 있다.

■ B2 작문 및 회화 점수 계산방법

공식		예시	
$\dfrac{\text{취득한 점수 x 25}}{\text{최고 점수}}$	= 최종 점수	$\dfrac{\text{2점 x 25}}{\text{3점}}$	= 16,67점

■ 학습 방법

스페인어를 더 체계적으로 공부하고 싶거나, 스페인어권 국가에서의 장기적인 여행 및 체류를 꿈꾼다면 반드시 준비해야 하는 레벨이다.

그럼 퀵 DELE B2과 함께 단계별 적응과 훈련을 시작해 보자!

☑ 연습문제 (영역별로 A부터 Z까지)

→ Tarea 유형별 친숙해지기

→ 지시문을 미리 파악하고 문제 풀이 순서 알아보기

→ 문제를 쉽게 풀기 위한 팁 살펴보기

☑ 실전문제 (연습한 대로 실전에 적응)

→ 연습문제에서 단계별로 숙지한 요령을 가지고 실전 문제에 적용하여 풀기

→ 같은 유형의 Tarea를 반복하여 풀어보며 풀이 방법 익히기

→ 정답과 오류를 찾는 요령 습득하기

☑ 모의고사 (실제 시험과 같은 모의고사 2세트로 학습 마무리)

→ 실제 시험과 같은 조건으로 자신의 진짜 실력 테스트하기

→ 오답 체크하며 자신의 부족한 부분 강화하며 정리하기

☑ 추가자료 (고득점을 위한 최종 단계)

→ 다양한 MP3 음성자료를 활용하여 실력 쌓기

→ 어휘와 오답 분석까지 완벽하게 시험에 대비하기

Prueba

1

Comprensión de lectura

독해 시험 전 꼭 기억하기!

▣ 시작하기 전에

- Tarea별 특성을 미리 익히고 각 Tarea에서 무엇이 요구되는지 파악해 두어야 한다.
- 독해 영역은 푸는 순서가 정해져 있지 않기 때문에 자신 있는 Tarea부터 푼다.

▣ 지문을 읽을 때

- 텍스트의 전체적인 흐름을 파악하는 것이 중요하다.
- 문제를 더 빠르게 풀어가기 위해, 각 텍스트의 키워드 단어들을 밑줄 그어가며 읽는 것을 추천한다.
- 모르는 단어들이 있더라도 낙심하지 말고 텍스트의 전반적인 의미를 이해하려고 노력해야 한다.

▣ 정답을 고를 때

- 일반적으로, 텍스트에 나오는 동일한 단어를 포함하고 있는 옵션들은 주로 정답이 아니다.
- 정답에 대한 확신이 없더라도, 문제를 지나치기보다는 정답 가능성이 있어 보이는 옵션을 일단 선택해놓는 것이 더 좋다.
- 답안지에 마킹할 때에는 볼펜이 아닌 연필로 각 칸을 완전히 채웠는지 확인한다.

DELE B2 독해 영역

DELE B2 독해 시험 개요

❶ 시험 시간: 70분
❷ Tarea 수: 4개
❸ 문제 수: 36문항

Tarea 1	텍스트를 읽고 문제에 대한 **정답** 고르기	6 문항
Tarea 2	**4개의 짧은 텍스트**를 읽고 **질문형** 문제에 대한 **정답** 고르기	10 문항
Tarea 3	텍스트를 읽고 빈칸에 알맞은 **문장** 채우기	6 문항
Tarea 4	텍스트를 읽고 빈칸에 알맞은 **어휘** 채우기	14 문항

Tarea 1　텍스트를 읽고 문제에 대한 정답 고르기

1 Tarea 설명

이 **Tarea**에서는 450자 내외 길이의 비문학 텍스트가 나온다.
일반적으로 기사 또는 논설이 다루어지며 6개의 관련 문제마다 3가지 옵션 중 정답을 골라야 한다.

2 문제 공략법

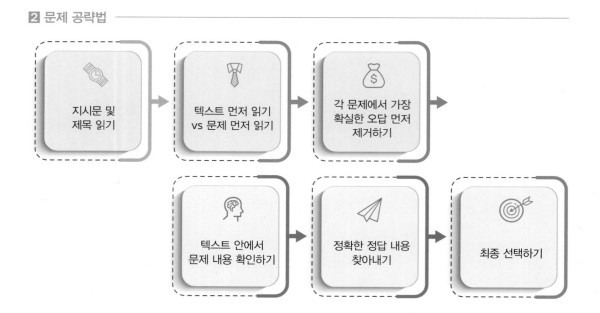

지시문 및 제목 읽기 → 텍스트 먼저 읽기 vs 문제 먼저 읽기 → 각 문제에서 가장 확실한 오답 먼저 제거하기 → 텍스트 안에서 문제 내용 확인하기 → 정확한 정답 내용 찾아내기 → 최종 선택하기

* **포인트**　독해 순서와 관련하여 두 가지 방법이 있다. 먼저 텍스트를 읽어보고 전반적인 내용을 파악한 후 문제들을 볼 수도 있고, 텍스트에서 어떤 정보를 찾아야 하는지 미리 알기 위해 문제들을 먼저 파악한 후 텍스트를 읽을 수도 있다. 어떤 방법이 자신에게 가장 효율적인지 시험 전에 미리 알아보고 나만의 순서를 정해두자!

☑ 텍스트를 읽을 때 옆 여백에 각 문단의 주제에 대한 키워드를 적어두면, 정답 관련 내용을 더 신속하게 찾을 수 있다.

☑ 문제는 주로 텍스트의 흐름 순서를 따르기 때문에, 먼저 차례대로 정답을 찾아본다.

☑ 문제에서 숫자, 퍼센티지 또는 고유명사가 나온다면 텍스트에서 같은 정보를 찾아보자. 해당 문제의 정답을 포함하고 있는 부분을 알려주는 키워드가 될 수 있다.

☑ 일반적으로 텍스트에 나오는 동일한 단어를 포함하고 있는 옵션들은 주로 오답일 확률이 높으며, 정답 문장에서는 동의어 또는 비슷한 의미를 갖고 있는 표현을 찾아내야 한다.

☑ 옵션 문장이 부분적으로만 진실이라면 오답일 수 있으므로, 문장의 모든 내용이 일치하는지 확인해야 한다.

☑ 절대 자신의 개인적인 지식이나 일반적인 상식을 따르지 말고 오로지 텍스트 내용을 근거로 정답을 선택해야 한다.

INSTRUCCIONES

A continuación va a leer un texto. Después, deberá contestar a las preguntas (1-6), y seleccionar la respuesta correcta (a/b/c).

Marque las opciones elegidas en la **Hoja de respuestas**.

Aunque la automatización eliminará 75 millones de empleos para 2025, creará 133 millones de nuevas funciones

Existen variadas estimaciones con respecto a la cantidad de trabajos que se destruirán con la llegada de las máquinas, pero la gran mayoría apunta a una pérdida importante que afectará principalmente a aquellos puestos que requieren trabajo físico.

El Foro Económico Mundial (*WEF*) acaba de publicar un informe titulado *Future of Jobs 2018*, donde aportan cifras que podrían sonar igual de alarmantes, pero, al mismo tiempo, plantean un escenario un poco más positivo. Y esto es así dado que el estudio pronostica que se perderán empleos, pero también afirma que se crearán nuevas funciones que requerirán un mayor grado de especialización.

Hace alrededor de un año, un estudio del *McKinsey Global Institute* (*MGI*) con la participación de expertos del departamento de Economía de Oxford y el Banco Mundial pronosticó que entre 400 y 800 millones de personas serían desplazadas de sus puestos de trabajo en 2030 debido a la automatización. En la actualidad, el *WEF* plantea nuevos escenarios ante esta potencial pérdida de empleos. Según su informe, a día de hoy el 29% de las tareas laborales son realizadas por una máquina. Debido a los avances tecnológicos, en 2025 esta cifra significaría la pérdida de 75 millones de empleos. Sin embargo, sugiere que esta misma tecnología dará vida a más de 133 millones de nuevos roles con los que se generarán, a su vez, 58 millones de nuevos puestos de trabajo. Asimismo, el informe apunta a que no solo los trabajos físicos serán afectados, sino también aquellas labores rutinarias de oficina como captura de datos, contabilidad o manejo de nóminas.

Se pronostica que en un período de cinco años se empezarán a demandar más tanto el pensamiento crítico como la inteligencia social y, con ellos, trabajos como analistas de datos, encargados de diseño, programadores y desarrolladores de *software*. Incluso se pronostica un cambio general en los planes de estudios, donde se romperían los viejos paradigmas y la clave sería el entrenamiento.

Se estima que el 54% de todos los empleados necesitarán formación en nuevas habilidades durante los próximos cinco años. Dicha capacitación estará centrada en internet móvil de alta velocidad, inteligencia artificial, análisis de *big data* y cómputo en la nube, con lo que se impulsaría la demanda de un nuevo tipo de fuerza de trabajo que conviviría con la llegada de las máquinas. De hecho, el informe menciona que los humanos deberán adaptarse a este escenario al exigir mayor preparación, algo que sería un trabajo conjunto entre empresas, gobierno y los propios trabajadores.

(Adaptado de https://www.xataka.com/robotica-e-ia)

PREGUNTAS

1. Casi todas las predicciones sobre los trabajos que desaparecerán debido a las máquinas...
   a) son bastante homogéneas.
   b) indican que se crearán puestos de trabajo físico.
   c) señalan que sobre todo perjudicarán a los trabajadores manuales.

2. En el informe que acaba de publicar el Foro Económico Mundial (*WEF*)...
   a) los resultados son alarmantes.
   b) se plantea un escenario algo más alentador en cuanto al futuro laboral.
   c) se recoge que es necesario aumentar el grado de especialización para no perder el empleo.

3. El estudio del *McKinsey Global Institute* (*MGI*)...
   a) pronosticó la pérdida de 75 millones de empleos en 2025.
   b) no hablaba sobre la creación de puestos de trabajo en el futuro.
   c) se llevó a cabo gracias al apoyo del Foro Económico Mundial (*WEF*).

4. Según el informe del *WEF*...
   a) los avances tecnológicos crearán muchos puestos de trabajo.
   b) la mayor parte del trabajo a día de hoy lo realizan las máquinas.
   c) solamente los trabajos físicos se verán afectados por los avances tecnológicos.

5. En un período de cinco años...
   a) se prevé una reforma en los planes de estudios.
   b) se subestimarán el pensamiento crítico y la inteligencia social.
   c) desaparecerán profesiones como analistas de datos y encargados de diseño.

6. Durante los próximos cinco años, se calcula que el 54% de los empleados...
   a) tendrán que aprender nuevas habilidades.
   b) participarán en un programa del gobierno sobre *big data*.
   c) conformarán una nueva fuerza de trabajo junto a las máquinas.

❖ *Notas*

PRUEBA 1: COMPRENSIÓN DE LECTURA

정답					
1	2	3	4	5	6
c	b	b	a	a	a

지시문

다음 글을 읽고 문제(1–6)에 대한 정답(a/b/c)을 고르세요. 선택한 옵션을 **답안지**에 표시하세요.

비록 2025년에 자동화가 7천5백만 개의 일자리를 없앨 것이지만, 1억 3천3백만 개의 새로운 직무를 창출할 것이다

기계들의 도입과 함께 쓸모 없어질 직업의 개수와 관련된 여러 가지 추측들이 있지만, 대다수는 육체노동을 필요로 하는 일자리들에 주로 영향을 미칠 상당한 손실을 지적한다.

세계경제포럼(WEF)은 '직업의 미래 2018'이라는 제목의 보고서를 발행하였는데, 우려할 만하게 보이면서도, 동시에 조금 더 긍정적인 상황을 제기하는 수치들이 나온다. 이러한 사실의 이유는 이 연구가 일자리들이 사라질 것이라고 예상하기도 하지만, 더 높은 전문화 수준을 필요로 할 새로운 직무들이 창출될 것이라고 확언하기 때문이다.

약 1년 전, 옥스퍼드 대학교 경제학과와 세계은행의 전문가들이 참여한 맥킨지 글로벌 기관(MGI)의 한 연구는 2030년에 4억에서 8억 명 사이의 사람들이 자동화로 인해 일자리에서 이동될 것이라고 예측했다. 현재, 세계경제포럼은 이러한 가능성 높은 일자리 상실에 관하여 새로운 상황들을 제기한다. 보고서에 따르면, 오늘날 업무의 29%가 기계에 의해 실행된다. 과학기술의 진보로 인해, 2025년에는 이 수치가 7천5백만 개의 일자리 상실을 의미할 것이다. 그러나, 바로 이 과학기술이 1억 3천3백만 개 이상의 새로운 역할에 생명을 불어넣을 것인데, 이 역할들과 함께 결국 5천8백만 개의 새로운 일자리가 만들어질 것이다. 또한, 이 보고서는 육체노동뿐만 아니라 데이터 수집, 회계 또는 명부 관리와도 같은 일상적인 사무직 업무까지도 영향을 받을 것이라고 나타낸다.

5년의 기간 이내에 비판적 사고 및 사회적 지능과 함께 데이터 분석가, 디자인 담당자, 프로그래머와 소프트웨어 개발자 같은 직업이 더 요구될 것이라고 전망된다. 심지어 대학교육과정에서도 전반적인 변화가 예상되며 오래된 패러다임들이 깨질 것이고, 이것에 대한 정답은 양성교육일 것이라고 보인다.

향후 5년 동안 모든 직장인들 중 54%가 새로운 기술에 대한 교육이 필요할 것이라고 추정된다. 앞서 언급된 교육은 초고속 모바일 인터넷, 인공지능, 빅데이터 분석과 클라우드 컴퓨팅에 집중될 것이고, 이와 함께 기계들의 도입과 공존할 수 있을 새로운 종류의 노동력에 대한 요구가 생겨날 수 있을 것이다. 사실상, 이 보고서는 인간이 더 많은 준비과정을 요구하는 이러한 상황에 적응해야 할 것이라고 언급하는데, 이것은 기업, 정부와 다름 아닌 바로 근로자들 모두의 숙제이다.

1. 기계들로 인해 사라질 직업들에 대한 거의 모든 예측들은...
   a) 상당히 일치한다.
   b) 육체노동 일자리가 창출될 것이라고 알려준다.
   c) 특히나 육체노동자들에게 피해를 줄 것이라고 지적한다.

체크 포인트 문단1
"...afectará principalmente a aquellos puestos que requieren ***trabajo físico**."
(**육체노동**을 필요로 하는 일자리들에 주로 영향을 미칠 것이다)
동의표현 *trabajo físico = trabajo manual

정답 **c)** señalan que sobre todo perjudicarán a los trabajadores manuales

---

오답 포인트 문단1
a) "Existen variadas estimaciones con respecto a la cantidad de trabajos que se destruirán con la llegada de las máquinas..."
(기계들의 도입과 함께 쓸모 없어질 직업의 개수와 관련된 여러 가지 추측들이 있다)
b) "...una pérdida importante que afectará principalmente a aquellos puestos que requieren trabajo físico."
(육체노동을 필요로 하는 일자리들에 주로 영향을 미칠 상당한 손실)

---

2. 세계경제포럼(WEF)이 발행한 보고서에서는...
   a) 결과가 우려할만하다.
   b) 직업의 미래에 대해 조금 더 고무적인 상황이 제기된다.
   c) 일자리를 잃지 않기 위해 전문화 수준을 높이는 것이 필수라고 고려한다.

체크 포인트 문단2
"...plantean un escenario un poco más ***positivo**."
(조금 더 **긍정적인** 상황을 제기한다)
동의표현 *positivo = alentador

정답 **b)** se plantea un escenario algo más alentador en cuanto al futuro laboral

---

오답 포인트 문단2
a) "...podrían sonar igual de alarmantes..."
(우려할만하게 보일 수도 있다)
➡ 확실한 사실이 아니라 가능성만 제기하고 있는 내용이다. **동사 시제도 꼭 확인**하자!
c) "...se crearán nuevas funciones que requerirán un mayor grado de especialización."
(더 높은 전문화 수준을 필요로 할 새로운 직무들이 창출될 것이다)
➡ 더 높은 전문화 수준은 현재의 일자리를 보존하기 위함이 아니라 아예 새로운 직무의 창출을 위한 것이라고 볼 수 있다.

3. 맥킨지 글로벌 기관(MGI)의 연구는...

   a) 2025년에 7천5백만 개의 일자리 상실을 예측했다.

   b) 미래의 일자리 창출에 대해 이야기하지 않았다.

   c) 세계경제포럼의 지원 덕분에 실행되었다.

체크 포인트   문단3

➡️ 미래의 일자리 창출에 대한 이야기는 맥킨지 글로벌 기관(MGI)이 아니라 세계경제포럼(WEF)이 발행한 보고서에서 언급된다. 문제의 메인 문장 안에 등장하는 주어도 확인 필수!

정답 **b)** no hablaba sobre la creación de puestos de trabajo en el futuro

---

오답 포인트   문단3

a) "...en 2025 esta cifra significaría la pérdida de 75 millones de empleos."

(2025년에는 이 수치가 7천5백만 개의 일자리 상실을 의미할 것이다)

➡️ 마찬가지로 맥킨지 글로벌 기관(MGI)이 아니라 세계경제포럼(WEF)이 발행한 보고서의 내용이다. 지문과 문제에서 너무 똑같은 숫자들이 보인다면 함정이 아닌지 의심해 보는 것이 좋다.

c) ➡️ 아예 언급되지 않은 내용이므로 가장 먼저 제거할 수 있는 오답이다.

---

4. 세계경제포럼(WEF)의 보고서에 의하면...

   a) 과학기술의 진보가 많은 일자리를 만들어낼 것이다.

   b) 오늘날 노동의 대부분은 기계들이 실행한다.

   c) 오로지 육체노동만이 과학기술의 진보에 의해 영향을 받는다.

체크 포인트   문단3

"...esta misma tecnología *__dará vida a__ más de 133 millones de nuevos roles con los que *__se generarán__, a su vez, 58 millones de nuevos puestos de trabajo."

(바로 이 과학기술이 1억 3천3백만 개 이상의 새로운 역할에 __생명을 불어넣을 것__인데, 이 역할들과 함께 결국 5천8백만 개의 새로운 일자리가 __만들어질 것이다__)

동의표현 *dar vida a = generar = crear

정답 **a)** los avances tecnológicos crearán muchos puestos de trabajo

---

오답 포인트   문단3

b) "...a día de hoy el 29% de las tareas laborales son realizadas por una máquina."

(오늘날 업무의 29%가 기계에 의해 실행된다)

➡️ 30%도 되지 않는 절반 미만의 비율은 대부분이라고 볼 수 없다.

c) "...no solo los trabajos físicos serán afectados, sino también aquellas labores rutinarias de oficina como captura de datos, contabilidad o manejo de nóminas."

(육체노동뿐만 아니라 데이터 수집, 회계 또는 명부 관리와도 같은 일상적인 사무직 업무까지도 영향을 받을 것이다)

➡️ 육체노동에만 제한적인 조건이 아닌 내용이므로 제거해야 하는 오답이다.

5. 5년의 기간 이내에...

    a) 교육과정의 개혁이 예견된다.

    b) 비판적 사고와 사회적 지능이 과소 평가될 것이다.

    c) 데이터 분석가 및 디자인 담당자 같은 직업이 사라질 것이다.

체크 포인트   문단4

"...se pronostica un *__cambio general__ en los planes de estudios, donde *__se romperían los viejos paradigmas__..."

(대학교육과정에서도 __전반적인 변화가 예상되며 오래된 패러다임들이 깨질 것__이다)

동의표현   *cambio general = se romperían los viejos paradigmas = reforma

정답 **a)** se prevé una reforma en los planes de estudios

오답 포인트   문단4

    b) / c) "...__se empezarán a demandar más__ tanto el pensamiento crítico como la inteligencia social y, con ellos, trabajos como analistas de datos, encargados de diseño, programadores y desarrolladores de *software*."

    (비판적 사고 및 사회적 지능과 함께 데이터 분석가, 디자인 담당자, 프로그래머와 소프트웨어 개발자 같은 직업이 <u>더 요구될 것이다</u>)

    ➡ 더 요구된다는 것은 과소 평가되거나 사라질 것이라는 내용과 반대되는 의미라고 볼 수 있다.

---

6. 향후 5년 동안, 근로자들 중 54%가 ...라고 예측된다.

    a) 새로운 기술을 배워야 할 것이다

    b) 빅데이터에 관한 정부 프로그램에 참여할 것이다

    c) 기계들과 함께 새로운 노동력을 형성할 것이다

체크 포인트   문단5

"...el 54% de todos los empleados __necesitarán formación__ en nuevas habilidades durante los próximos cinco años."

(향후 5년동안 모든 직장인들 중 54%가 새로운 기술에 대한 __교육이 필요할 것이다__)

문법   tener que + 동사원형 구조와 동사 necesitar는 모두 매우 높은 강도의 필요 조건을 말할 때 사용하는 표현이다.

정답 **a)** tendrán que aprender nuevas habilidades

오답 포인트   문단5

    b) ➡ 마지막 문단에서 빅데이터에 대한 내용은 다뤄지지만 정부 프로그램에 대한 언급은 없다.

    c) "...__se impulsaría__ la demanda de un nuevo tipo de fuerza de trabajo que conviviría con la llegada de las máquinas."

    (기계들의 도입과 공존할 수 있을 새로운 종류의 노동력에 대한 요구가 <u>생겨날 수 있을 것이다</u>)

    ➡ 미래의 정확한 계획이 아닌 가능성만을 제기하는 "se impulsaría"와 확실한 미래행위를 언급하는 "conformarán" 동사활용은 같은 의미를 가진다고 볼 수 없다. 게다가, 이 새로운 노동력은 양성교육과 관련되어 있지 근로자 54%와는 상관이 없기 때문에, 결국 문장의 주체가 일치하지 않는 내용이므로 간단하게 제거할 수 있는 오답이다.

제목

automatización: 자동화, 기계화

문단 1

estimación: 추측, 추정

apuntar: 지적하다, 가리키다

afectar a + 명: ～에 영향을 미치다

puesto (de trabajo): 일자리

문단 2

aportar: 제공하다

sonar: ～한 기색이 보이다

alarmante: 걱정스러운, 우려할만한

dado que + 문장: ～때문이다

pronosticar: 예측하다, 예보하다

especialización: 전문화

문단 3

desplazar: 이동시키다, 위치를 바꾸다

dar vida a + 명: ～을 창조하다

rutinario/a: 일상적인, 틀에 박힌

captura de datos: 데이터 수집

contabilidad: 회계

nómina: 명부, 리스트, 급여 명세서

문단 4

demandar: 요구하다, 요청하다

pensamiento crítico: 비판적 사고

desarrollador/a: 개발자

paradigma: 전형적인 체계 또는 틀

clave: 키, 비결, 정답

entrenamiento: 교육, 훈련, 연수

문단 5

formación: 양성, 교육

habilidad: 재능, 기술

dicho/a: 앞에 언급된

capacitación: 양성, 연수, 훈련

cómputo en la nube: 클라우드 컴퓨팅

impulsar: 밀어주다, 추진하다

fuerza de trabajo: 노동력, 인력

adaptarse a + 명: ～에 적응하다, 익숙해지다

conjunto/a: 연대의, 관계가 있는, 집합의

predicción: 예상, 예측

homogéneo/a: 동종의, 동일한

perjudicar: 해를 끼치다

manual: 손으로 하는, 육체노동의

alentador/a: 힘이 나는, 고무적

llevar a cabo + 명: ～을 실행하다

prever: 미리 보다, 예견하다

reforma: 개혁, 개정

subestimarse: 과소평가되다

conformar: 형성하다

❖ Notas

Tarea 2

4개의 짧은 텍스트를 읽고 질문형 문제에 대한 정답 고르기

---

1 Tarea 유형 ────────────────────────────────

이 **Tarea**에서는 150자 내외 길이의 비문학 텍스트 4개가 나온다.

텍스트는 각각 다른 사람이 주관적으로 쓴 글이며, 그 안에 묘사된 그들의 의도, 감정, 평가 및 태도를 파악하며 10개의 질문에 해당하는 사람(A, B, C 또는 D)을 연결해야 한다.

---

2 문제 공략법 ────────────────────────────────

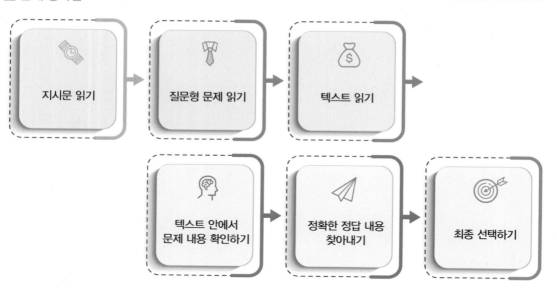

---

* **포인트**   텍스트에서 어떤 정보를 찾아야 하는지 알기 위해 문제들을 먼저 읽어보고 키워드에 밑줄을 치는 것이 좋다. 1차적으로 텍스트를 읽어본 후 문제들과 관련된 정보가 나오는지 확인하고, 더 확실하게 보이는 정답을 먼저 선택해 나가면 된다.

☑ 10개의 문제와 4개의 텍스트가 있기 때문에 각 사람에 대한 정확한 정답 개수 비율을 예측할 수는 없다. 한 사람에 대한 정답 개수가 유독 많을 가능성도 있으니 비율은 생각하지 말고 더 확실해 보이는 사람을 선택하자!

☑ 각 문제와의 연관성을 빠르게 찾기 위해, 텍스트에서 보이는 키워드에 밑줄을 치는 것이 좋다.

☑ 문제에서 언급되는 행동의 시제가 현재인지 과거인지도 확인하는 것이 좋다.

☑ 먼저 읽은 텍스트에서 정답이 나온 것 같아 보이더라도, 바로 확정 짓지는 말자! 나머지 텍스트에서도 해당 문제에 대한 더 정확한 키워드가 발견되는지 확인해야 한다.

☑ 순서대로 찾지 못하더라도, 먼저 확실히 보이는 문제의 답을 골라 두는 것이 좋다.

☑ 정답 찾기가 유독 어려운 문제가 있을 경우, 그 주제와 관련된 단어들을 생각해보고 텍스트에서 찾아보는 것도 좋은 방법이다. 예를 들어, 어떠한 장소에서 일한 기간에 대해 이야기한다면, "몇 개월", "몇 년" 또는 시간과 관련된 유지 기간 등의 표현이 보이는지 살펴보자.

INSTRUCCIONES

Usted va a leer cuatro textos en los que cuatro personas hablan sobre sus experiencias laborales. Relacione las preguntas (7-16) con los textos (A, B, C y D).

Marque las opciones elegidas en la **Hoja de respuestas**.

PREGUNTAS

		A. ROCÍO	B. MANUEL	C. LIDIA	D. PEDRO
7.	¿Quién menciona que dejó un trabajo?				
8.	¿Quién dice que estudió por su cuenta?				
9.	¿Quién comenta que posee un negocio propio?				
10.	¿Quién afirma que no tiene trabajo actualmente?				
11.	¿Quién indica que trabajaba mientras estudiaba?				
12.	¿Quién expone que trabaja en una empresa familiar?				
13.	¿Quién menciona que no ganaba mucho dinero?				
14.	¿Quién no posee estudios universitarios?				
15.	¿Quién dice que descubrió a qué quería dedicarse mientras estaba fuera del país?				
16.	¿A quién le desagrada que las personas que no están debidamente formadas ejerzan su profesión?				

TEXTOS

A. ROCÍO

Llevo dedicándome a la enseñanza del español diez años. Al principio no tenía muy claro en qué quería trabajar e, incluso, tenía pánico a hablar en público, así que poco podría imaginarme que iba a terminar así. Sin embargo, casi por casualidad, durante el último año de carrera, me fui de Erasmus y descubrí mi vocación enseñándoles tanto mi idioma como mi cultura a mis amigos extranjeros. Luego hice el máster y comencé a dar clases profesionalmente. La verdad es que todo este tiempo ha sido maravilloso y he compartido experiencias inolvidables con mis estudiantes, cada uno de los cuales tiene un pedazo de mi corazón. No obstante, he de reconocer que existe mucho intrusismo y esto me molesta mucho, ya que yo me he esforzado mucho para llegar hasta aquí, pero me he encontrado con compañeros que solo por ser nativos, sin siquiera escribir correctamente, han conseguido puestos inmerecidos. Pero quitando esto, estoy encantada.

B. MANUEL

Estudié Física y Química en la universidad y nada más terminar comencé a trabajar en un laboratorio como investigador con la ilusión de hacer algún descubrimiento importante que pudiera contribuir en algo a la sociedad. A pesar del bajo salario y la larga jornada laboral, estaba muy motivado y agradecido de estar ahí. Sin embargo, todo se volvió muy monótono y comencé a quemarme muy pronto. El ambiente entre compañeros era bastante tóxico y tampoco ayudaba que el jefe enchufara a quien quisiera a pesar de no estar lo suficientemente cualificado. Sobre todo, esta falta de ética me hizo ver que no iba a ninguna parte en ese lugar y terminé por renunciar al trabajo. Unos meses después encontré un nuevo puesto como químico farmacéutico en un hospital y fue una experiencia bastante mejor, pero, tristemente, tuvieron que recortar personal por falta de fondos y comenzaron prescindiendo de mí. Así aquí estoy, empezando de nuevo.

C. LIDIA

Después de terminar la carrera, mi primer trabajo fue como dependienta de ropa en una tienda local. El trabajo estaba bien y me gustaba ayudar a los clientes a encontrar el estilo que los favoreciera, pero sentía que no estaba desarrollando todo mi potencial. Además, quería lograr la libertad financiera y ser mi propia jefa, por lo que comencé a pensar a lo grande y se me ocurrió crear mi propio negocio de prendas recicladas. Lo que sabía hasta el momento era insuficiente, por lo que tuve que aprender de forma autodidacta e invertir bastante dinero en ello, pero podía permitírmelo porque seguía trabajando en la tienda a la par que desarrollaba mi plan. Aunque fue duro al principio, ahora tengo una exitosa tienda en línea que me permite gozar de un equilibrio personal y laboral y, sobre todo, dictar mis propias normas.

D. PEDRO

Empecé a trabajar muy joven, con dieciséis años. No me gustaba ir a clase y mi madre pensó que si iba al taller que tenía mi padre para echarle una mano pronto vería lo duro que era y volvería a estudiar. Lo que ella no podía sospechar es que allí encontraría mi pasión hasta el día de hoy. Nada más entrar el primer día, sentí que ese era mi sitio. Aprendí haciendo, sin ningún libro. Mi padre me instruyó sobre motores, tipos de vehículos, aceites, herramientas y todo lo que tenía que saber sobre ese mundo. Además, me daba retroalimentación muy útil cada vez que probaba a hacer un trabajo nuevo por mi cuenta. No pude tener a un mejor profesor. Todavía seguimos a pie del cañón y durante las horas de trabajo no solamente reparamos todo tipo de estropicios sino que también podemos disfrutar de tiempo de calidad juntos.

PRUEBA 1: COMPRENSIÓN DE LECTURA

				정답					
7	8	9	10	11	12	13	14	15	16
B	C	C	B	C	D	B	D	A	A

지시문

자신들의 근무 경력에 대해 이야기하는 네 명의 사람들의 글을 읽고 문제(7-16)와 텍스트(A, B, C 또는 D)를 연결하세요. 선택한 옵션을 **답안지**에 표시하세요.

A. 로시오

저는 10년째 스페인어 교육에 종사하고 있습니다. 처음에는 어떤 분야에서 일하고 싶은지 확실하지 않았고, 심지어 사람들 앞에서 말하는 것을 두려워해서 이렇게 될 줄은 상상하기 힘들었죠. 하지만, 거의 우연히, 대학교 마지막 학년에 교환학생 프로그램에 참여했고, 외국인 친구들에게 나의 언어와 문화를 가르치면서 천직을 발견하게 되었어요. 이후에 학사과정을 진행했고 전문적으로 수업을 하기 시작했습니다. 이 모든 시간은 훌륭했고, 나의 학생들과 잊을 수 없는 경험을 나누었고요, 그들은 내 마음 한 조각씩을 차지하고 있답니다. 그러나, 무자격 취업이 흔하다는 것을 인정해야 하고 그 사실은 저를 매우 화나게 합니다. 저는 여기까지 오기 위해 노력을 많이 해왔는데, 오로지 현지인이라는 이유로, 올바르게 글을 쓰지도 못하면서, 과분한 일자리를 얻은 동료들을 만난 적도 있거든요. 이걸 제외한다면, 매우 만족합니다.

B. 마누엘

저는 대학교에서 물리학과 화학을 공부했고, 학업을 끝내자마자 한 연구소에서 연구원으로서 일하기 시작했습니다. 사회에 조금이라도 기여할 수 있을 중대한 발견을 할 것이라는 환상과 함께 말이죠. 적은 월급과 긴 노동시간에도 불구하고, 그곳에 있다는 것에 동기부여를 받았고 감사했어요. 하지만, 모든 것이 단조로워졌고 곧 기운이 소진되기 시작했습니다. 동료들 사이의 분위기는 꽤나 유해했고, 충분히 전문화되어있지 않음에도 상사가 본인이 원하는 사람을 꽂아주는 것도 도움이 되지 않았습니다. 특히나 이 윤리의 부재가 그곳에서는 답이 없다는 것을 보게 만들어주었고, 결국 그 일을 그만두게 되었습니다. 몇 개월 후에 한 병원에서 제약 화학자로서 일자리를 구했어요. 꽤나 더 좋은 경험이었지만, 슬프게도, 병원은 자금난으로 인력을 줄여야만 했고 저를 쫓아내는 것부터 시작했습니다. 그렇게 여기 있네요, 다시 시작하면서.

C. 리디아

대학과정을 끝마친 후, 저의 첫 일은 동네 가게에서 옷을 파는 점원으로서였습니다. 일은 괜찮았고 고객들에게 어울리는 스타일을 찾는 것을 도와주는 것도 좋았지만, 나의 모든 잠재력을 발휘하고 있지 않다고 느꼈어요. 게다가 저는 재정적 자유를 얻고 나 스스로의 상사가 되고 싶었기 때문에, 큰 그림을 그리기 시작했고 나만의 재활용 의류 사업을 차리는 것을 생각해냈습니다. 그때까지 알고 있었던 것은 충분하지 않았으므로 독학으로 배워야만 했고, 이것에 상당한 돈을 투자해야만 했어요. 하지만 그럴만한 형편이 됐었죠. 왜냐하면 제 계획을 실행하면서 동시에 가게에서 계속 일을 했거든요. 비록 처음에는 힘들었지만 지금은 일과 개인의 삶의 균형을 누리게 해주고, 특히나 나만의 규칙을 정하는 것을 가능하게 해주는 성공적인 온라인 스토어를 갖고 있습니다.

D. 페드로

저는 매우 젊었을 때인 16세에 일을 하기 시작했어요. 학교에 가는 것을 좋아하지 않았는데, 저희 어머니는 제가 아버지의 정비소에 도움을 드리러 가면, 얼마나 일이 힘든지 바로 보게 되고 다시 공부할 것이라고 생각하셨어요. 그녀가 추측할 수 없었던 건 그곳에서 제가 오늘날까지의 열정을 발견할 것이라는 거죠. 첫 번째 날이 시작되자마자, 그곳이 저의 자리라는 것을 느꼈어요. 일을 하면서 배웠죠, 책 없이요. 저희 아버지께서는 저에게 엔진, 차량 종류, 기름, 도구와 그 세계에 대해서 알아야 하는 모든 것을 가르쳐 주셨습니다. 게다가 저 스스로 새로운 일을 하는 것을 시도할 때마다 매우 유용한 피드백을 주셨어요. 더 나은 선생님을 둘 수는 없었죠. 아직도 우리는 계속 최전선에 있고 근무시간 동안에는 모든 종류의 파손을 수리하는 것뿐만 아니라 귀중한 시간을 함께 즐기기도 합니다.

7. 일을 그만두었다고 누가 언급합니까?

체크 포인트 "...terminé por **renunciar al trabajo**." (결국 그 일을 **그만두게** 되었습니다)

정답 **B**. Manuel

8. 혼자 힘으로 공부하였다고 누가 말합니까?

체크 포인트 "...tuve que aprender **de forma autodidacta**..." (**독학으로** 배워야만 했고)

정답 **C**. Lidia

9. 본인의 가게를 소유하고 있다고 누가 설명합니까?

체크 포인트 "...**ahora tengo** una exitosa **tienda** en línea..." (지금은 성공적인 온라인 **스토어를 갖고 있습니다**)

정답 **C**. Lidia

10. 현재 일이 없다고 누가 확언합니까?

체크 포인트 "...tuvieron que recortar personal por falta de fondos y **comenzaron prescindiendo de mí**. Así aquí estoy, **empezando de nuevo**."
((병원은) 자금난으로 인력을 줄여야만 했고 **저를 쫓아내는 것부터 시작했습니다**. 그렇게 여기 있네요, **다시 시작하면서**)

정답 **B**. Manuel

11. 공부하는 동안 일을 했었다고 누가 알려줍니까?

체크 포인트 "...tuve que aprender de forma autodidacta e invertir bastante dinero en ello, pero podía permitírmelo porque **seguía trabajando en la tienda a la par que desarrollaba mi plan**."
(독학으로 배워야만 했고, 이것에 상당한 돈을 투자해야만 했어요. 하지만 그럴만한 형편이 됐었죠. 왜냐하면 **제 계획을 실행하면서 동시에 가게에서 계속 일을 했거든요**)

정답 **C**. Lidia

오답 포인트 A. Rocío
> 대학교 마지막 학년에 친구들에게 자신의 언어와 문화를 알려주었다고 하지만 정식으로 일을 했다고 볼 수 없으므로 정답이 되기는 어렵다.
> 옵션 A.를 먼저 선택해 놓았다고 하더라도 리디아의 지문을 읽고 옵션 C.로 답을 수정해야 한다.

D. Pedro
> 아예 학교를 다니지 않는 상태로 아버지의 정비소에서 일하기 시작한 것으로, 공부와 일을 동시에 했다고 할 수 없다.

---

12. 가족회사에서 근무한다고 누가 설명합니까?

체크 포인트 "Empecé a trabajar muy joven, con dieciséis años. No me gustaba ir a clase y mi madre pensó que si iba al **taller que tenía mi padre** para echarle una mano pronto vería lo duro que era y volvería a estudiar."

(저는 매우 젊었을 때인 16세에 일을 하기 시작했어요. 학교에 가는 것을 좋아하지 않았는데, 저희 어머니는 제가 **아버지의 정비소**에 도움을 드리러 가면, 얼마나 일이 힘든지 바로 보게 되고 다시 공부할 것이라고 생각하셨어요)

정답 **D**. Pedro

13. 돈을 많이 벌지 못하였다고 누가 언급합니까?

체크 포인트 "A pesar del **bajo salario**..." (**적은 월급**에도 불구하고)

정답 **B**. Manuel

14. 누가 학사학위를 소유하고 있지 않습니까?

체크 포인트 "**No me gustaba ir a clase** y mi madre pensó que si iba al taller que tenía mi padre para echarle una mano pronto vería lo duro que era y volvería a estudiar. (...) Aprendí haciendo, **sin ningún libro**."

(**학교에 가는 것을 좋아하지 않았는데**, 저희 어머니는 제가 아버지의 정비소에 도움을 드리러 가면, 얼마나 일이 힘든지 바로 보게 되고 다시 공부할 것이라고 생각하셨어요. (...) 일을 하면서 배웠죠. **책 없이요**)

문법 주문장 동사의 시제에 따라 뒤에 오는 조건절 동사 시제가 달라진다!
Mi madre **piensa** que si **voy** al taller pronto **veré** lo duro que **es** y **volveré** a estudiar
Mi madre **pensó** que si **iba** al taller pronto **vería** lo duro que **era** y **volvería** a estudiar

정답 **D**. Pedro

15. 해외에서 무엇에 종사하고 싶은지 알아냈다고 누가 말합니까?

체크 포인트 "...durante el último año de carrera **me fui de Erasmus** y descubrí mi vocación enseñándoles tanto mi idioma como mi cultura **a mis amigos extranjeros**."

(대학교 마지막 학년에 **교환학생 프로그램에 참여했고**, **외국인 친구들에게** 나의 언어와 문화를 가르치면서 천직을 발견하게 되었어요)

정답 **A**. Rocío

16. 제대로 교육받지 않은 사람들이 일하는 것을 누가 언짢아합니까?

"...he de reconocer que existe mucho **intrusismo** y **esto me molesta mucho**, ya que yo me he esforzado mucho para llegar hasta aquí, pero me he encontrado con compañeros que solo por ser nativos, sin siquiera escribir correctamente, han conseguido puestos inmerecidos."

(**무자격 취업**이 흔하다는 것을 인정해야 하고 **그 사실은 저를 매우 화나게 합니다**. 저는 여기까지 오기 위해 노력을 많이 해왔는데, 오로지 현지인이라는 이유로, 올바르게 글을 쓰지도 못하면서, 과분한 일자리를 얻은 동료들을 만난 적도 있거든요)

> 문법 문제의 주문장에서 감정동사 desagradar가 사용되며 뒤에 오는 명사절에서 주어가 달라지기 때문에, 동사 ejercer의 접속법 형태가 활용된다!
>
> "...le **desagrada** que las personas (...) **ejerzan** su profesión..."

A. Rocío

B. Manuel
➡ 예전 직장의 상사가 전문화되어있지 않은 사람을 꽂아준다는 언급을 하며 이 "윤리의 부재"가 일을 그만두게 된 계기라고도 하지만, 질문에 등장하는 "desagrada"의 표현에 해당하는 언짢음을 직접적으로 나타내는 것은 아니기 때문에 더 정확하게 언급한 답을 선택해야 한다.

Tarea 2 Vocabulario

질문

por su cuenta: 혼자 힘으로, 스스로
desagradar: 불쾌하다, 언짢아 하다
debidamente: 올바르게, 제대로
ejercer: 행하다

본문

A. 로시오

Erasmus: 유럽 교환학생 프로그램
vocación: 천직
haber de + INF.: ～해야 한다
intrusismo: 무자격 취업
siquiera: ～ 조차도 (아니다)
inmerecido/a: 받을 자격이 없는, 과분한

B. 마누엘

física: 물리학
química: 화학
contribuir a + 명: ～에 기여하다
jornada: 하루의 노동시간
motivado/a: 동기부여를 받은
volverse + 형/부: ～ 되다, 변하다
monótono/a: 단조로운, 밋밋한
quemarse: 타버리다, 기운이 소진되다
ambiente: 환경, 분위기
tóxico/a: 유독성의
enchufar: (콘센트를) 꽂다, 연결하다
cualificado/a: 자격이 있는, 숙련된
falta: 부족, 결여
ética: 윤리, 도덕

terminar por + INF.: 결국 ～하게 되다
renunciar a + 명: ～을 그만두다, 끊다
farmacéutico/a: 약학의, 제약의
recortar: 자르다, 줄이다
falta de fondos: 자금난
comenzar por + INF.: ～하는 것부터 시작하다
comenzar + 현분: ～하는 것부터 시작하다
prescindir de + 명: 없애다, 떼어내다

C. 리디아

favorecer: 유리하다, 어울리다
financiero/a: 재정적
ocurrirse(le): 떠오르다, 생각나다
prenda: 옷, 의류
autodidacto/a: 독학의
permitirse + 명: ～할 여유가 되다, 형편이 되다
a la par que + 문장: ～하면서 동시에
gozar de + 명: ～을 누리다
equilibrio: 균형, 밸런스
dictar: (법률을) 발하다, 명하다
norma: 규정, 규칙

D. 페드로

taller: 작업실, 정비소
lo + 형/부 + que: 얼마나 ～인지
sospechar: 의심하다, 추측하다
instruir: 교육시키다, 가르치다
vehículo: 차량, 교통수단
herramienta: 도구, 연장
retroalimentación: 피드백
probar a + INF.: ～을 시도해보다
estar a pie del cañón: 최전선에 있다
estropicio: 깨짐, 파손

❖ *Notas*

Tarea 3

텍스트를 읽고 빈칸에 알맞은 문장 채우기

1 Tarea 유형

이 **Tarea**에서는 450자 내외 길이의 비문학 텍스트가 나온다.

주로 나오는 형식은 기사, 논설, 여행 가이드 또는 다른 종류의 서술형 텍스트일 수 있으며 20자 내외의 6개 문장이 발췌되어있다. 전체 글이 일관성 있고 내용의 흐름이 이어지도록 빈칸에 알맞은 문장들을 채워야 한다.

2 문제 공략법

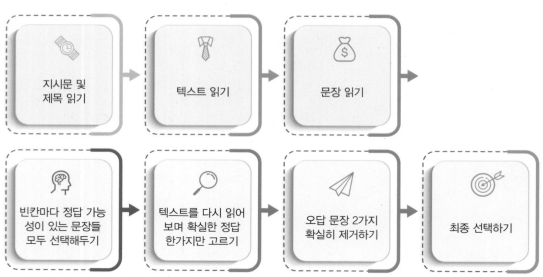

* **포인트** 이 Tarea에서는 옵션 문장들을 먼저 읽어봐도 어떤 내용인지 이해하기 힘들 수 있으므로, 텍스트를 먼저 읽어보는 것이 좋다. 전체적인 내용의 흐름을 먼저 파악하는 것이 중요하다.

문제 풀이 팁 ────────────────────────────────────

- ☑ 올바른 정답을 선택하기 위해서, 빈칸 바로 앞과 뒤에 있는 문장들을 신중하게 읽어보는 것이 중요하다.

- ☑ 특히 텍스트의 빈칸 앞뒤 내용과 발췌된 문장들에서 서로에 대한 단서를 알려줄 인칭대명사, 지시대명사, 연결부사 등을 주의 깊게 살펴보자.

- ☑ 처음부터 확실한 답 문장이 보이지 않을 경우에는, 한 빈칸에 들어갈 수 있을 것 같은 여러 문장들을 골라보자. 그중에서, 빈칸 바로 앞뒤 내용과 이어서 읽어보면서 올바른 흐름 및 문법 구조를 확인하고 정답을 최종 선택하면 된다.

- ☑ 텍스트에 속하지 않은 2개의 오답 문장들을 신속히 구분해 내고 헷갈리지 않게 제거해야 한다.

INSTRUCCIONES

Lea el siguiente texto, del que se han extraído seis fragmentos. A continuación, lea los ocho fragmentos propuestos (A-H) y decida en qué lugar del texto (17-22) hay que colocar cada uno de ellos.

HAY DOS FRAGMENTOS QUE NO TIENE QUE ELEGIR.

Marque las opciones elegidas en la **Hoja de respuestas**.

Los jóvenes encabezan la adquisición y posesión de criptomonedas en España

Los resultados de la Encuesta de Competencias Financieras publicada recientemente por Banco de España revelan que la gran mayoría de los jóvenes españoles están familiarizados con las criptomonedas, a diferencia de la población más adulta. **17.** _____ .

Un 12% de los jóvenes de entre 18 y 24 años en España tiene criptomonedas, una cifra que representa el doble que el siguiente grupo de edad más cercano, de entre 35 y 44 años (6%). Los españoles de entre 45 y 64 años tienen solo un 5%, mientras que la población mayor de 65 años no tiene criptomonedas. **18.** _____ .

El 84% de los españoles ha oído hablar de las criptomonedas, una tendencia que se observa principalmente entre los jóvenes de 18 a 24 años, donde el 93% de las personas están familiarizadas con estas. **19.** _____ . Esta cifra cambia según avanza el grupo de edad: entre 35-44 años (89%), 45-54 años (87%), 55-64 años (82%) y 65-79 años (68%).

Las cifras presentadas por el Banco de España corresponden a la segunda edición de la Encuesta de Competencias Financieras, que forma parte del Plan Estadístico Nacional. **20.** _____ . La muestra tiene como objetivo diagnosticar los conocimientos financieros de la población adulta española (entre 18 y 79 años). En este contexto, los datos indican una ligera mejora en el entendimiento de conceptos financieros básicos entre los españoles.

Los resultados, actualizados entre 2016 y 2021, muestran el conocimiento, posesión, adquisición y uso de instrumentos financieros. **21.** _____ .

Respecto a la compra de instrumentos de ahorro, el 5% de los encuestados admitió haber adquirido criptomonedas en los dos años anteriores a la encuesta, destacando especialmente entre los jóvenes de 18 a 34 años. Para ellos, los criptoactivos son el producto de inversión favorito, superando con más del doble a las acciones (6%) y a los fondos de inversión (5%).

El 41% de los españoles posee algún tipo de instrumento de ahorro, siendo los planes de pensiones los más comunes con un 21%. **22.** _____ . Es probable que los resultados sobre la adopción de criptomonedas hubieran sido más positivos si se hubieran incluido datos de 2022 en la muestra.

(Adaptado de https://observatorioblockchain.com/criptomonedas)

FRAGMENTOS

A. En la encuesta participaron 21.000 personas de todo el país.

B. Entre ellos, existen los instrumentos de ahorro, donde están incluidas las criptomonedas, junto a las cuentas de ahorro, acciones o fondos de inversión.

C. Es decir, 9 de cada 10 jóvenes han escuchado sobre criptomonedas.

D. No obstante, hay que tener en cuenta que la encuesta solo recoge datos hasta 2021.

E. Por este motivo, se espera que la población cada vez invierta más en este tipo de activos.

F. Así, según los datos de Banco de España, solo un 5% de los españoles posee criptomonedas.

G. Sin embargo, muchos de los jóvenes que se embarcan en la compra de criptomonedas no comprenden el riesgo que estas pueden suponer.

H. Otro dato interesante es que los jóvenes españoles han escuchado hablar más sobre criptomonedas que sobre acciones, fondos de inversión o activos de renta fija.

PRUEBA 1: COMPRENSIÓN DE LECTURA

정답					
17	18	19	20	21	22
H	F	C	A	B	D

지시문

6개의 문장이 발췌되어 있는 다음 글을 읽으세요. 8개의 제안된 문장(A–H)들을 읽어보고 각 문장이 어떤 빈칸(17–22)을 채워야 하는지 결정하세요. 선택할 필요 없는 2개의 문장이 있습니다. 선택한 옵션을 **답안지**에 표시하세요.

스페인에서 청년들이 암호화폐의 구입과 소유의 선두에 서다

최근 스페인 은행에 의해 발표된 재무능력 설문조사의 결과는 대다수의 스페인 청년들이 윗세대와는 달리 암호화폐에 친숙하다고 밝힌다. **(17) H.** 또 다른 흥미로운 사실은 스페인 청년들이 주식, 투자 자금 또는 고정 수익 자산보다 암호화폐에 대해서 더 많이 들어본 적이 있다는 것이다.

스페인에서는 18세와 24세 사이의 청년들 중 12%가 암호화폐를 가지고 있는데, 이 수치는 가장 가까운 윗세대 그룹인 35세와 44세 사이의 사람들(6%)의 2 배이다. 45세와 64세 사이의 스페인 사람들은 오직 5%만 소유하고 있는 반면, 65세 이상의 인구는 암호화폐가 없다. **(18) F.** 이렇게, 스페인 은행의 자료에 따르면, 오직 스페인 사람들 중 5%만이 암호화폐를 소유하고 있다.

스페인 사람들 중 84%가 암호화폐에 대해 이야기하는 것을 들어본 적이 있는데, 이것은 주로 18세에서 24세까지의 청년들 사이에서 관찰되는 성향이며 이들 중 93%가 암호화폐에 친숙하다. **(19) C.** 즉, 10명 중 9명의 청년들이 암호화폐에 대해 들어본 적이 있다는 것이다. 이 수치는 연령대가 올라가면서 변화한다: 35–44세 (89%), 45–54세 (87%), 55–64세 (82%), 65–79세 (68%).

스페인 은행에 의해 제시된 이러한 수치는 재무능력 설문조사의 2판에 해당하며 국가통계 계획의 일부를 이룬다. **(20) A.** 이 설문조사에는 전국에서 2만 1천 명의 사람들이 참여했다. 이 표본은 스페인 성인 인구 (18세와 79세 사이)의 재무지식을 분석하기 위한 것이다. 이러한 배경에서, 이 정보는 스페인 사람들의 기본 재무 개념 체계에 대한 이해에 있어서 약간의 호전을 나타낸다.

2016과 2021년 사이에 업데이트된 결과는 금융수단에 대한 지식, 소유, 매입과 사용을 보여준다. **(21) B.** 이것들 사이에는 저축수단들이 있는데, 여기에는 저축 예금, 주식 또는 투자 자금과 함께 암호화폐가 포함되어 있다.

저축수단의 매입과 관련하여, 설문 조사 응답자들 중 5%가 앙케트 진행 전 2년 동안 암호화폐를 매입한 적이 있다고 인정했으며, 이러한 사실은 특히 18세에서 34세까지의 청년들 사이에서 두드러졌다. 그들에게는 암호 자산이 가장 선호하는 투자 상품인데, 주식(6%)과 투자 자금(5%)을 2배 이상으로 뛰어넘는 수치이다.

스페인 사람들 중 41%가 어떤 종류이든 간에 저축수단을 보유하고 있는데, 가장 일반적인 수단이 21%의 수치를 보여주는 연금 제도이다. **(22) D.** 그러나, 설문 조사는 2021년까지의 정보만을 수집하고 있다는 것을 고려해야 한다. 만약 2022년도의 자료가 이 표본에 포함되었더라면 암호화폐 채택에 대한 결과는 더 긍정적이었을 것이다.

17.

H. **Otro dato interesante** es que los jóvenes españoles han escuchado hablar más sobre criptomonedas que sobre acciones, fondos de inversión o activos de renta fija.
(**또 다른 흥미로운 사실**은 스페인 청년들이 주식, 투자 자금 또는 고정 수익 자산보다 암호화폐에 대해서 더 많이 들어본 적이 있다는 것이다)

➡ 첫 번째 문단에서는 설문 조사의 간단한 소개 및 총괄적인 결과를 다루며 처음으로 스페인 청년들과 암호화폐라는 주제를 언급한다. "Otro dato interesante"라는 문구와 함께 추가적인 일반 정보가 이어지는 것이 자연스러우며, 아직 구체적인 수치 또는 정보를 다루기에는 이르다고 볼 수 있다.

H

C. Es decir, 9 de cada 10 jóvenes han escuchado sobre criptomonedas.
(즉, 10명 중 9명의 청년들이 암호화폐에 대해 들어본 적이 있다는 것이다)

➡ 첫 번째 문단의 "la gran mayoría de los jóvenes españoles"와 자연스럽게 이어지는 내용 같아 보이지만, 17번 빈칸보다는 19번 빈칸에 더 잘 어울린다는 것을 이후에 확인할 수 있다. **특히나 첫 빈칸에는 여러 답이 가능해 보일 수 있으므로 모두 선택해두고 나중에 제거해도 좋다.**

G. Sin embargo, muchos de los jóvenes que se embarcan en la compra de criptomonedas no comprenden el riesgo que estas pueden suponer.
(그럼에도 불구하고, 암호화폐 매입에 빠지는 많은 청년들은 암호화폐가 의미할 수 있는 위험성을 이해하지 못한다)

➡ 암호화폐의 위험성에 대해 이야기를 이끌려면 "Sin embargo" 연결부사의 사용이 자연스러울 수 있지만, 빈칸 다음에 오는 두 번째 문단에 이 위험성에 대한 이어지는 내용이 없기 때문에 제거해야 하는 오답이다.

18.

F. **Así**, según los datos de Banco de España, solo un 5% de los españoles posee criptomonedas.
(**이렇게**, 스페인 은행의 자료에 따르면, 오직 스페인 사람들 중 5%만이 암호화폐를 소유하고 있다)

➡ 두 번째 문단에서는 4가지의 연령대에 대해 이야기를 한다. 비록 여러 그룹의 정보를 가지고 전체적인 퍼센티지를 계산할 수는 없지만, 중요한 것은 각 연령대의 수치를 나열하고 마지막에 모든 스페인 사람의 비율을 언급하며 정리하는 것이 알맞은 흐름이라는 것이다. 특히 연결부사 "Así"가 앞 정보의 요약 내용을 이끄는 것을 확인할 수 있다.

F

A. En la encuesta participaron 21.000 personas de todo el país.
(이 설문조사에는 전국에서 2만 1천 명의 사람들이 참여했다)

➡ 두 번째 문단의 내용과 일관성이 완전히 없다고 할 수는 없지만, 설문조사에 대한 직접적인 언급을 다시 하며 "La muestra", 즉 "표본"이라는 단어로 설문조사에 참여한 사람들을 다시 한번 가리키는 네 번째 문단의 20번 빈칸에 더 적합하다는 것을 확인해야 한다.

19.

C. **Es decir**, **9 de cada 10 jóvenes** han escuchado sobre criptomonedas.
(**즉, 10명 중 9명의 청년들이** 암호화폐에 대해 들어본 적이 있다는 것이다)

➡ "Es decir" 표현이 앞 문장에서 나오는 "93%"를 "9 de cada 10 jóvenes"로 반복해서 언급한다는 것을 볼 수 있다.

➡ 빈칸 바로 다음에 나오는 "Esta cifra"라는 표현이 "9 de cada 10 jóvenes"라는 수치를 직접적으로 가리키는 것을 확인해야 한다.

C

20.

체크 포인트 A. En la encuesta participaron **21.000 personas** de todo el país.
(이 설문조사에는 전국에서 **2만 1천 명의 사람들이** 참여했다)

➡️ 네 번째 문단을 시작하는 "Las cifras"가 정확히 어떤 수치를 나타내는지 알 수 없으므로 이어서 이 수치에 대한 상세한 정보가 나올 것이라는 것을 예측할 수 있다.

➡️ 빈칸 바로 다음에 있는 "La muestra"가 정답 문장 안에서 언급되는 설문조사에 참여하는 사람들을 지칭한다.

정답 **A**

21.

체크 포인트 B. Entre **ellos**, existen los instrumentos de ahorro, donde están incluidas las criptomonedas, junto a las cuentas de ahorro, acciones o fondos de inversión.
(**이것들** 사이에는 저축수단들이 있는데, 여기에는 저축 예금, 주식 또는 투자 자금과 함께 암호화폐가 포함되어 있다)

➡️ 이 정답 문장에서는 "ellos"라는 남성형 복수 지시대명사가 빈칸 앞 문장의 "instrumentos financieros"를 가리키는 것을 바로 확인해야 한다.

정답 **B**

22.

체크 포인트 D. **No obstante**, hay que tener en cuenta que la encuesta **solo recoge datos hasta 2021**.
(**그러나**, 설문 조사는 **2021년까지의 정보만을 수집하고 있다**는 것을 고려해야 한다)

➡️ 빈칸 다음 문장에서 저자는 2022년의 정보가 더해진다면 수치가 더 높아질 것이라고 설명한다. 2021년까지의 정보와 2022년의 데이터가 대조된다는 것을 파악하고, 정답 문장 안의 "No obstante" 연결부사 사용과 빈칸 뒤 문장에서 반대 가정문을 활용하는 것을 놓치지 말아야 한다.

정답 **D**

▣ 오답 문장 제거하기

☑ E. Por este motivo, se espera que la población cada vez invierta más en este tipo de activos.
(이런 이유로, 사람들이 이러한 종류의 자산에 점점 더 투자하는 것이 기대된다)

➡️ "Por este motivo"라는 연결부사가 사용되려면 빈칸 앞에는 동기나 원인을 다루는 내용이 들어가고 이 문장이 그것의 결과를 다뤄야 하는데, 적절한 위치의 빈칸을 찾아낼 수 없기 때문에 제거해야 한다.

➡️ "este tipo de activos"는 빈칸 바로 앞에 같은 의미의 자산을 언급했을 때만 나올 수 있는 지시형용사 "este"를 포함하고 있다.

☑ G. Sin embargo, muchos de los jóvenes que se embarcan en la compra de criptomonedas no comprenden el riesgo que estas pueden suponer.
(그럼에도 불구하고, 암호화폐 매입에 빠지는 많은 청년들은 암호화폐가 의미할 수 있는 위험성을 이해하지 못한다)

➡️ 암호화폐의 위험성에 대해 이야기를 이끌려면 "Sin embargo" 연결부사의 사용도 자연스러울 수 있지만, 빈칸 다음에 이 위험성에 대한 내용이 이어지는 문단은 없기 때문에 제거해야 하는 오답이다.

Vocabulario

본문

제목

encabezar: 선두에 서다, 통솔하다

adquisición: 취득, 매입

criptomoneda: 암호화폐, 가상화폐

문단 1

encuesta: 설문 조사, 앙케트

revelar: 밝히다, 폭로하다

estar familiarizado/a con + 명: ～과 익숙해져 있다

문단 3

tendencia: 경향, 성향

문단 4

corresponder a + 명: ～에 해당하다

formar parte de + 명: ～의 일부를 이루다

muestra: 샘플, 표본, 증거

diagnosticar: 분석하다, 진단하다

contexto: 배경, 문맥

ligero/a: 가벼운, 소폭의

문단 5

actualizar: 현대화하다, 업데이트 하다

instrumento: 도구, 수단

문단 6

ahorro: 저축

admitir: 인정하다, 시인하다

destacar: 두드러지다, 돋보이다

activo: 자산, 재산

acción: (주로 복수) 주식, 증권

문단 7

pensión: 연금

adopción: 채택

질문

cuenta de ahorro: 저축 예금 (계좌)

tener en cuenta: 고려하다, 염두에 두다

recoger: 줍다, 모으다, 수집하다

embarcarse en + 명: ～에 끌려 들어가다

suponer: 의미하다

renta: 수입, 소득

Tarea 4   텍스트를 읽고 빈칸에 알맞은 어휘 채우기

---

1 Tarea 유형 ──────────────────────────────────

이 Tarea에서는 다양한 길이의 복합적인 텍스트가 나온다.

일반적으로 문학작품의 일부 또는 역사에 관한 텍스트가 다루어지기도 하며, 내용을 올바르게 완성시키기 위해 14개의 빈칸에 알맞은 문법 정답을 3가지 옵션에서 찾아내야 한다.

---

2 문제 공략법 ──────────────────────────────────

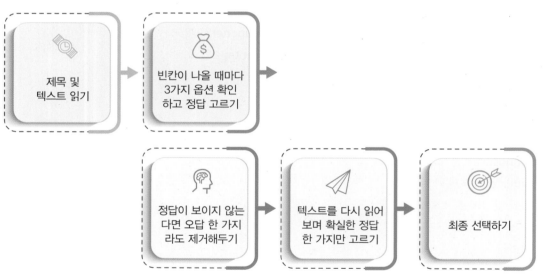

제목 및
텍스트 읽기

→

빈칸이 나올 때마다
3가지 옵션 확인
하고 정답 고르기

→

정답이 보이지 않는
다면 오답 한 가지
라도 제거해두기

→

텍스트를 다시 읽어
보며 확실한 정답
한 가지만 고르기

→

최종 선택하기

* **포인트**   이 Tarea는 전체적인 텍스트의 문맥 해석 보다는 부분적인 문법 구조에 대한 지식을 시험하려는 목적이 있다.
효율적인 시간 사용을 위해, 텍스트를 읽어가며 빈칸이 등장할 때마다 정답을 바로 선택해보자!

☑ 이 Tarea에서는 빈칸이 포함된 문장의 문법적 연결을 파악하여 불가능한 옵션을 제거하고 정답을 선택해야 한다. 특히 **선행사, 전치사, 주변 동사의 시제, 성수 일치, 빈칸 바로 앞과 뒤 단어**를 주의 깊게 살펴보자.

☑ 순차적으로 풀지 못하더라도, 고민이 되는 문제들에 시간을 더 쓸 수 있도록 비교적 더 쉬운 문제들의 정답을 먼저 선택해 두는 것이 좋다.

☑ 이 Tarea는 DELE B2에서 유일하게 문법에 대한 문제를 다룬다. 주로 나오는 문법 요소들은 모든 종류의 **동사 시제, 지시대명사, 인칭대명사, 전치사, 부사, 접속사, 연결부사** 등이다. 이러한 주제들을 미리 공부해 두어야 한다.

☑ DELE B2의 다른 독해 Tarea들보다 어휘 난이도가 더 높거나 소설의 일부 등 주제가 어려운 지문이 나올 확률이 높다. 전체적인 해석이 힘들더라도, 내용을 이해하려고 하기보다는 빈칸 바로 앞과 뒤에서 단서가 될만한 문법 요소들을 찾는데 집중하자!

INSTRUCCIONES

Lea el texto y rellene los huecos (23-36) con la opción correcta (a/b/c).

Marque las opciones elegidas en la **Hoja de respuestas**.

Difícil y aun ardua tarea es la que nos proponemos al **23.** _____ describir el Alcázar de Sevilla, porque no hay cosa más indescriptible. Difícil tarea es, repetimos, **24.** _____ para nuestra paciente pluma, que, bien que mal, se complace en describir lo que la impresiona o interesa.

Como no somos historiadores ni artistas, no describiremos desde el **25.** _____ histórico ni desde el artístico este respetable decano de los edificios del país, joya de patrimonio de nuestros Reyes: lo haremos sencillamente de la manera gráfica y minuciosa con que reproduce la fotografía **26.** _____ objetos. Es decir, retratándolos sin otras impresiones que **27.** _____ ellos mismos causan.

El Alcázar, castillo fuerte y residencia de los Reyes Moros, fue **28.** _____ mayor de lo que lo es hoy en día. Hasta la Torre del Oro, cercana al río, se extendían sus fuertes muros, hoy en parte arruinados, en parte fuera del recinto del actual Alcázar. Estos muros se encuentran escondidos y oprimidos **29.** _____ casas, sobre las cuales se alza de trecho en trecho una de sus torres, como un roble entre los arbustos que lo aprietan, para no ahogarse miserablemente.

Actualmente su recinto es más reducido, y carece de los cuarteles, cuadras y plazas de armas que probablemente **30.** _____ antes el terreno cercado. **31.** _____ las construcciones de esta zona, el Alcázar carece de fachada exterior. Solo posee unas puertas pequeñas y sencillas, que están conectadas a tres de **32.** _____ cuatro patios. Alrededor de ellos, se alinean construcciones de diferentes gustos y edades, en la más perfecta paz y armonía.

Una de las bellezas que **33.** _____ y admiran a todo **34.** _____ viene a visitar el castillo, es la plaza llamada del Triunfo. Esta antecede a la entrada del primer patio y nos recuerda otra grandiosa plaza de la capital de Galicia. Al norte del Alcázar se alza la Catedral de Sevilla, la Iglesia de las Iglesias, y al oeste se encuentra la Casa Lonja de Mercaderes, hermosa y perfecta construcción de Herrera, que en la actualidad conserva los preciosos **35.** _____ del archivo de Indias. Al sur se alzan las murallas del Alcázar y, por último, completa esta plaza al este una espaciosa y bella casa particular que no **36.** _____ afea.

(Adaptado de "El Alcázar de Sevilla" de Fernán Caballero)

OPCIONES

23. a) intentar   b) tratar   c) esforzarse

24. a) aún   b) además   c) incluso

25. a) perspectiva   b) punto de vista   c) mirada

26. a) unos   b) algunos   c) los

27. a) las que   b) los que   c) la que

28. a) mucho   b) muy   c) más

29. a) bajo   b) entre   c) en

30. a) ocuparán   b) habrán ocupado   c) ocuparían

31. a) Porque   b) Como   c) Igual

32. a) sus   b) los   c) unos

33. a) asustan   b) sorprenden   c) desconciertan

34. a) el que   b) lo que   c) los que

35. a) documentales   b) documentación   c) documentos

36. a) la   b) le   c) lo

PRUEBA 1: COMPRENSIÓN DE LECTURA

							정답						
23	24	25	26	27	28	29	30	31	32	33	34	35	36
a	c	b	c	a	a	b	c	b	a	b	a	c	a

지시문

텍스트를 읽고 빈칸(23–36)에 알맞은 옵션(a/b/c)을 넣으세요. 선택한 옵션을 **답안지**에 표시하세요.

세비야 알카사르 성의 묘사를 시도할 때 하고자 하는 일은 어렵고 심지어 힘든 일이다. 이 왕궁만큼 말로 표현할 수 없는 것은 없기 때문이다. 반복하건대, 심지어 인내심이 있는 펜에게도 어려운 일이다. 좋든 싫든, 감동적이거나 흥미로운 내용을 묘사하는 것을 즐기는 물건인데도 말이다.

우리는 역사가도 예술가도 아니므로, 우리나라의 가장 오래되고 귀한 건축물이자 왕들의 보석과도 같은 유산을 역사적 또는 예술적 관점에서 묘사하지는 않을 것이다. 사진이 사물을 재현해 내는 생생하고 세밀한 방식으로 단순하게 할 것이다. 다시 말해, 사물 스스로가 만들어내는 인상만을 가지고 그것을 묘사할 것이다.

견고한 성이자 모로 왕의 거주지인 알카사르는 오늘날보다 훨씬 더 컸다. 강 근처에 있는 황금의 탑까지 이 성의 견고한 성벽들이 이어졌는데, 오늘날 일부는 무너졌고 일부는 현재 알카사르 경내 밖에 있다. 이 성벽들은 주택들 사이에 숨겨지고 억눌려져 있으며, 이 집들 위로 여기저기에 탑이 솟아올라 있다. 조여 매는 덤불 사이에서 가엾이 숨 막히지 않으려는 떡갈나무 한 그루처럼.

현재에는 성의 구역 내부가 더 좁아졌고, 예전에는 아마 담장을 두른 토지를 차지했을 막사, 마구간 및 연병장이 없다. 이 지역의 건축물들처럼, 알카사르는 외부 파사드가 없다. 오직 작고 단순한 문 몇 개만 가지고 있는데, 이 건물의 네 개의 안뜰 중 세 개로 연결되어 있다. 이 여러 안뜰 주위로, 다양한 취향과 시대의 건축물들이 가장 완벽한 평화 안에서 조화를 이루며 나열되어 있다.

이 성을 방문하러 오는 모든 사람들을 놀라게 하고 감탄하게 하는 아름다움들 중 하나는 승리의 광장이라고 불리는 곳이다. 이 광장은 첫 번째 안뜰 입구 앞에 있고 갈리시아 수도의 또 다른 장대한 광장을 상기시켜준다. 알카사르의 북쪽으로는 성당 중의 성당이라 여겨지는 세비야 대성당이 우뚝 서있으며, 서쪽에는 현재 인디아스 고문서 보관소의 귀중한 문서들을 보존하고 있는 에레라의 아름답고 완벽한 건축물인 상인의 무역거래소가 위치해 있다. 남쪽에는 알카사르의 성벽이, 그리고 마지막으로 동쪽으로는 이 광장을 절대 흉측하게 만들지 않는 널찍하고 아름다운 개인 주택이 이 공간을 완성시킨다.

23.

"...al **intentar** describir el Alcázar de Sevilla..." (세비야 알카사르 성의 <u>묘사를</u> <u>**시도할**</u> 때)

➡️ "시도하다" 또는 "노력하다"라는 의미의 세 동사들 중 어떤 옵션이 전치사 없이 바로 또 다른 동사원형을 받을 수 있는지 파악해야 하는 문제이다.

➡️ 유일하게 동사 intentar가 바로 동사 원형을 이어받으며 "~하는 것을 시도하다"라는 뜻으로 활용되므로 정답이다.

a) intentar

---

b) tratar

➡️ 이 동사는 "~하려고 노력하다"라는 의미로 사용될 때에는 "tratar de + 동사원형" 구조여야 하기 때문에 정답이 아니다.

c) esforzarse

➡️ 이 동사 또한 "~하기 위해 노력하다"라는 의미로 활용될 때 "esforzarse por + 동사원형" 구조로 쓰이므로 정답이 될 수 없다.

24.

"Difícil tarea es, repetimos, **incluso** para nuestra paciente pluma..."
(반복하건데, **심지어** 인내심이 있는 펜에게도 어려운 일이다)

➡️ "어려운 일"이라는 것을 반복하며 강조하는 부사가 필요한 위치이기 때문에, "심지어"라는 뜻의 부사 incluso가 들어가는 것이 맞다.

c) incluso

---

a) aún

➡️ 강세 표기가 있는 부사 aún은 "아직"이라는 뜻으로 부사 todavía와 동의어로 사용할 수 있으며, 강세 표기가 없는 부사 aun은 "심지어"라는 의미를 가지므로 부사 incluso와 같은 상황에서 쓰일 수 있다. 이 옵션은 강세 표기가 있으므로 정답이 될 수 없다.

b) además

➡️ "게다가"라는 의미로 같은 내용이 더해질 때 연결 부사로 사용될 수 있지만, 항상 쉼표와 함께 쓰이므로 24번 빈칸에는 들어가는 것이 어렵다.

예 <u>Además</u>, difícil tarea es para nuestra pluma.
Difícil tarea es, <u>además</u>, para nuestra pluma.

25.

"...no describiremos desde el **punto de vista** histórico ni desde el artístico..."
(역사적 또는 예술적 **관점**에서)

➡️ 세 옵션 모두 "관점"이라는 의미로 사용될 수 있는 동의어이지만, 빈칸 바로 앞 정관사가 남성형 명사를 요구한다는 것을 확인해야 한다.

➡️ 참고로 "punto de vista"에서 주 명사는 "punto"이기 때문에 모든 관사 및 형용사는 남성형으로 맞추어야 한다.

b) punto de vista

---

a) perspectiva / c) mirada

➡️ 두 명사 모두 같은 의미로 활용될 수 있으나, 빈칸 바로 앞 정관사 el이 있다는 것을 놓쳐서는 안된다.

26.

"...la manera gráfica y minuciosa con que reproduce la fotografía **los** objetos."
(사진이 **사물**을 재현해내는 생생하고 세밀한 방식)

➡️ 별다른 수식어 없이 명사를 꾸며주는 정관사는 "일반적으로 모든"이라는 의미를 가지거나 "앞서 언급한 바로 그"라는 뜻을 가지게 된다. 해당 빈칸에서는 사진이 "일반적으로 모든" 사물을 재현하는 방식에 대해 언급한다고 볼 수 있기 때문에 정관사를 선택하는 것이 맞다.

정답 **c)** los

오답 포인트   a) unos
➡️ 특히 복수 형태의 부정관사는 처음 언급되는 복수 명사가 형용사의 수식을 받을 때 함께 사용되거나, 전체가 아닌 일부로서 "몇몇" 개의 명사만을 지칭할 때 쓰이므로 해당 빈칸에는 적합하지 않다.

b) algunos
➡️ 마찬가지로 "몇 가지" 또는 명확하지 않은 "어떠한"이라는 의미로 명사를 받기 때문에 해당 빈칸에서는 정답이 될 수 없다.

27.

체크 포인트   "...retratándolos sin otras impresiones que **las que** ellos mismos causan."
(사물 스스로가 만들어내는 **인상**만을 가지고 그것을 묘사할 것이다)

➡️ 먼저 문장 구조부터 살펴보자면, "sin otro/a A que B" = "solo con B" (B 이외에는 다른 A 없이) = (오직 B만을 가지고)라고 해석할 수 있다. 즉, A와 B는 같은 명사를 언급한다는 것을 확인할 수 있으며, 결국 빈칸에는 앞에 등장하는 명사 impresiones와 성수 일치하는 관계대명사가 들어가야 한다는 것을 파악해야 한다.

정답 **a)** las que

오답 포인트   b) los que
➡️ 앞 문장에서 등장하는 명사 objetos와 성수 일치하지만, 해당 빈칸에서는 "사물"을 지칭하는 것이 아니므로 정답이 아니다.
➡️ 참고로 명사 objetos는 "retratándolos"와 "ellos mismos"에서 이미 대명사로 대체되고 있다.

c) la que
➡️ 명사 fotografía와 일치하지만, "사물 스스로가 만들어내는" 것은 "사진"이 아니라 "인상"이므로 제거해야 하는 옵션이다.

28.

체크 포인트   "...fue **mucho** mayor de lo que lo es hoy en día."
(오늘날보다 **훨씬** 더 컸다)

➡️ 일반 형용사가 아닌 비교급 형용사를 앞에서 꾸며주는 부사는 mucho이다.
➡️ 참고로 부사 mucho는 형용사가 아니므로 성수개념이 없다는 것을 잊지 말자.
예 Fueron mucho mayores de lo que lo son hoy en día.

정답 **a)** mucho

오답 포인트   b) muy / c) más
➡️ 두 옵션 모두 일반 형용사를 꾸며주는 부사이지만, 비교급 형용사 앞에 등장할 수 없으므로 제거해야 한다.

29.

"Estos muros se encuentran escondidos y oprimidos **entre** casas..."
(이 성벽들은 <u>주택들</u> **사이에** 숨겨지고 억눌려져 있으며)

⟹ 성벽과 주택 간의 올바른 공간적 관계를 보여주는 전치사를 요구하는 문제이다.

⟹ 집들 "사이"로 성벽들이 아직 존재하고 있다는 것을 표현해야 하므로 전치사 entre가 제일 적합하다고 볼 수 있다.

정답 **b)** entre

> **오답 포인트** a) bajo
> > ⟹ 형용사 oprimidos만 본다면 무언가의 아래에 억눌려져 있다는 의미도 나쁘지 않지만, 주택들이 성벽 위에 지어진 것이 아니므로 정답이 될 수 없다.
>
> c) en
> > ⟹ 주택들은 성벽이 정확히 위치하는 곳이 아니므로, 제거해야 하는 옵션이다.

30.

"...carece de los cuarteles, cuadras y plazas de armas que <u>probablemente</u> **ocuparían** <u>antes</u> el terreno..."
(예전에는 아마 (...) 토지를 **차지했을** 막사, 마구간 및 연병장이 없다)

⟹ 빈칸 바로 앞의 부사 probablemente와 빈칸 뒤의 부사 antes의 조합이 과거에 대한 추측을 하는 동사를 정확하게 요구하고 있으므로 가능법 형태를 선택해야 한다.

정답 **c)** ocuparían

> **오답 포인트** a) ocuparán
> > ⟹ 미래시제는 현재에 대한 추측을 하기 때문에 정답이 될 수 없다.
>
> b) habrán ocupado
> > ⟹ 미래완료시제는 현재완료의 추측, 즉 현재 기준으로 가까운 과거에 대한 추측을 하는 시제이므로 부사 antes와는 사용될 수 없다.
> > **예** Juan se ha levantado tarde esta mañana. ¿<u>Habrá llegado</u> a tiempo al trabajo?

31.

"**Como** las construcciones de esta zona, el Alcázar carece de fachada exterior."

(이 지역의 건축물들**처럼**, 알카사르는 외부 파사드가 없다)

➡ "las construcciones de esta zona"를 동등한 대상으로 비교해주는 부사가 필요한 위치이므로, 비교부사 como가 들어가야 한다.

정답 **b)** Como

오답 포인트 a) Porque
➡ 주문장 앞에서 원인절을 이끄는 접속사 como와 비교하여 고민할 수는 있겠지만, 해당 빈칸은 비교부사가 필요한 자리이기 때문에 확실히 제거해야 하는 옵션이다.

➡ 참고로, 접속사 porque는 주문장 뒤에서 원인절을 이끌거나, 아예 주문장이 생략되고 원인절만 언급할 때 사용된다.
예 Te llamé <u>porque</u> necesitaba hablar contigo.
¿Por qué me llamaste? – <u>Porque</u> necesitaba hablar contigo.

c) Igual
➡ "~처럼"이라는 의미로 사용되기 위해서는 "igual a", "igual que" 또는 "al igual que" 등의 구조를 만들어야 한다.
예 <u>Al igual que</u> las construcciones de esta zona, el Alcázar carece de fachada exterior.

32.

"Solo posee unas puertas pequeñas y sencillas, que están conectadas a tres de **sus** <u>cuatro patios</u>."

(오직 작고 단순한 문 몇 개만 가지고 있는데, **이 건물의** 네 개의 안뜰 중 세 개로 연결되어 있다)

➡ 이 문장의 생략된 주어는 "el Alcázar"이다. 빈칸이 포함되어 있는 문장 부분은 이 건물이 소유하고 있는 전체 대상 중 일부를 언급하는 구조이며 소유자는 앞 문장에서 이미 등장했으므로, 소유격 형용사가 자연스럽게 어떤 건물의 안뜰을 이야기하는 것인지 알려주고 있다.

정답 **a)** sus

오답 포인트 b) los
➡ 만약 "patios"에 대한 언급이 이미 있었거나, 소유자가 정확히 명시되어 있다면 정관사가 들어가는 것이 맞을 것이다.
예 Las puertas están conectadas a tres de <u>los</u> cuatro patios ya mencionados.
Las puertas están conectadas a tres de <u>los</u> cuatro patios del Alcázar.

c) unos
➡ 복수형태의 부정관사가 수 형용사와 함께 사용될 때에는 "대략"이라는 의미를 갖게 된다. 해당 빈칸은 수량을 어림잡아 표현하는 단어가 필요로 하는 것이 아니므로, 제거해야 하는 옵션이다.

33.

체크 포인트 "Una de las <u>bellezas</u> que **<u>sorprenden</u>** y <u>admiran</u> a todo el que viene a visitar el castillo…"
(이 성을 방문하러 오는 모든 사람들을 **놀라게 하고** 감탄하게 하는 아름다움들 중 하나)

➡️ 빈칸에 들어가야 하는 동사가 주어로 받는 "bellezas", 그리고 빈칸 뒤에 이어지는 또 다른 변형 동사 "admiran"이 긍정적인 의미를 갖고 있는 동사가 요구된다는 것을 알려주고 있다.

➡️ 동사 sorprender는 주로 긍정적 또는 중립적인 의미로 "놀라게 하다"라고 활용된다.

정답 **b) sorprenden**

오답 포인트 a) asustan
➡️ 이 동사도 마찬가지로 "놀라게 하다"라는 사전적 의미를 갖고 있지만, 더 부정적인 뉘앙스로 "겁을 주다"에 가깝기 때문에 해당 빈칸에는 적합하지 않다.

c) desconciertan
➡️ 동사 desconcertar도 "당황하게 만들다"라는 뜻으로 부정적 의미가 강하다.

34.

체크 포인트 "Una de las bellezas que sorprenden y admiran a <u>todo</u> **<u>el que</u>** <u>viene a visitar el castillo</u>…"
(<u>이 성을 방문하러 오는 모든 **사람들을** 놀라게 하고 감탄하게 하는 아름다움들 중 하나)

➡️ 선행사 없이 "모든 사람들"을 지칭해야 하는 관계대명사를 고르는 문제이다.

➡️ 비록 의미상으로는 복수의 사람들을 뜻하지만, 빈칸 바로 앞 형용사 todo와 관계사절 안의 동사 viene이 일반화를 시키는 남성형 단수형태로 표현하고 있다는 것을 파악해야 한다.

➡️ "el que" 이외에도 어떤 구조들이 가능한지 기억해두자.
　예　a todo <u>el que</u> viene a visitar el castillo
　　　a todo <u>quien</u> viene a visitar el castillo
　　　a todos <u>los que</u> vienen a visitar el castillo
　　　a todos <u>quienes</u> vienen a visitar el castillo

정답 **a) el que**

오답 포인트 b) lo que
➡️ 중성관사 lo가 포함되어 있는 이 구조는 사람을 지칭할 수 없으므로 제거해야 한다.
　예　Compra todo <u>lo que</u> quieras.

c) los que
➡️ 앞서 예시에서 언급된 것과 같이, 빈칸 앞 형용사와 뒤에 이어지는 동사가 복수 형태였다면 들어갈 수 있는 옵션이다.

35.

체크 포인트 "...en la actualidad conserva <u>los preciosos</u> **documentos** <u>del archivo de Indias</u>."
(현재 인디아스 <u>고문서 보관소의 귀중한</u> **문서들을** 보존하고 있는)

➡️ "문서들"이라는 의미를 가진 남성형 복수 형태의 명사가 필요한 빈칸이다. 의미상으로도 문법적으로도 적합한 옵션은 "documentos"가 유일하다.

정답 c) documentos

> **오답 포인트** a) documentales
> 1️⃣ 이 옵션도 마찬가지로 남성형 복수 명사이긴 하나, "기록 영화" 또는 "다큐멘터리"라는 의미로 사용되기 때문에 해당 빈칸에는 들어갈 수 없다.
>
> 2️⃣ 형용사로서 "문서의" 또는 "다큐멘터리의"라는 뜻으로 활용되기도 한다.
>
> b) documentación
> ➡️ "참고자료" 또는 "서류"의 뜻을 가진 집합 명사이기 때문에 의미적으로는 맞을 수 있으나, 빈칸 앞의 "los preciosos"와 성수일치가 어긋나므로 정답이 아니다.

36.

체크 포인트 "...completa esta plaza al este una espaciosa y bella casa particular que no **la** <u>afea</u>."
(동쪽으로는 **이 광장을** <u>절대 흉측하게 만들지 않는</u> 널찍하고 아름다운 개인 주택이 이 공간을 완성시킨다)

➡️ 해당 문장에서 동사 afear의 주어는 "casa particular"이며, 빈칸에 들어가는 목적격 대명사는 "esta plaza"를 대체한다.

➡️ 동사 afear 안에서 형용사 feo/a를 확인할 수 있으며, "~을 더럽히다" 또는 "~을 추하게 만들다"라는 의미를 갖고 있다.

➡️ 그렇다면 빈칸에 들어가야 하는 대명사는 여성형 단수 직접목적격 대명사이다.

정답 a) la

> **오답 포인트** b) le
> 1️⃣ 동사 afear는 목적어를 "~을" 구조로 받기 때문에, 간접 목적격 대명사는 들어갈 수 없다.
>
> 2️⃣ 직접목적격 대명사 대신 간접목적격 대명사를 사용하는 "leísmo" 현상은 DELE 시험의 문법 문제로는 등장하지 않는다는 것을 꼭 기억해두자.
>
> c) lo
> ➡️ 동사 afear는 직접목적어로 "esta plaza"를 받고 있으며, "el Alcázar"를 대체하고 있다고 오해하면 안 된다.

Tarea 4 Vocabulario

본문

aun: 심지어

arduo/a: 힘든, 험한

proponerse: ~하려고 하다

alcázar: 성, 왕궁

indescriptible: 말로 표현할 수 없는

bien que mal: 좋든 싫든

complacerse en + INF.: ~하는 것을 즐거워하다

respetable: 존경할 만한

decano: 최고참, 연장자

joya: 보석

patrimonio: 유산

gráfico/a: 생생한

minucioso/a: 세밀한, 자세한

retratar: 초상을 그리다, 정확히 묘사하다

extenderse hasta + 명: ~까지 이르다, 미치다

muro: 성벽

arruinado/a: 부서진, 망가진

recinto: 경내

oprimido/a: 억눌린

alzarse: 솟아나다

de trecho en trecho: 여기저기에

roble: 떡갈나무

arbusto: 덤불

apretar: 조이다

ahogarse: 숨이 막히다

miserablemente: 불쌍하게, 비참하게

carecer de + 명: ~이 부족하다, 없다

cuartel: 막사, 병영

cuadra: 마구간

plaza de armas: 연병장

cercado/a: 담장을 두른

fachada: 파사드, 건물의 정면 외벽

alinearse: (일직선으로) 나열되다

admirar: 감탄하게 하다

triunfo: 승리

anteceder a + 명: ~의 앞에 있다

grandioso/a: 장대한, 훌륭한

catedral: 대성당

lonja: 시장, 거래소

mercader: 상인

archivo: 고문서 보관소

muralla: 성벽

espacioso/a: 널찍한, 드넓은

afear: 추하게 만들다

63

실전 문제 1

Tarea 1

INSTRUCCIONES

A continuación va a leer un texto. Después, deberá contestar a las preguntas (1-6) y seleccionar la respuesta correcta (a/b/c).

Marque las opciones elegidas en la **Hoja de respuestas**.

La Suprema Corte de Justicia debatirá el futuro de los toros en México

Los toros en Ciudad de México es una cuestión que aún se encuentra en el aire. Desde mayo del año pasado se suspendieron las corridas de toros en la Plaza México y ahora la Suprema Corte de Justicia de la Nación discutirá en la Segunda Sala un proyecto para su reanudación.

En el contexto en el que se está celebrando el juicio en el cual se debate la prohibición definitiva de las corridas en la alcaldía Benito Juárez, donde se ubica la plaza de toros de la capital, en el año 2022 un juez federal prohibió provisionalmente los espectáculos taurinos en la Monumental. La organización Justicia Justa realizó una denuncia contra el Reglamento Taurino y la Ley para la Celebración de Espectáculos Públicos, amparándose la prohibición del maltrato animal por parte de la justicia federal. El magistrado Jonathan Bass aceptó a trámite la petición bajo el argumento de que la sociedad desea que se respete tanto la integridad física como emocional de todos los animales sin excepción.

Aquellos que defienden las corridas de toros, agrupados en la organización Tauromaquia Mexicana, argumentan que bajo esa premisa debería de prohibirse cualquier evento en el que participen animales y que, además, los toros de lidia no forman parte de ningún ecosistema que requiera de una protección especial, dado que son criados únicamente para formar parte de las corridas. José Saborit, director de la organización, señala que las ganaderías del toro bravo defienden el medioambiente y promueven el equilibrio entre el hombre, los animales y los ecosistemas.

Tauromaquia Mexicana, compuesta por matadores, ganaderos, empresarios y aficionados, denuncia que el cierre de la Plaza México ocasionará una pérdida de miles de empleos a nivel nacional. Jorge Cárdenas, presidente de la Asociación Nacional de

Criadores del Toro de Lidia en México, recalca que la industria taurina genera 6.900 millones de pesos al año, 80.000 puestos de trabajo directos, 146.000 indirectos y 800 millones de pesos en impuestos.

A pocas semanas de la corrida Guadalupana del 12 de diciembre, la fiesta grande de México, representantes de un lado y del otro buscan que la Suprema Corte diga la última palabra sobre la polémica. La disputa, iniciada por la ministra Yasmín Esquivel, podría llegar al pleno el día 6 de diciembre. Al respecto, ya existe en junio de 2022 el antecedente de la prohibición por parte de la Corte de considerar a los espectáculos taurinos y las peleas de gallos en el Estado de Nayarit como un bien inmaterial cultural.

Este supone el tercer intento de erradicar las corridas de toros en la Ciudad de México. Coahuila, Guerrero y Sonora ya las prohíben; mientras que han sido declaradas bien cultural e inmaterial en Aguascalientes, Guanajuato, Hidalgo, Michoacán, Querétaro, Tlaxcala y Zacatecas.

(Adaptado de https://elpais.com/mexico/2023-11-29)

PREGUNTAS

1. Las corridas de toros...
   a) se han prohibido en México.
   b) se encuentran paralizadas en Ciudad de México.
   c) se van a restablecer debido a un proyecto de La Suprema Corte de Justicia de la Nación.

2. En 2022 un juez federal...
   a) restringió temporalmente las corridas de toros.
   b) defendió en el tribunal que la ley del maltrato animal no se aplica a los toros.
   c) solicitó a la sociedad que respetara la integridad física y emocional de todos los animales.

3. Los defensores de las corridas de toros...

   a) han demandado a la organización Tauromaquia Mexicana.

   b) defienden que deberían prohibirse todos los eventos en los que participan animales.

   c) dicen que las ganaderías para criar toros para las corridas protegen el medioambiente.

4. El grupo de personas que defienden las corridas de toros...

   a) está en desacuerdo con toreros, criadores, empresarios y seguidores.

   b) denuncia que si cesan las actividades taurinas se perderán muchos trabajos.

   c) advierte que la industria del toro tiene contraída una deuda de 6.900 millones de pesos.

5. En el texto se menciona que...

   a) queda poco tiempo para una festividad importante en México.

   b) la ministra Yasmín Esquivel prefiere mantenerse al margen en esta cuestión.

   c) no existe ningún antecedente de abolición de espectáculos con animales en el país.

6. En México...

   a) nunca se ha intentado prohibir las corridas de toros.

   b) existen estados en los que ya se han abolido las corridas de toros.

   c) las corridas de toros son consideradas un bien cultural e inmaterial en todos los estados.

❖ Notas

Tarea 2

PREGUNTAS

		A. PAULA	B. SERGIO	C. LOURDES	D. DANIEL
7.	¿Quién descubrió a qué quería dedicarse gracias a un familiar?				
8.	¿Quién dice que siempre tuvo claro qué quería estudiar?				
9.	¿Quién pensaba que el trabajo sería diferente?				
10.	¿Quién hizo una prueba de aptitud durante la educación secundaria?				
11.	¿Quién descubrió su vocación viendo la televisión?				
12.	¿Quién expone que un familiar le recomendó que estudiara otra cosa?				
13.	¿Quién sintió presión por parte de su familia para elegir una profesión?				
14.	¿Quién tuvo su primera oportunidad laboral a raíz de que una persona se accidentó?				
15.	¿Quién se arrepiente de haber elegido su profesión?				
16.	¿Quién no sabía qué quería estudiar?				

TEXTOS

A. PAULA

Yo no tenía muy claro qué quería estudiar y desde pequeña se me han dado bien casi todas las asignaturas, pero nunca había tenido preferencia por un campo en concreto. Realicé el test de vocación profesional de mi bachillerato, pero me salían demasiadas opciones, así que no me terminaba de decidir. Al final, elegí estudiar Biología. Mi padre insistía en que estudiara algo relacionado con Informática en vez de esta ciencia porque no me imaginaba trabajando en un laboratorio y pensaba que podría tener una mayor estabilidad económica en este campo, pero no le hice caso. La carrera fue apasionante y aprendí muchas cosas interesantes, pero no puedo decir que esté igual de contenta con mi vida laboral. Hay muy pocos puestos, casi todos requieren una especialización muy alta, la remuneración tampoco es para echar cohetes y hasta ahora solo he conseguido contratos temporales. Me temo que mi padre tenía razón...

B. SERGIO

En mi familia, todos son abogados, así que la expectativa era que yo estudiara lo mismo y me incorporara al bufete familiar. Pero es que a mí no me gustan nada las leyes ni tampoco me entusiasma tener que pasar horas y horas analizando una pila enorme de documentos, así que nunca me he visto haciéndolo en el futuro. Hablé con mis padres y les dije que lo que a mí me gustaba realmente eran los animales, por lo que quería estudiar Veterinaria. Al principio no se lo tomaron bien y creo que se sintieron decepcionados conmigo, pero al final terminaron aceptándolo y apoyándome. Después de eso, estudié la carrera y comencé a trabajar. La verdad es que tenía una idea distinta de lo que supondría el trabajo y no podía imaginar que fuera tan agotador, sobre todo cuando toca hacer guardias, pero de todas formas estoy satisfecho.

C. LOURDES

Desde bien jovencita supe que quería ser criminóloga. Me encantaban las series de asesinatos y resolución de crímenes que echaban por la tele. Las veía todas y siempre soñaba con ser uno de los investigadores a los que se les asignaba un caso. Siempre he encontrado fascinante entrar en la mente del criminal, ver cómo ha llegado a ser quien es, cuáles son las circunstancias en las que se desarrolló y qué se puede hacer para prevenir que vuelva a ocurrir una situación parecida. Aunque he visto escenas escabrosas que me han hecho perder mi fe en la humanidad en un par de ocasiones, creo que el ser humano, en general, es bueno por naturaleza y que las circunstancias de una persona pueden convertirla en alguien sin conciencia ni moral, por lo que considero que el amor y la educación son la clave para que un individuo se desarrolle debidamente.

D. DANIEL

A mí nunca me ha gustado estudiar y no tenía ninguna intención de ir a la universidad porque tampoco es que hubiera nada que me llamara la atención ahí. Sin embargo, sí que me parecía interesante el mundo de la interpretación, ya que tenía un tío que era actor y a veces me llevaba a sus ensayos en el teatro. Me encantaba ver cómo los intérpretes se transformaban según la obra encima del escenario. Un día, se quedó vacante un pequeño papel en una función de mi tío porque el actor tuvo un percance que lo mantuvo dos semanas sin poder caminar y la compañía me preguntó si quería intentarlo. Yo, por supuesto, dije sin pensarlo que sí. Desde entonces me he formado mediante diferentes cursos y talleres, pero sobre todo por mi cuenta, practicando mucho y escuchando los consejos de mi tío. Él es mi gran guía y le estoy muy agradecido.

Tarea 3

INSTRUCCIONES

Lea el siguiente texto, del que se han extraído seis fragmentos. A continuación lea los ocho fragmentos propuestos (A-H) y decida en qué lugar del texto (17-22) hay que colocar cada uno de ellos.

HAY DOS FRAGMENTOS QUE NO TIENE QUE ELEGIR.

Marque las opciones elegidas en la **Hoja de respuestas**.

Los menores de 17 años podrán conducir con acompañante y el carnet de coche ya no servirá para conducir motos de baja cilindrada

El Gobierno permitirá a los menores de 17 años conducir si van acompañados por un adulto mayor de 24 años con carnet de conducir y al menos cinco años de experiencia. **17.** _____ .

El ministro ha indicado que entre los 17 y los 18 años se podrá conducir un coche si se está acompañado de alguien mayor de 24 años con al menos cinco años de experiencia en la conducción. Además, ha resaltado que esta medida mejorará la capacitación de los conductores jóvenes. **18.** _____ , ha añadido.

Asimismo, Marlaska ha anunciado otra novedad: el carnet de coche B1 ya no permitirá conducir motocicletas de baja cilindrada ni ciclomotores. Los titulares de este carnet deberán realizar un curso obligatorio si desean manejar motos de hasta 125cc. **19.** _____ , ha señalado, aunque sin especificar en qué consistirá el curso ni cuánto tiempo durará.

Además, la DGT actualizará los cursos de recuperación de puntos para los conductores que los hayan perdido, añadiendo un perfil específico para motoristas con programas de conducción segura y eficiente. **20.** _____ .

Marlaska también ha señalado que la DGT aumentará los controles de alcoholemia y drogas en un 10% este año. "En este país, el alcohol y las drogas siguen siendo un problema en la conducción, por lo que vamos a intensificar los controles preventivos", ha enfatizado. **21.** _____ , ha detallado.

El ministro del Interior ha rechazado implementar medidas como la prohibición de fumar dentro de los vehículos o aumentar el límite de velocidad en autopistas a 130 km/h, como sucede en Francia e Italia. **22.** _____ .

(Adaptado de https://www.20minutos.es/noticia/5206132/0)

FRAGMENTOS

A. "Esta medida se ha implantado ya en países como Francia o Alemania con buenos resultados para la seguridad vial porque permite que una persona joven acumule kilómetros de experiencia antes de conducir sola"

B. Estas medidas pretenden reducir la siniestralidad causada por el consumo de alcohol y la posterior conducción

C. "Llegaremos a los 6 millones de controles de alcoholemia al año y a los 120.000 controles de drogas"

D. Sin embargo, los resultados son algo desalentadores considerando las estimaciones previas de la DGT

E. Del mismo modo, ha insistido en que el Gobierno no contempla implantar peajes en las autovías porque "los presupuestos ya incluyen partidas para el mantenimiento en la red vial"

F. Así lo ha anunciado este jueves el ministro del Interior, Fernando Grande-Marlaska, en la sede de la DGT durante la presentación del balance de seguridad vial de 2023

G. "Entendemos que para conducir una moto tiene que haber un conocimiento previo de ese vehículo que, evidentemente, no tiene nada que ver con uno de cuatro ruedas"

H. Asimismo, a los motoristas también se les impondrá "el uso obligatorio de casco integral y guantes homologados en carretera"

Tarea 4

Doña Rosa va y viene por entre las mesas del Café, tropezando a los clientes con su tremendo trasero. Doña Rosa dice con frecuencia "leñe" y "nos ha merengao". Para doña Rosa, el mundo **23.** _____ su Café, y alrededor de su Café, todo lo demás. Hay **24.** _____ dice que a doña Rosa le brillan los ojillos cuando viene la primavera y las muchachas empiezan a andar de manga corta. Yo creo que todo eso son habladurías: doña Rosa no **25.** _____ soltado jamás un buen amadeo de plata por nada de este mundo. Ni con primavera ni sin ella.

A doña Rosa **26.** _____ le gusta es arrastrar su cuerpo pesado, sin más ni más, por entre las mesas. Fuma tabaco de noventa, cuando está a solas, y bebe ojén, buenas copas de ojén, desde que se levanta hasta que se acuesta. Después tose y sonríe. Cuando está de buenas, **27.** _____ sienta en la cocina, en una banqueta baja, y lee novelas y folletines, **28.** _____ más sangrientos, mejor: todo alimenta. Entonces le gasta bromas a la gente y les cuenta el crimen de la calle de Bordadores o el del expreso de Andalucía.

– El padre de Navarrete, que era amigo del general don Miguel Primo de Rivera, lo **29.** _____ a ver, se plantó de rodillas y le dijo: "Mi general, indulte usted a mi hijo, por amor de Dios"; y don Miguel, **30.** _____ tenía un corazón de oro, le respondió: "Me es imposible, amigo Navarrete; su hijo tiene que expiar sus culpas en el garrote".

– ¡Qué tíos! – piensa – ¡Hay que tener riñones!

Doña Rosa tiene la cara llena de manchas, parece que está siempre mudando la piel **31.** _____ un lagarto. Cuando está pensativa, se distrae y se saca virutas de la cara, largas a veces como tiras de serpentinas. Después vuelve a la realidad y se pasea otra vez, para arriba y para bajo, sonriendo a los clientes, **32.** _____ odia en el fondo, con sus dientecillos renegridos, llenos de basura.

Don Leonardo Meléndez debe seis mil duros a Segundo Segura, el limpia. El limpia, que es un grullo, que es igual que un grullo raquítico y entumecido, **33.** _____ ahorrando durante un montón de años para después prestárselo todo a don Leonardo. Le está bien empleado lo que **34.** _____ pasa.

Don Leonardo es un caradura que vive del sable y de planear negocios que después nunca salen. No es que salgan mal, no; **35.** _____ , simplemente, no salen, ni bien ni mal. Don Leonardo lleva unas corbatas muy lucidas y se da fijador en el pelo, un fijador **36.** _____ perfumado que huele desde lejos. Tiene aires de gran señor y un aplomo inmenso, un aplomo de hombre muy corrido.

(Adaptado de "La Colmena" de Camilo José Cela)

OPCIONES

23.	a) es	b) está	c) tiene
24.	a) el que	b) quien	c) quienes
25.	a) ha	b) había	c) hubiera
26.	a) lo que	b) la que	c) el que
27.	a) se	b) le	c) lo
28.	a) cuantos	b) cuando	c) cuanto
29.	a) fue	b) fuera	c) iba
30.	a) pero	b) aunque	c) sin embargo
31.	a) igual	b) cual	c) como
32.	a) al que	b) a quien	c) a los que
33.	a) estuvo	b) estaba	c) está
34.	a) se	b) lo	c) le
35.	a) es que	b) en cambio	c) asimismo
36.	a) más	b) muy	c) poco

Tarea 1

La lucha en el Amazonas

Durante los últimos 25 años, aproximadamente unas 1.600 personas han sido asesinadas en Brasil debido a conflictos relacionados con la explotación de la tierra. Estas muertes han quedado impunes, puesto que solo uno de los asesinos se encuentra en prisión actualmente.

En torno a 2.000 activistas que luchan por la conservación de la selva amazónica viven hoy bajo la amenaza de los "*pistoleiros*". Entre ellos se encuentra Sonia Bonê Guajajara, vicepresidenta de la COIAB (Coordinación de Organizaciones Indígenas de la Amazonia Brasileña). Esta es la principal organización de defensa de los derechos de los indígenas y representa a unos 450.000 individuos de este grupo.

Sonia es una de las representantes del pueblo Guajajara, donde solo quedan 22.000 personas distribuidas en 16 tribus localizadas en el Estado amazónico de Maranhao. La vicepresidenta de la COIAB destaca que los lugareños están confrontados por el problema de la explotación ilegal de las riquezas naturales, ya se trate de madera o de animales a través de la pesca y la caza, lo que resulta en la total devastación de la selva a causa de la deforestación y en la drástica disminución de biodiversidad en comparación a varias décadas atrás.

La población indígena superaba los cinco millones de personas cuando los europeos llegaron a Brasil hace cinco siglos, pero hoy en día solo quedan unos 700.000, lo que supone el 0,3% de la población de Brasil. La mayoría vive en tierras delimitadas por el gobierno.

Si bien la Constitución Brasileña otorga el usufructo exclusivo de la tierra a los pueblos que viven en los 110 millones de hectáreas catalogadas como "tierras tradicionalmente ocupadas por los indios", la realidad es que este derecho constitucional se encuentra amenazado por proyectos agropecuarios, hidroeléctricos y mineros.

Sonia denuncia que día a día los indígenas son expulsados de sus tierras debido a la instalación de empresas en sus pueblos, por lo que el principal combate de los pueblos de Maranhao tiene que ver con la protección de su territorio. Para poder mejorar otras áreas como la educación o la sanidad primero es necesario garantizar algo básico como tener un lugar donde vivir.

Mientras Sonia discute con las autoridades, decenas de agricultores y ganaderos brasileños se manifiestan porque piensan que hay demasiadas tierras protegidas en Brasil. La voz cantante la lleva la senadora y presidenta de la Federación brasileña para la Agricultura y la Ganadería, Katia Abreu.

Katia expone que de los 850 millones de hectáreas explotables que hay en Brasil solo 230 (menos del 30%) se destinan a la producción de arroz, frijoles, soja, maíz y carne, convirtiéndose en el único país del planeta que renuncia a sus tierras fértiles y a producir más alimentos.

La Amazonia, que abarca el 60% del territorio de Brasil, contribuye con solo el 8% del PIB nacional. Sin embargo, para las comunidades indígenas, la conciencia de su identidad es razón suficiente para reivindicar la propiedad de las tierras que han ocupado tradicionalmente, independientemente de estas cifras económicas.

(Adaptado de https://es.euronews.com/2012/02/01/lucha-en-el-corazon-del-amazonas)

PREGUNTAS

1. A lo largo de los últimos 25 años...
   a) muchos activistas de la selva amazónica han amenazado a los "*pistoleiros*".
   b) muchas personas han perdido la vida debido a labores de explotación de la tierra.
   c) se ha matado a muchas personas cuyos criminales no han sido castigados por la justicia.

2. Sonia Bonê Guajajara...

a) es la presidenta de la COIAB.

b) dice que en el pueblo Guajajara solo queda la decimosexta parte de la población.

c) denuncia que se llevan a cabo actividades ilícitas que están destrozando la selva amazónica.

3. La población indígena en Brasil...

a) posee el usufructo de las tierras que habita.

b) era escasa cuando llegaron los europeos a Brasil.

c) vive mayoritariamente en áreas próximas al gobierno.

4. Una de las situaciones que denuncia Sonia es...

a) el desalojo de los indígenas de su territorio.

b) la creación de empresas por parte de los indígenas.

c) la protección de la educación y la sanidad del territorio.

5. Quienes defienden que hay demasiadas tierras protegidas en Brasil...

a) están liderados por Katia Abreu.

b) son todos los agricultores y ganaderos de Brasil.

c) alegan que Brasil utiliza más del 30% de sus hectáreas explotables para la producción alimentaria.

6. La Amazonia...

a) aporta la mayor parte del PIB del país.

b) constituye más de la mitad de la superficie de Brasil.

c) alberga cada vez a más comunidades indígenas en sus tierras.

❖ Notas

Tarea 2

PREGUNTAS

		A. MARIANO	B. ALICIA	C. RAÚL	D. NEREA
7.	¿Quién menciona que su madre es su amistad más cercana?				
8.	¿Quién dice que su madre es dura y poco cariñosa?				
9.	¿Quién comenta que practica su profesión con su madre?				
10.	¿Quién afirma que su madre tiene problemas del consumo de drogas y alcohol?				
11.	¿Quién opina que algunas mujeres no deberían ejercer la maternidad?				
12.	¿Quién expone que su madre quiere que herede su empresa en el futuro?				
13.	¿Quién menciona que ha crecido con otro familiar distinto a su madre?				
14.	¿Quién comenta que su madre es personal sanitario?				
15.	¿Quién dice que sufre malos tratos por parte de su madre?				
16.	¿Quién afirma que toda la familia de su madre tiene el mismo carácter?				

TEXTOS

A. MARIANO

Yo siento una completa admiración por mi madre. Y es que no solamente es mi maestra de vida, sino también de negocios. Trabajamos juntos desde que yo terminé la carrera en una empresa de exportación internacional que ella creó. Aunque mi padre siempre le ha echado una mano, lo cierto es que ella es la persona a cargo de la mayoría de las tareas y ha aprendido a ser polifacética. Con el tiempo, ella me ha ido enseñando todo lo que sabe para que yo me pueda involucrar más, ya que su idea es que yo me haga cargo de la empresa cuando ella se jubile. También, he podido ahorrar algo de dinero trabajando con ella y he invertido mis ganancias en la empresa, ya que llevábamos tiempo queriendo implementar unas mejoras, sobre todo en *software*. Así que se podría decir que ahora somos socios oficialmente.

B. ALICIA

La verdad es que yo no soy de esas que se llevan bien con su madre. ¿Quién podría tener una buena relación con alguien que solamente te critica, te ridiculiza delante de los demás, te infravalora e, incluso, te agrede a veces sin motivo? Eso es lo que yo he recibido de mi madre desde pequeña. Puede que muchos de estos comportamientos sean debidos a sus adicciones, pero igual no tiene justificación. Creo que algunas mujeres simplemente no deberían ser madres. Menos mal que, al menos, siempre he podido contar con mi abuela paterna, que es quien realmente me ha criado. Tengo que reconocer que siempre se ha volcado conmigo y me ha ayudado en todo lo que ha estado en su mano, lo cual le agradezco de corazón. La verdad es que no sé en qué me hubiera convertido si solamente hubiera tenido como modelo en la vida a mi madre. Quizá sería como ella...

C. RAÚL

Muchas personas dicen tener madres dulces, cariñosas o atentas, pero este no es precisamente mi caso. La vez que mi madre ha sido más dulce conmigo fue cuando gané un premio por escribir un ensayo y me felicitó diciéndome que no lo había hecho mal. Y es que los cumplidos no son su fuerte. Ni tampoco eso de decirme cuando salgo de casa que me lleve el abrigo por si hace frío o el paraguas por si llueve, ya que ella considera que es algo que debo de saber porque soy adulto. La verdad es que es bastante exigente y fría a veces, pero creo que simplemente se debe a que no sabe expresarse. En su familia están todos cortados por el mismo patrón y las cenas de Navidad consisten en competiciones para ver quién es más exitoso en su carrera. Pero no me cabe la menor duda de que me quiere.

D. NEREA

¿Qué puedo decir de mi madre? No solamente estoy en este mundo gracias a ella, sino que es mi confidente, mi consejera, mi mejor amiga... ¡mi todo! Desde muy pequeña, siempre nos hemos contado todo y hemos aprendido mucho la una de la otra. Siempre ha razonado conmigo como si fuera una adulta y me ha enseñado a luchar por mis sueños. En mi casa nunca han faltado valores como el respeto, la empatía y la comprensión. Creo que no hubiera llegado a ser quien soy si no hubiera sido por ella, ya que siempre ha estado a mi lado, apoyándome con una sonrisa. Además, también puedo contar con ella siempre que me duele algo porque es enfermera, lo cual es otra gran ventaja. No puedo imaginarme viviendo lejos de ella y la idea de que algún día me falte es tan dolorosa que no quiero ni planteármelo.

Tarea 3

La *NASA* revela el contenido del asteroide Bennu

El pasado martes, la *NASA* anunció oficialmente que una porción del asteroide Bennu, un cuerpo celeste con una antigüedad de 4.500 millones de años, que fue traída a la Tierra, contiene moléculas de agua y una cantidad significativa de carbono. **17.** _____ .

Por vez primera en su trayectoria, la *NASA* ha conseguido traer a la Tierra una muestra de un asteroide, una hazaña que se esperaba que pudiera arrojar conocimientos únicos sobre los orígenes de la vida y la gestación del sistema solar hace alrededor de 4.500 millones de años. La misión, denominada Osiris-Rex, recolectó materiales de los restos del asteroide Bennu. **18.** _____ .

19. _____ , las investigaciones iniciales han arrojado resultados que han confirmado la presencia tanto de material rico en carbono como de minerales arcillosos con contenido de agua. **20.** _____ .

El impresionante éxito de la misión Osiris-Rex representa un punto de inflexión importante en la exploración del espacio al ofrecer una perspectiva singular sobre los misterios relacionados con la formación del sistema solar y la probable influencia de los asteroides en la aparición de la vida en nuestro planeta.

La agencia espacial señala que, aunque se requiere una investigación adicional para comprender completamente la composición de los compuestos de carbono hallados, este hallazgo inicial representa una prometedora pista para futuros análisis de la muestra del asteroide. **21.** _____ : cómo se formó nuestro sistema solar, cómo se pudieron sembrar en la Tierra los materiales precursores de la vida y qué precauciones deben tomarse para evitar colisiones de asteroides con la Tierra.

De acuerdo con el director de la *NASA*, Bill Nelson, "misiones como Osiris-Rex ampliarán nuestra comprensión de los asteroides que podrían representar una amenaza para la Tierra, al mismo tiempo que nos ofrecen una visión de lo que podría existir más allá". **22.** _____ .

(Adaptado de https://www.publico.es/ciencias)

FRAGMENTOS

A. Es decir, sin estos elementos no sería posible la vida en la Tierra

B. Tras un viaje de siete años, la cápsula de la *NASA* que contenía las muestras del asteroide Bennu aterrizó en el desierto de Utah (Estados Unidos) el pasado 24 de septiembre

C. Según Dante Lauretta, investigador principal de la misión, esto "nos encamina a la comprensión no solo de nuestro vecindario celestial sino también del potencial para el comienzo de la vida"

D. Es por ello que la *NASA* preservará, al menos, el 70% de la muestra en el Centro Espacial Johnson de Houston para futuras investigaciones por parte de científicos de todo el mundo

E. Los estudios que se llevarán a cabo en las próximas décadas ofrecerán información sobre varios aspectos

F. Tras separar cuidadosamente los fragmentos de material rocoso que encontraron no solo dentro de la cápsula sino en el exterior, en torno a la tapa, y en el fondo

G. Estos son los componentes básicos para la vida en nuestro planeta

H. No obstante, la *NASA* denuncia que no ha percibido toda la financiación prometida originalmente por el Gobierno

Tarea 4

INSTRUCCIONES

Lea el texto y rellene los huecos (23-36) con la opción correcta (a/b/c).

Marque las opciones elegidas en la **Hoja de respuestas**.

Para esa época, Melquíades **23.** _____ con una rapidez asombrosa. En sus primeros viajes parecía tener la misma edad de José Arcadio Buendía. Pero mientras **24.** _____ conservaba su fuerza descomunal, que le permitía derribar un caballo agarrándolo por las orejas, el gitano parecía estragado por una dolencia tenaz. **25.** _____ , en realidad, el resultado de múltiples y raras enfermedades contraídas en sus incontables viajes alrededor del mundo. Según él mismo **26.** _____ contó a José Arcadio Buendía mientras lo ayudaba a montar el laboratorio, la muerte **27.** _____ seguía a todas partes, husmeándole los pantalones, pero sin decidirse a darle el zarpazo final. Era un fugitivo de cuantas plagas y catástrofes habían flagelado al género humano. Sobrevivió a la pelagra en Persia, al escorbuto en el archipiélago de Malasia, a la lepra en Alejandría, al beriberi en el Japón, a la peste bubónica en Madagascar, al terremoto de Sicilia y a un naufragio multitudinario en el estrecho de Magallanes.

Aquel ser prodigioso que decía poseer las claves de Nostradamus, era un hombre lúgubre, envuelto **28.** _____ un aura triste, con una mirada asiática que parecía conocer el otro lado de las cosas. Usaba un sombrero grande y negro, **29.** _____ las alas extendidas de un cuervo, y un chaleco de terciopelo patinado por el verdín de los siglos. Pero **30.** _____ su inmensa sabiduría y de su ámbito misterioso tenía un peso humano, una condición terrestre que lo mantenía enredado en los minúsculos problemas de la vida cotidiana. Se quejaba de dolencias de viejo, sufría por los más insignificantes percances económicos y había dejado de reír desde **31.** _____ mucho tiempo, porque el escorbuto le había arrancado los dientes.

El sofocante mediodía en que reveló sus secretos, José Arcadio Buendía **32.** _____ la certidumbre de que aquel era el principio de una gran amistad. Los niños se asombraron con sus relatos fantásticos. Aureliano, **33.** _____ no tenía entonces más de cinco años, había de recordarlo por el resto de su vida como lo vio aquella tarde, sentado contra la claridad metálica y reverberante de la ventana, alumbrando con su profunda voz de órgano los territorios más oscuros de la imaginación, mientras chorreaba por sus sienes la grasa derretida por el calor. José Arcadio, su hermano mayor, había de transmitir aquella imagen maravillosa, como un recuerdo hereditario, a toda su descendencia. Úrsula, **34.** _____ , conservó un mal recuerdo de aquella visita, porque entró al cuarto en el momento en que Melquíades rompió por distracción un frasco de bicloruro de mercurio.

– Es el olor del demonio – dijo ella.

– En absoluto – corrigió Melquíades –. Queda **35.** _____ que el demonio tiene propiedades sulfúricas, y esto no es más que un poco de solimán.

Siempre didáctico, hizo una sabia exposición sobre las virtudes diabólicas del cinabrio, pero Úrsula no le hizo caso, **36.** _____ se llevó los niños a rezar. Aquel olor mordiente quedaría para siempre en su memoria, vinculado al recuerdo de Melquíades.

(Adaptado de "Cien años de Soledad" de Gabriel García Márquez)

OPCIONES

23. a) envejeció b) envejecía c) había envejecido

24. a) éste b) esto c) ésta

25. a) Es b) Era c) Fue

26. a) se b) le c) lo

27. a) lo b) le c) se

28. a) en b) a c) bajo

29. a) cual b) igual c) como

30. a) sin embargo b) a pesar de c) no obstante

31. a) hace b) hizo c) hacía

32. a) tuvo b) tuviera c) tendrá

33. a) que b) a quien c) lo que

34. a) asimismo b) en cambio c) en resumen

35. a) seguro b) cierto c) claro

36. a) por lo que b) sino que c) a pesar de que

실전 문제 1 해설

PRUEBA 1: COMPRENSIÓN DE LECTURA

Tarea 1					
1	2	3	4	5	6
b	a	c	b	a	b

지시문

다음 글을 읽고 문제(1–6)에 대한 정답(a/b/c)을 고르세요. 선택한 옵션을 **답안지**에 표시하세요.

멕시코 대법원이 투우 경기의 미래를 논의할 것이다

멕시코시티의 투우 경기는 아직 해결되지 않은 화제이다. 작년 5월부터 멕시코 광장의 투우 경기는 중단되었고, 현재 멕시코 대법원이 하원에서 투우 경기의 재개를 위한 프로젝트를 논의할 예정이다.

멕시코 수도의 투우 광장이 위치해 있는 베니토 후아레스 지역에서, 투우 경기의 전면 금지를 논의 중인 재판이 진행되고 있다. 이러한 상황에서, 2022년에 연방 법원 판사 한 명이 기념광장의 투우 행사를 임시적으로 금지했다. '공정한 정의' 단체는 투우 규정과 공공행사 진행 관련 법률에 대한 고발을 진행했는데, 연방 사법부 측의 동물 학대 금지법을 비호하는 입장이다. 조너선 바스 대법관은 이 청원을 공식 승인하였으며, 사회가 모든 동물들의 신체 및 정서적 온전함을 예외 없이 존중하길 바란다는 의견으로 보인다.

투우 경기를 지지하는 사람들은 멕시코 투우 단체에 속해 있다. 그들의 주장에 따르면, 그 전제로는 동물이 참여하는 행사는 모두 금지되어야 할 것이며, 투우용 황소들은 오로지 투우 경기를 위해 길러지므로 특별한 보호를 요구하는 생태계의 일부를 이루는 것이 아니다. 이 단체의 책임자인 호세 사보릿은 투우용 소 축산이 자연환경을 보호하고 인간, 동물 그리고 생태계 사이의 균형을 장려한다고 가리킨다.

투우사, 축산업자, 사업가 및 애호가들로 구성되어 있는 멕시코 투우 단체는 멕시코 광장의 폐쇄가 전국적으로 수천 개의 일자리 상실을 야기할 것이라고 고발한다. 멕시코 전국 투우용 황소 사육자 협회의 회장인 호르헤 카르데나스는 투우 산업이 매년 69억 페소의 수익을 발생시키고, 8만 개의 직접적인 일자리와 14만 6천 개의 간접적인 일자리를 창출하며, 8억 페소의 세금을 만들어낸다고 강조한다.

멕시코의 대축제인 12월 12일 과다루페의 성모의 날을 기리는 투우경기를 몇 주 남기지 않은 시점에서, 양측 대표자들은 이 논쟁에 대한 대법원의 최종 판결을 기다리고 있다. 야스민 에스키벨 장관에 의해 시작된 이 분쟁은 12월 6일 총회에 도달할 것이다. 이와 관련하여, 2022년 6월 대법원이 나야릿 주의 투우 및 투계 행사를 무형문화유산으로 여기는 것을 금지하는 선례가 이미 존재한다.

이번이 멕시코시티의 투우 경기를 근절시키려는 세 번째 시도이다. 코아우일라, 게레로와 소노라 주는 이미 투우 경기를 금지하는 반면, 아과아스칼리엔테스, 과나후아토, 이달고, 미초아칸, 케레타로, 틀락스칼라와 사카테카스 주에서는 무형문화유산으로 선언돼 있다.

1. 투우 경기는...

   a) 멕시코에서 금지되었다.

   b) 멕시코시티에서 중단되어 있다.

   c) 대법원의 한 프로젝트로 인해 복구될 것이다.

체크 포인트 　문단1

"Desde mayo del año pasado **se suspendieron** las corridas de toros en la Plaza México..."
(작년 5월부터 멕시코 광장의 투우 경기는 **중단되었고**)

정답 **b)** se encuentran paralizadas en Ciudad de México.

오답 포인트 　문단1

   a) "Los toros en Ciudad de México es una cuestión que <u>aún se encuentra en el aire</u>."
   (멕시코시티의 투우 경기는 <u>아직 해결되지 않은</u> 화제이다)

   c) "...ahora la Suprema Corte de Justicia de la Nación <u>discutirá</u> en la Segunda Sala <u>un proyecto para su reanudación</u>."
   (현재 멕시코 대법원이 하원에서 투우 경기의 <u>재개를 위한 프로젝트를 논의할 예정이다</u>)

2. 2022년에 한 연방 법원 판사가...

   a) 투우 경기를 일시적으로 통제했다.

   b) 법원에서 동물 학대법은 투우 황소들에 적용되지 않는다고 변호했다.

   c) 모든 동물들의 신체 및 정서적 온전함을 존중해달라고 사회에 요청했다.

체크 포인트 　문단2

"En el contexto en el que **se está celebrando el juicio en el cual se debate la prohibición definitiva de las corridas** en la alcaldía Benito Juárez, donde se ubica la plaza de toros de la capital, en el año 2022 un **juez federal prohibió provisionalmente los espectáculos taurinos** en la Monumental."
(멕시코 수도의 투우 광장이 위치해 있는 베니토 후아레스 지역에서, **투우 경기의 전면 금지를 논의 중인 재판이 진행되고 있다.** 이러한 상황에서, 2022년에 **연방 법원 판사 한 명이 기념광장의 투우 행사를 임시적으로 금지했다**)

정답 **a)** restringió temporalmente las corridas de toros.

오답 포인트 　문단2

   b) "La organización Justicia Justa realizó una denuncia contra el Reglamento Taurino y la Ley para la Celebración de Espectáculos Públicos, amparándose <u>la prohibición del maltrato animal por parte de la justicia federal</u>."
   ('공정한 정의' 단체는 투우 규정과 공공행사 진행 관련 법률에 대한 고발을 진행했는데, <u>연방 사법부 측의 동물 학대 금지법을 비호하는 입장이다</u>)
   ▶ 동물 학대 관련 법안에 대한 언급은 하지만, 법원에서 직접적으로 변론한 행위도 일어나지 않았으며 심지어 투우 황소들에 적용되지 않는다는 내용은 등장하지 않으므로 정답이 될 수 없다.

   c) "El magistrado Jonathan Bass aceptó a trámite la petición <u>bajo el argumento de que la sociedad desea que se respete tanto la integridad física como emocional de todos los animales sin excepción</u>."
   (조너선 바스 대법관은 이 청원을 공식 승인하였으며, <u>사회가 모든 동물들의 신체 및 정서적 온전함을 예외 없이 존중하길 바란다는 의견으로 보인다</u>)
   ▶ 이 대법관이 사회에 요청한 것이 아니라, 사회가 존중을 바라는 것으로 이해되기 때문에 정답이 아니다.

3. 투우 경기 옹호자들은...

   a) 멕시코 투우 단체를 고소했다.

   b) 동물이 참여하는 모든 행사들은 금지되어야 할 것이라고 변론한다.

   c) 투우 경기를 위한 황소를 기르는 축산업은 자연환경을 보호한다고 말한다.

체크 포인트 `문단3`

> "José Saborit, director de la organización, señala que **las ganaderías del toro bravo defienden el medioambiente** y promueven el equilibrio entre el hombre, los animales y los ecosistemas."
> (이 단체의 책임자인 호세 사보릿은 **투우용 소 축산이 자연환경을 보호하고** 인간, 동물 그리고 생태계 사이의 균형을 장려한다고 가리킨다)

정답 **c)** dicen que las ganaderías para criar toros para las corridas protegen el medioambiente.

오답 포인트 `문단3`

a) "Aquellos que defienden las corridas de toros, agrupados en la organización Tauromaquia Mexicana..."
(투우 경기를 지지하는 사람들은 멕시코 투우 단체에 속해 있다)

b) "...argumentan que bajo esa premisa debería de prohibirse cualquier evento en el que participen animales..."
(그들의 주장에 따르면, 그 전제로는 동물이 참여하는 행사는 모두 금지되어야 할 것이며)
➡ 투우 경기 옹호자들이 실제로 동물이 참여하는 모든 행사의 금지를 요구하는 것이 아니라, 두 번째 문단 마지막에 등장하는 "사회가 모든 동물들의 신체 및 정서적 온전함을 예외 없이 존중하길 바란다는 의견"을 "그 전제"로 받으며 이에 대한 비판적인 반응으로 봐야 한다.

---

4. 투우 경기를 지지하는 단체는...

   a) 투우사, 사육사, 사업가 및 지지자들과 의견이 다르다.

   b) 투우 활동이 끝난다면 많은 일자리가 사라질 것이라고 알린다.

   c) 투우 산업이 69억 페소의 빚을 진 상태라고 경고한다.

체크 포인트 `문단4`

> "...denuncia que el cierre de la Plaza México ocasionará **una pérdida de miles de empleos** a nivel nacional."
> (멕시코 광장의 폐쇄가 전국적으로 **수천 개의 일자리 상실**을 야기할 것이라고 고발한다)

정답 **b)** denuncia que si cesan las actividades taurinas se perderán muchos trabajos.

오답 포인트 `문단4`

a) "Tauromaquia Mexicana, compuesta por matadores, ganaderos, empresarios y aficionados..."
(투우사, 축산업자, 사업가 및 애호가들로 구성되어 있는 멕시코 투우 단체)

c) "...la industria taurina genera 6.900 millones de pesos al año..."
(투우 산업이 매년 69억 페소의 수익을 발생시키고)

5. 텍스트에서는 …라고 언급한다.

    a) 멕시코의 중요한 축제일이 얼마 남지 않았다

    b) 야스민 에스키벨 장관은 이 문제에 있어서 엮이지 않으려고 한다

    c) 멕시코에는 동물과 함께 하는 행사의 폐지 선례가 존재하지 않는다

체크 포인트 문단5

"**A pocas semanas** de la corrida Guadalupana del 12 de diciembre, **la fiesta grande de México…**"
(**멕시코의 대축제**인 12월 12일 과다루페의 성모의 날을 기리는 투우경기를 **몇 주 남기지 않은 시점에서**)

정답 **a)** queda poco tiempo para una festividad importante en México.

오답 포인트 문단5

    b) "La disputa, iniciada por la ministra Yasmín Esquivel…"
    (야스민 에스키벨 장관에 의해 시작된 이 분쟁은)

    c) "…ya existe en junio de 2022 el antecedente de la prohibición por parte de la Corte de considerar a los espectáculos taurinos y las peleas de gallos en el Estado de Nayarit como un bien inmaterial cultural."
    (2022년 6월 대법원이 나야릿 주의 투우 및 투계 행사를 무형문화유산으로 여기는 것을 금지하는 선례가 이미 존재한다)

6. 멕시코에서는…

    a) 단 한 번도 투우 경기를 금지하려는 시도가 없었다.

    b) 이미 투우 경기가 폐지된 주가 존재한다.

    c) 투우 경기는 모든 주에서 무형문화유산으로 여겨진다.

체크 포인트 문단6

"Coahuila, Guerrero y Sonora **ya las prohíben**…"
(코아우일라, 게레로와 소노라 주는 **이미** 투우 경기를 **금지하는** 반면)

정답 **b)** existen estados en los que ya se han abolido las corridas de toros.

오답 포인트 문단6

    a) "Este supone el tercer intento de erradicar las corridas de toros en la Ciudad de México."
    (이번이 멕시코시티의 투우 경기를 근절시키려는 세 번째 시도이다)

    c) "…han sido declaradas bien cultural e inmaterial en Aguascalientes, Guanajuato, Hidalgo, Michoacán, Querétaro, Tlaxcala y Zacatecas."
    (아과아스칼리엔테스, 과나후아토, 이달고, 미초아칸, 케레타로, 틀락스칼라와 사카테카스 주에서는 무형문화유산으로 선언돼 있다)
    ▶ 몇몇 주에서만 유산으로 인정되며 아예 투우 경기가 금지되어 있는 주도 여러 곳이므로 정답이 될 수 없다.

본문

제목

Suprema Corte de Justicia: 대법원

debatir: 토론하다, 논의하다

toro: 황소, (복수) 투우 경기

문단 1

en el aire: 미정인, 미해결의

suspenderse: 중지되다, 중단되다

corrida: 달리기, 질주, 투우

Segunda Sala: (양원제 입법부 중 상원이 아닌) 하원

reanudación: 재개

문단 2

alcaldía: 시, 시청, (멕시코에서) 도시의 지역

juez federal: 연방법원 판사

provisionalmente: 임시로, 일시적으로

espectáculo: 쇼, 행사, 공연

taurino/a: 황소의, 투우의

Plaza de Toros Monumental de Ciudad de México: 멕시코시티 투우 기념광장

denuncia: 신고, 소송, 고발

reglamento: 규정, 규율

amparar: 비호하다, 두둔하다

maltrato: 학대

justicia federal: 연방사법부

magistrado: 사법관, 대법관

aceptar a trámite: (절차상) 공식적으로 승인하다

petición: 요구, 청원

argumento: 의견, 주장, 논거

integridad: 완전성, 온전함

문단 3

tauromaquia: 투우, 투우 기술

premisa: 전제

lidia: 투우, 투쟁

ecosistema: 생태계

ganadería: 축산

toro bravo: 투우용 소

promover: 장려하다, 촉진하다

문단 4

matador/a: 투우사

ocasionar: 원인이 되다, 야기하다

recalcar: 강조하다, 강하게 말하다

문단 5

La Guadalupana: 과다루페의 성모

Guadalupano/a: 과다루페의 성모의 날을 기리는

polémica: 논점, 논쟁

disputa: 언쟁, 분쟁

ministro/a: 장관

pleno: 총회

antecedente: 전례, 선례

gallo: 수탉

bien: 재산, 부

inmaterial: 실체가 없는, 무형의

문단 6

erradicar: 뿌리뽑다, 근절시키다

declarar: 선언하다, 표명하다

paralizado/a: 마비된, 중단된

restablecer: 되돌리다, 회복시키다

restringir: 제한하다, 통제하다

tribunal: 재판소, 법원

aplicar: 적용하다, 응용하다

demandar: 소송하다, 고소하다

torero/a: 투우사

seguidor/a: 지지자, 팬

cesar: 그치다, 끝나다

contraer: (빚을) 지다

festividad: 축제 행사, 종교적인 축제일

mantenerse al margen de + 명: ~을 피하다

abolición: 폐지, 철폐

Tarea 2									
7	8	9	10	11	12	13	14	15	16
D	C	B	A	C	A	B	D	A	A

지시문

어떻게 전공을 선택하였는지 이야기하는 4명의 사람들의 글을 읽고 문제(7-16)와 텍스트(A, B, C 또는 D)를 연결하세요.
선택한 옵션을 **답안지**에 표시하세요.

A. 파울라

저는 무엇을 공부하고 싶었는지 확실하지 않았고, 어렸을 때부터 거의 모든 과목을 잘해왔지만 한 번도 구체적인 한 분야에 대한 선호도가 있었던 적이 없었어요. 고등학교에서 직업적성검사를 했지만 너무 많은 옵션이 나와서 결정을 내리는 것을 끝내지 못했습니다. 결국, 생물학 공부를 선택했죠. 저희 아버지는 이 학문 대신에 컴퓨터정보기술과 관련된 것을 공부하라고 강요하셨어요. 제가 연구소에서 일하는 것을 상상하지 못하셨고 이 분야에서는 더 높은 경제적 안정성을 가질 수 있을 것이라고 생각하셨기 때문이죠. 하지만 저는 아버지의 말을 따르지 않았어요. 전공과정은 감각적이었고 흥미로운 많은 것을 배웠어요. 하지만 직장 생활에 있어서도 똑같이 만족한다고 말할 수는 없습니다. 일자리가 너무 적고, 거의 모든 일자리가 너무 높은 전문화 기준을 요구해요. 보수는 내세울 만하지도 않고 지금까지는 계약직 자리만 구해봤네요. 저희 아버지의 말이 맞았을까 봐 걱정돼요...

B. 세르히오

저희 가족은 모두 변호사입니다. 그래서 기대된 것은 저도 같은 것을 공부하고 가족 로펌에 들어가는 것이었죠. 하지만 저는 법을 하나도 좋아하지 않고 산더미 같은 문서들을 몇 시간째 분석해야 하는 것에 열광하는 것도 아니거든요. 그래서 미래에도 그 일을 하는 제 자신의 모습이 그려지지 않았어요. 저는 부모님과 이야기를 나누었고 제가 정말 좋아하는 것은 동물이기 때문에 수의학을 공부하고 싶다고 말씀드렸어요. 처음에는 그것을 잘 받아들이지 못하셨고 저에게 실망하신 것 같았지만, 결국 인정하셨고 저를 지지하게 되셨어요. 그 이후에는, 전공을 공부했고 일을 하기 시작했습니다. 사실 이 일이 의미하는 것에 대해 다르게 생각했었고 이렇게 고될 것이라고 상상하지 못했어요. 특히 당직을 서야 할 때 말이죠. 하지만 어쨌든지 간에 만족하고 있습니다.

C. 루르데스

저는 아주 어렸을 때부터 범죄학자가 되고 싶다는 것을 알았어요. TV에 방영되는 살인사건과 범죄 해결 시리즈를 너무 좋아했죠. 하나도 빠뜨리지 않고 챙겨보곤 했고 사건을 맡게 되는 형사들 중 한 명이 되는 것을 항상 꿈꿨어요. 범인의 머릿속에 들어가서 어떻게 그런 사람이 되어버렸는지, 그가 어떤 배경에서 성장했는지, 그리고 비슷한 상황이 다시 발생하는 것을 방지하기 위해 무엇을 할 수 있는지 보는 것을 매력적이라고 항상 생각했습니다. 비록 몇 번은 인류에 대한 믿음을 잃게 만든 험악한 현장들도 본 적이 있지만, 일반적으로 인간은 천성적으로 선하며, 한 사람의 환경이 그를 양심도 도덕성도 없는 사람으로 만들 수 있다고 생각해요. 그래서 저는 사랑과 교육이 한 사람이 올바르게 성장하기 위한 정답이라고 여깁니다.

D. 다니엘

저는 한 번도 공부하는 것을 좋아한 적이 없었고 대학교에 갈 생각도 전혀 없었어요. 그곳에서 눈길이 가는 것이 하나도 없었기 때문이죠. 하지만, 연기의 세계는 단연 흥미로웠어요. 삼촌 한 분이 배우였는데, 극장에서 하는 리허설에 저를 가끔 데려가 주셨거든요. 무대 위에서 작품에 따라 어떻게 연기자들이 달라지는지 보는 것을 저는 너무 좋아했습니다. 하루는 삼촌의 공연에서 작은 역할 하나가 비어 있었어요. 해당 배우가 사고를 당해서 2주 동안 걸을 수 없었기 때문이었는데, 회사가 저에게 시도해 볼 건지 물어보더라고요. 당연히 저는 생각도 하지 않고 하겠다고 말했죠. 그때부터 저는 다양한 강좌와 워크숍을 통해서도 교육을 받았지만, 특히 혼자 힘으로 공부했어요. 많이 연습하고 삼촌의 조언들을 들으면서 말이에요. 그는 저의 멋진 지도자이고 그에게 정말 감사한 마음입니다.

7. 친척 덕분에 무엇에 종사할지 누가 알아냈습니까?

체크 포인트 "...me parecía interesante el mundo de la interpretación, ya que tenía <u>un tío que era actor y a</u>
<u>veces me llevaba a sus ensayos en el teatro.</u>"
(연기의 세계는 단연 흥미로웠어요. <u>삼촌 한 분이 배우였는데, 극장에서 하는 리허설에 저를 가끔 데려가 주셨거든요</u>)

정답 **D**. Daniel

오답 포인트 A. Paula
➡ 컴퓨터정보기술 공부를 강요하는 "아버지"라는 가족을 언급하지만, 그의 말을 따르지 않았기 때문에 정답이 될
수 없다.
B. Sergio
➡ 모든 "가족"이 변호사라고 말하지만, 결국 다른 전공을 선택하기 때문에 정답이 될 수 없다.

8. 무엇을 공부하고 싶었는지 항상 확실했다고 누가 말합니까?

체크 포인트 "Desde bien jovencita <u>supe</u> que quería ser criminóloga."
(저는 아주 어렸을 때부터 범죄학자가 되고 싶다는 것을 <u>알았어요</u>)

정답 **C**. Lourdes

오답 포인트 A. Paula
"Yo <u>no</u> tenía muy claro qué quería estudiar..."
(저는 무엇을 공부하고 싶었는지 확실하지 <u>않았고</u>)
➡ 문제와 똑같은 문장 구조가 등장하지만 부정문 형태이므로 혼동해서는 안 된다.

9. 일이 다를 것이라고 누가 생각했었습니까?

체크 포인트 "La verdad es que tenía <u>una idea distinta</u> de lo que supondría el trabajo..."
(사실 이 일이 의미하는 것에 대해 <u>다르게</u> 생각했었고)

정답 **B**. Sergio

10. 중고등교육 기간 동안 적성검사를 누가 해보았습니까?

체크 포인트 "Realicé <u>el test de vocación profesional</u> de mi bachillerato..."
(고등학교에서 <u>직업적성검사</u>를 했지만)

정답 **A**. Paula

11. 텔레비전을 보면서 자신의 천직을 누가 발견했습니까?

체크 포인트 "Me encantaban las series de asesinatos y resolución de crímenes que echaban por la tele. Las veía todas y siempre soñaba con ser uno de los investigadores a los que se les asignaba un caso."
(TV에 방영되는 살인사건과 범죄 해결 시리즈를 너무 좋아했죠. 하나도 빠뜨리지 않고 챙겨보곤 했고 사건을 맡게 되는 형사들 중 한 명이 되는 것을 항상 꿈꿨어요)

정답 **C**. Lourdes

오답 포인트 D. Daniel
➡ TV가 아닌 연극 작품 리허설과 공연을 구경하며 꿈을 키웠기 때문에 정답이 될 수 없다.

12. 가족 또는 친척 한 명이 다른 것을 공부하라고 권했다고 누가 설명합니까?

체크 포인트 "**Mi padre insistía** en que estudiara algo relacionado con Informática en vez de esta ciencia..."
(**저희 아버지는** 이 학문 대신에 컴퓨터정보기술과 관련된 것을 공부하라고 **강요하셨어요)**

정답 **A**. Paula

오답 포인트 B. Sergio
"...la expectativa era que yo estudiara lo mismo y me incorporara al bufete familiar."
(기대된 것은 저도 같은 것을 공부하고 가족 로펌에 들어가는 것이었죠)
➡ 가족 모두 변호사인 집안이라, 같은 분야를 공부하는 것에 대한 당연한 기대치가 있었다고 말한다. 하지만 원하는 전공과는 다른 분야의 공부를 직접적으로 권하는 행위에 대해서는 언급하지 않기 때문에 정답이 될 수 없는 옵션이다.

13. 직업을 선택할 때 가족이 주는 부담을 누가 느꼈습니까?

체크 포인트 "En mi familia, todos son abogados, así que **la expectativa era que yo estudiara lo mismo y me incorporara al bufete familiar.**"
(저희 가족은 모두 변호사입니다. 그래서 **기대된 것은 저도 같은 것을 공부하고 가족 로펌에 들어가는 것이었죠)**
➡ 사실 "presión"과 같은 강도의 의미이진 않지만, "expectativa"가 있었다는 것이 곧 부담이었다고 볼 수 있다. 처음부터 확신을 가지고 정답을 고르기에는 고민이 되는 부분이라면, 나머지 옵션들에서 아예 등장하지 않는 주제라는 것을 확인하고 제거법에 의해 선택해야 한다.

정답 **B**. Sergio

오답 포인트 A. Paula
➡ 오히려 아버지가 다른 공부를 강요하셨으나 그것을 무시하고 본인이 원하는 전공을 택했다고 말하기 때문에, "부담을 느끼다"에 해당하는 표현을 언급한 부분이 없다.

14. 다른 사람이 사고를 당한 것 때문에 첫 취업 기회를 누가 가지게 되었습니까?

체크 포인트 "Un día, se quedó vacante un pequeño papel en una función de mi tío porque **el actor tuvo un percance** que lo mantuvo dos semanas sin poder caminar y la compañía me preguntó si quería intentarlo."
(하루는 삼촌의 공연에서 작은 역할 하나가 비어 있었어요. **해당 배우가 사고를 당해서** 2주 동안 걸을 수 없었기 때문이었는데, 회사가 저에게 시도해 볼 건지 물어보더라고요)

정답 **D**. Daniel

---

15. 자신의 직업을 선택한 것을 누가 후회합니까?

체크 포인트 **1** "La carrera fue apasionante y aprendí muchas cosas interesantes, pero **no puedo decir que esté igual de contenta con mi vida laboral**."
(전공과정은 감격적이었고 흥미로운 많은 것을 배웠어요. 하지만 **직장 생활에 있어서도 똑같이 만족한다고 말할 수는 없습니다**)

2 "Me temo que mi padre tenía razón..."
(저희 아버지의 말이 맞았을까 봐 걱정돼요)

정답 **A**. Paula

오답 포인트 B. Sergio
"La verdad es que tenía una idea distinta de lo que supondría el trabajo y no podía imaginar que fuera tan agotador, sobre todo cuando toca hacer guardias, pero <u>de todas formas estoy satisfecho</u>."
(사실 이 일이 의미하는 것에 대해 다르게 생각했었고 이렇게 고될 것이라고 상상하지 못했어요. 특히 당직을 서야 할 때 말이죠. 하지만 <u>어쨌든지 간에 만족하고 있습니다</u>)
➡ 생각했던 것과는 다르다고 하지만 만족한다고 말하기 때문에 후회하는 것이 아니다.

---

16. 무엇을 공부할지 누가 몰랐었습니까?

체크 포인트 "Yo **no tenía muy claro** qué quería estudiar..."
(저는 무엇을 공부하고 싶었는지 **확실하지 않았고**)

정답 **A**. Paula

오답 포인트 D. Daniel
"A mí <u>nunca me ha gustado estudiar</u> y no tenía ninguna intención de ir a la universidad porque tampoco es que hubiera nada que me llamara la atención ahí."
(저는 <u>한 번도 공부하는 것을 좋아한 적이 없었고</u> 대학교에 갈 생각도 전혀 없었어요. 그곳에서 눈길이 가는 것이 하나도 없었기 때문이죠)
➡ 무엇을 공부할지 모르는 것과 아예 공부에 관심이 없는 것은 다르기 때문에 정답이 될 수 없다.

Tarea 2 Vocabulario

질문

a raíz de + 명/que 문장: ∼ 때문에

본문

A. 파울라

darse(le) bien: ∼을 잘하다

bachillerato: 중고등교육, 중고등학교

biología: (대문자 표기) 생물학과

informática: (대문자 표기) 컴퓨터정보기술학과

estabilidad: 안정성

hacer caso a + 명: ∼의 말에 귀 기울이다

apasionante: 감격적인, 황홀한

remuneración: 보수, 임금

cohete: 로켓, 폭죽, 불꽃놀이

no es para echar/tirar cohetes

: 자랑할 만하지 않다

temerse + que 직설법: ∼하는 것을 걱정하다

B. 세르히오

incorporarse a + 명

: ∼에 들어가다, 가입하다, 합해지다

bufete: 변호사의 사무소

entusiasmar: 열광시키다

pila: 무더기, 산더미

veterinaria: (대문자 표기) 수의학과

terminar + 현분: 결국 ∼하게 되다

agotador/a: 고갈시키는

guardia: 당직, 경비

C. 루르데스

bien + 형/부: 매우, 아주

criminólogo/a: 범죄학자

asesinato: 암살, 살인

resolución: 해결

crimen: 범죄, 범행

echar: 내보내다, 상연하다

asignar: 할당하다, 배정하다

criminal: 범인, 범죄자

escena: 장면, 광경, 현장

escabroso/a: 험악한, 거친

fe: 믿음, 신뢰

humanidad: 인류

un par de + 명: ∼의 한 쌍, 몇 개의

ser humano: 인간, 사람

por naturaleza: 천성적으로, 태어날 때부터

convertir: 바뀌게 하다, 변하게 하다

moral: 도덕(성)

individuo: 개인, 한 사람

D. 다니엘

interpretación: 해석, 연기

ensayo: 연습, 리허설

intérprete: 연기자, 연출자

transformarse: 달라지다, 변해버리다

obra: 작품

escenario: 무대

vacante: 공석의

función: 공연, 쇼

formarse: 교육을 받다, 양성되다

taller: 워크숍

por cuenta (propia): 스스로, 혼자 힘으로

guía: 안내인, 지도자

❖ Notas

Tarea 3					
17	18	19	20	21	22
F	A	G	H	C	E

지시문

6개의 문장이 발췌되어 있는 다음 글을 읽으세요. 8개의 제안된 문장(A–H)들을 읽어보고 각 문장이 어떤 빈칸(17–22)을 채워야 하는지 결정하세요. 선택할 필요 없는 2개의 문장이 있습니다. 선택한 옵션을 답안지에 표시하세요.

17세 미만 미성년자도 동행자가 함께 한다면 운전할 수 있을 것이며,
운전면허증은 저 배기량 오토바이 운전에 더 이상 적합하지 않을 것이다

정부는 운전면허증을 소지하고 최소 5년의 운전 경험이 있는 24세 이상 성인이 동행하는 17세 미만 미성년자들의 운전을 허용할 계획이다. **(17) F.** 교통부 본부에서 이번 주 목요일에 진행된 2023년도 교통안전 결산 보고에서, 페르난도 그란데–마를라스카 내무부 장관이 이렇게 알렸다.

이 장관은 최소 5년의 운전 경험이 있는 24세 이상 성인이 동행하는 17세와 18세 사이 청년들이 자동차 운전을 할 수 있을 것이라고 알렸다. 마찬가지로, 이 대책이 젊은 운전자들의 운전기능을 향상시킬 것이라고 강조했다. **(18) A.** "이 대책은 교통안전을 위해 이미 프랑스나 독일 같은 나라들에서 좋은 결과를 가지며 도입되었는데, 젊은 사람이 혼자 운전하기 전에 운전 경력을 쌓는 것을 허용하기 때문"이라고 그는 덧붙였다.

또한, 마를라스카 장관은 또 다른 소식을 알렸다. B1종 운전면허증은 저 배기량 오토바이나 원동기장치 자전거 운전을 더 이상 허용하지 않을 것이다. 125cc 이하 오토바이를 운전하고 싶다면, 해당 면허증 소지자들은 의무 교육을 이수해야 한다. **(19) G.** "오토바이를 운전하기 위해서는, 사륜구동 자동차와는 명백히 아무런 관계가 없는 이 차량 종류에 대한 사전 지식이 있어야 한다고 알고 있다"라고 장관이 언급했다. 그러나, 이 교육의 내용과 지속시간은 명시되지 않았다.

또한, 교통부는 교통 점수가 감점된 운전자들을 위한 교통 점수 회복 교육을 갱신할 것인데, 오토바이 운전자들을 대상으로 하는 안전하고 효율적인 운전 프로그램을 갖춘 구체적인 프로필을 추가할 예정이다. **(20) H.** 또한 "도로에서 표준규격 장갑과 풀 페이스 헬멧의 의무 착용"도 마찬가지로 오토바이 운전자들에게 강요될 것이다.

마를라스카 장관은 교통부가 올해 혈중 알코올 농도 및 마약 검사를 10% 증가시킬 것이라고 언급했다. "우리나라에서 술과 마약은 운전 관련 문제를 지속적으로 일으키고 있으므로, 예방적 차원의 검문을 강화할 것"이라고 강조했다. **(21) C.** "매년 6백만 번의 혈중 알코올 농도 검사와 12만 번의 마약 검사에 도달할 것"이라고 부연하여 설명했다.

내무부 장관은, 프랑스와 이탈리아와 같이, 차량 내 흡연을 금지하거나 고속도로 제한속도를 130km/h로 상향 조정하는 대책들의 시행을 거부했다. **(22) E.** 또한 정부는 자동차 전용도로의 톨게이트 설치를 검토하고 있지 않다고 주장했는데, "국가 예산이 이미 도로망 유지비를 포함하고 있기" 때문이다.

17.

체크 포인트 F. **Así lo ha anunciado** este jueves **el ministro del Interior, Fernando Grande-Marlaska**, en la sede de la DGT durante la presentación del balance de seguridad vial de 2023
(교통부 본부에서 이번 주 목요일에 진행된 2023년도 교통안전 결산 보고에서, **페르난도 그란데-마를라스카 내무부 장관이 이렇게 알렸다**)

➡️ 일반적으로 첫 번째 문단은 텍스트의 주제를 소개하는 부분으로, 17번 빈칸 앞에서도 "17세 미만 미성년자들의 운전을 허용"할 정부의 계획을 처음으로 언급하고 있다. 바로 뒤에는 이 내용이 언제, 어디에서, 누구에 의해 발표되었는지 설명하는 F 문장이 가장 어울린다.

➡️ 두 번째 문단에서부터 "el ministro", "Marlaska"가 여러 번 언급되는데, 텍스트에서는 이 인물에 대한 별도의 설명이 보이지 않는다. 이 "장관"이 내무부 장관이며, "마를라스카"는 이 장관의 성이라는 것을 첫 번째 문단에서 간단하게나마 소개할 필요가 있어 보이므로, F 문장이 제일 적절하다고 볼 수 있다.

정답 **F**

18.

체크 포인트 A. "**Esta medida** se ha implantado ya en países como Francia o Alemania con buenos resultados para la seguridad vial porque permite que una persona joven acumule kilómetros de experiencia antes de conducir sola"
(**이 대책은** 교통안전을 위해 이미 프랑스나 독일 같은 나라들에서 좋은 결과를 가지며 도입되었는데, 젊은 사람이 혼자 운전하기 전에 운전 경력을 쌓는 것을 허용하기 때문(이다))

➡️ 18번 빈칸 바로 앞에서 성인이 동행하는 청년들이 자동차 운전을 허용하는 대책에 대해 설명한다. 같은 주제의 흐름이 자연스럽게 이어지며 A 문장 시작의 "Esta medida"가 바로 앞 내용을 지칭하는 것을 확인할 수 있다.

➡️ 18번 빈칸 끝에 있는 쉼표와 바로 뒤에 등장하는 "ha añadido"가 해당 빈칸에는 따옴표 안에 있는 대화체가 들어가야 한다는 것을 알려주고 있다. 그렇다면, 사실상 가능성 있는 문장 옵션은 A, C, G 밖에 없으므로, 정답을 선택할 수 있는 확률이 높아진다.

정답 **A**

19.

체크 포인트 G. "Entendemos que para conducir una moto **tiene que haber un conocimiento previo** de ese vehículo que, evidentemente, no tiene nada que ver con uno de cuatro ruedas"
(오토바이를 운전하기 위해서는, 사륜구동 자동차와는 명백히 아무런 관계가 없는 이 차량 종류에 대한 **사전 지식이 있어야 한다**고 알고 있다)

➡️ 19번 빈칸 앞에서는 "오토바이 운전면허증 소지자들의 의무 교육 이수"에 대한 첫 언급을 하므로, 이 교육의 필요성을 설명하는 장관의 직접적인 설명이 등장하는 G 문장이 정답이다. 빈칸 뒤에서 교육 관련 자세한 정보는 없다는 마무리도 자연스럽게 이어진다.

➡️ 이 빈칸도 끝의 쉼표 표기와 "ha señalado" 표현이 따옴표 사이에 있는 대화체 문장을 요구하므로, A, C, G 문장 중 한 개를 선택해야 한다.

정답 **G**

20.

체크 포인트 H. **Asimismo**, a los motoristas **también** se les impondrá "el uso obligatorio de casco integral y guantes homologados en carretera"
(**또한** "도로에서 표준규격 장갑과 풀 페이스 헬멧의 의무 착용"도 **마찬가지로** 오토바이 운전자들에게 강요될 것이다)

➡️ 20번 빈칸이 속해 있는 네 번째 문단은 "motoristas"에 대한 정책 내용을 다룬다. 그러므로, 같은 오토바이 운전자들에 대한 규정 언급을 하며 "Asimismo"와 "también" 부사 사용을 하는 H 문장이 적합하다고 봐야 한다.

정답 H

21.

체크 포인트 C. "Llegaremos a los 6 millones de controles de **alcoholemia** al año y a los 120.000 **controles de drogas**"
(매년 6백만 번의 **혈중 알코올 농도 검사와** 12만 번의 **마약 검사**에 도달할 것(이다))

➡️ 21번 빈칸이 속해 있는 다섯 번째 문단의 주제가 "혈중 알코올 농도"와 "마약"이며, 검사를 증가시킬 예정이라고 언급하기 때문에 구체적인 정보를 추가하는 C 문장이 가장 적합하다.

➡️ 해당 빈칸도 바로 뒤의 쉼표 표기와 "ha detallado" 표현을 보고 따옴표 사이에 있는 대화체 문장을 선택해야 한다는 것을 놓쳐서는 안 된다.

정답 C

오답 포인트 B. Estas medidas pretenden reducir la siniestralidad causada por el consumo de alcohol y la posterior conducción
(이 대책들은 음주 후 운전으로 인한 사고 발생률을 줄이려고 한다)

➡️ "alcohol" 단어가 다섯 번째 문단에 들어갈 수 있는 단서로 보일 수 있고 사실상 내용의 흐름은 맞으나, 21번 빈칸의 구조상 대화체가 들어가야 하므로 B 문장을 제거하고 C 문장을 선택해야 한다.

22.

체크 포인트 E. **Del mismo modo**, ha insistido en que el Gobierno no contempla implantar peajes en las autovías porque "los presupuestos ya incluyen partidas para el mantenimiento en la red vial"
(**또한** 정부는 자동차 전용도로의 톨게이트 설치를 검토하고 있지 않다고 주장했는데, "국가 예산이 이미 도로망 유지비를 포함하고 있기" 때문이다)

➡️ 22번 빈칸이 속해 있는 여섯 번째 문단은 정부측에서 "거부한" 대책들을 언급한다. E 문장의 "Del mismo modo" 표현이 정부가 시행하지 않는 또 다른 대책 언급을 자연스럽게 이어준다.

정답 E

▣ 오답 문장 제거하기

☑ B. Estas medidas pretenden reducir la siniestralidad causada por el consumo de alcohol y la posterior conducción
(이 대책들은 음주 후 운전으로 인한 사고 발생률을 줄이려고 한다)

➡️ 내용만 고려한다면, 음주에 대해 언급하는 다섯 번째 문단에 들어갈 수 있는 유력한 문장이다. 하지만 구조상 C 문장이 더 적합하므로 최종적으로 제거해야 하는 함정이다.

☑ D. Sin embargo, los resultados son algo desalentadores considerando las estimaciones previas de la DGT
(그러나 교통부의 사전 추정을 고려한다면 결과는 조금 실망적이다)

➡️ "Sin embargo" 표현이 있긴 하지만, 텍스트에는 부정적인 결과에 대해 언급할 만한 빈칸과 이 내용에 대한 추가적 설명이 등장하는 부분을 찾아볼 수 없기 때문에 비교적 쉽게 제거할 수 있는 오답으로 봐야 한다.

제목
acompañante: 동행자
carnet de coche/conducir: 운전 면허증
cilindrada: 배기량

문단 2
indicar: 가리키다, 나타내다
resaltar: 두드러지게 하다, 강조하다
añadir: 첨가하다, 덧붙이다

문단 3
anunciar: 알리다, 통지하다
novedad: 뉴스, 소식
ciclomotor: 원동기장치 자전거
titular: 소지자, 명의인
manejar: 다루다, 운전하다
señalar: 가리키다, 지적하다
especificar: 명시하다, 구체적으로 쓰다
consistir en + 명: ~에 기반을 두다

문단 4
Dirección General de Tráfico (DGT): 국가교통부
motorista: 오토바이 운전자

문단 5
alcoholemia: 혈중 알코올 농도
droga: 마약
intensificar: 강화하다
enfatizar: 강조하다
detallar: 상세히 말하다, 부연하다

문단 6
ministro/a del Interior: 내무부 장관
implementar: 실행하다, 실시하다
autopista: 고속도로

implantar: 도입하다, 설치하다
vial: 길의, 교통의
acumular: 축적하다, 쌓다
pretender + INF.: ~하려고 하다
reducir: 줄이다, 축소하다
siniestralidad: 재해율, 사고 발생률
consumo: 섭취
desalentador/a: 실망시키는
contemplar: 고려하다, 검토하다
peaje: 톨게이트, 통행료
autovía: 자동차 전용도로
presupuesto: 예산, (대문자 표기) 국가 예산
partida: (장부 또는 예산의) 항목
red vial: 도로망
sede: 본부
balance: 결산
no tener nada que ver con + 명
: ~과는 아무런 관계가 없다
rueda: 바퀴
imponer: 강요하다
casco: 헬멧
integral: 완전한, 전체적인
guante: 장갑, 글러브
homologado/a: 공인된, 허가된
carretera: 도로

Tarea 4													
23	24	25	26	27	28	29	30	31	32	33	34	35	36
a	b	c	a	a	c	a	b	c	c	a	c	a	b

지시문

텍스트를 읽고 빈칸(23~36)에 알맞은 옵션(a/b/c)을 넣으세요. 선택한 옵션을 **답안지**에 표시하세요.

로사 부인은 카페 테이블 사이를 오가는데, 어마어마하게 큰 엉덩이로 손님들을 치고 다닌다. 로사 부인은 "젠장"과 "짜증나네"를 자주 말한다. 로사 부인에게는 자신의 카페가 곧 세상이고, 나머지는 카페 주위에 있다. 봄이 오고 아가씨들이 반팔 옷을 입고 다니기 시작하면 로사 부인의 작은 눈이 반짝거린다고 말하는 사람이 있다. 나는 그 모든 게 뜬소문이라고 생각한다. 로사 부인은 이 세상의 어떤 것에도 돈을 쓰지 않았을 것이다. 봄이 오든 말든.

로사 부인이 좋아하는 것은, 그냥, 테이블 사이로 무거운 몸을 끌고 다니는 것이다. 그녀는 혼자 있을 때 90센트 짜리 싸구려 담배를 피우고, 일어나서 다시 잠들 때까지 술을 꽤 여러 잔 마신다. 그런 다음, 기침을 하고 미소를 짓기도 한다. 기분이 좋을 때는, 주방에 있는 낮은 벤치에 앉아서 소설책이나 잡지 연재소설을 읽는데, 더 잔인할수록 더 좋다. 무엇이든 영양분이 되므로. 그러고 나서 사람들에게 농담을 하기도 하고 보르다도레스 길이나 안달루시아 급행열차의 살인사건을 이야기해 준다.

– 나바레테의 아버지는 미겔 프리모 데 리베라 장군의 친구였는데, 그를 보러 가서 무릎을 꿇고 말했지: "장군님, 부디 제 아들을 사면해 주십시오". 미겔 장군은, 비록 매우 관대한 사람이었지만, 그에게 대답했다는 군: "그건 불가능하겠네, 나바레테 친구여. 자네 아들은 교수대에서 죄를 갚아야 하네".

대단한 남자들 같으니! – 그녀는 생각한다 – 역시 배짱이 있어야 돼!

로사 부인의 얼굴은 반점으로 뒤덮여 있는데, 그녀의 피부는 마치 도마뱀처럼 항상 허물을 벗고 있는 것 같아 보인다. 생각에 잠겨 있을 때에는, 그녀는 넋을 놓고 얼굴에서 대팻밥 같은 허물을 벗겨낸다. 가끔은 종이테이프처럼 기다란 것들을 말이다. 그다음 현실로 돌아와서, 여기저기로 빈둥빈둥 돌아다닌다. 음식 찌꺼기가 가득 껴서 검어진 작은 이를 보이며 손님들에게 미소 지으며 다니는데, 사실 마음속 깊이 그들을 혐오한다.

레오나르도 멜렌데스 씨는 세군도 세구라라는 구두닦이에게 육천 두로를 빚지고 있다. 두루미를 닮은 이 구두닦이는, 구루병에 걸린 듯 온몸이 뻣뻣한 두루미와 똑같다. 그는 수년 동안 모은 모든 돈을 결국 레오나르도에게 빌려주었다. 그는 그런 일을 당해도 싸다.

레오나르도 씨는 갚지도 못할 돈을 빌리고 결국 되지도 않는 사업을 계획하는 낯짝이 두꺼운 사람이다. 잘못되는 사업이 아니다. 잘 되지도 잘못되지도 않는, 그냥 되지 않는 사업이다. 레오나르도 씨는 매우 화려한 넥타이를 매고, 머리에 젤을 바르는데, 멀리서도 맡을 수 있는 강한 향기가 나는 헤어 젤이다. 그는 대단한 남자인 척 풍기는 거만함과 끝없는 침착함을 가지고 있는데, 그 침착함은 매우 노련하고 경험이 풍부한 사람의 것이다.

23.

체크 포인트 "Para doña Rosa, <u>el mundo</u> **es** <u>su Café</u>..."
(로사 부인에게는 <u>자신의 카페가 곧 세상</u>**이고**)

➡ "A는 B이다"라는 구조에서 어떤 동사가 필요한지 파악해야 하는 문제이다.

➡ 빈칸 뒤에 명사가 보어의 역할을 하고 있으므로, "〜이다"라는 뜻의 동사 ser를 선택해야 한다.

정답 **a) es**

오답 포인트 **b) está**
➡ 또다른 "〜이다"의 해석을 가지는 동사이긴 하나, 보어로서 형용사 또는 부사를 직접 받을 수 있고, 명사의 경우에는 전치사 없이 바로 이어지는 경우는 없기 때문에 제거해야 하는 옵션이다.

c) tiene
➡ 바로 뒤에 명사를 받을 수 있는 동사이긴 하나, 이 문장에서는 "〜을 가지고 있다"라는 소유의 의미가 아니므로 정답이 될 수 없는 옵션이다.

24.

체크 포인트 "Hay **quien** <u>dice</u> que a doña Rosa le brillan los ojillos..."
(로사 부인의 작은 눈이 반짝거린다고 <u>말하는 **사람**이 있다</u>)

➡ 빈칸 바로 앞에 명사가 없고 동사만 있다는 것은 대명사의 역할을 하는 관계사가 필요하다는 것을 말해준다.

➡ 빈칸 뒤에 "dice"가 단수 형태의 관계사를 요구하고 있다.

정답 **b) quien**

오답 포인트 **a) el que**
➡ 관계사 el que/la que/los que/las que/lo que 형태도 선행사 없이 대명사의 역할을 할 수는 있으나, 해당 문장에서는 빈칸 바로 앞에 등장하는 "Hay"가 정관사를 동반한 목적어를 받을 수 없는 무인칭 동사이므로, 제거해야 하는 옵션이다.

c) quienes
➡ 빈칸 뒤의 "dice"와 인칭이 일치하지 않으므로 정답이 될 수 없다.

25.

"...doña Rosa no **hubiera** soltado jamás un buen amadeo de plata por nada de este mundo."
(로사 부인은 이 세상의 어떤 것에도 <u>돈을 쓰지</u> **않았을 것이다**)

➡️ 동사 haber의 접속법 불완료과거 3인칭 단수 형태로, 빈칸 뒤의 과거분사 "soltado"와 함께 접속법 대과거 "hubiera soltado" 구조를 완성시켜야 한다. 이 시제는 주문장에서 사용될 때 과거의 비현실적 가정을 의미하는 가능완료 시제를 대체하며 그 의미를 강조해 주는 역할을 하고 있다. 즉, 이 문장에서도 결국 "habría soltado" 를 사용하는 것과 같다고 볼 수 있다.

➡️ 24번 빈칸 앞뒤 문맥을 살펴보면, "아무리 봄이 오더라도 로사 부인을 돈을 쓰지 않을 것"이라는 가정을 하고 있으므로, 비현실적 가정의 의미를 가지고 있는 시제 옵션을 찾아내야 한다. 사실 전반적인 텍스트가 현재시제로 쓰여 있기 때문에, 현재 상황의 비현실적 가정을 뜻하는 가능법 형태인 "soltaría"가 있다면 이 옵션이 정답일 수도 있겠다.

정답 c) hubiera

> **오답 포인트** a) ha
>> ➡️ 빈칸 바로 뒤의 "soltado"와 함께 "ha soltado" 구조를 이루게 된다. 사실 전반적인 텍스트가 현재시제로 쓰여 있기 때문에 현재완료 시제의 사용이 불가능하지 않지만, 이 문장의 의도는 실제로 로사 부인이 돈을 쓰지 않았다는 사실을 언급하는 것이 아니라 가정을 하려는 것이므로 정답이 될 수 없는 옵션이다.
>
> b) había
>> ➡️ 빈칸 바로 뒤에 "soltado"와 함께 "había soltado" 구조를 이루게 된다. 과거의 한 시점을 기준으로 그전에 이미 일어난 행위를 말하는 대과거가 들어가기에는 기준이 되는 과거 시점의 언급이 없으므로 정답이 될 수 없는 옵션이다.

26.

"A doña Rosa **lo que** le <u>gusta</u> es <u>arrastrar su cuerpo pesado</u>, sin más ni más, por entre las mesas."
(로사 부인이 <u>좋아하는</u> **것**은, 그냥, 테이블 사이로 <u>무거운 몸을 끌고 다니는</u> 것이다)

➡️ 중성 관사가 포함된 이 구조는 성수 개념이 있는 명사가 아닌, 특정 행위 또는 상황 자체를 지칭해 주는 관계대명사를 구성한다. 이 문장에서 로사 부인이 좋아하는 "것"은 "무거운 몸을 끌고 다니는" 행위이므로, 성수 개념이 없는 대상이라고 봐야 한다.

정답 a) lo que

> **오답 포인트** b) la que
>> ➡️ 로사 부인이 좋아하는 "것"이 여성형 단수 명사가 아니므로 정답이 될 수 없다.
>
> c) el que
>> ➡️ 마찬가지로, 로사 부인이 좋아하는 "것"이 남성형 단수 명사가 아니므로 정답이 아니다.

27.

"Cuando está de buenas, **se** sienta en la cocina, en una banqueta baja..."
(기분이 좋을 때는, 주방에 있는 낮은 벤치에 **앉아서**)

➡ 빈칸 바로 뒤에 있는 동사 sentar가 재귀대명사와 함께 "앉다"라는 의미로 사용되어야 하는 구조이므로 쉽게 선택할 수 있는 정답이다.

a) se

b) le
➡ 동사 sentar는 간접 목적격 대명사와 함께 역구조 형태로 "어울리다, 맞다, 마음에 들다"의 뜻을 가지기도 하지만, 이 문장에서는 단순히 "자리에 앉다"라는 의미의 재귀동사 형태를 만들어주어야 하기 때문에 정답이 될 수 없다.

c) lo
➡ 이 문장의 주어가 다른 대상을 자리에 앉히고 있는 상황이 아니므로, 직접 목적격 대명사는 정답이 아니다.

28.

"...lee novelas y folletines, **cuanto** más sangrientos, mejor..."
(소설책이나 잡지 연재 소설을 읽는데, 더 잔인**할수록** 더 좋다)

➡ 빈칸 바로 뒤에 있는 부사 más와 함께 "~하면 할수록" 구조를 만들며, 쉼표 뒤에 오는 "mejor" 비교급 표현과 만나며 구조를 완성시킨다.

➡ 해당 빈칸에서는 부사 más 뒤에 오는 형용사 sangrientos를 꾸며주는 부사 역할이 필요하므로, 성수 개념이 없는 형태의 "cuanto"를 선택하는 것이 맞다.

c) cuanto

a) cuantos
➡ 부사 más 뒤에 남성형 복수 명사가 있다면 가능한 옵션이다.
예 Cuantos más personajes, mejor.

b) cuando
➡ 시간적 의미를 갖고 있는 문장 구조가 아니기 때문에 정답이 될 수 없다.

29.

"...lo **fue** a ver, se plantó de rodillas y le dijo..."
(그를 보러 **가서** 무릎을 꿇고 말했지)

➡ 동사 ir의 어떤 시제가 알맞은 것인지 파악해야 하는 문제이다.

➡ 뒤에 이어서 등장하는 동사들과 함께 직설법 부정과거 형태로 나열되며, 순차적으로 일어난 과거의 단발적인 사건들을 언급하고 있다는 것을 확인할 수 있다.
해석 보러 갔다 → 무릎을 꿇었다 → 말했다

a) fue

b) fuera
➡ 과거시제 형태이더라도 접속법이 등장할 수 있는 구조가 아니기 때문에 정답이 될 수 없다.

c) iba
➡ 같은 직설법 과거시제이지만, 불완료과거 형태의 "iba a + 동사원형" 구조는 "~을 하려고 했었다"의 의미를 가지게 된다. 할 의도는 있었으나 언급된 과거 시점 기준으로 결국 또는 아직 하지 않은 행위를 말할 때 사용되는데, 해당 빈칸에는 단순히 "~하러 갔다"라는 구조가 필요하기 때문에 정답이 아니다.

30.

^{체크 포인트} "...don Miguel, **aunque** tenía un corazón de oro, le respondió..."
(미겔 장군은, **비록** 매우 관대한 사람이었지만, 그에게 대답했다는 군)

▷ "Don Miguel le respondió"라는 주문장 안에, 반대되는 내용의 종속절을 쉼표 사이에서 이끌어주는 접속사가 필요한 빈칸이므로, "비록 ~하지만"의 뜻을 가지고 있는 접속사 aunque가 정답이다.

^{정답} **b)** aunque

^{오답 포인트} a) pero
▷ "하지만"이라는 의미를 가지고 있는 부사이다. 즉, 주문장과 또 다른 주문장을 이어주는 역할은 하지만, 한 문장안에 들어가는 종속절을 이끌어줄 수는 없으므로 정답이 아니다.
^예 Don Miguel tenía un corazón de oro, <u>pero</u> le respondió: (...)

c) sin embargo
▷ "그러나"라는 의미를 가지고 있는 부사이다. 특히 문장 시작에서 앞 문장과 반대되는 내용을 이어줄 때 사용되며 쉼표를 동반한다.
^예 Don Miguel tenía un corazón de oro. <u>Sin embargo</u>, le respondió: (...)

31.

^{체크 포인트} "...parece que está siempre mudando la piel **como** un lagarto."
(그녀의 피부는 마치 **도마뱀처럼** 항상 허물을 벗고 있는 것 같아 보인다)

▷ 어떻게 "로사 부인의 피부가 허물을 벗고 있는지"에 대해 "un lagarto"와 비교해 주는 부사가 필요한 빈칸이므로 비교부사 como가 들어가야 한다.

^{정답} **c)** como

^{오답 포인트} a) igual
▷ "igual que" 구조였다면 "~과 같이"라는 의미로 사용되기 때문에, 정답이 될 수도 있었을 것이다.

b) cual
▷ 드물지만 비교 부사의 역할을 할 수 있다. 그러나, 바로 뒤에 오는 명사를 관사 없이 받기 때문에 31번 빈칸에는 들어갈 수 없는 옵션이다.
^예 Está siempre mudando la piel <u>cual</u> lagarto.

32.

^{체크 포인트} "...sonriendo a <u>los clientes</u>, **a los que** odia en el fondo..."
(손님들에게 미소 지으며 다니는데, 사실 마음 속 깊이 **그들을** **혐오한다**)

▷ 빈칸에 전치사 a와 함께 어떤 관계사가 들어가야 하는지 살펴보아야 한다. 선행사는 "los clientes"이며, 관계사절 안에 있는 동사 "odia"가 주어로는 "로사 부인"을, 직접 목적어로 선행사 "los clientes"를 받고 있다는 구조를 확인할 수 있다. 즉, 전치사 a와 "los clientes"와 성수 일치하는 관계사 los que의 조합인 "a los que"가 정답이다.

^{정답} **c)** a los que

^{오답 포인트} a) al que
▷ 전치사 a 뒤에 오는 관계사 el que가 선행사인 "los clientes"와 수에 있어 일치하지 않는다.

b) a quien
▷ 마찬가지로 관계사 quien이 선행사와 수에 있어 일치하지 않으므로 정답이 아니다.

33.

체크 포인트 "...**estuvo** ahorrando <u>durante un montón de años</u> para después prestárselo todo a don Leonardo."

(그는 <u>수년동안</u> **모은** 모든 돈을 결국 레오나르도에게 빌려주었다)

▶ 아무리 오래 지속된 일이라고 하더라도, 명확히 언급된 기간 동안 발생한 과거의 사건은 부정과거 형태로 표현해야 한다.

정답 **a)** estuvo

오답 포인트 **b)** estaba
▶ 얼마나 긴 시간 동안 일어난 일인지가 중요한 것이 아니라, 일단 특정한 기간이 언급된 순간 단발적 사건으로 여겨지므로, 불완료과거는 제거하고 부정과거 형태를 선택하는 것이 맞다.

c) está
▶ 텍스트가 전반적으로 현재시제 형태로 다루어지긴 하나, 33번 빈칸이 포함되어 있는 문장은 명확하게 과거의 일을 언급하는 부분이므로 현재시제 옵션은 제거해야 한다.
▶ 현재 기준으로 말하는 상황이더라도, 명확한 기간이 언급되기 때문에 현재완료 형태를 사용하는 것이 맞다.
　　예 <u>Ha estado</u> ahorrando durante un montón de años.

34.

체크 포인트 "Le está bien empleado lo que **le** pasa."

(**그는** 그런 일을 <u>당해도</u> 싸다)

▶ 동사 pasar가 어떤 대명사를 받아야 하는지 알아내야 하는 문제이다. 여기서 pasar는 앞의 "lo que"를 주격으로 받으며 "~일이 일어나다"라고 해석할 수 있다. 그렇다면, 그 일이 "누구에게" 일어나는 일인지 알려주는 간접 목적격 대명사가 필요하다는 것을 알아내야 한다.

정답 **c)** le

오답 포인트 **a)** se
▶ "~일이 일어나다"라는 뜻의 동사 pasar는 재귀 형태로 사용되지 않으므로 재귀대명사가 들어갈 수 없는 빈칸이다.

b) lo
▶ 마찬가지로 "~일이 일어나다"라는 뜻의 동사 pasar는 직접 목적어를 받는 동사가 아니기 때문에 직접 목적격 대명사도 정답이 될 수 없다.

35.

체크 포인트 "<u>No es que</u> salgan mal, no; **es que**, simplemente, no salen, ni bien ni mal."
(잘못되는 사업이라서 그러는 것이 아니다. 잘 되지도 잘못되지도 않는, 그냥 되지 않는 사업이라서 **그렇다**)

➡ 앞 문장의 "no es que"가 정답을 알려주는 큰 단서이다. "no es que ~, es que ~" 구조는 "~해서가 아니라, ~해서 그렇다"라는 의미를 가지고 있다. 첫 번째 문장은 부정하는 원인절로, 두 번째 문장은 긍정하는 원인절로 받는 구조라는 것을 알아내고 정답을 골라야 하는 문제이다.

정답 **a)** es que

오답 포인트 **b)** en cambio

➡ "반면에"라는 의미로 바로 앞 문장과 반대되는 내용을 이끌어주는 부사구이다. 빈칸 앞뒤 내용이 반대된다고 볼 수 있긴 하지만, 여기서는 단순히 대조되는 두 문장이 만나는 것이 아니라 부정 원인절과 긍정 원인절의 조합이므로, 이 옵션은 정답이 되기 어렵다.

c) asimismo

➡ "또한"이라는 의미로 바로 앞 문장과 같은 흐름의 내용을 추가할 때 사용되는 부사구이다. 빈칸 기준으로 앞뒤 문장에서 "mal"이라는 단어가 반복되고 있긴 하나, 오히려 내용이 반대되고 있기 때문에 "asimismo"가 들어갈 수 없는 빈칸이다.

36.

체크 포인트 "...un fijador **muy** perfumado que <u>huele desde lejos</u>."
(멀리서도 맡을 수 있는 **강한** 향기가 나는 헤어 젤)

➡ "부정관사 + 명사 + 부사 + 형용사" 구조에서 어떤 부사가 필요한지 파악해야 하는 문제이다.

➡ 뒤에 이어지는 "que huele desde lejos"라는 관계사절이 강조를 표현하는 부사가 필요하다는 것을 알려주고 있으므로 "muy"를 선택해야 한다.

정답 **b)** muy

오답 포인트 **a)** más

➡ 주로 정관사와 함께 최상급 구조를 만드는 것이 일반적이기는 하다.
예 el fijador <u>más</u> perfumado (가장 향기가 많이 나는 헤어 젤)

➡ 부정관사와 함께 사용될 수도 있는데, 이 경우에는 "조금 더"라는 의미로 활용된다.
예 un fijador <u>más</u> perfumado (조금 더 향기가 나는 헤어 젤)

➡ 36번 빈칸 앞에서 이 헤어 젤과 비교할 만한 대상이 딱히 존재하지 않기 때문에 "más"는 제거해야 한다.

c) poco

➡ "조금밖에" 향기가 나지 않는 헤어 젤은 "멀리서도 맡을 수 있는" 것이 될 수 없으므로, 해석상 제거해야 하는 옵션이다.

Vocabulario

tropezar: 부딪치다, 충돌하다

tremendo/a: 매우 큰, 어마어마한

trasero: 엉덩이

leñe: 젠장!, 빌어먹을!

merengao: "merengado"의 마드리드식 발음

merengar: (구어) 짜증나게 하다

brillar: 빛나다, 번쩍이다

habladuría: (근거 없는) 뜬소문

soltar: 놓아주다, 풀어주다

amadeo de plata: 5뻬세따짜리 은화

arrastrar: 끌고가다, 질질 끌다

sin más ni más: 그냥, 생각없이, 느닷없이

tabaco: 담배

ojén: 아니스와 설탕으로 담근 증류주

toser: 기침을 하다, 콜록거리다

banqueta: 벤치

folletín: 신문이나 잡지의 연재 소설

cuanto + más/menos: ~하면 할수록

sangriento/a: 피로 물든, 잔인한

alimentar: 영양을 공급하다

broma: 농담, 장난, 조롱

plantarse: 꼼짝하지 않고 서 있다

indultar: (죄를) 사면하다

expiar: (죄를) 갚다, (형을) 받다

culpa: 죄, 잘못, 과실

garrote: 교수형, 교수대

tío: (구어) 남자, 사내, 녀석

riñón: 콩팥, 신장

tener riñones: 배짱이 있다

mancha: 반점, 얼룩

mudar: 바꾸다, 갈다, 허물을 벗다

lagarto: 도마뱀

pensativo/a: 생각에 잠긴

distraerse: 방심하다, 넋을 놓다

viruta: 대팻밥, 대패질

tira: 좁고 긴 조각

serpentina: (행사에서 던지는) 종이 테이프

pasearse: 빈둥빈둥 돌아다니다

renegrido/a: 가무잡잡한, (연기 또는 오물로) 검어진

duro: (5뻬세따짜리 동전인) 두로

limpia(botas): 구두닦이

grullo: (드물게) 수컷 두루미

raquítico/a: 구루병에 걸린, 약골의

entumecido/a
: (근육이나 관절이) 마비된, 경직된, 뻣뻣한

estar(le) bien empleado a + 사람
: ~가 당해도 싸다, 꼴 좋다

caradura: 낯가죽이 두꺼운 사람, 뻔뻔한 사람

sable: (구어) 남의 돈을 교묘히 빼내기

vivir del sable: 갚지 못할 돈을 빌리다

lucido/a: 빛나는, 화려한

fijador: 헤어 스프레이, 헤어 젤

perfumado/a: 향기를 풍기는

aire: (주로 복수) 자부심, 거만함, 척하기

aplomo: 침착, 냉정, 평정

inmenso/a: 매우 큰, 한없는

corrido/a: 약삭빠른, 노련한, 경험이 풍부한

실전 문제 2 해설

PRUEBA 1: COMPRENSIÓN DE LECTURA

Tarea 1					
1	2	3	4	5	6
c	c	a	a	a	b

지시문

다음 글을 읽고 문제(1~6)에 대한 정답(a/b/c)을 고르세요. 선택한 옵션을 **답안지**에 표시하세요.

아마존에서의 투쟁

최근 25년 동안, 브라질에서는 토지개발과 관련된 분쟁으로 인해 대략 천6백여 명의 사람들이 살해되었다. 이 사망사건들은 처벌받지 않은 상태로 남게 되었는데, 살인범들 중 한 명만이 현재 감옥에 수감되어 있기 때문이다.

아마존 밀림 보존을 위해 싸우는 약 2천 명의 사회활동가들은 오늘날 "피스톨레이로", 즉 권총 강도의 위협을 받으며 살고 있다. 그들 중 COIAB(브라질 아마조니아 원주민 단체 조직)의 부회장인 소니아 보네 과하하라가 있다. 이 조직은 가장 주요한 원주민 권리 보호 기관이며 45만여 명의 원주민들을 대표한다.

소니아는 과하하라 마을의 대표자들 중 한 명이다. 이곳은 아마존 마란하오 주에 위치해 있으며, 16개의 부족에 분포되어 있는 2만 2천 명의 사람들만이 남아있는 마을이다. COIAB의 부회장은 천연자원 불법 채굴 문제로 이 지역의 토착민들이 곤란을 겪고 있다고 강조한다. 이 불법 채굴은 낚시와 사냥을 통한 동물 또한 목재에 대한 것이며, 그 결과로 산림 벌채로 인한 밀림의 완전한 황폐화와 함께 몇십 년 전에 비해 생물 다양성의 급격한 감소를 가져온다.

5백 년 전 유럽인들이 브라질에 도착했을 때, 원주민 인구는 5백만 명을 초과했었다. 그러나, 오늘날 70만여 명만 남아있는데, 이것은 브라질 인구의 0.3%를 의미하는 수치이다. 대부분의 원주민들은 정부에 의해 경계가 정해진 영토에 거주하고 있다.

비록 브라질 헌법이 토지의 독점적 용익권을 "인디언들이 전통적으로 점유하는 토지"로 분류된 1억 1천만 헥타르의 땅에 거주하고 있는 마을들에게 수여하긴 했지만, 현실은 이 헌법적 권리가 농축산업, 수력 발전 및 광업 프로젝트들에 의해 위협을 받고 있다.

날마다 원주민들은 마을에 건설되는 기업들로 인해 자신들의 땅에서 내쫓기고 있는데, 이러한 이유로 마란하오 마을들의 주요한 싸움은 영토의 보존과 관련이 있다고 소니아는 고발한다. 교육 또는 보건 등의 다른 분야를 개선하기 위해서는, 먼저 살 곳을 갖추는 것처럼 기본적인 요소를 보장하는 것이 필수이다.

소니아가 당국과 논의하는 동안, 수십 명의 브라질 농민들과 목축업자들이 시위를 하는데, 이들은 브라질에 지나치게 많은 보존지역이 있다고 생각하기 때문이다. 이 시위는 국회의원이자 브라질 농업 및 목축업 연맹의 회장인 카티아 아브레우가 이끌고 있다.

브라질에 존재하는 8억 5천만 헥타르의 개발 가능한 토지에서 오로지 2억 3천만 헥타르(30% 미만)만이 쌀, 강낭콩, 대두, 옥수수 및 고기 생산에 사용되며, 이것으로 인해 브라질이 비옥한 토양을 포기하고 더 많은 식량을 생산하는 것을 단념하는 지구상의 유일한 국가가 되는 것이라고 카티아는 설명한다.

아마조니아는 브라질 영토의 60%를 차지하며 국내총생산의 8%에 그친다. 그러나 원주민 공동체들에게는 이러한 경제 수치와는 별개로, 정체성에 대한 자각심이 자신들이 전통적으로 점유해왔던 땅의 소유권을 요구하기 위한 충분한 이유가 될 수 있다.

1. 최근 25년 동안...

    a) 아마존 밀림의 많은 사회활동가들이 "권총 강도"들을 위협했다.

    b) 많은 사람들이 토지개발 노동으로 인해 목숨을 잃었다.

    c) 많은 사람들이 살해되었는데 살인자들은 사법부에 의해 처벌받지 않았다.

체크 포인트 　문단1

"...aproximadamente unas 1.600 personas han sido asesinadas en Brasil debido a conflictos relacionados con la explotación de la tierra. **Estas muertes han quedado impunes**, puesto que solo uno de los asesinos se encuentra en prisión actualmente."

(브라질에서는 토지개발과 관련된 분쟁으로 인해 대략 천6백여 명의 사람들이 살해되었다. **이 사망사건들은 처벌받지 않은 상태로 남게 되었는데**, 살인범들 중 한 명만이 현재 감옥에 수감되어 있기 때문이다)

정답 **c)** se ha matado a muchas personas cuyos criminales no han sido castigados por la justicia.

오답 포인트 　문단1-2

    a) "En torno a 2.000 <u>activistas</u> que luchan por la conservación de la selva amazónica <u>viven hoy bajo la amenaza de los "pistoleiros"</u>."

       (아마존 밀림 보존을 위해 싸우는 약 2천 명의 <u>사회활동가들</u>은 오늘날 "<u>피스톨레이로</u>", 즉 권총 강도의 위협을 받으며 살고 있다)

    b) ▶ 많은 사람들이 목숨을 잃은 이유는 토지개발과 관련된 분쟁이지 직접적인 노동과 관련된 것이 아니므로 정답이 될 수 없다.

2. 소니아 보네 과하하라는...

    a) COIAB의 회장이다.

    b) 과하하라 마을에는 오직 인구의 16분의 일만이 남아있다고 말한다.

    c) 아마존 밀림을 파괴하고 있는 불법 활동들이 진행된다고 고발한다.

체크 포인트 　문단3

"...los lugareños están confrontados por el problema de **la explotación ilegal de las riquezas naturales**, (...) lo que **resulta en la total devastación de la selva** a causa de la deforestación y en la drástica disminución de biodiversidad en comparación a varias décadas atrás."

(**천연자원 불법 채굴** 문제로 이 지역의 토착민들이 곤란을 겪고 있다(...). 이 불법 채굴은 (...) 그 결과로 산림 벌채로 인한 **밀림의 완전한 황폐화**와 함께 몇십 년 전에 비해 생물 다양성의 급격한 감소를 가져온다)

정답 **c)** denuncia que se llevan a cabo actividades ilícitas que están destrozando la selva amazónica.

오답 포인트 　문단2-3

    a) "Entre ellos se encuentra Sonia Bonê Guajajara, <u>vicepresidenta</u> de la COIAB (Coordinación de Organizaciones Indígenas de la Amazonia Brasileña)."

       (그들 중 COIAB(브라질 아마조니아 원주민 단체 조직)의 <u>부회장</u>인 소니아 보네 과하하라가 있다)

    b) "...solo quedan <u>22.000 personas distribuidas en 16 tribus</u> localizadas en el Estado amazónico de Maranhao."

       (이곳은 아마존 마란하오 주에 위치해 있으며, <u>16개의 부족에 분포되어 있는 2만 2천 명의 사람들</u>만이 남아있는 마을이다)

3. 브라질의 원주민 인구는...

   a) 거주하고 있는 토지의 용익권을 소유하고 있다.

   b) 유럽인들이 브라질에 도착했을 때 얼마 없었다.

   c) 대부분 정부와 가까운 지역에 살고 있다.

체크 포인트 　문단5

"Si bien **la Constitución Brasileña otorga el usufructo exclusivo de la tierra a los pueblos** que viven en los 110 millones de hectáreas catalogadas como "tierras tradicionalmente ocupadas por los indios"..."

(비록 **브라질 헌법이 토지의 독점적 용익권을** "인디언들이 전통적으로 점유하는 토지"로 분류된 1억 1천만 헥타르의 땅에 거주하고 있는 **마을들에게 수여하긴 했지만**)

정답 **a)** posee el usufructo de las tierras que habitan.

오답 포인트 　문단4

   b) "La población indígena superaba los cinco millones de personas cuando los europeos llegaron a Brasil hace cinco siglos..."
   (5백 년 전 유럽인들이 브라질에 도착했을 때, 원주민 인구는 5백만 명을 초과했었다)

   c) "La mayoría vive en tierras delimitadas por el gobierno."
   (대부분의 원주민들은 정부에 의해 경계가 정해진 영토에 거주하고 있다)

---

4. 소니아가 고발하는 상황들 중 하나는...

   a) 원주민들이 자신들의 영토에서 추방당하는 것이다.

   b) 원주민들 측에서 기업을 창설하는 것이다.

   c) 영토의 교육 및 보건을 보존하는 것이다.

체크 포인트 　문단6

"...día a día **los indígenas son expulsados de sus tierras**..."
(날마다 **원주민들은** (...) **자신들의 땅에서 내쫓기고 있는데**)

정답 **a)** el desalojo de los indígenas de su territorio.

오답 포인트 　문단6

   b) "...debido a la instalación de empresas en sus pueblos..."
   (마을에 건설되는 기업들로 인해)
   ▶ 원주민들이 기업을 창설하는 것이 아니라, 이 기업들이 원주민들을 쫓아내고 있는 상황이므로 정답이 될 수 없다.

   c) "Para poder mejorar otras áreas como la educación o la sanidad primero es necesario garantizar algo básico como tener un lugar donde vivir."
   (교육 또는 보건 등의 다른 분야를 개선하기 위해서는, 먼저 살 곳을 갖추는 것처럼 기본적인 요소를 보장하는 것이 필수이다)
   ▶ 교육 및 보건은 영토 보존과는 다른 분야이므로 직접적인 관계가 성립되지 않는다.

---

5. 브라질에 지나치게 많은 보존지역이 있다고 변론하는 사람들은...

    a) 카티아 아브레우가 이끈다.

    b) 브라질의 모든 농민들과 목축업자들이다.

    c) 브라질이 개발 가능한 토지의 30% 이상을 식량 생산을 위해 사용한다고 주장한다.

체크 포인트 　문단7

    "**La voz cantante la lleva** la senadora y presidenta de la Federación brasileña para la Agricultura y la Ganadería, **Katia Abreu**."

    (이 시위는 국회의원이자 브라질 농업 및 목축업 연맹의 회장인 **카티아 아브레우가 이끌고 있다**)

    ➡️ "llevar la voz cantante"라는 표현이 "명령하다, 지휘하다"라는 의미를 갖고 있으며, 결국 "liderar"와 동의 표현이라고 볼 수 있으므로 옵션 **a)**가 정답이다.

정답 **a)** están liderados por Katia Abreu.

> 오답 포인트 　문단7-8
>
>   b) "...decenas de agricultores y ganaderos brasileños..." (수십 명의 브라질 농민들과 목축업자들이)
>
>   c) "...menos del 30%..." (30% 미만)

6. 아마조니아는...

    a) 국가의 국내총생산의 대부분을 제공한다.

    b) 브라질 총면적의 절반 이상을 이루고 있다.

    c) 점점 더 많은 원주민 공동체들을 수용한다.

체크 포인트 　문단9

    "La Amazonia, que abarca **el 60%** del territorio de Brasil..."

    (아마조니아는 브라질 영토의 **60%**를 차지하며)

정답 **b)** constituye más de la mitad de la superficie de Brasil.

> 오답 포인트 　문단9
>
>   a) "...contribuye con solo el 8% del PIB nacional." (국내총생산의 8%에 그친다)
>
>   c) ➡️ 원주민 공동체들이 더 늘어나고 있다는 언급은 아예 없으므로 정답이 될 수 없다.

본문	biodiversidad: 생물다양성
	década: 10년 단위

제목

lucha: 투쟁, 싸움

문단 4

siglo: 세기, 100년의 단위

delimitado/a: 경계가 정해진, 범위가 한정된

문단 1

asesinar: 암살하다, 살해하다

conflicto: 분쟁, 갈등, 대립

explotación: 개발, 채굴

impune: 처벌받지 않는

문단 5

si bien + 직설법: 비록 ∼이지만

constitución: (대문자 표기) 헌법

usufructo: 용익권, 사용권

hectárea: 헥타르

catalogado/a: (∼으로) 분류된

agropecuario/a: 농업과 목축의, 농축산의

hidroeléctrico/a: 수력 전기의, 수력 발전의

minero/a: 광산의, 광업의

문단 2

activista: (사회 또는 정치) 활동가, 운동가

selva: 밀림, 정글

amenaza: 위협, 협박

pistoleiro/a: "pistolero/a"의 포르투갈어 형태

pistolero/a: 권총 강도, 권총 살인범

vicepresidente/a: 부회장, 부사장

defensa: 방어, 보호

indígena: (형용사) 토착의, 현지인의, (명사) 원주민

문단 6

expulsado/a: 추방된, 내쫓긴

combate: 싸움, 전투

territorio: 영토, 국토, 관할 구역

sanidad: 보건, 의료

문단 3

distribuido/a: 분포된

tribu: 부족, 씨족

lugareño/a: 촌 또는 시골에 사는 사람

confrontado/a: (곤란 등에) 직면한

riqueza: (복수) 자원

pesca: 낚시, 어업

caza: 사냥, 수렵

devastación: 황폐(화)

deforestación: 산림 벌채, 산림 파괴

drástico/a: 격렬한, 과감한

문단 7

autoridad: 당국, 권력 기관

decena: 10단위

agricultor/a: 농민, 농부

manifestarse: 시위운동에 참가하다, 시위를 하다

llevar la voz cantante: 명령하다, 지휘하다

senador/a: 상원의원, 국회의원

federación: 연합, 연맹, 협회

문단 8

explotable: 개발할 수 있는, 개척할 수 있는

destinarse a + 명: ～에 사용되다

frijol: 강낭콩

soja: 콩, 대두

maíz: 옥수수

fértil: 비옥한

문단 9

abarcar: 포함하다

contribuir con + 명: 출자하다, 자금을 내다

Producto Interno Bruto (PIB): 국내총생산

reivindicar: (권리로서) 요구하다, 청구하다

propiedad: 소유권

질문

castigar: 벌하다, 징계하다

ilícito/a: 불법의, 위법의

destrozar: 산산조각내다, 파괴하다

habitar: 살다, 거주하다

escaso/a: 부족한, 얼마 안되는

desalojo: 추방, 퇴거

liderar: 이끌다, 선도하다

alegar: 주장하다

constituir: 구성하다, 이루다

superficie: 면적

albergar: 수용하다

Tarea 2									
7	8	9	10	11	12	13	14	15	16
D	C	A	B	B	A	B	D	B	C

A. 마리아노

저는 어머니를 완전히 존경합니다. 그건 그녀가 저의 인생 선생님이신 것뿐만 아니라 사업 스승이기도 하셔서 그렇습니다.
제가 대학교를 졸업했을 때부터 어머니가 창업하신 수출회사에서 함께 일하고 있습니다. 비록 아버지가 항상 어머니께
도움을 준 하셨지만, 확실한 것은 어머니가 대부분의 업무를 책임지고 계시고 다재다능한 면모를 갖는 것을 배우셨다는
것입니다. 시간이 지나면서, 제가 더 관여할 수 있도록 어머니는 알고 계시는 모든 것을 저에게 가르쳐 주고 계십니다.
어머니가 은퇴하실 때 제가 회사를 책임지는 것이 그녀의 계획이기 때문이죠. 또한, 저도 어머니와 일하면서 돈을 어느
정도 모을 수 있었고 저의 수익을 회사에 투자했습니다. 꽤 오랫동안 개선하고 싶었던 부분들이 있었거든요. 특히
소프트웨어 분야에 말이죠. 그래서 현재 우리는 공식적인 동업자라고 말할 수 있을 것 같습니다.

B. 알리시아

사실 저는 어머니와 잘 지내는 부류의 사람이 아니에요. 오로지 비난만 하고, 다른 사람들 앞에서 웃음거리로 만들고,
비하하고, 심지어 가끔은 이유 없이 가해하는 사람과 누가 좋은 관계를 가질 수 있겠어요? 그것이 바로 제가 어렸을 때부터
어머니로부터 받아온 것이에요. 이러한 행동들 중 많은 것이 그녀의 여러 중독으로 인한 것일 수도 있겠지만, 어쨌든
변명의 여지가 없어요. 어떤 여자들은 그냥 엄마가 되어서는 안 될 것 같다는 생각을 해요. 그나마 저의 친할머니께 항상
의지할 수 있어서 다행이었는데, 사실 친할머니가 저를 키워 주신 분이죠. 그녀는 항상 저에게 최선을 다해 주셨고, 본인이
하실 수 있는 모든 것에 있어서 도와주셨다는 것을 저는 인정하고, 할머니께 진심으로 감사드려요. 사실은 제가 어떤
사람이 되어버렸을지 모르겠어요. 제 인생에서 어머니가 유일한 본보기였다면 말이죠. 어쩌면 그녀처럼 될 수도 있겠죠...

C. 라울

많은 사람들이 다정하고, 애정표현을 잘하고 신경을 써주는 어머니가 계시다고 말하는데, 이건 바로 저의 경우는 아닙니다.
어머니가 저에게 가장 다정하셨던 경우는 제가 에세이를 써서 상을 받은 적이었는데, 못하지는 않았다고 말씀하시면서
축하해 주셨어요. 칭찬이 그녀의 강점은 아니거든요. 제가 집에서 나갈 때 혹시 추울지도 모르니 코트를 챙기라고
하시거나, 혹시 비가 올지도 모르니 우산을 챙기라고 말씀해 주시는 스타일도 아니에요. 저희 어머니는, 이미 어른이니,
그런 건 제가 알아서 해야 하는 것이라고 생각하시거든요. 사실 그녀는 상당히 엄격하시고 가끔은 차갑기도 하지만,
그냥 표현할 줄 모르시기 때문이라고 생각해요. 저희 외가댁 식구들은 모두 같은 부류이고, 크리스마스 저녁식사는 누가
일적으로 가장 성공한 사람인지 보는 시합이에요. 하지만 어머니가 저를 사랑하신다는 것에 대해서는 의심할 여지가
없답니다.

D. 네레아

저희 어머니에 대해 뭐라고 말할 수 있을까요? 그녀 덕분에 제가 이 세상에 있는 것뿐만 아니라, 그녀는 비밀도 털어놓을
수 있는 상대이자, 조언자이자, 제일 친한 친구이자... 저의 모든 것이죠! 제가 정말 어렸을 때부터, 어머니와 저는 서로
모든 것을 항상 이야기해왔고 서로에게서 많은 것을 배워왔어요. 그녀는 제가 마치 어른인 것처럼 저에게 항상 이유를
설명해 주셨고 저의 꿈을 위해 싸우는 것을 가르쳐 주셨답니다. 저희 집에는 존중, 공감, 이해심과 같은 가치들이 없었던
적이 없어요. 저희 어머니가 아니었다면 지금의 제가 될 수 없었을 거예요. 그녀는 미소를 지으며 저를 지지해 주시면서,
항상 저의 곁에 계시기 때문이죠. 게다가 어머니는 간호사이셔서 어딘가 아플 때마다 의지할 수 있는데, 이건 또 다른 큰
장점이네요. 그녀와 멀리 떨어져 사는 것은 상상조차도 할 수 없고, 언젠가 그녀가 제 곁에 없을 거라는 생각은 너무나도
가슴 아파서 생각하기도 싫어요.

7. 어머니가 가장 가까운 친구라고 누가 언급합니까?

체크 포인트 "...es mi confidente, mi consejera, **mi mejor amiga**..."
(그녀는 비밀도 털어놓을 수 있는 상대이자, 조언자이자, **제일 친한 친구이자**)

정답 **D**. Nerea

오답 포인트 A. Mariano
"...no solamente es mi maestra de vida, sino también de negocios."
(그녀가 저의 인생 선생님이신 것뿐만 아니라 사업 스승이기도 하셔서)
➡ 마리아노는 어머니를 선생님으로 여기고 매우 존경한다고 언급하기도 하지만, "친구"라고 말하지는 않기 때문에 정답이 될 수 없다.

8. 어머니가 엄하고 애정 표현을 조금밖에 하지 않는 사람이라고 누가 말합니까?

체크 포인트 **1** "Muchas personas dicen tener madres dulces, cariñosas o atentas, pero **este no es precisamente mi caso**."
(많은 사람들이 다정하고, 애정표현을 잘하고 신경을 써주는 어머니가 계시다고 말하는데, **이건 바로 저의 경우는 아닙니다**)

2 "La verdad es que es bastante **exigente y fría** a veces..."
(사실 그녀는 상당히 **엄격하시고** 가끔은 **차갑기도 하시지만**)

정답 **C**. Raúl

오답 포인트 B. Alicia
"...alguien que solamente te critica, te ridiculiza delante de los demás, te infravalora e, incluso, te agrede a veces sin motivo..."
(오로지 비난만 하고, 다른 사람들 앞에서 웃음거리로 만들고, 비하하고, 심지어 가끔은 이유 없이 가해하는 사람)
➡ 알리시아의 어머니는 단순히 엄격하거나 애정표현을 많이 하지 않는 것이 아니라, 거의 학대 수준으로 알리시아를 대했다는 것을 볼 수 있으므로 정답이 될 수 없다.
➡ 먼저 텍스트 B를 읽고 답은 골랐다고 하더라도, 이후에 텍스트 C를 읽으며 정답을 수정해야 한다.

9. 어머니와 함께 일한다고 누가 말합니까?

체크 포인트 "**Trabajamos juntos** desde que yo terminé la carrera..."
(제가 대학교를 졸업했을 때부터 (...) **함께 일하고 있습니다**)

정답 **A**. Mariano

10. 어머니는 약물 및 알코올 사용 문제가 있다고 누가 언급합니까?

체크 포인트 "Puede que muchos de estos comportamientos sean **debidos a sus adicciones**..."
(이러한 행동들 중 많은 것이 **그녀의 여러 중독으로 인한 것**일 수도 있겠지만)

정답 **B**. Alicia

11. 몇몇 여성들은 엄마가 되어서는 안 될 것이라고 누가 생각합니까?

체크 포인트 "Creo que algunas mujeres simplemente **no deberían ser madres**."
(어떤 여자들은 그냥 **엄마가 되어서는 안 될 것 같다**는 생각을 해요)

정답 **B**. Alicia

12. 어머니가 회사를 물려주길 원하신다고 누가 설명합니까?

체크 포인트 "...su idea es que **yo me haga cargo de la empresa cuando ella se jubile**."
(**어머니가 은퇴하실 때 제가 회사를 책임지는 것**이 그녀의 계획이기 때문이죠)

정답 **A**. Mariano

13. 어머니가 아닌 다른 가족 또는 친척과 함께 자랐다고 누가 언급합니까?

체크 포인트 "...siempre he podido contar con **mi abuela paterna**, que es **quien realmente me ha criado**."
(저의 친할머니께 항상 의지할 수 있어서 (...), 사실 **친할머니가 저를 키워 주신 분**이죠)

정답 **B**. Alicia

14. 어머니가 의료계 종사자라고 누가 말합니까?

체크 포인트 "...también puedo contar con ella siempre que me duele algo porque **es enfermera**..."
(**어머니는 간호사이셔서** 어딘가 아플 때마다 의지할 수 있는데)

정답 **D**. Nerea

15. 어머니로부터 홀대를 받는다고 누가 말합니까?

체크 포인트 "¿Quién podría tener una buena relación con alguien que solamente **te critica**, **te ridiculiza delante de los demás**, **te infravalora** e, incluso, **te agrede** a veces sin motivo? Eso es lo que yo he recibido de mi madre desde pequeña."
(오로지 **비난만 하고**, **다른 사람들 앞에서 웃음거리로 만들고**, **비하하고**, 심지어 가끔은 이유 없이 **가해하는 사람**과 누가 좋은 관계를 가질 수 있겠어요? 그것이 바로 제가 어렸을 때부터 어머니로부터 받아온 것이에요)

정답 **B**. Alicia

오답 포인트 C. Raúl

1 "La verdad es que es bastante exigente y fría a veces, pero creo que simplemente se debe a que no sabe expresarse."
(사실 그녀는 상당히 엄격하시고 가끔은 차갑기도 하지만, 그냥 표현할 줄 모르시기 때문이라고 생각해요)

2 "Pero no me cabe la menor duda de que me quiere."
(하지만 어머니가 저를 사랑하신다는 것에 대해서는 의심할 여지가 없답니다)

➡ 라울의 전반적인 이야기를 살펴보면 어머니가 과하다 싶을 정도로 차갑게 대한다는 느낌이 들 수도 있지만, 결국 표현의 문제이고 그녀의 사랑에 대한 의심은 없으므로, "홀대"를 받는 것은 아니라고 봐야 한다.

---

16. 어머니 측 모든 가족이 같은 성격을 가지고 있다고 누가 말합니까?

체크 포인트 "En su familia **están todos cortados por el mismo patrón**..."
(저희 외가댁 식구들은 **모두 같은 부류이고**)

➡ "estar cortados/as por el mismo patrón"은 "같은 본을 따라서 잘라져 있다"라는 의미로, 모두 비슷하거나 같은 부류라는 뜻을 가지고 있다. 라울의 이야기에서는 성격적인 면을 다루는 내용이기 때문에 "같은 성격"을 가지고 있는 친척들을 지칭한다고 봐야 한다.

정답 **C**. Raúl

Tarea 2 Vocabulario

질문

figura: 모습

ejercer la maternidad: 엄마가 되다, 육아하다

heredar: 상속받다, 대를 잇다

sanitario/a: 의료의

trato: 대우, 취급

본문

A. 마리아노

admiración: 존경, 찬사

exportación: 수출

polifacético/a: 다면적인, 다재다능한

involucrarse: 관여하다, 개입하다

socio/a: 동업자, 파트너

B. 알리시아

ridiculizar: 우습게 만들다, 비아냥거리다

infravalorar: 과소평가하다, 비하하다

agredir: 가해하다

comportamiento: 행동

adicción: 중독

justificación: 변명, 정당화

menos mal que + 직설법: ～해서 다행이다

volcarse con + 명: ～에 전력을 다하다

C. 라울

ensayo: 수필, 에세이

deberse a que + 직설법: ～ 때문이다

patrón: (옷 등의) 본

cortados/as por el mismo patrón
: 비슷한, 같은 부류인

no caber duda: 의심할 여지가 없다

D. 네레아

confidente: 털어놓고 이야기할 수 있는 상대

consejero/a: 조언자, 상담자

razonar: 이유를 설명하다

empatía: 공감

plantearse + 명: ～을 숙고하다

118

❖ Notas

Tarea 3					
17	18	19	20	21	22
G	B	F	C	E	D

지시문

6개의 문장이 발췌되어 있는 다음 글을 읽으세요. 8개의 제안된 문장(A–H)들을 읽어보고 각 문장이 어떤 빈칸(17–22)을 채워야 하는지 결정하세요. 선택할 필요 없는 2개의 문장이 있습니다. 선택한 옵션을 **답안지**에 표시하세요.

나사가 소행성 '베누'의 구성 물질을 밝혀내다

지난 화요일 나사는 45억 년 전 형성된 천체인 소행성 '베누'의 일부분을 지구로 가져왔으며, 물 분자와 상당한 양의 탄소를 포함하고 있다고 알렸다. **(17) G.** 이 요소들은 지구에서의 삶을 위한 기본적 구성 요소들이다.

나사의 역사상 처음으로 소행성의 샘플을 지구에 가져오는 것을 성공했는데, 이것은 생물의 기원과 약 45억 년 전에 발생한 태양계의 탄생에 대한 특별한 지식을 제공해 주기를 바랐던 업적이다. 오시리스–렉스라는 이름의 임무는 소행성 '베누'의 잔해 물질을 채집했다. **(18) B.** 7년간의 여행을 마치고, 소행성 '베누'의 샘플을 담은 나사의 캡슐이 지난 9월 24일 미국 유타 주 사막에 착륙했다.

(19) F. 캡슐 내부뿐만 아니라 외부, 뚜껑 주변과 바닥에서 발견한 암석 물질의 파편들을 조심스럽게 분리한 이후에, 초기 연구들은 탄소가 풍부한 물질과 물을 함유한 점토 광물의 존재를 확인하는 결과를 내놓았다. **(20) C.** 이 임무의 수석 연구원인 단테 로레타에 의하면, 이것은 "우리 동네 태양계뿐만 아니라 생명체 시작의 가능성에 대한 이해로 우리를 이끌어준다".

오시리스–렉스 임무의 놀라운 성공은 우주 탐사에 있어서 중요한 전환점을 의미하는데, 태양계의 형성과 관련된 수수께끼와 지구의 생명체 출현에 대한 소행성들의 유력한 영향을 바라보는 특별한 관점을 제공하기 때문이다.

이 항공우주국은, 비록 발견된 탄소 화합물의 성분을 완전히 이해하기 위해서는 추가 연구가 필요하지만, 이 초기 발견이 소행성 샘플의 미래 분석을 위한 유망한 단서를 의미한다고 알린다. **(21) E.** 향후 수십 년간 진행될 연구들은 다양한 분야에 대한 정보를 제공할 것이다: 태양계가 어떻게 형성되었는지, 생명체의 선구물질들이 어떻게 지구에 뿌려졌는지, 그리고 지구와 소행성들의 충돌을 막기 위해서는 어떻게 주의해야 하는지에 대해서 말이다.

빌 넬슨 나사 국장에 의하면, "오시리스–렉스와도 같은 임무들은, 지구에게 위협을 의미할 수도 있지만 동시에 더 멀리 존재할 수도 있는 것에 대한 전망을 제공해 주는 소행성들에 대한 우리의 인식을 더 넓혀줄 것이다". **(22) D.** 이러한 이유 때문에 나사는, 전 세계 과학자들의 미래 연구들을 위해, 샘플의 최소 70%를 휴스턴의 존슨 우주센터에 보존할 예정이다.

17.

G. **Estos** son los componentes básicos para la vida en nuestro planeta
(**이것들은** 지구에서의 삶을 위한 기본적 구성요소들이다)

➡️ G 문장 시작의 "Estos"는 "componentes"와 성수 일치하고 있지만, 의미적으로는 17번 빈칸 바로 앞에 등장하는 물 분자와 탄소를 가리키고 있다는 것을 확인할 수 있다.

G

B. Tras un viaje de siete años, la cápsula de la *NASA* que contenía las muestras del asteroide Bennu aterrizó en el desierto de Utah (Estados Unidos) el pasado 24 de septiembre
(7년간의 여행을 마치고, 소행성 '베누'의 샘플을 담은 나사의 캡슐이 지난 9월 24일 미국 유타 주 사막에 착륙했다)

➡️ 한 문단의 중간 또는 마지막에 위치하는 빈칸에는 주로 앞뒤 내용과 직접적으로 연결되는 단서를 포함하고 있는 문장이 들어갈 확률이 높다는 것을 잊어서는 안 된다.

➡️ 나열 순서상 G 문장보다 먼저 읽게 되고 첫 번째 문단에 들어가는 것이 자연스러울 듯한 내용이긴 하지만, 17번 빈칸 바로 앞 내용과의 연결고리가 보이지 않으므로 정답이 될 수 없다.

18.

B. Tras un viaje de siete años, **la cápsula** de la *NASA* que contenía **las muestras** del asteroide Bennu aterrizó en el desierto de Utah (Estados Unidos) el pasado 24 de septiembre
(7년간의 여행을 마치고, 소행성 '베누'의 **샘플**을 담은 나사의 **캡슐**이 지난 9월 24일 미국 유타 주 사막에 착륙했다)

➡️ 첫 번째 문단의 주 내용이 "물 분자와 탄소"의 발견이라면, 18번 빈칸이 포함되어 있는 두 번째 문단의 주제는 "소행성 '베누'의 샘플"을 채집하고 지구에 가져왔다는 것이라고 볼 수 있다. 지구에 도착한 날짜 및 정확한 착륙 위치를 밝히며 문단이 마무리되는 것이 자연스러운 흐름이라는 것을 놓쳐서는 안 된다.

➡️ 18번 빈칸 앞에 등장하는 "La misión, denominada Osiris-Rex"가 B 문장의 "la cápsula"와 직접적인 관련이 있고, 앞에서 처음 언급되는 "muestra"가 B 문장에서 다시 한번 반복된다는 것을 확인해야 한다.

B

19.

F. Tras separar cuidadosamente **los fragmentos de material rocoso** que encontraron no solo dentro de la cápsula sino en el exterior, en torno a la tapa, y en el fondo
(캡슐 내부뿐만 아니라 외부, 뚜껑 주변과 바닥에서 발견한 **암석물질의 파편들**을 조심스럽게 분리한 이후에)

➡️ 19번 빈칸이 포함된 세 번째 문단의 주제는 지구로 가져온 샘플의 "초기 연구 결과"이다. 해당 빈칸은 어떤 방법 또는 과정을 통해 이러한 연구 결과가 나왔는지 알려주는 문장이 들어가야 되는 위치이다.

➡️ 세 번째 문단에 등장하는 "material rico en carbono"와 "minerales arcillosos"가 F 문장의 "fragmentos de material rocoso"와 직접적인 관련이 있다는 것을 확인할 수 있다.

F

20.

C. Según Dante Lauretta, investigador principal de la misión, **esto** "nos encamina a la comprensión no solo de nuestro vecindario celestial sino también del potencial para el comienzo de la vida"

(이 임무의 수석 연구원인 단테 로레타에 의하면, **이것은** "우리 동네 태양계뿐만 아니라 생명체 시작의 가능성에 대한 이해로 우리를 이끌어준다")

➡️ 세 번째 문단에서 이야기하는 "초기 연구 결과"가 무엇을 의미하는지 수석 연구원의 말을 빌려 정리하는 C 문장이 가장 적합하다고 봐야 한다. 중성 대명사 "esto"가 20번 빈칸 바로 앞 내용 전체를 받고 있는 것을 확인할 수 있다.

정답 C

G. Estos son los componentes básicos para la vida en nuestro planeta
(이것들은 지구에서의 삶을 위한 기본적 구성 요소들이다)

➡️ 첫 번째 문단과 세 번째 문단의 내용이 비슷하다고 볼 수 있으나, 첫 번째 문단에서는 "agua"와 "carbono"를 단순하게 언급하고 있고, 세 번째 문단에서는 훨씬 더 심층적이고 복합적으로 "material rico en carbono"와 "minerales arcillosos con contenido de agua"에 대해 말하고 있다. G 문장의 "componentes básicos"가 직접 지칭할 수 있는 대상은 첫 번째 문단의 "agua"와 "carbono"가 더 적합하므로, 20번 빈칸보다는 17번 빈칸에 들어가는 것이 맞다.

21.

E. Los estudios que se llevarán a cabo en las próximas décadas ofrecerán **información sobre varios aspectos**

(향후 수십년간 진행될 연구들은 **다양한 분야에 대한 정보**를 제공할 것이다)

➡️ 21번 빈칸이 포함된 다섯 번째 문단에 등장하는 "se requiere una investigación adicional"이 초기 발견 이후에 필요한 추가 연구를 의미하며, 결국 E 문장의 "Los estudios que se llevarán a cabo en las próximas décadas", 즉 미래에 진행될 추가 연구에 대한 이야기로 자연스럽게 이어진다는 것을 볼 수 있다.

➡️ E 문장의 "información sobre varios aspectos"에 대한 상세한 설명이 21번 빈칸 바로 뒤에 이어지는 것을 확인해야 한다. 이 사이에 표기되어 있는 문장 부호 ":"를 놓쳐서는 안되는데, 앞 내용의 항목 나열, 추가 설명 또는 예시를 들 때 활용하는 부호이므로 앞뒤 문장들의 관계를 정확히 보여주고 있다.

정답 E

22.

D. **Es por ello** que la *NASA* preservará, al menos, el 70% de la muestra en el Centro Espacial Johnson de Houston para futuras investigaciones por parte de científicos de todo el mundo
(**이러한 이유 때문에** 나사는, 전세계 과학자들의 미래 연구들을 위해, 샘플의 최소 70%를 휴스턴의 존슨 우주센터에 보존할 예정이다)

➡️ D 문장의 "Es por ello que"가 여섯 번째 문단 내용과 D 문장 내용을 원인-결과 관계로 자연스럽게 연결해 주고 있다.

정답 D

C. Según Dante Lauretta, investigador principal de la misión, esto "nos encamina a la comprensión no solo de nuestro vecindario celestial sino también del potencial para el comienzo de la vida"
(이 임무의 수석 연구원인 단테 로레타에 의하면, 이것은 "우리 동네 태양계뿐만 아니라 생명체 시작의 가능성에 대한 이해로 우리를 이끌어준다")

➡️ 오히려 여섯 번째 문단 내용과 동일한 이야기를 하고 있기 때문에, 해당 문단에서 빌 넬슨 나사 국장이 언급한 내용을 C 문장의 "esto nos encamina a"가 받으며 반복하는 것이 적합하지 않다.

☑ A. Es decir, sin estos elementos no sería posible la vida en la Tierra
(다시 말해, 이 요소들 없이 지구에서 삶은 가능하지 않을 것이다)

　　▷ "estos elementos"가 "agua"와 "carbono"를 의미한다고 하더라도, A 문장을 시작하는 "Es decir"는 앞 내용을 반복하여 말할 때 사용되기 때문에 들어갈 수 있는 빈칸이 없다.

☑ H. No obstante, la *NASA* denuncia que no ha percibido toda la financiación prometida originalmente por el Gobierno
(그러나 나사는 정부가 애초에 약속했던 자금은 모두 받지 못했다고 고발한다)

　　▷ "No obstante" 표현과 자금관련 내용이 들어갈 수 있는 빈칸이 없으므로 쉽게 제거할 수 있는 오답이다.

Tarea 3   Vocabulario

본문

제목
contenido: 내용물
asteroide: 소행성

문단 1
porción: 부분
cuerpo: 물체
celeste: 하늘의
antigüedad: 오래됨, 연대가 오래된 것
molécula: 분자
carbono: 탄소

문단 2
trayectoria: 경로, 궤도
muestra: 견본, 샘플
hazaña: 공적, 업적
arrojar: 던지다
gestación: 임신, 잉태
sistema solar: 태양계
denominado/a: 지칭되는, 명명되는
recolectar: 모으다, 채집하다
resto: (복수) 찌꺼기, 잔해

문단 3
mineral: 광물
arcilloso/a: 점토질의

문단 4
inflexión: 방향의 변화, 전환
exploración: 탐험, 탐사

문단 5
composición: 구성, 성분
compuesto: 합성물, 화합물
hallazgo: 발견
prometedor/a: 유망한, 조짐이 좋은
pista: 단서, 실마리
sembrar: 씨앗을 뿌리다
precursor/a: 전조의, 선구의
colisión: 충돌

문단 6
ampliar: 넓히다, 확장하다
más allá: 더 나아가서

질문

aterrizar: 착륙하다
encaminar: 안내하다, 인도하다, 향하게 하다
vecindario: 동네
celestial: 하늘의
preservar: 보존하다
fragmento: 조각, 파편
rocoso/a: 바위로 된, 바위투성이의
componente: 구성요소
percibir: 받다, 수취하다
financiación: 자금(공급), 금융

❖ Notas

Tarea 4													
23	24	25	26	27	28	29	30	31	32	33	34	35	36
c	a	b	b	b	a	a	c	b	c	a	a	b	c	b

지시문

텍스트를 읽고 빈칸(23-36)에 알맞은 옵션(a/b/c)을 넣으세요. 선택한 옵션을 **답안지**에 표시하세요.

그 시기에는, 멜키아데스는 이미 놀라운 속도로 늙어버렸었다. 그의 첫 여정들에서는 호세 아르카디오 부엔디아와 같은 나이인 것처럼 보였다. 하지만 이 사람이 굉장한 기력을 보존하는 동안, 참고로 그것은 말 한 마리의 귀를 움켜잡고 넘어뜨릴 수 있는 기력이었는데, 그 집시는 집요한 병마에 의해 타락된 것처럼 보였다. 실은, 그것은 무수한 세계 여행에서 걸린 다양하고 희귀한 질병들의 결과물이었다. 호세 아르카디오 부엔디아의 연구실을 차리는 것을 도와주는 동안 그가 직접 호세에게 이야기한 것에 따르면, 죽음이 그를 사방팔방으로 쫓아다녔는데, 그의 바지 자락 냄새를 맡으면서, 하지만 마지막으로 강타하는 것을 머뭇거렸다고 한다. 그는 인류를 후려친 모든 전염병과 재앙으로부터 도피하는 도망자였다. 그는 페르시아에서는 펠라그라병, 말레이시아 제도에서는 괴혈병, 알레한드리아에서는 나병, 일본에서는 각기병, 마다가스카르에서는 흑사병, 시칠리아에서는 지진, 그리고 마젤란 해협에서는 엄청난 난파에서 살아남았다.

스스로 본인이 노스트라다무스의 해답을 갖고 있다고 말하던 그 굉장한 인간은, 우울한 사람이었는데, 슬픈 기운으로 둘러싸여 있었고 모든 일의 뒷면을 아는 듯한 동양적인 눈빛을 갖고 있었다. 그는 크고 검은 모자를 썼는데, 그것은 까마귀의 펼쳐진 날개 같았고, 오래된 녹청으로 뒤덮인 듯한 벨벳 조끼를 입었다. 하지만, 어마어마한 지식과 신비로운 분위기에도 불구하고 그에게는 인간적인 짐이 있었는데, 이것은 일상생활의 사소한 문제들에 얽혀 있게 만드는 세속적인 조건이었다. 그는 오래된 질병들에 대해 불평했고, 하찮은 경제적 궁핍으로 인해 괴로워했으며, 오랜 시간 전부터 웃지 않았었는데, 괴혈병으로 이가 빠졌었기 때문이었다.

자신의 비밀들을 밝힌 무더운 한낮에, 호세 아르카디오 부엔디아는 대단한 우정이 시작되었다는 확신을 갖게 되었다. 아이들은 그의 환상적인 이야기에 놀랐다. 아우렐리아노는, 그 당시 다섯 살이 넘지 않았는데, 그날 오후에 그를 본 그대로를 죽을 때까지 잊지 못할 것이다. 그는 창문에서 선명하게 반사되는 빛을 등지고 앉아있었고, 상상력의 가장 어두운 영역을 파이프 오르간처럼 깊이 우러나오는 목소리로 밝게 비추고 있는 동안, 더위에 녹아버린 기름때를 관자놀이로 흘리기도 했다. 호세 아르카디오는, 그의 형이었는데, 그 경이로운 모습을 그의 모든 자손들에게 전해줄 것이다. 마치 물려받는 추억처럼 말이다. 우르술라는, 반대로, 그 방문에 대한 안 좋은 기억을 가지고 있었다. 왜냐하면 그녀는 멜키아데스가 실수로 염화수은이 담긴 병을 깨뜨린 순간 방에 들어갔기 때문이었다.

– 이건 악마의 냄새에요 – 그녀가 말했다.

– 천만에요 – 멜키아데스가 바로잡았다 – 악마는 유황의 특성을 갖고 있다는 것이 확실하답니다. 이건 단지 염화수은일 뿐이에요.

항상 학구적이었던 그는, 황화수은의 무시무시한 능력에 대한 해박한 설명을 했지만, 우르술라는 그의 말에 귀를 기울이는 것이 아니라 아이들을 기도하러 데려가 버렸다. 그 깨무는듯한 고약한 냄새는 그녀의 기억에 항상 남겨질 것이다. 멜키아데스에 대한 추억과 함께.

23.

체크 포인트 "**Para** esa época, Melquíades **había envejecido** con una rapidez asombrosa."
(그 시기에는, 멜키아데스는 <u>이미</u> 놀라운 속도로 <u>늙어버렸었다</u>)

➡ "envejecer"는 나이를 먹어버리는 단발적 행동을 뜻하며 상태 묘사를 의미하지 않는다. "ser viejo/a"와 혼동하지 말 것!

➡ 직설법 대과거 3인칭 단수 동사 변형을 사용해야 하는 위치이다. 문두에서 나오는 전치사 "Para"는 시간적 의미로 "~까지"를 뜻한다. 전반적으로 과거에 대해 이야기하는 지문에서 과거 기준으로 완료된 특정한 시기를 지정하고 있다면, "그 시기에는 이미 ~해버렸었다"라는 의미의 직설법 대과거 시제를 선택하는 것이 맞다.

c) había envejecido

오답 포인트 a) envejeció
➡ 과거의 특정한 순간에 발생한 일이 아니므로 직설법 부정과거 형태는 제거해야 한다.

b) envejecía
➡ 언급된 과거 순간의 반복적인 행동을 말하는 것이 아니기 때문에 직설법 불완료과거 형태는 제거해야 한다. 동사 envejecer는 상태를 묘사하는 의도로 활용되지 않으므로 "나이를 먹은 상태였다"라고 잘못 해석하지 않아야 한다.

24.

체크 포인트 "Pero mientras **éste** conservaba su fuerza descomunal..."
(<u>이 사람이</u> 굉장한 기력을 보존하는 동안)

➡ 바로 앞 문장에 있는 "José Arcadio Buendía"를 지칭하고 있는 남성형 단수 지시대명사이다. 사실 지시대명사는 강세 없이 사용될 수도 있지만, 지시형용사와 혼동 가능성이 있기 때문에 강세 표기와 함께 대명사라는 것을 확실히 보여주려는 저자의 의도가 보인다.

a) éste

오답 포인트 b) esto
➡ 남성형이 아니라 중성 지시대명사이므로 앞서 언급된 상황이나 문장을 가리킬 수는 있으나 사람을 지칭할 수는 없다.

c) ésta
➡ 여성형 지시대명사로서 여성인 사람을 포함한 여성형 명사만 지칭할 수 있다.

25.

체크 포인트 "**Era**, en realidad, el resultado de múltiples y raras enfermedades..."
(실은, 그것은 (...) 다양하고 희귀한 질병들의 결과물<u>이었다</u>.)

➡ 직설법 불완료과거 형태가 과거의 멜키아데스의 상태를 묘사하고 있다.

b) Era

오답 포인트 a) Es
➡ 전반적인 지문의 내용이 과거에 대한 것이기 때문에, 갑자기 현재로 시제가 바뀔 수는 없다.

c) Fue
➡ 특정한 시점에 발생한 단발적 사건이 아니라 과거에서 한 사람에 대한 묘사를 하는 것이기 때문에 부정과거 형태는 제거해야 한다.

26.

체크 포인트 "Según él mismo **le** contó a José Arcadio Buendía..."
(그가 직접 호세**에게** 이야기한 것에 따르면)

➡ 간접 목적격 대명사 3인칭 단수로서 바로 뒤에 있는 "a José Arcadio Buendía"를 중복하여 나타내고 있다.

➡ 동사 contar는 "누구에게 무엇을 이야기하다"라는 뜻으로 간접 목적어와 직접 목적어를 모두 받을 수 있는데, 이 문장에서는 바로 뒤에 사람의 이름이 나오므로 "누구에게", 즉 간접 목적어를 중복해주는 대명사를 앞에 추가해주어야 한다.

정답 **b) le**

오답 포인트 **a) se**

➡ 이 문장에서는 재귀 대명사로 해석해 볼 수밖에 없는데, 주어가 자신 스스로에게 이야기하는 것이 아니라 또 다른 사람에게 하는 행동이기 때문에 불가능하다.

c) lo

➡ 직접 목적격 대명사 3인칭 남성형 단수, 또는 중성 대명사로 보아야 하는데, 이 문장에서는 동사 contar가 바로 뒤에 있는 "a José Arcadio Buendía"를 간접 목적어로 받고 있으므로 제거해야 한다.

27.

체크 포인트 "...la muerte **lo** seguía a todas partes..."
(죽음이 **그를** 사방팔방으로 쫓아다녔는데)

➡ 직접 목적격 대명사 3인칭 남성형 단수로서 멜키아데스를 지칭한다.

➡ 동사 seguir가 "누구를 따라다니다, 쫓아다니다"로 해석되며 직접 목적어를 받는 동사라는 것을 알고 있어야 한다.

정답 **a) lo**

오답 포인트 **b) le**

➡ "lo" 대신 "le"를 사용하는 "leísmo" 현상이 관용적으로 허용되지만, 델레시험 문법 Tarea에서는 정답이 될 수 없다. 간접 목적격 대명사와 직접 목적격 대명사를 혼동해서는 안 된다.

c) se

➡ 이 문장에서는 특정한 주어 "la muerte"가 존재하므로 재귀 대명사로 볼 수밖에 없는데, "스스로 쫓아다녔다" 라고 해석할 수 없기 때문에 제거해야 한다.

28.

체크 포인트 "...era un hombre lúgubre, envuelto **en** un aura triste..."
(그는 우울한 사람이었는데, 슬픈 기운**으로** 둘러싸여 있었고)

➡ 동사 envolver의 과거분사 형태인 "envuelto"는 "~으로 둘러싸인"이라는 의미를 갖게 되며 주로 전치사 en이 동반되는 구조에서 사용된다.

➡ 전치사 con 또는 por와 사용하는 것도 가능하다.

정답 **a) en**

오답 포인트 **b) a**

➡ 타동사 envolver가 사람인 직접 목적어를 받을 때에는 함께 사용되어야 하는 전치사이나, 해당 문장처럼 형용사의 역할을 하는 과거분사 형태 뒤에 올 수는 없기 때문에 제거해야 하는 옵션이다.

c) bajo

➡ 빈칸 뒤의 "un aura triste"만 본다면 전치사 bajo의 가능성을 고려해 볼 수 있지만, "envuelto"와 함께 사용되는 것은 적절하지 않으므로 정답이 될 수 없는 옵션이다.

29.

체크 포인트 "Usaba un sombrero grande y negro, **como** las alas extendidas de un cuervo…"
(그는 크고 검은 모자를 썼는데, 그것은 까마귀의 펼쳐진 날개 **같았고**)

➡️ "~처럼, ~과 같이"라는 의미를 갖는 부사이며 앞서 등장하는 "un sombrero grande y negro"와 "las alas extendidas de un cuervo"를 동등하게 비교하고 있다.

정답 **c) como**

> 오답 포인트 a) cual
> ➡️ 일반적으로 정관사와 함께 "el cual"의 형태로 관계대명사의 역할을 하며 바로 뒤에 동사가 등장해야 한다.
> ➡️ 다만, 드물게 비교 부사로서 "~처럼, ~과 같이"라는 의미로도 사용되는데, 이 경우에는 뒤에 명사를 관사 없이 받는다.
> > 예 Usaba un sombrero grande y negro, <u>cual</u> alas extendidas de un cuervo.
> b) igual
> ➡️ 단독 형태가 아니라 "igual que" 또는 "igual a" 구조여야 "~처럼, ~과 같이"의 의미로 활용될 수 있다.

30.

체크 포인트 "Pero **a pesar de** su inmensa sabiduría y de su ámbito misterioso tenía un peso humano…"
(하지만, <u>어마어마한 지식과 신비로운 분위기</u>**에도 불구하고** 그에게는 인간적인 짐이 있었는데)

➡️ "~에도 불구하고"라는 의미의 전치사구로서 바로 뒤에 등장하는 명사와 주문장의 내용을 대조시킨다. 이 문장에서는 "su inmensa sabiduría y de su ámbito misterioso"까지 받으면서 "tenía un peso humano"와 대비시킨다고 볼 수 있다.

➡️ "a pesar de"의 전치사 "de"가 이미 "su ámbito misterioso" 바로 앞에 중복되어 있는 것을 놓치지 말자!

정답 **b) a pesar de**

> 오답 포인트 a) sin embargo / c) no obstante
> ➡️ 두 보기 모두 "하지만, 그러나"의 의미로 반대되는 내용을 이어주고 있으나 부사의 기능으로 사용되기 때문에 주로 문장의 시작에서 쉼표와 함께 활용된다.
> > 예 Tenía una inmensa sabiduría y un ámbito misterioso. <u>Sin embargo</u>, tenía un peso humano.
> ➡️ 드물게 소문자로 시작되며 등장할 수도 있는데, 부호 사용을 잘 살펴보자!
> > 예 Tenía una inmensa sabiduría y un ámbito misterioso; <u>no obstante</u>, tenía un peso humano.

31.

체크 포인트 "Se quejaba de dolencias de viejo, sufría por los más insignificantes percances económicos y había dejado de reír <u>desde **hacía**</u> mucho tiempo..."

(그는 오래된 질병들에 대해 불평했고, 하찮은 경제적 궁핍으로 인해 괴로워했으며, <u>오랜 시간 **전**부터</u> 웃지 않았었는데)

➡ "~전"이라는 의미로 시간을 표현할 때에는 전치사적 기능을 가지게 된다. 전체적인 지문의 배경이 과거이며 "desde hacía"는 "desde hace"의 과거형 버전이라고도 할 수 있겠다.

➡ 앞 문장에서 "Se quejaba"와 "sufría"가 같은 과거의 묘사를 하고 있으므로 여기에서 불완료과거 시제에 대한 단서를 얻는 것도 좋다.

정답 **c) hacía**

오답 포인트 **a) hace**

➡ 빈칸 앞과 뒤에 있는 모든 동사들이 과거 형태이므로 현재시제가 들어갈 수 없는 위치이다.

b) hizo

➡ 같은 과거시제이긴 하나, "~전부터"라는 표현으로는 부정과거 시제를 사용하는 "desde hizo" 조합은 사용하지 않으므로 확실히 제거해야 한다.

32.

체크 포인트 "<u>El sofocante mediodía en que reveló sus secretos</u>, José Arcadio Buendía **tuvo** la certidumbre..."

(자신의 비밀들을 밝힌 무더운 한낮에, 호세 아르카디오 부엔디아는 (...) 확신을 **갖게 되었다**)

➡ 부정과거 형태가 과거의 구체적인 한 순간에 발생한 "깨달음"의 단발적 행위를 말해준다.

정답 **a) tuvo**

오답 포인트 **b) tuviera**

➡ 접속법 불완료과거 3인칭 단수 형태이다. 같은 과거 시제이긴 하나 주로 주문장이 아닌 종속절에서 사용되며, 강조의 목적을 가지고 주문장에서 사용될 때에는 가능성 또는 가정의 의미 등으로 활용되므로 알맞은 시제가 아니다.

c) tendrá

➡ 미래에 대한 내용이 아니기 때문에 간단히 제거할 수 있는 보기이다.

33.

"Aureliano, **que** no tenía entonces más de cinco años, había de recordarlo por el resto de su vida..."
(아우렐리아노는, 그 당시 다섯 살이 넘지 않았는데, (그를) 죽을 때까지 잊지 못할 것이다)

➡ 바로 앞에 있는 "Aureliano"를 선행사로 받으면서 쉼표 사이에서 이 사람에 대한 추가적 설명을 해주는 관계사이다.

정답 a) que

b) a quien
➡ 선행사 "Aureliano"가 관계사절 안에 있는 동사 "tenía"의 어떤 역할을 하고 있는지 살펴보아야 하는 문제이다. 선행사가 관계사절 동사의 주어 또는 직접 목적어일 경우에는 전치사의 도움이 필요 없으므로 전치격 관계사가 들어갈 수 없다. 이 문장에서도 "Aureliano"는 관계사절 동사의 주어이기 때문에 빈칸에는 단순 관계사를 선택해야 한다.

➡ 단, 관계사 "quien"은 사람 선행사만 받으므로, 직접 목적어의 역할을 하는 사람 선행사 뒤에서는 전치사 a와 함께 가는 것이 맞다.
예 Melquíades, a quien Aureliano había de recordar como lo vio aquella tarde, estaba sentado (⋯)

➡ 단순 관계사 "quien"이었다면, 쉼표 사이에서 추가적 설명을 해줄 수 있으므로 정답이 될 수도 있다.
예 Aureliano, quien no tenía entonces más de cinco años, había de recordarlo (⋯)

c) lo que
➡ 중성 관계사는 행위 또는 문장 전체 등의 성수 개념이 없는 선행사만 받을 수 있으므로, "Aureliano" 뒤에 들어갈 수 없는 옵션이다.

➡ 남성형 단수 정관사와 함께 하는 "el que" 형태였다면, 쉼표 사이에서 추가적 설명을 해줄 수 있는 관계사이므로 정답이 될 수도 있다.
예 Aureliano, el que no tenía entonces más de cinco años, había de recordarlo (⋯)

34.

"Úrsula, **en cambio**, conservó un mal recuerdo de aquella visita..."
(우르술라는, **반대로**, 그 방문에 대한 안 좋은 기억을 가지고 있었다)

➡ "반면에, 반대로"라는 의미의 부사구로서 앞 문장과 뒤에 이어지는 문장을 대조시킨다. 앞서 등장하는 문장인 "José Arcadio, su hermano mayor, había de transmitir aquella imagen maravillosa, como un recuerdo hereditario, a toda su descendencia." 안에서는 "José Arcadio"의 긍정적인 경험이 묘사되고, 빈칸이 포함된 문장에서는 "Úrsula"의 부정적 경험이 표현되고 있으므로 반대되는 내용을 이어주는 부사구가 필요하다.

정답 b) en cambio

a) asimismo
➡ "역시, 또한, 게다가"라는 의미를 갖고 있으므로 해당 빈칸에는 적합하지 않은 부사이다.

c) tampoco
➡ "~도 아니다"라는 부정문에서 사용되는 부사이다. 앞 문장과 같은 맥락의 부정적 내용이 이어지는 상황이 아니기 때문에 제거해야 한다.

35.

체크 포인트 "Queda **claro** que el demonio tiene propiedades sulfúricas..."
(악마는 유황의 특성을 갖고 있다는 것이 **확실**합니다)

⏩ 해당 빈칸에 "확신"에 대한 어떤 형용사가 가장 적합한지 파악해야 하는 문제이다.

⏩ 이 문제의 키워드는 빈칸 앞에 있는 무인칭 형태의 동사 "Queda"이다. "~한 상태로 남아있다"라는 의미를 가지고 있기 때문에, 무인칭 구문에서는 동사 estar를 대체할 수 있다. 그러므로, 확신에 대해 말하는 무인칭 구문에서 동사 estar와 함께 사용되는 형용사 claro를 선택해야 한다.

　예　Está claro que el demonio tiene propiedades sulfúricas.

정답 **c)** claro

오답 포인트　a) seguro / b) cierto

⏩ 두 형용사 모두 확신에 대해 말하는 무인칭 구문에서 활용될 수 있으나 동사 ser와 함께 쓰여야 하므로, estar 또는 quedar 뒤에는 올 수 없다.

　예　Es seguro que el demonio tiene propiedades sulfúricas.
　　　Es cierto que el demonio tiene propiedades sulfúricas.

36.

체크 포인트 "...pero Úrsula <u>no</u> le hizo caso, **sino que** se llevó los niños a rezar."
(우르술라는 그의 말에 귀를 기울이는 것이 아니라 아이들을 기도하러 **데려가 버렸다**)

⏩ 앞에 등장하는 "no"와 연결해서 "no A sino que B", 즉 "A가 아니라 B이다" 구조를 만들어야 한다. "Úrsula"가 "hacer caso a Melquíades"는 하지 않고 "llevarse los niños a rezar"는 행하였기 때문에 올바른 문장구조가 완성된다.

정답 **b)** sino que

오답 포인트　a) por lo que

⏩ "그러한 이유로, 그래서"라는 의미로 바로 앞에는 원인이 되는 문장, 바로 뒤에는 결과가 되는 내용을 이끌어 준다. "우르술라는 그의 말에 귀 기울이지 않았는데, 이러한 이유로 아이들을 데려가 버렸다"라는 것은 적합한 연결이 아니다.

c) a pesar de que

⏩ "~에도 불구하고"라는 의미로 "우르술라는 아이들을 기도하러 데려갔음에도 불구하고 그의 말에 귀 기울이지 않았다"라는 적합하지 않은 문장을 구성하게 된다.

descomunal: 굉장한, 터무니없는

derribar: 쓰러뜨리다, 넘어뜨리다

estragar: 해를 입히다, 타락시키다

dolencia: 고통, 아픔

tenaz: 완강한, 집요한

contraer: 수축시키다, (병에) 걸리다

husmear: 냄새를 맡다, (남의 뒤를) 캐고 다니다

dar un zarpazo a + 명: ~을 세게 때리다, 강타하다

fugitivo/a: 도망자

cuanto/a: ~하는 모든

plaga: 전염병

flagelar: (매 또는 채찍으로) 때리다, 나무라다

pelagra: 펠라그라병

escorbuto: 괴혈병

archipiélago: 군도, 제도

lepra: 나병, 한센병

beriberi: 각기병

peste bubónica: 흑사병

naufragio: 난파, 조난

multitudinario/a: 다수의, 거대한

estrecho: 해협

prodigioso/a: 불가사의한, 뛰어난

lúgubre: 침울한, 쓸쓸한

extender: 펼치다

cuervo: 까마귀

chaleco: 조끼

terciopelo: 벨벳

patinar: 스케이트를 타다, [어원: 아르헨티나] 낭비하다

verdín: 녹청, 초록색의 녹

sabiduría: 지혜, 깊은 지식

enredar: 얽히게 하다, 말려들게 하다

minúsculo/a: 아주 작은

insignificante: 무의미한, 하찮은

percance: 뜻밖의 사고, 경제적 손해

arrancar: 뽑아내다, (억지로) 빼앗다

sofocante: 질식시키는, 숨이 막히는, 무더운

certidumbre: 확신

claridad: 분명함, 선명함

metálico/a: 금속의

reverberante: 울려 퍼지는, 반사하는

alumbrar: 비추다, 밝게 하다

chorrear: (액체를) 흘리다, 떨어뜨리다

sien: 관자놀이

hereditario/a: 상속의

descendencia: 후손, 후예

distracción: 방심, 부주의

frasco: 작은 병

bicloruro de mercurio: 염화제이수은

en absoluto: 천만에

comprobar: 증명하다, 확인하다

propiedad: 특성

sulfúrico/a: 황산의

no es más que + 문장: 단지 ~일뿐이다

solimán: 염화수은

didáctico/a: 교육의, 학구적인

sabio: 현명한, 해박한

virtud: 능력, 효력

diabólico/a: 악마의, 악마 같은

cinabrio: 황화수은

rezar: 기도하다

mordiente: 깨무는

Prueba

2

COMPRENSIÓN AUDITIVA

듣기 시험 전 꼭 기억하기!

▣ **시작하기 전에**

- Tarea별 특성을 미리 익히고 각 Tarea에서 무엇이 요구되는지 파악해 두어야 한다.
- 음성녹음 재생 순서를 바꿀 수 없으므로 차례대로 문제를 풀어야 한다.
- 음성녹음 재생이 모두 완료된 후에는 답안지 마킹을 위한 추가 시간이 주어지지 않으므로, 각 Tarea가 끝날 때마다 있는 짧은 공백시간 동안 마킹을 해두고 다음 Tarea의 내용을 미리 읽어두는 것이 좋다.
- 각 Tarea가 다루는 주제에 대해 마음의 준비를 할 수 있도록 음성녹음을 듣기 전에 문제 내용을 읽어두어야 한다.
- 모든 음성녹음은 두 번 연속 재생된다. 1차 듣기 때 되도록 정답을 골라 두어야 하며, 2차 듣기 때 즉시 최종 선택할 수 있어야 한다.
- DELE B2 듣기 시험에서는 비록 스페인 식 스페인어가 지배적이긴 하나, 아르헨티나, 쿠바, 멕시코, 콜롬비아 등 다른 히스패닉 국가들에서 사용되는 스페인어도 등장한다. 그러므로 여러 다양한 스페인어 발음들의 특징을 사전에 공부해두고, 특히나 빠르게 말하는 속도에 익숙해지기 위해 반복적으로 들어보는 것이 중요하다.

□ **음성녹음을 들을 때**

- 많은 정보가 나오고 모든 것을 기억해두는 것은 어렵기 때문에, 음성녹음을 들으면서 질문 용지 여백에 키워드를 메모하는 것이 좋다. 답안지 마킹 이외의 질문 용지에 하는 추가 메모는 평가에 포함되지 않는다.

- 모르는 단어들이 있더라도 낙심하지 말고 음성녹음 내용의 전반적인 의미를 이해하려고 노력해야 한다.

□ **정답을 고를 때**

- 일반적으로, 음성녹음에 나오는 동일한 단어를 포함하고 있는 보기들은 주로 정답이 아니다.

- 정답에 대해 확신이 없더라도, 문제를 지나치기보다는 정답 가능성이 있어 보이는 보기를 일단 선택해놓는 것이 더 좋다.

- 답안지에 마킹할 때에는 볼펜이 아닌 연필로 각 칸을 완전히 채웠는지 확인한다.

DELE B2 듣기 영역

DELE B2 듣기 시험 개요

❶ 시험 시간: 40분
❷ Tarea 수: 5개
❸ 문제 수: 30문항

Tarea 1	여러 **짧은 대화**를 듣고 문제에 대한 **정답** 고르기	6 문항
Tarea 2	**두 사람의 대화**를 듣고 문제에 해당하는 **사람** 고르기	6 문항
Tarea 3	**한 사람**에 대한 **인터뷰**를 듣고 문제에 대한 **정답** 고르기	6 문항
Tarea 4	**여러 사람들**의 **이야기**를 듣고 각 사람이 언급한 **내용** 고르기	6 문항
Tarea 5	**한 사람**의 **독백**을 듣고 문제에 대한 **정답** 고르기	6 문항

Tarea 1

여러 짧은 대화를 듣고 문제에 대한 정답 고르기

---

1 Tarea 설명

이 Tarea에서는 50자 내외 길이의 형식적 또는 비형식적인 짧은 대화 6개를 듣게 된다.
각 내용의 본질적인 정보를 파악하고 정답과 관련된 키워드를 알아내야 하며, 3가지 옵션 중 정답을
선택해야 한다.

---

2 문제 공략법

지시문 읽기 → 문제와 옵션 읽기 → 1차 듣기 하며 1차 정답 선택하기 → 2차 듣기 하며 최종 선택하기 → 답안지에 정답 마킹하기 → 다음 Tarea 내용 미리 읽어두기

---

* **포인트** 이 Tarea에서는 6개의 짧은 대화가 나오는데, 각 대화마다 연속으로 음성녹음이 두 번 재생된다. 1차 듣기를 하며 가장 정답이라고 생각되는 옵션을 선택해두고, 2차 듣기 후 신속하게 정답 선택을 하고 미련 없이 다음 대화에 집중해야 한다.

3 문제 풀이 팁 ──────────────────────────────────

☑ 각 대화 시작 전에 화자의 소개를 듣고 어떤 대화 주제가 나올지 미리 파악한다.

☑ 공백시간을 제대로 활용하자!
  · 음성녹음 재생 시작 전: 30초
  · 각 대화의 1차 듣기와 2차 듣기 사이: 5초
  · 각 대화의 2차 듣기와 다음 대화의 시작 사이: 10초
  · 마지막 대화의 2차 듣기 후: 10초
  · "Complete ahora la Hoja de Respuestas." (이제 답안지에 표시하세요) 멘트 후: 30초
  ▶ Tarea 2 시작

Tarea 1 연습 문제

INSTRUCCIONES

Usted va a escuchar seis conversaciones breves. Oirá cada conversación dos veces seguidas. Después, tendrá que seleccionar la opción correcta (a/b/c) correspondiente a cada una de las preguntas (1-6).

Marque las opciones elegidas en la **Hoja de respuestas**.

Tiene 30 segundos para leer las preguntas.

PREGUNTAS

Conversación 1

1. En esta conversación se dice que...
   a) el hombre está pensando a quién votar.
   b) la mujer no quiere participar en la votación.
   c) la mujer ha votado al partido político al que suele votar.

Conversación 2

2. En esta conversación ...
   a) el hombre ha chocado contra la mujer.
   b) la mujer dice que perdió el control de su coche mientras conducía.
   c) el hombre dice que se encuentra gravemente herido debido al accidente.

Conversación 3

3. En esta conversación, la pareja...
   a) tiene opiniones diferentes sobre el partido.
   b) empieza a discutir a la raíz del partido de fútbol.
   c) reflexiona sobre el dinero excesivo que ganan los jugadores de fútbol.

4. En esta conversación se comenta sobre el atraco...

   a) en que hubo varios fallecidos.

   b) que fue motivado por la caída de la bolsa.

   c) que la policía no pudo encontrar al atracador.

Conversación 5

5. En esta conversación se menciona que...

   a) Carlos ha aprobado cuatro asignaturas.

   b) los dos chicos han suspendido alguna asignatura.

   c) Roberto tuvo que recibir clases para no suspender Matemáticas.

Conversación 6

6. En esta conversación...

   a) la madre dice que no le gusta ver las noticias.

   b) madre e hijo quieren ver noticias del corazón.

   c) el hijo tiene mucho interés en la vida de los famosos.

연습 문제 해설

PRUEBA 2: COMPRENSIÓN AUDITIVA

정답					
1	2	3	4	5	6
c	b	a	b	c	a

지시문

여섯 개의 짧은 대화를 들을 것입니다. 각 대화는 두 번 연속으로 나옵니다. 문제(1–6)에 해당하는 정답(a/b/c)을 선택하세요. 선택한 옵션을 **답안지**에 표시하세요. 문제를 읽기 위해 30초가 주어집니다.

---

1. [30 segundos]

NARRADOR: Va a escuchar una conversación entre dos amigos que se encuentran por la calle y hablan sobre las votaciones generales.

LUIS: ¡Hola, Sofía! ¿De dónde vienes?

SOFÍA: ¡Hola, Luis! Pues vengo de votar. Últimamente estoy muy descontenta con lo que están haciendo todos los políticos y casi me abstengo de venir a las urnas, pero, dentro de lo malo, todavía creo que el partido al que siempre he votado podría hacerlo algo mejor. ¿Y tú qué? ¿Ya has votado?

LUIS: Qué va, yo paso. Son todos iguales, así que ¿para qué?

[5 segundos] Repetición del audio
[10 segundos]

소개: 길에서 만나 총선에 대해 이야기하는 두 친구의 대화를 들을 것입니다.

루이스: 안녕 소피아! 어디에서 오는 길이니?

소피아: 안녕 루이스! 투표하고 오는 길이야. 최근에 모든 정치인들이 하고 있는 일이 너무 마음에 안 들어서 거의 기권할 뻔했는데, 적어도 항상 투표해왔던 정당이 조금이라도 더 잘 할 수 있을 거라고 아직 생각해. 너는? 투표했어?

루이스: 그럴 리가. 나는 사양할 게. 다들 똑같은데, 뭐 하러?

문제 이 대화에서는 ...라고 말한다.

   a) 남자는 누구에게 투표할지 생각하는 중이다

   b) 여자는 투표에 참여하고 싶지 않다

   c) 여자는 항상 투표하는 정당에 투표하였다

체크 포인트 "...dentro de lo malo, todavía creo que **el partido al que siempre he votado** podría hacerlo algo mejor."
(적어도 **항상 투표해왔던 정당**이 조금이라도 더 잘 할 수 있을 거라고 아직 생각해)

정답 **c)** la mujer ha votado al partido político al que suele votar.

오답 포인트   a) "Qué va, yo paso." (그럴 리가, 나는 사양할 게)

     b) **1** "Pues vengo de votar." (투표하고 오는 길이야)

       2 "...casi me abstengo de venir a las urnas..." (거의 기권할 뻔했는데)

         ▶ 하마터면 할 뻔했으나 결국은 하지 않은 행동을 말하므로, 소피아는 기권하지 않고 투표를 했다.
모르는 어휘가 있다 하더라도 "casi"에서 실제로 발생한 일은 아니었음을 짐작할 수 있다.

---

2. **NARRADOR:** Va a escuchar una conversación entre dos personas que acaban de tener un accidente.

MUJER: ¿Se encuentra bien? Mil disculpas, pero de repente los frenos no me respondían.

HOMBRE: Sí, no se preocupe. Afortunadamente, solo tengo un rasguño en la frente, pero no fue un golpe muy fuerte y creo que no me rompí nada.

MUJER: ¿Está seguro? Ay, mil disculpas de verdad. Voy a contactar inmediatamente a mi seguro a ver si podrán compensarle.

[5 segundos] Repetición del audio
[10 segundos]

소개: 방금 사고가 난 두 사람의 대화를 들을 것입니다.

여자: 괜찮으세요? 정말 죄송합니다. 갑자기 브레이크가 말을 듣지 않았어요.

남자: 네, 걱정 마세요. 다행히 이마에는 긁힌 상처가 났지만 충격이 크진 않았고 아무 데도 부러지진 않은 것 같아요.

여자: 정말이에요? 아, 진짜 죄송해요. 지금 바로 보험회사에 연락해서 배상해 드릴 수 있는지 볼게요.

문제 이 대화에서는...

   a) 남자가 여자와 부딪혔다.

   b) 여자는 운전하는 동안 자신의 차를 제어할 수 없었다고 말한다.

   c) 남자는 사고로 인해 심각하게 다친 상태라고 말한다.

체크 포인트 "...de repente **los frenos no me respondían**."
(갑자기 **브레이크가 말을 듣지 않았어요**)

정답 **b)** la mujer dice que perdió el control de su coche mientras conducía.

오답 포인트   a) "Mil disculpas..."
    (정말 죄송합니다)
    ▶ 여자가 대화 내내 거듭 사과하며 "천 번"이나 사과할 정도로 자신의 과실이라는 것을 인정한다.

  c) "Afortunadamente, <u>solo tengo un rasguño en la frente</u>, pero no fue un golpe muy fuerte y creo que <u>no me rompí nada</u>..."
    (다행히 <u>이마에는 긁힌 상처가 났지만</u> 충격이 크진 않았고 <u>아무 데도 부러지진 않은 것 같아요</u>)

3. **NARRADOR:** Va a escuchar una conversación entre una pareja que habla sobre un partido de fútbol.

HOMBRE: ¡Eso ha sido falta! Debería ser penalti... ¿Es que el árbitro no va a pitar nada?

MUJER: ¡Sí, hombre! ¡Pero si se ha tirado solo! Tiene más cuento... Debería aprender a jugar mejor en vez de hacer tanto teatro, con todo lo que gana...

[5 segundos] Repetición del audio
[10 segundos]

소개: 축구 경기에 대해 이야기하는 한 커플의 대화를 들을 것입니다.

남자: 저건 파울이지! 페널티 킥이어야 할 것 같은데... 심판은 아예 호루라기를 안 불 건가?

여자: 당연하지! 혼자 넘어졌는데 무슨 소리야! 오버하기는... 연기 대신에 경기를 더 잘하는 걸 배워야 할 것 같은데, 그렇게나 많이 벌면서...

문제 이 대화에서는, 이 커플은...

    a) 경기에 대한 다른 의견을 가지고 있다.

    b) 축구 경기로 인해 다투기 시작한다.

    c) 축구 선수들이 버는 과도한 돈에 대해 깊이 생각한다.

체크 포인트 ▸ 남자의 의견은 파울인데 심판이 제지를 하지 않았다는 것이고 여자의 의견은 선수 혼자 일부러 넘어졌다는 것이므로 다른 의견이라고 봐야 한다.

정답 **a)** tiene opiniones diferentes sobre el partido.

오답 포인트   b) ▸ 의견의 다르긴 하나 다툼이 있다고 볼 수는 없다.

           c) ▸ 여자가 돈을 많이 버는 것에 대해 지적하기는 하지만, 이 커플이 함께, 그리고 깊이 생각하는 주제라고 볼 수 없다.

---

4. **NARRADOR:** Va a escuchar a una mujer y a un hombre que hablan sobre las noticias.

MUJER: ¿Te has enterado de lo que han dicho en las noticias?

HOMBRE: No, ¿qué ha pasado?

MUJER: Resulta que, a raíz del desplome de la bolsa de hace unos días, un hombre que perdió todo lo que había invertido intentó atracar un banco en el que había unas cien personas. Al final lo arrestaron y todos están bien, pero imagínate el susto...

[5 segundos] Repetición del audio
[10 segundos]

소개: 뉴스에 대해 이야기하는 여자와 남자의 대화를 들을 것입니다.

여자: 뉴스에 나온 일 들었니?

남자: 아니, 무슨 일이 있었는데?

여자: 그게 말이야, 며칠 전의 주식 붕괴 때문에, 투자한 모든 걸 잃은 한 남자가 100명 정도의 사람들이 있었던 은행을 털려고 했대. 결국 그는 체포됐고 모두 무사하다는데, 그렇지만 얼마나 놀랐겠어...

이 대화에서는 강도사건에 대해 언급하는데...

    a) 여러 사망자가 있었다고 한다.

    b) 주식 붕괴에 의한 것이었다.

    c) 경찰이 강도를 찾아내지 못했다.

"...**a raíz del desplome de la bolsa** de hace unos días..." (며칠 전의 **주식 붕괴 때문에**)

b) que fue motivado por la caída de la bolsa.

---

a) "...todos están bien..." (모두 무사하다는데)

        c) "Al final lo arrestaron..." (결국 그는 체포됐고)

---

5. **NARRADOR:** Va a escuchar a un hombre y a una mujer que hablan sobre las notas de sus hijos.

    HOMBRE: ¿Cuántas le han quedado a Roberto?

    MUJER: Ninguna, por suerte. Al principio pensábamos que le iban a quedar Matemáticas porque no se le dan nada bien, pero lo apuntamos a una academia de refuerzo y al final bien. ¿Y Carlos qué tal?

    HOMBRE: Pues no tan bien... ¡Cuatro! Creo que va a tener que repetir curso. Verás cuando se entere su madre...

[5 segundos] Repetición del audio
[10 segundos]

소개: 아이들의 점수에 대해 이야기하는 남자와 여자의 대화를 들을 것입니다.

남자: 로베르토는 몇 개 과목 시험에서 떨어졌어?

여자: 아무 과목도 안 떨어졌어, 다행이지. 처음에는 수학시험에서 떨어질 거라고 생각했었는데, 정말 못하니까. 그런데 보습학원에 보냈고 결국 잘 됐어. 카를로스는 어때?

남자: 음 그렇게 좋지는 않아... 4개 과목이나! 그 애는 유급할 것 같아. 얘 엄마가 알게 되면 큰일 날 텐데...

이 대화에서는 ...라고 말한다.

    a) 카를로스가 4개의 과목에 합격했다

    b) 두 아이 모두 낙제한 과목이 있다

    c) 로베르토는 수학시험에서 낙제하지 않기 위해 수업을 들어야만 했다

"Al principio pensábamos que le iban a quedar Matemáticas porque no se le dan nada bien, pero **lo apuntamos a una academia de refuerzo** y al final bien."
(처음에는 수학시험에서 떨어질 거라고 생각했었는데, 정말 못하니까. 그런데 **보습학원에 보냈고** 결국 잘됐어)

c) Roberto tuvo que recibir clases para no suspender Matemáticas.

---

a) "¡Cuatro! Creo que va a tener que repetir curso..."
        (4개 과목이나! 그 애는 유급할 것 같아)
        ➡ 4개의 과목에서 합격한 것이 아니라 낙제했다.

       b) ➡ 로베르토는 모든 과목 시험에서 합격했고, 카를로스만 4개 과목에서 떨어졌다.

---

6. **NARRADOR**: Va a escuchar a un hijo y a una madre que hablan sobre qué ver en la televisión.

HOMBRE: ¿Qué haces viendo eso? ¿Por qué tanto interés en la vida de los famosos? Deberías ver algo más útil en vez de tanta prensa rosa. Dame el mando.

MUJER: No, el canal no se cambia, que quiero ver qué ha pasado entre estos dos. Es que es muy fuerte. La realidad siempre supera la ficción. Además, prefiero ver esto antes que las noticias, siempre tan negativas y deprimentes...

[5 segundos] Repetición del audio
[10 segundos] Complete ahora la Hoja de respuestas.
[30 segundos]

소개: 텔레비전에서 무엇을 볼지에 대해 이야기하는 아들과 어머니의 대화를 들을 것입니다.

남자: 뭐 하러 저런 걸 보세요? 유명인들 생활에 왜 그렇게 관심이 많으신 거예요? 연예 가십거리만 그렇거나 많이 보는 것보다 더 유용한 뉴스를 보세요. 리모컨 주세요.

여자: 아니, 채널 바꾸지 마라. 이 둘 사이에 무슨 일이 있었는지 보고 싶으니까. 너무 자극적이잖니. 현실이 항상 소설을 이긴 단다. 게다가 뉴스보다 이런 걸 보는 게 나아. 뉴스는 너무 부정적이고 우울해...

문제 이 대화에서는...

   a) 어머니가 뉴스 보는 것을 좋아하지 않는다고 말한다.

   b) 어머니와 아들은 연예인 가십 뉴스를 보고 싶어 한다.

   c) 아들은 유명인들의 생활에 많은 관심이 있다.

체크 포인트 "...prefiero ver esto antes que **las noticias**, **siempre tan negativas y deprimentes**..."
(뉴스보다 이런 걸 보는 게 나아. **뉴스는 너무 부정적이고 우울해)**

정답 **a)** la madre dice que no le gusta ver las noticias.

오답 포인트   b) ▶ 어머니만 가십 뉴스를 보고 싶어하고 아들은 그런 어머니를 비판하므로 두 사람 모두 보는 것을 원한다고 할 수 없다.

       c) ▶ 아들이 아닌 어머니가 관심을 가지고 있기 때문에 마찬가지로 주어가 일치하지 않는 문장이다.

perder el control: 제어할 수 없게 되다

reflexionar: 심사 숙고하다

atraco: 강도, 강탈

fallecido/a: 사망자

motivar: ~의 동기가 되다

caída: 붕괴, 몰락

bolsa: 증권, 주식

noticias del corazón: 연예인 가십 기사, 뉴스

대화 1

abstenerse de + INF.: ~하는 것을 삼가다

urna: 투표함

partido: 정당

대화 2

freno: 브레이크

rasguño: 긁힌 자국, 찰과상

responder: 응하다, 따르다

golpe: 타격, 충격

compensar: 보상하다, 배상하다

대화 3

falta: (운동경기에서) 파울

árbitro: 심판

pitar: 호루라기를 불다

tener más cuento (que Calleja): 과장해서 행동하다

대화 4

enterarse de + 명: ~을 알게 되다

desplome: 붕괴

arrestar: 체포하다

대화 5

quedar: 낙제한 과목이 남아있다

no darse(le) bien: ~을 잘하지 못하다

apuntar: 등록시키다

refuerzo: 강화, 보강

대화 6

prensa rosa: 타블로이드 언론, 가십거리의 연예뉴스

mando: 리모컨

Tarea 2

두 사람의 대화를 듣고 문제에 해당하는 사람 고르기

1 Tarea 설명

이 Tarea에서는 최대 500자 길이의 대화 음성녹음에서 여러 의도, 의미와 결과를 유추해야 한다.
이어서 6개의 문장들에 대해 3가지 옵션(사람 A, 사람 B 또는 아무도 아님) 중 정답을 선택해야 한다.

2 문제 공략법

지시문 읽기 → 문제와 옵션 읽기 → 1차 듣기 하며 1차 정답 선택하기

2차 듣기 하며 최종 선택하기 → 답안지에 정답 마킹하기 → 다음 Tarea 내용 미리 읽어두기

* **포인트**　이 Tarea에서는 하나의 긴 대화가 나오며 연속으로 음성녹음이 두 번 재생된다. 1차 듣기를 하며 가장 정답이라고 생각되는 옵션을 선택해두고, 2차 듣기 후 신속하게 정답 선택을 하고 미련 없이 다음 Tarea로 넘어가야 한다.

☑ 대화에 참여하는 두 사람 중 각각 어떤 사람이 A, B에 해당하는지 확인하고 두 옵션을 혼동해서 정답을 고르면 안 된다.

☑ 6개의 문제와 3가지 옵션이 있지만, 분배가 항상 동등한 것은 아니므로 무조건 2개씩 정답이 되지는 않는다.

☑ 공백시간을 제대로 활용하자!
   · 음성녹음 재생 시작 전: **20초**
   · 대화의 1차 듣기와 2차 듣기 사이: **10초**
   · 대화의 2차 듣기 후: **10초**
   · "Complete ahora la Hoja de Respuestas." (이제 답안지에 표시하세요) 멘트 후: **30초**
   ▶ Tarea 3 시작

Tarea 2 연습 문제

MP3
음성 듣기

INSTRUCCIONES

Usted va a escuchar una conversación entre dos amigos, Isabel y Juan, que se encuentran por casualidad en una asociación protectora de animales. Después, indique si los enunciados (7-12) se refieren a lo que dice Isabel (A), Juan (B), o a ninguno de los dos (C). Escuchará la audición dos veces.

Marque las opciones elegidas en la **Hoja de respuestas**.

Tiene 20 segundos para leer las preguntas.

		A.\nIsabel	B.\nJuan	C.\nNinguno\nde los dos
0.	Hace voluntariado en una asociación protectora de animales.	☑	☐	☐
7.	Tiene mascotas.	☐	☐	☐
8.	No quiere adoptar animales.	☐	☐	☐
9.	Tiene alergia a los gatos.	☐	☐	☐
10.	Tiene un familiar que no se encuentra bien.	☐	☐	☐
11.	Rompió con su pareja por una infidelidad.	☐	☐	☐
12.	Da indicaciones sobre cómo llegar a un sitio.	☐	☐	☐

❖ Notas

PRUEBA 2: COMPRENSIÓN AUDITIVA

정답					
7	8	9	10	11	12
A	B	C	B	A	A

지시문

한 동물보호단체에서 우연히 마주치는 이사벨과 후안이라는 두 친구 사이의 대화를 들을 것입니다. 이어서, 문장(7–12)들을 이사벨(A)이나 후안(B)이 말했는지, 또는 아무도 말하지 않았는지(C) 선택하세요. 음성녹음은 두 번 나옵니다.

선택한 옵션을 **답안지**에 표시하세요. 문제를 읽기 위해 20초가 주어집니다.

[20 segundos]

HOMBRE: ¡Isabel! ¿Cómo tú por aquí?

MUJER: ¡Juan! ¿Qué tal? La sorpresa es mía. Yo llevo colaborando con esta asociación mediante donaciones y participando en todas las actividades de pasear perritos los fines de semana, pero, ¿qué haces tú aquí?

HOMBRE: Pues mira, es mi primera vez en este sitio y, tristemente, mi perrita Sisi acaba de dejarnos y me resulta muy doloroso ver tanto sus juguetes como las mantas donde solía dormir, así que he pensado que quizá sería buena idea donar todo esto a una asociación para que algún animalito necesitado pueda disfrutarlos.

MUJER: Ay, lo siento mucho. Te acompaño en el sentimiento... Sé bien lo duro que es porque en casa tengo varios hijos peludos y otros que nos han dejado. Pero sí, al menos así podrás ayudar a que estos animalitos puedan pasar un buen rato después de haber tenido una vida que no ha sido precisamente un camino de rosas. ¿Y no te animarías a adoptar?

HOMBRE: Ahora mismo ni me lo planteo. Es realmente duro para todos en casa haber perdido a Sisi y no me puedo imaginar volviendo a pasar por lo mismo...

MUJER: Ya, lo entiendo. Todos pensamos lo mismo al principio, pero cuando menos lo esperas vuelves a encontrar a otro miembro de la familia y acabas como yo, con seis criaturas ya. Pero date tiempo. Oye, ¿y qué tal todo? ¿Cómo siguen tu mujer y tus hijos?

HOMBRE: Los niños están bien, quitando lo de Sisi, pero mi mujer está bastante decaída desde que se quedó en paro y no levanta cabeza.

MUJER: Vaya, pobre. ¿Lleva mucho tiempo así?

HOMBRE: Cerca de medio año.

MUJER: ¿Y ha probado a ir a un psicólogo?

HOMBRE: Qué va, dice que no es necesario y es muy cabezota. Dice que eso es tirar el dinero y que lo único que necesita es reincorporarse al mercado laboral para sentirse bien. A ver si hay suerte pronto y le sale algo. ¿Y tú qué tal? ¿Sigues con ese chico?

MUJER: Pues la verdad es que rompimos hace tiempo. Fue una relación muy tóxica y prefiero estar sola que mal acompañada. Con decirte que me dejó por mi mejor amiga...

HOMBRE: ¡No me digas! ¡Qué fuerte! ¿Y cómo te encuentras?

MUJER: Bueno, no te voy a mentir, tengo mis altibajos, pero veo luz al final del túnel. A pesar de todo, está resultando un período de autodescubrimiento interesante y mantengo la fe de encontrar a alguien majo de verdad.

HOMBRE: ¡Esa es la actitud! Di que sí. Seguro que pronto encuentras a alguien estupendo que esté a tu altura.

MUJER: Muchas gracias por los ánimos, Juan. Bueno, no te entretengo más. El lugar que buscas está al final de este pasillo, a la derecha. Tienes que preguntar por Marta. Ha sido un placer verte de nuevo. Dale un beso enorme a la familia de mi parte.

[10 segundos] Repetición del audio
[10 segundos] Complete ahora la Hoja de respuestas.
[30 segundos]

남자: 이사벨! 네가 여기에 어쩐 일이야?

여자: 후안! 잘 지냈어? 내가 놀라운데. 난 기부도 하고 주말 강아지 산책 활동에 매번 참여하면서 이 단체와 협력한지 꽤 됐는데, 너는 여기에 어쩐 일이니?

남자: 아, 나는 여기 온 게 처음이야. 슬프게도, 우리 강아지 씨씨가 떠난 지 얼마 안 됐고 장난감이랑 항상 잠을 자던 담요를 보는 게 너무 가슴 아팠거든. 그래서 이걸 필요로 하는 다른 동물이 누릴 수 있게 한 단체에 모두 기부하는 것이 좋을 거라고 생각했어.

여자: 어머, 정말 안타깝다. 나도 공감해... 나도 집에 털북숭이 아이들 여러 마리가 있고 이미 떠난 아이들도 있으니까 얼마나 힘든 일인지 잘 알지. 그래도, 꼭 꽃 길만은 아닌 삶을 살아온 동물들이 좋은 시간을 보낼 수 있게 도와줄 수 있잖아. 입양할 엄두는 안 나려나?

남자: 지금 당장은 생각도 안 하고 있어. 집안 식구들 모두가 씨씨를 잃은 걸 정말 힘들어해서 같은 일을 다시 겪는 걸 상상할 수도 없네...

여자: 그렇지, 이해해. 우리 모두가 처음에는 똑같이 생각해. 그런데 가장 예상하지 못할 때 새로운 식구를 만나게 되고 결국 나처럼 되더라. 벌써 여섯 마리나 데리고 있어. 시간이 필요하지. 맞다, 다 괜찮지? 부인이랑 아이들은 어떻게 지내고 있어?

남자: 아이들은 잘 지내. 씨씨 일만 빼고는. 그런데 내 아내는 실업 상태가 되어버리고 나서부터 꽤 우울해하고 이겨내지 못하고 있어.

여자: 어머나, 안타까워라. 그렇게 된 지 오래됐어?

남자: 반년 가까이.

여자: 그럼 심리 상담은 시도해 본 적 있니?

남자: 그럴 리가, 그럴 필요 없다고 하고 정말 완고해. 그건 돈을 버리는 일이라고 하고 다시 좋아지기 위해 유일하게 필요한 건 복직하는 거래. 곧 행운이 있을지, 뭔가 될지 봐야지. 너는 그 남자랑 계속 사귀는 거야?

여자: 음, 사실 오래전에 헤어졌어. 너무 해로운 관계였고 나쁜 사람과 함께 있느니 혼자 있는 게 나아. 내 가장 친한 친구 때문에 나를 떠났다고 말하는 걸로 충분하지...

남자: 말도 안 돼! 너무 심한데! 너는 어때?

여자: 글쎄, 거짓말은 하지 않을 게. 왔다 갔다 하는데 터널 끝 빛이 보이긴 하네. 그렇기는 하지만, 결과적으로 흥미로운 자아 발견의 시간이 되고 있고 정말 멋진 사람을 만날 거라는 믿음이 있어.

남자: 그게 바로 좋은 태도지! 그렇다고 말해야지. 분명히 곧 너의 수준에 맞는 훌륭한 사람을 만나게 될 거야.

여자: 응원해 줘서 정말 고마워, 후안. 자, 더 붙잡고 있지 않을 게. 네가 찾는 장소는 이 복도 끝에서 오른쪽에 있어. 마르타를 찾아봐. 다시 봐서 기뻤어. 가족에게 내 안부 전해줘.

0. 한 동물보호단체에서 봉사활동을 한다.

체크 포인트 "Yo llevo colaborando con esta asociación mediante donaciones y participando en todas las actividades de pasear perritos los fines de semana..."
(난 기부도 하고 주말 강아지 산책 활동에 매번 참여하면서 이 단체와 협력한지 꽤 됐는데)

정답 **A**. Isabel

7. 반려동물이 있다.

체크 포인트 ① "...tristemente, mi perrita Sisi **acaba de dejarnos**..."
(슬프게도, 우리 강아지 씨씨가 **떠난 지 얼마 안됐고**)
➡ 후안은 키우던 강아지를 떠나보냈으므로 현재 반려동물을 키우고 있지 않은 상태이다.

② "...en casa **tengo varios hijos peludos**..."
(나도 집에 **털북숭이 아이들 여러 마리가 있고**)
"...acabas **como yo**, **con seis criaturas ya**."
(결국 **나처럼** 되더라. **벌써 여섯 마리나 데리고 있어**)
➡ 이사벨은 반려동물 여러 마리를 키우고 있다는 것을 여러 번 언급한다.

정답 **A**. Isabel

8. 동물을 입양하고 싶지 않아 한다.

체크 포인트 ① "¿Y no te animarías a **adoptar**?" (**입양**할 엄두는 안 나려 나?)
➡ 이사벨의 입양 관련 질문이 나왔을 때부터 집중해야 한다.

② "Ahora mismo **ni me lo planteo**. Es realmente duro para todos en casa haber perdido a Sisi y **no me puedo imaginar volviendo a pasar por lo mismo**..."
(지금 당장은 **생각도 안 하고 있어**. 집안 식구들 모두가 씨씨를 잃은 걸 정말 힘들어해서 **같은 일을 다시 겪는 걸 상상할 수도 없네**)
➡ 후안은 완강히 거부 의사를 밝힌다.

정답 **B**. Juan

9. 고양이 알레르기가 있다.

체크 포인트 ➡ 대화 내내 한 번도 등장하지 않는 주제이다.

정답 **C**. Ninguno de los dos

10. 건강 또는 기분 상태가 좋지 않은 식구가 있다.

체크 포인트 "...**mi mujer está bastante decaída** desde que se quedó en paro y no levanta cabeza."
(내 아내는 실업 상태가 되어버리고 나서부터 **꽤 우울해하고** 이겨내지 못하고 있어)

정답 **B**. Juan

11. 애인이 바람을 피워서 헤어졌다.

체크 포인트 "Pues la verdad es que **rompimos hace tiempo**. Fue una relación muy tóxica y prefiero estar sola que mal acompañada. Con decirte que **me dejó por mi mejor amiga**..."
(음 사실 **오래전에 헤어졌어.** 너무 해로운 관계였고 나쁜 사람과 함께 있느니 혼자 있는 게 나아. **내 가장 친한 친구 때문에 나를 떠났다**고 말하는 걸로 충분하지)

정답 **A.** Isabel

12. 한 장소에 어떻게 가는지 알려준다.

체크 포인트 "El lugar que buscas **está al final de este pasillo, a la derecha**."
(네가 찾는 장소는 **이 복도 끝에서 오른쪽에 있어)**

정답 **A.** Isabel

hacer voluntariado: 봉사활동을 하다

romper con + 명: ~와 헤어지다

infidelidad: 불성실, 불륜

peludo/a: 털이 많은

camino de rosas: (장미)꽃 길

criatura: 생명이 있는 존재

darse tiempo: 시간을 갖다

decaído/a: 쇠한, 우울한

quedarse en paro: 실직 상태에 있다

no levantar cabeza

　　　　　　: 극복하지 못하다, 이겨내지 못하다

qué va: 그럴 리가, 설마

cabezota: 완고한, 고집 센 (사람)

reincorporarse al mercado laboral: 복직하다

a ver si + 문장: ~하는지 봐야 한다

altibajo: 변동

autodescubrimiento: 자아 발견

majo/a: 느낌이 좋은, 세련된

❖ *Notas*

Tarea 3

한 사람에 대한 인터뷰를 듣고 문제에 대한 정답 고르기

---

1 Tarea 설명

이 Tarea에서는 약 500자 길이의 라디오 또는 TV 인터뷰를 듣게 된다. 해당 내용의 구체적이고 자세한 정보를 파악하고 내포된 의미를 유추해야 하며, 총 6개의 질문에 대해 3가지 옵션 중 정답을 선택해야 한다.

---

2 문제 공략법

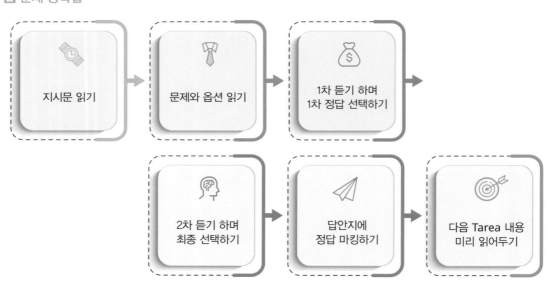

지시문 읽기 → 문제와 옵션 읽기 → 1차 듣기 하며 1차 정답 선택하기 →

2차 듣기 하며 최종 선택하기 → 답안지에 정답 마킹하기 → 다음 Tarea 내용 미리 읽어두기

* **포인트** 이 Tarea에서는 하나의 긴 대화가 나오며 연속으로 음성녹음이 두 번 재생된다. 1차 듣기를 하며 가장 정답이라고 생각되는 옵션을 선택해두고, 2차 듣기 후 신속하게 정답 선택을 하고 미련 없이 다음 Tarea로 넘어가야 한다.

☑ 인터뷰 내용이 상당히 길기 때문에 문제와 옵션을 미리 읽어 두어야 해당 내용이 들릴 때 정답을 고를 수 있다.

☑ 주로 인터뷰 진행자가 질문을 하면서 새로운 주제가 등장하는 경향이 있으므로 어떤 문제와 관련이 있는 내용인지 맞춰가면서 듣는 것이 좋다.

☑ 공백시간을 제대로 활용하자!
  · 음성녹음 재생 시작 전: 30초
  · 인터뷰의 1차 듣기와 2차 듣기 사이: 10초
  · 인터뷰의 2차 듣기 후: 10초
  · "Complete ahora la Hoja de Respuestas." (이제 답안지에 표시하세요) 멘트 후: 30초
  ▶ Tarea 4 시작

INSTRUCCIONES

A continuación va a escuchar parte de una entrevista al escritor chileno Alejandro Jodorowsky, que habla sobre su forma de entender el mundo y la evolución del ser humano. Escuchará la entrevista dos veces. Después, conteste a las preguntas (13-18). Seleccione la respuesta correcta (a/b/c).

Marque las opciones elegidas en la **Hoja de respuestas**.

Tiene 30 segundos para leer las preguntas.

PREGUNTAS

13. La entrevista tiene lugar...
    a) en España.
    b) en México.
    c) en dos ubicaciones diferentes.

14. Jodorowsky menciona en la entrevista que...
    a) no cree en la división de países.
    b) México es el país más mágico del planeta.
    c) España no posee tanta magia en comparación con otros países.

15. El entrevistado considera que el racismo...
    a) nunca desaparecerá.
    b) proviene de unos músculos para mover la cola.
    c) es causado por instintos del pasado que aún se conservan.

16. Jodorowsky piensa sobre la transformación del ser humano que...

    a) se va a producir con total certeza.

    b) permitirá terminar con las revoluciones.

    c) en algún momento los niños tendrán cuatro cerebros.

17. El entrevistado comenta de los mutantes positivos y los negativos que...

    a) libraron una guerra.

    b) pertenecen ambos a la naturaleza.

    c) los positivos van a salir mejor parados.

18. Jodorowsky considera que el presente...

    a) es un momento extraordinario.

    b) es un momento oscuro al que no se le ve fin.

    c) es un momento intolerable causado por la sociedad.

PRUEBA 2: COMPRENSIÓN AUDITIVA

정답					
13	14	15	16	17	18
c	a	c	a	c	a

지시문

이어서 세상을 이해하는 방식과 인간의 진화에 대해 이야기하는 알레한드로 호도로우스키라는 칠레 출신 작가와 진행된 인터뷰의 일부를 들을 것입니다. 음성녹음은 두 번 나옵니다. 문제(13-18)에 대한 정답(a/b/c)을 선택하세요.

선택한 옵션을 **답안지**에 표시하세요. 문제를 읽기 위해 30초가 주어집니다.

[30 segundos]

MUJER: Sé que has visitado numerosos países y en algunos has notado la atmósfera especial que los envuelve, esa magia distintiva, como la que dices que experimentaste en México. ¿Podrías mencionar otros países que también tengan esa cualidad intensificada?

JODOROWSKY: ¿Dónde estás tú?

MUJER: ¿Yo? En España.

JODOROWSKY: España... Te lo digo porque, cuando alguien me pregunta por países, creen que estos existen. Yo no vivo en un país, yo vivo en el Planeta, y todo él es mágico. Me gustaría decirte que es así España porque esta entrevista se publicará ahí y quiero que los españoles me amen, pero no es la verdad. España tiene magia, al igual que China o México... todos los países tienen esta magia porque son parte del planeta.

MUJER: Si esto es así, ¿por qué siguen vigentes tantas separaciones e, incluso, el racismo?

JODOROWSKY: Esto es porque son sentimientos prehistóricos, que vienen de los clanes y las tribus enemigas que peleaban entre ellas. Ese es nuestro instinto, pero los seres humanos deben trabajar para cambiar, no pensar que todo lo que tienen en el alma es normal, sino desechar algunos restos del pasado. No sé si lo sabes, pero todavía tenemos músculos que sirven para mover una cola que ya ni existe. Lo que tenemos que hacer es utilizar esos músculos que mueven la cola para mover otras cosas o tenerlos calmados hasta que desaparezcan. De la misma manera tenemos instintos de atacar a las personas diferentes porque nos da miedo lo distinto, pero tenemos que refrenarlos e inutilizarlos.

MUJER: Entonces, ¿crees que nuestro cuerpo y nuestra mente van a conseguir evolucionar y seremos completamente diferentes?

JODOROWSKY: Estoy totalmente seguro, es algo necesario. Las revoluciones no van a terminar porque la gente va a cambiar. El ser humano va a experimentar una "re-evolución" poética y el cerebro mismo va a sufrir cambios. De hecho, ya está cambiando. Hay cerebros reptilianos, de reptil, de mamífero... después nuestros cerebros intelectual y emocional divididos, y posteriormente crearemos un cuarto cerebro. Vamos directos a la mutación. Por un lado, tendremos grandes mutantes positivos y, por otro lado, grandes mutantes negativos, por lo que la próxima guerra no será entre nacionalidades, sino entre estos dos grupos de mutantes.

MUJER: ¿Y cuál de los dos crees que va a ganar?

JODOROWSKY: Evidentemente, van a ganar los mutantes positivos porque es la ley de la naturaleza.

MUJER: Parece difícil de imaginar viendo lo mal que está la situación actual en todo el mundo...

JODOROWSKY: Aunque no lo parezca, está pasando algo maravilloso en este preciso momento. Una crisis gigante es algo maravilloso. Yo digo que son como los retortijones que sufre el gusano antes de parir una mariposa. La sociedad está retorciéndose por el nacimiento de una nueva sociedad. No podemos continuar así porque ya estamos en los límites de lo tolerable. Este es un gran momento. Una crisis es una oportunidad magnífica para construir una nueva sociedad.

[10 segundos] Repetición del audio
[10 segundos] Complete ahora la Hoja de respuestas.
[30 segundos]

(Adaptado de https://www.institutodraco.com/es/article/216/entrevista-a-alejandro-jodorowsky)

여자: 당신은 수많은 나라들을 방문하셨고, 몇 군데에서는 사람들을 둘러싸고 있는 독특한 분위기를 느끼셨다고 알고 있습니다. 그 특유의 마력이라고 할까요, 멕시코에서 경험하셨다고 한 것처럼 말이에요. 그런 강렬한 특성을 가진 다른 나라들도 언급해 주실 수 있을까요?

호도로우스키: 당신은 어디에 계시죠?

여자: 저요? 저는 스페인에요.

호도로우스키: 스페인이라... 누군가 저에게 나라에 대해 물어본다는 것은, 나라가 존재한다고 믿기 때문이거든요. 저는 한 나라에 살지 않습니다. 저는 지구에서 살고 있고요, 이 행성은 온통 신비롭습니다. 스페인이 그렇다고 말씀드리고 싶긴 합니다. 이 인터뷰가 그곳에서 실릴 것이고 스페인 사람들이 저를 사랑해 주기를 원하니까요. 하지만 그건 사실이 아닙니다. 스페인은 매력이 있지만 중국이나 멕시코와 똑같습니다. 모든 나라들은 이 매력이 있죠. 지구의 일부이니까요.

여자: 그렇다면, 이러한 분리는 왜 계속 유효하고 심지어 인종차별까지 있는 건가요?

호도로우스키: 이것은 선사시대의 감정이기 때문입니다. 서로 싸우는 원수 부족들과 씨족들에서 비롯된 것이죠. 그것이 우리들의 본능입니다. 하지만 인간은 바뀌기 위해 노력해야 하는데요, 마음에 있는 모든 것이 정상이라고 생각하지 않아야 하고 과거의 잔해를 버려야만 합니다. 알고 계시는지 모르겠는데, 아직 우리는 더 이상 존재하지도 않는 꼬리를 움직이는 근육을 가지고 있어요. 우리가 해야 하는 것은 꼬리를 움직이는 이런 근육을 다른 것을 움직이는 데에 활용하거나 아예 사라질 때까지 가만히 두는 것입니다. 같은 맥락으로, 우리는 우리와 다른 사람들을 공격하려는 본능이 있어요. 왜냐하면 다름은 두렵기 때문에. 하지만 이 본능을 억제하고 무력화시켜야 합니다.

여자: 그렇다면, 우리의 몸과 정신이 진화하는 것을 성공하고 완전히 달라질 것이라고 생각하시나요?

호도로우스키: 저는 완전히 확신합니다. 이것은 필수예요. 사람들이 바뀔 것이기 때문에 혁명은 끝나지 않을 것입니다. 인간은 시적인 "재-진화"를 경험할 것이고 두뇌는 직접 변화를 겪게 될 것입니다. 사실상 이미 변하고 있죠. 파충류의 뇌, 포유류의 뇌, 그다음으로 우리의 지능적, 감정적으로 분리된 두뇌가 있고, 이후에 네 번째 뇌를 만들어낼 것입니다. 돌연변이의 뇌로 바로 넘어가는 거죠. 한편으로 대단한 양성 돌연변이들이 있고 또 한편으로는 대단한 음성 돌연변이들이 있습니다. 그러므로 다음 전쟁은 민족 간의 전쟁이 아니라, 이 두 돌연변이 그룹들 사이에서인 거죠.

여자: 그렇다면 어떤 그룹이 이길 것이라고 생각하시나요?

호도로우스키: 분명히, 양성 돌연변이들이 이길 것입니다. 그것이 바로 자연의 법칙이죠.

여자: 전 세계의 현재 상황이 얼마나 나쁜지 아는데, 상상하기 어려울 것 같네요...

호도로우스키: 그렇게 보이지 않더라도, 지금 바로 이 순간 근사한 일이 일어나고 있어요. 거대한 위기도 근사한 것입니다. 마치 나비가 되기 전 애벌레가 겪는 몸부림 같은 것이죠. 사회는 또 하나의 새로운 사회의 탄생으로 인해 비틀어지고 있습니다. 이렇게 이어갈 수는 없어요. 왜냐하면 견딜 수 있는 한계에 있거든요. 지금 이 순간이 대단한 순간입니다. 위기라는 것은 새로운 사회를 건설하기 위한 훌륭한 기회이죠.

13. 인터뷰는 ... 진행된다.

    a) 스페인에서

    b) 멕시코에서

    c) 다른 두 곳에서

문단2-3

    "¿Dónde estás **tú**?" (**당신은** 어디에 계시죠?)

    "¿Yo? **En España**." (저요? **저는 스페인에요**)

    ➡ 호도로우스키가 인터뷰 진행자에게 물어보는 질문과 그녀의 답변에서 같은 장소에 있지 않다는 것을 확인할 수 있다.

정답 **c)** en dos ubicaciones diferentes.

오답 포인트 문단2-3

    a) / b) ➡ 한 장소에서 진행되는 인터뷰가 아니므로 둘 다 제거해야 한다.

---

14. 호도로우스키는 인터뷰에서 ...라고 언급한다.

    a) 나라별 구분을 믿지 않는다

    b) 멕시코는 세상에서 가장 신비로운 나라이다

    c) 스페인은 다른 나라들에 비해 매력이 많이 없다

체크 포인트 문단4

    "...cuando alguien me pregunta por países, creen que estos existen. **Yo no vivo en un país, yo vivo en el Planeta**..."

    (누군가 저에게 나라에 대해 물어본다는 것은, 나라가 존재한다고 믿기 때문이거든요. **저는 한 나라에 살지 않습니다. 저는 지구에서 살고 있고요**)

정답 **a)** no cree en la división de países.

오답 포인트 문단1/4

    b) "...has visitado numerosos países y en algunos has notado la atmósfera especial que los envuelve, esa magia distintiva, como la que dices que experimentaste en México."

    (수많은 나라들을 방문하셨고, 몇 군데에서는 사람들을 둘러싸고 있는 독특한 분위기를 느끼셨다고 알고 있습니다. 그 특유의 마력이라고 할까요, 멕시코에서 경험하셨다고 한 것처럼 말이에요)

    ➡ 멕시코에 대해서는 인터뷰 진행자가 언급하지만 호도로우스키는 별도로 멕시코에 대해 최상급 수준의 평가를 하지 않는다.

    c) "...España tiene magia, al igual que China o México... todos los países tienen esta magia porque son parte del planeta."

    (스페인은 매력이 있지만 중국이나 멕시코와 똑같습니다. 모든 나라들은 이 매력이 있죠, 지구의 일부이니까요)

---

15. 인터뷰 대상은 인종차별이 ...라고 생각한다.

   a) 절대 사라지지 않을 것이다

   b) 꼬리를 움직이는 근육에서 비롯된다

   c) 인간이 아직도 갖고 있는 과거의 본능으로 인한 것이다

체크 포인트 `문단5-6`

  1 "...¿por qué siguen vigentes tantas separaciones e, incluso, **el racismo**?"
  (이러한 분리는 왜 계속 유효하고 심지어 **인종차별**까지 있는 건가요?)
  ▶ 인터뷰 진행자가 질문 관련 키워드를 언급할 때부터 집중해야 한다.

  2 "Esto es porque **son sentimientos prehistóricos**, que vienen de los clanes y las tribus enemigas que peleaban entre ellas. Ese es nuestro instinto..."
  (이것은 **선사시대의 감정이기 때문입니다.** 서로 싸우는 원수 부족들과 씨족들에서 비롯된 것이죠. 그것이 우리들의 본능입니다)

정답 **c)** es causado por instintos del pasado que aún se conservan.

오답 포인트 `문단6`

  a) "...tenemos instintos de atacar a las personas diferentes porque nos da miedo lo distinto, pero <u>tenemos que refrenarlos e inutilizarlos</u>."
  (우리는 우리와 다른 사람들을 공격하려는 본능이 있어요. 왜냐하면 다름은 두렵기 때문에. 하지만 <u>이 본능을 억제하고 무력화시켜야 합니다</u>)
  ▶ 미래에 대한 확실한 예측을 하진 않지만, 호도로우스키는 오히려 인종차별과도 같은 공격적 본능은 없애 버려야 한다고 주장하기 때문에 정답이 될 수 없는 문장이다.

  b) "...todavía tenemos músculos que sirven para mover una cola que ya ni existe."
  (아직 우리는 더 이상 존재하지도 않는 꼬리를 움직이는 근육을 가지고 있어요)
  ▶ 꼬리를 움직이는 근육의 언급은 인종차별과도 같은 공격적 본능처럼 선사시대부터 아직까지 우리가 보유하는 것의 예시로 들기 위한 것이지 두 내용 사이에 직접적인 관계가 존재하는 것은 아니다.

16. 호도로우스키는 인간의 변화에 대해 ...라고 생각한다.

   a) 틀림없이 확실하게 발생할 것이다

   b) 혁명을 끝내 버리는 것을 가능케 할 것이다

   c) 언젠가는 아이들이 네 개의 두뇌를 가지게 될 것이다

체크 포인트　문단7-8

   1 "...¿crees que nuestro cuerpo y nuestra mente van a conseguir **evolucionar** y seremos **completamente diferentes**?"
   (우리의 몸과 정신이 **진화하는 것**을 성공하고 **완전히 달라질 것**이라고 생각하시나요?)
   ▶ 인터뷰 진행자가 질문 관련 키워드를 언급할 때부터 집중해야 한다.

   2 "Estoy **totalmente seguro**..." (저는 **완전히 확신합니다**)
   "De hecho, **ya está cambiando**." (사실상 **이미 변하고 있죠**)
   ▶ 그 질문에 대한 호도로우스키의 대답을 확인해보자.

정답　**a)** se va a producir con total certeza.

오답 포인트　문단8

   b) "Las revoluciones <u>no van a terminar</u> porque la gente va a cambiar."
   (사람들이 바뀔 것이기 때문에 혁명은 <u>끝나지 않을</u> 것입니다)

   c) "Hay cerebros reptilianos, de reptil, de mamífero... después nuestros cerebros intelectual y emocional divididos, y posteriormente crearemos un <u>cuarto cerebro</u>. Vamos directos a la mutación."
   (파충류의 뇌, 포유류의 뇌, 그다음으로 우리의 지능적, 감정적으로 분리된 두뇌가 있고, 이후에 <u>네 번째 뇌</u>를 만들어낼 것입니다. 돌연변이의 뇌로 바로 넘어가는 거죠)
   ▶ 두뇌 진화의 네 번째 단계로 보는 돌연변이에 대한 설명이지 네 개의 뇌를 가질 것이라는 예측이 아니므로 정답이 아니다.

17. 인터뷰 대상은 양성 및 음성 돌연변이에 대해 ...라고 언급한다.

   a) 전쟁을 벌였다

   b) 둘 다 자연의 일부이다

   c) 양성 돌연변이들이 살아남을 것이다

체크 포인트　문단10

   "Evidentemente, **van a ganar los mutantes positivos**..."
   (분명히, **양성 돌연변이들이 이길 것입니다**)

정답　**c)** los positivos van a salir mejor parados.

오답 포인트　문단8/10

   a) "...<u>la próxima guerra</u> no será entre nacionalidades, sino entre estos dos grupos de mutantes."
   (<u>다음 전쟁</u>은 민족 간의 전쟁이 아니라, 이 두 돌연변이 그룹들 사이에서인 거죠)
   ▶ 과거가 아닌 미래에 대해 이야기하기 때문에 시제가 일치하지 않는 문장이다.

   b) "...es la ley de la naturaleza."
   (그것이 바로 자연의 법칙이죠)
   ▶ 비록 논리적으로 부정하기 어려운 문장이지만, 호도로우스키가 언급한 "naturaleza"는 양성 돌연변이들이 살아남는 것이 자연스러운 일이라는 의미이지 자연의 일부라는 뜻으로 볼 수는 없다.

18. 호도로우스키는 현재가 ...라고 생각한다.

- a) 굉장한 순간이다
- b) 끝이 보이지 않는 암울한 순간이다
- c) 사회로 인한 견딜 수 없는 순간이다

체크 포인트 문단12

▯ "...está pasando algo **maravilloso en este preciso momento**. Una crisis gigante es algo **maravilloso**."
(**지금 바로 이 순간** 근사한 일이 일어나고 있어요. 거대한 위기도 **근사한** 것입니다)

▯ "**Este es un gran momento.** Una crisis es una oportunidad magnífica para construir una nueva sociedad."
(**지금 이 순간이 대단한 순간입니다.** 위기라는 것은 새로운 사회를 건설하기 위한 훌륭한 기회이죠)

  ▸ "extraordinario", "maravilloso", "gran", "magnífica" 모두 현재 순간에 대해 등장하는 최상급 수준의 동의어들이다.

정답 **a)** es un momento extraordinario.

오답 포인트 문단11~12

b) "Parece difícil de imaginar viendo lo mal que está la situación actual en todo el mundo..."
(전 세계의 현재 상황이 얼마나 나쁜지 아는데, 상상하기 어려울 것 같네요)
  ▸ 부정적인 내용을 언급하는 사람은 인터뷰 진행자이지 호도로우스키가 아니다.

c) "La sociedad está retorciéndose por el nacimiento de una nueva sociedad. No podemos continuar así porque ya estamos en los límites de lo tolerable."
(사회는 또 하나의 새로운 사회의 탄생으로 인해 비틀어지고 있습니다. 이렇게 이어갈 수는 없어요. 왜냐하면 견딜 수 있는 한계에 있거든요)
  ▸ 사회가 견딜 수 없는 한계에 도달했다는 것이지 현재 순간이 사회로 인해 견딜 수 없어졌다는 관계성을 언급하는 것이 아니다. "intolerable"와 "tolerable"의 언급만으로 헷갈리지 말자!

Vocabulario

질문

tener lugar: 일어나다, 열리다, 개최되다

racismo: 인종주의, 인종차별

instinto: 본능, 직관

transformación: 변형, 변화

terminar con + 명: ~을 끝마치다, 전멸하다

revolución: 혁명, 개혁

mutante: 돌연변이

librar: 해방시키다

salir mejor parado/a: 이기다, 살아남다

intolerable: 견딜 수 없는, 참을 수 없는

스크립트

문단 1: 여자

atmósfera: 대기, 공기, 분위기, 느낌

distintivo/a: 구별하는, 특유의

cualidad: 특징, 특성

intensificado/a: 강화된, 강렬한

문단 4: 호도로우스키

preguntar por + 사람: (누구)를 찾다

preguntar por + 명: ~에 대해 질문하다

문단 5: 여자

vigente: 효력이 있는, 유효한

separación: 분리

문단 6: 호도로우스키

prehistórico/a: 선사시대의

clan: 씨족, 집단

refrenar: 억제하다, 절제하다

inutilizar: 무력화시키다

문단 7: 여자

mente: 마음, 생각, 정신

문단 8: 호도로우스키

poético/a: 시의, 시적인

reptiliano/a: 파충류의

reptil: 파충류

mamífero: 포유류

posteriormente: 이후에

mutación: 돌연변이

nacionalidad: 국적, 민족

문단 10: 호도로우스키

evidentemente: 분명히, 명백히

문단 12: 호도로우스키

preciso/a: 정확한, 명확한, 바로

crisis: 위기

retortijón: 경련, 꼬기, 비틀기

gusano: 지렁이, 애벌레

parir: 낳다

retorcerse: 몸을 비틀다, 몸부림치다

❖ *Notas*

Tarea 4

여러 사람들의 이야기를 듣고 각 사람이 언급한 내용 고르기

1 Tarea 설명

이 **Tarea**에서는 최대 70자 길이의 형식적 혹은 비형식적 형태의 짧은 독백 6개를 듣게 된다.
말하는 각 사람의 경험, 평가, 의견 및 조언을 파악하고, 해당 내용을 총 9개 중 관련있는 문장과
연결해야 한다.

2 문제 공략법

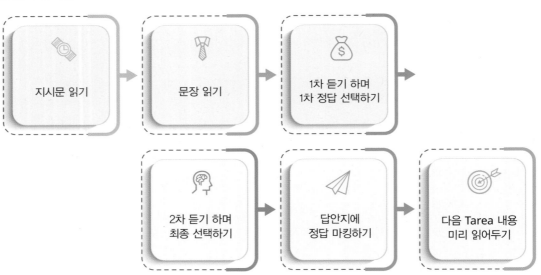

지시문 읽기 → 문장 읽기 → 1차 듣기 하며 1차 정답 선택하기

2차 듣기 하며 최종 선택하기 → 답안지에 정답 마킹하기 → 다음 Tarea 내용 미리 읽어두기

* **포인트** 이 Tarea에서는 6개의 짧은 독백이 나오는데, 각 독백마다 연속으로 음성녹음이 두 번 재생된다. 1차 듣기를 하며
가장 정답이라고 생각되는 옵션을 선택해두고, 2차 듣기 후 신속하게 정답 선택을 하고 미련 없이 다음 독백에
집중해야 한다.

☑ 예시(Persona 0)는 사실 듣지 않아도 되므로 해당 음성녹음이 재생되는 동안 옵션 문장을 하나라도 더 읽어두는 것이 좋다.

☑ 각 문장에서 키워드에 밑줄을 치며 읽어보자.

☑ 아무에게도 해당되지 않는 3개의 문장이 있다. 함정에 빠지지 않도록 주의해야 한다.

☑ 공백시간을 제대로 활용하자!
- 음성녹음 재생 시작 전: **20초**
- 각 독백의 1차 듣기와 2차 듣기 사이: **5초**
- 각 독백의 2차 듣기와 다음 독백의 시작 사이: **10초**
- 마지막 독백의 2차 듣기 후: **10초**
- "Complete ahora la Hoja de Respuestas." (이제 답안지에 표시하세요) 멘트 후: **30초**

▶ Tarea 5 시작

INSTRUCCIONES

A continuación va a escuchar a seis personas que hablan sobre sus experiencias con la formación en línea. Escuchará a cada persona dos veces.

Seleccione el enunciado (A-J) que corresponde al tema del que habla cada persona (19-24). Hay diez enunciados incluido el ejemplo. Seleccione solamente seis.

Marque las opciones elegidas en la **Hoja de respuestas**.

Ahora escuche el ejemplo:

Persona 0.

La opción correcta es el enunciado A.

0. A■ B☐ C☐ D☐ E☐ F☐ G☐ H☐ I☐ J☐

Tiene 20 segundos para leer los enunciados.

	ENUNCIADOS		PERSONA	ENUNCIADO
A	No ha tenido una buena experiencia.	0.	Persona 0	A
B	Tuvo un problema con un profesor.	19.	Persona 1	
C	No se puede concentrar bien.	20.	Persona 2	
D	Le llevó tiempo acostumbrarse a esta forma de aprender.	21.	Persona 3	
		22.	Persona 4	
E	Prefiere las clases híbridas.	23.	Persona 5	
F	Sufrió acoso escolar.	24.	Persona 6	
G	Solo ve ventajas en esta forma de aprender.			
H	Ha encontrado su vocación.			
I	Quería estudiar con una persona en concreto.			
J	Sus padres le recomendaron un curso.			

❖ Notas

PRUEBA: COMPRENSIÓN AUDITIVA

정답					
19	20	21	22	23	24
I	D	G	C	F	H

지시문

이어서 온라인 교육에 대한 경험을 말하는 여섯 명의 사람들의 이야기를 들을 것입니다. 각 사람의 음성녹음은 두 번씩 나옵니다. 사람(19~24)들이 말하는 주제에 해당하는 문장(A~J)들을 선택하세요. 예시를 포함한 열 개의 문장들이 있습니다. 여섯 개만 고르세요. 선택한 옵션을 **답안지**에 표시하세요.

이제 예시를 들어보세요:

사람 0.

정답은 A입니다.

문제를 읽기 위해 20초가 주어집니다.

A. 좋은 경험을 갖지 못했다.
B. 한 선생님과 문제가 있었다.
C. 제대로 집중을 할 수 없다.
D. 이러한 학습 방식에 익숙해지는 데 시간이 걸렸다.
E. 혼합 수업을 선호한다.

F. 학교폭력으로 힘들어했다.
G. 이러한 학습 방식의 장점만을 본다.
H. 천직을 발견했다.
I. 구체적으로 한 사람과 공부하길 원했다.
J. 부모님이 수업을 권해 주셨다.

---

0. Persona 0 (Ejemplo)

HOMBRE: En mi caso, las clases que tuve que dar en línea durante la pandemia fueron una tortura. El ordenador me iba lento o se quedaba colgado la mayoría del tiempo y las clases en directo se entrecortaban en los momentos clave, así que perdía el hilo fácilmente. Además, fue muy difícil aprender a usar varios programas para acceder al curso porque los ordenadores no son lo mío.

사람 0 (예시)

남자: 저의 경우, (코로나 바이러스) 전염병 유행 기간 동안 수업을 듣는 것은 너무 괴로운 일이었습니다. 컴퓨터는 거의 항상 느리거나 먹통이 되어버렸고, 라이브 수업은 중요한 순간에 끊겨서 흐름을 쉽게 놓치곤 했어요. 게다가 수업에 접속하기 위한 여러 프로그램을 사용하는 것을 배우는 것도 매우 어려웠어요. 저는 컴퓨터에 소질이 없거든요.

체크 포인트 "...las clases que tuve que dar en línea durante la pandemia fueron **una tortura**."
('코로나 바이러스' 전염병 유행 기간 동안 수업을 듣는 것은 **너무 괴로운 일**이었습니다)
➡ 이 문장 이외에도 부정적인 경험의 나열을 이어 나간다.

정답 **A**. No ha tenido una buena experiencia.

19. [20 segundos]

Persona 1

MUJER: Yo me apunté a un curso de márketing *online* porque me habían dicho que la profesora era la mejor, pero su academia estaba en Estados Unidos, así que no quería limitarme y me lancé a hacerlo a distancia. Efectivamente, es una gran profesional y he tenido la suerte de estudiar con ella a pesar de la distancia. ¡Gracias, internet! De no ser por ti, no habría sido posible.

[5 segundos] *Repetición del audio*
[10 segundos]

사람 1

여자: 저는 온라인 마케팅 수업에 등록했는데요, 담당 선생님이 최고라는 말을 들었는데 학원이 미국에 있었거든요. 한계를 두고 싶지 않았고 원격으로 수업을 듣기 시작했어요. 실제로 그녀는 대단한 전문가였고, 거리가 있었음에도 불구하고 그녀와 함께 공부할 수 있는 행운이 있었죠. 인터넷, 고마워! 네가 아니었다면 가능하지 않았을 거야.

체크 포인트 "...me habían dicho que **la profesora** era la mejor, pero su academia estaba en Estados Unidos, así que no quería limitarme y me lancé a hacerlo a distancia."
(**담당 선생님**이 최고라는 말을 들었는데 학원이 미국에 있었거든요. 한계를 두고 싶지 않았고 원격으로 수업을 듣기 시작했어요)

정답 **I.** Quería estudiar con una persona en concreto.

20. **Persona 2**

HOMBRE: Como era la primera vez en la que estudiaba algo de esta manera, la verdad es que me costó bastante hacerme con todo. No sabía acceder al foro para ver los mensajes, tenía que entrar al correo de la universidad para ver las notificaciones, siempre olvidaba las contraseñas y me tocaba cambiarlas... Pero una vez superada esa barrera, la verdad es que merece la pena.

[5 segundos] *Repetición del audio*
[10 segundos]

사람 2

남자: 이러한 방식으로 무언가를 공부하는 게 처음이어서, 사실 모든 것을 파악하는 게 꽤 힘들었습니다. 메시지를 보기 위해 게시판에 접속할 줄도 몰랐고, 게시글을 보기 위해 학교 이메일에 들어가야 했었고, 항상 비밀번호를 잊어버려서 바꿔야만 했고... 하지만 그 장벽을 넘어서고 나니까, 할 만하네요.

체크 포인트 "Como era la primera vez en la que estudiaba algo de esta manera, la verdad es que **me costó bastante** hacerme con todo."
(이러한 방식으로 무언가를 공부하는 게 처음이어서, 사실 모든 것을 파악하는 게 **꽤 힘들었습니다**)

정답 **D.** Le llevó tiempo acostumbrarse a esta forma de aprender.

21. **Persona 3**

MUJER: Yo ya solamente estudio por internet y no solo formación reglada, sino cualquier cosa que se me ocurra. Es un chollo poder encontrar cualquier tipo de información tan solo cliqueando en una inmensa variedad de sitios. No tengo que preocuparme por los horarios, puedo descansar cuando lo necesite, avanzo a mi ritmo, no tengo que gastar en transporte ni en maquillaje... ¡Es lo mejor del mundo!

[5 segundos] Repetición del audio
[10 segundos]

사람 3

여자: 전 이제는 인터넷으로만 공부해요. 정규교육뿐만 아니라, 머리에 떠오르는 아무거나 말이에요. 어마어마하게 많은 사이트들을 클릭만 하면 어떤 종류의 정보든지 찾아낼 수 있다는 건 완전 이득이죠. 시간대도 신경 쓸 필요 없고, 필요할 때 쉴 수 있고, 내 리듬으로 나아가면 되고, 교통수단이나 화장에도 돈 쓸 필요 없고... 완전 최고예요!

체크 포인트   "¡Es lo mejor del mundo!" (완전 최고예요!)
     🔲 온라인으로 정보를 찾고 배우는 것에 대한 좋은 점들만 쭉 나열한 후 마지막에 최상급 표현으로 마무리한다.

정답   **G**. Solo ve ventajas en esta forma de aprender.

---

22. **Persona 4**

HOMBRE: Tengo que reconocer que es muy cómodo encender el ordenador y aprender mediante una pantalla desde casa, pero la verdad es que creo que no es para mí. Me he dado cuenta de que comienzo las clases con mucho entusiasmo, pero enseguida me distraigo con cualquier pequeña cosa y no consigo volver a reconectarme mentalmente. Así no voy a llegar nunca a nada...

[5 segundos] Repetición del audio
[10 segundos]

사람 4

남자: 집에서 컴퓨터를 켜고 모니터를 통해 공부하는 것은 매우 편하다는 것을 인정합니다. 하지만 제 스타일은 아니라고 생각해요. 수업 시작은 의욕적으로 하는데, 곧바로 작은 일에 집중을 못 하다가 정신적으로 다시 돌아오는 걸 해내지 못하더라고요. 이렇게는 아무것도 해내지 못할 것 같아요...

체크 포인트   "...enseguida **me distraigo** con cualquier pequeña cosa y **no consigo volver a reconectarme** mentalmente."
(곧바로 작은 일에 **집중을 못 하다가** 정신적으로 **다시 돌아오는 걸 해내지 못하더라고요**)

정답   **C**. No se puede concentrar bien.

23. **Persona 5**

MUJER: Para mí, las clases en línea significan tranquilidad mental. No me gusta estar rodeada de gente porque me vienen malos recuerdos de la infancia. Básicamente, algunos de mis compañeros me maltrataban y tardé mucho en contárselo a alguien para que pudiera ayudarme. Así que no me puedo centrar en la clase del todo cuando hay más personas. Pero ya no tengo que preocuparme por eso gracias a los avances tecnológicos.

[5 segundos] Repetición del audio
[10 segundos]

사람 5

여자: 제가 보기에는, 온라인 수업은 정신적 평온함을 의미해요. 사람들에 둘러싸여 있는 것을 좋아하지 않는데, 어렸을 때의 나쁜 기억들이 떠올라서 그렇거든요. 기본적으로, 몇몇 친구들이 저를 괴롭혔고 도움을 받기 위해 누군가에게 말하기까지 오랜 시간이 걸렸어요. 그래서 사람들이 더 많아지면 수업에 완전히 집중할 수가 없어요. 하지만 이제는 과학기술의 발전 덕분에 그런 걸로 걱정할 필요가 없네요.

체크 포인트 "...**algunos de mis compañeros me maltrataban** y tardé mucho en contárselo a alguien para que pudiera ayudarme."
(**몇몇 친구들이 저를 괴롭혔고** 도움을 받기 위해 누군가에게 말하기까지 오랜 시간이 걸렸어요)

정답 **F**. Sufrió acoso escolar.

24. **Persona 6**

HOMBRE: Pues yo comencé como alumno y, como todo fueron buenas experiencias, cada vez me fui metiendo más en el tema hasta que se convirtió en lo mío. Y es que me parece apasionante enseñar a través de internet a personas que se encuentran en cualquier parte del mundo. Además, ahora hay muchas funciones que se pueden automatizar y gracias a eso he conseguido encontrar un equilibrio personal y profesional.

[5 segundos] Repetición del audio
[10 segundos] Complete ahora la Hoja de respuestas.
[30 segundos]

사람 6

남자: 음, 저는 학생으로 시작했고, 모든 것이 좋은 경험이어서, 점점 더 이 분야에 깊이 들어가게 되었고 결국 제 일이 되어 버렸어요. 인터넷을 통해 세상 모든 곳에 있는 사람들을 가르친다는 건 신나는 일이라고 생각하거든요. 게다가 지금은 자동화되는 기능들이 많이 있어서, 이것 덕분에 개인의 삶과 일의 균형을 얻었답니다.

체크 포인트 "...hasta que **se convirtió en lo mío**."
(결국 **제 일이 되어버렸어요**)

"Y es que **me parece apasionante enseñar** a través de internet a personas que se encuentran en cualquier parte del mundo."
(인터넷을 통해 세상 모든 곳에 있는 사람들을 **가르친다는 건 신나는 일이라고 생각하거든요**)

정답 **H**. Ha encontrado su vocación.

híbrido/a: 혼성의, 혼합의

acoso: 추행, 괴롭힘

스크립트

사람 0

pandemia: 세계적인 전염병 대유행

tortura: 고문, 극심한 고통, 괴로움

colgado/a: (컴퓨터가) 갑자기 작동이 안 되는

en directo: 생방송으로, 라이브로

entrecortar: 중간에 자르다

hilo: 흐름, 맥락

사람 1

limitarse: 한계를 두다

lanzarse a + INF.
: ~하는 것에 뛰어들다, 시작해버리다

a distancia: 장거리로, 원격으로

efectivamente: 실질적으로

사람 2

hacerse con + 명: ~을 자신의 것으로 만들다

foro: 포럼, 장, 토론회

notificación: 통보, 게시

contraseña: 비밀번호

barrera: 장벽, 장애물

merecer la pena: 가치가 있다, 할 만하다

사람 3

reglar: 규정하다

chollo: 바겐세일

cliquear: 클릭하다

사람 4

reconocer: 인정하다

darse cuenta de + 명/que 문장
: ~대해 깨닫다, 알아차리다

entusiasmo: 의욕, 열중

reconectarse: 다시 연결되다

사람 5

tranquilidad: 평온, 안정

rodear: 에워싸다, 둘러싸다

infancia: 유아기, 유년기

maltratar: 거칠게 대하다, 학대하다

del todo: 완전히

사람 6

meterse en + 명: ~에 들어가다, 빠져 들어가다

convertirse en + 명: ~으로 변하다, ~이 되다

❖ Notas

Tarea 5

한 사람의 독백을 듣고 문제에 대한 정답 고르기

1 Tarea 설명

이 Tarea에서는 500자 내외 길이의 독백을 듣게 된다. 해당 프로젝트, 의견, 조언 또는 경험에 대한 구체적이고 자세한 정보를 파악해야 하며 총 6개의 질문에 대해 3가지 옵션 중 올바른 답을 선택해야 한다.

2 문제 공략법

지시문 읽기 → 문제와 옵션 읽기 → 1차 듣기 하며 1차 정답 선택하기

2차 듣기 하며 최종 선택하기 → 답안지에 정답 마킹하기 → 다음 Tarea 내용 미리 읽어두기

* **포인트**　이 Tarea에서는 하나의 긴 독백이 나오며 연속으로 음성녹음이 두 번 재생된다. 1차 듣기를 하며 가장 정답이라고 생각되는 옵션을 선택해두고, 2차 듣기 후 신속하게 정답 선택을 하고 미련 없이 듣기 시험을 마무리해야 한다.

☑ 두 사람이 주고받는 대화가 아닌, 한 사람의 일방적인 독백이 끊기지 않고 길게 이어지기 때문에, 내용을 미리 파악해두지 않는다면 이해하기 어려울 수 있다. 지시문에서 어떤 주제가 나올지 미리 확인하고, 문제와 옵션을 미리 읽어두어야 해당 내용이 들릴 때 정답을 고를 수 있다.

☑ 공백시간을 제대로 활용하자!
 · 음성녹음 재생 시작 전: **30초**
 · 독백의 1차 듣기와 2차 듣기 사이: **10초**
 · 독백의 2차 듣기 후: **10초**
 · "Complete ahora la Hoja de Respuestas." (이제 답안지에 표시하세요) 멘트 후: **30초**
 ▶ 듣기 시험 완료

☑ 듣기 시험 완료와 함께 추가시간은 더 이상 주어지지 않으므로, 각 Tarea의 답안지 표기를 미리 해두어야 한다.

☑ 듣기 시험 완료 후 쉬는 시간 동안에는 화장실에 가는 것 이외에는 교실에서 나갈 수 없으며, 핸드폰이나 자료를 확인하는 것도 금지되어 있다.

MP3
음성 듣기

INSTRUCCIONES

A continuación va a escuchar a una mujer que habla del origen de la arepa. Escuchará la audición dos veces. Después, conteste a las preguntas (25-30). Seleccione la opción correcta (a/b/c).

Marque las opciones elegidas en la **Hoja de respuestas**.

Tiene 30 segundos para leer las preguntas.

PREGUNTAS

25. Las arepas...

   a) casi nunca se comen cocidas.

   b) poseen una forma triangular.

   c) tienen como ingrediente principal el maíz.

26. En el audio se comenta que las arepas...

   a) pertenecen a un continente.

   b) son venezolanas.

   c) son colombianas.

27. Los expertos afirman sobre las arepas que...

   a) tienen casi un milenio de antigüedad.

   b) surgieron después de la época prehispánica.

   c) el nombre no se originó en Venezuela, sino en Colombia.

28. Sobre el consumo de las arepas se dice que...
    a) en Venezuela llevan relleno.
    b) es el mismo en Colombia y en Venezuela.
    c) en Colombia consiste normalmente en un plato principal y rara vez como acompañante.

29. En la audición se dice sobre las arepas colombianas que...
    a) existen unos seis tipos diferentes.
    b) pueden ser tanto dulces como de otros tipos.
    c) no incluyen ingredientes como la yuca, el arroz, la papa o el plátano.

30. En la audición se comenta sobre las arepas venezolanas que...
    a) existe una variedad de rellenos.
    b) una "pelúa" contiene pernil de cochino y queso amarillo.
    c) una "rumbera" está compuesta por carne mechada y queso amarillo.

PRUEBA 2: COMPRENSIÓN AUDITIVA

정답					
25	26	27	28	29	30
c	a	a	a	b	a

지시문

이어서 아레파의 기원에 대해 이야기하는 여자의 독백을 들을 것입니다. 음성녹음은 두 번 나옵니다. 문제(25–30)에 대한 정답(a/b/c)을 선택하세요.

선택한 옵션을 **답안지**에 표시하세요. 문제를 읽기 위해 30초가 주어집니다.

[30 segundos]

Las arepas son unos panes tradicionales con forma de disco hechos de maíz que se cocinan en una sartén caliente y se consumen de diferentes formas.

Durante muchos años ha existido un debate entre colombianos y venezolanos sobre el origen de las arepas, dado que para ambos se trata de uno de sus más adorados y tradicionales platillos. Expertos consultados por la *CNN* coinciden en que no son de ninguno de los dos países, sino americanas, y que existen desde la época prehispánica, en la cual aún no existían las divisiones geopolíticas actuales.

Por una parte, el chef colombiano Carlos Gaviria Arbeláez, investigador gastronómico de la cocina colombiana y autor del libro 'Arepas colombianas', reivindica que el origen de la arepa es americano, o sea, es un producto procedente de América.

Por otra parte, el escritor venezolano Ricardo Estrada Cuevas, autor del libro 'Arepólogo', puntualiza que la arepa data de aproximadamente 900 años atrás y que se consumía en ambas regiones de América en una época prehispánica en la cual aún no se había fundado ninguno de estos países.

Gaviria Arbeláez insiste en que no se deben confundir las divisiones políticas con las geográficas y menos las culturales a la hora de intentar explicar el origen de la arepa. Explica que, si bien es posible que por razones antropológicas el nombre de "arepa" haya surgido en lo que hoy es Venezuela, lo cierto es que los panes de maíz, en general, son elementos alimentarios comunes a toda América.

Sin embargo, a la hora del consumo sí merece la pena destacar las diferencias entre las arepas colombianas y las venezolanas.

Por un lado, las colombianas son "acompañantes", entradas a platos principales, aunque también pueden llegar a ser comidas principales. Gaviria, en su libro de arepas colombianas, menciona que, como mínimo, hay unas 60 clases de arepas en Colombia que pueden ir desde las de maíz pelado, las neutras, las de maíz precocido para combinar con cualquier otro alimento, arepas dulces o incluso de otra variedad: de yuca, de arroz, de papa, de plátano, etc.

Y, por otro lado, de Venezuela viene el relleno de las arepas. Estrada señala el relleno como el elemento diferenciador entre Venezuela y Colombia, y es precisamente ese relleno el que le da una característica de plato principal a las arepas venezolanas a diferencia de las colombianas.

Estrada menciona varias denominaciones para los diferentes tipos de rellenos de las arepas en la gastronomía venezolana: la arepa con carne mechada y queso amarillo se llama "pelúa" y la que lleva pernil de cochino con queso amarillo se denomina "rumbera".

En cuanto al constante debate sobre si las arepas son originarias de Colombia o Venezuela, el autor del libro 'Arepólogo', Estrada, evita tomar partido. Más bien, concluye de manera humorística que no importa quién las inventó, ya que al final del día el sabor de una arepa depende de sus ingredientes.

[10 segundos] Repetición del audio
[10 segundos] Complete ahora la Hoja de respuestas.
[30 segundos] La prueba ha terminado.

(Adaptado de https://cnnespanol.cnn.com/2023/09/09/origen-arepa-colombiana-venezolana-orix)

아레파는 옥수수로 만든 원반 모양의 전통 빵입니다. 뜨거운 프라이팬에서 익히고 여러 방식으로 먹습니다.

오랜 시간 동안 콜롬비아 사람들과 베네수엘라 사람들 사이에 토론이 존재해왔는데요, 두 나라 사람들 모두가 가장 좋아하는 전통 요리들 중 하나이기 때문이죠. CNN이 자문을 구한 전문가들은 그것이 두 나라 중 한 곳의 것이 아니라, 아메리카 대륙의 것이라는 것에 동의하고 있습니다. 스페인 정복 이전 시기부터 있었다는 것이죠. 현재의 지정학적인 구분이 아직 존재하지 않았을 때 말이에요.

한편으로, 콜롬비아 요리계의 미식 연구가이자 '콜롬비아 아레파'의 저자인 콜롬비아 출신 요리사 카를로스 가비리아 아르벨라에스는 아레파의 기원은 아메리카에 있다고 주장합니다. 즉, 그것은 아메리카에서 왔다는 것이죠.

또 다른 한편으로는, '아레파학자'의 작가인 베네수엘라 출신 작가 리카르도 에스트라다 쿠에바스는 아레파가 약 900년 전의 것으로 추정되며 이 나라들이 설립되지도 않았을 스페인 정복 이전의 시기에 이 두 지역에서 먹었던 음식이라고 상세히 설명합니다.

가비리아 아르벨라에스는 아레파의 기원을 설명하고자 할 때 정치적 분할과 지리적 분할을 혼동해서는 안 되며 문화적 분리는 더욱 해서는 안 된다고 주장합니다. 비록 인류학적인 이유로 "아레파"라는 이름이 오늘날 베네수엘라인 곳에서 나온 것이 가능하긴 하지만, 확실한 것은 옥수수빵 종류는 일반적으로 모든 아메리카의 공통된 음식이라는 것이죠.

그러나, 아레파를 먹을 때에는 콜롬비아와 베네수엘라 사이의 차이를 구분해 볼만한 가치가 있습니다.

한편으로는, 콜롬비아식 아레파는, 비록 주메뉴가 될 수도 있지만, 메인 요리 전에 나오는 전채 요리, 즉 "곁들이"입니다. 콜롬비아식 아레파에 대한 자신에 책에서 가비리아는 콜롬비아에 최소한 60여 개 종류의 아레파가 있다고 언급합니다. 껍질을 벗긴 옥수수로 만든 아레파, 양념하지 않은 아레파, 다른 아무 종류의 음식과 같이 먹기 위해 미리 익힌 옥수수로 만든 아레파, 달콤한 아레파, 심지어 유카, 쌀, 감자, 바나나 등 다른 재료로 만드는 아레파 종류도 있죠.

그리고, 또 한편으로는, 아레파의 속 재료는 베네수엘라에서 내려져옵니다. 에스트라다는 아레파의 속 재료가 베네수엘라와 콜롬비아를 구별해 주는 요소이며, 정확히 바로 이 속 재료가 콜롬비아의 요리 방식과는 달리 베네수엘라식 아레파에게 메인 요리의 특징을 부여하는 것이라고 가리킵니다.

에스트라다는 베네수엘라의 요리법에 있는 여러 다른 종류의 속 재료에 대한 다양한 명칭을 언급합니다. 얇게 찢은 고기와 노란 치즈를 넣은 아레파는 "펠루아"라고 하며 돼지 넓적다리 고기와 노란 치즈를 넣은 것은 "룸베라"라고 합니다.

아레파가 콜롬비아에서 유래되었는지 베네수엘라에서 유래되었는지에 대한 끊임없는 토론에 관해서는, '아레파학자'의 저자 에스트라다는 한쪽 편을 드는 것을 피합니다. 오히려, 결국 아레파의 맛은 재료에 따라 달라지기 때문에, 누가 아레파를 발명했는지는 중요하지 않다고 재미있게 결론짓습니다.

25. 아레파는...

    a) 익힌 상태로는 거의 먹지 않는다.

    b) 세모 모양을 가지고 있다.

    c) 주 재료가 옥수수이다.

체크 포인트   문단1

    "Las arepas son unos panes tradicionales con forma de disco **hechos de maíz**..."
    (아레파는 **옥수수로 만든** 원반 모양의 전통 빵입니다)

정답 **c)** tienen como ingrediente principal el maíz.

> 오답 포인트   문단1
>
>   a) "...se cocinan en una sartén caliente y se consumen de diferentes formas."
>   (뜨거운 프라이팬에서 익히고 여러 방식으로 먹습니다)
>
>   b) "...con forma de disco..."
>   (원반 모양의)

26. 음성녹음에서는 아레파가 ...라고 한다.

    a) 한 대륙에 속한다

    b) 베네수엘라 음식이다

    c) 콜롬비아 음식이다

체크 포인트   문단2

    "Expertos consultados por la *CNN* coinciden en que no son de ninguno de los dos países, sino **americanas**..."
    (CNN이 자문을 구한 전문가들은 그것이 두 나라 중 한 곳의 것이 아니라, **아메리카 대륙의 것**이라는 것에 동의하고 있습니다)

정답 **a)** pertenecen a un continente.

> 오답 포인트   문단2
>
>   b) / c) "...no son de ninguno de los dos países..."
>   (두 나라 중 한 곳의 것이 아니라)

27. 전문가들은 아레파에 대해서 ...라고 말한다.

a) 거의 천 년의 역사를 가지고 있다

b) 스페인 정복 이전 시기 이후에 나타났다

c) 이름은 베네수엘라가 아니라 콜롬비아에서 유래되었다

체크 포인트 　문단4

"...la arepa data de **aproximadamente 900 años** atrás..."
(아레파가 **약 900년** 전의 것으로 추정되며)

정답 **a)** tienen casi un milenio de antigüedad.

오답 포인트 　문단4-5

b) "...se consumía en ambas regiones de América en una época prehispánica en la cual aún no se había fundado ninguno de estos países."
(이 나라들이 설립되지도 않았을 스페인 정복 이전의 시기에 이 두 지역에서 먹었던 음식이라고)

c) "...si bien es posible que por razones antropológicas el nombre de "arepa" haya surgido en lo que hoy es Venezuela..."
(비록 인류학적인 이유로 아레파라는 이름이 오늘날 베네수엘라인 곳에서 나온 것이 가능하긴 하지만)

28. 아레파를 먹는 방식에 대해서는 ...라고 말한다.

a) 베네수엘라에서는 속 재료를 넣는다

b) 콜롬비아와 베네수엘라의 방식이 같다

c) 콜롬비아에서는 일반적으로 메인 요리이며 드물게 곁들이로 먹는다

체크 포인트 　문단8

"...**de Venezuela viene** el relleno de las arepas."
(아레파의 속 재료는 **베네수엘라에서 내려져옵니다**)

정답 **a)** en Venezuela llevan relleno.

오답 포인트 　문단7-8

b) "...el relleno como el elemento diferenciador entre Venezuela y Colombia..."
(아레파의 속 재료가 베네수엘라와 콜롬비아를 구별해주는 요소이며)

c) "...las colombianas son "acompañantes", entradas a platos principales, aunque también pueden llegar a ser comidas principales."
(콜롬비아식 아레파는, 비록 주메뉴가 될 수도 있지만, 메인 요리 전에 나오는 전채 요리, 즉 "곁들이"입니다)

29. 음성녹음에서는 콜롬비아식 아레파에 대해 ...라고 말한다.

    a) 여섯 가지 정도의 다양한 종류가 존재한다

    b) 달콤할 수도 있고 다른 종류일 수도 있다

    c) 유카, 쌀, 감자 또는 바나나 같은 재료는 포함하지 않는다

체크 포인트 문단7

"...pueden ir desde las de maíz pelado, las neutras, las de maíz precocido para combinar con cualquier otro alimento, arepas dulces o incluso de otra variedad: de yuca, de arroz, de papa, de plátano, etc."

(껍질을 벗긴 옥수수로 만든 아레파, 양념하지 않은 아레파, 다른 아무 종류의 음식과 같이 먹기 위해 미리 익힌 옥수수로 만든 아레파, 달콤한 아레파, 심지어 유카, 쌀, 감자, 바나나 등 다른 재료로 만드는 아레파 종류도 있죠)

정답 **b)** pueden ser tanto dulces como de otros tipos.

오답 포인트 문단7

    a) "...hay unas <u>60</u> clases de arepas en Colombia..."
      (콜롬비아에 최소한 <u>60</u>여 개 종류의 아레파가 있다고)

    c) "...<u>incluso de otra variedad</u>: de yuca, de arroz, de papa, de plátano, etc."
      (심지어 유카, 쌀, 감자, 바나나 등 <u>다른 재료로 만드는</u> 아레파 종류도 있죠)

---

30. 음성녹음에서는 베네수엘라식 아레파에 대해 ...라고 언급한다.

    a) 다양한 속 재료가 존재한다

    b) "펠루아" 아레파는 돼지 넓적다리 고기와 노란 치즈가 들어있다

    c) "룸베라" 아레파는 얇게 찢은 고기와 노란 치즈로 만들어져 있다

체크 포인트 문단9

"...**diferentes tipos de rellenos** de las arepas en la gastronomía venezolana..."
(베네수엘라의 요리법에 있는 **여러 다른 종류의 속 재료**)

정답 **a)** existe una variedad de rellenos.

오답 포인트 문단9

    b) / c) "...la arepa con carne mechada y queso amarillo se llama "pelúa" y la que lleva pernil de cochino con queso amarillo se denomina "rumbera"."
      (얇게 찢은 고기와 노란 치즈를 넣은 아레파는 "펠루아"라고 하며 돼지 넓적다리 고기와 노란 치즈를 넣은 것은 "룸베라"라고 합니다)
      ➡ 옵션 b)와 c)의 문장 내용이 서로 바뀌었으므로 정답이 될 수 없다.

milenio: 천 년의 기간

prehispánico/a: 스페인 정복 이전의

relleno: 음식 안에 넣는 속 재료

acompañante: 곁들이

yuca: 유카 (용설란과의 여러해살이풀)

pernil de cochino: 돼지의 넓적다리

mechado/a: 채를 썬

문단 1

disco: 원반

sartén: 프라이팬

consumir: 소비하다, 섭취하다

문단 2

adorar: 흠모하다, 아주 좋아하다

geopolítico/a: 지정학의

문단 3

gastronómico/a: 미식의

reivindicar: 요구하다, 주장하다

procedente de + 명: ~에서 온, ~의 출신인

문단 4

puntualizar: 명확히 하다, 상세히 말하다

datar de + 명: ~한 연대의 것으로 추정하다

fundar: 설립하다

문단 5

insistir en + 명: ~을 고집하다, 주장하다

confundir A con B: A를 B와 혼동하다

a la hora de + INF.: ~할 때

razón: 이유, 원인

antropológico/a: 인류학의

surgir: 나타나다, 출현하다

alimentario/a: 영양의, 음식의

문단 6

merecer la pena: 가치가 있다, 할 만하다

destacar: 부각하다, 강조하다

문단 7

pelar: 껍질을 벗기다

neutro/a: 중성의, 개성이 없는

precocido/a: 미리 익힌

문단 8

diferenciador/a: 구별하는

문단 9

denominación: 이름, 명칭

gastronomía: 미식, 요리법

문단 10

tomar partido: 편을 들다

humorístico/a: 재미있는, 익살스러운

실전 문제 1

MP3
음성 듣기

Tarea 1

INSTRUCCIONES

Usted va a escuchar seis conversaciones breves. Oirá cada conversación dos veces seguidas. Después, tendrá que seleccionar la opción correcta (a/b/c) correspondiente a cada una de las preguntas (1-6).

Marque las opciones elegidas en la **Hoja de respuestas**.

Tiene 30 segundos para leer las preguntas.

PREGUNTAS

Conversación 1

1. En esta conversación...
   a) el hombre es pacifista.
   b) ni el hombre ni la mujer han hecho el servicio militar.
   c) la mujer está considerando inscribirse para hacer el servicio militar.

Conversación 2

2. En esta conversación se dice que los padres se preocupan por las notas de su hijo ya que...
   a) el hijo no quiere estudiar.
   b) el hijo quiere repetir el año.
   c) las notas de su hijo son muy malas.

Conversación 3

3. En esta conversación se menciona que ya se ha matriculado en el curso de fotografía...
   a) la mujer.
   b) el hombre.
   c) ninguno de los dos.

Conversación 4

4. En esta conversación se comenta que...

    a)   el hombre aún no se ha hecho la revisión médica.

    b)   el hombre y la mujer han ido a la revisión médica juntos.

    c)   la mujer ha obtenido unos resultados preocupantes en su revisión médica.

Conversación 5

5. En esta conversación se menciona que...

    a)   la mujer ha ganado la partida de ajedrez.

    b)   el hombre considera que la mujer ha tenido suerte.

    c)   los dos jugadores tuvieron una riña debido a la partida.

Conversación 6

6. En esta conversación se dice que...

    a)   el hombre y la mujer van a ir a misa.

    b)   el hombre va a asistir a misa con sus hermanos.

    c)   la mujer no puede participar en la misa porque está muy ocupada.

Tarea 2

INSTRUCCIONES

Usted va a escuchar una conversación entre dos amigos, Julia y Ernesto, que hablan sobre el feminismo en un descanso de clase. Después, indique si los enunciados (7-12) se refieren a lo que dice Julia (A), Ernesto (B) o ninguno de los dos (C). Escuchará la audición dos veces.

Marque las opciones elegidas en la **Hoja de respuestas**.

Tiene 20 segundos para leer las preguntas.

		A. Julia	B. Ernesto	C. Ninguno de los dos
0.	La clase le ha parecido aburrida.	☑	☐	☐
7.	Cree que aún hay mucho por hacer en cuanto al feminismo.	☐	☐	☐
8.	Una mujer se enfadó por un buen gesto suyo.	☐	☐	☐
9.	Ha tenido una discusión con un familiar sobre el feminismo.	☐	☐	☐
10.	Le inquieta que se puedan entender mal sus actos.	☐	☐	☐
11.	Piensa que hombres y mujeres son diferentes.	☐	☐	☐
12.	Le alegra poder hablar sin tapujos sobre el tema.	☐	☐	☐

Tarea 3

INSTRUCCIONES

A continuación va a escuchar parte de una entrevista al periodista y escritor argentino Diego Fonseca, que habla sobre su trayectoria, forma de pensar y proyectos. Escuchará la entrevista dos veces. Después, conteste a las preguntas (13-18). Seleccione la respuesta correcta (a/b/c).

Marque las opciones elegidas en la **Hoja de respuestas**.

Tiene 30 segundos para leer las preguntas.

PREGUNTAS

13. Según la entrevista, la trayectoria laboral de Diego Fonseca ha sido como...
- a) editor de Política y escritor de Economía.
- b) editor de Política y reportero especializado en Economía.
- c) periodista especializado en Política y editor de Economía y Finanzas.

14. Diego Fonseca describe la experiencia de ser emigrante como...
- a) una sensación de pertenencia y estabilidad.
- b) un constante desacomodo y no pertenencia.
- c) un cambio permanente en sus valores esenciales.

15. El entrevistado considera que la experiencia de viajar es beneficiosa porque...
- a) refuerza las creencias etnocéntricas.
- b) impide la observación de cosas nuevas.
- c) propicia miradas menos rotundas y más amplias.

16. ¿Cree el entrevistado que internet ha hecho que el periodista se vuelva protagonista de sus historias?

a) Sí, pero solo en casos específicos.

b) Sí, debido al acceso que facilita internet.

c) No, ya que no ve una línea lógica en esa relación.

17. El entrevistado considera respecto al protagonismo del autor en una historia que...

a) debe ser sustancial a la historia.

b) debe ser el personaje central siempre.

c) debe permanecer ajeno en todos los casos.

18. El próximo proyecto en el que trabaja Diego Fonseca es...

a) un libro con reporteros experimentados sobre Iberoamérica.

b) un libro de no ficción sobre migrantes en diversas partes del mundo.

c) una investigación sobre las modificaciones de la información periodística.

Tarea 4

INSTRUCCIONES

A continuación va a escuchar a seis personas que hablan sobre sus experiencias de hacer dieta. Escuchará a cada persona dos veces.

Seleccione el enunciado (A-J) que corresponde al tema del que habla cada persona (19-24). Hay diez enunciados incluido el ejemplo. Seleccione solamente seis.

Marque las opciones elegidas en la **Hoja de respuestas**.

Ahora escuche el ejemplo:

Persona 0.

La opción correcta es el enunciado D.

0. A☐ B☐ C☐ D■ E☐ F☐ G☐ H☐ I☐ J☐

Tiene 20 segundos para leer los enunciados.

	ENUNCIADOS		PERSONA	ENUNCIADO
A	Las dietas no le funcionan.	**0.**	Persona 0	D
B	El doctor le ha recomendado su dieta actual.	**19.**	Persona 1	
C	Le da más importancia a su estado psicológico que a la dieta.	**20.**	Persona 2	
		21.	Persona 3	
D	No sigue una dieta estricta.	**22.**	Persona 4	
E	El cambio de alimentación ha hecho que quiera hacer ejercicio.	**23.**	Persona 5	
		24.	Persona 6	
F	Prefiere hacer ejercicio en vez de dieta.			
G	Desarrolló problemas de alimentación debido a una dieta.			
H	Un libro le ha ayudado a cambiar su estilo de vida.			
I	Normalmente hace dieta con un familiar.			
J	Reduce la frecuencia de las comidas al día.			

Tarea 5

INSTRUCCIONES

A continuación va a escuchar a una mujer que habla sobre una astronauta. Escuchará la audición dos veces. Después, conteste a las preguntas (25-30). Seleccione la opción correcta (a/b/c).

Marque las opciones elegidas en la **Hoja de respuestas**.

Tiene 30 segundos para leer las preguntas.

PREGUNTAS

25. El tatuaje en el antebrazo de Sara García es...

    a) el logo de la Agencia Espacial Europea.

    b) un símbolo de su investigación en biotecnología.

    c) una figura geométrica que aparece en uno de sus discos preferidos.

26. En el audio se comenta que el primer grupo en sonar en el espacio fue...

    a) Pink Floyd.

    b) Roger Waters.

    c) Soyuz.

27. En el audio se menciona sobre Sara García que...

    a) es la primera científica en el espacio.

    b) es una de los 22.500 candidatos rechazados por la *ESA*.

    c) ninguna persona de su género y nacionalidad había entrado en el Cuerpo de Astronautas.

28. Según la audición, los estudiantes de la Universidad de León al ver a Sara y su compañero...
    a) fueron indiferentes.
    b) los aclamaron.
    c) se acercaron a preguntarles sobre su expediente académico.

29. En la audición se dice que el compromiso de Sara García respecto a su carrera es...
    a) desentenderse de sus responsabilidades.
    b) hacer todo lo posible por cumplir con las expectativas.
    c) centrarse solo en las misiones espaciales.

30. En el audio se dice que el impacto que tuvo la película "Contacto" en Sara García...
    a) fue nulo.
    b) la inspiró a convertirse en astronauta.
    c) la llevó a querer estudiar biotecnología.

Tarea 1

INSTRUCCIONES

Usted va a escuchar seis conversaciones breves. Oirá cada conversación dos veces seguidas. Después, tendrá que seleccionar la opción correcta (a/b/c) correspondiente a cada una de las preguntas (1-6).

Marque las opciones elegidas en la **Hoja de respuestas**.

Tiene 30 segundos para leer las preguntas.

PREGUNTAS

Conversación 1

1. En esta conversación se dice que...
   a) la mujer propone hacer el evento al aire libre.
   b) la mujer sugiere reservar un establecimiento por si acaso.
   c) el hombre no quiere llevar a cabo el evento al aire libre.

Conversación 2

2. En esta conversación se comenta que...
   a) la mujer es indiferente ante el caso de corrupción.
   b) la mujer piensa en involucrarse más en las actividades políticas.
   c) el hombre no está preocupado por el caso de corrupción.

Conversación 3

3. En el audio se menciona que...
   a) la mujer no necesita su pasaporte.
   b) la mujer renovó su pasaporte hace poco tiempo.
   c) el hombre ofrece ayudar a la mujer con la renovación del pasaporte.

Conversación 4

4. En esta conversación se dice que...

a) la mujer no tiene planes de viaje.

b) el hombre acepta cuidar al perro de la mujer.

c) la mujer piensa llevarse a su perro al viaje de negocios.

Conversación 5

5. En esta conversación se menciona que...

a) la mujer va a averiguar sobre el problema con la reserva de hotel.

b) la pareja va a ignorar el problema con la reserva de hotel.

c) el hombre quiere cambiar la reserva de hotel por correo electrónico.

Conversación 6

6. En esta conversación...

a) la mujer está contenta con su corte de pelo.

b) el hombre piensa que la mujer está exagerando.

c) Isabel puede recogerse el pelo para ocultar el corte que le han hecho.

Tarea 2

MP3
음성 듣기

INSTRUCCIONES

Usted va a escuchar una conversación entre dos profesores de meditación, Jordi e Idoia, que se encuentran por casualidad en su centro de trabajo. Después, indique si los enunciados (7-12) se refieren a lo que dice Jordi (A), Idoia (B) o a ninguno de los dos (C). Escuchará la audición dos veces.

Marque las opciones elegidas en la **Hoja de respuestas**.

Tiene 20 segundos para leer las preguntas.

		A. Jordi	B. Idoia	C. Ninguno de los dos
0.	Acaba de terminar una clase.	☐	☑	☐
7.	Acudió a un taller la semana anterior.	☐	☐	☐
8.	No pudo asistir al taller de la semana anterior.	☐	☐	☐
9.	Ha viajado al extranjero para formarse.	☐	☐	☐
10.	Se siente más relajado con la práctica de un nuevo método.	☐	☐	☐
11.	Ha probado la meditación sonora.	☐	☐	☐
12.	Va a realizar un retiro próximamente.	☐	☐	☐

Tarea 3

INSTRUCCIONES

A continuación va a escuchar parte de una entrevista al empresario uruguayo Jorge Tomasi, que habla sobre varios de sus proyectos en marcha. Escuchará la entrevista dos veces. Después, conteste a las preguntas (13-18). Seleccione la respuesta correcta (a/b/c).

Marque las opciones elegidas en la **Hoja de respuestas**.

Tiene 30 segundos para leer las preguntas.

PREGUNTAS

13. La entrevistadora comenta sobre Jorge Tomasi que...

    a) trabaja solamente como presidente del Automóvil Club del Uruguay.

    b) posee su propia empresa.

    c) es especialista en la movilidad eléctrica.

14. Jorge Tomasi comenta que el Automóvil Club del Uruguay tiene una trayectoria de...

    a) dos siglos.

    b) una década.

    c) un siglo.

15. Según el entrevistado, en Uruguay en el año 1945...

    a) muchas leyes pactaron el movimiento del tránsito por primera vez.

    b) cambió el sentido de circulación de los vehículos.

    c) los ingleses empezaron a manejar como lo hacen actualmente.

16. El Parque de las Ciencias mencionado por Jorge Tomasi...

    a) tiene forma de una franja.

    b) solo a mediados de los 2010 generó un gran progreso.

    c) es una zona legalmente estable.

17. Las empresas que se ven privilegiadas para establecerse en el Parque de las Ciencias son de...

    a) inversiones.

    b) construcción de alta tecnología.

    c) ciencias biológicas de tecnología punta.

18. Según Jorge Tomasi, la implicación del Parque de las Ciencias en el pago de los salarios es...

    a) el doble de la media del país.

    b) cercana al promedio del país.

    c) supera el triple del promedio del país.

Tarea 4

MP3
음성 듣기

INSTRUCCIONES

A continuación va a escuchar a seis personas que hablan sobre sus experiencias con las redes sociales. Escuchará a cada persona dos veces.

Seleccione el enunciado (A-J) que corresponde al tema del que habla cada persona (19-24). Hay diez enunciados incluido el ejemplo. Seleccione solamente seis.

Marque las opciones elegidas en la **Hoja de respuestas**.

Ahora escuche el ejemplo:

Persona 0.

La opción correcta es el enunciado F.

0.   A☐   B☐   C☐   D☐   E☐   F■   G☐   H☐   I☐   J☐

Tiene 20 segundos para leer los enunciados.

	ENUNCIADOS
A	Le hizo mal comparar su vida con las que veía en las redes sociales.
B	Considera que los usuarios de las redes sociales son un reflejo de la sociedad real.
C	Su experiencia con las redes sociales afectó a su salud psicológica.
D	Ha aprendido a usar las redes sociales gracias a sus hijos.
E	Utiliza las redes para el bien de la sociedad.
F	Destaca varios aspectos beneficiosos de las redes sociales.
G	Utiliza las redes sociales para promocionar su empresa.
H	Sufrió violencia digital en las redes sociales.
I	Se enamoró de una persona a través de las redes sociales.
J	Nunca ha utilizado ninguna red social.

PERSONA		ENUNCIADO
0.	Persona 0	F
19.	Persona 1	
20.	Persona 2	
21.	Persona 3	
22.	Persona 4	
23.	Persona 5	
24.	Persona 6	

201

Tarea 5

MP3
음성 듣기

INSTRUCCIONES

A continuación va a escuchar a un hombre que da una noticia sobre los precios mundiales de los alimentos y productos agrícolas. Escuchará la audición dos veces. Después, conteste a las preguntas (25-30). Seleccione la opción correcta (a/b/c).

Marque las opciones elegidas en la **Hoja de respuestas**.

Tiene 30 segundos para leer las preguntas.

PREGUNTAS

25. Uno de los factores que afectaron a los precios mundiales de los alimentos en 2021 y 2022 fue...

   a)   el conflicto bélico en Oriente Medio.

   b)   el aumento de la producción agrícola a nivel mundial.

   c)   las consecuencias de la epidemia.

26. El Índice de Precios de los alimentos al cierre de diciembre de 2023 fue...

   a)   más alto que el de diciembre de 2022.

   b)   más bajo que el de diciembre de 2022.

   c)   igual que el de diciembre de 2022.

27. El producto alimenticio que mantuvo en 2023 un valor superior al año anterior fue...

   a)   la carne.

   b)   el azúcar.

   c)   los cereales.

28. Con respecto a los precios de exportación del trigo en diciembre, las tensiones en el Mar Negro...
   a) los redujeron.
   b) los incrementaron.
   c) los mantuvieron.

29. En el audio se comenta que los precios mundiales del maíz en diciembre...
   a) aumentaron a causa de varios problemas.
   b) fueron fijados por Ucrania.
   c) disminuyeron debido a la cosecha de Brasil.

30. Según la audición, el motivo principal del aumento de los precios del arroz en diciembre fue...
   a) el exceso de oferta en Asia.
   b) el control de suministro en la India.
   c) la mayor competencia entre exportadores a nivel global.

실전 문제 1 해설

PRUEBA 2: COMPRENSIÓN AUDITIVA

Tarea 1

1	2	3	4	5	6
b	c	b	a	a	a

지시문

여섯 개의 짧은 대화를 들을 것입니다. 각 대화는 두 번 연속으로 나옵니다. 문제(1~6)에 해당하는 정답(a/b/c)을 선택하세요. 선택한 옵션을 **답안지**에 표시하세요. 문제를 읽기 위해 30초가 주어집니다.

---

1. **NARRADOR:** Va a escuchar una conversación entre dos compañeros de trabajo sobre el servicio militar.

JUAN: Ana, ¿alguna vez has considerado hacer el servicio militar?

ANA: ¿Yo? ¡Qué va! Nunca lo he pensado, y menos siendo pacifista. ¿Y tú?

JUAN: Pues la verdad es que yo, pensando en alistarme. Creo que sería una experiencia única.

ANA: ¡Y tanto!

소개: 군 복무에 대해서 이야기하는 두 직장동료의 대화를 들을 것입니다.

후안: 아나, 군 복무를 고려해 본 적이 있어?

아나: 나? 그럴 리가! 한 번도 생각해 본 적 없어, 평화주의자라서 더더욱. 그러는 너는?

후안: 음, 사실 나는 입대를 지원할까 생각 중. 독특한 경험이 될 것이라고 생각해.

아나: 그렇겠지!

문제 이 대화에서는...

   a) 남자는 평화주의자이다.

   b) 남자도 여자도 군 복무를 하지 않았다.

   c) 여자는 군 복무 신청을 고려하고 있다.

체크 포인트 ▷ 여자는 군 복무에 대해서 생각조차도 해본 적이 없고 남자는 입대 지원을 고려 중이므로, 결국 두 사람 모두 아직 군 복무를 하지 않은 것이 확인된다.

정답 **b)** ni el hombre ni la mujer han hecho el servicio militar.

오답 포인트   a) / c) "¿Yo? ¡Qué va! Nunca lo he pensado, y menos siendo pacifista."

       (나? 그럴 리가! 한 번도 생각해 본 적 없어, 평화주의자라서 더더욱)

       ▷ 여자가 평화주의자이며 군 복무에 대한 생각은 해본 적이 없으므로, 주어와 내용이 일치하지 않는 두 옵션 모두 정답이 될 수 없다.

---

2. **NARRADOR**: Va a escuchar una conversación entre los padres de un adolescente sobre las notas de este.

MARTA: Las notas de nuestro hijo son un desastre. ¿Pero qué ha estado haciendo este niño durante el curso?

LUIS: Lo sé. Necesitamos hablar con él y encontrar una solución. Esto no puede seguir así. De esta noche, no pasa.

소개: 한 청소년의 성적에 대해 이야기하는 부모의 대화를 들을 것입니다.

마르타: 우리 아들 성적이 아주 난리야. 얘는 1년 동안 도대체 뭘 한 걸까?

루이스: 그러게 말이야. 그와 이야기를 해보고 해결책을 찾는 게 필요해. 이건 이렇게 계속되면 안 되겠어. 오늘 밤을 넘기지 말자.

문제 이 대화에서는 아들의 성적에 대해 부모가 걱정하는 이유가 ...라고 말한다.

   a) 아들이 공부를 하고 싶어 하지 않는다

   b) 아들이 학년을 다시 이수하고 싶어 한다

   c) 아들의 성적이 매우 나쁘다

체크 포인트 "Las notas de nuestro hijo son **un desastre**."
(우리 아들 성적이 **아주 난리야**)

정답 **c)** las notas de su hijo son muy malas.

오답 포인트   a) / b) ➡ 두 옵션 모두 언급되지 않는 내용이므로 정답이 될 수 없다.

---

3. **NARRADOR**: Va a escuchar una conversación entre dos amigos sobre la matrícula en un curso.

JAVIER: Laura, ¿te inscribiste en el curso de fotografía?

LAURA: No, estoy pensando en hacerlo. ¿Tú te inscribiste ya?

JAVIER: Sí, y estoy muy emocionado. ¿Por qué no te animas? Sería genial aprender algo nuevo juntos.

LAURA: ¡Vale!

소개: 한 강의 등록에 대해 이야기하는 두 친구의 대화를 들을 것입니다.

하비에르: 라우라, 사진 강의에 등록했어?

라우라: 아니, 등록하려고 생각 중이야. 너는 벌써 했어?

하비에르: 응, 그리고 너무 기대돼. 너도 한번 해보지 그래? 함께 새로운 걸 배우는 건 재미있을 것 같아.

라우라: 좋아!

이 대화에서는 사진 강의에 이미 등록한 사람이 ...라고 언급한다.

    a) 여자

    b) 남자

    c) 두 사람 모두 아니다

체크 포인트 LAURA: "¿Tú te inscribiste ya?" (너는 벌써 (등록)했어?)
               JAVIER: "**Sí**, y estoy muy emocionado." (**응**, 그리고 너무 기대돼)

정답 **b)** el hombre

오답 포인트 a) "<u>No</u>, estoy pensando en hacerlo."
             (<u>아니</u>, 등록하려고 생각 중이야)
             ➡ 여자는 아직 고민 중이므로 정답이 아니다.
          c) ➡ 남자는 이미 등록을 마쳤고 여자는 생각 중이기 때문에 정답이 될 수 없다.

---

4.   **NARRADOR**: Va a escuchar a una pareja que habla sobre una cita médica.

     CARLOS: ¿Cómo fue la cita con el médico?

     MARÍA: Bien, solo fue un chequeo de rutina.

     CARLOS: Me alegra escucharlo. La salud es lo primero.

     MARÍA: Exacto, y tú deberías pedir cita también.

     CARLOS: Lo haré, gracias por recordármelo.

     소개: 병원 진료에 대해 이야기하는 한 커플의 대화를 들을 것입니다.

     카를로스: 병원 진료는 어땠어?

     마리아: 괜찮았어. 그냥 정기 검진이었거든.

     카를로스: 다행이네. 건강이 우선이지.

     마리아: 맞아, 그러니까 너도 진료 예약해야 돼.

     카를로스: 예약할 게, 잊지 않게 해줘서 고마워.

문제 이 대화에서는 ...라고 말한다.

    a) 남자는 아직 건강 진단을 하지 않았다

    b) 남자와 여자는 건강 진단을 하러 함께 갔다

    c) 여자의 건강 진단에서 우려되는 결과가 나왔다

체크 포인트 MARÍA: "Exacto, y tú deberías pedir cita también." (맞아, 그러니까 너도 진료 예약해야 돼)
              CARLOS: "**Lo haré**, gracias por recordármelo..." (**예약할 게**, 잊지 않게 해줘서 고마워)

정답 **a)** el hombre aún no se ha hecho la revisión médica.

오답 포인트 CARLOS: "<u>¿Cómo fue</u> la cita con el médico?" (병원 진료는 <u>어땠어</u>?)
             MARÍA: "<u>Bien</u>, solo fue un chequeo de rutina..." (괜찮았어, 그냥 정기 검진이었거든.)
            ➡ 병원에 함께 가지 않았기 때문에 남자가 여자에게 어땠는지 물어보는 것을 확인할 수 있으며, 여자의 대답에서
              결과가 나쁘지 않았다는 사실을 들을 수 있으므로 b) / c) 두 옵션 모두 정답이 아니다.

5. **NARRADOR**: Va a escuchar a dos compañeros de ajedrez que hablan sobre una partida.

ANTONIO: ¡Menuda paliza me diste ayer en la partida de ajedrez!

CARMEN: ¡Qué va! El juego estuvo muy reñido hasta el final y simplemente tuve suerte. Es un honor jugar con alguien tan bueno.

ANTONIO: Gracias, he aprendido mucho de ti.

CARMEN: Lo mismo digo.

소개: 한 체스 경기에 대해 이야기하는 두 동료의 대화를 들을 것입니다.

안토니오: 어제 체스 경기에서 네가 나를 완전히 밟아버렸지!

카르멘: 그럴 리가! 게임 끝까지 접전이었고 그냥 내가 운이 좋았지 뭐. 이렇게 능력 있는 사람과 시합할 수 있는 게 영광이야.

안토니오: 고마워. 너에게서 많이 배웠어.

카르멘: 나도 마찬가지야.

문제 이 대화에서는 ...라고 언급한다.

    a) 여자가 체스 경기를 이겼다

    b) 남자는 여자가 운이 좋았다고 생각한다

    c) 두 선수는 경기로 인한 다툼이 있었다

체크 포인트 "**¡Menuda paliza me diste** ayer en la partida de ajedrez!"
(어제 체스 경기에서 **네가 나를 완전히 밟아버렸지!**)
▶ 남자가 언급하는 내용이므로 경기를 이긴 사람은 여자라는 것을 확인할 수 있다.

정답 **a)** la mujer ha ganado la partida de ajedrez.

오답 포인트
    b) "...simplemente <u>tuve</u> suerte."
      (그냥 <u>내가</u> 운이 좋았지 뭐)
      ▶ 여자가 <u>스스로</u> 생각하는 것이므로 정답이 될 수 없다.

    c) "El juego estuvo muy <u>reñido</u> hasta el final..."
      (게임 끝까지 <u>접전</u>이었고)
      ▶ 승부가 쉽게 나지 않은 경기라는 의미이지 실제로 싸움이 있었다는 뜻이 아니기 때문에 정답이 아니다.

6. **NARRADOR**: Va a escuchar a dos amigos de la iglesia que hablan sobre una misa.

PACO: Rosa, ¿vas a venir a misa el domingo?

ROSA: Sí, aunque estoy muy liada últimamente, sabes que nunca me la pierdo. ¿Tú también vas a venir?

PACO: Por supuesto, siempre es un placer estar rodeado de mis hermanos. Nos vemos allí.

ROSA: Estupendo. ¡Hasta el domingo!

소개: 한 미사에 대해 이야기하는 두 성당 친구의 대화를 들을 것입니다.

파코: 로사, 이번 주 일요일 미사에 올 거지?

로사: 응, 요즘 너무 정신없긴 한데, 미사는 절대 빠지지 않는 거 알잖아. 너도 올 거지?

파코: 물론이지. 형제자매들에 둘러싸여 있는 건 항상 즐거운 일이지. 성당에서 봐.

로사: 좋아. 일요일에 보자!

문제 이 대화에서는 …라고 말한다.

a) 남자와 여자는 미사에 갈 것이다

b) 남자는 자신의 형제들과 미사에 참석할 것이다

c) 여자는 매우 바빠서 미사에 참여하지 못할 것이다

체크 포인트   ROSA: "Sí." (응)

PACO: "Por supuesto." (물론이지)

➡ 남자와 여자 모두 미사 참여여부에 대해 긍정적으로 대답하므로 a) 문장이 정답이다.

정답 **a)** el hombre y la mujer van a ir a misa.

오답 포인트   b) "…siempre es un placer estar rodeado de <u>mis hermanos</u>."

(형제자매들에 둘러싸여 있는 건 항상 즐거운 일이지)

➡ 여기서 파코가 언급하는 "mis hermanos"는 실제 가족을 말하는 것이 아니라 미사에 함께 참여하는 동료 신자들을 뜻하는 것이기 때문에 정답이 될 수 없다.

c) "…aunque estoy muy liada últimamente, sabes <u>que nunca me la pierdo</u>."

(요즘 너무 정신없긴 한데, 미사는 <u>절대 빠지지 않는 거</u> 알잖아)

Tarea 1 Vocabulario

질문

inscribirse: 등록하다, 신청하다

repetir: (낙제해서) 다시 이수하다

matricularse: 등록하다

revisión: 검사, 검진

obtener: 얻다, 획득하다

partida: (운동 또는 게임의) 시합, 한 판

ajedrez: 체스

riña: 싸움, 말다툼

asistir a + 명: ～에 참석하다, 출석하다

participar en + 명: ～에 참가하다, 참여하다

스크립트

대화 1

servicio militar: 병역, 군 복무

considerar: 고려하다, 검토하다

pacifista: 평화주의자

alistarse: 지원하다, 입대하다

único/a: (명사 뒤에서) 특이한, 독특한

대화 2

adolescente: 청소년

nota: 성적, 점수

desastre: 재앙, 완전한 실패

대화 3

emocionado/a: 감동받은, 감격한

대화 4

cita: 약속, 예약

médico/a: 의료의

chequeo: 검사, 체크

rutina: 일상, 루틴

대화 5

menudo/a: (가끔 과장적으로) 대단한, 굉장한

paliza: 몽둥이세례, (구어) 완패

dar una paliza: 완승하다

reñido/a: 격렬한, 접전의

대화 6

liado/a: 분주한, 바쁜

perderse + 명: ～을 놓치다

placer: 기쁨, 즐거움

rodeado/a: 둘러싸인, 에워싸인

Tarea 2					
7	8	9	10	11	12
A	B	C	B	C	A

지시문

수업 쉬는 시간에 페미니즘에 대해 이야기하는 훌리아와 에르네스토라는 두 친구의 대화를 들을 것입니다. 이어서, 문장(7-12)들을 훌리아(A)나 에르네스토(B)가 말했는지, 또는 아무도 말하지 않았는지(C) 선택하세요. 음성녹음은 두 번 나옵니다.

선택한 옵션을 **답안지**에 표시하세요. 문제를 읽기 위해 20초가 주어집니다.

JULIA: ¡Menudo tostón de clase! Menos mal que podemos descansar un poco. Aunque sí que me han parecido interesantes algunos de los comentarios del profesor acerca del feminismo. Ernesto, ¿alguna vez te has parado a pensar en lo que realmente significa el feminismo?

ERNESTO: Sí, por supuesto. Aunque puede tener muchos matices, creo que a grandes rasgos se trata de la igualdad entre hombres y mujeres, ¿no?

JULIA: Exacto, pero muchas personas malinterpretan el concepto. Algunos piensan que es solo sobre darles poder a las mujeres, pero en realidad, se trata de garantizar los mismos derechos y oportunidades para ambos géneros sin discriminar a ninguno por su condición de mujer u hombre. Aunque algunas personas creen que esto no es necesario hoy en día, yo creo que aún queda mucho camino por recorrer. Por ejemplo, no puede ser que a estas alturas todavía haya lugares en los que los hombres ganen más que las mujeres en un mismo puesto solo por cuestiones de género.

ERNESTO: Sí, estoy de acuerdo. Hay que acabar con esa injusticia. Pero algunas mujeres llevan el feminismo a extremos que me hacen sentir incómodo...

JULIA: ¿Podrías darme algún ejemplo?

ERNESTO: Bueno, a veces siento que algunas mujeres adoptan una actitud exagerada, como si todos los hombres fueran enemigos. También, cuando queremos ayudar, a veces se malinterpreta como si estuviéramos tratando de menospreciar sus capacidades. Por ejemplo, el otro día estaba entrando a un centro comercial y mantuve la puerta abierta para que la chica que venía detrás de mí pudiera pasar. En mi cabeza era un gesto de amabilidad y lo hubiera hecho igual con cualquier persona, pero ella, en vez de darme las gracias, me miró mal y me dijo: "¿Crees que no puedo abrir una puerta yo sola?" Me quedé perplejo.

JULIA: Ya... Eso me parece exagerado. Entiendo por qué podrías sentirte así. Pero ten en cuenta que esas actitudes extremas no representan a todas las mujeres que apoyan el feminismo. Al igual que en cualquier movimiento, hay una diversidad de opiniones. La mayoría de nosotras simplemente buscamos igualdad de oportunidades, respeto y reconocimiento.

ERNESTO: Sí, lo entiendo. Pero, como hombre, últimamente me preocupa que mis intenciones sean malinterpretadas.

JULIA: Y entiendo que te sientas así, la verdad. Creo que puede ser complicado para ambos géneros reajustarnos a una nueva situación. Es por eso que es importante que sigamos comunicándonos y trabajando juntos para superar estos malentendidos. No se trata de poner a hombres y mujeres en bandos opuestos, sino de colaborar para crear una sociedad más justa e igualitaria.

ERNESTO: Exacto. Creo que nadie quiere una sociedad injusta donde todos seamos desiguales. Me parece que todos deberíamos esforzarnos por entender mejor las perspectivas de los demás y trabajar juntos hacia un cambio positivo.

JULIA: Exactamente. La clave está en la empatía y el respeto mutuo. En cualquier caso, estoy muy contenta de que podamos hablar abiertamente sobre este tema.

훌리아: 수업 너무 지루하다! 조금 쉴 수 있어서 다행이야. 비록 페미니즘에 대한 교수님의 발언 몇 가지는 흥미롭긴 했지만. 에르네스토, 페미니즘이 정말 의미하는 것을 곰곰이 생각해 본 적 있어?

에르네스토: 그럼, 물론이지. 비록 여러 뉘앙스를 가지고 있을 수 있지만, 넓은 의미에서 남성과 여성 사이의 평등에 대한 것이라고 생각해. 그렇지 않을까?

훌리아: 맞아. 하지만 많은 사람들이 그 개념을 잘못 해석하더라. 어떤 사람들은 여성에게 권력을 주는 것에 대한 일로만 생각하는데, 사실 여성 또는 남성이라는 조건 때문에 차별하지 않고 두 성별 모두에게 동등한 권리와 기회를 보장하는 것에 대한 일이잖아. 비록 몇몇 사람들은 오늘날에는 이럴 필요가 없다고 생각하지만, 나는 아직 갈 길이 멀다고 생각해. 예를 들어, 현재에도 오로지 성별 문제로 같은 일자리에서 여성들보다 남성들이 더 많은 돈을 버는 곳이 아직도 있다는 것은 말도 안 되는 일이야.

에르네스토: 맞아, 나도 동의해. 그런 부당함은 끝내 버려야 해. 하지만 어떤 여자들은 페미니즘을 극단적으로 받아들여서 불편하게 만들더라...

훌리아: 예를 들어줄 수 있겠어?

에르네스토: 음, 가끔은 몇몇 여자들이 과장된 태도를 취한다고 느끼는데, 마치 모든 남자들이 적인 것처럼 말이야. 그리고, 우리가 도와주려고 할 때, 가끔은 마치 우리가 그녀들의 능력을 무시하려고 노력하는 것처럼 말이지. 예를 들어서, 하루는 쇼핑센터에 들어가고 있었고 내 뒤에 오는 여자가 지나갈 수 있도록 열린 문을 잡고 있었어. 내 머릿속에서는 그건 친절한 행동이었고 누구든지 똑같이 했었을 거야. 그런데 그 여자는 고마워하는 것 대신에, 나를 기분 나쁘게 쳐다봤고 이렇게 말했어: "제가 문 하나도 혼자 못 열 것 같나요?" 당황스럽더라.

훌리아: 그래... 그건 과장된 것 같다. 네가 왜 그렇게 느낄 수 있는지 알겠어. 하지만 그런 극단적인 행동들이 페미니즘을 지지하는 모든 여성들을 대표하지 않는다는 걸 잊지 말아 줘. 모든 사회적 운동에서는 다양한 의견들이 있잖아. 대부분의 여자들은 그냥 동등한 기회, 존중 그리고 인정을 요구할 뿐이야.

에르네스토: 응, 알지. 하지만 남자로서, 요즘 들어 내 의도가 잘못 해석될까 봐 걱정돼.

훌리아: 네가 그렇게 느낄 수 있다는 거 이해해, 정말로. 두 성별 모두가 새로운 상황에 다시 적응하는 것이 어려울 수 있다고 생각하거든. 그래서 이런 오해들을 극복하기 위해 우리가 계속 소통하고 함께 노력하는 것이 중요하다는 거야. 남성과 여성을 서로 반대편에 두는 것이 아니라, 더 공정하고 평등한 사회를 만들기 위해 협력하는 것에 대한 일이지.

에르네스토: 맞아. 우리 모두가 똑같지 않은 불공평한 사회는 그 누구도 원하지 않을 거라고 생각해. 모두가 다른 사람들의 관점을 더 잘 이해하려고 힘써야 할 것이고 긍정적인 변화를 향해 함께 노력해야 할 거야.

훌리아: 바로 그거야. 정답은 공감과 상호 존중에 있지. 하여튼, 이 주제에 대해서 터놓고 이야기할 수 있다는 게 너무 좋다.

0. 수업이 지루하다고 생각했다.

체크 포인트 [문단1]

> "¡Menudo **tostón** de clase!"
> (수업 너무 **지루하다**!)

➡ "tostón"은 원래 과하게 구워진 토스트 빵이나 과하게 볶아진 콩을 뜻하지만, 콩을 볶는 소리가 시끄럽고 지루하다는 이유로, 또는 보릿고개 시기에 지겹도록 이 음식만 먹었다는 이유로 "지루함"을 의미하게 되었다는 학설들이 있다.

정답 **A.** Julia

7. 페미니즘에 대해 아직 할 일이 많이 있다고 생각한다.

체크 포인트 [문단3]

> "Aunque algunas personas creen que esto no es necesario hoy en día, **yo creo que aún queda mucho camino por recorrer**."
> (비록 몇몇 사람들은 오늘날에는 이럴 필요가 없다고 생각하지만, **나는 아직 갈 길이 멀다고 생각해**)

정답 **A.** Julia

8. 자신의 선의의 제스처에 어떤 여자가 화를 냈다.

체크 포인트 [문단6]

> "...pero ella, en vez de darme las gracias, **me miró mal y me dijo: "¿Crees que no puedo abrir una puerta yo sola?"**. Me quedé perplejo."
> (그런데 그 여자는 고마워하는 것 대신에, **나를 기분 나쁘게 쳐다봤고 이렇게 말했어: "제가 문 하나도 혼자 못 열 것 같나요?"** 당황스럽더라)

정답 **B.** Ernesto

9. 가족 또는 친척과 페미니즘에 대한 언쟁을 했다.

체크 포인트 ➡ 이 주제는 아예 언급되지 않으므로 훌리아와 에르네스토 모두 정답이 될 수 없다.

정답 **C.** Ninguno de los dos

10. 자신의 행동이 오해를 살까 봐 걱정한다.

체크 포인트 　문단8

"...últimamente **me preocupa** que mis intenciones sean **malinterpretadas**."
(요즘 들어 내 의도가 **잘못 해석될까 봐 걱정돼**)

정답 **B.** Ernesto

---

11. 남성과 여성은 다르다고 생각한다.

체크 포인트 ▶ 논리적으로 누구나 생각할 수 있는 의견이지만, 훌리아와 에르네스토 모두 두 성별의 동등함 및 공정성에 대해
　　이야기하므로 두 옵션은 정답이 아니다.

정답 **C.** Ninguno de los dos

오답 포인트 　JULIA: "<u>No se trata de</u> poner a hombres y mujeres en bandos opuestos, sino de colaborar para
　　crear una sociedad más justa e igualitaria."
　　(남성과 여성을 서로 반대편에 두는 것이 <u>아니라</u>, 더 공정하고 평등한 사회를 만들기 위해 협력하는 것에 대한 일이지)

　　ERNESTO: "Creo que <u>nadie</u> quiere una sociedad injusta donde todos seamos desiguales."
　　(우리 모두가 똑같지 않은 불공평한 사회는 <u>그 누구도</u> 원하지 않을 거라고 생각해)

　　▶ 훌리아와 에르네스토 모두 "bandos opuestos", "desiguales"라는 표현을 언급하긴 하지만, 결국 이
　　　"다름"의 표현들을 부정하는 문장들을 말하기 때문에 정답이 될 수 없다.

---

12. 이 주제에 대해 거리낌 없이 이야기할 수 있는 것에 기뻐한다.

체크 포인트 　문단11

"...**estoy muy contenta** de que podamos hablar **abiertamente** sobre este tema."
(이 주제에 대해서 **터놓고** 이야기할 수 있다는 게 **너무 좋다**)

정답 **A.** Julia

Vocabulario

feminismo: 페미니즘, 여성주의

gesto: 제스처, 손짓

inquietar: 불안하게 하다, 걱정시키다

tapujo: 의구심, 거리낌

스크립트

문단 1: 훌리아

tostón: 과하게 구워진 빵 또는 과하게 볶아진 콩 요리,
(구어) 지루함

pararse a + INF.: 주의 깊게 ~하다, 곰곰이 ~하다

문단 2: 에르네스토

matiz: 뉘앙스, 어감

rasgo: 특징, 특색

a grandes rasgos: 광범위한 의미에서, 넓은 의미에서

tratarse de + 명: ~에 관한 것이다, ~에 대한 일이다

igualdad: 평등, 동등

문단 3: 훌리아

malinterpretar: 오해하다, 잘못 해석하다

poder: 힘, 권력

garantizar: 보증하다, 보장하다

derecho: 권리

género: 성별

discriminar: 차별하다

quedar por + INF.: ~할 일이 남아있다

recorrer: 돌아다니다, 달리다

a estas alturas: 이 시점에, 지금, 현재

문단 4: 에르네스토

acabar con + 명: ~을 끝내다, 근절시키다

injusticia: 불평등, 부당함

extremo: 극단, 정점

문단 6: 에르네스토

adoptar: (태도를) 취하다

exagerado/a: 과장된, 과도한

como si + 접속법 불완료과거/대과거
: 마치 ~하는 것처럼

menospreciar: 낮게 평가하다, 얕보다

centro comercial: 쇼핑 센터, 백화점

amabilidad: 친절, 호의

quedarse + 형: ~한 상태가 되다

perplejo/a: 당황한, 어리둥절한

문단 7: 훌리아

representar: 대표하다

apoyar: 지지하다

movimiento: (문화적 등의) 운동

문단 8: 에르네스토

intención: 의도, 목적

문단 9: 훌리아

reajustarse a + 명
: ~에 다시 적응하다, 다시 맞춰 나가다

malentendido: 오해

bando: 일당, 파벌, 편

opuesto/a: 반대하는, 대조적인

igualitario/a: 평등주의의

문단 10: 에르네스토

injusto/a: 부당한, 불공평한

desigual: 똑같지 않은, 불공평한

esforzarse por + INF.: ～하려고 노력하다

perspectiva: 관점, 견해

문단 11: 훌리아

mutuo/a: 상호간의, 공동의

지시문

자신의 행보와 사고방식 및 프로젝트에 대해 이야기하는 아르헨티나 기자이자 작가인 디에고 폰세카와 진행된 인터뷰의 일부를 들을 것입니다. 음성녹음은 두 번 나옵니다. 문제(13–18)에 대한 정답(a/b/c)을 선택하세요.

선택한 옵션을 **답안지**에 표시하세요. 문제를 읽기 위해 30초가 주어집니다.

ENTREVISTADORA: Diego Fonseca es periodista desde el año 1989. Entre muchos de sus trabajos, fue reportero especializado en Política y editor de Economía y Finanzas.

Tu trayectoria personal ha sido la de un emigrante. ¿De qué manera ha influido esta experiencia en tu trabajo como periodista y cronista?

DIEGO: No creo que exista alguien que pueda decir con total certeza, "soy este y seré este hasta el final". Pienso que todos estamos en constante migración a lo largo de la vida. Me parece que, aparte de algunos valores fundamentales, somos personas en continua transformación. Esa sensación de estar constantemente desubicados, de no encajar del todo, fomenta una perspectiva menos dogmática y más abierta. Cuando uno deja de centrarse en sí mismo y abandona el rol de juez, puede notar cosas nuevas incluso en su entorno habitual. A mí, aún me aburre pensar de la misma manera todo el tiempo. Eso demuestra que el viaje siempre está dentro de uno, y eso brinda la posibilidad de tener una visión diferente de los hechos cotidianos. El mayor beneficio de interactuar con otras culturas es la ruptura del etnocentrismo y la certeza en nuestras creencias. Hay algo de Unamuno en esto. Un cronista, un periodista, un escritor que no sabe salir de sí mismo, fracasa. Es inevitable hablar desde nuestra subjetividad, claro, porque en nuestros productos estamos nosotros, pero la esencia de nuestro trabajo es siempre la alteridad; el otro es lo prioritario.

ENTREVISTADORA: Es evidente que internet ha transformado las maneras tradicionales de obtener información periodística. ¿Pensás que esto ha provocado que el periodista se convierta en protagonista de las historias que pretende comunicar?

DIEGO: No estoy seguro de que el fácil acceso a través de internet determine el protagonismo del autor; no veo una relación directa. Recientemente leí un reportaje que señalaba que, desde tiempos remotos, las personas siempre han contado sus propias historias o las de otros con su propia voz. En el fondo, incluso cuando narramos historias ajenas, hablamos de nosotros mismos. Es diferente cuando el autor se convierte en el personaje principal de la historia. En esos casos, como editor y escritor, apelo al criterio. Si es esencial para la historia, adelante. Si no, es mejor que el autor permanezca en segundo plano. Convertirse en el centro de una crónica sin que sea necesario es un acto de egocentrismo, no una necesidad narrativa. Prefiero que la presencia del autor sea discreta, que la historia se centre en el otro.

ENTREVISTADORA: ¿Cuál es tu próximo proyecto?

DIEGO: Actualmente, estoy editando un libro con cronistas veteranos que examina América Latina a cincuenta años del golpe de Pinochet en Chile. Además, estoy terminando el borrador de un libro de no ficción sobre migrantes y millonarios, dos vidas paralelas que residen en el mismo edificio que yo en Washington.

(Adaptado de https://www.nagarimagazine.com)

인터뷰 진행자: 디에고 폰세카님은 1989년도부터 기자이십니다. 그의 많은 직업들 중, 정치부 전문 보도 기자이자 경제금융부 편집자이셨죠.

당신의 개인적 행보는 이민자의 행보였는데요. 기자이자 보도 해설 위원으로서 당신의 일에 이 경험이 어떤 방식으로 영향을 미쳤나요?

디에고: "나는 이런 사람이고 끝까지 이런 사람일 것이다"라고 완전한 확신을 가지고 말할 수 있을 사람이 존재한다고 생각하지 않습니다. 저는 우리 모두가 일생 동안 꾸준한 이주 상태에 있다고 생각해요. 몇 가지 근본적인 가치들을 제외하고, 우리는 지속적으로 변화하는 사람들인 것 같습니다. 끊임없이 제자리에 있지 않는 것 같은 느낌, 완전히 꼭 들어맞지 않는 느낌은 덜 단정적이고 더 트인 관점을 조성합니다. 스스로에 집중하는 것을 멈추고 판사의 역할을 포기한다면, 새로운 것들을 발견할 수 있어요. 심지어 일상적인 주변 환경에서도 말입니다. 저는 아직도 항상 똑같은 방식으로 생각하는 것이 지루하더라고요. 이러한 일은 우리의 내면에 항상 여정이라는 것이 있다는 것을 증명해줍니다. 또한 일상적인 사건들에 대한 다른 관점을 가지는 것을 가능하게 해주죠. 다른 문화들과 소통하는 것의 가장 큰 장점은 자민족 중심주의와 신념에 대한 확신의 파괴입니다. 여기에 우나무노의 철학이 있죠. 스스로에서 나올 줄 모르는 보도 해설 위원, 기자 또는 작가는 실패합니다. 물론, 우리의 주관에서부터 이야기하는 것은 피할 수 없죠. 왜냐하면 우리의 작품에는 우리가 있으니까요. 하지만 우리 일의 본질은 항상 이타성입니다. 다른 사람이 우선이에요.

인터뷰 진행자: 인터넷이 저널리즘 정보를 얻는 전통적 방식들을 바꾸었다는 것은 명백한 사실인데요. 이러한 일이 기자가 본인이 전달하려고 하는 이야기들의 주인공이 되어버리게 만들었다고 생각하시나요?

디에고: 인터넷을 통한 쉬운 접근이 저자에 대한 주목을 결정하는지는 확실히 잘 모르겠어요. 직접적인 관계성이 보이지는 않습니다. 최근에 읽은 보도 기사가 있는데, 먼 옛날 시대부터 사람들은 항상 자신 스스로의 이야기를 하거나 다른 사람들의 이야기를 자신의 목소리로 전했다고 합니다. 알고 보면, 심지어 타인의 이야기를 들려줄 때에도, 우리 스스로에 대해서 이야기하게 되는 거죠. 저자가 이야기의 주요 인물이 된다는 것은 다른 문제입니다. 그러한 경우에는, 편집자이자 작가로서, 기준에 따라 맞춰갑니다. 스토리를 위해 필요하다면, 그렇게 해야죠. 그렇지 않다면, 저자는 뒤로 물러나 있는 것이 낫습니다. 필요하지 않는데도 한 기록의 중심이 되어버리는 것은 자기중심주의적 행동이지 서사적 필요 요소는 아니죠. 저자의 존재는 조심스럽게 다루고 스토리가 다른 사람에 집중하는 것을 저는 선호합니다.

인터뷰 진행자: 당신의 다음 프로젝트는 어떤 것인가요?

디에고: 현재 칠레의 피노체트 쿠데타의 50주년을 맞이하는 라틴아메리카를 조사하는 책을 베테랑 보도 기자들과 함께 편집하고 있습니다. 게다가, 워싱턴에서 저와 같은 건물에 거주하고 있는 이민자들과 백만장자들의 평행되는 삶에 대한 논픽션 책의 초고를 끝내고 있기도 합니다.

13. 인터뷰에 의하면, 디에고 폰세카의 직업적 행보는 ...로서였다.

a) 정치부 편집자이자 경제부 작가

b) 정치부 편집자이자 경제부 전문 보도 기자

c) 정치부 전문 기자이자 경제금융부 편집자

체크 포인트 　문단1

"Entre muchos de sus trabajos, fue **reportero especializado en Política y editor de Economía y Finanzas**."

(그의 많은 직업들 중, **정치부 전문 보도 기자이자 경제금융부 편집자이셨죠**)

정답 **c)** periodista especializado en Política y editor de Economía y Finanzas.

오답 포인트 　문단1

a) / b) ➡ 여러 유사한 키워드의 반복으로 혼동시키려는 오답들을 정확히 제거해야 한다.

---

14. 디에고 폰세카는 이민자로서의 경험을 ...과 같이 묘사한다.

a) 소속감과 안정성의 느낌

b) 꾸준한 어색함과 무소속감

c) 본질적 가치들의 영구적인 변화

체크 포인트 　문단2

"Esa sensación de **estar constantemente desubicados**, de **no encajar** del todo, fomenta una perspectiva menos dogmática y más abierta."

(**끊임없이 제자리에 있지 않는** 것 같은 느낌, 완전히 **꼭 들어맞지 않는** 느낌은 덜 단정적이고 더 트인 관점을 조성합니다)

정답 **b)** un constante desacomodo y no pertenencia.

오답 포인트 　문단2

a) ➡ 디에고가 언급하는 정답 내용과 완전히 반대되는 문장이므로 정답이 될 수 없다.

c) "Me parece que, aparte de algunos valores fundamentales, somos personas en continua transformación."

(몇 가지 근본적인 가치들을 제외하고, 우리는 지속적으로 변화하는 사람들인 것 같습니다)

➡ "가치"와 "변화" 두 단어는 직접적인 관계를 형성하지 않으므로 정답이 될 수 없는 옵션이다.

---

15. 인터뷰 대상자가 여행하는 경험이 유익하다고 여기는 이유는 ...때문이다.

a) 자민족 중심주의적 신념을 보강한다
b) 새로운 것의 관찰을 방해한다
c) 덜 단정적이고 더 넓은 관점을 제공한다

체크 포인트　문단2

"Esa sensación de estar constantemente desubicados, de no encajar del todo, fomenta **una perspectiva menos dogmática y más abierta**."
(끊임없이 제자리에 있지 않은 것 같은 느낌, 완전히 꼭 들어맞지 않는 느낌은 **덜 단정적이고 더 트인 관점**을 조성합니다)

정답　**c)** propicia miradas menos rotundas y más amplias.

> 오답 포인트　문단2
>
> a) "El mayor beneficio de interactuar con otras culturas es la ruptura del etnocentrismo y la certeza en nuestras creencias."
> (다른 문화들과 소통하는 것의 가장 큰 장점은 자민족 중심주의와 신념에 대한 확신의 파괴입니다)
>
> b) "Cuando uno deja de centrarse en sí mismo y abandona el rol de juez, puede notar cosas nuevas incluso en su entorno habitual."
> (스스로에 집중하는 것을 멈추고 판사의 역할을 포기한다면, 새로운 것들을 발견할 수 있어요. 심지어 일상적인 주변 환경에서도 말입니다)

16. 인터뷰 대상자는 기자가 자신의 이야기들의 주인공이 되어버리게 만든 것이 인터넷이라고 생각합니까?

a) 네, 하지만 특정한 경우에만 그렇다고 생각합니다.
b) 네, 인터넷이 편리하게 제공하는 접근성 때문에 그렇다고 생각합니다.
c) 아니요, 왜냐하면 그 관계에 논리적인 주장이 보이지 않기 때문입니다.

체크 포인트　문단4

"No estoy seguro de que el fácil acceso a través de internet determine el protagonismo del autor; **no veo una relación directa**."
(인터넷을 통한 쉬운 접근이 저자에 대한 주목을 결정하는지는 확실히 잘 모르겠어요. **직접적인 관계성이 보이지는 않습니다**)

정답　**c)** No, ya que no ve una línea lógica en esa relación.

> 오답 포인트　문단4
>
> a) "Es diferente cuando el autor se convierte en el personaje principal de la historia. En esos casos, como editor y escritor, apelo al criterio."
> (저자가 이야기의 주요 인물이 된다는 것은 다른 문제입니다. 그러한 경우에는, 편집자이자 작가로서, 기준에 따라 맞춰갑니다)
> ▣ 여기서 언급하는 "몇몇 특정한 경우"는 "저자가 이야기의 주요 인물이 되는 것"이 필요한 경우인지 아닌지를 뜻하므로 인터넷과 관련된 내용이 아니다.
>
> b) "No estoy seguro de que el fácil acceso a través de internet determine el protagonismo del autor..."
> (인터넷을 통한 쉬운 접근이 저자에 대한 주목을 결정하는지는 확실히 잘 모르겠어요)

17. 인터뷰 대상자는 이야기 안에서 저자에 대한 주목이 ...라고 여긴다.

   a) 스토리에 매우 충실해야 한다
   b) 항상 중심인물이어야 한다
   c) 모든 경우에 거리를 두고 있어야 한다

체크 포인트 　문단4

"**Si es esencial para la historia, adelante**. Si no, es mejor que el autor permanezca en segundo plano. Convertirse en el centro de una crónica sin que sea necesario es un acto de egocentrismo, no una necesidad narrativa."
(**스토리를 위해 필요하다면, 그렇게 해야죠**. 그렇지 않다면, 저자는 뒤로 물러나 있는 것이 낫습니다. 필요하지 않는데도 한 기록의 중심이 되어버리는 것은 자기중심주의적 행동이지 서사적 필요 요소는 아니죠)

정답 **a)** debe ser sustancial a la historia.

오답 포인트 　문단4

b) / c) ➡ 두 문장 모두 극단적으로 한 경우만 언급하고 있으므로 정답이 될 수 없다.

18. 디에고 폰세카가 작업하고 있는 다음 프로젝트는 ...이다.

   a) 경험이 많은 보도 기자들과 함께 쓰는 중남미에 대한 책
   b) 세계 여러 곳에 있는 이민자들에 대한 논픽션 책
   c) 저널리즘 정보의 변화에 대한 연구

체크 포인트 　문단6

"...estoy editando **un libro** con cronistas veteranos **que examina América Latina** a cincuenta años del golpe de Pinochet en Chile."
(칠레의 피노체트 쿠데타의 50주년을 맞이하는 **라틴아메리카를 조사하는 책**을 베테랑 보도 기자들과 함께 편집하고 있습니다)

정답 **a)** un libro con reporteros experimentados sobre Iberoamérica.

오답 포인트 　문단3/6

b) "...estoy terminando el borrador de un libro de no ficción sobre migrantes y millonarios, dos vidas paralelas que residen en el mismo edificio que yo en Washington."
(워싱턴에서 저와 같은 건물에 거주하고 있는 이민자들과 백만장자들의 평행되는 삶에 대한 논픽션 책의 초고를 끝내고 있기도 합니다)

c) "Es evidente que internet ha transformado las maneras tradicionales de obtener información periodística."
(인터넷이 저널리즘 정보를 얻는 전통적 방식들을 바꾸었다는 것은 명백한 사실인데요)
➡ 세 번째 문단에서 인터뷰 진행자가 언급하는 내용이지만, 디에고의 다음 프로젝트와는 관련이 없기 때문에 정답이 될 수 없다.

❖ Notas

Tarea 3 Vocabulario

질문

trayectoria: 경로, 행보

reportero/a: 보도 기자, 리포터

especializado/a en + 명: ~ 전문의, 전공의

finanza: (복수 대문자 표기) 금융학, 신문의 금융부

emigrante: (다른 나라로 가는) 이민자, 이주자

sensación: 느낌, 인상

pertenencia: 소속

desacomodo: 부적응, 어색함

permanente: 영구적인

beneficioso/a: 유익한, 득이 되는

reforzar: 강화하다, 보강하다

creencia: 신념, 신앙

etnocéntrico/a: 자민족 중심주의의

propiciar: 불러일으키다, 제공하다

rotundo/a: 단정적인, 단호한

amplio/a: 넓은, 광범위한

facilitar: 편리하게 하다, 제공하다

lógico/a: 논리적인

protagonismo: 주역이 되는 일, 주목, 이목

sustancial: 본질적인, 실질적인

permanecer: 변함없이 있다, ~한 채로 있다

ajeno/a: 거리가 먼, 관계가 없는, 타인의

migrante: 이주자

스크립트

문단 1: 인터뷰 진행자

cronista: 보도 기자, 보도 해설 위원

문단 2: 디에고

desubicado/a
: 제자리에 있지 않은, (어떠한 자리에) 맞지 않는

encajar: 꼭 맞다, 꼭 끼이다

del todo: 완전히

fomentar: 촉진하다, 장려하다

dogmático/a: 독단적인, 단정적인

abandonar: 포기하다, 단념하다

brindar: 제공하다

interactuar con + 명: ~과 상호작용하다, 소통하다

ruptura: 파괴, 단절

etnocentrismo: 자민족 중심주의

fracasar: 실패하다

inevitable: 피할 수 없는, 불가피한

subjetividad: 주관(성), 주체(성)

esencia: 본질

alteridad: 이타성, 다름

prioritario/a: 가장 중요한, 최우선의

문단 3: 인터뷰 진행자

provocar: 자극하다, 부추기다, 유도하다

protagonista: 주인공

pretender + INF.: ~하려고 하다, 시도하다

문단 4: 디에고

determinar: 결정하다, 구체화하다

reportaje: 보도 기사, 취재

remoto/a: 멀리 떨어진, 먼 옛날의

narrar: 이야기하다, 들려주다

apelar a + 명: ~에 호소하다

criterio: 기준, 표준

segundo plano: 배경, (전경이 아닌) 후경

crónica: 기사, 기록

egocentrismo: 자기 중심주의

narrativo/a: 서사적, 서술적

presencia: 존재

discreto/a: 신중한, 조심스러운

문단 6: 디에고

golpe de estado: 쿠데타

borrador: 초고, 원고

paralelo/a: 평행의

residir: 거주하다

Tarea 4					
19	20	21	22	23	24
J	E	F	A	H	C

A. 다이어트는 이 사람에게 효과가 없다.
B. 의사가 현재의 식이요법을 권했다.
C. 다이어트보다 심리상태를 더 중요시한다.
D. 엄격한 식이요법을 따르지 않는다.
E. 영양섭취의 변화가 운동을 하게끔 만들었다.

F. 다이어트보다는 운동하는 것을 선호한다.
G. 한 식이요법 때문에 영양섭취 문제를 겪었다.
H. 책 한 권이 생활방식을 바꾸는 것에 도움이 되었다.
I. 일반적으로 가족 또는 친척과 다이어트를 한다.
J. 하루의 식사 빈도를 줄인다.

0. Persona 0 (Ejemplo)

MUJER: Hacer dieta fue un desafío, pero ver los resultados vale la pena. Redescubrí el placer de comer sano y mi energía se disparó por las nubes. En lugar de ser rigurosa con un régimen, incorporé más frutas, verduras y proteínas magras a mi día a día y todo cambió como por arte de magia. Además, encontré alternativas saludables para mis antojos. Estoy orgullosa de cómo mi cuerpo se adaptó.

사람 0 (예시)

여자: 다이어트를 하는 것은 하나의 도전이었지만, 결과를 보는 것은 그럴만한 가치가 있습니다. 저는 건강하게 먹는 기쁨을 재발견했고 에너지는 하늘 높이까지 치솟았어요. 식이요법을 엄격히 지키는 것 대신에 과일, 채소와 저지방 단백질을 매일매일 식단에 추가했고, 마법이라도 부린 듯 모든 게 변했습니다. 게다가, 저의 식욕을 위한 건강한 대안들을 찾아냈죠. 저의 몸이 적응한 것이 자랑스러워요.

체크 포인트 "**En lugar de ser rigurosa con un régimen**, incorporé más frutas, verduras y proteínas magras a mi día a día y todo cambió como por arte de magia."
(**식이요법을 엄격히 지키는 것 대신에** 과일, 채소와 저지방 단백질을 매일매일 식단에 추가했고, 마법이라도 부린 듯 모든 게 변했습니다)

정답 **D**. No sigue una dieta estricta.

19. **Persona 1**

HOMBRE: Las dietas son un camino difícil. Intenté varias, pero ninguna me dio resultado. Yo soy de aquellos a los que les gusta comer, y no poquito, sino una buena cantidad. Escuché hablar sobre el ayuno intermitente y me dio curiosidad cómo es que podía comer todo lo que quisiera con tal de solo hacerlo una vez al día. Desde que lo probé, estoy encantado y es lo que mejor me funciona.

사람 1

남자: 다이어트를 하는 것은 어려운 길입니다. 여러 가지를 시도했지만, 모두 효과가 없었어요. 저는 먹는 걸 좋아하는 사람인데, 조금이 아니라 상당한 양을 먹는 것을 좋아하거든요. 간헐적 단식에 대해 이야기하는 것을 들었고 하루에 한 번만 한다면 원하는 모든 것을 먹을 수 있다는 게 가능한 건지 궁금했어요. 이걸 해봤을 때부터 너무 만족하고 있고 저에게는 제일 효과가 있는 것이라고 생각합니다.

체크 포인트 "Escuché hablar sobre **el ayuno intermitente** y me dio curiosidad cómo es que **podía comer todo lo que quisiera con tal de solo hacerlo una vez al día**. Desde que lo probé, estoy encantado y es lo que mejor me funciona."
(**간헐적 단식**에 대해 이야기하는 것을 들었고 **하루에 한 번만 한다면 원하는 모든 것을 먹을 수 있다는 게 가능한 건지** 궁금했어요)

정답 **J.** Reduce la frecuencia de las comidas al día.

> 오답 포인트 **A.** **1** "Las dietas son un camino difícil. Intenté varias, pero ninguna me dio resultado."
> (다이어트를 하는 것은 어려운 길입니다. 여러가지를 시도했지만, 모두 효과가 없었어요)
>
> **2** "Desde que lo probé, estoy encantado y **es lo que mejor me funciona**."
> (이걸 해봤을 때부터 너무 만족하고 있고 <u>저에게는 제일 효과가 있는</u> 것이라고 생각합니다)
> ➡ 비록 첫 문장에서는 효과가 있었던 다이어트는 없다고 말하지만, 결국 자신에게 잘 맞는 "간헐적 단식"이라는 식이요법을 발견했기 때문에 A 문장은 정답이 될 수 없다.

20. **Persona 2**

MUJER: Para mí, la dieta es un estilo de vida. Cambié hábitos, incorporé alimentos frescos y ahora me siento más fuerte y saludable. Descubrí recetas deliciosas y nutritivas que hacen que la comida saludable sea una elección natural. Además, puedo notar cómo la nutrición repercute directamente en mi salud, ya que, aunque nunca he sido de hacer ejercicio, el cuerpo mismo me pide salir a caminar o incluso a correr.

사람 2

여자: 제가 보기에, 다이어트는 생활방식이에요. 저는 습관을 바꿨고 신선한 식품을 식단에 추가했는데, 지금 더 튼튼하고 건강한 느낌입니다. 건강한 음식이 자연스러운 선택이 될 수 있게끔 만들어주는 맛있고 영양가가 높은 요리법들을 발견했어요. 게다가, 영양섭취가 어떻게 저의 건강상태에 직접 영향을 미치는지 느낄 수 있습니다. 왜냐하면, 운동하는 사람이 절대 아니었는데도, 바로 몸이 걷거나 심지어 뛰러 나가는 것을 원하더라고요.

체크 포인트 "...puedo notar cómo la nutrición repercute directamente en mi salud, ya que, aunque nunca he sido de hacer ejercicio, **el cuerpo mismo me pide salir a caminar o incluso a correr**."
(영양섭취가 어떻게 저의 건강 상태에 직접 영향을 미치는지 느낄 수 있습니다. 왜냐하면, 운동하는 사람이 절대 아니었는데도, **바로 몸이 걷거나 심지어 뛰러 나가는 것을 원하더라고요**)

정답 **E.** El cambio de alimentación ha hecho que quiera hacer ejercicio.

> 오답 포인트 **F.** ➡ 운동을 언급하지만 다이어트를 하지 않고 운동만 하는 것을 의미하지 않으므로 정답이 될 수 없다.

21. **Persona 3**

HOMBRE: Hacer dieta siempre fue frustrante para mí y lo cierto es que nunca llegué a desarrollar una gran disciplina. Sin embargo, encontré la forma de mantenerme saludable y sentirme mejor conmigo mismo: seguir un programa de *training* gratuito en casa. Como me gusta hacer ejercicio, puedo quemar las calorías que necesito y seguir con mi vida normal sin necesidad de andar preocupado por lo que como.

사람 3

남자: 다이어트를 하는 것은 항상 절망적이었고, 확실한 것은 단 한 번도 제대로 수양하지 못했다는 겁니다. 하지만, 건강한 몸을 유지하고 스스로에 대한 자신감을 얻을 수 있는 방식을 찾아냈어요: 무료 홈 트레이닝 프로그램을 수강하는 것이죠. 운동하는 것을 좋아하기 때문에 필요한 만큼 칼로리를 태울 수 있기도 하고, 먹는 걸로 걱정하고 다닐 필요 없이 정상적인 생활을 계속할 수 있어요.

체크 포인트 "**Como me gusta hacer ejercicio, puedo quemar las calorías que necesito** y seguir con mi vida normal sin necesidad de andar preocupado por lo que como."
(**운동하는 것을 좋아하기 때문에 필요한 만큼 칼로리를 태울 수 있기도 하고**, 먹는 걸로 걱정하고 다닐 필요 없이 정상적인 생활을 계속할 수 있어요)

정답 **F**. Prefiere hacer ejercicio en vez de dieta.

오답 포인트 A. "Hacer dieta siempre fue frustrante para mí y lo cierto es que nunca llegué a desarrollar una gran disciplina..."
(다이어트를 하는 것은 항상 절망적이었고 확실한 것은 단 한 번도 제대로 수양하지 못했다는 겁니다)
➡ 다이어트를 하는 것은 힘들었고 잘 하지 못해서, 결국 식단 조절 대신 운동하는 것을 선호한다고 말한다. 하지만, 단호하게 "다이어트는 효과가 없었다"라고 말한다고 볼 수는 없기 때문에 A 문장보다는 F 문장을 선택해야 한다.

---

22. **Persona 4**

MUJER: Odio la palabra "dieta" y las privaciones derivadas de esa palabra. Probé todo el repertorio de dietas y al final siempre caí en el efecto rebote porque me dio una gran ansiedad, así que nunca logré bajar de peso ni un gramo. Tampoco me ayuda que alguien me controle porque me pongo bien brava. La verdad es que a estas alturas no sé qué hacer, pero necesito un milagro...

사람 4

여자: "다이어트"라는 단어와 그 단어에서 파생된 속박들을 너무 싫어해요. 모든 종류의 다이어트 레퍼토리를 시도해 봤지만, 결국 많이 불안해져서 항상 요가 왔어요. 그래서 단 1그램도 빠지는 걸 한 번도 성공하지 못했네요. 다른 사람이 저를 통제하는 것도 도움이 되지 않더라고요. 제가 아주 사나워지거든요. 사실 이제 와서 뭘 해야 할지 모르겠는데, 기적이 필요하긴 해요...

체크 포인트 ① "Probé todo el repertorio de dietas y al final siempre caí en el efecto rebote porque me dio una gran ansiedad, así que **nunca logré bajar de peso ni un gramo**."
(모든 종류의 다이어트 레퍼토리를 시도해 봤지만, 결국 많이 불안해져서 항상 요가 왔어요. 그래서 **단 1그램도 빠지는 걸 한 번도 성공하지 못했네요**)

② "La verdad es que a estas alturas **no sé qué hacer**, pero necesito un milagro..."
(사실 이제 와서 **뭘 해야 할지 모르겠는데**, 기적이 필요하긴 해요)

정답 **A**. Las dietas no le funcionan.

23. **Persona 5**

HOMBRE: Las dietas restrictivas no son para mí. Creo que ningún extremo puede llevar a algo bueno. En mi caso, leí una obra literaria que me cambió la vida y me ayudó a adoptar un enfoque flexible, disfrutando de todo con moderación, y gracias a ella alcancé mi peso ideal sin sacrificios extremos. Descubrí que el equilibrio es clave y ahora estoy contento con mi relación saludable con la comida.

사람 5

남자: 제한적인 다이어트는 저랑 안 맞는 것 같습니다. 극단적인 것은 그 어떠한 것도 끝이 좋지 않다고 생각해요. 저의 경우에는, 저의 삶을 바꿔버린 문학작품을 읽었는데, 모든 것을 적당히 즐기면서도 융통성 있게 관심을 가지는 데 도움을 주었어요. 이 작품 덕분에 극단적인 희생 없이 이상적인 체중을 달성하게 되었죠. 밸런스가 정답이라는 것을 알게 되었고 지금은 음식과의 건강한 관계에 만족하고 있습니다.

체크 포인트 "En mi caso, **leí una obra literaria** que me cambió la vida y me ayudó a adoptar un enfoque flexible, disfrutando de todo con moderación, y **gracias a ella alcancé mi peso ideal sin sacrificios extremos**."
(저의 경우에는, 저의 삶을 바꿔버린 **문학작품을 읽었는데**, 모든 것을 적당히 즐기면서도 융통성 있게 관심을 가지는 데 도움을 주었어요. **이 작품 덕분에 극단적인 희생 없이 이상적인 체중을 달성하게 되었죠**)

정답 **H.** Un libro le ha ayudado a cambiar su estilo de vida.

오답 포인트 **C.** ▸ "모든 것을 적당히 즐기면서도 융통성 있게 관심을 가지는" 것이 정신건강에 대한 내용이라고 볼 수도 있겠지만, 결과적으로 그러한 사고방식을 통해 다이어트를 성공했다는 것이 주요한 결론이기 때문에 정신건강을 "더" 중요하게 여긴다는 C 문장은 정답이 될 수 없다.

24. **Persona 6**

MUJER: Las dietas fueron un tormento para mí. Pasé por tantas y todas fueron una tortura. Me di cuenta de que ese enfoque no era para mí. Ahora, rechazo la idea de hacer dieta. Opto por un estilo de vida más intuitivo, donde escucho las señales de mi cuerpo. Aprendí a amarme tal como soy, y estoy más feliz sin las restricciones que antes me atormentaban. La salud mental es mi prioridad ahora.

사람 6

여자: 저에게 다이어트는 고통 그 자체였어요. 정말이지 수많은 다이어트를 해봤고 모두 고문과도 같았습니다. 그 초점은 저를 위한 게 아니라는 걸 깨달았죠. 지금은 다이어트라는 개념을 거부합니다. 더 직관적인 생활방식을 선택하고, 몸의 신호를 들으려고 해요. 있는 그대로의 저 스스로를 사랑하는 법을 배웠고, 예전에 저를 괴롭혔던 제약 없이 더 행복합니다. 정신건강이 지금 저의 우선순위예요.

체크 포인트 ① "Ahora, **rechazo la idea de hacer dieta**." (지금은 **다이어트라는 개념을 거부합니다**)
② "**La salud mental** es mi **prioridad** ahora." (**정신건강**이 지금 저의 **우선순위**예요)

정답 **C.** Le da más importancia a su estado psicológico que a la dieta.

오답 포인트 **A.** ▸ 다이어트에 대해 "고통", "고문"과도 같은 매우 극단적인 표현을 사용할 정도로 힘들었다고 말하지만, 효과가 없었는지에 대해서는 직접적으로 언급한다고 볼 수 없기 때문에 A 문장 보다는 C 문장을 우선적으로 선택해야 한다.

dieta: 식이요법, 다이어트
funcionar: 작용하다, 효과가 있다
alimentación: 영양섭취
estilo de vida: 생활방식
ayuno: 금식, 단식
intermitente: 간헐적인

스크립트

사람 0
desafío: 도전
valer la pena: 할 가치가 있다, 할 만하다
redescubrir: 재발견하다
dispararse: 폭발하다, 치솟다
riguroso/a: 혹독한, 매우 엄격한
régimen: 식이요법, 방법
incorporar: 넣다, 첨가하다
proteína: 단백질
magro/a: 지방이 적은
alternativa: 대책, 대안
antojo: 변덕 (특정한 음식에 대한) 욕구

사람 1
dar resultado: 효과가 나타나다, 성공하다
con tal de + INF.: ～하는 조건으로

사람 2
hábito: 습관, 버릇
receta: 요리법
nutrición: 영양섭취
repercutir en + 명
          : ～에 영향을 미치다, 효과가 나타나다

사람 3
frustrante: 절망적인
disciplina: 훈련, 기강

사람 4
privación: 속박, 부자유
derivado/a: 유래된, 파생된
repertorio: 레퍼토리, 목록
efecto rebote: 반등효과, 요요효과
ansiedad: 불안, 초조
ponerse + 형/부: ～ 되다
milagro: 기적

사람 5
restrictivo/a: 제한하는, 한정하는
literario/a: 문학의
enfoque: 초점, 관점
moderación: 절도, 절제
alcanzar: 도달하다, 달성하다
sacrificio: 희생

사람 6
tormento: 고문, 고통
tortura: 고문
rechazar: 거절하다, 거부하다
optar por + 명: ～을 선택하다, 고르다
intuitivo/a: 직관적인
señal: 신호, 징후
tal como: ～ 그대로
restricción: 제한, 제약
prioridad: 우선권, 우선사항

❖ Notas

Tarea 5					
25	26	27	28	29	30
c	a	c	b	b	b

Hoy hablaremos de Sara García, biotecnóloga molecular, investigadora de cáncer y primera astronauta española de la historia, sobre cómo todo lo aprendido a lo largo de su vida la ha llevado hasta donde está.

En uno de los antebrazos de Sara García Alonso se puede ver un tatuaje con el prisma de la portada de "*The Dark Side of the Moon*", de Pink Floyd, uno de sus álbumes favoritos. Sin duda, el *rock* progresivo y cautivador de Roger Waters ocupa un lugar especial en la banda sonora de esta biotecnóloga e investigadora, especialmente considerando que, poco antes de su nacimiento, los cosmonautas de la nave espacial Soyuz 7 llevaron consigo un casete del álbum "*Delicate Sound of Thunder*" de este mismo grupo. De esta manera, Pink Floyd se convirtió en la primera banda en sonar en el espacio.

De igual manera, ella es la primera mujer española en formar parte del Cuerpo de Astronautas de la Agencia Espacial Europea tras haber sido seleccionada recientemente como una de los 17 integrantes de la última promoción de la *ESA*. Un selecto grupo de hombres y mujeres —en el que comparte honores con su compañero Pablo Álvarez—, que superó un largo y riguroso proceso de selección entre más de 22.500 candidatos y que participará en las futuras misiones tripuladas tanto a la Luna como a Marte.

Sara es consciente de su gran responsabilidad y, aunque lo asume con cautela, está muy emocionada; especialmente cuando trabaja o habla con niños y niñas que se ven inspirados. Poco después de su nombramiento, Pablo y ella asistieron a un homenaje que les rindieron en la Universidad de León, donde ambos cursaron sus estudios. Cuenta que entrar en una de las aulas más grandes y ver a todos los estudiantes aplaudir fue impresionante. Y después, que algunos se acercaran a decirles, por ejemplo, que habían sido una motivación para acabar la carrera, fue algo maravilloso. Consciente de la repercusión de su carrera, Sara se compromete a hacer todo lo que esté en su mano por intentar estar a la altura.

Sin embargo, es necesario remontarse a algunos años atrás para entender por qué una chica de León, sin más recursos que los que ofrece la educación pública, acabaría convirtiendo en realidad ese sueño que tienen la mayoría de los niños: ser astronauta. Sara tenía ocho años cuando vio la película "Contacto" con su padre. Esa película de ciencia ficción, protagonizada por Jodie Foster, la dejó completamente fascinada. Aunque no estaba segura de haberla entendido, recuerda claramente la sensación que tuvo al salir del cine y cómo, durante un tiempo, se imaginó pilotando naves espaciales. También recuerda con cariño aquellas noches junto a su padre y su tío, cuando, armados con mapas estelares, salían a identificar constelaciones en los alrededores de Candanedo de Boñar. Hoy, ese cine en León ya no existe y, lamentablemente, en el pueblo de sus abuelos solo vive una familia.

(Adaptado de https://www.elle.com/es/living/trabajo-finanzas/a43094522)

오늘은 사라 가르시아에 대해 이야기해 보겠습니다. 그녀는 분자생명공학자, 암 연구자이며 인류 역사상 첫 번째 스페인 여성 우주비행사인데요. 그녀가 일생 동안 배운 모든 것이 어떻게 지금 있는 곳까지 이끌었는지에 대해 알아보도록 하죠.

사라 가르시아 알론소의 팔뚝에는 그녀가 가장 좋아하는 앨범 중 하나인 핑크 플로이드의 "더 다크 사이드 오브 더 문" 커버에 등장하는 프리즘 문신이 보입니다. 분명하게도, 로저 워터스의 진보적이고 매혹적인 록은 이 생명공학자이자 연구자의 사운드트랙에서 특별한 자리를 차지하는 것 같습니다. 특히, 그녀가 태어나기 얼마 전에, 소유즈 7호 우주선의 비행사들이 바로 이 그룹의 "델리케이트 사운드 오브 썬더" 앨범 카세트를 가져간 것을 고려한다면 말입니다. 이렇게, 핑크 플로이드는 우주에서 들려지는 첫 번째 밴드가 되었습니다.

마찬가지로, 그녀는 유럽우주기구의 최근 홍보활동의 구성원 17명 중 한 명으로 선발되며, 유럽우주기구의 우주비행사단에 속하는 첫 번째 스페인 여성이 됩니다. 이 뛰어난 남성들과 여성들의 집단은 - 이곳에서 그녀는 동료 파블로 알바레스와 함께 영광을 나누기도 하는데요 - 2만 2천500명 이상의 후보자들 사이에서 길고 엄격한 선정 과정에 합격했고, 달과 화성으로 가는 미래의 유인 탐사 임무에 참여할 계획입니다.

사라는 자신의 큰 책임을 자각하고 있으며, 비록 조심스럽게 받아들이고 있으나, 매우 기뻐하고 있습니다. 특히, 영감을 받은 것 같아 보이는 아이들과 일하거나 이야기를 나눌 때 그렇다고 합니다. 임명 직후, 파블로와 그녀는 자신들의 모교인 레온 대학교에서 그들을 위해 준비한 축하행사에 참석했습니다. 가장 큰 교실들 중 한곳에 들어가서 모든 학생들이 박수를 쳐주는 것을 보는 것은 감동적이었다고 합니다. 그리고 몇몇 학생들이 다가와서, 예를 들어, 이 두 사람이 자신들의 학업과정을 끝마칠 수 있게 도와준 동기부여가 되었다고 말해준 것은 멋진 일이었다고도 합니다. 자신의 커리어의 영향력을 잘 알고 있는 사라는 기대에 부응하려고 노력하기 위해 최선을 다할 것을 굳게 약속합니다.

그러나, 공교육이 제공하는 자원밖에 없었던 레온 출신의 한 여자아이가, 대부분의 아이들이 가지고 있는 우주비행사라는 꿈을 결국 현실로 만들어버린 것의 이유를 이해하기 위해서는 수년 전으로 거슬러 올라갈 필요가 있습니다. 아버지와 함께 영화 "콘택트"를 봤을 때 사라는 여덟 살이었다고 하는데요. 조디 포스터가 주연한 그 공상과학 영화는 그녀를 완전히 매혹시켰습니다. 영화를 제대로 이해했는지 확실하지는 않았지만, 영화관에서 나올 때의 느낌과 한동안 우주선을 조종하는 상상을 했다는 것을 아직도 명확하게 기억합니다. 또한 그녀는 아버지와 삼촌과 함께 보내던 밤을 애틋하게 기억하는데요. 별자리 지도를 가지고 칸다네도 데 보냐르 마을 근처로 별자리들을 확인하러 가곤 했습니다. 오늘날 레온의 그 영화관은 더 이상 존재하지 않고, 슬프게도 그녀의 조부모의 마을에는 오직 한 가족만이 살고 있다고 합니다.

25. 사라 가르시아의 팔뚝에 있는 문신은 ...이다.

    a) 유럽우주기구의 로고

    b) 그녀의 생명공학 연구의 상징

    c) 가장 좋아하는 음반들 중 하나에 나오는 도형

체크 포인트   문단2

"En uno de los antebrazos de Sara García Alonso se puede ver **un tatuaje con el prisma de la portada de *"The Dark Side of the Moon"*, de Pink Floyd, uno de sus álbumes favoritos.**"

(사라 가르시아 알론소의 팔뚝에는 **그녀가 가장 좋아하는 앨범 중 하나인 핑크 플로이드의 "더 다크 사이드 오브 더 문" 커버에 등장하는 프리즘 문신**이 보입니다)

정답 **c)** una figura geométrica que aparece en uno de sus discos preferidos.

오답 포인트   문단2

    a) / b) ➡ "유럽우주기구"와 "생명공학" 모두 지속적으로 등장하는 단어들이지만, 그녀의 팔에 있는 문신과는 전혀 관계가 없으므로 정답이 될 수 없다.

---

26. 음성녹음에서는 우주에서 들려진 첫 번째 그룹이 ...였다고 말한다.

    a) 핑크 플로이드

    b) 로저 워터스

    c) 소유즈

체크 포인트   문단2

"**Pink Floyd** se convirtió en la primera banda en sonar en el espacio."

(이렇게, **핑크 플로이드**는 우주에서 들려지는 첫 번째 밴드가 되었습니다)

정답 **a)** Pink Floyd

오답 포인트   문단2

    b) ➡ 로저 워터스는 핑크 플로이드의 멤버이므로 "그룹"에 대한 질문의 정답이 될 수는 없다.

    c) ➡ 소유즈는 우주로 핑크 플로이드의 앨범 카세트를 챙겨간 비행사들의 우주선 이름이기 때문에 정답이 아니다.

---

27. 음성녹음에서는 사라 가르시아에 대해 ...라고 말한다.

    a) 우주에 간 첫 번째 과학자이다

    b) 유럽우주기구에 거절당한 2만 2천500명의 후보자들 중 한 명이다

    c) 그녀와 같은 성별과 국적의 그 어떠한 사람도 우주비행사단에 들어간 적이 없었다

체크 포인트 `문단3`

"...ella es **la primera mujer española en formar parte del Cuerpo de Astronautas de la Agencia Espacial Europea**..."
(그녀는 (...) **유럽우주기구의 우주비행사단에 속하는 첫 번째 스페인 여성**이 됩니다)

정답 **c)** ninguna persona de su género y nacionalidad había entrado en el Cuerpo de Astronautas.

오답 포인트 `문단3`

    a) ➡ "첫 번째 스페인 여성 우주비행사"이긴 하지만 우주에 가장 먼저 간 사람은 아니기 때문에 정답이 될 수 없다.

    b) "...superó un largo y riguroso proceso de selección entre más de 22.500 candidatos..."
    (2만 2천500명 이상의 후보자들 사이에서 길고 엄격한 선정 과정에 합격했고)
    ➡ 사라 가르시아가 속해 있는 집단에 대한 설명으로, 그녀는 그 많은 후보자들 사이에서 선정된 17명 중 한 명이기 때문에 정답이 아니다.

---

28. 음성녹음에 의하면, 사라와 그녀의 동료를 보았을 때 레온 대학교의 학생들은...

    a) 무관심했다.

    b) 그들을 박수로 맞이했다.

    c) 그들의 학업 성적에 대해 물어보기 위해 다가갔다.

체크 포인트 `문단4`

"Cuenta que entrar en una de las aulas más grandes y **ver a todos los estudiantes aplaudir** fue impresionante."
(가장 큰 교실들 중 한곳에 들어가서 **모든 학생들이 박수를 쳐주는 것을 보는 것**은 감동적이었다고 합니다)

정답 **b)** los aclamaron.

오답 포인트 `문단4`

    a) / c) "...que algunos se acercaran a decirles, por ejemplo, que <u>habían sido una motivación para acabar la carrera</u>, fue algo maravilloso."
    (몇몇 학생들이 다가와서, 예를 들어, <u>그들이 자신들의 학업과정을 끝마칠 수 있게 도와준 동기부여가 되었다고</u> 말해주는 것은 멋진 일이었다고도 합니다)
    ➡ 학생들이 다가간 이유는 동기부여의 대상이었다고 말해주기 위한 것이었기 때문에, 무관심한 것도 전혀 아니며 학업 성적에 대해 질문한 것도 아니다.

29. 음성녹음에서 자신의 커리어에 대한 사라 가르시아의 각오는 ...이라고 말한다.

    a) 자신의 책임들에 대해 관여하지 않는 것

    b) 기대에 부응하기 위해 최선을 다하는 것

    c) 오로지 우주 탐사 임무에만 집중하는 것

체크 포인트 문단4

    "Sara se compromete a **hacer todo lo que esté en su mano por intentar estar a la altura**."
    (사라는 **기대에 부응하려고 노력하기 위해 최선을 다할 것**을 굳게 약속합니다)

정답 **b)** hacer todo lo posible por cumplir con las expectativas.

오답 포인트 문단4

    a) **1** "Sara es <u>consciente de su gran responsabilidad</u>..."
        (사라는 <u>자신의 큰 책임</u>을 자각하고 있으며)

        2 "<u>Consciente de la repercusión</u> de su carrera..."
        (자신의 커리어의 <u>영향력</u>을 잘 알고 있는)
          ➡ 사라 가르시아는 자신의 영향력에 대해 자각하고 있으며, 책임감이 크다는 것을 여러 번 언급하기 때문에
            정답이 될 수 없는 옵션이다.

    c) ➡ 아예 언급되지 않는 내용이므로 정답이 아니다.

---

30. 음성녹음에서는 영화 "콘택트"가 사라 가르시아에게 준 영향이 ...라고 말한다.

    a) 전혀 없었다

    b) 우주비행사가 되는 것에 영감을 주었다

    c) 생명공학 공부를 원하게끔 이끌었다

체크 포인트 문단5

    "Aunque no estaba segura de haberla entendido, recuerda claramente la sensación que tuvo al
    salir del cine y cómo, durante un tiempo, **se imaginó pilotando naves espaciales**."
    (영화를 제대로 이해했는지 확실하지는 않았지만, 영화관에서 나올 때의 느낌과 한동안 **우주선을 조종하는 상상을**
    했다는 것을 아직도 명확하게 기억합니다)

정답 **b)** la inspiró a convertirse en astronauta.

오답 포인트 문단5

    a) "Esa película de ciencia ficción, protagonizada por Jodie Foster, <u>la dejó completamente</u>
       <u>fascinada</u>."
       (조디 포스터가 주연한 그 공상과학 영화는 <u>그녀를 완전히 매혹시켰습니다</u>)
         ➡ 이 영화의 영향력은 대단히 컸다고 볼 수 있기 때문에 정답이 될 수 없는 옵션이다.

    c) ➡ 생명공학은 사라 가르시아의 또다른 전문분야이긴 하지만, 이 영화는 우주비행사의 꿈을 키우게 만들었으므로
       관련이 없다고 봐야 한다.

질문

tatuaje: 문신

antebrazo: 팔뚝, 팔의 앞부분

biotecnología: 생명공학

geométrico/a: 기하학적

figura geométrica: 도형

disco: 레코드, 음반

candidato/a: 지원자, 후보자

cuerpo: 단체, 기관

aclamar: 환호 또는 박수로 맞이하다

expediente: 서류, 관계 문서

expediente académico: 학업 성적

compromiso: 결심, 각오

desentenderse de + 명
: ~을 이해하지 못한 척하다, 관여하지 않다

cumplir con las expectativas: 기대에 미치다

nulo/a: 무효의, 전혀 없는

inspirar a + INF.: ~하게끔 영감을 주다

스크립트

문단 1

molecular: 분자의

cáncer: 암

문단 2

prisma: 각기둥, 프리즘

portada: 표지, 커버

progresivo/a: 진보하는

cautivador/a: 매혹적인, 마음을 사로잡는

banda sonora: 사운드 트랙

cosmonauta: 우주비행사

nave: 배

nave espacial: 우주선

문단 3

seleccionar: 선정하다, 선발하다

integrante: 구성원, 멤버

selecto/a: 뛰어난, 선발의

tripulado/a: 사람을 태운, (무인이 아닌) 유인의

문단 4

ser consciente de + 명: ~을 자각하고 있다

asumir: (책임 또는 임무를) 지다, 맡다

cautela: 조심, 신중함

nombramiento: 임명

homenaje: 경의를 표하는 행사, 축하행사

rendir: (경의를) 표하다

motivación: 동기부여

repercusión: 영향, 파급

comprometerse a + INF.: ~할 것을 굳게 약속하다

estar a la altura: 수준을 따라잡다, 기대에 부응하다

문단 5

remontarse a + 명
: (과거의 시간으로) 거슬러 올라가다

recurso: 수단, 자원

acabar + 현분: 마침내, 결국 ~하게 되다

ciencia ficción: 공상과학

protagonizar: 주연의 역할을 하다

fascinar: 매혹시키다

pilotar: 조종하다, 운전하다

armado/a con + 명: ~으로 무장한, ~을 갖춘

estelar: 별의

identificar: 식별하다

constelación: 별자리, 성좌

alrededor: (복수) 근교, 주변 지역

PRUEBA 2: COMPRENSIÓN AUDITIVA

Tarea 1					
1	2	3	4	5	6
b	b	c	b	a	b

지시문

여섯 개의 짧은 대화를 들을 것입니다. 각 대화는 두 번 연속으로 나옵니다. 문제(1~6)에 해당하는 정답(a/b/c)을 선택하세요. 선택한 옵션을 **답안지**에 표시하세요. 문제를 읽기 위해 30초가 주어집니다.

---

1.   **NARRADOR**: Va a escuchar una conversación entre dos compañeros de trabajo sobre el pronóstico del tiempo.

LAURA: Andrés, ¿has visto el pronóstico del tiempo para el fin de semana?

ANDRÉS: Sí, parece que va a llover y puede que incluso nieve. Me preocupa que no podamos llevar a cabo el evento al aire libre.

LAURA: Ya, después de tanta preparación... Tal vez deberíamos reservar un local por las dudas.

소개: 일기예보에 대해 이야기하는 두 직장동료의 대화를 들을 것입니다.

라우라: 안드레스, 주말 일기예보 봤어?

안드레스: 응, 비가 올 것 같고 심지어 눈이 올 수도 있더라. 야외 행사를 진행 못할까 봐 걱정이야.

라우라: 그러게, 그렇게나 열심히 준비했는데... 혹시 모르니 실내 장소를 예약해야 할지도 모르겠어.

문제 이 대화에서는 ...라고 말한다.

   a) 여자는 야외에서 행사를 진행하는 것을 제안한다
   b) 여자는 만일을 대비해서 실내 시설을 예약하는 것을 제안한다
   c) 남자는 야외에서 행사를 진행하고 싶어 하지 않는다

체크 포인트 "Tal vez deberíamos **reservar un local por las dudas**."
(**혹시 모르니 실내 장소를 예약**해야 할지도 모르겠어)

정답 **b)** la mujer sugiere reservar un establecimiento por si acaso.

오답 포인트 a) ▣ 야외행사는 이미 예정되어 있는 일정이며 오히려 여자는 실내 시설 예약을 제안하기 때문에 정답이 될 수 없다.

   c) "**Me preocupa** que no podamos llevar a cabo el evento al aire libre."
   (야외 행사를 진행 못할까 봐 <u>걱정이야</u>)
   ▣ 남자는 야외행사 진행을 원하지 않는 것이 아니라, 진행을 하지 못하게 될까 봐 걱정하는 것이므로 정답이 될 수 없는 옵션이다.

---

2. **NARRADOR:** Va a escuchar una conversación entre dos vecinos sobre un caso de corrupción que han visto en las noticias.

ELENA: ¿Te has enterado del nuevo caso de corrupción en el gobierno? Hay un montón de personas con las manos untadas. Esto es una vergüenza.

JUAN: Es preocupante. ¿Pero qué podemos hacer los ciudadanos de a pie?

ELENA: No sé... Quizá podríamos unirnos a algún grupo de activismo.

소개: 뉴스에서 보게 된 부패 사건에 대해 이야기하는 두 이웃의 대화를 들을 것입니다.

엘레나: 정부의 새로운 부패 사건에 대해서 들었어? 횡령한 사람들이 한가득이야. 이건 창피한 일이지.

후안: 정말 걱정이다. 하지만 우리 같은 평범한 시민들이 뭘 할 수 있겠어?

엘레나: 모르겠어... 어쩌면 정치활동 단체에 가입할 수도 있겠지.

문제 이 대화에서는 ...라고 말한다.

    a) 여자는 부패 사건에 대해 무관심하다

    b) 여자는 정치활동에 더 관여하는 것에 대해 생각한다

    c) 남자는 부패 사건에 대해 걱정하고 있지 않다

체크 포인트 "Quizá podríamos **unirnos a algún grupo de activismo**."
(어쩌면 **정치활동 단체에 가입**할 수도 있겠지)

정답 **b)** la mujer piensa en involucrarse más en las actividades políticas.

> 오답 포인트 a) "¿Te has enterado del nuevo caso de corrupción en el gobierno? Hay un montón de personas con las manos untadas. <u>Esto es una vergüenza.</u>"
> (정부의 새로운 부패 사건에 대해서 들었어? 횡령한 사람들이 한가득이야. <u>이건 창피한 일이지</u>)
> ➡ 여자는 오히려 먼저 주제를 꺼내며 해당 문제에 대해 우려를 표현하고 있기 때문에 정답이 될 수 없다.
>
> c) "Es preocupante." (정말 걱정이다)

3. **NARRADOR:** Va a escuchar una conversación entre dos amigos sobre la renovación del pasaporte.

MARTA: Acabo de darme cuenta de que mi pasaporte está vencido y mi vuelo es en un mes. Tú renovaste el tuyo hace poco, ¿verdad? ¿Cómo lo hiciste?

PEDRO: Sí, es fácil. Si quieres, yo te puedo echar una mano con la solicitud y los trámites.

소개: 여권 갱신에 대해 이야기하는 두 친구의 대화를 들을 것입니다.

마르타: 내 여권이 만기 되었다는 걸 방금 막 깨달았는데 여행이 한 달 남았네. 너는 얼마 전에 여권 갱신했지, 그렇지? 어떻게 했어?

페드로: 응, 쉬워. 네가 원한다면, 신청서 준비하고 수속하는 거 도와줄 게.

    a) 여자는 여권이 필요 없다

    b) 여자는 얼마 전에 여권을 갱신했다

    c) 남자는 여자의 여권 갱신을 도와주겠다고 자청한다

체크 포인트 "Si quieres, **yo te puedo echar una mano** con la solicitud y los trámites."
(네가 원한다면, 신청서 준비하고 수속하는 거 **도와줄 게**)

정답 **c)** el hombre ofrece ayudar a la mujer con la renovación del pasaporte.

> 오답 포인트 a) "mi vuelo es en un mes." (여행이 한 달 남았네)
> b) ➡ 여자는 여권이 만료된 상태이며 남자가 얼마 전에 여권을 갱신했으므로 정답이 될 수 없는 옵션이다.

4. **NARRADOR:** Va a escuchar a dos primos que hablan sobre un favor.

  Ana: Luis, necesito un favor. ¿Será que puedas cuidar a mi perro este fin de semana? Es que tengo que irme de viaje de negocios esos dos días y no tengo tiempo de sacarlo. Necesito ir sí o sí porque soy la encargada del proyecto y tengo que estar constantemente controlando que todo salga bien.

  Luis: Desde luego. Será un placer.

소개: 부탁에 대해 이야기하는 두 사촌의 대화를 들을 것입니다.

아나: 루이스, 나 부탁 하나만 할 게. 이번 주말에 우리 강아지를 돌봐 줄 수 있을까? 주말 이틀 동안 출장을 다녀와야 해서 강아지를 데리고 나갈 시간이 없어. 내가 프로젝트 책임자이고 모든 결과가 잘 나올 수 있게 계속 감독하고 있어야 하기 때문에 꼭 가야 하거든.

루이스: 물론이지. 기꺼이 할 게.

문제 이 대화에서는 ...라고 말한다.

    a) 여자는 여행 계획이 없다

    b) 남자는 여자의 강아지를 돌보는 것을 승낙한다

    c) 여자는 출장에 강아지를 데려갈 생각이다

체크 포인트 "Desde luego. **Será un placer.**"
(물론이지. **기꺼이 할 게**)

정답 **b)** el hombre acepta cuidar al perro de la mujer.

> 오답 포인트 a) "...tengo que irme de viaje de negocios esos dos días..."
>   (주말 이틀 동안 출장을 다녀와야 해서)
>
> c) "...no tengo tiempo de sacarlo. Necesito ir sí o sí porque soy la encargada del proyecto y tengo que estar constantemente controlando que todo salga bien."
>   (강아지를 데리고 나갈 시간이 없어. 내가 프로젝트 책임자이고 모든 결과가 잘 나올 수 있게 계속 감독하고 있어야 하기 때문에 꼭 가야 하거든)

5. **NARRADOR**: Va a escuchar a una pareja que habla sobre un problema con una reserva de hotel.

JAVIER: Carmen, ha habido un problema con nuestra reserva de hotel para el viaje. Me acaba de llegar una notificación al correo diciendo que la han cancelado por un problema con el pago. ¿Qué hacemos?

CARMEN: Dime el teléfono de atención al cliente. Voy a llamar a ver qué ha pasado.

소개: 호텔 예약 문제에 대해 이야기하는 한 커플의 대화를 들을 것입니다.

하비에르: 카르멘, 우리 호텔 예약에 문제가 생겼어. 방금 메일로 통보가 왔는데 지불 문제로 예약이 취소됐다고 하네. 어떡하지?

카르멘: 고객상담 센터 전화번호 말해줘. 무슨 일이 있었는지 전화해볼 게.

문제 이 대화에서는 ...라고 언급한다.

   a) 여자는 호텔 예약 문제에 대해서 알아볼 것이다

   b) 이 커플은 호텔 예약 문제를 무시할 것이다

   c) 남자는 이메일로 호텔 예약을 변경하고 싶어 한다

체크 포인트 "Dime el teléfono de atención al cliente. **Voy a llamar a ver qué ha pasado.**"
(고객상담 센터 전화번호 말해줘. **무슨 일이 있었는지 전화해 볼 게**)

정답 **a)** la mujer va a averiguar sobre el problema con la reserva de hotel.

오답 포인트   b) ➡ 정답 옵션과 상반되는 내용이므로 제거해야 한다.

    c) "Me acaba de llegar una notificación al correo..."
    (방금 메일로 통보가 왔는데)
    ➡ 남자는 예약 취소에 대한 통보를 메일로 받았으나 일정 변경을 원하는 것이 아니므로 정답이 될 수 없는 옵션이다.

---

6. **NARRADOR:** Va a escuchar a dos amigos que hablan sobre un problema en la peluquería.

ISABEL: Esta vez se han pasado en la peluquería. Me han cortado más de lo que he pedido y ahora me veo súper rara. Te juro que quiero llorar...

MARCOS: Tranquila, mujer. No estás tan mal, creo que es solo cuestión de acostumbrarse. No es para tanto.

ISABEL: ¿Qué dices? Ay, y ni siquiera puedo recogerme el pelo para disimular.

소개: 미용실에서 발생한 문제에 대해 이야기하는 두 친구의 대화를 들을 것입니다.

이사벨: 이번에는 미용사가 너무 심했어. 내가 부탁한 것보다 더 많이 잘라버렸고 지금 진짜 이상해 보이잖아. 정말 울고 싶다...

마르코스: 진정해. 그렇게 나빠 보이지 않아. 그냥 적응의 문제라고 생각해. 그 정도는 아니야.

이사벨: 뭐라는 거야! 하, 숨기려고 머리를 묶어버릴 수도 없네.

문제 이 대화에서는...

   a) 여자는 헤어스타일에 만족하고 있다.

   b) 남자는 여자가 과장하고 있다고 생각한다.

   c) 이사벨은 새로운 헤어스타일을 숨기기 위해 머리를 묶을 수 있다.

체크 포인트 "No es para tanto." (그 정도는 아니야)

정답 **b)** el hombre piensa que la mujer está exagerando.

오답 포인트 a) **1** "Esta vez <u>se han pasado</u> en la peluquería."
(이번에는 미용사가 <u>너무 심했어</u>)

       2 "Te juro que <u>quiero llorar</u>..."
(정말 <u>울고 싶다</u>)

   c) "...y <u>ni siquiera puedo recogerme el pelo</u> para disimular."
(<u>숨기려고 머리를 묶어버릴 수도 없네</u>)

Vocabulario

질문

al aire libre: 야외에서

establecimiento: 시설, 점포

por si acaso: 만일을 대비해서

corrupción: 부패

renovar: 갱신하다

averiguar: 조사하다, 알아보다

exagerar: 과장하다

recogerse el pelo: 머리를 묶다

ocultar: 감추다, 숨기다

스크립트

대화 1

pronóstico: 예측, 예보

local: 상점, 실내시설

대화 2

enterarse de + 명: ~에 대해 알게 되다, 소식을 듣다

montón: 더미, 무더기

untado/a: (기름 등으로) 더럽혀진, 횡령한

vergüenza: 수치, 창피함, 부끄러움

de a pie: (사람이) 정상적이고 평범한

unirse a + 명: ~에 가입하다, 들어가다

activismo: 사회운동, 정치활동

대화 3

vencido/a: 만기의, 기한이 된

solicitud: 신청서

trámite: 수속

대화 4

encargado/a: 담당자, 책임자

constantemente: 끊임없이, 꾸준히

대화 5

notificación: 통보, 통지

대화 6

pasarse: 도를 넘다, 지나치다

súper: (구어) 진짜, 정말

jurar que + 직설법: 맹세코 ~이다, 정말로 ~이다

no ser para tanto: 그 정도는 아니다

disimular: 숨기다, 감추다

Tarea 2					
7	8	9	10	11	12
A	B	A	B	A	C

JORDI: Hola, Idoia. ¿Qué tal tu clase de meditación de nivel intermedio?

IDOIA: ¡Hola, Jordi! Ha sido increíble. Cada día siento que descubro algo nuevo. ¿Y tú?

JORDI: Muy bien también. En el taller de la semana pasada estuve recordando mis experiencias en los retiros internacionales de meditación. Es fascinante cómo cada cultura aborda la práctica de manera única.

IDOIA: Me hubiera encantado ir, pero justo en ese horario tenía clase. ¿De qué hablaste?

JORDI: Bueno, primero comenté cómo fue mi retiro en Tailandia, donde se enfocaban en la meditación *Vipassana*, para la cual la atención plena a la respiración es la clave. Y luego, compartí cómo experimenté con la meditación Transcendental en India. Esta consiste en repetir un *mantra* para alcanzar un estado de conciencia trascendental.

IDOIA: Fascinante. Yo he estado explorando más técnicas budistas, pero creo que cada enfoque tiene su valor. ¿Qué has notado en las diferentes metodologías?

JORDI: Cada método tiene su belleza. La *Vipassana* me enseñó a observar mis pensamientos sin apegos, mientras que la Transcendental me dio un espacio mental más sereno. Pero al final, creo que la clave es encontrar lo que funciona para cada uno.

IDOIA: Exacto. La diversidad de enfoques nos permite adaptar la práctica a nuestras necesidades. Yo he estado más enfocada en el *mindfulness*. Desde que comencé, he notado una reducción del estrés y una mayor claridad mental.

JORDI: El *mindfulness* es muy poderoso. A propósito, ¿has probado la meditación caminando?

IDOIA: Sí, a veces lo hago en el parque. Es una forma diferente de conectarse con el momento presente.

JORDI: Totalmente. Además, estoy explorando la meditación con sonidos, utilizando cuencos tibetanos. Creo que la vibración agrega una dimensión única a la experiencia.

IDOIA: ¡Eso suena increíble! Necesito probarlo. ¿Has notado cambios específicos en tu vida diaria debido a la meditación?

JORDI: Definitivamente. Mi capacidad para manejar el estrés ha mejorado. También he notado un mayor enfoque en el trabajo. ¿Y tú?

IDOIA: Totalmente. La calma que encuentro en la meditación se extiende a mi día a día. He aprendido a responder en lugar de reaccionar ante situaciones estresantes. Además, siento una mayor empatía hacia los demás.

JORDI: Esa empatía es crucial. Creo que la meditación no solo beneficia a uno mismo, sino también a la comunidad.

IDOIA: Totalmente de acuerdo. Sería genial si más personas adoptaran la meditación en sus vidas.

JORDI: Sí, aunque es crucial recordar que cada uno tiene su propio camino. No hay una talla única para todos.

IDOIA: Claro, pero creo que la meditación puede ser beneficiosa para cualquiera que esté dispuesto a probarla.

JORDI: Exacto. Es cuestión de darle una oportunidad y encontrar lo que resuena contigo.

IDOIA: Pues sí. Gracias, Jordi, me inspiras a explorar nuevas técnicas. Tal vez pruebe la meditación con cuencos tibetanos esta semana.

JORDI: ¡Estupendo! Estoy seguro de que lo disfrutarás. Todas las prácticas enriquecen nuestro viaje interior.

호르디: 안녕, 이도이아. 중급 명상수업 어땠어?

이도이아: 안녕, 호르디! 너무 좋았어. 매일 새로운 걸 발견하는 기분이야. 너는?

호르디: 나도 아주 좋았지. 지난주 워크숍에서는 국제 명상수련 경험들에 대한 기억을 떠올려 봤어. 각 문화마다 독특한 방식으로 명상에 접근하는 것이 매력적이야.

이도이아: 나도 갔더라면 좋았을 텐데. 하필 그 시간에 수업이 있었어. 무엇에 대해 이야기했어?

호르디: 음, 먼저 태국에서의 수양이 어땠는지 이야기했어. 그곳에서는 비파사나 명상에 집중하고, 그것을 위해서는 호흡에 완전히 집중하는 것이 핵심이지. 그리고, 인도에서 초월 명상을 경험한 것도 공유했어. 이건 초월적인 의식상태에 도달하기 위해 기도문을 반복하는 것에 대한 명상이거든.

이도이아: 멋지다. 나도 불교 기법을 탐구하고 있었는데, 각 초점마다 그것만의 가치가 있다고 생각해. 여러 다른 방법에서 무엇을 느꼈어?

호르디: 각 방식마다 그것만의 아름다움이 있지. 비파사나 명상은 나의 생각들을 집착 없이 관찰하는 것을 가르쳐 주었고, 반면에 초월 명상은 더 차분한 정신적 공간을 갖게 해주었어. 하지만 결국엔, 정답은 각자 자신에게 효과가 있는 것을 찾아내는 것이라고 생각해.

이도이아: 맞아. 다양한 초점들이 수련을 우리들의 필요조건에 맞추는 것을 가능하게 해주지. 나는 요즘 마인드풀니스 명상에 더 집중하고 있었어. 이 명상을 시작했을 때부터, 스트레스가 더 줄어들었고 정신이 더 맑아지는 것을 느꼈어.

호르디: 마인드풀니스는 정말 강력하지. 그런데 말이야, 걸으면서 명상하는 건 시도해 봤어?

이도이아: 응, 가끔 공원에서 해. 현재 순간과 연결될 수 있는 또 다른 방식이더라.

호르디: 완전. 게다가 나는 소리 명상도 탐구하고 있어. 티베트 그릇을 활용하면서 말이야. 나는 진동이 경험에 특별한 차원을 더해준다고 생각해.

이도이아: 그거 정말 좋아 보인다! 나도 시도해 봐야겠다. 명상 덕분에 일상생활에서 구체적인 변화들이 생겼다는 걸 느꼈어?

호르디: 물론이지. 스트레스를 다루는 능력이 더 좋아졌어. 그리고 일에 더 집중할 수 있게 된 것도 느꼈어. 너는?

이도이아: 완전. 명상에서 발견하는 평온이 내 일상생활로 확장되는 것 같아. 스트레스를 주는 상황 앞에서 반응하지 않고 대응하는 법을 배웠어. 게다가, 다른 사람들에 대한 공감도가 더 높아졌어.

호르디: 그 공감 능력이 중요하지. 나는 명상이 스스로에게뿐만 아니라, 온 공동체에도 이익을 준다고 생각해.

이도이아: 완전 동감이야. 더 많은 사람들이 자신들의 생활에서 명상을 받아들인다면 정말 멋질 텐데.

호르디: 맞아, 비록 사람마다 자신만의 길이 있다는 것을 기억하는 게 중요하지만 말이야. 한 사이즈가 모두에게 맞지는 않지.

이도이아: 물론이야. 하지만 나는 명상이 이것을 시도해 보려는 의지가 있는 모든 사람에게 유익하다고 생각해.

호르디: 바로 그거야. 기회를 줘보고 각자에게 울림이 있는 걸 찾아내는 문제이지.

이도이아: 음, 맞아. 고마워 호르디, 네가 새로운 기법을 탐구할 수 있는 영감을 주네. 어쩌면 이번 주에 티베트 그릇을 가지고 하는 명상을 시도해 볼지도 모르겠어.

호르디: 대단해! 분명 네가 그걸 즐길 수 있을 거야. 모든 수련들은 우리들의 내면 여행을 풍요롭게 해주지.

0. 방금 수업을 막 마쳤다.

체크 포인트 "Hola, Idoia. **¿Qué tal tu clase** de meditación de nivel intermedio?"
(안녕, 이도이아. 중급 명상**수업 어땠어**?)

➡ 호르디의 인사에서 이도이아가 방금 수업을 마치고 나왔다는 것을 확인할 수 있다.

정답 **B**. Idoia

7. 그 전 주에 워크숍에 참여했다.

체크 포인트 "**En el taller de la semana pasada** estuve recordando mis experiencias en los retiros internacionales de meditación."
(**지난주 워크숍에서는** 국제 명상수련 경험들을 회상하고 있었어)

정답 **A**. Jordi

244

8. 그 전 주에 워크숍에 참석하지 못했다.

체크 포인트 "**Me hubiera encantado ir**, pero justo en ese horario tenía clase."
(**나도 갔더라면 좋았을 텐데**. 하필 그 시간에 수업이 있었어)

정답 **B**. Idoia

9. 교육을 받기 위해 외국으로 여행을 갔다.

체크 포인트 "...primero comenté cómo fue **mi retiro en Tailandia** (...). Y luego, compartí cómo **experimenté con la meditación Transcendental en India**."
(먼저 **태국에서의 수양**이 어땠는지 이야기했어. (...) 그리고, **인도에서 초월 명상을 경험한 것도** 공유했어)

정답 **A**. Jordi

10. 새로운 방법을 실행하면서 더 편안해졌다.

체크 포인트 "Yo he estado más enfocada en el *mindfulness*. Desde que comencé, he notado **una reducción del estrés y una mayor claridad mental**."
(나는 요즘 마인드풀니스 명상에 더 집중하고 있었어. 이 명상을 시작했을 때부터, **스트레스가 더 줄어들었고 정신이 더 맑아지는 것을 느꼈어**)

정답 **B**. Idoia

11. 소리 명상을 시도해 보았다.

체크 포인트 "...estoy explorando **la meditación con sonidos**, utilizando cuencos tibetanos. Creo que **la vibración** agrega una dimensión única a la experiencia."
(나는 **소리 명상**도 탐구하고 있어. 티베트 그릇을 활용하면서 말이야. 나는 **진동**이 경험에 특별한 차원을 더해준다고 생각해)

정답 **A**. Jordi

12. 곧 수양을 할 예정이다.

체크 포인트 🔲 미래에 수양에 대한 계획이 있다고 언급하는 사람은 없으므로 호르디와 이도이아 모두 정답이 될 수 없다.

정답 **C**. Ninguno de los dos

오답 포인트 A. 🔲 태국과 인도에서 수양을 하고 온 것은 과거에 일어난 일이므로 시제상 정답이 될 수 없는 옵션이다.

meditación: 명상

acudir a + 명: ～에 가다, 참석하다

sonoro/a: 소리의

retiro: 묵상, 수양

문단 3

fascinante: 매우 매혹적인, 매력적인

abordar: 접근하다, 다루다

práctica: 연습, 수련

문단 5

enfocarse en + 명: ～에 집중하다

pleno/a: 완전한

transcendental: 초월적인

mantra: (힌두교와 불교의) 기도, 주문

문단 6

explorar: 조사하다, 탐구하다

budista: 불교의

metodología: 방법론

문단 7

método: 방법, 방식

apego: 집착

sereno/a: 차분한, 침착한

문단 8

diversidad: 다양성

mindfulness: (영어) 마인드풀니스, 마음챙김 명상

reducción: 감소, 저하

claridad: 맑음, 명확함

문단 9

poderoso/a: 강력한, 훌륭한

a propósito: 그런데 말이야

문단 11

cuenco: (우묵한) 그릇

tibetano/a: 티베트의

vibración: 진동, 전율

문단 14

extenderse: 퍼지다, 확장되다

estresante: 스트레스를 일으키는, 스트레스가 많은

문단 15

crucial: 결정적인, 중대한

beneficiar: 이익을 주다

문단 19

resonar: 반향하다, 공명하다

문단 21

enriquecer: 풍부하게 하다, 풍요롭게 하다

❖ *Notas*

ENTREVISTADORA: Jorge Tomasi preside el Automóvil Club del Uruguay y la fundación CID Canelones del Parque de las Ciencias, entre otros puestos a destacar, y tiene una larga trayectoria empresarial personal. De todo esto, me gustaría arrancar hablando del Automóvil Club del Uruguay. Hay quien dice que en algunos países en el 2030 existirá un porcentaje grandísimo de movilidad eléctrica, pero hablemos del Automóvil Club del Uruguay. ¿Cómo se encuentra y cómo está avanzando?

JORGE: El Automóvil Club es una institución centenaria, 102 años de trayectoria, y siempre involucrándose en aquellos aspectos que hacen a la gente a través de la movilidad. Ha tenido mucho que ver en sus inicios con muchas de las leyes que después fueron las que pactaron el movimiento del tránsito en el país. Participó activamente, por ejemplo, en el cambio de mano en el año 1945 cuando se pasó de manejar a la inglesa a lo que es actualmente hoy. Siempre ha estado involucrado con el devenir de los acontecimientos durante todo el siglo XX y por supuesto en este siglo XXI.

ENTREVISTADORA: Vamos a aprovechar su presencia aquí para hablar de varias de sus actividades. Para llevar un conocimiento general a algunos de nuestros oyentes o los que nos están viendo. Cuando hablamos del Parque de las Ciencias, ¿de qué estamos hablando?

JORGE: El Parque de las Ciencias representa una zona franca que lleva varios años en funcionamiento en nuestro país, operando bajo un régimen altamente apreciado por su estabilidad jurídica. Desde mediados de la década de los 2010 hasta la fecha, ha generado un considerable progreso. Ubicado a un kilómetro del aeropuerto de Carrasco, goza de una ubicación excepcional en 55 hectáreas de terreno. La inversión hasta ahora asciende a 220 millones de dólares, con más de 60.000 metros cuadrados de construcción. Este parque tiene una inclinación particular hacia empresas de ciencias de la vida de alta tecnología y valor agregado. Su infraestructura industrial permite que estas empresas se establezcan y comiencen sus operaciones de manera rápida.

ENTREVISTADORA: Seguramente esto generará muchos empleos directos e indirectos con salarios por sobre la media de lo que es el país, ¿cierto?

JORGE: Así es: más de 3 veces de la media del país. Por ejemplo, hoy el Parque de las Ciencias tiene 1.000 empleos y son prácticamente nacionales, el 99,9% de gente del país, con un alto porcentaje de técnicos profesionales. Si vemos los salarios promedio fuera de las zonas francas estamos hablando de 1.200 dólares, pero en el caso del Parque de las Ciencias y Zona Franca es más de 3.250 dólares, lo que denota que no solamente se ofrecen empleos calificados, sino que además es una vía de inversiones importantes para el país.

(Adaptado de https://ude.edu.uy/entrevista-al-empresario-jorge-tomasi)

인터뷰 진행자: 호르헤 토마시는, 부각될 만한 여러 직함들 사이에서, 우루과이 자동차 클럽과 과학 단지의 카넬로네스 CID 재단의 회장이시며 개인적으로는 오랜 사업 커리어를 가지고 계십니다. 이 모든 것 중에서, 우루과이 자동차 클럽에 대해 이야기하면서 시작하면 좋을 것 같습니다. 몇몇 국가에서는 2030년도에 매우 높은 퍼센티지의 전기차량이 존재하게 될 것이라고 말하는 사람들이 있는데요, 일단 우루과이 자동차 클럽에 대해 이야기를 해볼까요. 지금 어떤 상태에 있고 어떻게 앞으로 나아가고 있나요?

호르헤: 자동차 클럽은 백 년 된 기관입니다. 102년의 역사와 함께, 차량을 통해 사람들에게 영향을 주는 분야들에 항상 관여하면서 말이죠. 초기에는 많은 법안들과 매우 관계가 깊었는데, 이후에 이 법안들은 우리나라 교통의 움직임을 결정하게 된 것들이었습니다. 예를 들어, 영국식 운전에서 오늘날의 운전 방식으로 넘어온 1945년도의 통행방향 변경에 활발하게 참여했죠. 20세기 내내, 그리고 당연히 21세기에 발생한 사건들의 과정과 항상 연관되어 있었습니다.

인터뷰 진행자: 이곳에 와 주신 김에, 회장님의 여러 활동들에 대해 이야기를 나누어 보도록 하죠. 저희 청취자분들이나 저희를 보고 계시는 분들께 전반적인 정보를 드리기 위해서 말이에요. 과학 단지에 대해 이야기할 때, 무엇을 말하는 것인가요?

호르헤: 과학 단지는 우리나라에서 수년째 가동 중인 자유 지역을 의미하는데, 법적 안정성으로 인해 높이 평가되는 제도 아래에서 운영되고 있습니다. 2010년대 중반부터 현재까지 상당한 발전을 해왔어요. 카라스코 공항에서 1킬로미터 떨어진 곳에 있으며, 55헥타르의 토지에서 보기 드문 위치를 누리고 있습니다. 투자금은 현재 기준 2억 2천만 달러까지 올라갔고, 6만 제곱미터의 건축면적을 갖추고 있어요. 이 단지는 최첨단 기술 및 부가가치의 생명과학 기업들을 향해 특히 편향되어 있어요. 이 단지의 산업 인프라는 이 기업들이 빠르게 정착하고 운영을 시작하는 것을 허용해 주죠.

인터뷰 진행자: 분명 이 모든 것이 우리 나라의 평균 임금 이상을 제공하는 많은 직간접 일자리를 창출할 것 같은데요, 맞나요?

호르헤: 맞습니다. 우리나라 평균의 3배 이상이요. 예를 들어, 오늘날 과학 단지는 천 개의 일자리를 갖추고 있고, 이는 사실상 내국인의 일자리입니다. 99,9%가 우리나라 사람들이고, 전문적인 기술자들의 높은 퍼센티지를 보유하고 있죠. 자유 지역 밖의 평균 임금을 보면 천2백 달러로 언급할 수 있는데요, 과학 단지와 자유 지역의 경우에는 3천2백50 달러 이상입니다. 이것은 고급 일자리가 제공된다는 것뿐만 아니라, 우리나라를 위한 상당한 양의 투자 경로이기도 하다는 것을 나타내는 것이죠.

13. 인터뷰 진행자는 호르헤 토마시에 대해 ...라고 말한다.

  a) 오직 우루과이 자동차 클럽 회장으로서 일한다

  b) 회사를 소유하고 있다

  c) 전기차량 전문가이다

체크 포인트 문단1

  "...tiene una larga **trayectoria empresarial personal**."
  (**개인적으로는 오랜 사업 커리어**를 가지고 계십니다)

정답 **b)** posee su propia empresa.

오답 포인트 문단1

  a) "Jorge Tomasi preside el Automóvil Club del Uruguay y la fundación CID Canelones del
  Parque de las Ciencias, <u>entre otros puestos a destacar</u>..."
  (호르헤 토마시는, <u>부각될 만한 여러 직함들 사이에서</u>, 우루과이 자동차 클럽과 과학단지의 카넬로네스 CID 재단의
  회장이시며)
  ➡ 여러 직함을 가지고 있는 사람이므로, 옵션 a)의 "solamente"가 오답인 것을 알려주는 단서라는 것을 확인해야
  한다.

  c) "...en algunos países en el 2030 existirá un porcentaje grandísimo de <u>movilidad eléctrica</u>..."
  (몇몇 국가에서는 2030년도에 매우 높은 퍼센티지의 <u>전기차량</u>이 존재하게 될 것이라고)
  ➡ "movilidad eléctrica"가 언급되기는 하지만, 호르헤 토마시와 직접적인 관계가 있는 것은 아니므로 정답이
  될 수 없다.

---

14. 호르헤 토마시는 우루과이 자동차 클럽이 ...의 역사를 가지고 있다고 말한다.

  a) 두 세기

  b) 십 년의 기간

  c) 한 세기

체크 포인트 문단2

  "El Automóvil Club es una institución **centenaria**, **102 años de trayectoria**..."
  (자동차 클럽은 **백 년 된** 기관입니다. **102년의 역사와 함께**)

정답 **c)** un siglo

오답 포인트 문단2

  a) / b) ➡ 두 옵션 모두 백 년에 해당하는 기간을 언급하지 않으므로 정답이 될 수 없다.

---

15. 인터뷰 대상자에 의하면, 우루과이에서 1945년도에는...

    a) 많은 법안들이 교통의 움직임을 처음으로 결정했다.

    b) 차량들의 통행 방향이 바뀌었다.

    c) 영국 사람들이 현재 방식대로 운전하기 시작했다.

체크 포인트   문단2

"Participó activamente, por ejemplo, en **el cambio de mano en el año 1945** cuando se pasó de manejar a la inglesa a lo que es actualmente hoy."
(예를 들어, 영국식 운전에서 오늘날의 운전 방식으로 넘어온 **1945년도의 통행방향 변경**에 활발하게 참여했죠)

정답 **b)** cambió el sentido de circulación de los vehículos.

오답 포인트   문단2

    a) "Ha tenido mucho que ver en sus inicios con muchas de las leyes que después fueron las que pactaron el movimiento del tránsito en el país."
        (초기에는 많은 법안들과 매우 관계가 깊었는데, 이후에 이 법안들은 우리나라 교통의 움직임을 결정하게 된 것들이었습니다)
        ➡ 자동차 클럽과 이러한 법안들의 관계를 설명하면서 언급되는 내용이지만, 1945년도와는 직접적인 관련이 없으므로 정답이 될 수 없다.

    c) ➡ 반대로 우루과이가 영국식 운전 방식에서 현재 상태로 넘어온 것이므로, 정답이 될 수 없는 옵션이다.

---

16. 호르헤 토마시에 의해 언급된 과학단지는...

    a) 가늘고 긴 띠 모양이다.

    b) 오직 2010년대 중반에만 큰 발전을 했다.

    c) 법적으로 안정적인 지역이다.

체크 포인트   문단4

"...operando bajo un régimen altamente apreciado por su **estabilidad jurídica**."
(**법적 안정성**으로 인해 높이 평가되는 제도 아래에서 운영되고 있습니다)

정답 **c)** es una zona legalmente estable.

오답 포인트   문단4

    a) "El Parque de las Ciencias representa una <u>zona franca</u>..."
        (과학단지는 (...) <u>자유지역</u>을 의미하는데)
        ➡ 발음이 비슷하지만 "franca"와 "franja"를 혼동해서는 안 된다. 과학단지의 시각적인 형태를 묘사하는 언급은 없으므로 정답이 될 수 없다.

    b) "Desde mediados de la década de los 2010 <u>hasta la fecha</u>, ha generado un considerable progreso."
        (2010년대 중반부터 <u>현재까지</u> 상당한 발전을 해왔어요)

17. 과학단지에 정착을 위한 우대를 받는 기업들은 ... 회사들이다.

a) 투자

b) 최첨단 건설

c) 최첨단 생명과학

체크 포인트 [문단4]

"Este parque tiene una inclinación particular hacia **empresas de ciencias de la vida de alta tecnología** y valor agregado."

(이 단지는 **최첨단 기술** 및 부가가치의 **생명과학 기업**들을 향해 특히 편향되어 있어요)

정답 **c)** ciencias biológicas de tecnología punta.

오답 포인트 [문단4]

a) / b) "La inversión hasta ahora asciende a 220 millones de dólares, con más de 60.000 metros cuadrados de construcción."

(투자금은 현재 기준 2억 2천만 달러까지 올라갔고, 6만 제곱미터의 건축면적을 갖추고 있습니다)

➡ "inversión"과 "construcción" 모두 언급되는 단어들이나, 이 단지에 정착하는 기업들의 종류를 말하는 것이 아니므로 두 옵션 모두 정답이 아니다.

---

18. 호르헤 토마시에 의하면, 임금 지급에 대한 과학단지의 기여는...

a) 이 나라 평균의 두 배이다.

b) 이 나라 평균에 가깝다.

c) 이 나라 평균의 세배를 넘는다.

체크 포인트 [문단6]

"...**más de 3 veces** de la media del país."

(우리나라 평균의 **3배 이상**이요)

정답 **c)** supera el triple del promedio del país.

오답 포인트 [문단5-6]

a) ➡ 아예 언급되지 않은 수치이므로 정답이 될 수 없다.

b) "Seguramente esto generará muchos empleos directos e indirectos con salarios por sobre la media de lo que es el país..."

(분명 이 모든 것이 우리 나라의 평균 임금 이상을 제공하는 많은 직간접 일자리를 창출할 것 같은데요)

➡ 인터뷰 진행자가 말한 내용이며 호르헤 토마시가 대답할 때 정확히 "3배 이상"이라고 설명하므로 옵션 b)는 제거해야 한다.

Tarea 3   Vocabulario

질문

movilidad: 차량, 탈것

pactar: 결정하다, 협정하다

sentido: 방향

circulación: 통행

franja: 띠, 끈, 가느다란 조각

privilegiado/a: 특권을 누리는, 우대 받는

punta: (형용사) 최신의

implicación: 연루, 관여

considerable: 상당한, 고려할 만한

excepcional: 이례적인, 보기 드문

terreno: 토지

ascender: 오르다, 상승하다

inclinación: 경향, 편향

valor agregado: 부가 가치

infraestructura: 인프라, 사회기반시설

establecerse: 정착하다, 자립하다

문단 6: 호르헤

denotar: 나타내다

calificado/a: 자격을 갖춘

vía: 길, 경로

스크립트

문단 1: 인터뷰 진행자

presidir: (~의) 의장을 맡다

fundación: 재단

문단 2: 호르헤

institución: 기관

centenario/a: 백 년의

pasar de A a B: A에서 B로 넘어가다

devenir: 경과, 과정

acontecimiento: 사건

문단 4: 호르헤

franco/a: 자유로운, 방해없는

operar: 운영하다

régimen: 체제, 제도

apreciado/a: 가격이 매겨진, (높이) 평가된

jurídico/a: 법적인, 법률의

지시문

이어서 소셜 네트워크에 대한 경험을 말하는 여섯 명의 사람들의 이야기를 들을 것입니다. 각 사람의 음성녹음은 두 번씩 나옵니다. 사람(19–24)이 말하는 주제에 해당하는 문장(A–J)들을 선택하세요.

예시를 포함한 열 개의 문장들이 있습니다. 여섯 개만 고르세요. 선택한 옵션을 **답안지**에 표시하세요.

이제 예시를 들어보세요:

사람 0.

정답은 F입니다.

문제를 읽기 위해 20초가 주어집니다.

A. 소셜 네트워크에서 보이는 삶과 자신의 삶을 비교하는 것이 해로웠다.
B. 소셜 네트워크 이용자들은 실제 사회의 반영이라고 생각한다.
C. 소셜 네트워크 경험이 정신건강에 영향을 미쳤다.
D. 자녀들 덕분에 소셜 네트워크를 사용하는 법을 배웠다.

E. 사회의 이익을 위해 네트워크를 활용한다.
F. 소셜 네트워크의 여러 유익한 부분을 강조한다.
G. 사업 홍보를 위해 소셜 네트워크를 활용한다.
H. 소셜 네트워크에서 디지털 폭력을 겪었다.
I. 소셜 네트워크를 통해 사랑에 빠졌다.
J. 단 한 번도 소셜 네트워크를 사용해 본 적이 없다.

---

0. **Persona 0 (Ejemplo)**

HOMBRE: Las redes sociales son un regalo para mí. Conecto con amigos, descubro nuevas ideas y encuentro inspiración diaria. Han enriquecido mi vida de muchas maneras. Me encanta compartir momentos especiales y recibir el apoyo de mi comunidad. También descubrí oportunidades profesionales y aprendí de personas con intereses similares. Aunque hay aspectos negativos, creo que el balance positivo supera con creces cualquier desafío.

사람 0 (예시)

남자: 소셜 네트워크는 저에게 선물입니다. 친구들과 연락하고, 새로운 아이디어를 발견하고, 매일매일 영감을 받아요. 많은 방식으로 저의 삶을 풍요롭게 만들어주었습니다. 특별한 순간을 공유하는 것과 내 커뮤니티의 지지를 받는 것이 너무 좋아요. 또한 취업 기회도 찾았고, 비슷한 관심사를 가지고 있는 사람들에게서 배우기도 했죠. 비록 부정적인 부분도 있지만, 저는 긍정적인 결과가 모든 위협을 훨씬 뛰어넘는다고 생각합니다.

체크 포인트 "...creo que el **balance positivo** supera con creces cualquier desafío."
(저는 **긍정적인 결과**가 모든 위협을 훨씬 뛰어넘는다고 생각합니다)
➡ 마지막 문장에서 정리하고 있지만, 사실상 거의 모든 언급내용이 소셜 네트워크의 장점들에 대한 것이므로 문장 F가 정답이다.

정답 **F**. Destaca varios aspectos beneficiosos de las redes sociales.

254

오답 포인트　C. ① "영향"에 대해 말하는 동사들 중, 일반적으로 "influir en" 구조는 긍정적인 영향을, "afectar a"는 부정적인 영향을 언급할 때 사용된다.

② 문장 C에서 동사 afectar를 중립적인 의미로 받아들인다 하더라도, 소셜 네트워크의 장점에 대한 이야기가 분명 정신건강과도 관련이 있다고 볼 수 있지만, "salud psicológica"를 정확히 표현해 주는 문구는 등장하지 않으므로 문장 C보다는 문장 F가 더 적절하다고 봐야 한다.

19. Persona 1

MUJER: Yo tuve una muy mala experiencia. La presión de la perfección en las redes me perjudicó emocionalmente. Decidí desconectar y priorizar mi bienestar mental. Ahora me siento más libre. Aprendí a establecer límites saludables y a no compararme con los demás. Valorizo mi tiempo fuera de las plataformas y me enfoco en lo que realmente importa en mi vida *offline*.

사람 1

여자: 저는 매우 나쁜 경험이 있었어요. 네트워크에서의 완벽함에 대한 압박감이 저에게 정서적으로 해를 끼치게 되었죠. 소셜 네트워크를 끊고 나의 정신적 행복을 우선시하기로 결정했어요. 지금은 더 자유롭게 느껴집니다. 건강한 한계를 정하고 다른 사람들과 비교하지 않는 법을 배웠어요. 인터넷 밖에서 보내는 나의 시간을 더 소중히 여기고, 오프라인 삶에서 정말 중요한 것에 집중하죠.

체크 포인트　"La presión de la perfección en las redes **me perjudicó emocionalmente**. Decidí desconectar y **priorizar mi bienestar mental**."
(네트워크에서의 완벽함에 대한 압박감이 **저에게 정서적으로 해를 끼치게 되었죠**. 소셜 네트워크를 끊고 **나의 정신적 행복을 우선시하기**로 결정했어요)

정답　C. Su experiencia con las redes sociales afectó a su salud psicológica.

오답 포인트　A. "Aprendí a establecer límites saludables y a no compararme con los demás."
(건강한 한계를 정하고 다른 사람들과 비교하지 않는 법을 배웠어요)
➡ "비교"에 대한 이야기를 언급하긴 하지만, 정확히 이 사람에게 영향을 준 포인트는 "완벽함에 대한 압박감"이었으므로 문장 A보다는 문장 C를 정답으로 선택해야 한다.

20. Persona 2

HOMBRE: Las redes sociales me ayudaron a emprender y actualmente son un medio para publicar los avances en mi negocio. Compartir mi trabajo fue gratificante. Conseguí crear una comunidad que apoya mi pasión y la visibilidad *online* me abrió oportunidades laborales. El *feedback* positivo me impulsa a seguir mejorando y creando contenido significativo. Estoy agradecido por la red de conexiones que construí y el impacto positivo que logramos juntos.

사람 2

남자: 소셜 네트워크는 제가 사업을 시작하는 것을 도와주었고, 지금은 제 사업의 진행사항들을 게시하기 위한 수단입니다. 저의 일을 공유하는 것은 만족스러웠습니다. 저의 열정을 지지해 주는 커뮤니티를 만들어냈고, 온라인의 가시성은 고용기회도 열어주었죠. 긍정적인 피드백은 더 개선할 수 있게, 그리고 의미 있는 콘텐츠를 만들 수 있게끔 밀어줍니다. 제가 구축한 연결망과, 모두 함께 만들어낸 긍정적인 영향력에 감사하고 있어요.

체크 포인트　"Las redes sociales me ayudaron a emprender y actualmente son **un medio para publicar los avances en mi negocio**."
(소셜 네트워크는 제가 사업을 시작하는 것을 도와주었고, 지금은 **제 사업의 진행사항들을 게시하기 위한 수단**입니다)

정답　G. Utiliza las redes sociales para promocionar su empresa.

21. Persona 3

MUJER: Viví una época muy oscura en la que experimenté ciberacoso. Fue difícil, pero denunciar y buscar apoyo marcó la diferencia. Creo que las redes sociales deben ser seguras para todos. Es por ello que trabajar en concienciar sobre el ciberacoso se volvió mi misión. Me parece fundamental crear un entorno en línea donde todos se sientan protegidos y respetados. La empatía y la educación son clave para combatir este problema.

사람 3

여자: 저는 사이버 폭력을 경험한 아주 어두운 시기를 겪었어요. 어려운 일이었지만, 신고를 하고 도움을 찾는 것이 차이를 만들었죠. 저는 소셜 네트워크가 모두에게 안전해야 한다고 생각해요. 그래서 사이버 폭력에 대한 인식 개선에 관한 일을 하는 것이 저의 임무가 되어버렸습니다. 모두가 보호받고 존중받는다고 느낄 수 있는 온라인 환경을 만드는 것이 기본적이라고 생각해요. 공감과 교육이 이 문제를 싸워내기 위한 핵심이죠.

체크 포인트 "Viví una época muy oscura en la que experimenté **ciberacoso**."
(저는 **사이버 폭력**을 경험한 아주 어두운 시기를 겪었어요)

정답 **H**. Sufrió violencia digital en las redes sociales.

22. Persona 4

HOMBRE: Yo conocí a mi pareja en línea. Las redes sociales no solo son para compartir, sino también para construir relaciones significativas. Estoy agradecido por el amor que encontré. Aunque al principio tenía dudas sobre las relaciones en línea, nuestra conexión fue auténtica y sólida. Las redes sociales no solo nos unieron, sino que también nos permitieron compartir nuestra historia e inspirar a otras personas.

사람 4

남자: 저는 제 연인을 온라인으로 만났어요. 소셜 네트워크는 정보를 공유하기 위한 것뿐만 아니라, 의미 있는 관계를 쌓기 위한 것이기도 하죠. 저는 제가 찾은 사랑에 감사하고 있습니다. 비록 처음에는 온라인 인간관계에 대해 의심을 가지고 있었지만, 우리의 인연은 진실되고 견고했어요. 소셜 네트워크는 우리를 이어준 것뿐만 아니라, 우리의 스토리를 공유하고 다른 사람들에게 영감을 주는 것을 가능하게 해주었습니다.

체크 포인트 "Yo conocí a mi pareja en línea. (...) Estoy agradecido por **el amor que encontré**."
(저는 제 연인을 온라인으로 만났어요. (...) 저는 제가 **찾은 사랑**에 감사하고 있습니다)

정답 **I**. Se enamoró de una persona a través de las redes sociales.

23. **Persona 5**

MUJER: Me envolví en la comparación constante. La competencia de vidas perfectas me hizo sentir inferior e insignificante. Ahora, establezco límites y me centro en mi propio crecimiento. Aprendí a celebrar los logros de los demás sin sentirme menos. La autenticidad es clave, y ahora comparto mis experiencias de una manera más realista. La positividad y el apoyo mutuo son mucho más valiosos que la competencia.

사람 5

여자: 저는 끊임없는 비교에 휘말렸어요. 완벽한 삶들의 경쟁이 저에게 열등감을 느끼게 하고 하찮은 기분이 들게 했죠. 지금은, 한계를 정하고 저 스스로의 성장에 집중하고 있어요. 초라한 기분이 들지 않으면서 다른 사람들의 성공을 축하하는 법을 배웠답니다. 진정성이 비결인데요, 지금은 저의 경험들을 더 사실적으로 공유해요. 긍정성과 상호 간의 지지가 경쟁보다 훨씬 더 귀중하죠.

> 체크 포인트 "Me envolví en la comparación constante. La competencia de vidas perfectas **me hizo sentir inferior e insignificante.**"
> (저는 끊임없는 비교에 휘말렸어요. 완벽한 삶들의 경쟁이 **저에게 열등감을 느끼게 하고 하찮은 기분이 들게 했죠**)

> 정답 **A**. Le hizo mal comparar su vida con las que veía en las redes sociales.

24. **Persona 6**

HOMBRE: En mi caso, logré visibilidad para mi causa. Las redes sociales son poderosas para el activismo. Utilizo las plataformas para crear conciencia y movilizar a la gente hacia el cambio. La respuesta y el apoyo de la comunidad son abrumadores. Compartir historias impactantes y generar conversaciones significativas es fundamental. Las redes sociales son herramientas poderosas para la justicia social y la creación de un cambio positivo en el mundo.

사람 6

남자: 제 경우에는, 저의 대의명분을 위한 길을 만들어냈습니다. 소셜 네트워크는 사회운동에 대한 강력한 힘이 있어요. 저는 경각심을 불러일으키고, 변화를 향해 사람들을 동원하기 위해 플랫폼을 이용합니다. 공동체의 반응과 지지는 압도적이에요. 충격적인 이야기들을 공유하고 의미 있는 대화를 만들어내는 것이 매우 중요합니다. 소셜 네트워크는 사회정의와 세상의 긍정적인 변화를 위한 강력한 도구예요.

> 체크 포인트 **1** "Las redes sociales son poderosas para el activismo. Utilizo las plataformas para **crear conciencia y movilizar a la gente hacia el cambio.**"
> (소셜 네트워크는 사회운동에 대한 강력한 힘이 있어요. 저는 **경각심을 불러일으키고, 변화를 향해 사람들을 동원하기 위해** 플랫폼을 이용합니다)
>
> **2** "Las redes sociales son herramientas poderosas para la **justicia social** y la creación de un **cambio positivo** en el mundo."
> (소셜 네트워크는 **사회정의**와 세상의 **긍정적인 변화**를 위한 강력한 도구예요)

> 정답 **E**. Utiliza las redes para el bien de la sociedad.

Vocabulario

hacer mal: 해롭다, 해치다

reflejo: 반사, 반영

bien: 이익

사람 0

con creces: 훨씬, 많이

사람 1

desconectar: 연락을 끊다, 전원을 끊다

priorizar: 우선시하다

bienestar: 행복, 안녕

valorizar: 가치를 높이다

사람 2

emprender: 개시하다

gratificante: 만족감을 주는

visibilidad: 가시성

사람 3

ciberacoso: 사이버 폭력

marcar la diferencia: 차이를 만들다

사람 4

auténtico/a: 진정한, 진실된

sólido/a: 단단한, 견고한

사람 5

envolverse en + 명: ～에 휘말리다

autenticidad: 진정성, 진실성

realista: 현실주의의, 사실적인

mutuo/a: 상호의

사람 6

causa: 대의명분, 이상

movilizar: 동원하다

abrumador/a: 압도적인

impactante: 충격적인, 파격적인

❖ Notas

Tarea 5					
25	26	27	28	29	30
c	b	b	b	a	b

지시문

이어서 농산물 및 식품의 세계 물가에 대해 알려주는 남자의 독백을 들을 것입니다. 음성녹음은 두 번 나옵니다.

문제(25–30)에 대한 정답(a/b/c)을 선택하세요.

선택한 옵션을 **답안지**에 표시하세요. 문제를 읽기 위해 30초가 주어집니다.

Los precios de los alimentos a nivel mundial comenzaron a ceder en 2023 después de los altos índices registrados entre 2021 y gran parte de 2022 debido a las secuelas de la pandemia, la fractura de la cadena de suministro y el conflicto bélico entre Rusia y Ucrania.

Tras el cierre de diciembre de 2023, el Índice de Precios de los alimentos de la Organización de las Naciones Unidas para la Alimentación y la Agricultura (*FAO*) se ubicó en 118,5 puntos, lo que supone un 10,1% inferior a la marca de diciembre del año anterior.

Si bien a lo largo de todo el año 2023 el índice se ubicó en 124 puntos, estuvo un 13,7% más bajo que en el promedio de 2022, salvo los precios del azúcar, que fue uno de los productos que se mantuvieron con un valor superior al año anterior.

La *FAO* mide por categorías los precios de la carne, cereales, azúcar y otros productos básicos a nivel mundial, además de la disponibilidad de inventarios y el ritmo de la producción en los principales mercados agrícolas y exportadores.

En cuanto a los precios mundiales de los cereales, registraron una reducción de 24,4 puntos, o un 16,6% menos que en 2022, para cerrar diciembre en 122,8 puntos. Sin embargo, subieron un 1,5% con respecto a noviembre de 2023 y el índice promedio de este año para los cereales estuvo en 130,9 puntos.

Los precios de exportación del trigo aumentaron en diciembre, a raíz de algunos problemas logísticos por condiciones meteorológicas en los principales países exportadores y también por las tensiones en el Mar Negro, pero se mantiene la demanda de este cereal.

Los precios del maíz a nivel mundial, también subieron en diciembre debido a la preocupación por la siembra de la segunda cosecha de Brasil y los problemas logísticos que sufren los envíos desde Ucrania.

La cebada también aumentó de precio, mientras que el sorgo, usado principalmente para el procesamiento de alimentos balanceados para el sector ganadero y otras industrias, bajó de precio en diciembre.

El arroz registró un aumento en su precio de un 1,6% en diciembre con respecto a noviembre debido a las compras en Asia y una menor competencia entre los exportadores dadas las restricciones para la venta impuestas en el mercado de la India y la escasez sufrida en Vietnam. Durante 2023 los precios internacionales del arroz se incrementaron un 21% por el temor a que se redujera la producción como consecuencia del fenómeno de El Niño.

(Adaptado de https://www.prensa.com/economia)

2023년도에는 세계적으로 식량가격이 누그러지기 시작했다. 이것은 코로나 바이러스 유행병의 여파, 공급망의 파괴 및 러시아와 우크라이나 간의 전쟁으로 인하여 2021년도와 대부분의 2022년도에 높은 지수들이 기록된 이후의 일이다.

2023년 12월 이후, 유엔식량농업기구의 식량 가격지수는 118.5포인트에 위치했는데, 이것은 전년도 12월 점수보다 10.1% 낮은 수치를 의미한다.

비록 2023년도 내내 가격지수가 124포인트에 위치해 있었지만, 2022년도 평균보다 13.7% 더 낮았다. 다만 설탕 가격은 제외였는데, 전년도보다 더 높은 수치를 유지한 제품들 중 하나였다.

유엔식량농업기구는, 주요 농산물 및 수출 시장의 가용 물량과 생산속도 이외에도, 전 세계의 육류, 곡물, 설탕 및 다른 기본 제품들의 가격을 품목별로 측정한다.

세계 곡물가격과 관련해서는, 2022년도에 비해 24.4포인트 또는 16.6% 감소를 기록했으며, 112.8포인트로 12월을 마감했다. 그러나, 2023년 11월에 비해 1.5% 상승했고, 올해 곡물 평균 지수는 130.9포인트에 위치했다.

밀 수출 가격은 12월에 상승했는데, 주요 수출 국가들의 기상조건과 흑해지역의 긴장 상황으로 인한 물류 문제 때문인 것으로 보인다. 그러나, 밀에 대한 수요는 유지되고 있다.

전 세계 옥수수 가격 또한 12월에 상승했다. 이것은 브라질의 두 번째 수확의 파종에 대한 우려와 우크라이나 발 수송이 겪는 물류 문제에 원인을 두고 있다.

보리도 마찬가지로 가격이 오른 반면, 축산분야 및 다른 산업을 위한 사료 가공을 위해 주로 사용되는 수수는 12월에 가격이 하락했다.

쌀은 12월에 전달보다 1.6% 높은 가격 상승을 기록했다. 이것은 아시아의 구매와, 인도 시장에서 적용된 판매 규제 및 베트남의 흉년으로 인한 수출국들 간의 더 낮은 경쟁에 원인을 두고 있다. 2023년 동안 국제 쌀 가격은 21% 상승했는데, 엘니뇨 현상의 결과로 생산이 줄어들 것이라는 우려 때문이다.

25. 2021년도와 2022년도에 세계 식량가격에 영향을 미친 요인들 중 하나는 ...였다.

    a) 중동의 전쟁

    b) 전 세계 농산물 생산의 증가

    c) 전염병의 결과

체크 포인트   문단1

> "...los altos índices registrados entre 2021 y gran parte de 2022 **debido a las secuelas de la pandemia**..."
>
> (**코로나 바이러스 유행병의 여파(...)로 인하여** 2021년도와 대부분의 2022년도에 높은 지수들이 기록된 이후의 일이다)

정답 **c)** las consecuencias de la epidemia.

오답 포인트   문단1

    a) "...el conflicto bélico <u>entre Rusia y Ucrania</u>."
       (러시아와 우크라이나 간의 전쟁)

    b) "...la <u>fractura</u> de la cadena de suministro..."
       (공급망의 파괴)

---

26. 2023년 12월 이후, 식량 가격지수는...

    a) 2022년 12월보다 더 높았다.

    b) 2022년 12월보다 더 낮았다.

    c) 2022년 12월과 동일했다.

체크 포인트   문단2

> "...lo que supone un 10,1% **inferior a la marca de diciembre del año anterior**."
>
> (이것은 **전년도 12월 점수보다** 10.1% **낮은 수치를** 의미한다)

정답 **b)** más bajo que el de diciembre de 2022.

오답 포인트   문단2

    a) / c) ☑ "inferior"는 "더 낮은"이라는 의미이므로 두 옵션 모두 정답이 될 수 없다.

27. 2023년도에 전년도보다 더 높은 수치를 유지한 식품은 ...였다.

 a) 육류

 b) 설탕

 c) 곡물

_{체크 포인트} 문단3

> "...salvo los precios del **azúcar**, que fue uno de los productos que **se mantuvieron con un valor superior al año anterior**."
> (다만 설탕 가격은 제외였는데, **전년도보다 더 높은 수치를 유지한** 제품들 중 하나였다)

_{정답} **b)** el azúcar.

_{오답 포인트} 문단4

> a) / c) "La *FAO* mide por categorías los precios de la <u>carne</u>, <u>cereales</u>, azúcar y otros productos básicos a nivel mundial..."
> (유엔식량농업기구는 (...) 전 세계의 <u>육류</u>, <u>곡물</u>, 설탕 및 다른 기본 제품들의 가격을 품목별로 측정한다)
> ➡ "육류"와 "곡물"은 유엔식량농업기구가 측량하는 품목들에 해당되지만, 전년도보다 더 높은 수치를 유지했다는 언급은 없으므로 두 옵션 모두 정답이 될 수 없다.

28. 12월의 밀 수출 가격과 관련해서는, 흑해지역의 긴장 상황이...

 a) 가격을 내리게 만들었다.

 b) 가격을 올라가게 만들었다.

 c) 가격을 유지시켰다.

_{체크 포인트} 문단6

> "Los precios de exportación del trigo **aumentaron** en diciembre, a raíz de algunos problemas logísticos por (...) las tensiones en el Mar Negro..."
> (밀 수출 가격은 12월에 **상승했는데**, (...) 흑해지역의 긴장 상황으로 인한 물류 문제 때문인 것으로 보인다)

_{정답} **b)** los incrementaron.

_{오답 포인트} 문단6

> a) ➡ 정답인 옵션 b)와 완전히 반대되는 내용이므로 제거해야 한다.
>
> c) "...pero <u>se mantiene la demanda</u> de este cereal..."
> (그러나, 밀에 대한 <u>수요는 유지되고 있다</u>)
> ➡ "유지"되고 있는 것은 "가격"이 아니라 "수요"이므로 정답이 될 수 없다.

29. 음성녹음에서는 12월에 세계 옥수수 가격이 ...라고 말한다.

   a) 여러 문제로 인해 증가했다

   b) 우크라이나에 의해 고정되었다

   c) 브라질의 수확으로 인해 감소했다

<u>체크 포인트</u>   `문단7`

   "Los precios del maíz a nivel mundial, también **subieron** en diciembre..."
   (전 세계 옥수수 가격 또한 12월에 **상승했다**)

`정답` **a)** aumentaron a causa de varios problemas.

<u>오답 포인트</u>   `문단7`

   b) "...debido a (...) los problemas logísticos que sufren los envíos desde Ucrania."
     (우크라이나 발 수송이 겪는 물류 문제에 원인을 두고 있다)

   c) "...debido a la preocupación por la siembra de la segunda cosecha de Brasil..."
     (브라질의 두 번째 수확의 파종에 대한 우려(...)에 원인을 두고 있다)

   ➡ 두 옵션에 등장하는 "우크라이나"와 "브라질"의 상황들은 모두 옥수수 가격이 상승한 것에 대한 이유이기 때문에
     정답이 될 수 없다.

---

30. 음성녹음에 의하면, 12월의 쌀 가격 상승의 주요 원인은 ...였다.

   a) 아시아의 공급과잉

   b) 인도의 공급 통제

   c) 세계 수출국들 간의 더 높은 경쟁

<u>체크 포인트</u>   `문단9`

   "El arroz registró un aumento en su precio de un 1,6% en diciembre (...) dadas **las restricciones
   para la venta impuestas en el mercado de la India**..."
   (쌀은 12월에 전달보다 1.6% 높은 가격 상승을 기록했다. 이것은 (...) **인도 시장에서 적용된 판매 규제**(...)에 원인을 두고
   있다)

`정답` **b)** el control de suministro en la India.

<u>오답 포인트</u>   `문단9`

   a) "...debido a <u>las compras en Asia</u>..."
     (<u>아시아의 구매</u>(...)에 원인을 두고 있다)

   c) "...<u>una menor competencia</u> entre los exportadores..."
     (수출국들 간의 <u>더 낮은 경쟁</u>)

Tarea 5 Vocabulario

지시문

agrícola: 농업의

질문

bélico/a: 전쟁의
epidemia: 전염병, 유행병
índice: 지수, 율
trigo: 밀
incrementar: 증가시키다
fijado/a: 고정된
disminuir: 줄어들다
cosecha: 수확, 작황
exceso: 과잉
oferta: 제공, 공급
suministro: 공급

스크립트

문단 1
ceder: 약해지다, 누그러지다
secuela: 여파, 후유증
fractura: 파괴, 분열
cadena: 연쇄, 연속

문단 2
agricultura: 농업
marca: 평점, 점수

문단 4
medir: 측정하다, 재다
categoría: 품목, 종류
disponibilidad: 가용성
inventario: 재고, 재고 목록

문단 5
registrar: 기록하다

문단 6
logístico/a: 물류 관리의
meteorológico/a: 기상 현상의
demanda: 수요

문단 7
siembra: 파종, 씨 뿌리기

문단 8
cebada: 보리
sorgo: 수수
procesamiento: 가공, 처리
alimentos balanceados: (완전 배합) 사료
ganadero/a: 목축의 축산의

문단 9
impuesto/a: 강요된, 부과된
escasez: 부족, 흉년
temor: 두려움, 걱정
fenómeno: 현상

265

Prueba

EXPRESIÓN E INTERACCIÓN ESCRITAS

작문 시험 전 꼭 기억하기!

◼ 시작하기 전에

- 이 Tarea에서는 여러 종류의 글을 작문하는 능력을 요구하는데, 주로 묘사, 분석, 설명, 논설을 다룬다. 시험 전에 여러 가지 주제에 대한 이런 유형의 작문 연습을 많이 해두어야 한다.

- Tarea 1의 음성녹음 재생 순서를 바꿀 수 없으므로 Tarea 1 작문부터 해야 한다.

- 80분의 시간을 어떻게 분배할지, 답안지에 최종 작문을 언제부터 할지 미리 계산해 두어야 한다. 답안지 작성은 되도록 빨리 시작하는 것이 좋다.

- 답안지와 함께 무지 연습 종이도 주어지므로, 앞뒤에 각 Tarea의 초안을 준비할 수 있다. 이 종이도 시험시간이 완료되었을 때 제출해야 한다.

◼ 작문 구성을 할 때

- DELE B2에서 요구되는 작문 단어 수는 각 Tarea마다 150-180자이다. 단어 수를 반드시 고려해서 작성해야 한다.

- 지시문에서 요구되는 글의 유형을 꼭 지켜야 한다.

- 지시문에서 나열되는 요구사항은 하나도 빠짐없이 포함시켜야 한다.

- 생각보다 시간이 부족할 수 있기 때문에, 연습 용지에 작성하는 초안은 최대한 빠른 시간 내로 간결하게 적는 것이 좋다. 기본 구조를 잡은 후에는 답안지에 바로 작문을 작성하는 것을 추천한다.

- DELE B2에서는 중-고급 수준의 언어능력을 갖추고 있는지 평가하므로, 더 기술적이고 풍부한 어휘와 난이도 있는 문법구조를 활용해야 한다.

- 더 높은 어휘력 수준을 보여주기 위해 비교적 어려운 단어를 사용하는 것이 좋다.

예시 "hacer" 대신 "realizar"

- 같은 단어의 반복 사용을 피하고 되도록 동의어로 대체한다.

- 글의 자연스러운 흐름과 일관성을 위해 인칭대명사, 지시대명사, 부사, 접속사 등 다양한 연결 표현을 사용하는 것이 중요하다.

▣ 답안지에 옮길 때

- 답안지는 총 4장이 주어지며, 각 Tarea의 답안지에 해당되는 작문을 작성해야 한다.
- Tarea 2에서는 두 가지 옵션 중 하나를 선택해야 하며, 답안지에 반드시 어떤 옵션을 작문하였는지 표시한다.

답안지 예

DELE

Fecha de examen:
Inscripción: **240438000101047709999**

Examen: **DELE B2**
Prueba: **Expresión e interacción escritas**
Centro: **Instituto Cervantes de Seúl**
Candidato:

PARA CUMPLIMENTAR POR EL CENTRO DE EXAMEN: ☐ No presentado ☐ No se califica

Tarea 1. Escriba la respuesta ÚNICAMENTE dentro del cuadro.

Página 1 de 4

DELE

Fecha de examen:
Inscripción: **240438000101047709999**

Examen: **DELE B2**
Prueba: **Expresión e interacción escritas**
Centro: **Instituto Cervantes de Seúl**
Candidato:

Tarea 2. Escriba la respuesta ÚNICAMENTE dentro del cuadro.

Página 3 de 4

DELE B2 작문 영역

DELE B2 작문 시험 개요

❶ 시험 시간: 80분

❷ Tarea 수: 2개

❸ 문제 수: 주관식 2문항

Tarea 1	음성녹음을 듣고 해당 주제와 관련된 **편지 쓰기**	1 문항
Tarea 2	그래프 또는 **짧은 텍스트**를 기반으로 **글쓰기**	1 문항

Tarea 1

음성녹음을 듣고 해당 주제와 관련된 편지 쓰기

---

1 Tarea 설명

이 Tarea에서는 정보를 주는 내용의 음성녹음을 듣고 150~180자 길이의 형식적 또는 비형식적 유형의 편지글을 써야 한다.

의견과 주장이 확실하고 자세하게 구성되어 있어야 하며, 장르의 형식과 특성을 지켜야 한다.

녹음 내용은 200~250자 길이의 기사, 광고 또는 논평일 확률이 높다.

---

2 문제 공략법

지시문 읽기 → 편지글의 유형 및 요구사항 확인하기 → 1차 듣기 하며 키워드 및 필요한 정보 메모하기 →

2차 듣기 하며 추가 정보 메모하기 → 연습 용지에 내용 구상 및 기본 구조 정리하기 → 답안지에 최종 작문하기 → 단어 수 확인 및 오류 검사하기

☑ 주어진 요구사항을 충족하며, 음성녹음에서 나오는 텍스트 내용과 연결시켜 작문하는 것이 이 Tarea의 핵심 포인트이다. 따라서, 주어진 요구사항과 텍스트 내용을 정확하게 이해해야 좋은 글을 작성할 수 있다.

☑ 편지글의 구성 및 순서(인사, 본론, 작별 인사)를 미리 정확하게 숙지해 두어야 한다.

☑ 지시문에서 편지글의 유형과 목적, 보내는 이, 받는 이의 상황을 반드시 파악해야 한다.

☑ 음성녹음이 재생되기 전에 미리 지시문에서 어떤 요구사항들이 주어지는지 확인해야 필요한 정보를 정확히 들을 수 있다.

☑ 음성녹음에서 작문을 위한 중요한 정보가 나오기 때문에, 듣는 동안 키워드 및 간단한 정보를 빠르게 메모를 해두어야 한다.

☑ 음성녹음은 두 번 재생된다. 1차 듣기에서 메모해 둔 정보를 2차 듣기 때 확인하고 자세한 사항들을 추가해 보자.

① 형식적 편지

서두	Estimado señor: Estimados señores: A quien corresponda:
소개	Mi nombre es [이름+성] y soy [성별일치 명사]

동기 설명	Le(s) escribo Me pongo en contacto con usted(es) $+$ Me dirijo a usted(es)	para con el fin de $+$ [동사원형] con el objetivo de
	El motivo de esta carta es $+$	[동사원형] que [직설법]

정보 전달	He escuchado He oído Me he enterado de $+$ Me he informado de	que [직설법] una noticia que dice que [직설법] un anuncio que habla de [명사]

우려 표현	Me preocupa Me inquieta Es preocupante Es inquietante $+$ Es alarmante Es un problema	que [접속법 현재/현재완료]

대책 제안	Será $+$	bueno una buena idea $+$ una buena medida	[동사원형] que [접속법 현재]
	Sería $+$	bueno una buena idea $+$ una buena medida	[동사원형] que [접속법 불완료과거]
	Le(s) $+$	pido propongo sugiero $+$ ruego	que [접속법 현재]
	Me gustaría Querría $+$ Quisiera	pedirle(s) proponerle(s) $+$ sugerirle(s)	que [접속법 불완료과거]
	Le(s) agradecería mucho $+$ si [접속법 불완료과거]		

마무리	Espero que pueda(n) $+$	tomar medidas $+$ considerar las propuestas	para [동사원형] para que [접속법 현재]

답변 요청	Espero poder recibir una respuesta positiva de su parte. Espero que me responda(n) lo antes posible.
감사	Le(s) agradezco su atención. Muchas gracias de antemano.

작별 인사	Atentamente, Cordialmente, Saludos cordiales,			
서명	[이름+성]			

② 비형식적 편지

서두	Querido/a amigo/a: Querido/a [친구 이름]:			
안부	¿Cómo estás? ¿Cómo te encuentras? ¿Cómo te va todo? ¿Qué tal todo?	+	Soy [이름]	
동기 설명	Te escribo	+	para [동사원형] para que [접속법]	
정보 전달	Me han dicho Me han comentado	+	que [직설법]	
	He escuchado He oído Me he enterado de	+	que [직설법] una noticia que dice que [직설법] un anuncio que habla de [명사]	
	¿Has escuchado ¿Has oído ¿Te has enterado de	+	que [직설법]? la noticia que dice que [직설법]? el anuncio que habla de [명사]?	
제안	Será	+	bueno una buena idea una buena medida	+	[동사원형] que [접속법 현재]
	Esta será una buena oportunidad			+	para [동사원형] para que [접속법 현재]
	Te propongo Quiero			+	[동사원형] que [접속법 현재]
만남 약속	¿Qué te parece si quedamos / nos encontramos ¿Por qué no quedamos / nos encontramos Será mejor que quedemos / nos encontremos	+	[시간/장소]	
답변 요청	Llámame cuando puedas. Llámame cuando tengas tiempo. Escríbeme en cuanto leas esta carta. Espero que me respondas pronto. Espero tu respuesta.			
작별 인사	Un beso, / Besos, Un abrazo, / Abrazos,			
서명	[이름]			

Tarea 1 연습 문제

MP3
음성 듣기

INSTRUCCIONES

Usted es un/a ciudadano/a que ha notado una gran diferencia en su factura de la luz de este mes y le preocupa que el precio de consumo siga subiendo. Ha escuchado en las noticias los motivos de dicha subida y quiere escribirle una carta al director de su compañía eléctrica para expresar su rechazo a esta situación y proponerle soluciones alternativas. Escuchará la audición con la noticia dos veces. Tome notas para luego utilizarlas en su carta. En la carta deberá:

- presentarse;
- explicar el motivo de la carta;
- exponer las consecuencias que, en su opinión, está provocando la continua subida de la luz;
- proponer algunas formas alternativas de solucionar el problema.

Número de palabras: **entre 150 y 180**.

❖ *Notas*

지시문

당신은 이번 달 전기 요금 청구서에서 큰 금액 차이가 있다는 것을 깨닫고, 소비자 가격이 계속 오를 것을 우려하는 시민입니다. 뉴스에서 앞서 언급된 요금 상승의 원인들을 듣게 되었고, 이 상황에 대한 거부 의사와 대안 해결책을 제안하기 위해 전기회사 책임자에게 편지를 쓰기로 결정했습니다. 뉴스 음성녹음은 두 번 들을 것입니다. 이후에 편지에 활용하기 위한 메모를 하세요. 편지에는:

- 자신을 소개해야 합니다.
- 편지의 동기를 설명해야 합니다.
- 당신이 생각하기에 이 지속적인 전기 요금 상승이 가져오는 결과들을 밝혀야 합니다.
- 이 문제를 해결하기 위한 몇 가지 대안 방식을 제안해야 합니다.

단어 수: **150–180**

◀((· AUDIO ·))▶

NARRADOR: Usted va a escuchar una noticia relacionada con la factura de la luz.

En 2022, el consumidor medio pagaba alrededor de 79€ al mes por la factura de la luz, lo que supone un incremento del 40% respecto al año anterior. En 2023, aunque la subida de la factura de la luz persistió, fue menos pronunciada, situándose en un promedio de 74€.

Es necesario considerar que, desde junio del año pasado entró en vigor una nueva tarifa de la luz que implementa la discriminación horaria a todos los consumidores del mercado regulado con tres tramos horarios diferentes: hora punta, llana y valle. Y, debido a los altos costes del gas, el precio de la luz se disparó a partir de esta modificación.

Con el fin de mitigar este aumento, el Gobierno adoptó diversas acciones. Entre ellas se incluye la disminución del IVA de la luz del 21% al 5% para los usuarios domésticos, así como la suspensión del impuesto sobre la generación eléctrica. También se rebajó el impuesto sobre la electricidad y se ampliaron los descuentos del bono social.

A pesar de estas acciones, la situación aún no parece resuelta y no hay indicios de que mejore a corto plazo, dado que los mercados internacionales continúan bajo presión y el conflicto entre Rusia y Ucrania persiste. En la Unión Europea, cada vez cobra más fuerza la idea de desvincular el precio del gas del resultado del mercado eléctrico mayorista.

(Adaptado de https://www.repsol.es/particulares/asesoramiento-consumo/subida-precio-luz)

소개: 당신은 전기요금과 관련된 뉴스를 들을 것입니다.

2022년도에 평균 소비자는 한 달에 약 79유로를 전기 요금으로 납부했는데, 이 수치는 이전 연도에 비해 40% 증가를 의미합니다. 2023년에는, 비록 전기 요금 상승이 지속되긴 하였으나, 덜 두드러져 보였으며 평균 74유로에 그쳤습니다.

작년 6월부터 효력을 발생하는 새로운 전기 요금제는 시장의 모든 소비자들에게 혼잡, 일반, 한산 등 세 가지의 시간대에 따른 차등 부과를 실시합니다. 또한, 높아진 가스 요금으로 인해 전기세도 이 제도 변경과 함께 폭등했습니다.

이 요금 상승을 진정시키기 위해, 정부는 다양한 행동을 취했는데요. 그중 개인 사용자들을 위한 21%에서 5%로의 부가가치세 감면과 전기발전에 대한 세금 면제를 포함하고 있습니다. 또한, 전기에 대한 세금도 인하하였고, 취약계층 바우처의 비용 할인도 더 늘렸습니다.

이러한 행보에도 불구하고, 상황은 해결되지 않아 보이며 단기적으로는 개선될 징후가 보이지 않습니다. 국제시장의 부담이 크고 러시아와 우크라이나 간의 갈등이 오래 지속되고 있기 때문인데요. 유럽 연합에서는 도매전력 시장의 결과에서 가스비를 분리하자는 생각이 점점 더 기승하고 있습니다.

▶ 작문 구상

글 유형	형식적 편지
서두	Estimado señor: 담당자 귀하:
소개	Mi nombre es … y soy … 저의 이름은 …이고 …입니다.
동기	Me pongo en contacto con usted ya que … 제가 연락을 드리는 이유는 … 때문입니다. Me preocupa mucho que … 저는 … 것이 매우 걱정됩니다. Me gustaría … … 해드리고 싶습니다.
요금 상승의 결과	De hecho, mis familiares y amigos ya … 사실상 저의 가족과 친구들은 이미 … Esto se debe a que … 이것은 … 때문입니다.
대책 제안	Entiendo que … … 것은 저도 잘 알고 있습니다. Pero quizá puedan … 하지만 어쩌면 (귀사 측에서) … 할 수 있을 것 같습니다. Por favor, le ruego que … 부디 … 것을 간청 드립니다.
감사	Muchas gracias de antemano. 미리 감사드립니다.
작별 인사	Atentamente, 정중히,
서명	이름 + 성

▶ 모범 답안

Estimado señor:

Mi nombre es Javier Ponceda y soy usuario de su compañía desde hace muchos años.

Me pongo en contacto con usted ya que he notado una gran diferencia en mi factura de la luz de este mes y he escuchado que este aumento empezó hace unos años y todavía continúa. Me preocupa mucho que el precio de consumo siga subiendo y me gustaría expresar mi rechazo a esta situación y proponerle soluciones alternativas.

De hecho, mis familiares y amigos ya se encuentran bajo presión debido a la subida. No pueden disfrutar mucho de actividades recreativas que necesitan la electricidad, como ver la televisión, y tratan de utilizar menos los aparatos de calefacción. Esto se debe a que les preocupa que la próxima factura suba demasiado.

Entiendo que la situación internacional actual los ha obligado a elevar los precios de la luz, pero quizá puedan mejorar la eficiencia energética construyendo centrales para invertir en la energía solar. Por favor, le ruego que considere otras alternativas para solucionar el problema.

Muchas gracias de antemano.

Atentamente,
Javier Ponceda

(177 palabras)

▶ 모범 답안 해석

담당자 귀하:

저의 이름은 하비에르 폰세다이고 귀사의 오래된 이용자입니다.

제가 연락을 드리는 이유는 이번 달 요금에서 큰 차이를 보게 되었고, 이 요금 상승이 몇 년 전에 시작되었으며 아직 지속되고 있다고 들었기 때문입니다. 저는 요금이 계속 올라가는 것이 매우 걱정되고, 이 상황에 대한 거부 의사를 표현하고 대안 해결책을 제안해 드리고 싶습니다.

사실상 저의 가족과 친구들은 이미 요금 상승으로 인한 압박을 받고 있습니다. 그들은 TV 시청과도 같이 전기를 필요로 하는 여가활동을 많이 즐기지 못하고 있으며 난방기기를 덜 사용하려고 노력합니다. 이것은 다음 달 고지서가 지나치게 오르는 것이 걱정되기 때문입니다.

국제 상황이 비용의 상승을 이끌고 있다는 것은 저도 잘 알고 있습니다만, 어쩌면 태양에너지에 투자하기 위한 발전소 건설을 통해 에너지 효율을 개선할 수 있을 것 같습니다. 부디 다른 대책을 고려하는 것을 간청 드립니다.

미리 감사드립니다.

정중히,
하비에르 폰세다

factura de (la) luz: 전기요금 청구서

rechazo: 거절, 거부 반응

문단 1

medio: 중간의, 평균의

persistir: 지속하다, 계속하다

pronunciar: 강조하다, 두드러지게 하다

promedio: 평균, 표준

문단 2

entrar en vigor: 효력이 발생하다

tarifa: 가격, 요금

discriminación: 차별, 차등

regular: 규정하다

tramo: 구간

hora punta: 혼잡 시간대

hora llana: 일반 시간대

hora valle: 한산한 시간대

dispararse: 폭주하다, 지나치게 상승하다

modificación: 수정, 변경

문단 3

mitigar: 완화시키다, 진정시키다

IVA: (Impuesto de Valor Agregado) 부가가치세

doméstico/a: 가정의, 집의

suspensión: 중지, 정지

rebajar: 내리다

ampliar: 넓히다, 늘리다

문단 4

indicio: 징후, 전조

a corto plazo: 단기적으로

conflicto: 분쟁, 갈등

cobrar fuerza: 기승하다

desvincular: 해방하다, 풀어놓다

mayorista: 도매의

ponerse en contacto con + 명: ~와 연락하다

estar bajo presión: 압박을 받다

actividades recreativas: 여가활동

aparato: 기기

eficiencia: 능률, 효율

central: 발전소

rogar: 간청하다

de antemano: 미리, 앞서

Tarea 2

그래프 또는 짧은 텍스트를 기반으로 글쓰기

---

1 Tarea 설명 ─────────────────────────────────────

이 Tarea에서는 그래프 또는 짧은 텍스트를 기반으로 잡지, 신문이나 블로그에 실릴 주장, 평가 및 의견을 표현하는 150–180자 길이의 공식적 문서 유형의 글을 써야 한다.

두 가지 옵션 중 **한 가지만** 선택해야 한다.

☑ 옵션 1: 그래프 또는 보드에서 보이는 데이터를 분석하는 기사 글쓰기
☑ 옵션 2: 뉴스, 리뷰, 작품의 개요 등에 기반하는 200–250자 길이의 텍스트를 읽고 기사 글 또는 논평 쓰기

---

2 문제 공략법 ─────────────────────────────────────

지시문 읽기 → 옵션 택일하기 → 해당 옵션의 그래프 또는 짧은 지문 읽기

글의 유형 및 요구사항 확인하기 → 연습 용지에 내용 구상 및 기본 구조 정리하기 → 답안지에 최종 작문하기 → 단어 수 확인 및 오류 검사하기

☑ 두 가지 옵션 중에 조금이라도 더 자신 있는 주제가 있다면 반드시 그 옵션을 골라야 한다. 한번 선택한 옵션은 후회하지 않고 끝까지 작문한다.

☑ 답안지 테두리 안에 반드시 선택한 옵션을 표기해야 한다. 그렇지 않을 경우, 해당 옵션 작문이 무효처리가 되고 점수를 받지 못하게 될 수 있다.

☑ 개인 의견을 표현하는 Tarea이므로 관련된 표현을 미리 익혀 둔다.

☑ 시험 종료시간이 다가오면, 시험관이 15분이 남았다는 것을 알려줄 것이다. 이미 시작하지 않았다면, 늦어도 이 순간부터는 반드시 답안지에 원고를 깨끗하게 옮겨 쓰기 시작해야 한다. 마지막 5분 동안은 최종 점검과 오류 수정에 집중하자.

☑ 답안지, 문제지와 연습 종이를 제출한 후에는 시험장에서 퇴장해도 된다는 시험관의 지시사항을 기다린다.

☑ 정확한 시간에 맞추어 참석할 수 있도록, 회화 시험의 날짜 및 시간을 확인해야 한다. 필기시험과 같은 날이거나 다른 날일 수 있다.

▶ 서론 및 결론

서론: 주제 소개	[명사/동사원형]	+	tiene una gran importancia es sumamente importante	+	porque ya que dado que puesto que	+ [직설법]
				+	debido a gracias a	+ [명사]
		+ juega un papel fundamental en [명사]				
		+	expresa la necesidad de nos ayuda a nos sirve para es una herramienta para es un instrumento para	+	[동사원형]	
결론: 대책 제안	En conclusión, Para concluir,	+ [직설법]				
	Hay que Se debe El gobierno debe	+	crear desarrollar fomentar implementar impulsar plantear promover proponer	+	una ley una medida una alternativa un sistema	+ que [접속법 현재]
		+ esforzarse		+ por [동사원형]		
	Debemos Necesitamos	+	concienciarnos tener conciencia ser conscientes	+	de [명사] de que [직설법]	
		+ esforzarnos		+ por [동사원형]		

▶ 그래프 분석

전반적 비교	En general, Generalmente, A rasgos generales, Los resultados generales indican que		+ [직설법]	
중요 내용	Debemos / Necesitamos / Hay que	+	destacar resaltar	+	[명사] que [직설법]
	El dato más destacado es que		+ [직설법]		

비율 분석	최상급 구조 활용하기					
	[A]	+	tiene / muestra / presenta	+	el mayor/menor porcentaje / el porcentaje más alto/bajo	
	비교 구조 활용하기					
	[A]	+	tiene / muestra / presenta	+ un porcentaje más alto/bajo que	+	[B]
	전반적 비율 표현하기					
	La mayoría / Más de la mitad / Muchos / Menos de la mitad / Solo unos pocos		+ de [A]	+ [직설법]		
	순위 및 구체적인 수치 언급하기					
	[A] + ocupa el primer/segundo/último lugar + con un OO por ciento					
	El OO por ciento de [A] / Más/Menos del OO por ciento de [A]		+ [직설법]			
	퍼센티지 동의어 활용하기					
	El porcentaje / La proporción / La tasa					
	대조 표현하기					
	[A문장].	+	Mientras tanto, / Por otro lado, / No obstante, / Sin embargo,	+ [B문장].		
	Mientras que [A문장]. + [B문장].					
	[A문장]. + mientras que [B문장].					

문제 제기	Es sorprendente / Es preocupante / Es alarmante + que [접속법 현재/현재완료]					
	Hay / Existe(n)	+	problemas / una diferencia / una brecha / una disparidad / una desigualdad / una discrepancia / un desequilibrio	+ social(es) / cultural(es) / generacional(es) / económico/a(s) / tecnológico/a(s)	+ (cada vez) más	+ grandes(s) / grave(s) / importante(s)

INSTRUCCIONES

Elija solo <u>una</u> de las dos opciones que se le ofrecen a continuación:

OPCIÓN 1

Usted colabora con una revista universitaria y le han pedido que escriba un artículo sobre los problemas psicológicos que sufren con más frecuencia los jóvenes. En el artículo debe incluir y analizar la información que aparece en el siguiente gráfico:

Problemas psicológicos experimentados por los jóvenes

Redacte un texto en el que deberá:

- comentar la importancia que tiene la salud mental para los jóvenes;
- comparar de forma general los porcentajes de los distintos problemas psicosociales;
- destacar los datos que considere más relevantes;
- expresar su opinión sobre la información recogida en el gráfico;
- elaborar una conclusión en la que se aborden las medidas que se podrían tomar para mejorar esta situación.

Número de palabras: **entre 150 y 180**.

❖ Notas

지시문

아래에 제공되는 두 가지 옵션 중 <u>하나만</u> 선택하십시오.

옵션 1

당신은 대학교 잡지와 협력을 하는데, 청년들이 가장 높은 빈도로 겪는 심리적 문제에 대한 기사 글 작성을 요청받았습니다. 이 기사에는 다음 그래프의 정보를 포함시키고 분석해야 합니다.

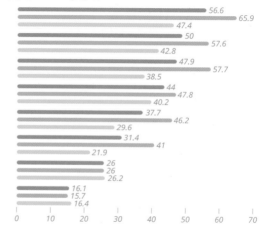

청년들이 경험하는 심리적 문제들

작문하는 글에는:

- 청년들에게 정신건강이 가지고 있는 중요성을 언급해야 합니다.
- 여러 심리 사회적 문제들의 퍼센티지를 전반적으로 비교해야 합니다.
- 가장 중요하게 여기는 데이터를 강조해야 합니다.
- 그래프에서 보이는 정보에 대해 의견을 표현해야 합니다.
- 이 상황을 개선할 대책들이 다뤄지는 결론을 작성해야 합니다.

단어 수: 150-180

desesperanza: 절망
cansancio: 피로
apetito: 식욕, 입맛
euforia: 행복감, 희열
pastilla: 알약

concienciar: 자각시키다, 인식시키다
tasa: 비율
productividad: 생산성
trastornos: 혼란, 장애
intervención: 간섭, 개입

■ 작문 시험 전 꼭 외워두기 (TAREA 2: 옵션 2 – 기사 또는 논평 쓰기)

➡️ **서론 및 결론** (* 280 페이지 참조)

➡️ **텍스트 분석**

개인적 의견	En mi opinión, Personalmente, Desde mi perspectiva, Desde mi punto de vista, Considero que Creo que Pienso que Opino que Me parece que		+	[직설법]	
개인적 경험	En mi caso particular.		+	[직설법]	
조언	Deben / Tienen que / Hay que			+	[동사원형]
	Es	+	importante esencial fundamental primordial vital imprescindible indispensable necesario obligatorio	+	[동사원형] que [접속법 현재]
	[3인칭 복수 명령형]				
내용 나열	En primer lugar, Primero, Para empezar, En segundo lugar, Segundo, Además, Asimismo, Por otro lado, Por último,		+	[직설법]	

288

▶ 작품 및 행사 분석

소개	[작품] [행사]	+	se trata de se basa en consiste en	+	[명사] [동사원형]		
분석 (배우)	[주어] Los actores	+	[타동사] describieron expresaron interpretaron presentaron representaron	+	[부사] con claridad con excelencia con perfección	+	[목적어] las emociones los sentimientos a los personajes
	[주어] La interpretación La representación	+	de los actores	+	[동사] fue + estuvo	+	[보어] excelente fascinante perfecta + muy bien
분석 (행사)	El evento fue	+	adecuado apropiado apto conveniente	+	para [동사원형] para que [접속법 불완료과거]		
반응 (관객/ 대중)	El público La audiencia Los espectadores	+	aplaudió / aplaudieron rió / rieron lloró / lloraron se sorprendió / se sorprendieron se quedó dormido/a / se quedaron dormidos se quedó sentado/a / se quedaron sentados + pensando				
반응 (미디어)	Los medios	+	comentaron destacaron resaltaron criticaron	+	[명사] que [직설법]		
추천	Me gustaría recomendarles	+	[동사원형] que [접속법 과거]	+	porque ya que dado que puesto que + para [동사원형]	+	[직설법]

OPCIÓN 2

Usted leyó ayer las medidas de seguridad de la Policía Nacional en una vía pública y ha decidido difundir esta información en su blog personal ofreciendo una serie de consejos para prevenir a los turistas que visitan España. A continuación puede ver la información proporcionada por las fuerzas de la seguridad:

Manténgase seguro en la calle:

- Tenga precaución cuando vaya a una entidad bancaria y retire dinero. Asegúrese de que no le siguen al salir.

- Evite choques con otras personas o que se le acerquen demasiado. Desconfíe de los ofrecimientos en la calle para prestarle cualquier tipo de ayuda, ya que pueden aprovechar la oportunidad para robarle su cartera.

- No pierda de vista sus pertenencias. Mantenga los bolsos siempre cerrados y sujetos. Si lleva teléfonos móviles, carteras u otros objetos en bolsillos de pantalones o chaquetas, sujete bien sus pertenencias y no las pierda de vista. Guarde su dinero y objetos de valor en bolsillos interiores o en sitios que no sean accesibles. Camine siempre cerca de la pared para prevenir tirones.

- Evite llevar grandes cantidades de dinero.

- Guarde su pasaporte en el hotel, preferiblemente en la caja fuerte.

- Anote los datos de identificación de los objetos de valor que posea y guárdelos: el objeto, la marca, el modelo y el número de serie o fabricación. Indíquelos a la hora de realizar su denuncia.

- Desconfíe de las personas que le ofrecen el cambio de moneda más económico. Acuda siempre a establecimientos de cambio autorizados.

- En caso de robo, llame a la Policía Nacional (091), a la Guardia Civil (062) o a Emergencias (112) para recibir asistencia o denunciar.

(Adaptado de https://www.guardiacivil.es/es/servicios/consejos/turistas.html)

Redacte una entrada de blog en la que deberá:

- hacer una pequeña introducción sobre la importancia de tener precaución durante un viaje;

- dar consejos para prevenir hurtos;

- elaborar una lista de instrucciones de actuación en caso de robo;

- contar algún caso de hurto específico que le haya pasado a usted o que haya presenciado y su repercusión.

Número de palabras: **entre 150 y 180**.

❖ Notas

옵션 2

당신은 한 공공도로에서 경찰청의 안전대책을 읽었고 스페인을 방문하는 관광객들을 주의시켜주기 위한 조언들을 제공하면서 개인 블로그에 이 정보를 올리기로 결정했습니다. 이어서 경찰이 제공하는 정보를 볼 수 있습니다.

> 길에서 안전하게 다니세요:
> - 은행기관에 가서 현금을 인출할 때 주의하세요. 나올 때 누군가 따라오지는 않는지 확인하세요.
> - 다른 사람들과 부딪히거나 지나치게 가까이 있는 것을 피하세요. 길에서 제공되는 모든 종류의 도움을 의심하세요. 당신의 지갑을 훔치기 위한 기회로 활용할 수 있습니다.
> - 소지품을 시야에서 놓치지 마세요. 가방은 항상 닫아두고 메고 있어야 합니다. 핸드폰, 지갑 또는 다른 물품을 바지나 재킷 주머니에 가지고 다닐 때에는, 소지품을 잘 넣어두고 방심하면 안 됩니다. 현금과 귀중품은 안주머니 또는 손이 닿지 않는 곳에 보관하세요. 잡아당길 수 없도록 항상 벽 쪽으로 걸어 다니세요.
> - 많은 양의 현금을 가지고 다니지 마세요.
> - 여권은 호텔에, 되도록 금고에 보관하세요.
> - 소지하고 있는 귀중품의 물품, 상표, 모델명과 일련번호 등의 식별 정보를 메모하고 보관하세요. 신고할 때 이 정보를 알려주세요.
> - 더 저렴한 환전을 제안하는 사람들을 의심하세요. 항상 공증된 환전 시설을 방문하세요.
> - 도난을 당했을 경우, 경찰(091), 헌병대(062) 또는 긴급 구조대(112)에 도움을 청하거나 신고하기 위해 전화하세요.

작문하는 블로그 게시물에는:
- 여행 중 예방의 중요성에 대한 간단한 서론을 써야 합니다.
- 도난을 방지할 조언을 해야 합니다.
- 도난을 당했을 경우의 행동 요령 리스트를 작성해야 합니다.
- 당신이 직접 겪었거나 목격한 구체적인 도난 사건과 결과를 이야기해야 합니다.

단어 수: 150-180

▶ 작문 구상

글 유형	개인 블로그 게시물
서론: 중요성	... es una actividad muy agradable, pero siempre es importante ... ...은 매우 즐거운 활동이지만, ... 것은 항상 중요합니다.
조언	▶ **내용 시작 알리기** Me gustaría ofrecerles algunos consejos de ... ...에 대한 몇 가지 권장사항을 공유해 드리고 싶습니다. ▶ **자연스럽게 나열하기** Primero, ... 먼저, ... Además, ... 또한, ... ▶ **주로 의무 표현 활용하기** Deben ... ... 해야 합니다. No hay que ... ... 해서는 안 됩니다. Es necesario ... ... 것은 필수입니다.
행동 요령 리스트	En caso de ...., pueden ... para hacer una denuncia o recibir ayuda. ... 경우에는, 신고하거나 도움을 요청하기 위해 ... 할 수 있습니다.
구체적인 사건 언급	De hecho, yo también he presenciado ... 사실 저는 ...을 직접 목격했습니다. Sé que es horrible ... ... 것이 끔찍한 일이라는 것을 알고 있습니다.

▶ 모범 답안

Viajar es una actividad muy agradable, pero siempre es importante tomar medidas de seguridad para evitar que esta experiencia se vuelva traumática.

De hecho, yo también he presenciado varios robos a turistas en el metro y sé que es horrible quedarse sin nada y no saber qué hacer, especialmente con la dificultad de hablar en español para hacer una denuncia. Por eso me gustaría ofrecerles algunos consejos de seguridad.

Primero, dejen el pasaporte en el hotel, anoten los datos de sus objetos para recuperarlos más fácilmente en algún caso de hurto y cuiden sus pertenencias siempre. Deben tener sus bolsos cerrados, sujetos, a la vista y cerca de la pared para evitar tirones. No hay que hablar con las personas que se les acerquen por la calle y llevar grandes cantidades de dinero. Además, es necesario tener cuidado al salir del banco.

En caso de robo, pueden llamar a la Policía Nacional (091), a la Guardia Civil (062) o a Emergencias (112) para hacer una denuncia o recibir ayuda.

(169 palabras)

▶ 모범 답안 해석

여행은 매우 즐거운 활동이지만, 충격적인 경험이 되지 않도록 안전대책을 세우는 것은 항상 중요하죠.

사실 저는 지하철에서 관광객들에 대한 여러 번의 강도 사건을 직접 목격했고, 아무것도 없이 남겨지고 어떻게 해야 할지 모르는 것이 끔찍한 일이라는 것을 알고 있어요. 특히나 신고를 하기 위해 스페인어로 말해야 하는 어려움과 함께 말이에요. 그래서 몇 가지 안전 권장사항을 공유해 드리고 싶어요.

먼저, 여권은 호텔에 놔두시고, 도난의 경우 쉽게 되찾을 수 있도록 물품의 정보를 메모해두세요. 매 순간 소지품을 감시해야 합니다. 가방은 닫혀 있고 단단히 메어진 상태로 잘 보이는 곳에 있어야 하며 갑자기 당겨 가져가지 않도록 벽 가까이에 두어야 해요. 길에서 다가오는 사람들과 이야기하거나 많은 양의 현금을 가지고 다녀서는 안돼요. 또한, 은행에서 나올 때 조심하는 것은 필수입니다.

도난을 당한 경우에는, 경찰(091), 헌병대(062) 또는 긴급 구조대(112)에 신고하거나 도움을 요청하세요.

difundir: 보급하다, 유포하다

prevenir: 예방하다, 경고하다

fuerza: (복수) 부대, 군

entidad: 기관

retirar: 회수하다, 찾다

desconfiar de + 명: ～을 의심하다

ofrecimiento: 제공

prestar ayuda: 도움을 제공하다

aprovechar: 이용하다, 활용하다

perder de vista + 명: ～을 시야에서 놓치다

pertenencia: 소유물

sujeto/a: 고정 되어있는

identificación: 식별

cambio de moneda: 환전

autorizar: 허가하다, 공증하다

Guardia Civil: 헌병대

Emergencias: 응급실, 긴급 구조대

hurto: 도난, 절도

실전 문제 1

Tarea 1

INSTRUCCIONES

Usted ha recibido un mensaje de audio de su amiga en el que le cuenta un viaje reciente que ha hecho a España y le pide que usted comparta con ella su experiencia sobre su último viaje. Escuchará la audición dos veces. Tome notas para luego utilizarlas en su carta. En la carta deberá:

- saludar y comentar la experiencia de su amiga en España;

- explicar adónde fue de viaje y qué hizo en cada sitio;

- comentar su impresión sobre la gente local y la comida;

- invitar a su amiga a viajar juntos/as en el futuro;

- despedirse.

Número de palabras: **entre 150 y 180**.

❖ Notas

Tarea 2

OPCIÓN 1

Usted colabora con una revista universitaria y le han pedido que escriba un artículo sobre los principales problemas de España. En el artículo debe incluir y analizar la información que aparece en el siguiente gráfico:

Principales problemas de España

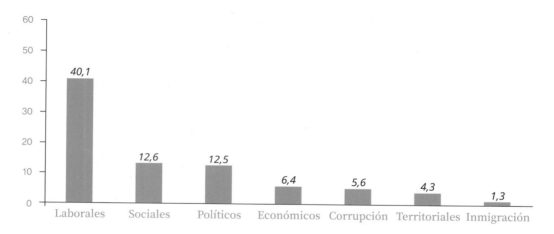

Redacte un texto en el que deberá:

- hacer referencia a los principales factores que ocasionan problemas en España;
- comparar de forma general los porcentajes de los distintos problemas;
- destacar los datos que considere más relevantes;
- expresar su opinión sobre la información recogida en el gráfico;
- elaborar una conclusión en la que se aborden las medidas que se podrían tomar para mejorar esta situación.

Número de palabras: **entre 150 y 180**.

Usted leyó ayer las medidas de prevención de estafas telefónicas y ha decidido difundir esta información en su blog personal ofreciendo una serie de consejos para prevenir a la sociedad. A continuación puede ver la información proporcionada sobre las estafas telefónicas:

---

10 consejos para prevenir estafas telefónicas:

1. Si fuiste víctima de *SIM Swapping*, revisa todas tus cuentas bancarias y diferentes servicios que contengan información importante y cambia todas tus contraseñas.
2. No contestes correos ni mensajes de desconocidos, sobre todo si te piden información personal.
3. Nunca envíes un código de verificación ni contraseñas por Whatsapp, ni siquiera a familiares ni amigos.
4. Desconfía de mensajes donde el lenguaje de quien escribe no es el habitual o te piden dinero. Siempre confirma la información que te entregan por otros medios.
5. Si recibes una llamada telefónica en la que te piden datos personales o familiares, no digas nada y corta la llamada. Si en ésta te piden dinero por una urgencia de personas que puedes conocer, no des información ni deposites dinero, desconfía. Contacta directamente con las personas que supuestamente te están pidiendo ayuda.
6. Borra mensajes de texto de origen desconocido, sobre todo si te invitan a descargar contenido o te piden ingresar a un *link* extraño.
7. Verifica los números telefónicos de tu entidad bancaria en los sitios oficiales.
8. Mantén tu celular con claves de autentificación y, en las aplicaciones que lo permitan, configura la autentificación en dos pasos.
9. No uses las mismas contraseñas en todas tus aplicaciones, redes sociales y cuentas del banco.
10. Todos los datos que viajan a través de redes móviles están cifrados, pero no el wifi. Por ello, realiza operaciones bancarias desde tu celular utilizando los datos móviles.

(Adaptado de https://www.gob.cl/noticias)

Redacte una entrada de blog en la que deberá:

- hacer una pequeña introducción sobre la importancia de tener precaución con las llamadas telefónicas;
- dar consejos para prevenir estafas telefónicas;
- dar instrucciones para actuar en caso de estafa telefónica;
- contar algún caso específico de estafa telefónica que le haya pasado a usted o que haya escuchado y su repercusión.

Número de palabras: **entre 150 y 180**.

MP3
음성 듣기

Tarea 1

INSTRUCCIONES

En su barrio se prevé instalar una zona contenedora de residuos sólidos a pesar de la oposición de los vecinos. Usted ha escuchado que la exposición a residuos sólidos puede ser perjudicial para la salud y ha decidido escribirle una carta al alcalde de su ciudad donde exponga la necesidad de reubicar esta zona. Escuchará la audición con la noticia dos veces. Tome notas para luego utilizarlas en su carta. En la carta deberá:

- presentarse;
- explicar en qué afecta a su comunidad la instalación de la zona contenedora de residuos sólidos;
- exponer las consecuencias que, en su opinión y según lo que ha oído, tendrá esta medida;
- proponer soluciones alternativas para solucionar el problema.

Número de palabras: **entre 150 y 180**.

❖ Notas

Tarea 2

OPCIÓN 1

Usted colabora con un periódico de su distrito y le han pedido que escriba un artículo sobre los problemas de inseguridad en su barrio. En el artículo debe incluir y analizar la información que aparece en el siguiente gráfico:

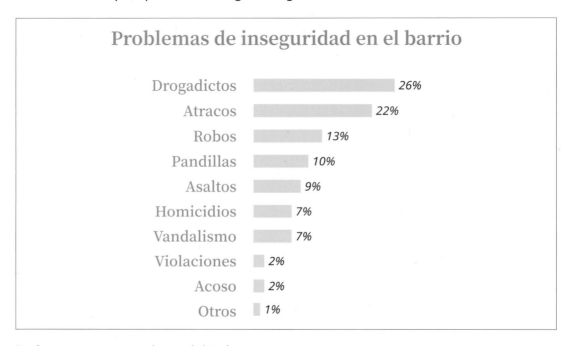

Redacte un texto en el que deberá:

- comentar la importancia que tiene la seguridad para los ciudadanos;
- comparar de forma general los porcentajes de los distintos problemas de inseguridad;
- destacar los datos que considere más relevantes;
- expresar su opinión sobre la información recogida en el gráfico;
- elaborar una conclusión en la que se aborden las medidas que se podrían tomar para mejorar esta situación.

Número de palabras: **entre 150 y 180**.

OPCIÓN 2

Usted tiene un blog en el cual suele incluir sus reseñas sobre espectáculos. Anoche asistió a un circo y ha decidido escribir una crítica sobre él. Para ello cuenta con la información facilitada en la página web del espectáculo:

ANTES CRUDO

"Antes Crudo" es una obra de circo contemporáneo, una actuación persistente y desafiante. Es una serie de expresiones a través de dos cuerpos que dialogan constantemente con la danza y el teatro físico, explorando el humor, la poesía y la crueldad. Presenta manipulaciones subversivas, acrobacias intensas y suspensos que oscilan entre la extremidad y la gracia, mostrando la maleabilidad de la materia y un reflejo deslumbrante.

Lugar: Festival Internacional de Circo Independiente de Buenos Aires

Horario: viernes 21:00 horas, sábado 17:00 y 20:00 horas y domingo 17:00 horas

Compañía: NIDO

Intérpretes: Juan Fernández y Sofía Galliano

Duración: 40 minutos

Sinopsis: una mujer y un hombre se encuentran en un entorno intemporal y peculiarmente familiar. Representan dos polos opuestos de una misma línea que atraviesa el espacio. En su interacción, se entrelazan la ternura y la crueldad, la claridad y la incertidumbre, demostrando la complicidad necesaria para sobrevivir en una realidad abrumadora y poderosa. Desde la artificialidad de una cuerda hasta el crudo agarre de los cabellos, desde la opacidad del papel hasta el reflejo en los espejos, exploran la aventura de observar y cambiar el mecanismo que los gobierna. En un mundo dominado por lo extraño, se revela una realidad distorsionada y frágil, reflejando su propia naturaleza.

Esta obra representa una resistencia contra el discurso predominante, un acto de rebeldía absurdo pero esencial. Es una mirada crítica que se opone a la influencia invasiva de los medios y busca reconectar con nuestra esencia.

(Adaptado de https://www.alternativateatral.com/obra54182-antes-crudo)

Redacte un texto en el que deberá:

- hacer una pequeña introducción sobre la adaptación del circo a los tiempos contemporáneos;
- valorar la puesta en escena y el trabajo de los intérpretes;
- explicar la reacción del público a lo largo de la actuación;
- aportar su opinión personal sobre el espectáculo.

Número de palabras: **entre 150 y 180**.

PRUEBA 3: EXPRESIÓN E INTERACCIÓN ESCRITAS

Tarea 1

지시문

당신은 친구가 얼마 전 스페인으로 다녀온 여행에 대해 이야기하고, 당신의 최근 여행 경험을 공유해달라고 요청하는 음성 메시지를 받았습니다. 음성녹음은 두 번 들을 것입니다. 이후에 편지에 활용하기 위한 메모를 하세요. 편지에는:

  – 친구에게 인사하고, 스페인에서의 그녀의 경험을 언급해야 합니다.
  – 어디로 여행을 갔는지, 각 장소에서 무엇을 했는지 설명해야 합니다.
  – 현지 사람들과 음식에 대해 받은 느낌을 언급해야 합니다.
  – 친구에게 나중에 함께 여행을 가자고 초대해야 합니다.
  – 작별 인사를 해야 합니다.

단어 수: **150-180**

◀((· AUDIO ·))▶

NARRADOR: Usted va a escuchar un mensaje de audio que le ha enviado una amiga.

¡Hola! ¿Cómo estás? Te cuento que acabo de regresar de un viaje increíble por España y tenía que compartirlo contigo. Empecé mi recorrido en Madrid, y la verdad es que la ciudad me encantó. Paseé por la Gran Vía, visité el Museo del Prado y disfruté de unas tapas deliciosas en el Mercado de San Miguel. Lo mejor de Madrid fue la energía que se respira en sus calles; siempre hay algo que hacer.

Luego, me fui a Barcelona, donde me quedé alucinada con la arquitectura de Gaudí. La Sagrada Familia es impresionante, pero lo que más me gustó fue el Parque Güell, con esas formas tan únicas y las vistas espectaculares de la ciudad. También pasé un día en la playa, que fue perfecto para relajarme después de tanto turismo.

Después, me dirigí al sur, a Andalucía. Visité Granada, donde la Alhambra me dejó sin palabras, y Sevilla, con su flamenco y su ambiente tan auténtico. Además, probé el gazpacho y la paella, ¡una delicia!

La verdad es que fue un viaje inolvidable, lleno de cultura, buena comida y gente maravillosa. Ahora me muero de ganas de saber de ti. Cuéntame, ¿has hecho algún viaje interesante últimamente? Estoy deseando escuchar tus aventuras.

Un abrazo fuerte.

소개: 당신은 친구가 보낸 음성메시지를 들을 것입니다.

안녕! 잘 지내지? 난 방금 너무 멋진 스페인 여행을 하고 돌아와서 너와 공유하고 싶었어. 여행은 마드리드에서 시작했는데, 사실 이 도시가 너무 마음에 들더라. 그란 비아 거리로 산책하고, 프라도 미술관을 방문하고 산 미겔 시장에서 맛있는 타파스도 즐겼어. 마드리드의 제일 좋은 점은 길거리에서 느껴지는 활력이었어. 항상 할 일이 있더라.

그다음에는 바르셀로나에 갔는데, 그곳에서는 가우디의 건축물에 완전히 매료되어버렸어. 사그라다 파밀리아 성당도 경이로웠지만, 너무나도 독특한 형태들과 도시의 웅장한 풍경들을 보여주는 구엘 공원이 제일 좋았어. 하루는 해변에서 보내기도 했는데, 그렇게나 많은 관광을 하고 나서 쉬기에는 완벽했지.

그 후에는 남쪽으로, 안달루시아로 향했어. 그라나다를 방문했을 때는 알람브라 궁전이 나를 말문이 막히게 만들었고, 세비야에서는 플라멩코와 근사한 분위기를 즐겼지. 게다가 가스파초와 파에야도 먹어봤는데, 완전 맛있었어!

문화, 좋은 음식과 멋진 사람들로 가득한, 정말 잊을 수 없는 여행이었어. 이제 너에 대해서 듣고 싶어 죽겠는데, 얘기해줘. 최근에 재미있는 여행 다녀온 적 있어? 너의 모험을 듣고 싶어.

강한 포옹을 보내며.

▶ 작문 구상

글 유형	비형식적 편지
서두	Querida amiga: 사랑하는 친구에게:
인사	¡Hola ...! ¿Cómo estás? Soy ... 안녕 ...! 잘 지내고 있지? 나 ...야.
친구의 경험 언급	Me alegra que ... ... 했다니 기쁘다. Yo también espero poder ... 나도 ... 할 수 있길 바라.
여행 설명	Yo acabo de regresar de ... y fue ... 나는 방금 ...에서 막 돌아왔는데 ... 했어. Empecé en ..., donde ... ...에서 시작했는데, 거기에서 ... Lo más impresionante fue la visita a ... 가장 인상 깊었던 건 ... 방문이었어.
사람 언급	La gente fue ..., aunque ... 사람들은 ... 하더라. ... 하는데도 말이야.
음식 언급	La comida fue ... 음식은 ...이었어. Probé ... ...를 먹어봤어. Al principio me pareció ..., pero terminé ... 처음에는 ... 같았지만, 결국 ... 하게 되어버렸어. También disfruté de ..., un plato ... ...도 즐겼는데, ... 요리야.
초대	Me encantaría que algún día pudiéramos ... ... 할 수 있다면 정말 좋을 것 같다.
작별 인사	Un abrazo enorme, 큰 포옹을 보내며,
서명	이름

➡ 모범 답안

Querida amiga:

¡Hola Alicia! ¿Cómo estás? Soy Ana.

Me alegra que lo hayas pasado tan bien en España. Yo también espero poder ir algún día allí.

Yo acabo de regresar de mi viaje a Corea del Sur y fue increíble. Empecé en Seúl, donde me fascinó la mezcla de tradición y modernidad. Visité el Palacio Gyeongbokgung y el barrio tradicional Bukchon. La gente fue muy amable, siempre dispuesta a ayudarme, aunque mi nivel de coreano es básico.

La comida fue otro punto destacado: probé el kimchi, que al principio me pareció muy picante, pero terminé adorándolo. También disfruté del bulgogi, un plato delicioso de carne a la parrilla.

Lo más impresionante fue la visita a la isla de Jeju. Es un lugar paradisíaco con paisajes asombrosos. Allí, hice senderismo en Hallasan, la montaña más alta de Corea. Aunque fue un reto, las vistas desde la cima fueron totalmente gratificantes.

Corea del Sur superó todas mis expectativas y me encantaría que algún día pudiéramos ir allí juntas.

Un abrazo enorme,
Ana.

(170 palabras)

➡ 모범 답안 해석

사랑하는 친구에게.

안녕 알리시아! 잘 지내고 있지? 나 아나야.

네가 스페인에서 그렇게 좋은 시간을 보내고 왔다니 기쁘다. 나도 언젠가 그곳에 가볼 수 있길 바라.

나는 방금 한국 여행에서 막 돌아왔는데 정말 멋졌어. 서울에서 시작했는데, 거기에서 전통과 현대의 결합에 매료되어버렸어. 경복궁이라는 궁전과 북촌이라는 전통 마을도 방문했지. 사람들은 정말 친절하고 항상 나를 도와주려고 애쓰더라. 내 한국어 실력이 초급인데도 말이야.

음식은 또 다른 강조할 만한 부분이어. 김치를 먹어봤는데, 처음에는 너무 매운 것 같았지만 결국 그걸 완전 좋아하게 되어버렸어. 불고기도 즐겼는데, 맛있는 석쇠구이 고기 요리야.

가장 인상 깊었던 건 제주도였어. 놀라운 경치들을 갖춘 지상 낙원이더라. 그곳에서 한국의 제일 높은 산인 한라산으로 하이킹을 다녀왔어. 비록 도전이긴 했지만, 정상에서 보는 풍경은 완전히 만족스러웠지.

한국은 나의 모든 기대를 뛰어넘었고, 언젠가 우리가 함께 그곳에 갈 수 있다면 정말 좋을 것 같다.

큰 포옹을 보내며,
아나가.

문단 1

recorrido: 경로, 여행

tapa: 안주

문단 2

alucinado/a con + 명: ～에 매료된

espectacular: 장관을 이루는, 웅장한

문단 3

dejar sin palabras: 말문 막히게 하다

auténtico/a: 근사한, 굉장한

gaspacho: 스페인식 차가운 토마토 스프

문단 4

morirse de + 명: ～해 죽을 지경이다

mezcla: 결합

adorar: 몹시 좋아하다

parrilla: 석쇠, 그릴

paradisíaco/a: 천국의, 낙원의

paisaje: 풍경, 경치

senderismo: 하이킹, 등산

cima: 정상

지시문

아래에 제공되는 두 가지 옵션 중 <u>하나만</u> 선택하십시오.

옵션 1

당신은 대학교 잡지와 협력을 하는데, 스페인의 주요한 문제들에 대한 기사 글 작성 요청을 받았습니다. 이 기사에는 다음 그래프의 정보를 포함시키고 분석해야 합니다.

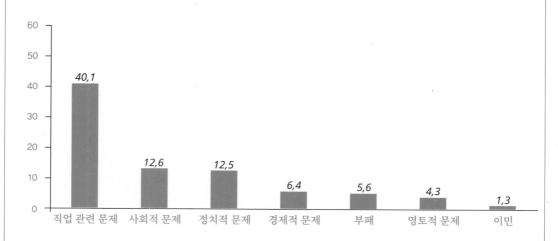

스페인의 주요한 문제

작문하는 글에는:

- 스페인에서 문제를 일으키는 주요한 요인들을 언급해야 합니다.
- 여러 문제들의 퍼센티지를 전반적으로 비교해야 합니다.
- 가장 중요하게 여기는 데이터를 강조해야 합니다.
- 그래프에서 보이는 정보에 대해 의견을 표현해야 합니다.
- 이 상황을 개선하기 위한 대책들이 다루어지는 결론을 작성해야 합니다.

단어 수: 150–180

▶ 작문 구상

글 유형	잡지 기사 글
서론: 문제 언급	Podemos decir que ... ...라고 말할 수 있다. Por eso, puede disponer de ... 그래서, ...을 갖고 있을 수 있다.

비율 분석	▶ 비교 문장 시작하기
	
	   A rasgos generales, se puede ver que ...
	   일반적으로, ... 하다는 것을 볼 수 있다.
	
	   Hay que destacar que ...
	   ... 하다는 것을 강조할 필요가 있다.
	
	   Por otro lado, ...
	   또 한편으로는, ...
	
	▶ 비율 및 순위 비교하기
	
	   <u>A</u> supera el OO por ciento, mientras que <u>B</u> solo presenta un OO por ciento.
	   <u>A</u>가 OO 퍼센트를 뛰어넘는 반면, <u>B</u>는 오직 OO 퍼센트만 제시한다.
	
	   <u>B</u> se encuentra en el segundo puesto.
	   <u>B</u>가 두 번째 순위에 있다.
	
	   <u>C</u> y <u>D</u> tienen los porcentajes más bajos.
	   <u>C</u> 와 <u>D</u>는 가장 낮은 퍼센티지를 갖고 있다.
	
	   <u>C</u> y <u>D</u> presentan una tasa sumamente baja.
	   <u>C</u> 와 <u>D</u>는 꽤 낮은 비율을 보여주고 있다.

의견 표현	Me sorprende mucho que ... / Opino que ... ... 하다는 것이 매우 놀랍다. / ... 한다고 생각한다.
결론: 대책 제안	En conclusión, ... 결론적으로, ... El gobierno español debe ejecutar medidas para ... 스페인 정부는 ... 하기 위한 대책들을 실행해야 한다.

Podemos decir que España es un país sumamente complejo, donde conviven diversos pueblos y culturas. Por eso, puede disponer de varios tipos de dificultades también, que observaremos con detalle y analizaremos a continuación.

A rasgos generales, se puede ver que los principales problemas con el mayor porcentaje son los laborales, y tienen una diferencia muy grande con todas las otras categorías de problemas.

Hay que destacar que los problemas de trabajo superan el 40 por ciento, mientras que los inconvenientes sociales, que se encuentran en el segundo puesto, solo presentan un 12,6 por ciento.

Me sorprende mucho que los problemas territoriales y de inmigración tengan los porcentajes más bajos, ya que siempre he pensado que están entre las preocupaciones más grandes de España. Por otro lado, aunque las dificultades sociales y económicas presentan una tasa sumamente baja, opino que el alto porcentaje de los problemas laborales afecta a estos aspectos también.

En conclusión, el gobierno español debe ejecutar medidas para mejorar la situación laboral, creando más puestos de trabajo de calidad y ofreciendo diferentes beneficios para cada sector profesional.

(179 palabras)

➡️ 모범 답안 해석

스페인은 다양한 민족과 문화가 공존하는 상당히 복합적인 국가라고 말할 수 있다. 그래서 여러 종류의 어려움도 갖고 있을 수 있는데, 이어서 자세히 관찰하고 분석해 보겠다.

일반적으로, 가장 높은 퍼센티지를 갖춘 주요한 문제들은 바로 직업과 관련되었다는 것을 볼 수 있는데, 다른 모든 문제들과 매우 큰 차이를 보인다.

직업과 관련된 문제들이 40퍼센트를 뛰어넘는 반면, 사회적 문제들은 두번째 순위에 있는데, 오직 12.6 퍼센트만 제시한다는 것을 강조할 필요가 있다.

영토적 문제와 이민과 관련된 문제들이 가장 낮은 퍼센티지를 갖고 있다는 것이 매우 놀라운데, 스페인의 가장 큰 걱정들 사이에 놓여있다고 항상 생각해왔기 때문이다. 또 한편으로는, 비록 사회적 및 경제적 어려움이 꽤 낮은 비율을 보여주고 있지만, 직업과 관련된 문제들의 높은 퍼센티지가 이 분야들에게도 영향을 미친다고 생각한다.

결론적으로, 스페인 정부는 더 많은 고급 일자리 창출과 각 전문분야를 위한 다양한 혜택 제공을 통해, 직업관련 상황을 개선하기 위한 대책들을 실행해야 한다.

Vocabulario

corrupción: 부패, 비리
factor: 요인
ocasionar: 야기하다, 초래하다
abordarse: 다루어지다, 논의되다

모범 답안

complejo/a: 복합적인
dificultad: 어려움
inconveniente: 문제점
beneficio: 혜택

당신은 어제 보이스피싱 예방 대책을 읽었고, 사회를 주의시켜주기 위한 조언들을 제공하면서 개인 블로그에 이 정보를 올리기로 결정했습니다. 이어서 보이스피싱에 대해 제공된 정보를 볼 수 있습니다.

보이스피싱을 예방하는 10가지 조언:

1. 심 스와핑 피해자라면, 모든 은행 계좌와 중요한 정보가 들어있는 여러 서비스를 체크하고 모든 비밀 번호를 변경하세요.

2. 낯선 사람의 이메일이나 문자에 대답하지 마세요. 특히 개인정보를 요구한다면 주의하세요.

3. 왓츠앱으로 절대 인증번호 및 비밀번호를 보내지 마세요. 가족이나 친구에게도 보내면 안 됩니다.

4. 글쓴이의 말투가 일상적이지 않거나 돈을 요구하는 문자는 믿지 마세요. 다른 미디어로 얻는 정보도 항상 확인하세요.

5. 개인정보 또는 가족 관련 정보를 요구하는 전화를 받는다면, 아무것도 말하지 말고 통화를 끊으세요. 지인의 위급한 상황을 위한 돈을 요구받는다면, 정보도 주지 말고 송금하지도 마세요. 의심해야 합니다. 도움을 청하고 있는 것으로 추정되는 사람들과 직접 연락해 보세요.

6. 출처불명 문자는 삭제하세요. 특히 콘텐츠 다운로드를 권하거나 수상한 링크에 접속하는 것을 요구한다면 주의하세요.

7. 거래하는 금융기관의 전화번호는 공식 사이트에서 확인하세요.

8. 휴대전화의 비밀번호 인증을 유지하고, 허용되는 애플리케이션에서는 2단계 인증을 설정하세요.

9. 모든 애플리케이션, 소셜 네트워크 및 은행 계좌에서 동일한 비밀번호를 사용하지 마세요.

10. 이동 통신망을 통해 움직이는 모든 데이터는 암호화되어있지만, 와이파이는 아닙니다. 그러므로, 휴대전화에서 진행하는 은행거래를 위해서는 모바일 데이터를 사용하세요.

작문하는 블로그 게시물에는:

- 전화 통화와 관련된 예방의 중요성에 대한 간단한 서론을 써야 합니다.
- 보이스피싱을 방지할 조언을 해야 합니다.
- 보이스피싱을 당했을 경우의 행동 요령을 알려주어야 합니다.
- 당신이 직접 겪었거나 들어본 구체적인 보이스피싱 사건과 결과를 이야기해야 합니다.

단어 수: 150–180

➡️ 작문 구상

글 유형	개인 블로그 게시물
서론: 중요성	Estos días, ... se están realizando con mucha frecuencia. 요즘 ...이 매우 자주 발생하고 있습니다.

조언	➡️ 내용 시작 알리기
	    Me gustaría ofrecerles algunos consejos para ...
	    ... 하기 위한 몇 가지 조언을 해드리겠습니다.
	
	➡️ 자연스럽게 나열하기
	    En primer lugar, ...
	    첫 번째로, ...
	
	    En segundo lugar, ...
	    두 번째로, ...
	
	➡️ 주로 의무 표현 활용하기
	    Es importante ...
	    ... 해야 합니다.
	
	    Nunca deben ...
	    ... 해서는 안 됩니다.
	
	    Siempre hay que ...
	    ... 것은 필수입니다.

행동 요령	Si ..., no ... 만약 ... 한다면, ... 하지 마세요.
구체적인 사건 언급	Una vez ... 한번은 ... Por suerte, ... 다행히도, ...	Si (no) hubiera ..., habría ... 만약 ... 했더라면(하지 않았더라면), ... 했을 거예요.
마무리	Lo mejor es que ... 가장 좋은 것은 ... 하는 것입니다. ¡No se olviden de ... y traten de ...! ... 하는 것을 잊지 말고 ... 하도록 노력해 주세요!	

Estos días, las estafas telefónicas se están realizando con mucha frecuencia y podemos ver que todos podemos ser víctimas. Por eso, me gustaría ofrecerles algunos consejos para prevenirlas.

En primer lugar, es importante tener cuidado con las contraseñas utilizadas en las aplicaciones, redes sociales y cuentas del banco. Nunca deben usar las mismas contraseñas en todos los medios.

En segundo lugar, siempre hay que desconfiar de los correos, mensajes y llamadas de origen desconocido. Si reciben una llamada telefónica en la que les piden dinero o información personal, no digan nada y corten la llamada.

Una vez intentaron estafar a mi madre por teléfono, diciéndole que yo había tenido un accidente grave y que necesitaban dinero para operarme. Por suerte, mi padre, que estaba con ella en casa, me llamó y se dio cuenta de que era una mentira. Si no se hubieran contactado conmigo, les habrían enviado dos mil euros a los estafadores.

Lo mejor es que tengamos precaución en todo momento. ¡No se olviden de estos consejos y traten de prevenir a sus seres queridos también!

(178 palabras)

▶ 모범 답안 해석

요즘 보이스피싱이 매우 자주 발생하고 있고 우리 모두가 피해자가 될 수 있다는 것을 볼 수 있죠. 그래서 제가 여러분들께 보이스피싱을 예방하기 위한 몇 가지 조언을 해드리겠습니다.

첫 번째로, 애플리케이션, 소셜 네트워크와 은행 계좌에서 사용되는 비밀번호를 조심해야 합니다. 절대 동일한 비밀번호를 모든 미디어에서 사용해서는 안 돼요.

두 번째로, 출처불명의 이메일, 문자 및 전화는 항상 의심해야 합니다. 만약 돈이나 개인정보를 요구하는 전화를 받는다면, 아무것도 말하지 말고 통화를 끊으세요.

한번은 저희 엄마가 보이스피싱 시도를 당하셨는데요. 제가 심각한 사고를 당해서 수술하기 위한 돈이 필요하다고 말했다고 합니다. 다행히도 그녀와 집에 함께 있었던 저희 아버지가 저에게 전화를 하셨고, 그것이 거짓말이라는 것을 깨달으셨어요. 만약 저희 부모님이 저와 연락이 되지 않았더라면, 사기꾼들에게 2천 유로를 보내셨을 거예요.

가장 좋은 것은 매 순간 조심하는 것입니다. 이 조언들을 잊지 말고 사랑하는 사람들도 주의시키도록 노력해주세요!

|

estafa: 사기

estafa telefónica: 보이스피싱

víctima: 희생자, 피해자

cuenta bancaria: 은행 계좌

contener: 포함하다

contraseña: 암호, 비밀번호

desconocido/a: 낯선 사람, 모르는 사람

código: 코드, 암호

verificación: 확인, 검증

desconfiar de + 명: ~을 믿지 않다, 의심하다

lenguaje: 언어, 말투

urgencia: 긴급, 위급, 응급

depositar: (재산 또는 귀중품을) 맡기다, 놓다

desconfiar: 불신하다, 의심하다

supuestamente: 가정해서, 추정으로

borrar: 지우다

descargar: (데이터를) 내려 받다, 다운로드하다

ingresar: 들어가다

entidad: 기관, 단체

autentificación: 공증, 인증

configurar: 설정하다

red móvil: 이동통신망

cifrado/a: 암호화된

operación: 작동, 조작, 거래

operar: 수술하다

estafador/a: 사기꾼

PRUEBA 3: EXPRESIÓN E INTERACCIÓN ESCRITAS

Tarea 1

지시문

당신의 거주 지역에서는 이웃들의 반대에도 불구하고 고형 폐기물을 수집하는 구역의 설치 계획을 세우고 있습니다. 당신은 고형 폐기물에 대한 노출이 건강에 해롭다는 것을 들었고, 이 구역을 이전해야 하는 필요성을 설명하는 편지를 시장에게 쓰기로 결정했습니다. 음성녹음은 두 번 들을 것입니다. 이후에 편지에 활용하기 위한 메모를 하세요. 편지에는:

- 자신을 소개해야 합니다.
- 고형 폐기물 수집 구역의 설치가 어떤 점에 있어서 당신의 공동체에게 영향을 끼치는지 설명해야 합니다.
- 당신의 의견과 청취한 내용에 따라, 이 대책이 가져올 결과들을 밝혀야 합니다.
- 이 문제를 해결하기 위한 대안 방식을 제안해야 합니다.

단어 수: 150–180

◀◀· AUDIO ·▶▶

NARRADOR: Usted va a escuchar una noticia relacionada con los residuos sólidos.

La basura es un problema real.

En cuanto a su contribución al cambio climático, los desechos que no son biodegradables y que no se pueden reciclar adecuadamente están llenando nuestros océanos y rellenos sanitarios. La cantidad de desechos generados afecta al medio ambiente de múltiples maneras, por ejemplo, contribuyendo al empeoramiento de la crisis climática.

En cuanto a la extinción de la fauna silvestre, cuando se trata de la biodiversidad, el problema de la mala gestión de desechos está afectando severamente a la salud de las especies del mundo. Los animales muchas veces no pueden distinguir entre lo que es o no es comida y consumen la basura, lo que resulta en la muerte porque el animal no pudo procesarla.

Además, la salud humana también está en riesgo en contacto con la basura. Cuantas más emisiones produzcamos debido a la cantidad de basura que generamos, habrá mayores efectos negativos a largo plazo. Especialmente, aquellos que están en riesgo significativo son las personas que viven cerca de rellenos sanitarios o vertederos ilegales, trabajadores de eliminación de residuos y empleados cuyos lugares de trabajo fabrican o entran en contacto con materiales de desecho.

La contaminación por la basura puede resultar en enfermedades como asma, defectos de nacimiento, cáncer, enfermedades cardiovasculares, cáncer infantil, EPOC, enfermedades infecciosas, parto prematuro y bajo peso al nacer.

Asimismo, también promueve la propagación de plagas y alimañas que, al estar en contacto con desechos que generan toxinas, son portadoras de enfermedades después de reproducirse sobre los desechos sólidos.

(Adaptado de https://aseca.com/como-afecta-la-basura-a-la-salud-humana)

소개: 당신은 고형 폐기물과 관련된 뉴스를 들을 것입니다.

쓰레기는 실질적인 문제입니다.

기후변화에 대한 기여도에 관련하여, 생분해성이 아니며 올바르게 재활용될 수 없는 폐기물들이 바다와 위생 매립지를 채우고 있습니다. 이렇게 발생되는 많은 양의 폐기물은 다양한 방식으로 환경에 영향을 주는데, 예를 들어, 기후위기 악화에 기여하기도 합니다.

야생동물들의 멸종과 관련해서는, 생물 다양성에 대해 이야기하자면, 폐기물의 잘못된 처리가 전 세계 생물종 건강에 심각한 영향을 주고 있습니다. 동물들은 종종 음식인 것과 아닌 것을 구분할 수 없고 쓰레기를 먹게 되는데, 이것을 소화해낼 수 없으므로 결국 죽음에 이르게 됩니다.

게다가 쓰레기로 인해 인간의 건강 또한 위험에 놓여 있습니다. 우리가 발생시키는 많은 양의 쓰레기로 인하여 더 많은 배기가스를 생산하는 만큼, 장기적으로 더 많은 부정적 효과가 있을 것입니다. 특히, 위생 매립지 또는 불법 매립장 근처에 거주하는 사람들과 폐기물 처리 관련 근로자들, 그리고 폐기물 자재를 만들어내거나 접촉하는 곳에서 근무하는 직원들은 큰 위험에 처해있습니다.

쓰레기로 인한 오염은 천식, 선천적 장애, 암, 심혈관질환, 소아암, 만성 염증성 폐 질환, 전염병, 조산 및 저체중 출산과도 같은 질환들을 초래할 수 있습니다.

또한, 전염병과 해충의 전파도 촉진하는데, 해충은 독소를 발생시키는 폐기물과 접촉하며 고형 폐기물 위에서 번식한 이후에 질병을 옮기게 됩니다.

▶ 작문 구상

글 유형	형식적 편지
서두	Estimado señor: 담당자 귀하:
소개	Mi nombre es ... y soy residente de ... 저의 이름은 ...이며 ...에서 거주하고 있습니다.
동기	Me dirijo a usted para expresar la preocupación de los ciudadanos por ... ...에 대한 시민들의 우려를 표현하기 위해 귀하께 이 편지를 씁니다.
영향 설명	... afectará a nuestra comunidad de múltiples maneras. ...는 다양한 방식으로 우리 공동체에 영향을 끼칠 것입니다. Por ejemplo, podrá resultar en ... 예를 들어, ... 을 야기할 수 있습니다. Especialmente, ... podrán sufrir los efectos negativos con mayor rapidez. 특히, ...는 더 빠른 속도로 부정적 효과들을 겪게 될 것입니다.
결과 설명	Como consecuencia de esta medida, ... 이 대책의 결과로서, ...
대책 제안	Para solucionar el problema, me gustaría proponerle ... 이 문제를 해결하기 위해, ... 하는 것을 제안해 드리고 싶습니다. Espero poder obtener la oportunidad de ... ... 하는 기회를 얻을 수 있길 바랍니다.
마무리	Le agradezco su atención y espero que pueda ... 귀하의 관심에 감사드리며 ... 해주시길 바랍니다.
작별 인사	Atentamente, 정중히,
서명	이름 + 성

➡ 모범 답안

Estimado señor:

Mi nombre es Joaquín Soroya y soy residente de Seúl. Me dirijo a usted para expresar la preocupación de los ciudadanos por la propuesta de instalar una zona contenedora de residuos sólidos en nuestra ciudad.

La instalación de la zona contenedora de residuos afectará a nuestra comunidad de múltiples maneras. Por ejemplo, podrá resultar en varias enfermedades como asma, cáncer y parto prematuro. Especialmente, las personas que vivan cerca de los rellenos sanitarios y los trabajadores de eliminación de residuos podrán sufrir los efectos negativos con mayor rapidez.

Como consecuencia de esta medida, aumentará la cantidad de personas enfermas en esta ciudad, se extinguirán muchas especies animales silvestres debido al consumo de la basura y, a nivel mundial, empeorará la crisis climática.

Para solucionar el problema, me gustaría proponerle reubicar la zona contenedora de residuos sólidos a otra área con menos habitantes y promover un sistema de reciclaje más efectivo.

Le agradezco su atención y espero que pueda tomar medidas para proteger la salud de nuestra comunidad.

Atentamente,
Joaquín Soroya

(172 palabras)

➡ 모범 답안 해석

친애하는 귀하:

저의 이름은 호아킨 소로야이며 서울에 거주하고 있습니다. 저는 우리 도시에 고형 폐기물 수집 구역을 설치하는 제안에 대한 시민들의 우려를 표현하기 위해 귀하께 이 편지를 씁니다.

폐기물 수집 구역 설치는 여러 가지 방식으로 우리 공동체에 영향을 끼칠 것입니다. 예를 들어, 천식, 암, 조산과도 같은 여러 질병들을 야기할 수 있습니다. 특히, 위생 매립지 근처에 거주할 사람들과 폐기물 처리 관련 근로자들은 더 빠른 속도로 부정적 효과들을 겪게 될 것입니다.

이 조치의 결과로서, 이 도시에는 환자들의 수가 증가할 것이며, 쓰레기 섭취로 인해 많은 야생 동물 종류들이 멸종될 것이고, 세계적으로는 기후 위기는 악화될 것입니다.

이 문제를 해결하기 위해, 고형 폐기물 수집 구역을 더 적은 수의 주민이 있는 다른 지역으로 이적하는 것과 더 효율적인 재활용 시스템을 장려하는 것을 제안해 드리고 싶습니다.

귀하의 관심에 감사드리며, 우리 공동체의 건강을 보호하기 위한 대책을 마련해 주시길 바랍니다.

정중히,
호아킨 소로야

Vocabulario

barrio: 동네, 거주지역

contenedor/a: 포함하는

residuo: 폐기물

sólido/a: 고체의, 고형의

oposición: 반대

exposición: 노출

perjudicial: 유해한, 해로운

alcalde: 시장

reubicar: 장소를 옮기다, 이전하다

스크립트

문단 2

contribución: 기여

climático/a: 기후의

desecho: 폐기물, 쓰레기

biodegradable: 생분해성의

relleno: 매립지

repercutir en + INF.: ～에 영향을 미치다

문단 3

extinción: 멸종

fauna: (집합명사) 동물

silvestre: 야생의

gestión: 관리, 처리

severamente: 극심하게, 심각하게

especie: 종, 종류

distinguir: 구분하다, 구별하다

procesar: 처리하다

문단 4

emisión: 배출물, 배기가스

a largo plazo: 장기적으로

vertedero: 매립장

eliminación: 제거

fabricar: 제조하다

문단 5

asma: 천식

defecto: 결핍

cardiovascular: 심혈관의

EPOC: (Enfermedad Pulmonar Inflamatoria Crónica) 만성 염증성 폐질환

infeccioso/a: 전염성의

parto: 출산

prematuro/a: 시기상조의

문단 6

propagación: 전파, 보급

plaga: 전염병

alimaña: 해충

toxina: 독소

portador/a: 보균하는

reproducirse: 번식하다

지시문

아래에 제공되는 두 가지 옵션 중 <u>하나만</u> 선택하십시오.

옵션 1

당신은 지역 신문과 협력하는데, 당신의 거주지의 안전 문제를 다루는 기사 글 작성 요청을 받았습니다. 이 기사에는 다음 그래프의 정보를 포함시키고 분석해야 합니다.

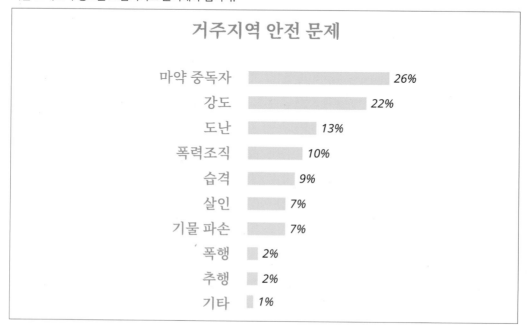

작문하는 글에는:

- 시민들에게 안전이 가지고 있는 중요성을 언급해야 합니다.
- 여러 문제들의 퍼센티지를 전반적으로 비교해야 합니다.
- 가장 중요하게 여기는 데이터를 강조해야 합니다.
- 그래프에서 보이는 정보에 대해 의견을 표현해야 합니다.
- 이 상황을 개선하기 위한 대책들이 다루어지는 결론을 작성해야 합니다.

단어 수: 150–180

▶ 작문 구상

글 유형	지역신문 기사 글
서론: 중요성	... tiene una gran importancia ya que ... ...는 ...이므로 대단한 중요성을 가지고 있다. Sin embargo, ... 그러나, ...
비율 분석	**▶ 비교 문장 시작하기** A rasgos generales, se puede observar que ... 전반적인 특징으로는, ... 하다는 것을 관찰할 수 있다. Necesitamos resaltar que ... ... 하다는 것을 강조할 필요가 있다. **▶ 가장 높은 퍼센티지 그룹 및 순위 강조하기** <u>A</u> presenta el mayor porcentaje, con un OO por ciento. <u>A</u>가 OO 퍼센트로 가장 높은 비율을 보여준다. Luego, <u>B</u> y <u>C</u> muestran tasas relativamente altas, 그 다음으로는, <u>B</u>와 <u>C</u>가 비교적 높은 비율을 보여주며, ocupando el segundo lugar y el tercero. 두 번째와 세 번째 자리를 차지하게 된다. La suma de los porcentajes de estos tres ... supera el OO por ciento, 이 세 가지 ...의 퍼센티지 합계가 OO 퍼센트를 능가한다는 것인데, lo que significa que ... ...라는 것을 의미한다.
의견 표현	Es preocupante que ...., dado que ... ... 하는 것이 우려되는데, ... 때문이다.
결론: 대책 제안	Para concluir, ... 결론적으로, ... Tenemos que hacer esfuerzos para ... ... 하기 위한 노력을 해야 한다. Por ejemplo, se debe impulsar medidas que ... 예를 들어, ... 하는 대책들을 추진해야 한다.

➡️ 모범 답안

La seguridad tiene una gran importancia ya que es un elemento esencial para mantener una vida estable. Sin embargo, existen problemas de inseguridad cada vez más graves en nuestro barrio, y tendremos que analizar y estudiar la situación de manera minuciosa para poder resolverla.

A rasgos generales, se puede observar que los problemas relacionados con los drogadictos presentan el mayor porcentaje, con un 26 por ciento. Luego, los atracos y los robos muestran tasas relativamente altas, ocupando el segundo lugar y el tercero.

Necesitamos resaltar que la suma de los porcentajes de estos tres problemas supera el 60 por ciento, lo que significa que son incidentes que ocurren con mucha frecuencia en nuestra zona.

Es preocupante que en el barrio haya tantos drogadictos y se produzcan tantos atracos y robos, dado que estos son problemas sumamente serios que incluso pueden amenazar la vida de los ciudadanos.

Para concluir, tenemos que hacer esfuerzos para eliminar la inseguridad de nuestro barrio. Por ejemplo, se debe impulsar medidas que aumenten el número de policías y endurezcan las penas demasiado bajas para los delincuentes.

(180 palabras)

➡️ 모범 답안 해석

안전은 안정적인 생활을 유지하기 위한 본질적인 요소이므로 대단한 중요성을 가지고 있다. 그러나, 우리 거주 지역에서 점점 더 심각한 안전 문제들이 존재하고 있고, 우리는 이 상황을 해결하기 위해 면밀하게 분석하고 연구해야 할 것이다.

전반적인 특징으로는, 마약 중독자들과 관련된 문제들이 26 퍼센트로 가장 높은 비율을 보여주고 있다는 것을 관찰할 수 있다. 그다음으로는, 강도와 도난이 비교적 높은 비율을 보여주며 두 번째와 세 번째 자리를 차지하게 된다.

우리가 강조해야 하는 것은 이 세 가지 문제들의 퍼센티지 합계가 60 퍼센트를 능가한다는 것인데, 우리 지역에서 매우 자주 일어나는 사건들이라는 것을 의미한다.

이 거주 지역에 너무 많은 마약 중독자들이 있으며, 너무 많은 강도 및 도난 사건이 발생되는 것이 우려되는데, 심지어 시민들의 생명을 위협할 수 있는 상당히 심각한 문제들이기 때문이다.

결론적으로, 우리는 우리의 거주 지역의 불안전을 없애기 위한 노력을 해야 한다. 예를 들어, 경찰 인원을 증가시키고 범죄자들에 대한 지나치게 낮은 형벌을 강화하는 대책들을 추진해야 한다.

Tarea 2　Vocabulario

지시문

distrito: 지역, 구역

inseguridad: 불안전

drogadicto/a: 마약 중독자

atraco: 강도

pandilla: 폭력조직

asalto: 습격

homicidio: 살인

vandalismo: 기물 파손

violación: 폭행

모범 답안

minucioso/a: 자세한, 면밀한

suma: 합계

incidente: 사건

endurecer: 엄하게 하다

pena: 형벌

delincuente: 범죄자

당신은 공연에 대한 리뷰를 주로 올리는 블로그를 가지고 있습니다. 어젯밤 한 서커스 공연에 다녀왔고, 그것에 대한 평론을 쓰기로 결정했습니다. 이 일을 위해. 공연 웹페이지에서 가져온 다음 정보를 참고할 수 있습니다.

예전에는 날것으로

"예전에는 날것으로"는 현대적인 서커스 작품이자, 지속적이며 도전적인 공연이다. 유머, 시, 잔혹함을 탐험하며 무용과 신체극으로 끊임없이 대화하는 두 육체를 통한 표현의 연속이다. 물질의 유연성과 현란한 반사 운동을 통해 파괴적인 행위, 강렬한 곡예 및 극한과 재미 사이를 오가는 긴장감을 보여준다.

장소: 부에노스아이레스 국제 독립 서커스 페스티벌

일정: 금요일 21시, 토요일 15시 및 20시, 일요일 17시

제작사: 니도

연기자: 후안 페르난데스 및 소피아 가이아노

공연시간: 40분

개요: 한 여자와 한 남자가 시간을 초월하는, 그리고 이상하게도 낯익은 상황에 놓여있다. 그들은 공간을 가로지르는 하나의 동일한 선의 양극을 나타낸다. 그들의 상호작용에서는 다정함과 잔혹함, 명확함과 불확실함이 뒤섞이며, 압도적이고 강력한 현실에서 생존하기 위해 필요한 단합을 보여준다. 밧줄의 인위적임부터 머리카락의 노골적인 움켜쥠까지, 종이의 불투명함부터 거울의 반사까지, 자신들을 지배하는 작용 원리를 관찰하고 바꾸려는 모험을 탐험한다. 이상함으로 지배된 세계에서, 일그러지고 깨지기 쉬운 현실이 밝혀지며, 자신만의 본능을 반영한다.

이 작품은 지배적인 추리에 맞서는 저항이자, 어이없지만 본질적인 반항 행위이다. 미디어의 침투적인 영향력에 반대하고, 우리들의 본질과 다시 이어지려고 하는 비판적인 시선이기도 하다.

작문하는 글에는:

- 현시대에 맞추어 각색한 서커스에 대해 간단한 서론을 써야 합니다.

- 연출과 배우들의 연기를 평가해야 합니다.

- 공연이 진행되는 동안 보인 관객의 반응을 설명해야 합니다.

- 이 공연에 대한 개인적인 의견을 제시해야 합니다.

단어 수: 150–180

➡ 작문 구상

글 유형	개인 블로그 게시물
서론: 소개	El circo contemporáneo ya no se trata más de ... 현대의 서커스는 더 이상 ...에 대한 것이 아니며, y ... es un buen ejemplo. ...은 좋은 예시입니다. Esta obra presenta ..., mediante ... 이 작품은 ...을 통해 ...을 보여줍니다.
연출 및 연기 평가	La puesta en escena fue ... 연출은 ... 했습니다. ... fue(ron) lo suficiente para ... ...은 ... 하기에 충분했습니다. Esto fue posible gracias a ... 이것은 ... 덕분에 가능했습니다. Los intérpretes expresaron con perfección ... 배우들은 ...을 완벽하게 표현했습니다.
관객 반응	A lo largo de la actuación, el público no paró de ... reaccionando ante ... 공연 내내, 관객은 ...에 반응하며 ... 하는 것을 멈추지 않았습니다. Al final del espectáculo, muchos se quedaron ... 쇼가 끝난 후에도 많은 사람들은 ... 하며 남아있었습니다. todavía inmersos en ... 아직 ...에 빠져 있는 상태로
의견 표현	Considero que fue ... 저는 ... 였다고 생각합니다. Me gustaría recomendarles que asistieran a ... ...에 참석 할 것을 여러분들께 추천하고 싶습니다.
마무리	¡No se pierdan esta buena oportunidad de ...! ... 할 수 있는 이 좋은 기회를 놓치지 마세요!

➡ 모범 답안

El circo contemporáneo ya no se trata más de magos que desaparecen y leones que saltan a través de aros de fuego, y "Antes Crudo" es un buen ejemplo. Esta obra desafiante presenta el humor, la poesía y la crueldad, mediante dos personajes en constante interacción.

La puesta en escena fue espléndida. Las acrobacias intensas que se llevaron a cabo durante 40 minutos fueron lo suficiente para dejar a todos boquiabiertos. Esto fue posible gracias al excelente trabajo de los dos intérpretes, Juan Fernández y Sofía Galliano, que expresaron con perfección emociones opuestas como la ternura y la crueldad.

A lo largo de la actuación, el público no paró de aplaudir y exclamar, reaccionando ante cada movimiento excepcional de los intérpretes. Al final del espectáculo, muchos se quedaron sentados, todavía inmersos en el impacto del mismo.

Considero que fue uno de los mejores espectáculos de mi vida, por lo que me gustaría recomendarles que asistieran a alguna de las próximas funciones. ¡No se pierdan esta buena oportunidad de disfrutar del circo contemporáneo!

(172 palabras)

➡ 모범 답안 해석

현대의 서커스는 더 이상 사라지는 마술사들과 불타오르는 링을 뛰어넘는 사자들에 대한 것이 아니며, "예전에는 날것으로"는 그 좋은 예시입니다. 이 도전적인 작품은 끊임없이 소통하는 두 인물을 통해 유머, 시, 잔혹함을 보여줍니다.

연출은 화려했습니다. 40분 동안 진행된 강렬한 곡예는 모두가 입을 다물지 못하도록 만들기에 충분했습니다. 이것은 두 배우, 후안 페르난데스와 소피아 가이아노의 훌륭한 연기 덕분에 가능했는데요, 이들은 다정함과 잔혹함 같은 대립되는 감정들을 완벽하게 표현해냈습니다.

공연 내내, 관객은 배우들의 비상한 움직임마다 반응하며, 박수와 감탄을 멈추지 않았습니다. 쇼가 끝난 후에도 아직 그것의 충격에 빠져 있는 상태로, 많은 사람들은 자리에 남아있었습니다.

저는 제 인생 최고의 공연들 중 하나였다고 생각합니다. 그래서 다음 상연에 다녀오시는 것을 여러분들께 추천하고 싶습니다. 현대 서커스를 즐길 수 있는 이 좋은 기회를 놓치지 마세요!

Tarea 2　Vocabulario

reseña: 리뷰

crítica: 평론

crudo/a: 날것의

contemporáneo/a: 동시대의, 현대의

persistente: 지속적인

serie: 일련, 연속

poesía: 시, 서정성

crueldad: 잔혹함

manipulación: 조작

subversivo/a: 파괴적인

acrobacia: 곡예

suspenso: 서스펜스, 긴장감

oscilar: 동요하다

extremidad: 극단, 극한

gracia: 재미

maleabilidad: 가단성, 유연성

materia: 물질

deslumbrante: 눈부신, 현란한

sinopsis: 개요

entorno: 환경, 분위기

intemporal: 시간을 초월한

polo: 극

entrelazarse: 엮이다

ternura: 상냥함, 다정함

complicidad: 공범, 공모

artificialidad: 인위적임

cuerda: 줄, 밧줄

agarre: 움켜쥠

opacidad: 불투명함

mecanismo: 작용 원리, 구조

gobernar: 지배하다

distorsionado/a 일그러진

frágil: 깨지기 쉬운

naturaleza: 천성, 본성

resistencia: 저항

discurso: 추리

predominante: 지배적인

rebeldía: 반항

absurdo/a: 어이없는

invasivo/a: 침투적인

adaptación: 각색

puesta en escena: 연출, 제작

boquiabierto/a: 입을 벌린

exclamar: 감탄하다

inmerso/a en + 명: ~에 잠긴, 몰두한

Prueba
4

EXPRESIÓN E INTERACCIÓN ORALES

회화 시험 전 꼭 기억하기!

▣ **시작하기 전에**

- 본 시험이 시작되기 전에, 20분 동안 2개의 Tarea를 미리 준비해야 하므로 여유 있게 도착해야 한다.
- 시험장 입구에서 신분증을 제시해야 하므로 미리 준비해두는 것이 좋다.
- 대기실에서 Tarea 1와 2의 주어진 주제 중 한 가지씩을 선택하고, 20분 동안 연습 종이에 말할 내용의 순서, 키워드, 꼭 말하고 싶은 문장 등을 메모하며 준비한다.
- 준비 후 시험장에 들어가서 20분 동안 시험관과 대화하며 시험을 본다.
- 연습 종이에 미리 작성해 놓은 내용은 읽지 않고 참고만 한다.
- 회화 시험에서 가장 중요한 포인트는 자연스럽고 자신 있는 태도 유지라는 것을 잊지 말자!

■ 회화 시험이 시작되면

- 시험장에는 2명의 시험관이 있지만, 한 명과만 대화하며 시험이 진행된다.
- 시험장에 들어가면 시험관이 알려주는 자리에 착석한다.
- 이어서 간단한 개인 정보에 대한 질문들을 받게 되는데, 이 내용은 시험의 일부는 아니며, 시험관의 말 하는 방식에 적응하고 시험 전 긴장을 조금이라도 풀 수 있게 도와주는 시간이라고 생각하면 된다. 주로 물어보는 질문들은 미리 대비해두자.
  1 이름
  2 "tú" 또는 "usted"의 인칭 선택
  3 스페인어를 공부한 기간
  4 스페인어를 배우는 이유
  5 스페인어 권 국가를 방문한 경험 여부
- DELE B2가 높은 난이도의 시험이긴 하지만, 빠르게 말해야 한다는 압박감을 느낄 필요는 없다. 불필요하게 빠른 속도로 쓸데없는 내용을 말하거나 무질서하게 이야기하는 것보다, 몇 초 동안 내용을 머릿속에서 간단히 정리해두고 발표를 시작하는 것이 훨씬 더 효과적이다.
- 지시사항이나 시험관의 질문을 잘 이해하지 못했을 경우, 한 번 더 설명해달라고 부탁하면 된다. 반복적이지만 않다면 점수가 감점되지 않을 것이다.

DELE B2 회화 영역

DELE B2 회화 시험 개요

❶ 시험 시간: 20분
❷ Tarea 수: 3개
❸ 문제 수: 주관식 3문항

Tarea 1	제시된 **의견들을 평가**하고 **대화 나누기**	1 문항
Tarea 2	**사진**을 보며 가상의 상황을 **묘사**하고 **대화 나누기**	1 문항
Tarea 3	**설문조사**에 대해 **의견 말하기**	1 문항

Tarea 1

제시된 의견들을 평가하고 대화 나누기

---

1 Tarea 설명 ───────────────────────────────────

이 Tarea에서는 먼저 3–4분 동안 논쟁의 여지가 있는 한 상황에 대해, 제안된 의견들의 장단점을 평가하며 독백 형식으로 말해야 한다.

이어서 총 6–7분을 채우기 위해 남은 시간에는 해당 주제에 대해 시험관과 대화를 나눈다.

두 가지 옵션 중 한 개를 선택해야 한다.

---

2 문제 공략법 ───────────────────────────────────

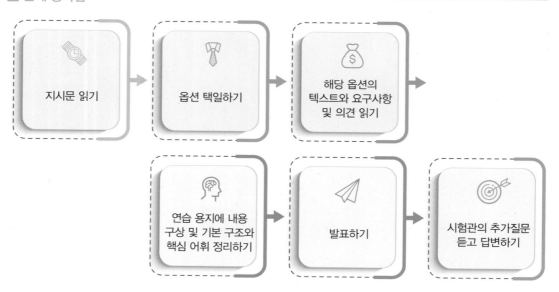

☑ 이 Tarea의 포인트는 한 주제에 대한 의견을 표현하고 변론할 줄 아는 것이므로, 주어진 상황에 찬성하는지 또는 반대하는지 확실히 입장을 정하고 간결하게 의견을 주장해야 한다.

☑ 주제 선택 지시문은 항상 동일하게 나오므로 미리 파악해두면 준비 시간을 줄일 수 있다.

☑ 두 가지 주제 중 한 개를 고를 때, 더 쉽고 편하게 많은 것을 이야기할 수 있을 주제를 선택하는 것이 좋다.

☑ 사전 준비 시간 동안, 선택한 주제에 대한 발표 순서를 구상해 보자.
　　1 주제 소개하기
　　2 언급할 의견들을 소개하고 장단점 말하기
　　3 관련된 경험 말하기
　　4 개인적 의견 말하며 내용 요약하기

☑ 사전 준비 시간 동안, 각 의견의 키워드를 메모해두고 시험관이 할 수 있을 질문들을 미리 예측해 보자.
　　1 어떤 문장에 가장 찬성/반대하는지
　　2 언급되지 않은 의견들에 대해서는 어떻게 생각하는지
　　3 비슷한 경험을 겪은 적이 있는지
　　4 이 주제에 관심을 가지고 있는지
　　5 왜 관심이 있는지
　　6 본인의 나라 혹은 거주하고 있는 지역에서는 어떤 현상이 보이는지

☑ 4가지 의견은 반드시 다루어야 하며 모든 의견들을 다 언급해도 좋다.

☑ 연습 종이는 참고만 할 수 있기 때문에, 준비 시간 동안에는 문장 전체를 작성해두기보다는 어떤 순서로 발표할 것인지 구조를 잡고 핵심 어휘만 쓰는 것이 좋다.

☑ 이 Tarea에서는 연결부사 사용을 통해 여러 생각들을 정리하고 이어주는 것이 중요하다.

☑ 시험관은 독백 형식의 발표가 끝난 후에만 질문을 하기 위해 개입하게 된다.

☑ 항상 질문 답변에 이유를 덧붙여 대답한다.

☑ 한 가지만의 정답이 있는 것은 아니며, 시험관이 나의 의견을 평가하는 것은 아니라는 것을 잊지 말자.

주제 소개	선택한 옵션 소개하기				
	He elegido la opción 1/2, que	+	trata se trata de habla de	+	[명사]

제안에 대해 처음 언급하기

Se plantean Se proponen	+	algunas diferentes varias	+	propuestas opiniones ideas	+	para	+	solucionar resolver	+	esta situación este problema

제안 설명 시작 알리기

A continuación,	+	hablaré de analizaré comentaré evaluaré valoraré	+	estas	+	propuestas opiniones ideas

제안 설명

En primer lugar, Primero,	+	se plantea se presenta se propone se trata se expone	+	la propuesta la opinión la opción la idea	+	de [동사원형]
	+	se habla de	+	[명사]		

La primera	+	propuesta opinión opción	+	plantea presenta propone trata expone habla de	+	[명사] la idea de [동사원형]

의견 표현

Considero que Creo que Pienso que Opino que Me parece que A mi parecer, Para mí, En mi opinión, Personalmente, Desde mi perspectiva,	+	esta alternativa (no) es esta medida (no) es	+	adecuada apropiada acertada conveniente válida lógica razonable justa	+	porque ya que dado que puesto que	+	[직설법]

Estoy	+	de acuerdo con a favor de en desacuerdo con en contra de	+	esta	+	propuesta opinión idea	+	porque ya que dado que puesto que	+	[직설법]

	No	+	considero que creo que pienso que opino que me parece que	+ [접속법]
	Dudo que		+ [접속법]	
어휘	과거와 현재 비교하기 Antes, En el pasado,		+ [직설법 불완료과거]	
	Ahora, Hoy en día, Estos días, En la actualidad, Actualmente, Recientemente, Últimamente,		+ [직설법 현재]	
	같은 흐름 이어가기 Además, Asimismo, Del mismo modo, De la misma manera, Incluso,		+ [직설법]	
	반대 내용 이어주기 Mientras tanto, Por otro lado, No obstante, Sin embargo, Pero		+ [직설법]	

▶ 동사

하다/실행하다	주다/제공하다	갖다/갖추다
hacer	dar	tener
realizar	ofrecer	contar con
llevar a cabo	brindar	disponer de
desarrollar	proporcionar	
implementar	otorgar	
ejecutar	conceder	
	proveer	

말하다/언급하다	발생시키다/야기하다	제기하다/제안하다
decir	crear	plantear
comentar	generar	proponer
mencionar	producir	implantar
expresar	causar	sugerir
exponer	originar	
	dar lugar a	

장려하다/촉진하다	영향을 미치다	강화하다
fomentar	influir en	potenciar
promover	repercutir en	fortalecer
propiciar	afectar a	reforzar

▶ 형용사

좋은/유익한	나쁜/해로운	실현 가능한
bueno/a	malo/a	posible
beneficioso/a	perjudicial	realizable
favorable	dañino/a	sostenible
		factible
		viable

최고의/긍정적인	최악의/부정적인	극단적인
mejor	peor	extremo/a
positivo/a	negativo/a	extremista
optimista	pesimista	radical

❖ *Notas*

INSTRUCCIONES

Le proponemos dos temas con algunas indicaciones para preparar una exposición oral. Elija <u>uno</u> de ellos.

Tendrá que hablar durante **3 o 4 minutos** sobre ventajas e inconvenientes de una serie de soluciones propuestas para una situación determinada. A continuación, conversará con el/la entrevistador/a sobre el tema durante 2-3 minutos.

LOS RESIDUOS PLÁSTICOS

En el mundo hay un grave problema con los residuos plásticos. El Programa de Naciones Unidas para el Medio Ambiente (*UNEP*) advierte que, de no tomarse medidas, en 2050 en nuestros océanos habrá más plásticos que peces.

Expertos en el tema se han reunido para discutir algunas medidas que ayuden a solucionar esta situación.

Lea las siguientes propuestas y, durante tres minutos, explique sus ventajas e inconvenientes; tenga en cuenta que debe hablar, como mínimo, de cuatro de ellas. Cuando haya finalizado su intervención, debe conversar con el/la entrevistador/a sobre el tema de las propuestas.

Para preparar su intervención, al analizar cada propuesta debe plantearse por qué le parece una buena solución y qué inconvenientes tiene, a quién beneficia y a quién perjudica, si puede generar otros problemas; si habría que matizar algo...

1 Sería necesaria la colaboración internacional para limitar la producción de materiales que contengan plástico y procurar una limpieza más eficaz de todo tipo de basuras.

2 Yo pondría multas e, incluso, penas de cárcel a aquellos que tiren deliberadamente basura al mar. Hay que tomar medidas contundentes para que la gente reaccione.

3 Yo crearía asociaciones civiles que velen por la limpieza tanto terrestre como marítima y subiría el sueldo de los recolectores de desechos para aumentar el número de trabajadores.

4 Yo incentivaría a las empresas con grandes cantidades si crean proyectos en los cuales se recupere y reutilice el plástico actualmente vertido en los océanos.

5 Yo creo que ya no se puede revertir esta situación y no hay vuelta atrás. Ahora solo queda observar cómo evoluciona el asunto y qué podemos hacer para adaptarnos a los cambios.

6 Se debería concienciar a la sociedad para que no utilice tantos plásticos y recicle debidamente. Muchas personas aún creen que el cambio climático es un invento y eso es inadmisible.

지시문

발표를 준비하기 위한 몇 가지 지시사항들과 함께 두 개의 주제를 제안합니다. <u>한 가지</u> 주제만 고르세요.

3–4분 동안 특정한 상황에 대해 제안된 해결책들의 장단점을 이야기하세요. 이어서, 2–3분 동안 그 주제에 대해 시험관과 대화해야 합니다.

↪ 제시된 두 개의 옵션 중 하나를 선택했다는 가정 하에 작성된 내용입니다.

플라스틱 폐기물

전 세계에는 플라스틱 폐기물과 관련된 심각한 문제가 있습니다. 유엔환경계획(UNEP)은 어떠한 조치도 취하지 않는다면, 2050년도에는 모든 대양에 물고기보다 플라스틱이 더 많아질 것이라고 경고합니다.

이 주제에 대한 전문가들이 현재 상황의 해결을 도울 몇 가지 대책들을 논의하기 위해 모였습니다.

아래 제안된 의견들을 읽어보고, 3분 동안 장점과 단점을 설명하세요. 최소 네 개의 의견들에 대해 이야기해야 한다는 것을 잊지 마세요. 발표를 끝낸 후, 주제에 대해 시험관과 대화를 나누어야 합니다.

발표를 준비하기 위해, 각 의견을 분석할 때에는 왜 그것이 좋은 해결책이고 어떤 문제점들이 있는지, 누구에게 이익을 주고 누구에게 불리한지, 어떤 다른 문제들을 야기할 수 있는지, 강조할 내용이 있는지 등을 생각해 보아야 합니다.

---

1 플라스틱을 포함하는 재료들의 생산을 제한시키고 모든 종류의 쓰레기를 더 효과적으로 치울 수 있기 위한 국제적 협력이 필요할 것 같습니다.

2 저라면 벌금을 물릴 것이고요, 심지어 고의로 바다에 쓰레기를 버리는 사람들에게 징역형을 내릴 것입니다. 사람들이 반응하게 하려면 강력한 조치를 취해야 해요.

3 저는 육지와 해양 쓰레기 청소에 관여하는 민간단체들을 설립할 것이며 인원 수를 늘리기 위해 환경미화원의 임금을 올릴 것입니다.

4 저라면 현재 바다에 넘쳐흐르는 플라스틱을 회수하고 재활용할 수 있는 프로젝트를 만드는 기업들을 큰 금액으로 보상할 것입니다.

5 저는 이 상황을 되돌릴 수 없고 돌이킬 수 없다고 생각해요. 이제는 이 문제가 어떻게 나아가는지 보고 이러한 변화에 적응하기 위해 무엇을 할 수 있는지 보는 것만 남았습니다.

6 이렇게나 많은 플라스틱을 사용하지 않고 올바르게 재활용할 수 있게 사회의 인식을 높여야 합니다. 많은 사람들은 아직도 기후변화가 조작된 것이라고 생각하는데 이것은 용납할 수 없는 일이예요.

주제 소개하기

He elegido la opción 1, que trata el problema de los residuos plásticos que existe en todo el mundo. Según el Programa de Naciones Unidas para el Medio Ambiente, en 2050 en el océano habrá más plásticos que peces, y se plantean varias propuestas para solucionar esta situación. A continuación, comentaré y valoraré estas diferentes opiniones.

저는 1번 옵션을 골랐는데, 이것은 전세계에 존재하는 플라스틱 폐기물 문제를 다룹니다. 유엔환경계획에 따르면, 2050년에는 바다에 물고기보다 플라스틱이 더 많아질 것이며, 이 상황을 해결하기 위한 다양한 의견들이 제시되고 있습니다. 이어서, 이러한 여러 의견들을 언급하고 평가해보겠습니다.

의견 1

En primer lugar, se propone la creación de un acuerdo internacional que limite la producción de plásticos y realice la limpieza de basuras de una forma más eficiente. Me parece que esta medida es razonable, pero dudo que los diferentes gobiernos puedan ponerse de acuerdo unánimemente, ya que muchas veces este tipo de problemas no se resuelven ni siquiera dentro de un país.

첫 번째로, 플라스틱 생산을 제한하고 더 효율적인 쓰레기 청소를 실행할 국제 협약이 제안됩니다. 저는 이것이 합당한 대책이라고 생각하지만, 여러 다른 국가들이 만장일치로 협의할 수 있을지 의심됩니다. 많은 경우에는 이러한 종류의 문제들이 한 국가 안에서도 해결되지 못하는데 말이죠.

의견 2

En segundo lugar, se plantea la imposición de multas y penas de prisión para las personas que tiren basura al mar. Creo que esta medida es apropiada, ya que la gente podrá tener más cuidado. Además, en el caso de cobrar multas, se podrá colectar más dinero para resolver este problema y esto me parece justo.

두 번째로, 바다에 쓰레기를 버리는 사람들에 대한 벌금 부과와 징역형이 제시됩니다. 저는 이 대책이 정당하다고 생각하는데요, 왜냐하면 사람들이 더 조심할 수 있기 때문입니다. 게다가 벌금을 부과하는 경우, 이 문제를 해결하기 위한 더 많은 돈을 모을 수 있을 것이고, 이것은 타당하다고 생각합니다.

의견 3

En tercer lugar, se presenta la opción de crear asociaciones civiles dedicadas a la limpieza terrestre y marítima y también de subir el sueldo de las personas que se dedican a la recolección de basura. Considero que es una buena alternativa ya que podrá disminuir el número de desempleados y podrá contribuir a la mejora del medio ambiente. Además, esto significa que la sociedad puede participar en estas acciones más activamente.

세 번째로는, 육지와 바다 청소에 전념하는 민간단체들을 만들고 쓰레기 수거에 종사하는 사람들의 임금을 올려주자는 의견이 제시됩니다. 저는 이것이 좋은 대안이라고 생각하는데, 실업자 수가 줄어들 것이고 환경 실태의 개선에 기여할 수 있을 것 같습니다. 게다가 이것은 사회가 더 능동적으로 이러한 행위에 참여할 수 있다는 것을 의미합니다.

En cuarto lugar, se habla de la posibilidad de incentivar a las empresas con proyectos para recuperar y reutilizar los residuos plásticos en el mar. Esta medida parece bien al principio, pero no está claro quién tiene que invertir el dinero. Esto me preocupa porque puede resultar en la subida de los impuestos al final, y en realidad es algo que las empresas deben hacer por su cuenta si están interesadas en el tema del medio ambiente.

네 번째로는, 해양 플라스틱 폐기물 복원과 재활용 프로젝트를 진행할 기업들의 보상 여부에 대해 이야기합니다. 이 대책은 처음에는 괜찮게 보일 수 있지만, 누가 이것에 돈을 투자해야 하는 것인지 확실하지 않아요. 이것은 결국 세금 상승으로 이어질 것이기 때문에 우려되는데, 사실상 기업들이 환경이라는 주제에 관심이 있다면 그들이 직접 해야 하는 것이죠.

의견 5

En quinto lugar, se dice que ya no hay nada que hacer y la situación es irreversible. Considero que esta opinión es bastante pesimista y extrema, y que no ayuda en nada en realidad, ya que no propone ninguna solución al problema.

다섯 번째로는, 아무것도 할 수가 없고 되돌릴 수 없는 상황이라는 것입니다. 저는 이 의견이 상당히 비관적이고 극단적이며, 사실상 아무 도움이 되지 않는다고 생각합니다. 왜냐하면 제시된 문제에 아무 해결책도 제안하지 않기 때문입니다.

의견 6

Y, por último, en la sexta propuesta se habla sobre la concienciación de la sociedad para usar menos plásticos y reciclarlos, ya que todavía hay personas que no ven la realidad. Opino que esta opción es la mejor, porque la educación es la clave para combatir la ignorancia. Si la gente no es consciente de la situación actual y no es capaz de entender cómo estamos afectando al planeta, cada vez será peor.

마지막으로, 여섯 번째 의견은 플라스틱을 덜 사용하고 재활용하기 위한 사회의 인식개선에 대해 이야기하는데, 현실을 보지 못하는 사람들이 아직도 있기 때문입니다. 저는 제일 좋은 제안이라고 생각하는데, 교육은 무지함을 이겨내기 위한 정답이기 때문입니다. 사람들이 현재 상황에 대해 자각하지 못하고 우리가 어떻게 지구에 영향을 끼치는지 이해할 수 없다면, 상황은 점점 더 나빠질 것입니다.

결론 내리기

En resumen, excepto la opción número cinco, me parece que todas las propuestas son razonables ya que ofrecen diferentes soluciones para un problema que se debe resolver lo antes posible. Pero si tuviera que elegir solamente una opción, seleccionaría la última, ya que considero que la gente tiene que ser realmente consciente y querer contribuir voluntariamente a la conservación del planeta y a la erradicación de los residuos plásticos.

요약하자면, 5번 의견을 제외하고는 되도록 빠르게 해결되어야 하는 문제를 위한 다양한 해결책을 제공하고 있기 때문에 모든 제안들이 합당하다고 생각합니다. 하지만 옵션 한 가지만 골라야 한다면, 마지막 의견을 선택할 것 같습니다. 왜냐하면, 사람들이 정말로 인식을 갖춰야 하고 지구 보존과 플라스틱 폐기물의 근절에 자발적으로 기여해야 한다고 생각하기 때문입니다.

▶ 질문에 대한 답변하기

Examinador/a	Candidato/a
De acuerdo. Entonces, ¿realmente cree que es posible concienciar a toda la sociedad para que reduzcan el uso de plásticos y que reciclen debidamente? 알겠습니다. 그렇다면, 플라스틱 사용을 줄이고 올바르게 재활용할 수 있게 사회 전체의 인식 개선을 하는 것이 가능하다고 정말 생각하나요?	Sinceramente, creo que no podemos negar la realidad. Seguramente es bastante complicado convencer a todos los ciudadanos del mundo para implicarse en este asunto y reciclar bien los residuos. Sin embargo, creo que la concienciación pública no es imposible si todos nos esforzamos juntos. 솔직히 말하자면, 현실을 부정할 수는 없다고 생각합니다. 세상의 모든 사람들이 이 일에 관여하고 제대로 재활용하도록 설득시키는 것은 분명 상당히 어려울 것입니다. 그러나, 우리 모두가 함께 노력한다면 공동 인식 개선이 불가능하지는 않다고 생각합니다.
Vale. ¿Y qué inconvenientes cree que podría tener que la mayoría de personas pensaran como se menciona en la propuesta cinco? 좋습니다. 그렇다면 5번 의견에서 언급되는 것처럼 대다수의 사람들이 생각하는 것은 어떤 문제점들을 가질 수 있을 것이라고 생각하나요?	Me parece que sería catastrófico. Siempre hay algo que se puede hacer, aunque la situación sea muy complicada, y es importante no rendirse. Además, todo esto es nuestra culpa. Por eso debemos ser responsables y tratar de resolver la situación en la medida de lo posible o, al menos, impedir que siga empeorando. 참담할 것이라고 생각되네요. 언제나 할 수 있는 것은 있습니다. 비록 상황이 많이 어렵더라도, 포기하지 않는 것이 중요합니다. 게다가, 이 모든 것은 우리 모두의 탓이죠. 그러므로 책임감을 가져야 하며, 가능한 범위에서 상황을 고치거나 적어도 상황이 더 악화되는 것을 막아야 합니다.
¿A quién le parece que perjudica principalmente este problema de los residuos plásticos? 이 플라스틱 폐기물 문제는 누구에게 주로 피해를 준다고 생각하나요?	Creo que nos perjudica a todos: a los seres humanos, al planeta, a los animales, a las plantas, etc. Creo que nos perjudica a todos de forma similar. 우리 모두에게 똑같이 피해를 준다고 생각합니다. 사람들, 지구, 동물들, 식물들 등이요. 우리 모두에게 비슷하게 해를 끼친다고 생각해요.
¿Y cree que beneficia a alguien? 그렇다면 누군가에게는 이익을 준다고 생각하나요?	Me parece que no, definitivamente. Esta situación no le beneficia a nadie. 절대 아니라고 생각합니다. 이런 상황은 아무에게도 이익을 주지 않아요.

341

텍스트

residuo: (주로 복수) 폐기물

grave: 중대한, 심각한

de + INF.: ~한다면

medida: 대책, 조치

의견 1

material: 재료, 소재

procurar: 시도하다, 노력하다

eficaz: 효과적인

의견 2

poner multas: 벌금을 물리다

pena de cárcel: 징역형

deliberadamente: 일부러, 고의로

contundente: 무딘, 강력한

의견 3

civil: 민간의

velar por + 명: ~에 마음을 쓰다

sueldo: 임금, 봉급

recolector/a: 수확하는 사람, 미화원

desecho: 폐기물, 쓰레기

의견 4

incentivar: 격려하다, 자극하다

reutilizar: 다시 사용하다

verter: 붓다, 엎지르다

의견 5

revertir: 되돌리다

evolucionar: 진보하다, 진화하다

asunto: 일, 사건, 문제

의견 6

cambio climático: 기후 변화

invento: 발명, 조작, 허구

inadmisible: 용납할 수 없는

발표

acuerdo: 동의, 협조, 협약

razonable: 타당한, 합당한

unánimemente: 만장일치로

imposición: 부과, 과세

pena de prisión: 징역형

apropiado/a: 정당한, 합당한

cobrar: 돈을 받다, 징수하다

colectar: 모으다

recolección: 수확, 수거

alternativa: 대안

desempleado/a: 실업 상태에 있는, 무직 상태의

irreversible: 되돌릴 수 없는

pesimista: 비관적인, 부정적인

extremo/a: 극도의, 극단적인

combatir: 투쟁하다, 싸워내다

ignorancia: 무지, 무식

planeta: 행성, 지구

en resumen: 요약하면

voluntariamente: 자발적으로

질문 답변

catastrófico/a: 파멸적인, 참담한

rendirse: 포기하다, 단념하다

en la medida de lo posible: 가능한 범위에서

al menos: 적어도, 최소한

impedir: 방해하다, 막다

empeorar: 악화시키다, 악화하다

definitivamente: 분명히, 확실히, 절대

Tarea 2
사진을 보며 가상의 상황을 묘사하고 대화 나누기

1 Tarea 설명

이 Tarea에서는 2-3분동안 한 장의 사진을 묘사하고 일어나는 상황을 상상하여 설명한다.

이어서, 총 5-6분을 채우기 위해 남은 시간 동안 자신의 경험과 의견에 대해 시험관과 대화를 나누게 된다.

분명한 정답이 있는 것은 아니며 제시되는 질문들과 지시사항을 고려하며 상황을 생각해내야 한다.

두 가지 옵션 중 한 개를 선택해야 한다.

2 문제 공략법

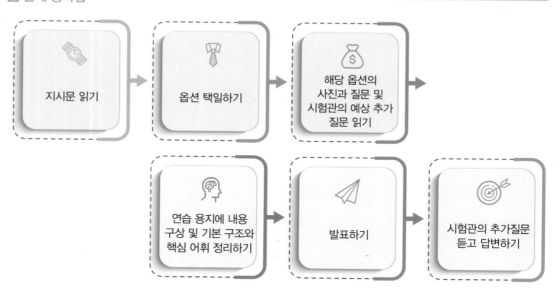

지시문 읽기 → 옵션 택일하기 → 해당 옵션의 사진과 질문 및 시험관의 예상 추가 질문 읽기 → 연습 용지에 내용 구상 및 기본 구조와 핵심 어휘 정리하기 → 발표하기 → 시험관의 추가질문 듣고 답변하기

☑ 이 Tarea에서는 사진을 제대로 묘사해야 한다. 특히, 등장하는 인물 또는 사물과 관련된 어휘 및 여러 다른 공간적 표현 등을 알고 있다는 것을 보여주어야 한다.

　　예 en primer plano, al fondo, detrás

☑ 이 Tarea에서는 정해진 답이 존재하지는 않으므로, 아무 상황이나 상상할 수 있다. 지시문에 어떤 주제를 다루고자 하는지 대략 알려주는 단서들이 있는데, 반드시 이것에 대해 이야기할 의무는 없으나 발표 이후 시험관이 관련된 질문을 할 예정이기 때문에 되도록 언급하는 것이 좋다.

☑ 주제 선택 지시문은 항상 동일하게 나오므로 미리 파악해두면 준비 시간을 줄일 수 있다.

☑ 두 가지 주제 중 한 개를 고를 때, 더 쉽고 편하게 많은 것을 이야기할 수 있을 주제를 선택하는 것이 좋다.

☑ 사전 준비 시간 동안, 선택한 주제에 대한 발표 순서를 구상해 보자.

　　① 사진에 등장하는 인물 및 사물 등 묘사하기

　　② 사진에서 일어날 수 있는 상황 상상하여 이야기하기

　　③ 관련된 경험 말하기

　　④ 개인적 의견 말하며 내용 요약하기

☑ 사전 준비 시간 동안, 시험관이 할 수 있을 질문들을 미리 예측해 보자.

　　① 비슷한 경험을 겪은 적이 있는지

　　② 본인의 나라 혹은 거주하고 있는 지역에서는 어떤 특별한 점이 있는지

☑ 연습 종이는 참고만 할 수 있기 때문에, 준비 시간 동안에는 문장 전체를 작성해두기보다는 어떤 순서로 발표할 것인지 구조를 잡고 핵심 어휘만 쓰는 것이 좋다.

☑ 시험관은 독백 형식의 발표가 끝난 후에만 질문을 하기 위해 개입하게 된다.

☑ 사진을 더 오래 묘사할수록 시험관이 질문할 시간이 줄어들 것이다. 즉, 반대로 사진 설명이 너무 간결하다면 예상치 못한 질문을 더 많이 받을 수 있다.

☑ 항상 질문 답변에 이유를 덧붙여 대답한다.

☑ 한 가지만의 정답이 있는 것은 아니며 시험관이 나의 의견을 평가하는 것은 아니라는 것을 잊지 말자.

주요 인물	묘사 시작하기					
	En la fotografía	+	hay aparece(n) se observa(n)	+	[명사]	
	외모 묘사하기					
	[명사]	+ tiene(n)	+ el pelo la barba la piel	+ rubio/a castaño/a negro/a claro/a oscuro/a de color claro de color oscuro	또는	largo/a corto/a
	의상 묘사하기					
	[명사]	+ lleva(n)	+ una camisa una camiseta (unos) pantalones (unos) vaqueros una falda un vestido un abrigo un bolso	+ de color [남성 형용사]		
위치	En primer plano, Al fondo, Detrás de él/ella/ellos/ellas,	+ [직설법]				
	[명사]	+ está(n) se encuentra(n)	+ delante de detrás de al lado de a la derecha de a la izquierda de	+ [명사]		
상상 및 추측	Parece que Imagino que Supongo que Se ve que Se puede observar que	+ [직설법]				
	A lo mejor,	+ [직설법]				
	Seguramente Probablemente Posiblemente Quizás, Tal vez,	+ [직설법: 더 높은 가능성] [접속법: 더 낮은 가능성] ※ 되도록 접속법 사용 보여주기				
	Puede que	+ [접속법]				

❖ *Notas*

INSTRUCCIONES

Usted debe imaginar una situación a partir de una fotografía y describirla durante unos **dos o tres minutos**. A continuación conversará con el/la entrevistador/a acerca de sus experiencias y opiniones sobre el tema de la situación. Tenga en cuenta que no hay una respuesta correcta: debe imaginar la situación a partir de las preguntas que se le proporcionan. Deberá elegir <u>una</u> de las dos fotografías.

PAGO DE FACTURAS

Las personas de la fotografía están haciendo cuentas para poder realizar todos los pagos que tienen en conjunto. Tiene que describir la escena que ve, imaginar la situación y hablar sobre ella durante, aproximadamente, 2-3 minutos. Puede centrarse en los siguientes aspectos:

- ¿Dónde cree que se encuentran estas personas? ¿Qué tipo de relación tienen? ¿Por qué piensa eso?

- ¿Estas personas tienen algo en común? ¿Ve diferencias en su forma de vestir, su actitud, su postura...?

- ¿Cómo imagina que es cada una de estas personas? ¿Dónde viven? ¿A qué se dedican? ¿Cuál es su situación personal? ¿Qué expectativas tienen? ¿Por qué piensa eso?

- ¿Qué cree que va a suceder en esta situación? En su opinión, ¿van a conseguir pagar todas las facturas? ¿Por qué?

Una vez haya descrito la fotografía, el/la entrevistador/a le hará algunas preguntas sobre el tema de la situación hasta cumplir con la duración total de la tarea.

EJEMPLO DE PREGUNTAS DEL/DE LA ENTREVISTADOR/A:

- ¿Ha realizado alguna vez el pago de una factura? En caso afirmativo, ¿puede contar cómo fue su experiencia, cuál fue el resultado, cómo se sintió, alguna anécdota...? En caso negativo, ¿cómo cree que será experimentar una situación así?
- ¿Le han dado alguna recomendación para no acumular deudas en sus pagos?
- Según su opinión, ¿qué es lo más importante para pagar las facturas a tiempo?
- ¿Cómo se realizan normalmente los pagos de las facturas en su país? ¿Poseen alguna peculiaridad? ¿Y en pareja?

La duración total de esta tarea es de **5 a 6 minutos**.

연습 문제 해설

지시문

2–3분 동안 한 장의 사진에서 상황을 상상하고 묘사해야 합니다. 이어서 이 상황의 주제와 관련된 당신의 경험과 의견들에 대해 시험관과 대화를 나누어야 합니다. 확실한 정답이 있는 것은 아니며 주어진 질문들을 기반으로 상황을 상상하면 됩니다. 두 장의 사진 중 <u>한 장만</u> 선택하세요.

▶ 제시된 두 개의 옵션 중 하나를 선택했다는 가정 하에 작성된 내용입니다.

고지서 납부

사진에 있는 사람들은 함께 내야 할 모든 고지서를 납부하기 위해 계산을 하고 있습니다. 약 2–3분 동안 보여지는 장면을 묘사하고, 상황을 상상해 보고 그것에 대해 이야기하세요. 다음 사항에 집중해 보세요.

- 이 사람들이 어디에 있다고 생각하나요? 어떤 종류의 관계인가요? 왜 그렇게 생각하나요?
- 이 사람들에게 공통점이 있나요? 그들의 복장, 태도, 자세 등에 차이가 보이나요?
- 이들은 각각 어떤 사람들이라고 상상되나요? 어디에 살고 있나요? 직업은 무엇인가요? 개인적인 상황은 어떤가요? 어떤 기대를 가지고 있나요? 왜 그렇게 생각하나요?
- 이 상황에서 무슨 일이 일어날 것이라고 생각하나요? 당신이 생각하기에, 이들이 모든 고지서를 납부하는 것을 해낼 수 있을까요? 이유는 무엇인가요?

사진을 묘사한 후에는, 이 Tarea의 총 시간을 채우기 위해 시험관이 해당 상황의 주제에 대해 질문을 할 것입니다.

시험관의 질문 예시:

- 고지서 납부를 해본 적이 있나요? 그러한 경우에는, 경험이 어땠는지, 어떤 결과가 있었는지, 어떤 기분이 었는지, 에피소드가 있었는지 이야기해줄 수 있나요? 그렇지 않은 경우에는, 이러한 상황을 겪는 것이 어떨 것이라고 생각하나요?
- 고지서 미납이 누적되지 않기 위한 조언을 받은 적이 있나요?
- 당신이 생각하기에, 고지서를 제때 납부하기 위해 가장 중요한 점은 무엇인가요?
- 당신의 나라에서는 일반적으로 고지서 납부를 어떻게 하나요? 특별한 점이 있나요? 커플이 함께 납부하는 경우에는 어떻게 하나요?

이 Tarea의 총 시간은 **5–6분**입니다.

▶ 모범 답안

사진 묘사하기

En la fotografía aparecen dos personas, un chico a la izquierda y una chica a la derecha. Parece que están haciendo cuentas y hablando sobre cómo van a pagar juntos las facturas.

이 사진에는 두 사람이 등장하는데, 왼쪽에는 젊은 남자 한 명이 있고 오른쪽에는 젊은 여자 한 명이 있습니다. 그들은 계산을 하고 있고 어떻게 공과금을 함께 납부할 것인지에 대해 이야기하고 있는 것 같아 보입니다.

El hombre tiene el pelo y la barba cortos y castaños, y lleva una camiseta verde y una camisa de manga larga de color rojo. La mujer tiene el pelo también castaño y lleva una camiseta blanca y una camisa celeste. Se ve que el hombre está hablando y la mujer lo está escuchando, y ambos están serios. Estas personas están sentadas delante de una mesa de madera donde hay un móvil y varios papeles que parecen facturas. Detrás de ellos se ve un mueble grande con vidrios. Creo que estas personas son una pareja y están en su casa.

남자는 머리와 수염이 짧고 갈색이며, 초록색 티셔츠와 빨간색 긴팔 셔츠를 입고 있습니다. 여자도 머리가 갈색이고 흰색 티셔츠와 하늘색 셔츠를 입고 있네요. 남자가 이야기를 하고 있고 여자는 듣고 있으며, 두 사람 모두 진지해 보입니다. 이 사람들은 목재 테이블 앞에 앉아있는데, 그 위에는 휴대폰 한 개와 고지서 같아 보이는 여러 장의 종이가 있습니다. 그들 뒤에는 유리가 있는 큰 가구가 보입니다. 저는 이 사람들이 커플이고 자신들의 집에 있다고 생각합니다.

인물에 대해 상상하기

Creo que ellos están casados pero cada uno controla su propio estado financiero independientemente, por lo que deben pagar juntos las facturas. Pienso que viven en el centro de una ciudad grande y acaban de crear su propia empresa. Por eso tienen que revisar constantemente los gastos, pero no tienen problemas en hacerlo en conjunto porque son personas responsables e inteligentes, y siempre conversan lo suficiente para llegar a un acuerdo.

이들은 결혼한 상태이지만 각자 자신의 재정상태를 독립적으로 관리한다고 생각합니다. 그래서 함께 공과금을 내겠죠. 그들은 대도시 중심가에서 살고 있고 자신들만의 회사를 창업한지 얼마 안되었다고 생각해요. 그래서 꾸준히 지출을 체크해야 하지만 그 일을 함께 하는 것에 문제가 없습니다. 왜냐하면 그들은 책임감이 있고 똑똑한 사람들이라서 의견 일치에 이를 수 있게 충분히 대화를 나누기 때문입니다.

상황에 대해 추측하기

Creo que van a pensar juntos la mejor manera de pagar todas las facturas y no tendrán problemas económicos ni discusiones sobre el tema, ya que se respetan y se quieren mucho. Espero que sean felices y cumplan todos sus sueños.

그들은 모든 고지서를 납부할 수 있는 가장 좋은 방법을 함께 생각해낼 것이고, 경제적 문제나 이 주제에 대한 다툼도 없을 것이라고 생각합니다. 서로 존중하고 많이 사랑하기 때문이죠. 그들이 행복하길 바라고 모든 꿈이 이루어지길 바랍니다.

Examinador/a	Candidato/a
Vale. Usted, ¿ha realizado alguna vez el pago de una factura? En caso afirmativo, ¿puede contar cómo fue su experiencia, cuál fue el resultado, cómo se sintió, alguna anécdota…? 좋습니다. 당신은 고지서 납부를 해본 적이 있나요? 그러한 경우에는, 경험이 어땠는지, 어떤 결과가 있었는지, 어떤 기분이었는지, 에피소드가 있었는지 이야기해줄 수 있나요?	Sí, claro. Vivo solo/a, así que tengo que pagar todos mis gastos. Por suerte, siempre he cumplido con los plazos hasta ahora y estoy agradecido/a de tener suficiente dinero para poder pagar todas las facturas que recibo. 네, 물론이죠. 저는 혼자 살고 있어서 모든 지출비용을 부담해야 해요. 다행히도 지금까지 항상 기한을 지켰고, 받는 모든 고지서들을 납부할 수 있는 충분한 돈이 있다는 것에 감사하고 있습니다.
De acuerdo. Y, ¿le han dado alguna recomendación para no acumular deudas en sus pagos? 알겠습니다. 그렇다면, 고지서 미납이 누적되지 않기 위한 조언을 받은 적이 있나요?	Sí. Mis padres siempre me recomiendan pagar las facturas lo antes posible y no pedir préstamos. Según ellos, hay que vivir de acuerdo a las condiciones económicas de cada uno y no usar demasiado las tarjetas de crédito. Hasta ahora estoy siguiendo sus consejos y creo que me ha ido bien. 네. 저희 부모님이 고지서는 되도록 빨리 납부하고 대출은 받지 말라고 항상 조언해주세요. 그들의 말에 따르면, 각자의 경제적 조건에 맞춰 살아야 하고 신용카드는 과하게 사용하면 안 된다고 하시네요. 지금까지 그들의 조언을 따라왔고 잘 해왔다고 생각해요.
Y, ¿cómo se realizan normalmente los pagos de las facturas en su país? ¿Poseen alguna peculiaridad? 당신의 나라에서는 일반적으로 고지서 납부를 어떻게 하나요? 특별한 점이 있나요?	En mi país están muy desarrollados los servicios bancarios móviles, por lo que normalmente se realizan los pagos en las aplicaciones de banca electrónica o mediante transferencias automáticas directamente. Pero todavía hay muchas personas mayores que siguen yendo al banco para pagar las facturas en persona. 우리나라에서는 모바일뱅킹 서비스가 매우 발달되어 있어서, 일반적으로 인터넷 뱅킹 애플리케이션에서 납부를 진행하거나 아예 자동이체를 통해 지불합니다. 하지만 아직도 직접 고지서를 납부하기 위해 은행에 가시는 어르신들도 많이 계십니다.

지시문

en conjunto: 일괄적으로

en común: 공통으로

forma de vestir: 복장

postura: 자세

deuda: 빚, 채무

peculiaridad: 특유함, 독특함

en pareja: 커플로

모범 답안

발표

mueble: 가구

llegar a un acuerdo
: 합의에 이르다, 의견 일치에 이르다

질문 답변

agradecido/a de + INF.: ~하는 것에 감사한

préstamo: 대출

banca: (집합명사) 은행업(계), 은행업무

transferencia: 이체

automático/a: 자동의

Tarea 3 설문조사에 대해 의견 말하기

1 Tarea 설명

이 Tarea에서는 2-3분 동안 그래프 또는 문서 유형의 자료(일반적으로 시사 문제에 대한 설문조사 질문 혹은 기사)에 대해 의견을 말해야 하고, 이어서 총 3-4분을 채우기 위해 남은 시간 동안 유추한 결과에 대해 시험관과 대화를 나누어야 한다.

두 가지 옵션 중 한 개만 선택해야 하며, 이 Tarea는 유일하게 사전 준비 없이 진행된다.

2 문제 공략법

시험관의 설명을 들으며 두 가지 옵션 확인하기 → 옵션 택일하기 → 해당 옵션에 나오는 정보와 질문 및 시험관의 예상 추가 질문 읽기 →

설문조사 질문에 대한 답변과 의견 말하기 → 설문조사 결과 확인하고 미리 예측한 결과와 비교하며 의견 말하기 → 시험관의 추가질문 듣고 답변하기

☑ 이 Tarea는 유일하게 사전 준비 없이 진행되므로, 시험관이 보여주는 설명 용지를 주의 깊게 보아야 한다.

☑ 두 가지 옵션 중 한 개를 고를 때, 더 쉽고 편하게 많은 것을 이야기할 수 있을 주제를 선택하는 것이 좋다.

☑ 이 Tarea에 대한 시험관의 설명을 잘 듣고, 어떤 주제에 대해 이야기할 것이고 어떤 질문에 대답해야 하는지 알아내야 한다.

☑ 이 Tarea에서는 의견 제시가 중요하므로, 개인적 생각을 말할 때 같은 표현을 반복하지 않도록 다양한 동사와 숙어를 미리 공부해두는 것이 좋다.

☑ 시험관은 독백 형식의 발표가 끝난 후에만 질문을 하기 위해 개입하게 된다.

☑ 항상 질문에 단답형이 아닌 완성된 문장으로 이유를 덧붙여 대답한다.

☑ 설문조사 결과를 본 후에는 개인적 의견과 이것을 비교해야 하는데, 어떤 점이 비슷하고 다른지, 어떤 점이 놀라운지 등에 대해 말해야 한다.

☑ 한 가지만의 정답이 있는 것은 아니며 시험관이 나의 의견을 평가하는 것은 아니라는 것을 잊지 말자.

중요 내용	Podemos ver Podemos observar Podemos destacar Hay que destacar Me gustaría destacar	+ que [직설법]		

의견 일치 여부	Nuestras respuestas	+ coinciden / difieren	+ en [동사원형] / en que [직설법]	
			con respecto a + en cuanto a en el aspecto de	+ [명사]
	Mi respuesta es +	igual idéntica parecida similar semejante	+ a la de los encuestados	
	Mi respuesta es +	diferente contraria opuesta	+ a la de los encuestados	

비율 분석

최상급 구조 활용하기

[A]	+ tiene / muestra / presenta	+ el mayor/menor porcentaje el porcentaje más alto/bajo

비교 구조 활용하기

[A]	+ tiene / muestra / presenta	+ un porcentaje más alto/bajo que	+ [B]

전반적 비율 표현하기

La mayoría Más de la mitad Muchos Menos de la mitad Solo unos pocos	+ de [A]	+ [직설법]

순위 및 구체적인 수치 언급하기

[A]	+ ocupa el primer/segundo/último lugar	+ con un OO por ciento

El OO por ciento de [A] Más/Menos del OO por ciento de [A]	+ [직설법]

	퍼센티지 동의어 활용하기			
	El porcentaje La proporción La tasa			
	퍼센티지 동의어 활용하기			
	[A문장].	+	Mientras tanto, Por otro lado, No obstante, Sin embargo,	+ [B문장].
문제 제기	Me sorprende Me preocupa Me inquieta Es sorprendente Es preocupante Es inquietante Es alarmante Es un problema	+ que [접속법 현재/현재완료]		

INSTRUCCIONES

Usted tiene que dar su opinión a partir de unos datos de noticias, encuestas, etc., que se le ofrecen durante **2 o 3 minutos**. Después, debe conversar con el/la entrevistador/a sobre esos datos, expresando su opinión al respecto.

Deberá elegir <u>una</u> de las dos opciones propuestas.

Esta tarea no se prepara anteriormente.

MOTIVOS DE LA DELINCUENCIA

¿Existe mucha delincuencia en su país? ¿Cuáles cree que son las causas de la delincuencia? Seleccione las respuestas según su criterio personal y explique los motivos de su elección:

¿Cuáles cree que son las causas de la delincuencia en su país?	
La inmigración irregular	
La falta de condenas o bajas penas que reciben los delincuentes	
El consumo de drogas y alcohol	
Las bandas de narcotráfico	
La pobreza y falta de oportunidades	
La pérdida de valores en la sociedad	
La desigualdad social	
La crisis de la familia	
Las restricciones a las policías	
La falta de capacitación de las policías	
La validación de la violencia durante el estallido social	
No sé	

A continuación, compare sus respuestas con los resultados obtenidos en Chile en una encuesta con las mismas preguntas:

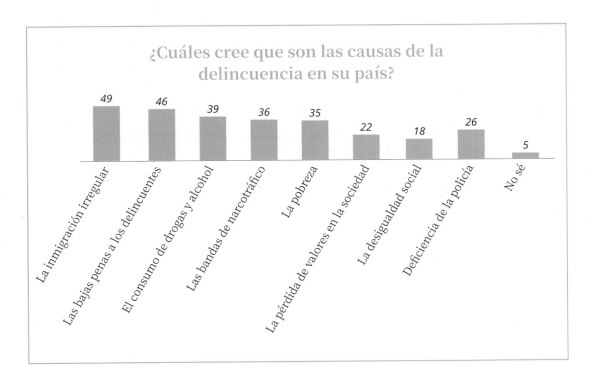

¿Cuáles cree que son las causas de la delincuencia en su país?

Causa	Valor
La inmigración irregular	49
Las bajas penas a los delincuentes	46
El consumo de drogas y alcohol	39
Las bandas de narcotráfico	36
La pobreza	35
La pérdida de valores en la sociedad	22
La desigualdad social	18
Deficiencia de la policía	26
No sé	5

Comente ahora con el/la entrevistador/a su opinión sobre los datos de la encuesta y compárelos con sus propias respuestas:

- ¿En qué coinciden? ¿En qué se diferencian?
- ¿Hay algún dato que le llame especialmente la atención? ¿Por qué?

EJEMPLO DE PREGUNTAS DEL/DE LA ENTREVISTADOR/A:

- ¿Por qué ha escogido esa opción? ¿Podría poner un ejemplo?
- ¿Con qué opción está menos de acuerdo? ¿Por qué?

La duración total de esta tarea es de **3 a 4 minutos**.

Tarea 3 연습 문제 해설

지시문

2-3분 동안 주어진 기사 또는 설문조사의 정보에 대해 의견을 말해주세요. 그리고, 당신의 의견을 표현하면서 이 정보에 대해 시험관과 대화를 나누어야 합니다.

제시된 두 개의 옵션 중 <u>한</u> 가지만 선택하세요.

이 Tarea에서는 사전 준비 시간이 없습니다.

▶ 제시된 두 개의 옵션 중 하나를 선택했다는 가정 하에 작성된 내용입니다.

범죄의 동기

당신의 나라에는 범죄가 많이 존재하나요? 어떤 것이 범죄의 원인이라고 생각하나요? 당신의 개인적인 기준으로 답변을 선택하고 이유를 설명하세요.

당신의 나라에서는 어떤 것이 범죄의 원인이라고 생각하나요?	
불규칙한 이민	
형 선고의 부족 또는 범죄자들이 받는 낮은 형량	
마약 사용 및 음주	
마약 밀매 조직	
가난 및 기회 부족	
사회의 가치 상실	
사회적 불평등	
가족 위기	
경찰에 대한 규제	
경찰의 교육 부족	
사회 변혁을 요구하는 대규모 시위 중 폭력의 타당성	
모르겠다	

이어서, 같은 질문들을 포함하는 칠레에서 진행된 설문조사의 결과와 당신의 답변을 비교하세요.

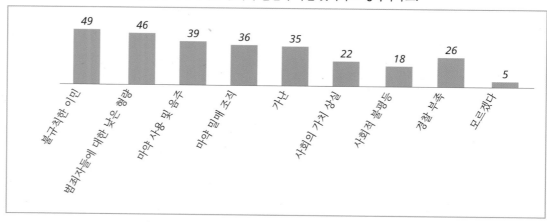

당신의 나라에서는 범죄의 원인이 어떤 것이라고 생각하나요?

설문조사 자료에 대해 시험관과 의견을 이야기하고 당신의 답변과 비교하세요.

- 어떤 점에서 일치하나요? 어떤 점에서 다른가요?
- 특별히 주의를 끄는 자료가 있나요? 이유는 무엇인가요?

시험관의 질문 예시:

- 왜 이 답변을 골랐나요? 예를 들어줄 수 있나요?
- 어떤 답변에 가장 동의하지 않나요? 이유는 무엇인가요?

이 Tarea의 총 시간은 **3–4분**입니다.

➡️ 모범 답안

우리나라 현황에 대해 소개하기

Hoy en día existe mucha delincuencia a nivel mundial. Por suerte, creo que en mi país no hay tantos casos en comparación con otros lugares del mundo.

오늘날 전 세계적으로 범죄가 많이 존재합니다. 다행히도 세계의 다른 곳들과 비교했을 때, 우리나라에는 그렇게 많은 사건들이 있지는 않다고 생각합니다.

주요한 범죄동기 설명하기

En cuanto a las causas de la delincuencia, me parece que los principales motivos pueden ser la falta de condenas que reciben los delincuentes y la desigualdad social.

범죄의 원인과 관련해서, 주요한 범죄동기는 범죄자들이 받는 형량의 부족과 사회적 불평등이라고 생각합니다.

Con respecto al primer motivo, últimamente ha habido muchos casos de crímenes sumamente crueles, pero la mayoría de los delincuentes terminan recibiendo penas demasiado bajas. Si esta situación continúa, la gente no tendrá miedo a cometer delitos.

첫 번째 이유에 대해서는, 최근에 상당히 잔인한 범죄사건들이 많이 있었지만 대부분의 범죄자들은 결국 너무나도 낮은 형량을 받게 됩니다. 만약 이 상황이 지속된다면, 사람들은 범죄를 저지르는 것에 두려움을 가지지 않을 것입니다.

Por otro lado, la desigualdad social también es un problema muy grave. Creo que en mi país poco a poco está desapareciendo la clase media y está creciendo la brecha entre la clase alta y la baja. Si no ofrecen las mismas oportunidades para todos, se generará el desequilibrio y, como consecuencia, el descontento social, por lo que habrá cada vez más casos de delincuencia.

또다른 한편으로는, 사회적 불평등도 마찬가지로 매우 심각한 문제입니다. 우리나라는 중산층이 조금씩 사라지고 있고 상류층과 저소득층 간의 균열이 커지고 있다고 생각합니다. 모두를 위해 같은 기회가 제공되지 않는다면 불균형이 발생될 것이고, 결과적으로 사회적 불만이 생기죠. 그리고 점점 더 많은 범죄 사건이 생겨날 것입니다.

▶ 질문에 대한 답변하기

Examinador/a	Candidato/a
De acuerdo. Entonces, ahora voy a mostrarle el resultado de la encuesta realizada a los chilenos. ¿Hay algún dato que le llame especialmente la atención? 알겠습니다. 그렇다면, 이제 칠레 사람들에게 실행된 설문조사의 결과를 보여주겠습니다. 특별히 주의를 끄는 정보가 있나요?	Sí. Me llama la atención que el primer motivo de la delincuencia para los chilenos sea la inmigración irregular, con un 49 por ciento. Como está en Latinoamérica y comparte sus fronteras con varios países, supongo que entran muchos inmigrantes por rutas ilegales y debe ser difícil controlarlo de manera perfecta. 네. 칠레 사람들에게 가장 큰 범죄동기가 49%를 갖춘 불규칙한 이민이라는 것이 저의 주의를 끄네요. 라틴아메리카에 있는 나라이고 여러 국가들과 국경을 공유하고 있기 때문에, 불법적인 경로로 많은 이민자들이 들어올 것이고 이것을 완벽하게 통제하는 것은 어려울 것이라고 추측합니다. Y también me sorprende que el consumo de drogas y alcohol y las bandas de narcotráfico sean otros motivos más destacados en Chile. Si esto es verdad, debe ser un problema muy serio para los chilenos y el gobierno tendría que esforzarse mucho por revertir esta situación. 그리고 마약 사용 및 음주와 마약 밀매 조직이 칠레에서 가장 부각되는 원인이라는 것도 놀라워요. 만약 이게 사실이라면, 칠레 사람들에게 정말 심각한 문제일 것 같고 정부가 이 상황을 되돌리기 위해 많이 노력해야 할 것입니다.
Ajá. ¿Estas respuestas se parecen a las suyas? 그렇군요. 이 답변들은 당신의 답변과 비슷한 가요?	Sí, coincidimos en elegir la falta de condenas o bajas penas como uno de los principales motivos de la delincuencia. Creo que esto significa que en ambos países la justicia no es equitativa y me parece que es un tema muy triste. 네, 형 선고의 부족 또는 낮은 형량을 주요 범죄동기 중 하나로 선택한 것에 일치하네요. 이것은 두 나라에서 사법부가 공정하지 않다는 것을 의미하고, 매우 슬픈 일이라고 생각합니다.
Y de todas estas opciones que aparecen en la encuesta, ¿con cuál está menos de acuerdo? 그렇다면 여론조사에 등장하는 이 모든 답변들 중에서, 어떤 것에 가장 동의하지 않나요?	Yo estoy menos de acuerdo con la opción que habla de la validación de la violencia durante el estallido social. Aunque no sé muy bien qué significa exactamente el "estallido social" en Chile, creo que la violencia no debe ser aceptada en ninguna circunstancia. 저는 대규모 시위 중 폭력의 타당성에 대해 이야기하는 답변에 가장 동의하지 않습니다. 비록 "대규모 시위"가 칠레에서 정확히 무엇을 의미하는지 잘 모르겠지만, 폭력은 그 어떠한 상황에서도 수용되어서는 안된다고 생각합니다.

Vocabulario

delincuencia: 범죄

irregular: 불규칙한

condena: 형, 형의 선고

banda: 떼, 패거리

narcotráfico: 대량 마약거래

validación: 유효화, 타당성

estallido: 폭발, 발발

estallido social: (칠레의 2019년도) 대규모 시위

deficiencia: 결함, 부족

모범 답안

발표

cruel: 잔인한, 참혹한

cometer: 저지르다

delito: 범죄

clase: 계급, 계층

brecha: 균열, 틈

질문 답변

frontera: 국경

ruta: 경로, 길

aceptar: 받아들이다, 수용하다

Tarea 1

INSTRUCCIONES

Le proponemos dos temas con algunas indicaciones para preparar una exposición oral. Elija <u>uno</u> de ellos.

Tendrá que hablar durante **3 o 4 minutos** sobre ventajas e inconvenientes de una serie de soluciones propuestas para una situación determinada. A continuación, conversará con el/la entrevistador/a sobre el tema durante 2-3 minutos.

EL FUTURO DE LAS PENSIONES

En el mundo cada vez existen más países envejecidos y ello implica un mayor déficit en las pensiones. Esto hace que el sistema de reparto no sea sostenible en el medio y largo plazo porque hay cada vez más jubilados y no tantos trabajadores.

Expertos en el tema se han reunido para discutir algunas medidas que ayuden a solucionar esta situación.

Lea las siguientes propuestas y, durante tres minutos, explique sus ventajas e inconvenientes; tenga en cuenta que debe hablar, como mínimo, de cuatro de ellas. Cuando haya finalizado su intervención, debe conversar con el/la entrevistador/a sobre el tema de las propuestas.

Para preparar su intervención, al analizar cada propuesta debe plantearse por qué le parece una buena solución y qué inconvenientes tiene, a quién beneficia y a quién perjudica, si puede generar otros problemas; si habría que matizar algo...

1 La población debería ahorrar más, con fondos de inversión o similares, para no convertirse en esclavos del sistema de pensiones. Así podrían minimizar los riesgos de un futuro incierto.

2 Dadas una mayor longevidad y una mejora en la calidad de vida de los ciudadanos, así como la baja tasa de natalidad, es posible que el sistema de pensiones desaparezca. Así es la vida.

3 En mi opinión, hay que darle prioridad a aumentar la tasa de natalidad. Si la sociedad aumenta, surgirán en el futuro más trabajadores que soporten el sistema y reviertan esta situación.

4 Yo creo que la clave está en frenar la salida de emigrantes a otros países. Si nuestra economía generara empleo de calidad y estable, nadie se iría y este problema mejoraría.

5 El gobierno tendría que implantar políticas adecuadas como pudieran ser la obligatoriedad de la cotización laboral o la aportación de subsidios a las cotizaciones menores.

6 Considero que aumentar la edad de jubilación para las generaciones más jóvenes y ofrecer incentivos para que el resto prolongue la vida activa puede ser una buena solución al problema.

Tarea 2

UNA LLAMADA TELEFÓNICA

La persona de la fotografía está realizando una llamada telefónica con una persona conocida. Tiene que describir la escena que ve, imaginar la situación y hablar sobre ella durante, aproximadamente, 2-3 minutos. Puede centrarse en los siguientes aspectos:

- ¿Dónde cree que se encuentra esta persona? ¿Qué tipo de noticias está recibiendo o transmitiendo? ¿Por qué piensa eso?

- ¿Cómo imagina que es esta persona? ¿Quién es? ¿Dónde vive? ¿A qué se dedica? ¿Cuál es su situación personal? ¿Por qué piensa eso?

- ¿Qué cree que está sucediendo? ¿Qué cree que va a ocurrir? ¿Por qué?

- ¿Puede explicar cómo se siente esta mujer observando la imagen?

Una vez haya descrito la fotografía, el/la entrevistador/a le hará algunas preguntas sobre el tema de la situación hasta cumplir con la duración total de la tarea.

EJEMPLO DE PREGUNTAS DEL/DE LA ENTREVISTADOR/A:

- ¿Ha vivido alguna situación como la de la fotografía? En caso afirmativo, ¿puede contar qué sucedió, cuál fue el resultado, cómo se sintió, alguna anécdota...? En caso negativo, ¿cuál sería su reacción ante una situación así?
- ¿Considera que, en general, la gente está preparada para recibir o transmitir noticias importantes?
- ¿Qué consejos daría usted para actuar correctamente en este tipo de situaciones?
- ¿En su país se transmiten las noticias importantes por teléfono o de otra manera? ¿Existe alguna peculiaridad a la hora de dar malas noticias en su cultura?

La duración total de esta tarea es de **5 a 6 minutos**.

Tarea 3

INSTRUCCIONES

Usted tiene que dar su opinión a partir de unos datos de noticias, encuestas, etc., que se le ofrecen durante **2 o 3 minutos**. Después, debe conversar con el/la entrevistador/a sobre esos datos, expresando su opinión al respecto.

Deberá elegir <u>una</u> de las dos opciones propuestas.

Esta tarea no se prepara anteriormente.

UTILIZACIÓN DE REDES SOCIALES

¿Qué redes sociales utiliza? ¿Con qué finalidad? Seleccione las respuestas según su criterio personal y explique los motivos de su elección:

¿Qué redes sociales utiliza?	¿Con qué finalidad?
WhatsApp	Mirar publicaciones de otros
Youtube	Compartir contenidos de otros
Facebook	Subir publicaciones
Instagram	Ver publicaciones de organismos públicos culturales

A continuación, compare sus respuestas con los resultados obtenidos en España en una encuesta con las mismas preguntas:

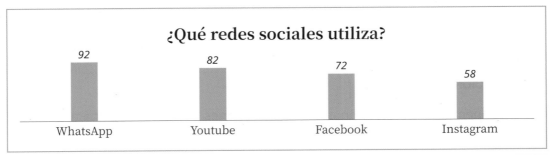

¿Qué redes sociales utiliza?

WhatsApp	Youtube	Facebook	Instagram
92	82	72	58

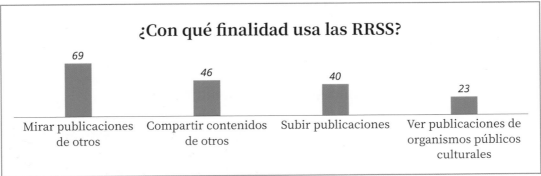

¿Con qué finalidad usa las RRSS?

Mirar publicaciones de otros	Compartir contenidos de otros	Subir publicaciones	Ver publicaciones de organismos públicos culturales
69	46	40	23

Comente ahora con el/la entrevistador/a su opinión sobre los datos de la encuesta y compárelos con sus propias respuestas:

- ¿En qué coinciden? ¿En qué se diferencian?
- ¿Hay algún dato que le llame especialmente la atención? ¿Por qué?

EJEMPLO DE PREGUNTAS DEL/DE LA ENTREVISTADOR/A:

- ¿Por qué ha escogido esa opción? ¿Podría poner un ejemplo?
- ¿Con qué opción está menos de acuerdo? ¿Por qué?

La duración total de esta tarea es de **3 a 4 minutos**.

실전 문제 2

Tarea 1

PROBLEMAS CON EL CARRIL BICI

En el mundo cada vez más ciudades buscan alternativas para mejorar la fluidez del tráfico en sus calles y reducir la contaminación. Una de las opciones por la que más se está optando es la implementación de un carril para bicicletas, pero este espacio también está causando otros problemas que es necesario erradicar, como la reducción de espacios de estacionamiento o la proliferación de accidentes entre viandantes, conductores y ciclistas.

Expertos en el tema se han reunido para discutir algunas medidas que ayuden a solucionar esta situación.

Lea las siguientes propuestas y, durante tres minutos, explique sus ventajas e inconvenientes; tenga en cuenta que debe hablar, como mínimo, de cuatro de ellas. Cuando haya finalizado su intervención, debe conversar con el/la entrevistador/a sobre el tema de las propuestas.

Para preparar su intervención, al analizar cada propuesta debe plantearse por qué le parece una buena solución y qué inconvenientes tiene, a quién beneficia y a quién perjudica, si puede generar otros problemas; si habría que matizar algo...

1 Los vehículos que circulan por estos carriles son silenciosos y pueden sorprender a ciudadanos distraídos, más mayores o con problemas de audición. Yo creo que habría que limitarlos a una sola zona.

2 Por culpa del carril bici hay menos espacio para plazas de estacionamiento, por lo que no se puede aparcar ni parar en muchas zonas céntricas. Me parece que hay que eliminar estas vías.

3 Los peatones a veces circulan por el carril bici con el consiguiente riesgo para ambos. Considero que debería ofrecerse formación vial a todos los ciudadanos para evitar accidentes.

4 El motivo por el que estos carriles no son efectivos es que muchas veces hay vehículos estacionados o parados sobre ellos. Habría que endurecer las sanciones actuales para evitarlo.

5 El gobierno tendría que regular mejor la convivencia de diferentes vehículos. A veces no queda claro quién tiene la prioridad en un cruce o qué medidas de seguridad se deben seguir.

6 El carril bici es una buena idea, pero habría que concienciar a la sociedad mediante campañas publicitarias para que todos aprendieran a respetarse y se lograra circular con seguridad.

Tarea 2

APRENDER UN IDIOMA

Las personas de la fotografía están aprendiendo un idioma. Tiene que describir la escena que ve, imaginar la situación y hablar sobre ella durante, aproximadamente, 2-3 minutos. Puede centrarse en los siguientes aspectos:

- ¿Dónde cree que se encuentran estas personas? ¿Qué idioma están estudiando? ¿Por qué piensa eso? ¿Estas personas tienen algo en común? ¿Ve diferencias en su forma de vestir, su actitud, su postura...?

- ¿Cómo imagina que es cada una de estas personas? ¿Dónde viven? ¿A qué se dedican? ¿Cuál es su situación personal? ¿Qué expectativas tienen? ¿Por qué piensa eso?

- ¿Qué cree que va a suceder en el curso? En su opinión, ¿cree que van a aprender realmente el idioma? ¿Por qué?

Una vez haya descrito la fotografía, el/la entrevistador/a le hará algunas preguntas sobre el tema de la situación hasta cumplir con la duración total de la tarea.

EJEMPLO DE PREGUNTAS DEL/DE LA ENTREVISTADOR/A:

- ¿Ha realizado alguna vez un curso de idiomas? En caso afirmativo, ¿puede contar qué sucedió, cuál fue el resultado, cómo se sintió, alguna anécdota...? En caso negativo, ¿cómo se cree que sería experimentar una situación así?
- ¿Le han dado alguna recomendación para aprender idiomas?
- Según su opinión, ¿qué es lo más importante para hablar con fluidez un idioma extranjero?
- ¿Cómo son las clases de idiomas en su país? ¿Poseen alguna peculiaridad?

La duración total de esta tarea es de **5 a 6 minutos**.

Tarea 3

MOTIVOS PARA NO TENER DESCENDIENTES

¿Usted se plantea tener hijos en los próximos cinco años? ¿Cuál considera que es el mayor freno a la paternidad/maternidad? Seleccione las respuestas según su criterio personal y explique los motivos de su elección:

¿Cuál considera que es el mayor freno a la paternidad/maternidad?	
El elevado coste de vida	
El sacrificio personal y profesional que supone	
La incertidumbre laboral	
La mala perspectiva de mi país y/o del mundo	
La inestabilidad familiar	
No sé	

A continuación, compare sus respuestas con los resultados obtenidos en una encuesta en España con las mismas preguntas:

¿Se plantea tener hijos en los próximos 5 años?

- Sí: 14
- No: 82
- No sé: 4

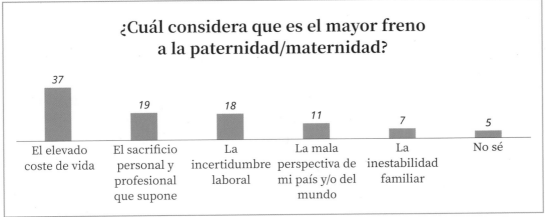

¿Cuál considera que es el mayor freno a la paternidad/maternidad?

- El elevado coste de vida: 37
- El sacrificio personal y profesional que supone: 19
- La incertidumbre laboral: 18
- La mala perspectiva de mi país y/o del mundo: 11
- La inestabilidad familiar: 7
- No sé: 5

Comente ahora con el/la entrevistador/a su opinión sobre los datos de la encuesta y compárelos con sus propias respuestas:

- ¿En qué coinciden? ¿En qué se diferencian?
- ¿Hay algún dato que le llame especialmente la atención? ¿Por qué?

EJEMPLO DE PREGUNTAS DEL/DE LA ENTREVISTADOR/A:

- ¿Por qué ha escogido esa opción? ¿Podría poner un ejemplo?
- ¿Con qué opción está menos de acuerdo? ¿Por qué?

La duración total de esta tarea es de **3 a 4 minutos**.

PRUEBA 4: EXPRESIÓN E INTERACCIÓN ORALES

Tarea 1

지시문

발표를 준비하기 위한 몇 가지 지시사항들과 함께 두 개의 주제를 제안합니다. 한 가지 주제만 고르세요.

3-4분 동안 특정한 상황에 대해 제안된 해결책들의 장단점을 이야기하세요. 이어서, 2-3분 동안 그 주제에 대해 시험관과 대화해야 합니다.

➡ 제시된 두 개의 옵션 중 하나를 선택했다는 가정 하에 작성된 내용입니다.

연금의 미래

전세계에는 점점 더 많은 고령화 국가들이 존재하고, 이것은 연금의 더 큰 적자를 의미합니다. 이러한 사실은 연금분배제도가 중장기적으로 지속 가능하지 않게 만드는데, 연금수령자는 점점 더 많아지고 근로자는 그만큼 많지 않기 때문입니다.

이 분야 전문가들이 이러한 상황을 해결하는 것을 도와줄 몇 가지 대책들을 논의하기 위해 모였습니다.

아래 제안된 의견들을 읽어보고, 3분 동안 장점과 단점을 설명하세요. 최소 네 개의 의견들에 대해 이야기해야 한다는 것을 잊지 마세요. 발표를 끝낸 후, 주제에 대해 시험관과 대화를 나누어야 합니다.

발표를 준비하기 위해, 각 의견을 분석할 때에는 왜 그것이 좋은 해결책이고 어떤 문제점들이 있는지, 누구에게 이익을 주고 누구에게 불리한지, 어떤 다른 문제들을 야기할 수 있는지, 강조할 내용이 있는지 등을 생각해 보아야 합니다.

1 연금제도의 노예가 되지 않기 위해, 사람들은 투자 자금 등으로 저축을 더 해야 할 것입니다. 이렇게, 불확실한 미래의 위험성을 최소화할 수 있을 거예요.

2 더 높은 장수비율, 삶의 질 향상 및 저출산을 고려해 볼 때, 연금제도는 사라질 수도 있어요. 인생이 다 그런 거죠.

3 제가 보기에는, 출산율 증가를 우선시해야 합니다. 사회 인구가 증가한다면, 미래에 이 제도를 받쳐주고 이 상황을 되돌릴 수 있는 더 많은 근로자들이 생겨날 것입니다.

4 저는 정답이 다른 나라로 가는 이민자들의 출국을 제지하는 것에 있다고 생각해요. 우리나라의 경제가 안정적이고 고품질 일자리를 만들어낸다면, 아무도 떠나지 않을 것이고 이 문제가 개선될 거예요.

5 정부는 근로자의 연금 기여금 납부 의무화 또는 소액 부담금을 위한 보조금 지원과도 같은 적합한 정책을 도입해야 할 것입니다.

6 더 젊은 세대들의 퇴직연령을 높이고 나머지 사람들이 활동수명을 연장할 수 있도록 인센티브를 제공하는 것이 이 문제에 대한 좋은 해결책이라고 생각합니다.

➡️ 모범 답안

주제 소개하기

He elegido la opción 1, que se trata del problema de las pensiones en el futuro. En muchos países, el envejecimiento de la población y el sistema de reparto de las pensiones son cuestiones esenciales, ya que hay cada vez más jubilados y menos trabajadores. Para garantizar un futuro más estable para las próximas generaciones, se proponen varias opiniones que comentaré a continuación.

저는 1번 옵션을 골랐는데, 미래의 연금 문제를 다루고 있습니다. 많은 국가들에서는 인구의 고령화와 연금분배제도가 본질적인 문제인데, 연금수령자들은 점점 더 많아지고 근로자들은 더 적어지고 있기 때문입니다. 다음 세대들의 더 안정적인 미래를 보장하기 위해 여러 의견들이 제안되었고, 이 의견들을 언급해보겠습니다.

의견 1

En primer lugar, me gustaría analizar la propuesta que sugiere ahorrar mediante fondos de inversión. Esta idea tiene méritos ya que las personas pueden controlar mejor su estado financiero. Pero hay riesgos también, dado que el ahorro terminará siendo una responsabilidad personal.

첫 번째로, 투자 자금을 통해 저축하는 것을 권장하는 의견을 분석해보겠습니다. 이 아이디어는 장점을 가지고 있는데, 사람들이 자신들의 재정 상태를 더 잘 관리할 수 있기 때문입니다. 하지만 마찬가지로 위험성도 있습니다. 저축이 결국 개인의 책임이 되어버릴 것이기 때문이죠.

의견 2

En segundo lugar, la siguiente propuesta plantea que desaparecerá el sistema de pensiones. Creo que es la opinión más pesimista y no propone ninguna solución. Pero habla de la situación real de estos días, como la longevidad y la baja tasa de natalidad.

두 번째로, 다음 의견은 연금제도가 사라질 것이라고 제기합니다. 저는 이 의견이 가장 비관적이라고 생각하고 아무 해결책도 제안하지 않는다고 생각해요. 하지만 장수비율과 저출산과도 같은 현재의 실제 상황에 대해 이야기 합니다.

의견 3

En tercer lugar, la idea habla de darle prioridad a aumentar la tasa de natalidad. Si la sociedad aumenta, surgirán en el futuro más trabajadores que soporten el sistema y reviertan esta situación. Me parece que es una solución a largo plazo que no va a tener efectos inmediatos. Además, creo que no se puede obligar a la gente a tener hijos, ya que es una decisión de debería tomar cada pareja.

세 번째로, 이 의견은 출산율 증가를 우선시하는 것에 대해 이야기합니다. 사회 인구가 증가한다면, 미래에 이 제도를 받쳐주고 이 상황을 되돌릴 수 있는 더 많은 근로자들이 생겨날 것이죠. 저는 이것이 장기적인 해결책이고 즉각적인 효과를 가져오지는 않을 것이라고 생각합니다. 게다가, 사람들에게 아이를 가지라고 강요할 수는 없죠. 그건 각 커플이 내려야 할 결정이니까요.

의견 4

En cuarto lugar, la propuesta trata el tema de frenar la salida de emigrantes a otros países y generar empleo de calidad. La idea parece muy adecuada, pero crear buenos puestos de trabajo puede ser una tarea difícil. Si el gobierno lograra hacerlo, sería la propuesta más apropiada para solucionar este problema de las pensiones.

네 번째로, 이 의견은 다른 나라로 가는 이민자들의 출국을 제지하고 고품질 일자리를 만들어내야 한다는 주제를 다룹니다. 의견은 매우 적합한 것 같지만, 좋은 일자리를 창출하는 것은 어려운 일일 수 있죠. 만약 정부가 이 일을 해낸다면, 연금 문제를 해결하기 위한 가장 적절한 제안인 것 같습니다.

의견 5

Por último, me gustaría comentar la propuesta número cinco, que habla de políticas adecuadas como la obligatoriedad de la cotización laboral o la aportación de subsidios a las cotizaciones menores. Creo que estas medidas pueden garantizar una contribución equitativa, pero puede haber dificultades para establecer límites concretos de estos subsidios y me parece que no será fácil de llevarse a cabo.

마지막으로, 연금 기여금 납부 의무화 또는 소액 부담금을 위한 보조금 지원과도 같은 적합한 정책들에 대해 이야기하는 5번 의견을 언급하고 싶습니다. 이 대책들은 동등한 세금납부를 보장할 수 있지만, 이 보조금의 구체적인 범위를 정하는 데 어려움이 있을 수도 있고 실행되기에는 쉽지 않을 것이라고 생각합니다.

결론 내리기

En conclusión, me parece que las propuestas uno y cuatro son las más viables. Promover el ahorro y generar empleo de calidad para mantener a la población dentro del país parecen las medidas más efectivas. Sin embargo, tenemos que reconocer que son temas complicados y pueden tardar mucho en realizarse.

결론적으로, 저는 1번과 4번 의견들이 가장 실현성이 있다고 생각합니다. 저축을 장려하고 사람들을 국내에 유지하기 위한 고품질 일자리를 창출하는 것이 가장 효과적인 대책인 것 같습니다. 하지만, 이것이 복잡한 주제이고 실행되는 데 시간이 많이 걸릴 수 있다는 것을 인정해야 하겠죠.

Examinador/a	Candidato/a
De acuerdo. ¿Y qué le parece la propuesta seis? ¿No le parece una buena opción? 알겠습니다. 그럼 6번 의견은 어떻게 생각하나요? 좋은 옵션 같지는 않은가요?	La propuesta seis no me parece una opción viable, porque a nadie le gustaría aceptar el aumento de la edad de jubilación y la prolongación de la vida activa. 6번 의견은 실현성이 있는 옵션 같지 않아요. 왜냐하면 아무도 퇴직연령의 상향과 활동수명의 연장을 받아들이는 것을 원하지 않을 테니까요.
Entonces, ¿realmente cree que es posible solucionar el problema que se prevé en el futuro de las pensiones? 그렇다면, 연금의 미래상황에서 예견되는 이 문제를 해결하는 것이 가능하다고 정말 생각하나요?	La verdad es que no estoy muy seguro/a, ya que la situación se ve bastante grave. Espero que realmente exista una solución para mejorar el problema de las pensiones lo antes posible. 사실은 많이 확신하고 있지 않습니다. 왜냐하면 상황이 꽤 심각해 보이기 때문이죠. 되도록 빨리 연금 문제를 개선하기 위한 해결책이 정말 존재하기를 바랍니다.
¿A quién le parece que perjudica más el tema de las pensiones? 연금 문제는 누구에게 가장 많은 피해를 줄 것 같나요?	Me parece que el tema de las pensiones perjudicará más a los jóvenes, ya que ellos deben ofrecer el apoyo económico para las generaciones mayores, pero no están seguros de poder recibirlo después de jubilarse. 연금 문제는 청년들에게 가장 많은 피해를 줄 것 같습니다. 이들은 윗세대들을 위한 경제적 지원을 제공해야 하지만, 자신들이 퇴직한 이후에 그 지원을 받을 수 있을지 확신할 수 없기 때문입니다.

Vocabulario

지시문

pensión: 연금
envejecido/a: 나이가 많은
implicar: 내포하다, 의미하다
déficit: 적자
reparto: 배분
sostenible: 지속 가능한
a medio y largo plazo: 중장기적으로
en el medio y largo plazo: 중장기적으로
jubilado/a: 퇴직자, 연금수령자

의견 1
población: 인구, (집합명사) 시민
ahorrar: 절약하다, 저축하다
inversión: 투자
esclavo/a: 노예
minimizar: 최소화하다
riesgo: 위험(성)
incierto/a: 불확실한, 불안정한

의견 2
dado/a + 명: ～을 고려한다면
longevidad: 장수(비율)
(tasa de) natalidad: 출생률, 출산율

의견 3
soportar: 받치다, 견디다

의견 4
frenar: 제지하다, 억제하다

의견 5
obligatoriedad: 의무화
cotización: 개인 부담금, 기여금
aportación: 기여, 공헌
subsidio: 보조금, 수당

의견 6
prolongar: 연장하다

모범 답안

발표
mérito: 장점
plantear: 제기하다
pesimista: 비관적인
inmediato/a: 즉각적인
adecuado/a: 적당한, 적합한

질문 답변
viable: 지속성이 있는, 실현성이 있는
efectivo/a: 효과적인

❖ Notas

Tarea 2

지시문

2–3분 동안 한 장의 사진에서 상황을 상상하고 묘사해야 합니다. 이어서 이 상황의 주제와 관련된 당신의 경험과 의견들에 대해 시험관과 대화를 나누어야 합니다. 확실한 정답이 있는 것은 아니며 주어진 질문들을 기반으로 상황을 상상하면 됩니다. 두 장의 사진 중 <u>한 장만</u> 선택하세요.

▣ 제시된 두 개의 옵션 중 하나를 선택했다는 가정 하에 작성된 내용입니다.

전화 통화

사진에 있는 사람은 지인과 전화 통화를 하고 있습니다. 약 2–3분 동안 보이는 장면을 묘사하고, 상황을 상상해 보고 그것에 대해 이야기하세요. 다음 사항에 집중해 보세요.

- 이 사람이 어디에 있다고 생각하나요? 어떤 종류의 소식을 듣고 있거나 전달하고 있나요? 왜 그렇게 생각하나요?
- 이 사람은 어떤 사람이라고 상상하나요? 누구인가요? 어디에 살고 있나요? 직업은 무엇인가요? 개인적인 상황은 어떤가요? 왜 그렇게 생각하나요?
- 어떤 일이 일어나고 있다고 생각하나요? 어떤 일이 있을 것이라고 생각하나요? 이유는 무엇인가요?
- 사진을 보면서 이 여자가 어떤 기분인지 설명할 수 있나요?

사진을 묘사한 후에는, 이 Tarea의 총 시간을 채우기 위해 시험관이 해당 상황의 주제에 대해 질문을 할 것입니다.

시험관의 질문 예시:

- 사진과 같은 상황을 겪은 적이 있나요? 그러한 경우에는, 어떤 일이 있었는지, 어떤 결과가 있었는지, 어떤 기분이었는지, 에피소드가 있었는지 이야기해 줄 수 있나요? 그렇지 않은 경우에는, 이러한 상황에서 어떻게 반응할 것 같나요?
- 일반적으로 사람들이 중요한 소식을 듣거나 전달할 준비가 되어있다고 생각하나요?
- 이러한 종류의 상황에서 올바르게 행동하기 위해서는 어떤 조언을 해줄 수 있나요?
- 당신의 나라에서는 중요한 소식을 전화로 전달하나요? 아니면 다른 방식으로 하나요? 당신의 문화에서는 나쁜 소식을 전할 때 특별한 점이 있나요?

이 Tarea의 총 시간은 **5–6분**입니다.

사진 묘사하기

En la fotografía aparece una chica joven que está hablando por teléfono y sonriendo. Tiene el pelo castaño, liso y largo, y la piel clara. Lleva un abrigo de color verde y amarillo claro, una camiseta blanca, unos pendientes y un bolso.

사진에는 전화 통화를 하면서 웃고 있는 젊은 여자가 나옵니다. 갈색 긴 생머리와 밝은 피부를 가지고 있네요. 연한 초록색과 노란색 외투와 흰색 티셔츠를 입고 있고, 귀걸이를 하고 가방을 들고 있습니다.

Al fondo, no se ve bien qué hay detrás de ella, pero parece que esta chica está en la calle porque se observan unos edificios y varias personas.

배경에는, 그녀의 뒤에 무엇이 있는지 잘 보이지 않지만, 몇몇 건물과 여러 사람들이 보이기 때문에 길에 있는 것 같아요.

인물에 대해 상상하기

Esta mujer de la fotografía se ve muy feliz, ya que tiene una sonrisa grande, y probablemente está recibiendo una buena noticia. Aunque no sé bien cuál es la noticia, creo que la están llamando de un trabajo que solicitó y le están diciendo que podrá trabajar en el puesto de sus sueños.

사진의 이 여자는 매우 행복해 보이는데 큰 미소를 짓고 있고 있기 때문입니다. 어쩌면 좋은 소식을 듣고 있기 때문일 수도 있겠어요. 비록 어떤 소식인지 확실히 알지 못하겠지만, 그녀가 지원한 직장에서 전화가 왔고 꿈에 그리던 일 자리에서 일할 수 있을 것이라고 상대방이 그녀에게 말해주고 있다고 생각합니다.

Imagino que ella es una persona alegre, trabajadora y responsable, pero que no disfruta de su trabajo actual y quiere conseguir algo mejor, por lo que ha solicitado un nuevo trabajo. Además, la oficina actual está lejos de su casa y pasa mucho tiempo en el metro para llegar a su trabajo, por lo que es bastante incómodo y cansado.

제가 상상하기로는, 그녀는 밝고, 성실하고, 책임감 있지만, 현재 하고 있는 일을 즐기지 못하고 더 나은 무언가를 해내고 싶어서 구직을 한 것 같습니다. 게다가, 지금 일하는 곳은 집에서 멀리 떨어져 있어서 직장까지 지하철로 오래가야 하기 때문에 상당히 불편하고 피곤하겠죠.

상황에 대해 추측하기

Parece que ella estaba yendo a algún sitio y de repente la han llamado. Seguramente ha ido a su trabajo actual, que no le gusta mucho y está lejos de casa, y, al salir de la oficina después de trabajar, ha recibido la llamada. Viendo su mirada, creo que ella va a aceptar el trabajo inmediatamente, ya que parece que lleva mucho tiempo tratando de conseguirlo.

어딘가로 가고 있었는데 갑자기 전화를 받은 것 같아 보입니다. 분명히, 무척 맘에 들지 않고 집에서 너무 멀리 떨어져 있는 현재 직장에 갔다가 일을 마치고 퇴근하는 길에 연락을 받았을 지도 모르겠어요. 그녀의 눈빛으로 보아하니, 저는 그녀가 곧바로 그 일을 승낙할 것이라고 생각합니다. 왜냐하면 오랜 시간 동안 구하고 싶었던 일 같아 보이거든요.

Creo que todavía no está casada, ya que es joven y no tiene ningún anillo en la mano. Vive con sus padres, pero quiere vivir sola, ya que no tiene buena relación con su madre que se preocupa demasiado por la vida de su hija. Esta es la oportunidad perfecta para mudarse cerca de su nueva empresa y empezar desde cero.

아직 결혼은 하지 않은 것 같아요. 왜냐하면 그녀는 어려 보이고 손에 반지가 없기 때문이죠. 부모님과 함께 살지만, 혼자 살고 싶어 해요. 어머니가 딸의 생활에 지나치게 걱정을 많이 해서 사이가 좋지 않기 때문이에요. 이 기회가 바로 새 직장에 가까운 곳으로 이사를 하고 맨 처음부터 다시 시작하기 위한 완벽한 기회예요.

➡ 질문에 대한 답변하기

Examinador/a	Candidato/a
De acuerdo. Y, ¿usted ha vivido alguna situación parecida a la de la foto? 좋습니다. 그렇다면, 당신은 이 사진의 상황과 비슷한 상황을 겪은 적이 있나요?	Sí. En realidad, no fue por teléfono. Me escribieron un correo para decirme que yo estaba seleccionado/a entre todos los candidatos para trabajar en una empresa en la que quería trabajar desde hace mucho tiempo. Estuve preparándome varios años para obtener todos los certificados necesarios y ganar alguna experiencia, pero no estaba seguro/a de que todo fuera suficiente. Hoy en día hay tanta competencia. 네, 사실 전화로는 아니었지만요. 오랜 시간 전부터 일하고 싶어 했었던 회사에서 모든 후보자들 중 저를 선택했다는 이메일을 받았어요. 필요한 모든 자격증을 따고 어느 정도의 경험을 쌓기 위해 몇 년 동안 준비하고 있었는데, 모든 게 충분한지에 대해 확신이 없었거든요. 요즘은 너무나도 경쟁이 심하니까요.
Ajá. ¿Y cómo se sintió cuando le dieron el trabajo? 그렇군요. 그렇다면 일자리를 구했을 때 어떤 기분이었나요?	La verdad es que me sentí muy feliz. Quería dar saltos de alegría y no podía creerlo. Todo fue un proceso largo, y además hice la entrevista con otras personas que estaban muy bien preparadas, así que no estaba seguro/a de ser la mejor opción para ellos. Pero al final, tuve suerte. 사실 매우 행복했죠. 기뻐서 뛰고 싶은 느낌이었고 믿을 수가 없었어요. 모든 것이 긴 과정이었고, 준비가 잘 되어있는 다른 사람들과 함께 면접을 봤기 때문에, 회사에 가장 좋은 선택지라는 확신이 없었어요. 하지만 결국에는, 운이 좋았네요.
¿En su país se transmiten las noticias importantes por teléfono o de otra manera? 당신의 나라에서는 전화로 중요한 소식을 전하나요? 아니면 다른 방식으로 하나요?	En mi país se transmiten las noticias importantes de cualquier manera, pero lo antes posible. Creo que cuando recibimos una noticia realmente significativa lo primero que queremos hacer es compartirla con nuestra familia y amigos. Si no estamos en un mismo lugar, el teléfono es una opción muy efectiva, ya que podemos hacer llamadas o enviar mensajes. Además, las buenas noticias siempre necesitan una celebración en persona. Cuando me dieron el trabajo que acabo de comentar, también invité a toda mi familia y amigos a una fiesta en casa. 우리나라에서는 어떤 방식으로든 간에 중요한 소식을 전하는데, 되도록 빠르게 합니다. 정말 의미 있는 소식을 듣게 되면 제일 먼저 하고 싶은 것은 가족 및 친구들과 그 소식을 공유하는 것이죠. 같은 장소에 있지 않다면, 전화는 매우 효율적인 옵션이에요. 통화를 하거나 문자를 보낼 수 있으니까요. 게다가, 좋은 소식은 항상 직접적인 축하와 함께 합니다. 방금 언급했던 면접에 합격했을 때와 같은데요. 그때에도 온 가족과 친구들을 홈 파티에 초대했답니다.

발표

castaño/a: 밤색

liso/a: 편편한, 펴진

llevar + 명: ～을 입고 있다

abrigo: 외투, 코트

pendiente: 귀걸이

al fondo: 배경에

solicitar un trabajo: 구직하다

desde cero: 맨 처음부터

질문 답변

dar saltos de alegría: 기뻐 날뛰다

lo antes posible: 되도록 빨리, 가능한 한 빨리

en persona: 직접

지시문

2–3분 동안 주어진 기사 또는 설문조사의 정보에 대해 의견을 말해주세요. 그리고, 당신의 의견을 표현하면서 이 정보에 대해 시험관과 대화를 나누어야 합니다.

제시된 두 개의 옵션 중 <u>한 가지</u>만 선택하세요.

이 Tarea에서는 사전 준비 시간이 없습니다.

▶ 제시된 두 개의 옵션 중 하나를 선택했다는 가정 하에 작성된 내용입니다.

소셜 네트워크 이용

어떤 소셜 네트워크를 이용하나요? 어떤 목적으로 이용하나요? 당신의 개인적인 기준으로 답변을 선택하고 이유를 설명하세요.

어떤 소셜 네트워크를 이용하나요?	어떤 목적으로 이용하나요?
왓츠앱	다른 사람들의 게시물 구경하기
유튜브	다른 사람들의 콘텐츠 공유하기
페이스북	게시물 올리기
인스타그램	공공문화기관들의 게시물 구경하기

이어서 같은 질문들을 포함하는 스페인에서 진행된 설문조사의 결과와 당신의 답변을 비교하세요.

어떤 소셜 네트워크를 이용하나요?

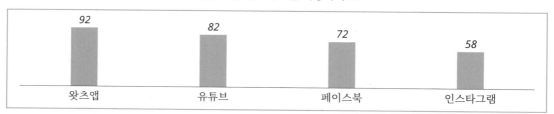

어떤 목적으로 소셜 네트워크를 이용하나요?

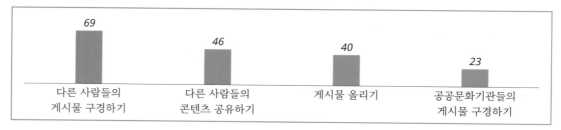

설문조사 자료에 대해 시험관과 의견을 이야기하고 당신의 답변과 비교하세요.

- 어떤 점에서 일치하나요? 어떤 점에서 다른가요?
- 특별히 주의를 끄는 사항이 있나요? 이유는 무엇인가요?

시험관의 질문 예시:

- 왜 이 답변을 골랐나요? 예를 들어줄 수 있나요?
- 어떤 답변에 가장 동의하지 않나요? 이유는 무엇인가요?

이 Tarea의 총 시간은 **3-4분**입니다.

▶ 모범 답안

이용하는 소셜 네트워크에 대해 소개하기

En mi caso, tengo una cuenta en todas las redes sociales que aparecen aquí, pero en realidad todos los días utilizo solo Youtube. Antes usaba mucho Facebook e Instagram, pero ahora casi nunca. Y no uso WhatsApp tan frecuentemente, solo cuando quiero contactar con amigos extranjeros.

저의 경우에는, 여기에 나오는 모든 소셜 네트워크에 계정을 가지고 있지만 실제로는 매일 유튜브만 이용합니다. 예전에는 페이스북과 인스타그램도 많이 이용했지만 지금은 거의 하지 않고 있어요. 왓츠앱은 그렇게 자주 이용하지 않는데, 오직 외국인 친구들과 연락할 때만 쓰네요.

소셜 네트워크 이용의 목적 설명하기

Y uso las redes sociales para mirar publicaciones de otros, especialmente de algunos creadores de contenido que tratan los temas que me interesan. A veces comparto publicaciones de otros o veo publicaciones de organismos públicos culturales, pero nunca subo ninguna publicación sobre mi vida privada porque me parece que es una pérdida de tiempo que no sirve para nada en realidad y me da pereza.

소셜 네트워크를 이용하는 이유는 주로 다른 사람들의 게시물을 구경하는 것인데요, 특히 제가 관심을 가지고 있는 콘텐츠를 올리는 크리에이터들 말이에요. 때때로 다른 사람들의 게시물을 공유하거나 공공문화기관들의 게시물을 보기도 하지만 저의 사생활에 대한 게시물은 절대 올리지 않습니다. 아무짝에도 쓸모 없는 시간 낭비라고 생각하기도 하고 귀찮기도 해서요.

Examinador/a	Candidato/a
De acuerdo. Entonces, ahora voy a mostrarle el resultado de la encuesta realizada a los españoles. ¿Hay algún dato que le llame especialmente la atención? 알겠습니다. 그렇다면, 이제 스페인 사람들에게 실행된 설문조사의 결과를 보여주겠습니다. 특별히 주의를 끄는 사항이 있나요?	Antes que nada, me llama la atención que el 92 por ciento de los encuestados utilice WhatsApp. Esto significa que prácticamente todos los españoles usan esta aplicación. Parece que les importa mucho mantenerse en contacto frecuentemente con sus familiares y amigos. 일단, 설문조사 응답자들 중 무려 92%가 왓츠앱을 사용한다는 것이 주의를 끄네요. 이것은 실질적으로 거의 모든 스페인 사람들이 이 애플리케이션을 이용한다는 것을 의미하네요. 그들은 가족, 친구들과 연락을 자주 유지하는 것을 중요하게 여기는 것 같습니다. Y, por otro lado, me llama la atención que las personas en España utilicen más Facebook que Instagram, ya que en mi país la tendencia es contraria. Instagram se considera una aplicación más juvenil y moderna, mientras que Facebook es para las personas mayores o para encontrar a los excompañeros de la escuela primaria o secundaria. 또 다른 한편으로는, 스페인 사람들이 인스타그램보다 페이스북을 더 많이 이용한다는 것이 주의를 끄는데요. 우리나라에서는 경향이 반대라고 할 수 있을 것 같습니다. 인스타그램은 더 젊고 현대적인 애플리케이션으로 여겨지는 반면, 페이스북은 오히려 연장자가 사용하거나 학교 동창을 찾기 위하는 것으로 이용됩니다.
¿Estas respuestas se parecen a las suyas? 이 답변들은 당신의 답변과 비슷한가요?	No creo que sean parecidas, en realidad. En cuanto a las redes sociales utilizadas, para mí Youtube ocupa el primer lugar y no el segundo, y no utilizo tanto WhatsApp. Y en cuanto a la finalidad de utilizar las redes sociales, nuestras respuestas coinciden en mirar mucho las publicaciones de otros. Además, los españoles también comparten contenidos de otros, como yo. Pero, en vez de mirar publicaciones de organismos públicos culturales, prefieren subir sus propias publicaciones. Yo lo puse en el último lugar. 사실상 비슷하다고 생각하지 않습니다. 이용하는 소셜 네트워크와 관련해서, 제가 생각하기에는 유튜브가 2순위가 아닌 1순위이고, 왓츠앱은 그렇게 많이 쓰지 않으니까요. 그리고 소셜 네트워크 이용의 목적에 대해서는, 우리의 답변이 다른 사람들의 게시물을 많이 구경하는 것으로 일치합니다. 게다가, 스페인 사람들은 다른 사람들의 콘텐츠를 공유하기도 하는데요, 저처럼요. 하지만 공공문화기관의 게시물을 보는 것보다는 자신들의 게시물을 올리는 것을 선호하네요. 저는 그것을 마지막 순위로 뽑았습니다.

Ha comentado que la red social que más utiliza es Youtube. ¿Podría poner un ejemplo de canal de Youtube que usted siga?

가장 많이 이용하는 소셜 네트워크가 유튜브라고 언급하셨습니다. 당신이 팔로우하는 유튜브 채널의 예를 들어줄 수 있나요?

Sí, claro. En realidad, hay muchos canales interesantes y cada día me gusta ver vídeos diferentes. Por ejemplo, si quiero descansar un momento, veo vídeos cortos. Si quiero planear un viaje, miro un vídeo de "Kwaktube".

네, 물론이죠. 사실 흥미로운 많은 채널이 있고 그 날마다 다른 영상을 보는 것을 좋아하는데요. 예를 들어, 잠깐 쉬고 싶다면 쇼츠 영상들을 봐요. 만약 여행을 계획하고 싶다면, "곽튜브"의 영상을 봅니다.

Ajá. Y, ¿por qué ha dejado de utilizar Facebook e Instagram?

그렇군요. 그렇다면 왜 페이스북과 인스타그램을 그만두셨나요?

Porque no estoy muy seguro/a de mi vida privada y no me gusta compartirla con otros. Cuando era adolescente subía fotos casi todos los días en Facebook y en Instagram. Pero tuve una mala experiencia con una persona que trató de robar la información de mi perfil, así que en ese momento empecé a tener miedo. Además, considero que muchas personas muestran una imagen superficial de sus vidas y solo se preocupan por mantener esa mentira. Así que yo prefiero invertir mi tiempo en otras cosas.

저의 사생활에 대해 불안하고, 다른 사람들과 공유하는 것을 좋아하지 않기 때문일 수도 있어요. 어렸을 때에는 페이스북과 인스타그램에 거의 매일 사진을 올렸어요. 하지만 저의 프로필에 있었던 정보를 도용하려던 사람과의 나쁜 경험이 있었고 그때부터 더 겁이 많아졌어요. 게다가, 많은 사람들이 자신들의 생활의 가식적인 이미지를 보여주고, 그 거짓말을 유지하는 것에 대해서만 걱정한다고 생각해요. 그래서 저는 다른 일에 시간을 투자하고 싶습니다.

Vocabulario

redes sociales: 소셜 네트워크

finalidad: 목적

publicación: 게시물

organismo: 기관

coincidir: 일치하다

diferenciarse: 다르다, 차이가 있다

모범 답안

발표

pérdida de tiempo: 시간 낭비

no servir para nada: 아무짝에도 쓸모가 없다

dar pereza: 귀찮게 하다

질문 답변

contrario/a: 반대의

superficial: 표면적인, 가식적인

❖ Notas

실전 문제 2 해설

PRUEBA 4: EXPRESIÓN E INTERACCIÓN ORALES

Tarea 1

지시문

발표를 준비하기 위한 몇 가지 지시사항들과 함께 두 개의 주제를 제안합니다. <u>한 가지</u> 주제만 고르세요.

3–4분 동안 특정한 상황에 대해 제안된 해결책들의 장단점을 이야기하세요. 이어서, 2–3분 동안 그 주제에 대해 시험관과 대화해야 합니다.

▶ 제시된 두 개의 옵션 중 하나를 선택했다는 가정 하에 작성된 내용입니다.

자전거 도로 문제

전 세계에서는 점점 더 많은 도시들이 도로의 교통 흐름을 개선하고 오염을 줄이기 위한 대안들을 찾고 있습니다. 일반적으로 선택하고 있는 옵션들 중 하나가 자전거 도로의 도입인데, 이 공간 또한, 주차공간 축소 및 보행자나 자동차 운전자와 자전거 운전자 간의 사고 급증과도 같은, 근절시킬 필요가 있는 다른 문제들을 야기하고 있습니다.

이 분야 전문가들이 이러한 상황을 해결하는 것을 도와줄 몇 가지 대책들을 논의하기 위해 모였습니다.

아래 제안된 의견들을 읽어보고, 3분 동안 장점과 단점을 설명하세요. 최소 네 개의 의견들에 대해 이야기해야 한다는 것을 잊지 마세요. 발표를 끝낸 후, 주제에 대해 시험관과 대화를 나누어야 합니다.

발표를 준비하기 위해, 각 의견을 분석할 때에는 왜 그것이 좋은 해결책이고 어떤 문제점들이 있는지, 누구에게 이익을 주고 누구에게 불리한지, 어떤 다른 문제들을 야기할 수 있는지, 강조할 내용이 있는지 등을 생각해 보아야 합니다.

---

1 이 도로들로 통행하는 차량들은 소음이 없어서, 방심한 사람이나 연장자 또는 청력문제가 있는 사람들을 놀라게 할 수 있습니다. 저는 이 도로들을 한 구역으로만 제한해야 한다고 생각해요.

2 자전거 도로 때문에 주차자리를 위한 공간이 더 적어져서, 많은 시내 중심지역에서는 주차도 정차도 할 수 없어요. 이 도로들을 없애야 할 것 같습니다.

3 가끔 보행자들이 자전거 도로로 통행하면서 모두에게 위험을 주게 됩니다. 사고를 예방하기 위해 모든 시민들에게 교통교육을 제공해야 할 것 같습니다.

4 이 도로들이 효율적이지 않은 이유는 흔히 그 위에 주차 또는 정차되어 있는 차량들이 있기 때문이에요. 이러한 일을 막기 위해 현행되고 있는 처벌들을 강화해야 할 것 같네요.

5 정부가 여러 차량들의 공존을 더 제대로 규제해야 할 것 같아요. 가끔은 사거리에서 누구에게 우선권이 있는지, 또는 어떤 안전 대책을 따라야 하는지 확실하지 않아요.

6 자전거 도로는 좋은 아이디어이긴 한데, 모두가 서로 존중하는 법을 배우고 안전하게 통행할 수 있도록 광고 캠페인을 통해 사회인식을 높여야 할 것 같습니다.

▶ 모범 답안

주제 소개하기

He elegido la opción 1, que trata de la implementación de los carriles para bicicletas en muchas ciudades del mundo. Este sistema puede mejorar la fluidez del tráfico en las calles y reducir la contaminación, pero también causa problemas como la reducción de espacios de estacionamiento o la proliferación de accidentes. A continuación, hablaré de algunas medidas planteadas para solucionar esta situación.

저는 1번 옵션을 골랐는데, 전 세계 많은 도시들의 자전거 도로 도입을 다루고 있습니다. 이 시스템은 도로의 교통 흐름을 개선하고 오염을 줄일 수 있지만, 주차공간 축소 및 사고 급증과도 같은 문제들을 야기하기도 합니다. 이어서, 이 상황을 해결하기 위해 제시된 몇 가지 대책들에 대해 이야기해 보겠습니다.

의견 1

En primer lugar, se propone la idea de limitar estos carriles a una sola zona, ya que las bicicletas no producen ruido y pueden sorprender a algunas personas o a aquellos con problemas de audición. Para mí, si ocurre un accidente, es totalmente la culpa de la persona que está caminando por un carril que no es para los viandantes. Así que, no creo que esta medida sea adecuada para solucionar la situación.

첫 번째로, 자전거는 소리가 나지 않고 몇몇 사람들이나 청력 문제가 있는 이들을 놀라게 할 수 있으므로 이 도로들을 한 구역으로만 제한하자는 생각이 제안됩니다. 제가 생각하기에는, 만약 사고가 발생한다면 그것은 전적으로 보행자용이 아닌 도로로 걸어가고 있는 사람의 잘못입니다. 그러므로, 저는 이 대책이 이 상황을 해결하기에 적절하지는 않다고 생각합니다.

의견 2

En segundo lugar, se plantea la propuesta de eliminar estas vías para que haya más espacio de estacionamiento. No estoy de acuerdo con esta medida, ya que es una idea demasiado extrema y en realidad no logra mejorar la fluidez del tráfico o reducir la contaminación.

두 번째로, 더 많은 주차공간이 생기도록 이 도로들을 없애야 한다는 제안이 제시됩니다. 저는 이 대책에 동의하지 않는데, 지나치게 극단적인 생각이고 사실상 교통의 흐름을 개선하거나 오염을 줄이지는 못하기 때문입니다.

의견 3

En tercer lugar, se presenta la opción de ofrecer formación vial a todos los ciudadanos para evitar accidentes. Considero que esta es la propuesta más viable porque todos debemos aprender a cumplir con las reglas de la sociedad y no generar riesgo para los demás.

세 번째로, 사고를 예방하기 위해 모든 시민들에게 교통교육을 제공하는 옵션이 제시됩니다. 저는 이것이 가장 실현 가능한 제안이라고 생각하는데, 우리 모두가 사회의 규범을 지키고 다른 사람들에게 위험을 주지 않는 법을 배워야 하기 때문입니다.

En cuarto lugar, se expone la propuesta de endurecer las sanciones actuales para evitar que estacionen o paren los coches sobre los carriles para bicicletas. Entiendo que a veces los conductores necesitan pararlos un momento para hacer algo con urgencia y no tienen otro lugar, pero sí debe ser obligatorio no estacionar sobre estos carriles.

네 번째로는, 자전거 도로위에 자동차를 주차하거나 정차하는 것을 막기 위해 현행되고 있는 처벌들을 강화하는 제안이 보입니다. 가끔 운전자들이 긴급하게 무언가를 하기 위해 잠깐 정차해야 하는데 다른 장소가 없다는 것이 이해되지만, 이 도로위에 주차하지 않는 것만큼은 의무적이어야 합니다.

의견 5

En quinto lugar, se trata la propuesta de que el gobierno regule mejor la convivencia de diferentes vehículos, ya que a veces muchos pueden confundirse con respecto a algunas leyes o medidas de seguridad. Estoy de acuerdo con esta opinión porque el gobierno juega un papel muy importante en este tema, pero creo que los ciudadanos también deben concienciarse mediante la formación vial.

다섯 번째로는, 정부가 여러 차량들의 공존을 더 제대로 규제하라는 제안이 다뤄집니다. 이것은 가끔 많은 사람들이 몇몇 법규나 안전대책과 관련하여 혼동할 수 있기 때문입니다. 이 주제에 있어 정부가 매우 중요한 역할을 하므로 저는 이 의견에 동의하지만, 교통교육을 통해 시민들도 마찬가지로 인식을 개선해야 한다고 생각합니다.

의견 6

Y, por último, la sexta propuesta habla sobre concienciar a la sociedad mediante campañas publicitarias para que todos aprendan a respetarse y se logre circular con seguridad. Me parece que esta opción es bastante similar a la tercera, pero una campaña publicitaria puede requerir muchos gastos sin saber si dará buenos resultados. Por eso, no estoy muy seguro/a de que esta sea una buena medida para solucionar el problema.

마지막으로, 여섯 번째 제안은 모두가 서로 존중하는 법을 배우고 안전하게 통행할 수 있도록 광고 캠페인을 통해 사회인식을 높이는 것에 대해 이야기합니다. 저는 이 옵션이 세 번째 의견과 상당히 비슷하다고 생각하지만, 광고 캠페인은 많은 지출을 필요로 할 수 있고 좋은 결과를 가져올지 모를 수도 있습니다. 그래서 저는 이것이 문제를 해결하기 위한 좋은 대책일지 확신하지는 않습니다.

결론 내리기

En conclusión, excepto la segunda opinión, me parece que todas las propuestas ofrecen diferentes soluciones posibles para los problemas de los carriles para bicicletas. Pero si tuviera que escoger solamente una propuesta, elegiría la tercera, ya que considero que es necesario que todos los ciudadanos reciban formación para evitar accidentes y mejorar la conciencia social.

결론적으로는, 두 번째 의견을 제외하고, 모든 제안들이 자전거 도로 문제들을 위한 다양한 해결책을 제공한다고 생각합니다. 하지만 만약 오직 한 가지 제안만 골라야 한다면, 세 번째 의견을 선택할 것 같습니다. 왜냐하면 사고를 예방하고 사회적 인식을 개선하기 위해서는 모든 시민들이 교육을 받는 것이 필수라고 생각하기 때문입니다.

Examinador/a	Candidato/a
De acuerdo. Entonces, ¿realmente cree que es posible formar en términos viales a toda la sociedad para que aprendan a ejercer diferentes roles y respeten a los demás? 알겠습니다. 그렇다면, 사회의 모든 구성원들이 다양한 역할을 해내고 다른 사람들을 존중하는 법을 배울 수 있게끔 교통적인 측면에서 교육을 하는 것이 가능하다고 정말 생각하나요?	Sí. Yo creo que, si las personas reciben una formación constante y apropiada desde la infancia, podrán aprender cuáles son sus roles en cada situación y respetar a los demás. En realidad, es algo básico que deberían saber naturalmente, pero si no lo pueden hacer por su cuenta, deberían aprender a hacerlo. 네. 사람들이 어렸을 때부터 꾸준하고 적절한 교육을 받는다면, 각 상황마다 자신들의 역할이 어떤 것인지 배우고 다른 사람들을 존중할 수 있을 것이라고 생각해요. 사실 자연스럽게 알고 있어야 할 기본적인 것이지만, 스스로 할 줄 모른다면 배워야 할 것 같습니다.
Vale. ¿Y cree que la implantación de carriles bici es la mejor opción para lograr la fluidez del tráfico y reducir la contaminación? 좋습니다. 그럼 자전거 도로 도입이 교통 흐름을 개선하고 오염을 줄이기 위한 최고의 옵션이라고 생각하나요?	Sinceramente, no creo que esta implantación sea la mejor opción. En realidad, hay muchas personas que no saben montar en bicicleta o que prefieren no hacerlo, y no les afectará para nada esta medida. Yo fortalecería el sistema del transporte público, por ejemplo, incrementando la cantidad de autobuses para las horas pico. 솔직히 저는 이 도입이 최고의 옵션이라고 생각하지 않아요. 사실 자전거를 탈 줄 모르거나 선호하지 않는 사람들이 많이 있고, 이 대책은 이들에게 전혀 영향을 주지 않을 것입니다. 저라면 대중교통 시스템을 강화할 텐데요, 예를 들어, 혼잡 시간대를 위한 버스 수량을 증가하면서 말이에요.
¿Y qué cree que ocurriría si se eliminaran todos los carriles bici, como plantea la segunda propuesta? 그럼 두 번째 제안에서 제시되는 것과 같이, 모든 자전거 도로를 제거한다면 무슨 일이 일어날 것이라고 생각하나요?	Personalmente, no sería ningún problema ya que yo no sé montar en bicicleta y no utilizo estos carriles. Para los demás, tendrían que usar otros medios de transporte y caminar un poco más. 개인적으로는 전혀 문제가 되지 않을 것 같습니다. 왜냐하면 저는 자전거를 탈 줄 모르고 이 도로들을 이용하지 않으니까요. 나머지 사람들은 다른 교통수단을 사용하거나 조금 더 걸어야 할 것 같네요.

지시문	모범 답안

carril: 도로

fluidez: 흐름, 유동성

proliferación: 증식, 급증

viandante: 보행자

ciclista: 자전거 운전자

의견 1

silencioso/a: 조용한

distraído/a: 방심한

audición: 청력

의견 2

plaza: 자리

의견 3

peatón: 보행자

consiguiente: 결과적인

vial: 길의, 교통의

의견 4

sanción: 징계, 처벌

의견 5

cruce: 사거리

의견 6

publicitario/a 광고의

발표

confundirse: 혼동하다, 잘못 알다

escoger: 고르다

질문 답변

en términos + 형/ + de 명: ～ 면에서

fortalecer: 강화하다

hora pico: 혼잡 시간

❖ Notas

Tarea 2

지시문

2–3분 동안 한 장의 사진에서 상황을 상상하고 묘사해야 합니다. 이어서 이 상황의 주제와 관련된 당신의 경험과 의견들에 대해 시험관과 대화를 나누어야 합니다. 확실한 정답이 있는 것은 아니며 주어진 질문들을 기반으로 상황을 상상하면 됩니다. 두 장의 사진 중 한 장만 선택하세요.

➡ 제시된 두 개의 옵션 중 하나를 선택했다는 가정 하에 작성된 내용입니다.

언어 배우기

사진에 있는 사람들은 언어를 배우고 있습니다. 약 2–3분 동안 보여지는 장면을 묘사하고, 상황을 상상해 보고 그것에 대해 이야기하세요. 다음 사항에 집중해 보세요.

- 이 사람들이 어디에 있다고 생각하나요? 어떤 언어를 공부하고 있나요? 왜 그렇게 생각하나요? 이 사람들에게 공통점이 있나요? 그들의 복장, 태도, 자세 등에 차이가 보이나요?

- 이들은 각각 어떤 사람들이라고 상상되나요? 어디에 살고 있나요? 직업은 무엇인가요? 개인적인 상황은 어떤가요? 어떤 기대를 가지고 있나요? 왜 그렇게 생각하나요?

- 이 수업에서 무슨 일이 일어날 것이라고 생각하나요? 당신이 생각하기에, 이들이 실제로 언어를 배울 수 있을까요? 이유는 무엇인가요?

사진을 묘사한 후에는, 이 Tarea의 총 시간을 채우기 위해 시험관이 해당 상황의 주제에 대해 질문을 할 것입니다.

시험관의 질문 예시:

- 언어 수업을 들어본 적이 있나요? 그러한 경우에는, 무슨 일이 있었는지, 어떤 결과가 있었는지, 어떤 기분이었는지, 에피소드가 있었는지 이야기해줄 수 있나요? 그렇지 않은 경우에는, 이러한 상황을 겪는 것이 어떨 것이라고 생각하나요?

- 언어를 배우기 위한 조언을 받은 적이 있나요?

- 당신이 생각하기에, 외국어를 유창하게 하기 위해 가장 중요한 점은 무엇인가요?

- 당신의 나라의 언어 수업은 어떤가요? 특별한 점이 있나요?

이 Tarea의 총 시간은 **5–6분**입니다.

➡️ 모범 답안

사진 묘사하기

En la fotografía aparecen tres chicas que están sosteniendo un papel blanco con letras en chino. Todas tienen el pelo castaño, liso y largo, y cada una lleva una camiseta de color claro y vaqueros. La chica de la derecha lleva gafas y tiene un vaso con lápices también. Al fondo, hay una pizarra escrita en chino y una profesora de origen asiático que está sonriendo.

이 사진에는 세 명의 여자들이 등장하는데, 중국어로 된 글씨가 있는 흰색 종이를 들고 있습니다. 세 명 모두 긴 갈색 생머리를 하고 있으며, 각각 밝은 색 티셔츠와 청바지를 입고 있습니다. 오른쪽에 있는 여자는 안경을 쓰고 있고 연필이 담겨 있는 컵도 들고 있네요. 뒷배경에는 중국어로 쓰여진 칠판과 미소를 짓고 있는 아시아계 선생님이 있습니다.

공통점 또는 차이 설명하기

Parece que estas chicas tienen en común el interés por la cultura asiática, por eso están en una clase de chino. También parecen de la misma edad y su forma de vestir es similar, por lo que pueden ser amigas que quieren aprender juntas el idioma.

이 여자들은 공통점으로 아시아 문화에 대한 관심을 가지고 있는 것 같고, 그래서 중국어 수업을 듣고 있는 것 같습니다. 또한 같은 나이로 보이고 복장도 비슷해서, 함께 언어를 배우고 싶어하는 친구들일 수도 있을 것 같아요.

인물에 대해 상상하기

Creo que estas chicas son activas, curiosas e inteligentes. Supongo que todas son estudiantes de escuela secundaria y viven en el mismo barrio, donde también se encuentra este instituto de idiomas. Seguramente su situación personal es buena, pero ya están haciendo planes para el futuro y han decidido aprender chino para tener una mejor oportunidad laboral.

이 여자들은 활동적이고, 호기심이 많고, 똑똑하다고 생각합니다. 모두 고등학생이고 같은 동네에서 살고 있는데, 그곳에 이 언어학원도 있는 것 같아요. 분명 그녀들의 개인적 상황은 좋겠지만, 벌써 미래를 위한 계획을 짜고 있고 더 나은 취업 기회를 가질 수 있도록 중국어를 배우기로 결심한 듯하네요.

상황에 대해 추측하기

Considero que van a pasarlo bien en el curso y aprender muchas cosas que las ayudarán en el futuro. Al principio, quizás se sientan frustradas porque el idioma chino es muy difícil de pronunciar y escribir. Pero, como están estudiando juntas, creo que al final podrán disfrutar de la clase y alcanzar un nivel alto del idioma.

그녀들은 수업에서 즐거운 시간을 보낼 것 같고 미래에 도움이 될 많은 것들을 배울 수 있을 것이라고 생각합니다. 처음에는 어쩌면 좌절감을 느낄 수도 있을 것 같은데, 중국어는 발음하고 쓰는 것이 매우 어려우니까요. 하지만, 함께 공부하고 있기 때문에, 결국에는 수업을 즐길 수 있을 것이고 이 언어의 높은 수준을 달성할 수 있을 것이라고 생각합니다.

Examinador/a	Candidato/a
De acuerdo. Y, ¿usted ha realizado alguna vez un curso de idiomas? En caso afirmativo, ¿puede comentar cuál ha sido su experiencia? 알겠습니다. 그렇다면, 당신은 언어 수업을 들어본 적이 있나요? 그러한 경우에는, 경험이 어땠는지 말해줄 수 있나요?	Sí, claro. El primer idioma que aprendí fue el inglés, ya que es obligatorio en todo el mundo y especialmente en mi país. Tuve que estudiarlo en la escuela y también fui a varios institutos privados durante muchos años, donde aprendí la gramática y practiqué con profesores nativos. Ahora estoy estudiando español desde hace unos años, por eso estoy haciendo este examen para obtener un certificado internacional. Aunque aprender español es más difícil que el inglés, creo que es más divertido. 네, 물론이죠. 제가 배운 첫 번째 언어는 영어였는데, 전 세계에서 그리고 특히 우리나라에서는 의무이기 때문입니다. 학교에서 공부했고 오랫동안 여러 학원에도 다녔는데, 그곳에서 문법도 배우고 현지인 선생님들과 연습도 했어요. 지금은 몇 년 전부터 스페인어를 공부하고 있고, 그래서 국제 자격증을 취득하기 위해 이 시험을 보고 있어요. 비록 스페인어를 배우는 것이 영어보다 더 어렵지만, 더 재미있다고 생각합니다.
Según su opinión, ¿qué es lo más importante para hablar con fluidez un idioma extranjero? 당신이 생각하기에, 외국어를 유창하게 하기 위해서는 무엇이 가장 중요한가요?	Creo que es importante no tener miedo a hablar y contar con un objetivo concreto. Si uno no se anima a hablar porque le preocupa equivocarse, nunca podrá hacerlo bien. Además, me parece que es esencial tener claro para qué quiere uno aprender un idioma. En mi caso, quiero hacer un viaje por España y toda Latinoamérica, además de tener una mejor oportunidad laboral. 저는 말하는 것을 두려워하지 않고 구체적인 목표를 갖는 것이 중요하다고 생각합니다. 틀릴까 봐 말할 엄두를 내지 못한다면, 절대 잘 하지 못할 거예요. 게다가, 무엇을 위해 언어를 배우고 싶은지 확실히 해두는 것이 본질적인 것 같습니다. 저의 경우에는, 스페인과 라틴아메리카 전체로 여행을 가고 싶고, 더 나은 취업 기회를 갖고 싶기도 해요.
Ajá. Y, ¿cómo son las clases de idiomas en su país? ¿Poseen alguna peculiaridad? 그렇군요. 그럼 당신의 나라의 언어 수업은 어떤가요? 특별한 점이 있나요?	En mi país hay muchos institutos privados de idiomas que dan clases de grámatica y de conversación. Como ofrecen varios tipos de clases, los estudiantes pueden empezar desde el nivel inicial o prepararse para un examen internacional como yo. A mí me gusta este sistema porque está bien organizado y estructurado, pero creo que últimamente también se realizan muchas clases privadas o para grupos de estudio. 우리나라에는 문법 수업과 회화 수업을 하는 언어 학원이 많이 있습니다. 다양한 종류의 수업을 제공하기 때문에, 학생들은 초급부터 시작할 수도 있고 저처럼 국제시험을 준비할 수도 있어요. 저는 이 시스템이 잘 짜여 있고 체계적이어서 좋은데, 최근에는 과외나 스터디 그룹을 위한 수업도 많이 진행되는 것 같아요.

Vocabulario

fluidez: 유창함

발표

sostener: 받치다

pizarra: 칠판

sonreír: 미소를 짓다

frustrado/a: 좌절한, 실망한

질문 답변

certificado: 자격증

equivocarse: 실수하다, 틀리다

organizado/a: 정리된, 체계적인

estructurado/a: 구조적인, 잘 짜여진

Tarea 3

지시문

2-3분 동안 주어진 기사 또는 설문조사의 정보에 대해 의견을 말해주세요. 그리고, 당신의 의견을 표현하면서 이 정보에 대해 시험관과 대화를 나누어야 합니다.

제시된 두 개의 옵션 중 한 가지만 선택하세요.

이 Tarea에서는 사전 준비 시간이 없습니다.

➡ 제시된 두 개의 옵션 중 하나를 선택했다는 가정 하에 작성된 내용입니다.

자녀를 갖지 않는 이유

당신은 5년 안에 자녀를 가질 계획이 있나요? 부모가 되는 일의 가장 큰 제약은 어떤 것이라고 생각하나요? 당신의 개인적인 기준에 따라 답변하고 이유를 설명해 주세요.

부모가 되는 일에 가장 큰 제약은 어떤 것이라고 생각하나요?	
높은 생활비	
그것이 의미하는 개인적인 그리고 직업적인 희생	
일자리 불확실성	
우리나라 및 세상에 대한 부정적 전망	
불안정한 가정	
모르겠다	

이어서 같은 질문들을 포함하는 스페인에서 진행된 설문조사의 결과와 당신의 답변을 비교하세요.

5년 안에 자녀를 가질 계획이 있나요?

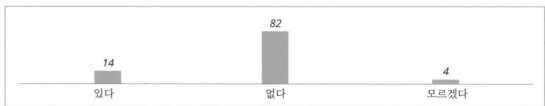

부모가 되는 일에 가장 큰 제약은 어떤 것이라고 생각하나요?

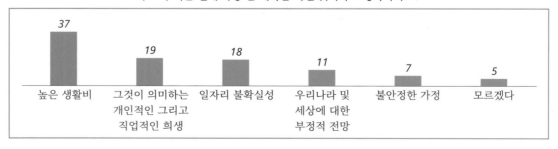

402

설문조사 자료에 대해 시험관과 의견을 이야기하고 당신의 답변과 비교하세요.

- 어떤 점에서 일치하나요? 어떤 점에서 다른가요?
- 특별히 주의를 끄는 자료가 있나요? 이유는 무엇인가요?

시험관의 질문 예시:

- 왜 이 답변를 골랐나요? 예를 들어줄 수 있나요?
- 어떤 답변에 가장 동의하지 않나요? 이유는 무엇인가요?

이 Tarea의 총 시간은 **3–4분**입니다.

▶ 모범 답안

개인적인 자녀계획에 대해 발표하기

Por ahora, yo no me planteo tener hijos en los próximos cinco años porque todavía soy muy joven y hay algunas cosas que quiero lograr como, por ejemplo, terminar mis estudios y encontrar un trabajo estable. Si ahora mismo tuviera un bebé, arruinaría todos mis planes.

지금으로서는, 5년 안에 아이를 가질 생각은 없습니다. 저는 아직 어리고, 학업을 마치거나 안정적인 일을 구하는 것과 같은 해내고 싶은 몇 가지 일들이 있기 때문이죠. 만약 지금 당장 아기가 생긴다면, 저의 모든 계획을 망치게 될 것 같습니다.

부모가 되는 일의 가장 큰 제약에 대해 설명하기

En mi caso, el mayor freno a la paternidad/maternidad es el sacrificio personal y profesional que supone. Después de tener un hijo, al menos uno de los padres necesita trabajar para mantener a la familia, y la otra persona tiene que renunciar a su carrera y quedarse en casa para cuidar al bebé. Aunque también queda la opción de contratar a alguien que lo cuide, creo que lo mejor es que el bebé pase sus primeros meses o años al lado de uno de sus propios padres. En mi opinión, será muy difícil enfrentar este dilema de renunciar a la carrera o al cuidado de mi propio hijo.

저의 경우에는, 부모가 되는 일의 가장 큰 제약은 그것이 의미하는 개인적인 그리고 직업적인 희생입니다. 아이를 낳은 후에, 적어도 부모 중 한 명은 가족의 생계를 유지하기 위해 일을 해야 하고, 또 다른 한 명은 커리어를 포기하고 아기를 돌보기 위해 집에 남아야 할 것입니다. 비록 아기를 돌봐 줄 사람을 고용하는 옵션이 남아있긴 하지만, 저는 아기가 자신의 부모 중 한 명 곁에서 첫 몇 개월 또는 첫 몇 년을 보내는 것이 가장 좋다고 생각합니다. 제 의견으로는, 커리어를 포기할지 나의 아이를 돌보는 것을 포기할지에 대한 이 딜레마를 마주하는 것이 매우 어려울 것 같습니다.

Examinador/a	Candidato/a
Vale. Y, ¿con qué opción está menos de acuerdo? 좋습니다. 그럼 어떤 답변에 가장 동의하지 않나요?	Yo estoy menos de acuerdo con la opción de la mala perspectiva de mí país y/o del mundo. Aunque no podemos ignorar la situación global, si empezamos a pensar en todos los factores detalladamente, nunca tendremos el momento perfecto para tener hijos, ya que siempre habrá más inconvenientes que ventajas. 저는 우리나라 및 세상에 대한 부정적 전망이라는 답변에 가장 동의하지 않습니다. 비록 전 세계 상황을 무시할 수는 없지만, 모든 요인을 자세하게 생각하기 시작한다면 자녀를 갖기 위한 완벽한 순간은 절대 있을 수 없을 거예요. 항상 장점보다 문제점이 더 많을 것이기 때문이죠.
De acuerdo. Entonces, ahora voy a mostrarle el resultado de la encuesta realizada a los españoles. ¿Hay algún dato que le llame especialmente la atención? 알겠습니다. 그렇다면, 이제 스페인 사람들에게 실행된 설문조사의 결과를 보여주겠습니다. 특별히 주의를 끄는 정보가 있나요?	Me sorprende mucho que la mayoría de los españoles no piensen tener hijos en los próximos cinco años. Y también me llama la atención que el elevado coste de vida sea el principal motivo de no tener hijos para ellos. Es una respuesta inesperada porque pensaba que España era uno de los países con los precios más bajos de Europa. 대다수의 스페인 사람들이 5년 안에 자녀를 가질 생각이 없다는 것이 많이 놀랍습니다. 그리고 그들에게 높은 생활비가 아이를 갖지 않는 주원인이라는 것도 주의를 끄네요. 스페인이 유럽에서 가장 물가가 저렴한 국가들 중 하나라고 생각했기 때문에 기대치 못한 답변이에요.
¿Estas respuestas se parecen a las suyas? 이 답변들은 당신의 답변과 비슷한가요?	Sí, nuestras respuestas no son tan diferentes, ya que la opción que habla del sacrificio personal y profesional que yo elegí aparece en el segundo lugar en la encuesta de los españoles. No me parece un porcentaje demasiado alto porque presenta solo un 19 por ciento, pero está en un puesto alto. 네, 우리의 답변은 그렇게 다르지는 않습니다. 제가 고른 개인적인 그리고 직업적인 희생에 대해 이야기하는 옵션이 스페인 사람들의 설문조사에서도 두 번째 자리에 있기 때문이에요. 오직 19 퍼센트 밖에 안되어서 그렇게 높은 비율 같지는 않지만, 높은 순위에 있습니다.

Ajá. Y si usted tuviera hijos en el futuro, ¿cómo cree que afrontaría el dilema que ha mencionado anteriormente?

그렇군요. 그럼 만약 당신이 미래에 아이를 갖게 된다면, 앞서 언급한 딜레마를 어떻게 직면할 것이라고 생각하나요?

Es una pregunta muy difícil. Supongo que primero tendría que elegir entre el cuidado de mi hijo y la carrera, y luego tratar de encontrar un equilibrio. Pero también creo que es importante tener una conversación profunda con mi pareja y compartir la misma perspectiva sobre el tema. Así que espero poder conocer a mi media naranja algún día y sentirme seguro/a de querer tener hijos con esa persona.

매우 어려운 질문이네요. 먼저 아이를 돌보는 것과 커리어 사이에서 선택을 해야 하고, 그다음에 밸런스를 찾는 노력을 할 것 같습니다. 하지만 제 배우자와 깊은 대화를 나누고 이 주제에 대해 똑같은 관점을 공유하는 것도 중요하다고 생각해요. 그래서 언젠가 저의 반쪽을 만나고 그 사람과 아이를 갖고 싶어 하는 것에 대한 확신이 생기면 좋겠네요.

descendiente: 자손

freno: 제동, 제약

paternidad: 아버지가 되는 일

maternidad: 어머니가 되는 일

incertidumbre: 불확실성

발표

arruinar: 망치다, 해치다

질문 답변

afrontar: 직면하다, 맞서다

❖ Notas

Simulacro

DELE

B2

Set 1

Prueba 1
Comprensión de lectura

Prueba 2
Comprensión auditiva

Prueba 3
Expresión e interacción escritas

Prueba 4
Expresión e interacción orales

Prueba

1

Comprensión de lectura

DELE **B2**

Prueba 1. Comprensión de lectura

La prueba de **Comprensión de lectura** contiene cuatro tareas. Usted debe responder a 36 preguntas.

Duración: 70 minutos.

Marque sus opciones únicamente en la **Hoja de respuestas**.

INSTRUCCIONES

A continuación va a leer un texto. Después, deberá contestar a las preguntas (1-6) y seleccionar la respuesta correcta (a/b/c).

Marque las opciones elegidas en la **Hoja de respuestas**.

Los misteriosos orígenes del euskera

El euskera se habla en las regiones de Navarra y País Vasco, en el norte de España, y el suroeste de Francia, de modo que más de 700.000 personas, el 35% de la población de la región, lo conocen actualmente. Los orígenes del euskera están rodeados de numerosos mitos, controversias y leyendas que ningún filólogo ha logrado aclarar por completo.

El enigma de esta lengua radica en la dificultad de conectarla con otras, a pesar de haber adoptado numerosos préstamos del castellano y del latín, y de determinar su origen histórico. Las teorías principales sobre su procedencia la relacionan con el etrusco, el bereber y otras lenguas antiguas de Europa no indoeuropeas. Sin embargo, hasta ahora ha sido imposible encontrar similitudes significativas del euskera con el húngaro, el finlandés, las lenguas de Laponia y los países bálticos, o las lenguas caucásicas. Solo se han encontrado algunas palabras compartidas por casualidad, en su mayoría términos obsoletos.

Otra teoría, esbozada por el erudito alemán Wilhelm von Humboldt y defendida por Unamuno, sostiene que el antecedente del euskera no sería otro que el íbero. No obstante, desde que en 1922 el historiador Manuel Gómez Moreno empezara a descifrar su escritura y se leyeran textos en dicha lengua no se han hallado semejanzas suficientes que permitan demostrar esta hipótesis.

La narrativa nacionalista ha sostenido tradicionalmente que la ausencia de conexiones se justifica por ser una lengua única, una antigua isla lingüística previa a todas las lenguas españolas, que ha sido hablada durante milenios y ha sobrevivido a las glaciaciones en la Península. Esto se respaldaría con símbolos encontrados en cuevas prehistóricas del País Vasco y otras representaciones de origen cuestionable. Sin embargo, esta insistencia en retroceder cada vez más en el origen del idioma ha propiciado todo tipo de engaños y manipulaciones. En el verano de 2006, se informó del descubrimiento de numerosas inscripciones en euskera durante las excavaciones en un sitio arqueológico de una ciudad romana cercana a Vitoria, datada entre los siglos I y VI. Los expertos concluyeron rápidamente que los grafitos en *euskara* eran completamente falsos.

Asimismo, es difícil hablar de un único euskera dada la complejidad de dialectos que pueblan la historia de esta región. Según el filólogo Koldo Mitxelena, los dialectos del euskera se produjeron en fechas del siglo VI debido a razones políticas que fragmentaron la sociedad e hicieron complicado que se entendieran entre los propios pueblos vecinos. Frente a esta Torre de Babel vasca, se estandarizó el *euskara batua*, una lengua vasca unificada cuyas bases se sentaron en el congreso de 1968 de la Real Academia de la Lengua Vasca. Un encuentro celebrado en el santuario de Arantzazu que ha dado lugar a la variedad que se utiliza en la administración, la enseñanza y los medios de comunicación desde la década de 1980.

(Adaptado de https://www.abc.es/historia)

PREGUNTAS

1. El euskera...

    a) tiene un origen conocido.

    b) se habla en España y Francia.

    c) es desconocido para un 35% de la población local.

2. La hipótesis de que el euskera tiene relación con el etrusco, el bereber y otras lenguas antiguas...

    a) se ha confirmado en base a su raíz histórica.

    b) no se ha podido demostrar por los préstamos que esta ha tomado del castellano o el latín.

    c) es poco probable dado que apenas existe vocabulario común con diferentes lenguas.

3. La teoría de Wilhelm von Humboldt sobre el euskera...

    a) defiende que su predecesor fue el íbero.

    b) ha sido sustentada por las investigaciones del historiador Manuel Gómez Moreno.

    c) da cuenta de amplias similitudes con el íbero que quedan de manifiesto en varios textos.

4. La teoría nacionalista sobre el euskera...

    a) defiende que este es un idioma aislado.

    b) demuestra que este posee un origen previo a todas las lenguas españolas de hace milenios.

    c) está demostrada gracias a unas excavaciones arqueológicas de una antigua urbe romana.

5. Los dialectos del euskera en torno al siglo VI...

    a) eran muy diferentes entre sí.

    b) han sido estandarizados por el filólogo Koldo Mitxelena.

    c) surgieron debido a las discrepancias entre los pueblos de la región.

6. El *euskara batua*...

    a) es una lengua española estandarizada.

    b) fue creado por la Real Academia de la Lengua Vasca.

    c) no se emplea en la administración pública, las escuelas ni los medios de comunicación.

Tarea 2

INSTRUCCIONES

Usted va a leer cuatro textos en los que cuatro personas hablan sobre sus experiencias de buscar pareja por internet. Relacione las preguntas (7-16) con los textos (A, B, C y D).

Marque las opciones elegidas en la **Hoja de respuestas**.

PREGUNTAS

		A. ISABEL	B. ADELA	C. FELIPE	D. SAMUEL
7.	¿Quién menciona que la persona que le gustaba era muy diferente en persona?				
8.	¿Quién dice que encontró al amor de su vida?				
9.	¿Quién comenta que ha tenido solo malas experiencias?				
10.	¿Quién afirma que prefiere conocer a alguien cara a cara?				
11.	¿Quién indica que sufrió acoso por las redes sociales?				
12.	¿Quién expone que no habría salido con su pareja por su físico?				
13.	¿Quién menciona que dijo mentiras sobre sí mismo/a?				
14.	¿Quién no confiaba en conocer a alguien en línea?				
15.	¿Quién dice que una amistad suya tuvo una muy mala experiencia?				
16.	¿Quién tuvo una relación a distancia al principio?				

TEXTOS

A. ISABEL

Conocí a mi marido por casualidad, ya que de joven era muy aficionada a un videojuego en línea y visitaba un blog sobre este casi a diario para conocer trucos, descargar actualizaciones y todas esas cosas. Un día comencé a hablar con otro usuario que me cayó bien y me propuso jugar una partida juntos, así que acepté. Como empezamos a pasar muchas horas hablando no solo del juego, sino también de la vida, acabé enamorándome y tuve la suerte de ser correspondida, así que hicimos por vernos en persona para conocernos. No sé por qué tenía una imagen de cómo sería él y me lo imaginaba moreno, delgado y alto. ¡Menuda sorpresa cuando vi que era rubio, algo rellenito y casi de mi estatura! Pero me gustó de todas formas. Lo único duro fue sobrellevar los kilómetros que nos separaban hasta que pudimos vivir juntos en el mismo país, pero valió la pena.

B. ADELA

Buscar el amor por internet no es algo que yo recomiende. La primera vez que conocí a alguien así fue porque acepté una solicitud de amistad por Facebook de alguien que creí que era mi compañero del colegio. Comenzamos a hablar supuestamente rememorando los viejos tiempos, pero notaba que me decía algunas incongruencias de vez en cuando. Con el tiempo, nos hicimos muy cercanos y compartí con él muchas cosas de mi intimidad. Llegó un momento en el que comencé a notar muchas actitudes extrañas y traté de poner tierra de por medio, pero esta persona tenía mi Facebook y WhatsApp y no paraba de contactarme, así que no me quedó otra opción que bloquearlo para que me dejara en paz. Y la segunda vez que traté de conocer a alguien, esta vez por una aplicación, resultó que después de unos meses esa persona intentó estafarme. Desde entonces, prefiero conocer a la gente orgánicamente y no en línea.

C. FELIPE

Un amigo me recomendó usar una aplicación muy famosa para buscar pareja en línea y probé suerte. La verdad es que al principio no me lo tomé demasiado en serio y digamos que "adorné" mi perfil diciendo que había vivido en varios países que nunca había visitado para darme un aire internacional y hacerme el interesante. Tras unos días, contactó conmigo una chica muy sorprendida porque ella también había vivido en varios países que yo mencionaba. No quería causarle una mala impresión desde el principio, así que seguí con mi farsa y traté de cambiar de tema lo antes posible. Se me pasaban los días volando mientras hablaba con ella y no podía creer cuántas cosas teníamos en común y lo bien que congeniábamos. Sentía que había encontrado a mi media naranja, así que me armé de valor y le pedí salir conmigo. Por supuesto, al final le conté la verdad.

D. SAMUEL

Yo era de esos que no creían que se pudiera conocer a alguien por internet, especialmente después de que a mi mejor amigo le rompieran el corazón al descubrir que la persona con la que llevaba meses hablando era en realidad un señor que se estaba haciendo pasar por una hermosa chica y cuyo único objetivo era sacarle el dinero. Sin embargo, el azar quiso que conociera a mi chica en una aplicación de intercambio de idiomas. Gracias a ella no solo he mejorado considerablemente mi inglés, sino que he podido aprender aspectos muy interesantes sobre su cultura y sus costumbres. Tengo que reconocer que si simplemente la hubiera visto por la calle un día jamás me hubiera fijado en ella, ya que está llena de tatuajes y pírsines, cosa que no me encanta de entrada, pero debe ser verdad eso de que el amor es ciego.

Tarea 3

Una España rural sin jóvenes

En áreas rurales con una población mayor envejecida, los jóvenes y niños rurales, cada vez menos numerosos, se ven confrontados no solo con la pobreza, sino también con la falta de atención por parte de las políticas gubernamentales. **17.** _____ . Como la tasa de natalidad en los pueblos de España baja y la media de edad sube, son más palpables los problemas de otros grupos de edad más avanzada.

Esta falta de atención a la población joven lleva, a su vez, a tener cada vez menos escuelas llenas, como sucede en Zamora. **18.** _____ .

La importancia del aspecto territorial en la política española es innegable. No obstante, rara vez se discute una de las facetas más destacadas de España: las notables disparidades entre áreas urbanas y rurales. Se observa un mayor porcentaje de jóvenes en situación de pobreza o riesgo de exclusión social en regiones con menor concentración de habitantes. **19.** _____ .

Las desigualdades relacionadas con la densidad poblacional también pueden tener vínculos con el género. **20.** _____ . España, durante muchos años, ha tenido la tasa más alta de abandono escolar de la Unión Europea. Este se ha logrado disminuir a lo largo de los años, pero España (13,9%) aún tiene la tasa más alta de la UE después de Rumania (15,6%).

Asimismo, España conserva su primer puesto en toda Europa en cuanto a las diferencias de género en las tasas de abandono escolar. La tasa masculina fue un 16,5% en 2022, mientras que la femenina fue un 11,2%. **21.** _____ . En las áreas rurales de España, la tasa de abandono escolar entre hombres es casi el doble que entre mujeres. A nivel europeo, también se observan estas diferencias en las zonas rurales, aunque en menor medida.

22. _____ . Ignorar esta dimensión territorial en las políticas de infancia y juventud o centrarse tan solo en otros grupos de edad en el desarrollo rural conlleva el riesgo de que se forme una España rural desprovista de jóvenes.

(Adaptado de https://elpais.com/planeta-futuro)

FRAGMENTOS

A. Un ejemplo muy claro de esto se observa en las tasas de abandono escolar.

B. Sin embargo, no se percibe una gran diferencia entre ambos géneros.

C. Esta provincia española es ahora el lugar en toda la Unión Europea con el menor porcentaje de habitantes por debajo de los 20 años.

D. Aquí, una vez más, vemos que hay distinciones por densidad de población, donde se manifiestan fuertes diferencias en cuanto al género.

E. En conclusión, cuando se habla de cuestiones territoriales, es importante no olvidar que la geografía incide en la pobreza, la exclusión infantil y las diferencias tanto de género como de ingresos.

F. Mientras que en la Unión Europea es justamente a la inversa: es en las ciudades donde hay un porcentaje un poco más elevado.

G. Incluso cuando las divisiones entre el mundo urbano y el rural se tratan a nivel político, se suele hacer sin un enfoque específico en la situación de los niños y de las personas jóvenes.

H. Por lo tanto, es de esperar que la brecha entre generaciones siga aumentando.

INSTRUCCIONES

Lea el texto y rellene los huecos (23-36) con la opción correcta (a/b/c).

Marque las opciones elegidas en la **Hoja de respuestas**.

Camino del pueblo de B., **23.** _____ cerca de la capital de una provincia cuyo nombre no hace al caso, íbamos, en un carruaje tirado por dos mulas, Cristina, su madre, Fernando, el prometido de la joven, y yo. Eran las cinco de la tarde; el calor nos sofocaba porque empezaba el mes de agosto, y los cuatro guardábamos **24.** _____ . La Sra. de López rezaba mentalmente **25.** _____ que Dios nos llevase con bien al término de nuestro viaje; Cristina fijaba sus hermosos ojos en Fernando, que no reparaba **26.** _____ ello, y yo contemplaba la deliciosa campiña, por la que rodaba nuestro coche. Serían las seis cuando el carruaje se detuvo a la entrada del pueblo; bajamos, y nos dirigimos a una capilla donde se veneraba a Nuestra Señora de las Mercedes, a la que la madre de Cristina tenía particular devoción. **27.** _____ esta señora y su hija recitaban algunas oraciones, Fernando me rogó que le **28.** _____ al cementerio ubicado muy cerca de allí, donde estaba su padre enterrado. Obedecí, y penetramos en un patio cuadrado, con las tapias blanqueadas, y en el que se elevaban algunas cruces de piedra y de madera, leyéndose sobre lápidas mortuorias varias inscripciones un tanto confusas. En un rincón vi a una mujer arrodillada, en la que mi compañero no pareció fijarse al pronto.

Me **29.** _____ la tumba de su padre, que era sencilla, de mármol blanco, y comprendí que no era únicamente por verla por lo que el joven había llegado hasta allí. Observé que buscaba alguna cosa que no encontraba, hasta que vio a la mujer, que era una vieja mal vestida y desgreñada, que le estaba mirando atentamente. Fernando bajó los ojos, y **30.** _____ iba a alejarse, cuando la anciana se levantó y le llamó por su nombre, obligándole a detenerse.

- ¿Qué desea usted, madre María? **31.** _____ preguntó en un tono que quería parecer sereno.

- Lo de siempre, contestó la vieja, en **32.** _____ mirada noté cierto extravío; preguntarte dónde has ocultado a mi niña. Diez años hace que te la **33.** _____ , bien lo sé, y hoy me han dicho en el pueblo que vienes aquí para celebrar tu boda con otra.

- No ignora usted, madre María, que su hija murió hace diez años, y que yo pagué su entierro para que su hermoso cuerpo descansase en este camposanto. A mi vez le pregunto: ¿dónde **34.** _____ encuentra la tumba de la pobre Teresa?

- ¿Acaso lo sé yo? Un día vine aquí, busqué la cruz que me indicaba el lugar donde me decían que estaba ella, y ¿sabes lo que vi? Un hoyo vacío, y **35.** _____ más lejos la tierra recientemente removida. Había cumplido el plazo y, **36.** _____ nadie cuidó de renovarlo y pagar, aquel rincón no le pertenecía ya a mi hija y la habían echado a la fosa donde arrojan a los pobres, a los que entierran de limosna.

(Adaptado de "La casa donde murió" de Julia de Asensi)

OPCIONES

23. a) colocado   b) situado   c) instalado

24. a) silencio   b) secreto   c) calma

25. a) por   b) para   c) sin

26. a) en   b) a   c) de

27. a) Durante   b) Mientras   c) Mientras tanto

28. a) siga   b) seguía   c) siguiera

29. a) demostró   b) enseñó   c) ofreció

30. a) todavía   b) incluso   c) ya

31. a) La   b) Le   c) Lo

32. a) cuyo   b) cuya   c) la que

33. a) llevas   b) has llevado   c) habías llevado

34. a) se   b) le   c) la

35. a) un poco de   b) unos pocos   c) un poco

36. a) como   b) porque   c) por lo que

Prueba

2

Comprensión auditiva

DELE B2

Prueba 2. Comprensión auditiva

MP3
음성 듣기

La prueba de **Comprensión auditiva** contiene <u>cinco tareas</u>. Usted debe responder a 30 preguntas.

Duración: 40 minutos.

Tarea 1

Marque sus opciones únicamente en la **Hoja de respuestas**.

INSTRUCCIONES

Usted va a escuchar seis conversaciones breves. Oirá cada conversación dos veces seguidas. Después, tendrá que seleccionar la opción correcta (a/b/c) correspondiente a cada una de las preguntas (1-6).

Marque las opciones elegidas en la **Hoja de respuestas**.

Tiene 30 segundos para leer las preguntas.

PREGUNTAS

Conversación 1

1. En esta conversación...

  a) el hombre y la mujer hablan sobre la preparación de la fiesta.

  b) la mujer ya ha comprado todas las cosas necesarias para la fiesta.

  c) el hombre está a cargo de la decoración y de la música de la fiesta.

Conversación 2

2. En esta conversación se menciona que...

  a) el jugador que le gusta a la chica ha ganado.

  b) es probable que el tenista al que apoya la chica se clasifique.

  c) los aficionados están enfadados debido a los malos resultados de un tenista.

Conversación 3

3. En esta conversación…

   a) el cliente está buscando un modelo que no se vende ya.

   b) el cliente quiere comprar una prenda de ropa como regalo.

   c) la dependienta le recomienda una talla menor dado que la prenda puede agrandarse.

Conversación 4

4. En esta conversación se comenta que…

   a) el chico ha reparado el ordenador de la chica.

   b) el ordenador de la chica lleva mucho tiempo estropeado.

   c) la chica estaba realizando una tarea muy importante en su ordenador.

Conversación 5

5. En esta conversación…

   a) el cliente y la mujer conciertan una cita para ver un piso en el centro.

   b) el cliente está buscando una casa a reformar para abaratar los costes de la compra.

   c) la mujer dice que los requisitos del cliente son inviables por motivos económicos.

Conversación 6

6. En esta conversación la profesora explica que…

   a) se pueden usar varios formatos.

   b) no entregar a tiempo el trabajo o copiar supone no aprobar la asignatura.

   c) no es necesario citar las fuentes que se consulten en el trabajo final de la asignatura.

INSTRUCCIONES

Usted va a escuchar una conversación entre dos expertos que hablan sobre algunos de los mitos sobre Machu Picchu. Después, indique si los enunciados (7-12) se refieren a lo que dice la mujer (A), el hombre (B) o a ninguno de los dos (C). Escuchará la audición dos veces.

Marque las opciones elegidas en la **Hoja de respuestas**.

Tiene 20 segundos para leer las preguntas.

		A. Mujer	B. Hombre	C. Ninguno de los dos
0.	Dice que Machu Picchu no fue descubierto por Hiram Bingham.	☐	☑	☐
7.	Visitó Machu Picchu durante la época de lluvias.	☐	☐	☐
8.	Nunca ha subido caminando hasta Machu Picchu.	☐	☐	☐
9.	Ha subido hasta Machu Picchu por diferentes rutas.	☐	☐	☐
10.	Ha consumido hoja de coca.	☐	☐	☐
11.	Tuvo un accidente en Machu Picchu.	☐	☐	☐
12.	Alaba las terrazas de cultivo de Machu Picchu.	☐	☐	☐

INSTRUCCIONES

A continuación va a escuchar parte de una entrevista al escritor argentino Guillermo Martínez, que habla sobre su obra y el oficio de escritor. Escuchará la entrevista dos veces. Después, conteste a las preguntas (13-18). Seleccione la respuesta correcta (a/b/c).

Marque las opciones elegidas en la **Hoja de respuestas**.

Tiene 30 segundos para leer las preguntas.

PREGUNTAS

13. Guillermo Martínez...

    a) es el escritor más traducido del mundo.

    b) trata recurrentemente el tema de la felicidad en sus obras.

    c) no solamente escribe libros, sino que también forma a otros escritores.

14. El cuento "Una felicidad repulsiva"...

    a) comienza con una frase de su abuela.

    b) contiene citas sobre la felicidad de otras obras literarias.

    c) cita una frase de Flaubert sobre los requisitos para tener buena salud.

15. En el cuento "Una felicidad repulsiva"...

    a) no se recoge la forma de pensar del autor.

    b) se dice que la felicidad depende de uno mismo.

    c) un personaje le recomienda a otro no pensar para ser feliz.

16. Guillermo Martínez dice sobre la obra literaria "El duelo" de Joseph Conrad que...

   a) tiene un desenlace positivo.

   b) su autor es un oficial francés.

   c) el protagonista no combate realmente en el campo de batalla.

17. Guillermo Martínez comenta sobre las condiciones económicas de los escritores que...

   a) pueden ser muy diferentes en cada país.

   b) en Argentina existe un mercado muy amplio de lectores.

   c) en Estados Unidos solamente los autores cuyas películas se llevan al cine reciben ganancias.

18. Guillermo Martínez menciona sobre su propia posición económica que...

   a) se ha convertido en un millonario gracias a las ventas de sus libros.

   b) consiguió ganar una beca para viajar por el mundo gracias a sus obras.

   c) adquirió una vivienda gracias a una obra adaptada a formato cinematográfico.

INSTRUCCIONES

A continuación va a escuchar a seis personas que hablan sobre sus experiencias de crear una empresa. Escuchará a cada persona dos veces.

Seleccione el enunciado (A-J) que corresponde al tema del que habla cada persona (19-24). Hay diez enunciados incluido el ejemplo. Seleccione solamente seis.

Marque las opciones elegidas en la **Hoja de respuestas**.

Ahora escuche el ejemplo:

Persona 0.

La opción correcta es el enunciado F.

0. A☐ B☐ C☐ D☐ E☐ F■ G☐ H☐ I☐ J☐

Tiene 20 segundos para leer los enunciados.

	ENUNCIADOS		PERSONA	ENUNCIADO
A	Atribuye gran parte de su éxito a la buena ubicación de su local.	**0.**	Persona 0	F
		19.	Persona 1	
B	Enfatiza que es necesario descansar para que el rendimiento sea óptimo.	**20.**	Persona 2	
		21.	Persona 3	
C	Recomienda delegar tareas de menor envergadura a los empleados.	**22.**	Persona 4	
		23.	Persona 5	
D	Valora mucho la formación reglada de sus empleados.	**24.**	Persona 6	
E	Aprendió mucho analizando a su competencia.			
F	Piensa que lo más importante es el ambiente laboral.			
G	Encontró muchos inversores para su proyecto empresarial.			
H	Promociona su empresa mediante las redes sociales.			
I	Se ha convertido en un buen líder gracias a su experiencia.			
J	Premia a sus trabajadores mediante refuerzos positivos.			

A continuación va a escuchar a una mujer que habla de un estudio sobre salud mental en personal de salud de América Latina durante la pandemia. Escuchará la audición dos veces. Después, conteste a las preguntas (25-30). Seleccione la opción correcta (a/b/c).

Marque las opciones elegidas en la **Hoja de respuestas**.

Tiene 30 segundos para leer las preguntas.

PREGUNTAS

25. En el informe *HEROES*...

  a) se habla sobre el estado psicológico de personal sanitario latinoamericano.
  b) se dice que más de la mitad del personal entrevistado tuvo pensamientos suicidas.
  c) se expone que en todos los países estudiados se recibió la atención psicológica adecuada.

26. Según Anselm Hennis, el personal sanitario...

  a) ha conseguido terminar con la pandemia.
  b) se ha desgastado debido a las bajas de un elevado número de colegas.
  c) ha trabajado en exceso y se ha enfrentado a encrucijadas éticas durante la pandemia.

27. Uno de los factores principales que afectaron la salud mental del personal sanitario fue...

  a) el apoyo emocional y económico.
  b) la preocupación por contagiarse de los familiares.
  c) el cambio en las tareas que realizaban normalmente en el trabajo.

28. Uno de los factores que ayudaron a proteger la salud mental del personal sanitario fue...

    a) tener algún tipo de creencia espiritual.

    b) contar con la ayuda económica de los compañeros de trabajo.

    c) culpar a su centro de trabajo y al gobierno por su gestión de la pandemia.

29. Rubén Alvarado...

    a) es profesor universitario y uno de los científicos del estudio.

    b) pone de manifiesto que los centros sanitarios poseen grandes deudas.

    c) comenta que durante la pandemia disminuyeron el estrés y la depresión de los sanitarios.

30. Algunas recomendaciones para proteger la salud mental de los sanitarios son...

    a) no perturbar el ambiente laboral y mantener las condiciones de trabajo actuales.

    b) ofrecer sueldos decentes y asegurarse de que los contratos laborales puedan ofrecer estabilidad.

    c) establecer servicios de salud mental accesibles para los hijos y las personas mayores.

Prueba

3

Expresión e interacción escritas

DELE B2

Prueba 3. Expresión e interacción escritas

La prueba de **Expresión e interacción escritas** contiene <u>dos tareas</u>.

Duración: 80 minutos.

Tarea 1

Haga sus tareas únicamente en la **Hoja de respuestas**.

INSTRUCCIONES

Usted había reservado un vuelo de ida y vuelta para finales de diciembre y la compañía aérea le ha cambiado el día de regreso a enero sin previo aviso, apenas una semana antes del viaje. A usted no le viene bien este cambio y quiere hablar con alguien de la compañía para que le vuelvan a cambiar el día por otro de su conveniencia o le devuelvan el dinero, pero nadie le coge el teléfono. Ha escuchado un anuncio en un programa radiofónico donde el representante de un gabinete de abogados habla sobre las reclamaciones a las compañías aéreas y ha decidido escribirle una carta de reclamación a su compañía con el fin de que le ofrezcan una alternativa conveniente para usted. Escuchará la audición con el anuncio dos veces. Tome notas para luego utilizarlas en su carta. En la carta deberá:

- presentarse;
- explicar el motivo de la carta;
- exigir una compensación por el cambio imprevisto;
- proponer algunas formas alternativas de solucionar el problema.

Número de palabras: **entre 150 y 180**.

❖ Notas

INSTRUCCIONES

Elija solo <u>una</u> de las dos opciones que se le ofrecen a continuación:

OPCIÓN 1

Usted colabora con un periódico local y le han pedido que escriba un artículo sobre la inversión gubernamental en Educación que se realiza en diferentes países. En el artículo debe incluir y analizar la información que aparece en el siguiente gráfico:

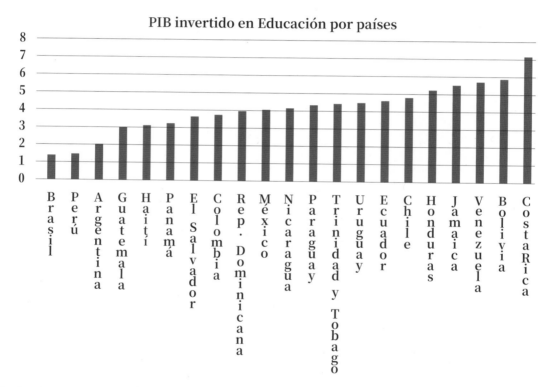

Redacte un texto en el que deberá:

- comentar la importancia que tiene la educación para un país;
- comparar de forma general los porcentajes de los distintos países;
- destacar los datos que considere más relevantes;
- expresar su opinión sobre la información recogida en el gráfico;
- elaborar una breve conclusión y realizar una previsión sobre el futuro de la educación a nivel global.

Número de palabras: **entre 150 y 180**.

OPCIÓN 2

Usted asistió ayer a una sesión informativa sobre la Campaña de Prevención del Cáncer de Piel. Debe escribir una circular en su centro de trabajo en la que dé pautas de actuación claras y precisas para prevenir la enfermedad. Para ello cuenta con un folleto que le dieron durante la sesión:

QUE EL CÁNCER NO ALCANCE TU PIEL

Principal factor de riesgo → exposición a los rayos UVA/UVB del sol

Grupos más vulnerables → embarazadas y niños

Consejos de prevención:

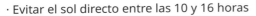

· Evitar el sol directo entre las 10 y 16 horas

· Disfrutar a la sombra

· Cuidarse del reflejo del sol

· Cubrirse la piel

· Proteger la salud ocular con gafas de sol con protección UV 400

· No mirar directamente al sol en ninguna ocasión

· Utilizar protector solar factor 30 FPS o mayor cada 2 o 3 horas

· Nunca exponer directamente al sol a menores de un año

· Cuidarse los días nublados y ventosos de la radiación ultravioleta

· Evitar las camas solares y usar cremas autobronceantes

· Revisar la piel una vez al mes y visitar al dermatólogo una vez al año

Redacte una circular en la que deberá:

- hacer una pequeña introducción sobre la importancia de la prevención del cáncer de piel;
- explicar el principal factor de riesgo, los grupos más vulnerables y los consejos de prevención;
- recomendar seguir las pautas de prevención y dar consejos prácticos para prevenir esta enfermedad;
- contar algún caso concreto en el que no seguir alguna de estas pautas haya causado en usted o en otra persona un problema de salud en la piel.

Número de palabras: **entre 150 y 180**.

Prueba

4

Expresión e
interacción orales

DELE **B2**

Prueba 4. Expresión e interacción orales

La prueba de **Expresión e interacción orales** contiene <u>tres tareas</u>:

• TAREA 1: Valorar propuestas y conversar sobre ellas. (6-7 minutos)

• TAREA 2: Describir una situación imaginada a partir de una fotografía y conversar sobre ella. (5-6 minutos)

• TAREA 3: Opinar sobre los datos de una encuesta. (3-4 minutos)

Tiene 20 minutos para preparar las **Tareas 1 y 2**. Usted puede tomar notas y escribir un esquema de su exposición que podrá consultar durante el examen; en ningún caso podrá limitarse a leer el esquema o sus notas.

Tarea 1

INSTRUCCIONES

Le proponemos dos temas con algunas indicaciones para preparar una exposición oral. Elija <u>uno</u> de ellos.

Tendrá que hablar durante **3 o 4 minutos** sobre ventajas e inconvenientes de una serie de soluciones propuestas para una situación determinada. A continuación, conversará con el/la entrevistador/a sobre el tema durante 2-3 minutos.

EL ACCESO A LA VIVIENDA

En el mundo hay muchas personas que experimentan actualmente una gran dificultad para acceder a una vivienda debido a factores como altos precios de los inmuebles, salarios bajos o problemas de financiación, especialmente en grandes ciudades como Barcelona, Londres, Nueva York o Seúl.

Expertos en el tema se han reunido para discutir algunas medidas que ayuden a solucionar esta situación.

Lea las siguientes propuestas y, durante tres minutos, explique sus ventajas e inconvenientes; tenga en cuenta que debe hablar, como mínimo, de cuatro de ellas. Cuando haya finalizado su intervención, debe conversar con el/la entrevistador/a sobre el tema de las propuestas.

Para preparar su intervención, al analizar cada propuesta debe plantearse por qué le parece una buena solución y qué inconvenientes tiene, a quién beneficia y a quién perjudica, si puede generar otros problemas; si habría que matizar algo, etc.

1 El precio medio de una vivienda de 90 m² en España equivalía a 9 salarios medios anuales en 2021, por lo que es esencial asegurar un salario justo para que la gente tenga acceso a un hogar.

2 Me parece que más personas deberían contemplar la idea de alquilar en vez de adquirir una casa. No pasa nada por no tener una vivienda en propiedad y esta alternativa resulta más barata.

3 A veces no es fácil obtener una hipoteca en un banco, por lo que sería fundamental que familiares o amigos brindaran apoyo económico dentro de sus posibilidades para ayudar especialmente a los jóvenes.

4 Es necesario que el gobierno promulgue leyes en las cuales se garanticen bajos precios en las viviendas, se ofrezcan más programas de casas protegidas y se reduzca el precio del suelo.

5 Yo creo que este problema está motivado porque cada vez más personas se mudan a las grandes ciudades desde zonas rurales y esto provoca la subida de los inmuebles. La clave está en revertir esto.

6 Considero que habría que promover políticas que ampararan tanto al comprador, por ejemplo, con facilidades de pago inicial, como al inquilino, con rebajas de impuestos.

INSTRUCCIONES

Usted debe imaginar una situación a partir de una fotografía y describirla durante unos **dos o tres minutos**. A continuación, conversará con el/la entrevistador/a acerca de sus experiencias y opiniones sobre el tema de la situación. Tenga en cuenta que no hay una respuesta correcta: debe imaginar la situación a partir de las preguntas que se le proporcionan. Deberá elegir una de las dos fotografías.

IMPREVISTOS EN UN VIAJE

Las personas de la fotografía están a punto de irse de viaje. Tiene que describir la escena que ve, imaginar la situación y hablar sobre ella durante, aproximadamente, 2-3 minutos. Puede centrarse en los siguientes aspectos:

- ¿Dónde cree que se encuentran estas personas? ¿Qué tipo de viaje van a hacer? ¿Por qué piensa eso?

- ¿Qué relación cree que hay entre estas dos personas? ¿Qué cree que se están diciendo? ¿Por qué?

- ¿Cómo imagina que son estas personas? ¿Dónde viven? ¿A qué se dedican? ¿Cuál es su situación personal? ¿Por qué piensa eso?

- ¿Qué cree que está pasando? ¿Qué cree que va a ocurrir después? ¿Cómo va a terminar la situación? ¿Cree que van a tener un buen viaje? ¿Por qué?

Una vez haya descrito la fotografía, el/la entrevistador/a le hará algunas preguntas sobre el tema de la situación hasta cumplir con la duración total de la tarea.

EJEMPLO DE PREGUNTAS DEL/LA ENTREVISTADOR/A:

- ¿Cree que viajar con otras personas es problemático? ¿Por qué?
- ¿Le ha ocurrido alguna vez algo parecido a la situación de la fotografía? En caso afirmativo, ¿puede contar qué sucedió, cuál fue el resultado, cómo se sintió, alguna anécdota...? En caso negativo, ¿cómo se prepararía para una situación así?
- Según su opinión, ¿qué es lo más importante para tener un buen viaje?
- ¿Cuáles cree que son los problemas más habituales que se dan en los viajes en pareja o con otras personas?

La duración total de esta tarea es de **5 a 6 minutos**.

Tarea 3

INSTRUCCIONES

Usted tiene que dar su opinión a partir de unos datos de noticias, encuestas, etc., que se le ofrecen durante **2 o 3 minutos**. Después, debe conversar con el/la entrevistador/a sobre esos datos, expresando su opinión al respecto.

Deberá elegir <u>una</u> de las dos opciones propuestas.

Esta tarea no se prepara anteriormente.

COMPRAS POR INTERNET

¿Usted realiza compras por internet? ¿Qué productos ha adquirido en los últimos 12 meses de esta manera? Seleccione las respuestas según su criterio personal y explique los motivos de su elección:

Ropa y accesorios	
Productos de tecnología	
Productos bancarios, seguros	
Equipamiento del hogar (muebles, decoración…)	
Viajes (billete de avión, hoteles…)	
Productos culturales (libros, DVD…)	
Otros productos/servicios	

A continuación, compare sus respuestas con los resultados obtenidos en España en una encuesta con las mismas preguntas:

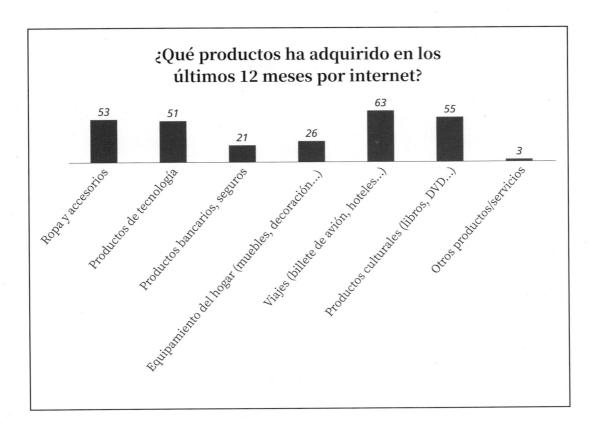

¿Qué productos ha adquirido en los últimos 12 meses por internet?

- Ropa y accesorios: 53
- Productos de tecnología: 51
- Productos bancarios, seguros: 21
- Equipamiento del hogar (muebles, decoración…): 26
- Viajes (billete de avión, hoteles…): 63
- Productos culturales (libros, DVD…): 55
- Otros productos/servicios: 3

Comente ahora con el/la entrevistador/a su opinión sobre los datos de la encuesta y compárelos con sus propias respuestas:

- ¿En qué coinciden? ¿En qué se diferencian?
- ¿Hay algún dato que le llame especialmente la atención? ¿Por qué?

EJEMPLO DE PREGUNTAS DEL/LA ENTREVISTADOR/A:

- ¿Por qué ha escogido esa opción? ¿Podría poner un ejemplo?
- ¿Con qué opción está menos de acuerdo? ¿Por qué?

La duración total de esta tarea es de **3 a 4 minutos**.

Simulacro

DELE

B2

Set 2

Prueba 1
Comprensión de lectura

Prueba 2
Comprensión auditiva

Prueba 3
Expresión e interacción escritas

Prueba 4
Expresión e interacción orales

Prueba

1

Comprensión de lectura

DELE **B2**

Prueba 1. Comprensión de lectura

La prueba de **Comprensión de lectura** contiene <u>cuatro tareas</u>. Usted debe responder a 36 preguntas.

Duración: 70 minutos.

Tarea 1

Marque sus opciones únicamente en la **Hoja de respuestas**.

INSTRUCCIONES

A continuación va a leer un texto. Después, deberá contestar a las preguntas (1-6) y seleccionar la respuesta correcta (a/b/c).

Marque las opciones elegidas en la **Hoja de respuestas**.

Dieta vegana: la mejor para el planeta

Una investigación llevada a cabo en el Reino Unido reveló que incluso la dieta vegana menos sostenible seguía siendo más amigable con el medio ambiente que la dieta más sostenible de alguien carnívoro.

Un nuevo estudio reciente publicado en la revista 'Nature' sugiere que la dieta de los veganos solo genera un 30% del impacto ambiental que producen quienes consumen mucha carne, por lo que se trata de la forma de alimentación menos dañina para el planeta.

A pesar de que ya se sabía que tanto la industria cárnica como los productos de origen animal suponen un impacto mayor en el medio ambiente y tienen un papel relevante en el cambio climático, la reciente investigación buscaba demostrar esta aseveración con resultados medibles.

Los investigadores analizaron datos de unas 55.000 personas en el Reino Unido y establecieron cinco formas de medir el impacto de su alimentación: uso del agua, uso de la tierra, contaminación del agua, emisiones de gases de efecto invernadero y pérdida de la biodiversidad.

Durante un año se observó a los participantes de la investigación y se los clasificó en seis grupos de alimentación: veganos, vegetarianos, consumidores de pescados, y consumidores de baja, media y alta cantidad de carne. Asimismo, los científicos analizaron al mismo tiempo el impacto ambiental de 57.000 alimentos, pero en esta oportunidad se consideró dónde fueron producidos.

Los resultados fueron contundentes: incluso la dieta vegana menos sostenible, por ejemplo, con alimentos que provienen de regiones lejanas o de producción masiva, seguía siendo más amigable con el medio ambiente que la dieta más sostenible de una persona que come carne.

Los autores del experimento explicaron que la carne requiere más tierra, lo que implica más deforestación y menos carbono almacenado en los árboles, y que emplea muchos fertilizantes para alimentar a las plantas que alimentan a los animales, por no mencionar que las vacas y otros animales emiten gases.

Además, descubrieron que aquellos que consumen bajas cantidades de carne supusieron alrededor de un 70% de impacto en la mayoría de las medidas ambientales en comparación con quienes comen altas cantidades de carne, lo que sugiere que no es necesario ser vegano o vegetariano para marcar una diferencia, sino que lo importante es reducir el consumo de carne.

Otra de sus apreciaciones, señalada también en otros estudios, es que el sistema alimentario tiene un enorme impacto medioambiental y sanitario global que podría reducirse si se llevaran a cabo más dietas basadas en plantas.

Por último, manifestaron su deseo de que su trabajo pueda animar tanto a los responsables políticos a tomar medidas al respecto como a la gente a hacer elecciones más sostenibles sin dejar de comer algo nutritivo, asequible y sabroso.

(Adaptado de https://www.dw.com/es)

PREGUNTAS

1. La reciente investigación sobre las dietas vegana y carnívora concluye que...

a) la dieta vegana es menos sostenible.

b) la dieta carnívora es menos dañina para el planeta.

c) la dieta vegana es la menos perjudicial para el planeta.

2. Uno de los criterios para medir el impacto de la alimentación fue...

a) la contaminación de la tierra.

b) el consumo de pescados.

c) la extinción de diversas especies animales y vegetales.

3. Según los autores del experimento, ¿qué impacto ambiental tiene la producción de carne?

a) Bajas emisiones de gases.

b) Menor uso de fertilizantes.

c) Mayor tala de bosques.

4. ¿Cuál es el mensaje clave en relación con la cantidad de carne consumida según el estudio?

a) La dieta carnívora es la más saludable.

b) Ser vegano es la única opción sostenible.

c) Es fundamental moderar la cantidad de carne consumida.

5. Los científicos sugieren sobre el impacto medioambiental y sanitario del sistema alimentario que...

a) debería mantenerse sin cambios.

b) se necesita una transición hacia un mayor consumo de verduras.

c) debería centrarse exclusivamente en la producción masiva de alimentos.

6. La intención de los autores al final del texto es...

a) defender la dieta basada en carne.

b) alentar a optar por alternativas más sustentables.

c) ignorar el impacto medioambiental de la alimentación.

INSTRUCCIONES

Usted va a leer cuatro textos en los que cuatro personas hablan sobre sus experiencias de publicar artículos de investigación. Relacione las preguntas (7-16) con los textos (A, B, C y D).

Marque las opciones elegidas en la **Hoja de respuestas**.

PREGUNTAS

		A. MARÍA	B. FELIPE	C. TATIANA	D. JESÚS
7.	¿Quién considera que el proceso de revisión paritaria ayuda a perfeccionar un artículo?				
8.	¿Quién dice que publicar artículos le brinda una gran satisfacción?				
9.	¿Quién comenta que publicar artículos científicos es un trabajo que le trae una sensación de fracaso?				
10.	¿Quién afirma que existe una alta rivalidad para publicar en revistas de alto nivel?				
11.	¿Quién indica que la publicación de artículos científicos contribuye a la evolución de la comunidad científica?				
12.	¿Quién expone que actualmente importa más el número que el valor de las publicaciones?				
13.	¿Quién opina que el acceso libre permite que su trabajo llegue a más gente?				
14.	¿Quién comenta que existe un gran estrés por escribir continuamente los artículos científicos?				
15.	¿Quién considera que el proceso de revisión por pares a veces impide la innovación?				
16.	¿Quién opina que muchas revistas científicas no son fácilmente accesibles?				

TEXTOS

A. MARÍA

La publicación de artículos científicos, desde mi perspectiva, es un privilegio que nos permite compartir descubrimientos y contribuir al avance del conocimiento. Cada artículo representa no solo el fruto de mi trabajo, sino también la oportunidad de dialogar con la comunidad científica global. La revisión por pares, aunque a veces exigente, asegura la calidad y validez de la investigación, proporcionando un valioso proceso de mejora. Además, la publicación promueve la colaboración y el aprendizaje continuo al exponerme a la diversidad de ideas y enfoques. La accesibilidad a través de plataformas de aproximación abierta amplía el impacto de mi trabajo, permitiendo que cualquier persona interesada contribuya y se beneficie. A pesar de los desafíos, la publicación de artículos sigue siendo una herramienta esencial para impulsar el progreso intelectual y construir un cuerpo de conocimiento compartido que trascienda fronteras y disciplinas.

B. FELIPE

La publicación de artículos científicos representa para mí un emocionante vehículo de expresión académica. Cada artículo que comparto es como un eco de mi dedicación y curiosidad, resonando en la comunidad científica. Ver mis ideas plasmadas en papel, respaldadas por la revisión de expertos, brinda una sensación de logro incomparable. Además, la publicación no solo valida mis esfuerzos, sino que también fomenta la colaboración y el intercambio de conocimientos. La oportunidad de contribuir al cuerpo colectivo de la ciencia y, al mismo tiempo, aprender de mis colegas, es enriquecedora. Aunque reconozco los retos actuales del sistema, creo firmemente en su capacidad para evolucionar y mejorar. La publicación de artículos científicos no solo es esencial para la credibilidad de la investigación, sino que también impulsa el avance continuo, nutriendo el crecimiento intelectual de la comunidad científica en su conjunto.

C. TATIANA

La publicación de artículos científicos, desde mi punto de vista, a menudo se ha convertido en un ejercicio frustrante. Si bien valoro la idea de compartir conocimientos, el sistema actual a menudo fomenta una competencia desmedida y prioriza la cantidad sobre la calidad. La presión constante por publicar puede llevar a prácticas cuestionables y a la publicación de resultados sesgados en busca de reconocimiento. Además, la accesibilidad limitada a las revistas científicas genera barreras para aquellos que buscan aprender y contribuir desde diversas perspectivas. El proceso de revisión por pares, aunque fundamental, a veces puede ser subjetivo y retrasar la difusión de investigaciones cruciales. A pesar de reconocer la importancia de la publicación, es esencial abordar estas problemáticas para revitalizar la integridad del proceso. Se requieren cambios significativos para transformar la cultura de la publicación científica y garantizar que el conocimiento sea accesible y auténtico.

D. JESÚS

Desde mi experiencia, la publicación de artículos científicos a menudo se siente como un juego burocrático y desgastante. La competencia feroz por espacios en revistas prestigiosas crea un ambiente donde la calidad de la investigación queda eclipsada por la urgencia de publicar. Este tipo de presión puede incentivar la superficialidad en lugar de la profundidad del trabajo. El proceso de revisión paritaria, aunque necesario, a veces parece más centrado en la conformidad con las corrientes académicas que en la verdadera reforma. Al menos, últimamente una mayor accesibilidad ha permitido acercarse más al conocimiento, que antes estaba atrapado detrás de barreras económicas, limitando su alcance y utilidad. En lugar de ser un medio para el intercambio de ideas, la publicación científica a veces parece un obstáculo. Se requieren reformas significativas para restaurar la integridad y el propósito original de compartir conocimiento en la comunidad científica.

INSTRUCCIONES

Lea el siguiente texto, del que se han extraído seis fragmentos. A continuación lea los ocho fragmentos propuestos (A-H) y decida en qué lugar del texto (17-22) hay que colocar cada uno de ellos.

HAY DOS FRAGMENTOS QUE NO TIENE QUE ELEGIR.

Marque las opciones elegidas en la **Hoja de respuestas**.

El descomunal agujero de ozono en la Antártida, uno de los más grandes registrados

Según las mediciones realizadas por el satélite Sentinel 5P del sistema europeo Copérnico, el agujero en la capa de ozono sobre la Antártida ha aumentado este año y se encuentra entre los más grandes registrados. Esta "zona de agotamiento de la capa de ozono", como la llaman los científicos, alcanzó un tamaño de 26 millones de kilómetros cuadrados el 16 de septiembre de 2023. **17.** _____ .

El tamaño del agujero de la capa de ozono varía periódicamente. **18.** _____ . Cuando las temperaturas en la parte superior de la estratosfera empiezan a subir en el hemisferio sur, la reducción de ozono se desacelera, el vórtice polar se debilita y finalmente desaparece, generalmente hacia finales de diciembre.

La alteración en el tamaño del agujero de ozono está principalmente influenciada por la intensidad de una poderosa corriente de viento que circula alrededor de la región antártica. **19.** _____ .

Cuando la corriente de viento es fuerte actúa como una barrera, por lo que las masas de aire entre latitudes polares y templadas ya no se pueden intercambiar. **20.** _____ . Si bien puede ser demasiado pronto para discutir las razones detrás de las concentraciones actuales de ozono, algunos investigadores especulan que los patrones inusuales de ozono de este año podrían estar relacionados con la erupción del Hunga Tonga-Hunga Ha'apai en enero de 2022.

21. _____ : "La erupción volcánica introdujo una gran cantidad de vapor de agua en la estratosfera, que alcanzó las regiones del Polo Sur solo después de que el agujero de ozono de 2022 se cerrara. Este vapor de agua podría haber causado una mayor formación de nubes estratosféricas polares, donde los clorofluorocarbonos (CFC) pueden reaccionar y acelerar el agotamiento de la capa de ozono".

Según Inness, la presencia de vapor de agua también puede contribuir al enfriamiento de la estratosfera antártica, lo que favorece aún más la formación de estas nubes estratosféricas polares y resulta en un vórtice polar más fuerte. **22.** _____ .

(Adaptado de https://www.publico.es/ciencias)

FRAGMENTOS

A. Sin embargo, es importante señalar que el impacto exacto de la erupción de Hunga Tonga en el agujero de ozono del hemisferio sur todavía es un tema de investigación en curso

B. Antje Inness, científica *senior* de Copérnico, explica

C. Las masas de aire quedan entonces aisladas en las latitudes polares y se enfrían durante el invierno

D. Esta es una consecuencia directa de la rotación de la Tierra y de las fuertes diferencias de temperatura entre las latitudes polares y moderadas

E. De agosto a octubre, el agujero de ozono aumenta de tamaño, alcanzando un máximo entre mediados de septiembre y mediados de octubre

F. Por lo tanto, también pueden originarse otros problemas de índole meteorológica que provoquen consecuencias catastróficas en nuestro planeta

G. Aún no se pueden sacar conclusiones sobre las implicaciones de esta investigación

H. Esto es aproximadamente tres veces el tamaño de Brasil, informa la Agencia Espacial Europea (*ESA*)

Tarea 4

La iglesia **23.** _____ iluminada con una profusión asombrosa. El torrente de luz que se desprendía de los altares para llenar sus ámbitos chispeaba en las ricas joyas de las damas, **24.** _____ , arrodillándose sobre los cojines de terciopelo y tomando el libro de oraciones **25.** _____ manos de las sirvientas, vinieron a formar un brillante círculo alrededor del presbiterio.

Detrás de ellas, de pie, envueltos en sus capas de color, los caballeros tenían en una mano el sombrero, cuyas plumas besaban los tapices, y con **26.** _____ acariciaban el pomo del puñal. Estos hombres, que eran gran parte de lo mejor de la nobleza sevillana, parecían formar un muro, destinado a defender a sus hijas y a sus esposas del contacto de los plebeyos. **27.** _____ , que se agitaban en el fondo de la iglesia, con un ruido parecido al del mar cuando se alborota, comenzaron a aclamar de alegría al mirar aparecer al arzobispo, el cual, después de sentarse junto al altar mayor, echó por tres veces la bendición al pueblo.

Era la hora de que **28.** _____ la misa.

Transcurrieron, sin embargo, algunos minutos sin que el celebrante apareciese. La multitud comenzaba a rebullirse, demostrando su impaciencia; los caballeros intercambiaban **29.** _____ sí algunas palabras a media voz y el arzobispo mandó a la sacristía a uno de sus acólitos a inquirir **30.** _____ no comenzaba la ceremonia.

-Maese Pérez se ha puesto malo, muy malo, y **31.** _____ imposible que asista esta noche a la misa.

Ésta fue la respuesta del acólito.

La noticia se extendió instantáneamente entre la muchedumbre. Cubrir el efecto desagradable que causó **32.** _____ todo el mundo sería cosa imposible; baste decir que comenzó a notarse tal bullicio en el templo que el asistente se puso de pie y los alguaciles entraron a imponer silencio, confundiéndose entre las apiñadas olas de la multitud.

En aquel momento un hombre mal trazado, seco, huesudo y bisojo por añadidura se adelantó hasta el sitio que **33.** _____ el prelado.

-Maese Pérez está enfermo -dijo-; la ceremonia no puede empezar. Si queréis yo tocaré el órgano en su ausencia; que ni maese Pérez es el primer organista del mundo ni a su muerte **34.** _____ de usarse ese instrumento por falta de inteligente...

El arzobispo hizo una señal de asentimiento con la cabeza, y ya algunos de los fieles que conocían a aquel personaje extraño **35.** _____ un organista envidioso, enemigo del de Santa Inés, comenzaban a prorrumpir en exclamaciones de disgusto, cuando de repente **36.** _____ en el patio un ruido espantoso.

(Adaptado de "Leyendas" de Gustavo Adolfo Bécquer)

OPCIONES

23. a) estuvo   b) había estado   c) estaba

24. a) que   b) quienes   c) con las que

25. a) con   b) de   c) a

26. a) una   b) otra   c) la otra

27. a) Aquellos   b) Estas   c) Estos

28. a) comenzara   b) comenzó   c) haya comenzado

29. a) entre   b) por   c) contra

30. a) porque   b) por qué   c) cuándo

31. a) será   b) fuera   c) habrá sido

32. a) hasta   b) para   c) en

33. a) ocupó   b) ocupaba   c) había ocupado

34. a) dejó   b) deja   c) dejará

35. a) como   b) mediante   c) cuyo

36. a) oía   b) oyó   c) se oyó

Prueba

2

Comprensión auditiva

DELE **B2**

Prueba 2. Comprensión auditiva

La prueba de **Comprensión auditiva** contiene <u>cinco tareas</u>. Usted debe responder a 30 preguntas.

Duración: 40 minutos.

Tarea 1

Marque sus opciones únicamente en la **Hoja de respuestas**.

INSTRUCCIONES

Usted va a escuchar seis conversaciones breves. Oirá cada conversación dos veces seguidas. Después, tendrá que seleccionar la opción correcta (a/b/c) correspondiente a cada una de las preguntas (1-6).

Marque las opciones elegidas en la **Hoja de respuestas**.

Tiene 30 segundos para leer las preguntas.

PREGUNTAS

Conversación 1

1. En esta conversación...

    a) el hombre no necesita hacerle una revisión al carro.

    b) la mujer recomienda llevar el carro al taller de un familiar.

    c) la mujer recomienda llevar el carro a su taller porque trabajan rápido.

Conversación 2

2. En esta conversación se dice que...

    a) la mujer quiere actualizarse.

    b) el hombre le sugiere quedar a la mujer próximamente.

    c) la mujer no tiene el número de teléfono del hombre.

Conversación 3

3. En esta conversación, la pareja...

    a) se sorprende de que Tomás se case.

    b) ya ha elegido la ropa que llevará a la boda.

    c) ha confirmado su asistencia a la boda de Tomás.

Conversación 4

4. En la conversación se dice que...

    a) el hombre desea tener hijos tras escuchar la noticia.

    b) la mujer quiere tener hijos a pesar de la situación insegura.

    c) el hombre y la mujer están de acuerdo en que la baja tasa de natalidad es preocupante.

Conversación 5

5. En esta conversación se menciona que...

    a) la mujer está de acuerdo en desperdiciar fondos en la campaña.

    b) el hombre considera innecesario invertir tantos fondos en la campaña.

    c) la mujer y el hombre tienen diferentes opiniones sobre el uso de fondos.

Conversación 6

6. En esta conversación se dice que...

    a) la mujer no ha visto la noticia del volcán.

    b) el volcán sigue en erupción en este momento.

    c) el hombre considera que no se está gestionando debidamente el desastre.

Tarea 2

INSTRUCCIONES

Usted va a escuchar una conversación entre una pareja, Lola y Adán, que hablan sobre una clase de baile a la que asisten. Después, indique si los enunciados (7-12) se refieren a lo que dice Lola (A), Adán (B) o a ninguno de los dos (C). Escuchará la audición dos veces.

Marque las opciones elegidas en la **Hoja de respuestas**.

Tiene 20 segundos para leer las preguntas.

	A. Lola	B. Adán	C. Ninguno de los dos
0. Siente frustración debido a las clases.	☐	☑	☐
7. Piensa que el profesor le tiene manía.	☐	☐	☐
8. Está imaginando la situación.	☐	☐	☐
9. Se queja de no haber progresado.	☐	☐	☐
10. Se ofrece a echarle una mano a su pareja.	☐	☐	☐
11. Quiere dejar las clases.	☐	☐	☐
12. No quiere aprender ningún otro baile.	☐	☐	☐

INSTRUCCIONES

A continuación va a escuchar parte de una entrevista al humorista español Florentino Fernández, que habla sobre su trayectoria y su forma de pensar. Escuchará la entrevista dos veces. Después, conteste a las preguntas (13-18). Seleccione la respuesta correcta (a/b/c).

Marque las opciones elegidas en la **Hoja de respuestas**.

Tiene 30 segundos para leer las preguntas.

PREGUNTAS

13. Después de 25 años en la profesión, el desafío más importante para Florentino Fernández ha sido...

a) mantenerse en la comedia.

b) lograr el reconocimiento internacional.

c) superar la inestabilidad que existe en la profesión.

14. A raíz de las palabras de Andreu Buenafuente, el entrevistado describe la comedia como...

a) limitada por lo local.

b) general y global.

c) exclusiva para un grupo social.

15. Para el entrevistado, el reto principal al escribir "El sentido del humor. Dos tontos y yo" fue...

a) hacer reír al público.

b) evitar que se notara la complejidad de la trama.

c) llevar a cabo el espectáculo entre tres comediantes.

16. Florentino dice sobre los límites de la comedia que...

   a) la televisión no tiene límites.

   b) existen más problemas en el teatro.

   c) ellos mismos tratan de tomar la decisión final.

17. El entrevistado considera fundamental en su vida...

   a) el dinero acumulado.

   b) el éxito en la comedia.

   c) la inversión en proyectos inmobiliarios.

18. El consejo de la madre de Florentino Fernández sobre el dinero en grandes cantidades fue que...

   a) es esencial para la felicidad.

   b) debe invertirse en proyectos.

   c) puede ser perjudicial.

Tarea 4

Persona 0.

La opción correcta es el enunciado B.

0.   A☐   B■   C☐   D☐   E☐   F☐   G☐   H☐   I☐   J☐

Tiene 20 segundos para leer los enunciados.

	ENUNCIADOS		PERSONA	ENUNCIADO
A	De joven quería ser como un personaje de su videojuego favorito.	**0.**	Persona 0	B
		19.	Persona 1	
B	Los videojuegos lo entretienen y le sirven para desconectar.	**20.**	Persona 2	
		21.	Persona 3	
C	Se obsesionó con los videojuegos.	**22.**	Persona 4	
D	Los videojuegos le permiten el teletrabajo.	**23.**	Persona 5	
E	Los videojuegos se han transformado en su profesión.	**24.**	Persona 6	
F	Siempre regala videojuegos a sus familiares.			
G	Superó una crisis personal gracias a los videojuegos.			
H	No comprende el atractivo de los videojuegos y le inquieta su impacto.			
I	Superó una situación difícil gracias a la colectividad en línea.			
J	Prefiere jugar a los videojuegos en la computadora en lugar de en la consola.			

INSTRUCCIONES

A continuación va a escuchar a una mujer que habla sobre su experiencia de crear una academia con su mejor amiga. Escuchará la audición dos veces. Después, conteste a las preguntas (25-30). Seleccione la opción correcta (a/b/c).

Marque las opciones elegidas en la **Hoja de respuestas**.

Tiene 30 segundos para leer las preguntas.

PREGUNTAS

25. Según el audio, la idea de montar la academia "Mentes Inquietas" surgió...

  a) en debates sobre la enseñanza.

  b) en conversaciones sobre la creencia.

  c) en eventos de negocios a los que Ana asistió.

26. En el audio se comenta sobre el papel de Ana en la experiencia emprendedora que...

  a) al principio se negaba a participar.

  b) fue un miembro clave y una ayuda valiosa.

  c) contribuyó con risas, pero sin participación activa.

27. Esta mujer dice sobre la importancia de la planificación en el proyecto que...

  a) fue innecesaria.

  b) sirvió como un mero formalismo.

  c) fue crucial para establecer la orientación del proyecto.

28. En el audio se menciona que la lección que aprendieron ante los obstáculos iniciales fue/fueron...

a) la tolerancia y constancia como virtudes esenciales.

b) la necesidad de perseverar en el proyecto aunque conllevara la bancarrota.

c) la importancia de mantener la fe en el proyecto sin prestar atención a los resultados.

29. En la audición se dice que el aspecto esencial para construir la comunidad en la academia fue...

a) el aislamiento.

b) la bajada de precios a los primeros estudiantes.

c) la interacción con los empleados y con los estudiantes.

30. El consejo que se da en la audición para emprender una academia es...

a) formarse constantemente.

b) definir con precisión el público objetivo.

c) apasionarse por el trabajo.

Prueba

3

Expresión e interacción escritas

DELE **B2**

Prueba 3. Expresión e interacción escritas

MP3
음성 듣기

La prueba de **Expresión e interacción escritas** contiene <u>dos tareas</u>.

Duración: 80 minutos.

Tarea 1

Haga sus tareas únicamente en la **Hoja de respuestas**.

INSTRUCCIONES

Usted ha estudiado Filología Hispánica y le gustaría trabajar como Lector/a en una universidad del extranjero. Ha escuchado una noticia en la cual la Agencia Española de Cooperación Internacional para el Desarrollo ha abierto una convocatoria con varias plazas de Lectorados para el próximo año. Escriba una carta en la cual solicite dicho puesto. Escuchará la audición con la noticia dos veces. Tome notas para luego utilizarlas en su carta. En la carta deberá:

- presentarse;
- explicar dónde ha obtenido la información sobre los Lectorados;
- explicar el motivo de la carta;
- explicar sus méritos y por qué cree que merece el puesto.

Número de palabras: **entre 150 y 180**.

❖ Notas

INSTRUCCIONES

Elija solo <u>una</u> de las dos opciones que se le ofrecen a continuación:

OPCIÓN 1

Usted colabora con una revista universitaria y le han pedido que escriba un artículo acerca de la valoración de los españoles sobre las Fuerzas Armadas. En el artículo debe incluir y analizar la información que aparece en el siguiente gráfico:

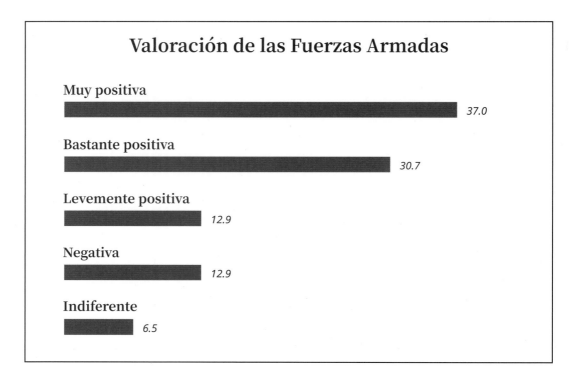

Redacte un texto en el que deberá:

- comentar la importancia que tienen las Fuerzas Armadas;
- comparar de forma general los porcentajes de las distintas respuestas;
- destacar los datos que considere más relevantes;
- expresar su opinión sobre la información recogida en el gráfico;
- elaborar una conclusión en la que se aborden las medidas que se podrían tomar para mejorar la opinión sobre las Fuerzas Armadas.

Número de palabras: **entre 150 y 180**.

OPCIÓN 2

A usted le han encargado organizar un taller destinado a niños para acercarlos al mundo del deporte y hacer que les resulte atractivo. Para ello, cuenta con la siguiente información sacada de una página web:

El Taller Regional de Atletas Jóvenes y Actividades Motoras será llevado a cabo por el grupo Olimpiadas Especiales América Latina en las instalaciones de la Secretaría Nacional de Deportes, en la Ciudad de Asunción, Paraguay. El evento se celebrará de 5 a 7 de octubre de 2025, auspiciado por la Fundación Club de Leones Internacional y la Secretaría Nacional de Deportes de Paraguay, y reunirá a entrenadores y coordinadores de 19 países de América Latina, de los Programas de Atletas Jóvenes (niños y niñas de 2 a 7 años) y del Programa de Entrenamiento de Actividades Motoras de Olimpiadas Especiales.

El Programa Atletas Jóvenes promueve el deporte, la inclusión, el respeto, la comunicación y la amistad en niños con y sin discapacidad intelectual, entre los 2 y 7 años de edad. Está diseñado para funcionar como una introducción al deporte para los más pequeños, enseñando habilidades básicas como lanzar, patear y correr, que ayudan al desarrollo psicomotor de los niños. Al mismo tiempo, los niños aprenden a compartir y jugar con otros niños, sin importar su nivel de habilidad o discapacidad, lo que sembrará la semilla de la inclusión en futuras generaciones. El Programa también ha sido creado para involucrar a maestros, cuidadores y familiares de una manera que sea fácil de implementar, ya sea en escuelas, áreas de esparcimiento comunitario, o inclusive desde el hogar.

Este taller se propone como objetivo ofrecer a los entrenadores la oportunidad de actualizar conocimientos y compartir experiencias que permitan una mejor implementación de estos programas, llevando a un mayor crecimiento en el nivel y la calidad del tipo de oportunidades deportivas para personas con discapacidad intelectual.

(Adaptado de https://www.olimpiadasespeciales.org/blog)

Redacte un programa sobre el taller en el que deberá:

- hacer una pequeña introducción sobre la importancia de fomentar el deporte entre los niños;
- enumerar los objetivos que se pretenden lograr mediante el taller;
- explicar detalladamente en qué va a consistir: contenido, fechas de realización, etc.;
- destacar las ventajas físicas y sociales de las actividades deportivas.

Número de palabras: **entre 150 y 180**.

Prueba

4

Expresión e interacción orales

DELE **B2**

Prueba 4. Expresión e interacción orales

La prueba de **Expresión e interacción orales** contiene <u>tres tareas</u>:

• TAREA 1: Valorar propuestas y conversar sobre ellas. (6-7 minutos)

• TAREA 2: Describir una situación imaginada a partir de una fotografía y conversar sobre ella. (5-6 minutos)

• TAREA 3: Opinar sobre los datos de una encuesta. (3-4 minutos)

Tiene 20 minutos para preparar las **Tareas 1 y 2**. Usted puede tomar notas y escribir un esquema de su exposición que podrá consultar durante el examen; en ningún caso podrá limitarse a leer el esquema o sus notas.

Tarea 1

INSTRUCCIONES

Le proponemos dos temas con algunas indicaciones para preparar una exposición oral. Elija <u>uno</u> de ellos.

Tendrá que hablar durante **3 o 4 minutos** sobre ventajas e inconvenientes de una serie de soluciones propuestas para una situación determinada. A continuación, conversará con el/la entrevistador/a sobre el tema durante 2-3 minutos.

LA BAJA TASA DE NATALIDAD

En el mundo cada vez existe un mayor aumento de la tasa de natalidad. La fecundidad se ha reducido de un promedio de 5 nacimientos por mujer en 1950 a 2,3 en 2021, lo que indica que la población ejerce cada vez más control sobre su vida reproductiva. Las razones laborales o de conciliación de la vida familiar y laboral, junto con las económicas, son en muchas ocasiones las responsables de que muchas personas tengan menos hijos de los deseados.

Expertos en el tema se han reunido para discutir algunas medidas que ayuden a solucionar esta situación.

Lea las siguientes propuestas y, durante tres minutos, explique sus ventajas e inconvenientes; tenga en cuenta que debe hablar, como mínimo, de cuatro de ellas. Cuando haya finalizado su intervención, debe conversar con el/la entrevistador/a sobre el tema de las propuestas.

Para preparar su intervención, al analizar cada propuesta debe plantearse por qué le parece una buena solución y qué inconvenientes tiene, a quién beneficia y a quién perjudica, si puede generar otros problemas; si habría que matizar algo...

1 El gobierno debería implementar medidas como aumentar la duración del permiso de maternidad y paternidad, flexibilizar el horario laboral de los padres y dar ayudas económicas.

2 Es necesario crear más escuelas de calidad y gratuitas en las que los niños se puedan quedar hasta tarde para que los padres puedan compatibilizar su trabajo con la paternidad.

3 Me parece que este problema no se puede revertir, ya que no se puede ir en contra de la voluntad individual. Creo que los problemas económicos son excusas de una sociedad egoísta.

4 Las empresas tienen que mirar por sus empleados concediéndoles permisos de paternidad retribuidos y permitiéndoles trabajar desde casa sin perder su puesto.

5 Habría que mejorar las condiciones económicas para que la gente se pudiera permitir tener hijos. Reducir el precio de la vivienda o de productos infantiles podría ser un primer paso.

6 Muchas mujeres sufren el dilema de renunciar a su carrera por tener hijos. Habría que lograr que los hombres se involucraran al mismo nivel que las mujeres en la crianza de los niños.

INSTRUCCIONES

Usted debe imaginar una situación a partir de una fotografía y describirla durante unos **dos o tres minutos**. A continuación conversará con el/la entrevistador/a acerca de sus experiencias y opiniones sobre el tema de la situación. Tenga en cuenta que no hay una respuesta correcta: debe imaginar la situación a partir de las preguntas que se le proporcionan. Deberá elegir <u>una</u> de las dos fotografías.

UN ACCIDENTE DE TRÁFICO

El hombre de la fotografía ha tenido un accidente de tráfico y unas personas han ido a auxiliarlo. Tiene que describir la escena que ve, imaginar la situación y hablar sobre ella durante, aproximadamente, 2-3 minutos. Puede centrarse en los siguientes aspectos:

- ¿Dónde cree que se encuentran estas personas? ¿Qué tipo de accidente ha ocurrido? ¿Por qué piensa eso?

- ¿Estas personas tienen algo en común? ¿Ve diferencias en su forma de vestir, su actitud, su postura...?

- ¿Cómo imagina que es cada una de estas personas? ¿Dónde viven? ¿A qué se dedican? ¿Cuál es su situación personal? ¿Qué expectativas tienen? ¿Por qué piensa eso?

- ¿Qué cree que va a suceder a continuación? En su opinión, ¿el hombre va a recuperarse? ¿Por qué?

Una vez haya descrito la fotografía, el/la entrevistador/a le hará algunas preguntas sobre el tema de la situación hasta cumplir con la duración total de la tarea.

EJEMPLO DE PREGUNTAS DEL/DE LA ENTREVISTADOR/A:

- ¿Ha vivido alguna experiencia similar a la de la fotografía? En caso afirmativo, ¿puede contar qué sucedió, cuál fue el resultado, cómo se sintió, alguna anécdota...? En caso negativo, ¿cómo se sentiría en una situación así?
- ¿Le han dado alguna recomendación para evitar accidentes de tráfico o de otro tipo?
- Según su opinión, ¿qué es lo más importante para evitar los accidentes al volante?
- ¿Normalmente hay muchos accidentes de tráfico en su país? ¿Poseen alguna peculiaridad?

La duración total de esta tarea es de **5 a 6 minutos**.

NECESIDADES DE LA UNIVERSIDAD

¿Usted está satisfecho/a con la calidad de la universidad en su país? ¿Qué necesidades considera que posee el ámbito universitario? Seleccione las respuestas según su criterio personal y explique los motivos de su elección:

¿Qué se debería mejorar en la universidad en mi país?	
Debería ser accesible económicamente para todos	
Debería adaptar su oferta formativa a las demandas cambiantes de la sociedad	
Debería adoptar nuevas tecnologías para la práctica docente	
Deberían existir universidades especializadas en algunas disciplinas	
Debería tener autonomía y rendir cuentas sobre el cumplimiento de sus objetivos y su contribución a la sociedad y al bienestar común	
Debería incrementar el nivel de exigencia a sus estudiantes para poder acceder y continuar sus estudios	

A continuación, compare sus respuestas con los resultados obtenidos en una encuesta en España con las mismas preguntas:

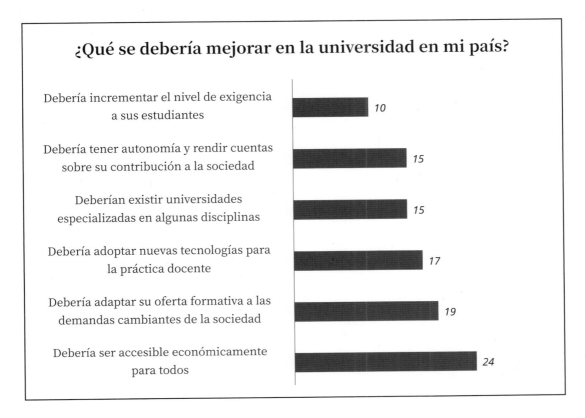

¿Qué se debería mejorar en la universidad en mi país?

Debería incrementar el nivel de exigencia a sus estudiantes	10
Debería tener autonomía y rendir cuentas sobre su contribución a la sociedad	15
Deberían existir universidades especializadas en algunas disciplinas	15
Debería adoptar nuevas tecnologías para la práctica docente	17
Debería adaptar su oferta formativa a las demandas cambiantes de la sociedad	19
Debería ser accesible económicamente para todos	24

Comente ahora con el/la entrevistador/a su opinión sobre los datos de la encuesta y compárelos con sus propias respuestas:

- ¿En qué coinciden? ¿En qué se diferencian?
- ¿Hay algún dato que le llame especialmente la atención? ¿Por qué?

EJEMPLO DE PREGUNTAS DEL/DE LA ENTREVISTADOR/A:

- ¿Por qué ha escogido esa opción? ¿Podría poner un ejemplo?
- ¿Con qué opción está menos de acuerdo? ¿Por qué?

La duración total de esta tarea es de **3 a 4 minutos.**

Simulacro

DELE
B2
Set 1
해설

Prueba 1
Comprensión de lectura

Prueba 2
Comprensión auditiva

Prueba 3
Expresión e interacción escritas

Prueba 4
Expresión e interacción orales

PRUEBA 1: COMPRENSIÓN DE LECTURA

정답					
1	2	3	4	5	6
b	c	a	a	a	b

지시문

다음 글을 읽고 문제(1–6)에 대한 정답(a/b/c)을 고르세요. 선택한 옵션을 **답안지**에 표시하세요.

바스크어의 신비한 기원

바스크어는 프랑스의 남서부와 스페인의 북부의 나바라 지방과 바스크 지방에서 사용하며, 이 지역 인구의 35%인 70만 명 이상의 사람들이 이 언어를 구사할 줄 안다. 바스크어의 기원은 그 어떤 언어학자도 완전히 밝혀내지 못한 수많은 신화, 논란 및 전설에 둘러싸여 있다.

이 언어의 수수께끼는 다른 언어들과 통하는 것에 있어서의 어려움 그리고, 서반아어와 라틴어에서 온 수많은 외래어를 용인하였음에도 불구하고 그 역사적 기원을 확인하는 것이 어렵다는 점에 기반을 둔다. 바스크어의 시작과 관련된 주요한 학설들은 이 언어를 에투르리아 말, 베르베르 말, 그리고 인도유럽이 아닌 다른 유럽 고대 언어들과 연관시킨다. 그러나 헝가리어, 핀란드어, 라플란드어와 발트해 국가들의 언어들 또는 코카서스 언어들과는 의미 있는 유사성을 찾아내는 것이 현재까지는 불가능하다. 단순히 우연적으로 공유되는 몇 가지 단어들이 발견되었지만, 대부분 거의 쓰이지 않는 오래된 단어들이다.

다른 학설은, 독일 학자 빌헬름 본 훔볼트에 의해 시작되었고 우나무노가 지지하는 것인데, 바스크어의 조상 언어가 바로 옛 이베리아 말일 것이라고 주장한다. 하지만, 1922년에 역사학자 마누엘 고메스 모레노가 글자를 해독하기 시작하고 이 언어로 쓰인 문서들을 읽을 수 있게 되었을 때부터, 이 가설을 입증해 주는 충분한 유사성이 발견되지 않았다.

연관성이 결여된 이유는 바스크어가 독특한 언어이자 모든 스페인의 언어들 이전에 존재했던 고대 언어학적 섬이었으며, 수천 년 동안 쓰여 왔고 이베리아반도의 빙하기에서 살아남았기 때문이라고 민족 서사는 관례적으로 주장해 왔다. 바스크 지방의 선사 시대 동굴에서 발견된 기호들과 기원이 불확실한 다른 묘사들이 이 사실을 뒷받침할 수도 있다. 그러나, 점점 더 언어의 기원으로 되돌아가려는 이 고집은 모든 종류의 사기와 조작을 불러일으켰다. 2006년 여름에는 1세기와 6세기 사이로 추정되는 비토리아 근처 한 고대 로마 도시의 유적지 발굴 작업 중 수많은 바스크어 비석들이 발견되었다고 알려졌다. 전문가들은 바스크어로 된 이 글자들이 완전히 위조된 것이라고 빠르게 결론지었다.

또한, 이 지역의 역사를 채워온 사투리들의 복잡함으로 인해 유일한 단 하나의 바스크어에 대해 이야기하는 것은 어렵다. 언어학자 콜도 밋셀레나에 의하면, 바스크어의 사투리들은 6세기에 사회를 분할시키고 같은 이웃 민족들끼리 소통하는 것을 어렵게 만들어버린 정치적 이유들로 인해 생겨났다고 한다. 이 바스크식 바벨탑에 맞서, 바스크어 왕립 학술원이 주최한 1968년도 회의에 기반을 둔 통일 바스크어가 표준화되었다. 이 회의는 1980년대부터 행정, 교육 및 미디어에서 사용되는 이 변종 언어를 탄생시킨, 아란트사수 성지에서 거행된 모임이라고 할 수 있겠다.

1. 바스크어는...

    a) 기원이 알려져 있다.

    b) 스페인과 프랑스에서 사용된다.

    c) 지역 인구의 35%에게는 낯선 언어이다.

체크 포인트 　문단1

"El euskera se habla en las regiones de Navarra y País Vasco, **en el norte de España**, y **el suroeste de Francia**..."

(바스크어는 **프랑스의 남서부**와 **스페인의 북부**의 나바라 지방과 바스크 지방에서 사용하며)

정답 **b)** se habla en España y Francia.

오답 포인트 　문단1

    a) "Los orígenes del euskera están rodeados de numerosos mitos, controversias y leyendas que <u>ningún filólogo ha logrado aclarar por completo</u>."

    (바스크어의 기원은 <u>그 어떤 언어학자도 완전히 밝혀내지 못한</u> 수많은 신화, 논란 및 전설에 둘러싸여 있다)

    c) "...más de 700.000 personas, el 35% de la población de la región, <u>lo conocen</u> actualmente."

    (이 지역 인구의 35%인 70만 명 이상의 사람들이 <u>이 언어를 구사할 줄 안다</u>)

2. 바스크어가 에트루리아 말, 베르베르 말 및 다른 고대 언어들과 관련성이 있다는 가설은...

    a) 역사적 뿌리에 기반하여 확인되었다.

    b) 이 언어가 서반아어와 라틴어에서 가져온 외래어들로 인해 증명될 수 없었다.

    c) 여러 언어들과 공통된 어휘가 거의 존재하지 않으므로 가능성이 낮다.

체크 포인트 　문단2

"...hasta ahora **ha sido imposible encontrar similitudes significativas** del euskera con el húngaro, el finlandés, las lenguas de Laponia y los países bálticos, o las lenguas caucásicas. Solo se han encontrado algunas palabras compartidas por casualidad, en su mayoría términos obsoletos."

(헝가리어, 핀란드어, 라플란드와 발트해 국가들의 언어들 또는 코카서스 언어들과는 **의미 있는 유사성을 찾아내는 것이 현재까지는 불가능하다.** 단순히 우연적으로 공유되는 몇 가지 단어들이 발견되었지만, 대부분 거의 쓰이지 않는 오래된 단어들이다)

정답 **c)** es poco probable dado que apenas existe vocabulario común con diferentes lenguas.

오답 포인트 　문단2

    a) "<u>El enigma</u> de esta lengua radica en <u>la dificultad de conectarla con otras</u>, a pesar de haber adoptado numerosos préstamos del castellano y del latín, <u>y de determinar su origen histórico</u>."

    (이 언어의 <u>수수께끼는</u> 다른 언어들과 통하는 것에 있어서의 어려움 그리고, 서반아어와 라틴어에서 온 수많은 외래어를 용인하였음에도 불구하고, <u>그 역사적 기원을 확인하는 것이 어렵다는 점에 기반을 둔다</u>)

    b) ➡ 문제 2번의 주문장에서 언급되는 가설과 서반아어와 라틴어에서 외래어를 용인하였다는 사실은 직접적인 관련성이 없으므로 제거해야 한다.

3. 바스크어에 대한 빌헬름 본 훔볼트의 학설은...

   a) 그것의 조상 언어가 이베리아 말이라고 주장한다.

   b) 역사학자 마누엘 고메스 모레노의 연구의 지지를 받는다.

   c) 여러 문서에서 밝혀지는 이베리아 말과의 광범위한 유사성을 진술한다.

> 체크 포인트   문단3
>
> "Otra teoría, esbozada por el erudito alemán Wilhelm von Humboldt y defendida por Unamuno, sostiene que **el antecedente del euskera no sería otro que el íbero**."
> (다른 학설은, 독일 학자 빌헬름 본 훔볼트에 의해 시작되었고 우나무노가 지지하는 것인데, **바스크어의 조상 언어가 바로 옛 이베리아 말일 것**이라고 주장한다)
> ➡ "no ser otro que"는 "~이외에는 아무것도 아니다, 바로 ~이다"로 사용된다. 부정의 뜻이 아닌 긍정의 강조 의미가 있는 구조라는 것을 혼동하지 말아야 한다.

정답 **a)** defiende que su predecesor fue el íbero.

> 오답 포인트   문단3
>
> b) "...desde que en 1922 el historiador Manuel Gómez Moreno empezara a descifrar su escritura..."
> (1922년에 역사학자 마누엘 고메스 모레노가 글자를 해독하기 시작하고)
> ➡ 바로 다음 문장에 마누엘 고메스 모레노가 등장하긴 하나 한 과거의 시점을 언급하는 의도이며, 정작 빌헬름 본 훔볼트의 학설은 우나무노의 지지를 받는다.
>
> c) "...no se han hallado semejanzas suficientes que permitan demostrar esta hipótesis."
> (이 가설을 입증해 주는 충분한 유사성이 발견되지 않았다)

4. 바스크어에 대한 민족주의적 학설은...

   a) 이 언어가 고립된 언어라고 옹호한다.

   b) 이 언어가 수 천년 전 모든 스페인 언어들 이전에 생겨났다는 것을 증명해낸다.

   c) 한 고대 로마 도시 유적지의 발굴 덕분에 증명되었다.

> 체크 포인트   문단4
>
> "La narrativa nacionalista ha sostenido tradicionalmente que la ausencia de conexiones se justifica por ser **una lengua única, una antigua isla lingüística** previa a todas las lenguas españolas, que ha sido hablada durante milenios y ha sobrevivido a las glaciaciones en la Península."
> (연관성이 결여된 이유는 바스크어가 **독특한 언어**이자 모든 스페인의 언어들 이전에 존재했던 **고대 언어학적 섬**이었으며, 수천 년 동안 쓰여 왔고 이베리아반도의 빙하기에서 살아남았기 때문이라고 민족 서사는 관례적으로 주장해왔다)

정답 **a)** defiende que este es un idioma aislado.

> 오답 포인트   문단4
>
> b) ➡ 해당 학설의 관례적인 주장이긴 하나 정확히 증명하고 보여주었다고는 할 수 없다.
>
> c) "Los expertos concluyeron rápidamente que los grafitos en *euskara* eran completamente falsos."
> (전문가들은 바스크어로 된 이 글자들이 완전히 위조된 것이라고 빠르게 결론지었다)

5. 6세기 무렵의 바스크어의 사투리들은...

    a) 서로 너무 달랐다.

    b) 언어학자 콜도 밋셀레나에 의해 표준화되었다.

    c) 이 지역의 민족들 간의 차이로 인해 생겨났다.

체크 포인트 문단5

    "...**hicieron complicado que se entiendieran** entre los propios pueblos vecinos."
    (같은 이웃 민족들끼리 **소통하는 것을 어렵게 만들어버린**)

정답 **a)** eran muy diferentes entre sí.

오답 포인트 문단5

    b) "Frente a esta Torre de Babel vasca, se estandarizó el *euskara batua*, una lengua vasca unifi-
    cada cuyas bases se sentaron en el congreso de 1968 de la Real Academia de la Lengua Vasca."
    (이 바스크식 바벨탑에 맞서, 바스크어 왕립 학술원이 주최한 1968년도 회의에 기반을 둔 통일 바스크어가
    표준화되었다)

    c) "Según el filólogo Koldo Mitxelena, los dialectos del euskera se produjeron en fechas del
    siglo VI debido a razones políticas que fragmentaron la sociedad e hicieron complicado que
    se entendieran entre los propios pueblos vecinos."
    (언어학자 콜도 밋셀레나에 의하면, 바스크어의 사투리들은 6세기에 사회를 분할시키고 같은 이웃 민족들끼리
    소통하는 것을 어렵게 만들어버린 정치적 이유들로 인해 생겨났다고 한다)

6. 통일 바스크어는...

    a) 표준화된 스페인어이다.

    b) 바스크어 왕립 학술원에 의해 만들어졌다.

    c) 공공행정기관, 학교나 미디어에서는 사용되지 않는다.

체크 포인트 문단5

    "...se estandarizó el *euskara batua*, una lengua vasca unificada **cuyas bases se sentaron en el
    congreso de 1968 de la Real Academia de la Lengua Vasca.**"
    (**바스크어 왕립 학술원이 주최한 1968년도 회의에 기반을 둔** 통일 바스크어가 표준화되었다)

정답 **b)** fue creado por la Real Academia de la Lengua Vasca.

오답 포인트 문단5

    a) ➡ 표준 스페인어가 아닌 바스크어에 대한 내용이므로 답이 될 수 없다.

    c) "...se utiliza en la administración, la enseñanza y los medios de comunicación desde la
    década de 1980."
    (1980년대부터 행정, 교육 및 미디어에서 사용되는)

본문

제목

euskera: 바스크어

문단 1

mito: 신화, 전설

controversia: 논란, 논쟁

leyenda: 전설

filólogo/a: 언어학자, 문헌학자

문단 2

enigma: 수수께끼, 불가사의

radicar en + 명: ~에 뿌리를 내리다, 기반을 두다

préstamo: 차용어, 외래어

procedencia: 기원, 출신

etrusco: 에투르리아 말

bereber: 베르베르 말

báltico/a: 발트해 연안의

caucásico/a: 코카서스 인종의

término: 단어, 용어

obsoleto/a: 거의 쓰이지 않는, 낡은

문단 3

esbozar: 밑그림을 그리다, 시작하다

erudito/a: 학자, 박식한 사람

antecedente: 선례, 전례

íbero: 옛 이베리아 말

descifrar: 해독하다, 판독하다

문단 4

narrativa: 이야기, 서사

nacionalista: 민족주의의

justificar: 정당화하다, 입증하다

lingüístico/a: 언어학의

glaciación: 빙하 작용, 빙하기

península: 반도

respaldar: 등을 기대게 하다, 뒷받침해주다

cueva: 동굴

retroceder: 되돌아가다, 후퇴하다

propiciar: 촉진하다, 불러일으키다

engaño: 사기, 기만

inscripción: 비문, 새겨진 글

excavación: 굴착, 발굴

arqueológico/a: 고고학의

grafito
　　: (옛날 사람들이 기념물에 손으로 새긴) 글씨, 그림

euskara: (바스크어로) 바스크어

문단 5

complejidad: 복합성, 복잡함

dialecto: 방언, 사투리

poblar: 사람을 살게 하다, 채우다

fragmentar: 산산이 분해하다, 해체하다

Torre de Babel: 바벨탑, 혼란한 장소

estandarizar: 표준화하다

euskara batua: (바스크어로) 통일 바스크어

unificado/a: 통일된, 단일된

congreso: 회의

santuario: 성지, 성전

dar lugar a + 명: ~의 원인이 되다

variedad: 변종, (언어의) 변체

emparentar: 유사성을 드러내다

predecesor: 조상, 선조

sustentar: 지지하다, 주장하다

dar cuenta de + 명: ~을 진술하다

quedar de manifiesto: 밝혀지다

aislado/a: 고립된, 고독한

atestiguar: 입증하다, 증명하다

yacimiento: 금광, 유적지

urbe: 도시

discrepancia: 다름, (의견의) 불일치

PRUEBA 1: COMPRENSIÓN DE LECTURA

정답									
7	8	9	10	11	12	13	14	15	16
A	C	B	B	B	D	C	D	D	A

지시문

인터넷에서 애인을 찾는 경험에 대해 이야기하는 4명의 사람들의 글을 읽고 문제(7-16)와 텍스트(A, B, C 또는 D)를 연결하세요. 선택한 옵션을 **답안지**에 표시하세요.

A. 이사벨

저는 제 남편을 우연히 알게 되었어요. 어렸을 때 한 온라인 비디오게임의 팬이었는데, 계략을 알아내고, 업데이트를 다운받고, 그런 모든 것들을 위해 거의 매일 관련 블로그를 방문했었죠. 하루는 괜찮아 보였던 다른 사용자와 이야기를 나누기 시작했고, 그가 게임 한 판을 같이 하자고 저에게 제안해서 수락했어요. 게임뿐만 아니라 삶에 대해서도 이야기하면서 많은 시간을 보내기 시작했더니, 결국 사랑에 빠져버렸고 그도 같은 마음이라는 걸 확인할 수 있는 행운이 있었죠. 그래서 서로 알아가기 위해 직접 만나기로 했어요. 그가 어떤 사람일지에 대한 이미지가 왜 있었는지 모르겠는데, 그가 가무잡잡하고, 마르고 키가 클 것이라고 상상했었어요. 그가 금발에 조금 통통하고 거의 제 키와 비슷한 걸 봤을 때 얼마나 놀랐는지 몰라요! 하지만 그래도 그가 좋았어요. 유일하게 힘들었던 건 같은 나라에서 함께 살게 되었을 때까지 우리를 갈라놓았던 거리를 견뎌내는 것이었는데, 그러할 만한 가치가 있었죠.

B. 아델라

인터넷으로 사랑을 찾는 건 제가 권하고 싶은 것은 아니에요. 제가 그렇게 처음 누군가를 만나게 된 건 학교 동창이라고 생각했던 사람의 페이스북 친구 요청을 수락했기 때문이었어요. 예전 시간을 회상하는 것처럼 이야기를 시작했는데, 그는 가끔씩 안 맞는 내용을 말하기도 했어요. 시간이 지나고, 우리는 매우 가까워졌고 저의 사생활에 대한 많은 것들도 그와 공유했죠. 어느 순간 많은 이상한 행동들을 느끼기 시작했고 거리를 두려고 노력했지만, 이 사람이 내 페이스북과 왓츠앱을 알고 있어서 연락을 멈추지 않았고, 결국 나를 가만히 내버려두게끔 그를 차단하는 방법밖에 남지 않았어요. 두 번째로 누군가를 만나려고 했을 때에는, 이번에는 애플리케이션을 통해서였는데, 몇 개월 후에 이 사람이 나에게 사기를 치려고 했지 뭐예요. 그때부터는 사람들을 자연스럽게 만나는 걸 선호하지, 온라인에서 만나고 싶지는 않아요.

C. 펠리페

친구 한 명이 저에게 온라인으로 애인을 찾는 매우 유명한 애플리케이션을 사용해 보라고 권해주었고 운을 시험해 봤어요. 사실 처음에는 정말 진지하게 받아들이지 않았고, 외국 분위기를 만들고 흥미로워 보이기 위해 한 번도 가보지 않은 여러 나라들에서 살았다고 하며, 프로필을 "꾸몄다"라고 치죠. 며칠 후에, 매우 놀란 여자 한 명이 저에게 연락을 해왔는데, 제가 언급했던 여러 나라에 그녀도 살았었기 때문이었어요. 처음부터 나쁜 인상을 심어주기 싫어서 저의 사기극을 이어갔고 되도록 빨리 주제를 바꾸려고 노력했죠. 그녀와 이야기하는 동안 시간이 날아가듯 지나갔고 얼마나 많은 공통점이 있는지, 얼마나 우리가 잘 맞는지 믿을 수가 없었어요. 나의 반쪽을 찾았다고 느꼈기 때문에, 용기를 내서 그녀에게 사귀자고 했어요. 물론, 결국 진실을 말했죠.

D. 사무엘

저는 인터넷으로 누군가를 만날 수 있다고는 믿지 않는 사람들 중 한 명이었습니다. 저의 제일 친한 친구가, 몇 달 동안이나 연락하던 사람이 사실 예쁜 여자를 사칭하고 그에게서 돈을 빼 가려는 유일한 목적을 가지고 있었다는 것을 알게 되었을 때, 가슴 아파한 다음부터는 특히나 말이에요. 하지만, 운명은 제가 한 언어 교환 애플리케이션에서 여자친구를 만나는 걸 원했나 봐요. 그녀 덕분에, 제 영어실력을 상당히 키웠을 뿐만 아니라 그녀의 문화와 풍습에 대한 매우 흥미로운 부분들도 배울 수 있었어요. 만약 그녀를 길에서 봤다면 절대 그녀를 자세히 보진 않았을 거라는 걸 인정해요. 왜냐하면 그녀는 타투와 피어싱이 가득한데, 제가 일단 좋아하지 않는 것이거든요. 하지만 사랑에 눈이 먼다는 건 정말인가 봐요.

7. 좋아했던 사람이 실물로 봤을 때 매우 달랐다고 누가 언급합니까?

체크 포인트 "No sé por qué tenía una imagen de cómo sería él y **me lo imaginaba moreno, delgado y alto**. ¡Menuda sorpresa cuando vi que **era rubio, algo rellenito y casi de mi estatura**!"
(그가 어떤 사람일지에 대한 이미지가 왜 있었는지 모르겠는데, **그가 가무잡잡하고, 마르고 키가 클 것이라고 상상했어요. 그가 금발에 조금 통통하고 거의 제 키와 비슷한 걸** 봤을 때 얼마나 놀랐는지 몰라요!)

정답 **A**. Isabel

오답 포인트 D. Samuel
➡ 실물을 먼저 봤다면 자신이 좋아하지 않는 타투와 피어싱이 많아서 관심이 가지 않았을 것이라고 말하긴 하지만, 만나기 전에 상상했던 모습이 있었고 그것과는 달랐다고 하지 않기 때문에 정답이 되기는 어렵다.

8. 인생의 사랑을 찾았다고 누가 말합니까?

체크 포인트 "Sentía que había encontrado **a mi media naranja**..."
(**나의 반쪽**을 찾았다고 느꼈기 때문에)

정답 **C**. Felipe

오답 포인트 A. Isabel
➡ 마침내 동거를 할 만큼 깊은 사이이긴 하나, "amor de su vida"와 비교할 만한 동의 표현을 언급하지 않았으므로 상대적으로 정답의 가능성이 낮아진다.

9. 나쁜 경험만 있었다고 누가 말합니까?

체크 포인트 "Buscar el amor por internet **no es algo que yo recomiende**."
(인터넷으로 사랑을 찾는 건 **제가 권하고 싶은 것은 아니에요**)
➡ 나머지 내용에서도 아델라가 언급하는 두 경험 모두 부정적인 결과로 끝이 났다는 것을 볼 수 있다.

정답 **B**. Adela

오답 포인트 D. Samuel
➡ 친구의 나쁜 경험을 이야기하지만, 결국 본인은 온라인으로 여자친구를 만나게 되었으므로 "solo", 즉 오로지 부정적인 경험만 있었다고 말할 수 없다.

10. 사람을 직접 만나는 것을 선호한다고 누가 말합니까?

체크 포인트 "Desde entonces, prefiero conocer a la gente **orgánicamente** y no en línea."
(그때부터는 사람들을 **자연스럽게** 만나는 걸 선호하지, 온라인에서 만나고 싶지는 않아요)

정답 **B**. Adela

오답 포인트 A. Isabel
➡ 온라인으로 알게 된 남자와 직접 만나게 되었지만, 이것을 "prefiere", 즉 선호한다고 말하지는 않기 때문에 정답이 될 수 없다.

11. 소셜 네트워크에서 괴롭힘을 당했다고 누가 알립니까?

"...traté de poner tierra de por medio, pero esta persona tenía mi Facebook y WhatsApp y no paraba de contactarme, así que **no me quedó otra opción que bloquearlo para que me dejara en paz.**"
(거리를 두려고 노력했지만, 이 사람이 내 페이스북과 왓츠앱을 알고 있어서 연락을 멈추지 않았고, 결국 **나를 가만히 내버려두게끔 그를 차단하는 방법밖에 남지 않았어요**)

정답 **B**. Adela

D. Samuel
➡ 사기를 당할 뻔했던 경험은 친구의 이야기이므로, "acoso"라고 본다 하더라도 주체가 일치하지 않아서 절대 정답이 될 수 없다.

12. 애인의 외모 때문이라면 그 사람과는 사귀지 않았을 것이라고 누가 설명합니까?

"Tengo que reconocer que si simplemente la hubiera visto por la calle un día jamás me hubiera fijado en ella, ya que está llena de tatuajes y pírsines, **cosa que no me encanta de entrada,** pero debe ser verdad eso de que el amor es ciego."
(만약 그녀를 길에서 봤다면 절대 그녀를 자세히 보진 않았을 거라는 걸 인정해요. 왜냐하면 그녀는 타투와 피어싱이 가득한데, **제가 일단 좋아하지 않는 것이거든요.** 하지만 사랑에 눈이 먼다는 건 정말인가 봐요)

정답 **D**. Samuel

A. Isabel
➡ 남자친구의 외모가 상상했었던 것과는 달라서 매우 놀랐다고 말하지만, 마음에 들지 않았다고 하지 않으므로 상대적으로 정답이 되기는 어렵다.

13. 자신에 대해 거짓말을 했다고 누가 언급합니까?

"...digamos que **"adorné" mi perfil** diciendo que había vivido en varios países que nunca había visitado para darme un aire internacional y hacerme el interesante..."
(외국 분위기를 만들고 흥미로워 보이기 위해 한번도 가보지 않은 여러 나라들에서 살았다고 하며, **프로필을 "꾸몄다"라고** 치죠)

정답 **C**. Felipe

B. Adela
➡ 본인이 아닌 상대방이 거짓말을 했다고 말한다.
D. Samuel
➡ 본인이 아닌 친구에게 사기를 치려던 상대방이 거짓말을 했다고 말한다.

14. 온라인으로 사람을 만나는 것을 누가 신뢰하지 않았습니까?

체크 포인트 "Yo era **de esos que no creían que se pudiera conocer a alguien por internet**..."
(저는 **인터넷으로 누군가를 만날 수 있다고는 믿지 않는 사람들 중 한 명**이었습니다)

정답 **D**. Samuel

> 오답 포인트 B. Adela
> ▶ 과거에는 괜찮다고 생각했지만, 두 번의 부정적인 경험을 통해 현재 온라인 만남을 더 이상 신뢰하지 않고 직접
> 만나는 것을 선호한다고 밝힌다.

15. 자신의 친구가 매우 나쁜 경험이 있었다고 누가 말합니까?

체크 포인트 "...especialmente después de que **a mi mejor amigo le rompieran el corazón** al descubrir que
la persona con la que llevaba meses hablando era en realidad un señor que se estaba haciendo
pasar por una hermosa chica y cuyo único objetivo era sacarle el dinero."
(**저의 제일 친한 친구가**, 몇 달 동안이나 연락하던 사람이 사실 예쁜 여자를 사칭하고 그에게서 돈을 빼 가려는 유일한
목적을 가지고 있었다는 것을 알게 되었을 때, **가슴 아파한** 다음부터는 특히나 말이에요)

정답 **D**. Samuel

> 오답 포인트 B. Adela
> ▶ 친구가 아닌 본인이 직접 겪은 나쁜 경험들에 대해서 이야기하므로 정답이 될 수 없다.

16. 누가 처음에는 장거리 연애를 했습니까?

체크 포인트 "Lo único duro fue sobrellevar **los kilómetros que nos separaban** hasta que pudimos vivir
juntos en el mismo país..."
(유일하게 힘들었던 건 같은 나라에서 함께 살게 되었을 때까지 **우리를 갈라놓았던 거리**를 견뎌내는 것이었는데)

정답 **A**. Isabel

> 오답 포인트 C. Felipe
> ▶ 여러 나라에서 살았던 과거의 경험에 대해 이야기하지만, 현재 여자친구와 다른 지역에 살고 있다는 내용이
> 아니기 때문에 정답이 될 수 없다.

Vocabulario

질문

cara a cara: 얼굴을 맞대고, 마주 보고
físico: 체격, 몸매
a distancia: 원격, 장거리

본문

A. 이사벨

truco: 속임수, 계략
actualización: 갱신, 업데이트
usuario/a: 사용자
corresponder: 대응하다, 보답하다
hacer por + INF.: ~하려 하다, ~하기 위해 노력하다
relleno/a: 가득 찬, 오동통한
estatura: 신장, 키
sobrellevar: 견디다, 이겨내다

B. 아델라

rememorar: 회상하다
incongruencia: 부적절함, 딴생각
intimidad: 친밀함, 사생활
poner tierra de por medio: 떨어지다, 거리를 두다
bloquear: 차단하다
estafar: 사기 치다
orgánicamente: 유기적으로, 자연스럽게

C. 펠리페

adornar: 꾸미다, 장식하다
hacerse: ~척하다, ~ 처럼 보이다
farsa: 사기, 속임수
congeniar: 마음이 잘 맞다
media naranja: 반쪽, 반려자
armarse de valor: 용기를 내다

D. 사무엘

romper el corazón: 마음을 아프게 하다
hacerse pasar por + 사람: ~척하다, ~를 사칭하다
azar: 우연, 운명
considerablemente: 상당히, 꽤
fijarse en + 명: ~에 주목하다, ~에 시선을 고정하다
pirsin: 피어싱
de entrada: 우선, 먼저, 바로

❖ Notas

PRUEBA 1: COMPRENSIÓN DE LECTURA

정답					
17	18	19	20	21	22
G	C	F	A	D	E

지시문

6개의 문장이 발췌되어 있는 다음 글을 읽으세요. 8개의 제안된 문장(A–H)들을 읽어보고 각 문장이 어떤 빈칸(17–22)을 채워야 하는지 결정하세요.

선택할 필요 없는 2개의 문장이 있습니다.

선택한 옵션을 **답안지**에 표시하세요.

청년 없는 스페인 농촌

연로한 노인 인구를 갖춘 농촌지역에서, 수가 점점 더 줄어들고 있는 청년들과 아이들은 빈곤뿐만 아니라 국가 정책 측의 관심 부족도 직면하고 있는 상태이다. **(17) G.** 심지어 도시 세계와 농촌 세계 사이의 구분들이 정치적인 면으로 다뤄질 때마다, 아이들과 젊은 사람들의 상황에 대한 구체적인 초점을 맞추지 않은 채로 행해지고 있다. 스페인 마을들의 출산율은 낮아지고 평균 연령은 올라가므로, 더 높은 연령대들의 문제점들이 명백해 보인다.

젊은 인구에 대한 관심 부족은, 결국 사모라에서처럼, 정원이 꽉 찬 학교들이 점점 더 적어지게 만든다. **(18) C.** 이 스페인 지방은 현재 온 유럽연합에서 20세 미만 거주자의 퍼센티지가 가장 낮은 곳이다.

스페인 정치에서 영토적 부분의 중요성은 부정할 수 없다. 그러나, 스페인의 가장 두드러지는 측면 중 하나가 좀처럼 논쟁되지 않고 있는데, 바로 도시지역과 농촌지역 간의 현저한 불균형이다. 빈곤 상태에 있거나 사회적 배척에 노출될 수 있는 위험에 놓인 청년들을 더 낮은 인구 밀도의 지역에서 더 높은 퍼센티지로 관찰할 수 있다. **(19) F.** 반면에 유럽연합에서는 정확히 반대이다. 조금 더 높은 퍼센티지가 있는 곳은 바로 도시들이다.

인구밀도와 관련된 불균형은 성별과도 관계가 있을 수 있다. **(20) A.** 이것의 매우 명확한 예시가 학교 중퇴 비율에서 보인다. 오랜 시간 동안, 스페인은 유럽연합에서 가장 높은 학교 중퇴 비율을 보유해왔다. 시간이 지나면서 줄어들기는 했으나, 스페인은(13.9%) 아직도 유럽연합에서 루마니아(15.6%) 다음으로 가장 높은 비율을 가지고 있다.

또한, 스페인은 학교 중퇴 비율의 성별 차이와 관련해서도 온 유럽에서 첫 번째 자리를 유지한다. 2022년에 남성의 비율은 16.5%이었으며, 여성의 비율은 11.2%이었다. **(21) D.** 여기에서 인구 밀도에 따른 격차를 한 번 더 확인할 수 있으며, 성별과 관련하여 강한 차이가 나타나는 것을 볼 수 있다. 스페인의 시골지역에서는, 남성의 학교 중퇴 비율이 여성의 비율의 거의 두 배이다. 유럽의 수준에서도 이러한 차이가 농촌지역에서 보이지만, 더 적은 범위로 관찰된다.

(22) E. 결론적으로, 영토적 문제에 대해 이야기할 때, 지리학이 빈곤, 아동에 대한 배척과 성별 및 소득 차이에 영향을 줄 수 있다는 것을 잊지 말아야 한다. 유아기와 청년기에 대한 정책에서 영토적 차원을 무시하는 것, 또는 농촌지역 개발에서 다른 연령대에만 집중하는 것은 청년이 없는 스페인 농촌이 형성될 수 있다는 위험성을 수반한다.

17.

체크 포인트 G. **Incluso** cuando las divisiones entre el mundo urbano y el rural se tratan **a nivel político**, se suele hacer sin un enfoque específico en **la situación de los niños y de las personas jóvenes**.
(**심지어** 도시 세계와 농촌 세계 사이의 구분들이 **정치적인 면으로**으로 다뤄질 때마다, **아이들과 젊은 사람들의 상황**에 대한 구체적인 초점을 맞추지 않은 채로 행해지고 있다)

1 연결고리 "Incluso"가 앞 문장 내용의 반복과 강조를 하고 있다는 것을 말해준다.
앞 문장과 G 문장 모두 농촌지역에 거주하는 아이들과 청년들을 위한 정책 부족을 주제로 다루고 있다.

2 첫 번째 문단과 G 문장에서 다양한 구조들이 같은 이야기를 하고 있다는 점 발견하기!
"políticas gubernamentales" vs "a nivel político"
"los jóvenes y niños rurales" vs "la situación de los niños y de las personas jóvenes"

정답 **G**

18.

체크 포인트 C. **Esta provincia española** es ahora el lugar en toda la Unión Europea con el menor porcentaje de habitantes por debajo de los 20 años.
(**이 스페인 지방**은 현재 온 유럽연합에서 20세 미만 거주자의 퍼센티지가 가장 낮은 곳이다)

➡ 앞 문장 마지막에 등장하는 "Zamora"가 지명이라는 점을 확인하고, "Esta provincia española"가 바로 앞에 있는 장소를 가깝게 가리키는 것을 놓쳐서는 안 된다.

정답 **C**

19.

체크 포인트 F. **Mientras que** en la Unión Europea es justamente **a la inversa**: es en las ciudades donde hay un porcentaje un poco más elevado.
(**반면에** 유럽연합에서는 정확히 **반대이다**. 조금 더 높은 퍼센티지가 있는 곳은 바로 도시들이다)

➡ 빈곤과 사회적 배척에 노출된 청년들의 높은 퍼센티지는, 스페인에서는 인구밀도가 낮은 농촌지역에서, 반대로 유럽연합에서는 인구밀도가 높은 도시에서 보인다는 내용이 이어지는 것이므로 "Mientras que" 및 "a la inversa" 표현이 들어가는 F 문장이 정답이다.

정답 **F**

20.

체크 포인트 A. **Un ejemplo muy claro de esto** se observa en las tasas de abandono escolar.
(**이것의 매우 명확한 예시**가 학교 중퇴 비율에서 보인다)

▌1 빈칸 앞뒤에 흐름을 살펴보자!
성별 불균형에 대한 문장 + [20번 빈칸] + 학교 중퇴 비율에 대한 문장
결국 성별 불균형의 예시로 학교 중퇴 비율을 언급하기 시작하는 문장이 들어가야 된다.

▌2 혼동될 수 있는 부분은 같은 문단에서 바로 성별에 대한 추가 언급이 없다는 것인데, 일단 해당 문단에서는 학교 중퇴 비율을 예시로서 먼저 소개하고, 남성 대 여성의 차이 내용은 바로 다음 문단에서 다루어진다는 것을 확인해야 한다.

정답 **A**

오답 포인트 B. Sin embargo, no se percibe una gran diferencia entre ambos géneros.
(그러나, 두 성별 간 큰 차이가 감지되지 않는다)
➡ "géneros" 단어의 등장 때문에 20번 빈칸 앞 문장의 내용이 이어진다고 오해할 수는 있으나, 빈칸 바로 뒤 문장에서 성별 간의 차이에 대한 추가 설명이 이어지지 않으므로 들어갈 수 없는 문장이다.

21.

체크 포인트 D. **Aquí, una vez más**, vemos que hay distinciones por densidad de población, donde se manifiestan fuertes diferencias en cuanto al género.
(**여기에서** 인구 밀도에 따른 격차를 **한 번 더** 확인할 수 있으며, 성별과 관련하여 강한 차이가 나타나는 것을 볼 수 있다)

▌1 "Aquí, una vez más,"가 바로 앞에 있는 남성 대 여성 비율의 차이에 대한 내용을 반복하고 있다는 것을 암시해준다.

▌2 D 문장에서 등장하는 "인구밀도" 및 "성별"과 관련된 강한 차이는 바로 뒤 문장에서 설명된다. "스페인의 시골지역에서는, 남성의 학교 중퇴 비율이 여성의 비율의 거의 두 배이다."

정답 **D**

오답 포인트 B. Sin embargo, no se percibe una gran diferencia entre ambos géneros.
(그러나, 두 성별 간 큰 차이가 감지되지 않는다)
➡ 앞뒤에 성별에 대한 언급이 이어지긴 하지만, 빈칸 바로 뒤 문장에서 남성의 비율이 여성의 비율의 두 배라는 내용과 B 문장의 내용이 오히려 반대되므로 정답이 될 수 없다.

22.

체크 포인트 E. **En conclusión**, cuando se habla de **cuestiones territoriales**, es importante no olvidar que la geografía incide en la pobreza, la exclusión infantil y las diferencias tanto de género como de ingresos.
(**결론적으로, 영토적 문제**에 대해 이야기할 때, 지리학이 빈곤, 아동에 대한 배척과 성별 및 소득 차이에 영향을 줄 수 있다는 것을 잊지 말아야 한다)

▌1 일단 E 문장의 "En conclusión,"이 마지막 문단 맨 앞 빈칸에 들어갈 수 있는 가능성을 현저히 높여준다.

▌2 앞 문장의 "dimensión territorial"과 "geografía"가 E 문장의 "cuestiones territoriales"와 연결된다는 것을 확인하고, 전체적인 내용의 흐름도 일관성 있다는 것을 체크해야 한다.

정답 **E**

☑ B. Sin embargo, no se percibe una gran diferencia entre ambos géneros.
(그러나, 두 성별 간 큰 차이가 감지되지 않는다)

■1 성별에 대해 언급하는 네 번째 및 다섯 번째 문단에 들어갈 수 있는 가능성이 있지만, 빈칸 바로 앞뒤 문장과 내용이 이어지지 않으므로 정답이 될 수 없다.

■2 바로 앞 문장과 B 문장이 대조되는 내용이어야 "sin embargo"가 쓰일 수 있다는 것을 잊어서는 안 된다.

☑ H. Por lo tanto, es de esperar que la brecha entre generaciones siga aumentando.
(그러므로, 세대 간의 격차가 계속 커질 것으로 예상된다)

■1 "género"와 "generación", 즉 "성별"과 "세대"는 완전히 다른 의미를 가지고 있다. 비슷하다고 해서 절대 혼동하지 말자!

■2 세대 간의 차이를 다루는 문단은 없으므로 딱히 가능성 있는 빈칸을 찾을 수 없다고 봐야 한다. 가장 확실하고 쉽게 제거할 수 있는 오답으로 봐야 한다.

Vocabulario

제목
rural: 시골의

문단 1
confrontarse con + 명: ~에 직면하다
gubernamental: 정부의
media: 평균
palpable: 명백한, 분명한
de edad avanzada: 나이가 많은, 고령의

문단 3
territorial: 영토의
innegable: 부정할 수 없는, 명백한
rara vez: 좀처럼 ~하지 않는다
faceta: 면, 측면
destacado/a: 강조되는, 두드러지는
notable: 현저한, 주목할 만한
disparidad: 불균형, 불평등
exclusión: 제외, 배척
concentración: 농도, 밀도
habitante: 주민

문단 4
desigualdad: 불균형, 불평등
densidad: 밀도
vínculo: 연결, 관계
abandono escolar: 학교 중퇴

문단 5
medida: 범위

문단 6
ignorar: 무시하다
conllevar: 내포하다, 수반하다
desprovisto/a: 없는

질문

distinción: 구별, 식별
incidir en + 명: ~을 강조하다, ~에 영향을 미치다
justamente: 정확히, 마침
a la inversa: 거꾸로, 반대로
es de esperar que + 접속법: 예상된다, 예측된다
brecha: 격차, 갭

502

❖ Notas

PRUEBA 1: COMPRENSIÓN DE LECTURA

정답													
23	24	25	26	27	28	29	30	31	32	33	34	35	36
b	a	b	a	b	c	b	c	b	b	b	a	c	a

지시문

텍스트를 읽고 빈칸(23–36)에 알맞은 옵션(a/b/c)을 넣으세요. 선택한 옵션을 **답안지**에 표시하세요.

B 마을은 이 이야기와 상관없는 한 지방의 수도 근처에 위치해 있었고, 노새 두 마리가 끄는 마차를 타고 크리스티나, 그녀의 어머니, 크리스티나의 약혼자인 페르난도와 내가 그 마을로 갔다. 오후 다섯 시였다. 8월이 시작되고 있었으므로 더위는 우리를 숨 막히게 했고, 네 명 모두 말이 없었다. 로페스 부인은 하느님이 우리를 여정 끝까지 무사히 데려다주실 수 있도록 마음속으로 기도했다. 크리스티나는 아름다운 눈으로 페르난도를 뚫어지게 쳐다보았지만 그는 그것을 신경 쓰지 않았고, 나는 우리가 탄 마차가 굴러가고 있었던 멋진 시골 밭을 둘러보았다. 마차가 마을 입구에 멈추어 섰을 땐 여섯 시였을 것이다. 우리는 마차에서 내렸고, 메르세데스 성모 마리아를 모시는 작은 성당으로 향했는데, 크리스티나의 어머니는 이 성모 마리아에 대한 특별한 신앙심이 있었다. 로페스 부인과 그녀의 딸이 몇 가지 기도문을 낭송하는 동안, 페르난도는 나에게 그곳에서 매우 가까운 공동묘지에 함께 가달라고 간절히 부탁했는데, 그 공동묘지는 그의 아버지가 계신 곳이었다. 나는 그의 말을 따랐고, 흰색 담벼락이 있는 사각형 마당으로 들어갔는데, 그곳에는 돌과 나무로 만들어진 십자가들이 세워져 있었고, 묘비에는 상당히 흐릿한 여러 문구들이 보였다. 한구석에 무릎을 꿇은 여자 한 명이 있었는데, 나의 친구는 처음에 바로 그녀를 보지 못한 것 같았다.

그는 나에게 아버지의 묘를 보여주었다. 그것은 소박했고, 흰색 대리석으로 만들어져 있었다. 그리고 나는 그가 그곳까지 갔던 이유가 아버지의 묘를 보기 위해서만은 아니었다는 것을 깨달았다. 그는 계속 무언가를 찾다가 결국 그 여자를 보게 되었는데, 그녀는 볼품없는 옷을 입고 머리카락이 헝클어져 있었으며, 그를 주의 깊게 쳐다보고 있었다. 페르난도는 시선을 떨구었고 곧 떠나려고 했다. 그때, 그 노인이 일어서서 그의 이름을 불렀고, 그를 멈추어 서게 만들었다.

– 원하시는 게 무엇입니까, 마리아 부인?

그는 침착해 보이고 싶은 말투로 그녀에게 질문했다.

– 항상 같은 것이지.

노인이 대답했는데, 그녀의 시선에서 어떠한 상실감을 느낄 수 있었다.

– 우리 아이를 어디에 숨겼는지 물어보는 것이지. 네가 그 아이를 데려가 버린 지 십 년이 되었다. 내가 잘 알고 있지. 그런데 오늘 마을 사람들이 네가 다른 여자와 결혼하기 위해 이곳에 온다고 하더구나.

– 마리아 부인, 따님이 십 년 전에 죽었고, 그녀의 아름다운 몸이 이 공동묘지에서 편히 쉴 수 있도록 제가 장례식 비용을 지불한 걸 부인께서 모른 체하시는 건 아니죠. 이번에는 제가 여쭙니다. 불쌍한 테레사의 무덤은 어디에 있는 건가요?

– 내가 그걸 어떻게 알겠니? 하루는 이곳에 와서 내 딸이 있다고 들었던 위치를 알려주는 십자가를 찾았는데, 내가 뭘 봤는지 아니? 텅 빈 구덩이였단다. 그리고 조금 더 멀리에는 방금 막 옮겨진 흙도 말이야. 계약 기간이 끝났었고, 아무도 계약을 갱신하고 지불하는데 신경 쓰지 않아서, 저 구석은 더 이상 내 딸의 것이 아니었고 가난한 사람들을 무료로 묻어주는 무덤 구멍에 그녀를 던져버렸다는구나.

23.

"Camino del pueblo de B., **situado** cerca de la capital de una provincia..."
(B 마을은 한 지방의 수도 근처에 **위치해 있었고**)

➡ 23번 빈칸에는 장소에 대한 정보를 말해주며 명사 "pueblo"를 꾸며주는 형용사가 필요하다. 결국 "마을이 ～에 위치한"이라는 의미의 옵션 b)가 제일 적합하다고 볼 수 있다.

정답 **b)** situado

오답 포인트 a) colocado
➡ 동사 colocar에서 파생된 이 형용사는 "～에 둔, 놓인"이라는 뜻을 가지고 있다. 즉, 이 형용사는 장소에 대한 정보를 받을 수는 있으나, 꾸며주는 명사가 사람이나 사물이어야 하기 때문에 "pueblo"의 위치를 설명하기에는 적절하지 않다.

c) instalado
➡ 동사 instalar에서 파생된 이 형용사는 "～에 설치된, 장착된"이라는 의미를 가지고 있으므로, 사물 중에서도 기기 또는 건물 등을 주로 꾸며주는 역할을 한다. "pueblo"의 위치를 알려주는 형용사로서는 자연스럽지 않으므로 제거해야 하는 옵션이다.

24.

체크 포인트 "...y los cuatro guardábamos **silencio**."
(네 명 모두 **말이 없었다**)

➡ "숨 막히는 더위"속에서 무엇을 "guardar"했는지 살펴보아야 하는 명사 문제이다. 이 동사의 가장 기본적인 의미는 "지키다, 보관하다"이며, "침묵" 등을 의미하는 "silencio"와 만나면 "침묵을 지키다, 조용히 하다"라는 구조가 만들어지고 앞 내용과도 자연스럽게 이어진다.

정답 **a)** silencio

오답 포인트 b) secreto
1 "비밀"이라는 뜻의 이 명사는 동사 guardar와 함께 사용되며 "비밀을 지키다"라는 구조를 만들 수 있지만, 셀 수 있는 가산명사이기 때문에 단수 형태로 쓰일 때는 부정관사가 동반되어야 하며, 관사 없이 사용되는 경우는 복수 형태로 활용될 때이다.
예 guardar un secreto / guardar secretos

2 앞 내용과 연결되었을 때, "숨 막히는 더위"속에서 뜬금없이 "비밀을 지켰다"라는 문장은 자연스럽게 이어지지 않으므로 정답이 될 수 없다.

c) calma
1 "침착함, 평온"을 의미하는 이 명사는 동사 guardar와 함께 사용되며 "침착하다", 또는 "평정심을 유지하다"라는 구조를 형성할 수 있다. 다만, 정관사가 동반되어야 하므로 24번 빈칸에는 들어갈 수 없는 단어이다.
예 guardar la calma

2 설령 정관사와 함께 문법 구조상 올바르게 사용되었다 하더라도, 앞 내용과 자연스러운 흐름이 만들어지지 않기 때문에 정답이 될 수 없다. 접속사 y 대신에 pero가 있었다면 "더위는 우리를 숨 막히게 했지만, 네 명 모두 침착했다"라는 가능한 구조가 만들어졌을 것이다.
예 El calor nos sofocaba porque empezaba el mes de agosto, pero los cuatro guardábamos la calma.

505

25.

체크 포인트 "La Sra. de López <u>rezaba</u> mentalmente **para** que Dios nos <u>llevase</u> con bien al término de nuestro viaje..."

(로페스 부인은 하느님이 우리를 여정 끝까지 무사히 <u>데려다주실 수 **있도록**</u> 마음속으로 <u>기도했다</u>)

1 주문장의 동사 rezar는 "기도하다"라는 뜻이며, 뒤에 이어지는 종속절의 동사 llevar가 "기도하는" 행위의 목적이 되기 때문에 전치사 para가 들어가는 것이 적절하다.

2 접속사 para que 등이 이끄는 목적절에서는 항상 접속법 형태가 사용되어야 한다. 이 문장에서도 동사 llevar의 접속법 불완료과거 형태인 "llevase"(또는 "llevara")가 등장하므로 문법적으로도 올바른 구조라는 것을 확인할 수 있다.

정답 **b) para**

오답 포인트 **a) por**

1 종속절의 내용이 주문장의 동사 rezar의 원인이 아니므로 전치사 por가 들어갈 수 없는 빈칸이다.

2 전치사 por가 원인절을 이끌 때에는 que와 띄어 쓰지 않고 붙여서 사용한다.

예 Te llamé <u>porque</u> necesitaba hablar contigo.

3 전치사 por가 전치격 관계사의 역할을 할 때에는 주로 정관사와 함께 활용된다.

예 Esta es la razón <u>por la que</u> necesitaba hablar contigo.

c) sin

➡ 종속절의 내용이 "~하지 않고"라는 구조로 부정되었을 때 문장의 내용이 자연스럽게 만들어지지 않으므로 정답이 될 수 없다.

26.

체크 포인트 "...Cristina fijaba sus hermosos ojos en Fernando, que no <u>reparaba</u> **en** ello..."

(크리스티나는 아름다운 눈으로 페르난도를 뚫어지게 쳐다보았지만 그는 그것<u>을</u> 신경 쓰지 않았고)

➡ 26번 빈칸 바로 앞에 있는 동사 reparar는 전치사 en과 함께 사용될 때 "~에 마음을 쓰다, 주의하다"라는 의미를 가지게 되므로 옵션 a)가 정답이다. DELE B2에서 자주 등장하는 동사구들 중 하나이기 때문에 외워두는 것이 좋다.

정답 **a) en**

오답 포인트 **b) a**

1 동사 reparar의 기본적 의미인 "~을 수리하다, 고치다"라는 뜻으로 직접 목적어를 받더라도, 사람을 받는 경우는 거의 없기 때문에 전치사 a가 동반되기는 힘들다.

2 이 문장에서 26번 빈칸 뒤에 오는 "ello"는 중성 대명사로서 사람을 이야기하는 것이 아니므로, 결국 전치사 a가 들어갈 수는 없다.

c) de

➡ 동사 reparar와 함께 사용될 수 없는 전치사이다.

27.

체크 포인트 "**Mientras** esta señora y su hija recitaban algunas oraciones, Fernando me rogó que le siguiera..."

(로페스 부인과 그녀의 딸이 몇 가지 기도문을 낭송하는 **동안**, 페르난도는 나에게 (...) 함께 가달라고 간절히 부탁했는데)

➡ "~하는 동안"이라는 의미의 접속사로서, 쉼표 바로 전까지의 문장 "esta señora y su hija recitaban algunas oraciones"를 받아주고 있다. 로페스 부인과 그녀의 딸이 하는 행동, 그리고 페르난도와 내가 하는 행동이 동시다발적으로 일어나고 있다는 것을 말해주는 역할이다.

정답 **b)** Mientras

오답 포인트 **a)** Durante
➡ "~하는 동안"이라는 의미를 동일하게 가지고 있으나, 전치사이기 때문에 문장이 아닌 명사를 받는다.
예 <u>Durante</u> el viaje, hablamos de muchas cosas.

c) Mientras tanto
➡ "그동안, 그러는 사이에"라는 뜻의 부사구이다. 주로 문장 시작에서 쉼표와 함께 쓰이며 직접적으로 명사 또는 종속절을 받아줄 수는 없다.
예 Las mujeres estaban en la capilla. <u>Mientras tanto</u>, nosotros fuimos al cementerio.

28.

체크 포인트 "...Fernando me <u>rogó</u> que le **siguiera** al cementerio..."
(페르난도는 나에게 (...) 공동묘지에 **함께 가달라고** 간절히 부탁했는데)
➡ 주문장의 동사 rogar는 "~해달라고 간청하다"라는 의미로 간접 명령의 기능을 가지고 있다. 즉, 뒤에 오는 명사절에서는 접속법을 사용해야 하며, 주문장의 동사가 부정과거 형태로 활용되었기 때문에 결국 명사절의 동사 seguir는 시제 일치를 위해 접속법 불완료과거 형태로 들어가야 한다.

정답 **c)** siguiera

오답 포인트 **a)** siga
➡ 주문장의 동사가 현재시제 형태였다면 정답이었을 접속법 현재 형태이다.
예 Fernando me <u>ruega</u> que le <u>siga</u> al cementerio.

b) seguía
➡ 같은 과거시제이더라도, 직설법 형태는 들어갈 수 없는 구조이기 때문에 정답이 될 수 없다.

29.

체크 포인트 "Me **enseñó** <u>la tumba</u> de su padre..."
(그는 나에게 아버지의 묘를 **보여주었다**)
1️⃣ 생략된 주어 "Fernando"가 어떤 행동을 했는지 말해주는 동사를 선택하는 문제이다.
2️⃣ 29번 빈칸 뒤에 있는 "la tumba de su padre"가 직접 목적어의 역할을 하고 있으며, 자연스럽게 빈칸 앞의 "Me"가 간접 목적격 대명사가 된다. 즉, "나에게 아버지의 묘를" 어떻게 했는지에 대한 동사를 골라야 한다.
3️⃣ 동사 enseñar는 "가르치다"라는 의미 말고도 "보여주다"의 뜻도 있으므로 가장 적합한 옵션이다.

정답 **b)** enseñó

오답 포인트 **a)** demostró
➡ 사전적으로 "~을 보이다"라는 뜻을 가지고 있지만, 주로 "~을 증명해 보이다" 또는 "감정 등을 분명하게 드러내 보이다"라는 의미로 활용되기 때문에 29번 빈칸에는 옵션 b) 가 더 적절하다고 볼 수 있다.
동사 demostrar와 "보여주다"라는 의미의 동사 mostrar를 동일시해서는 안된다.

c) ofreció
➡ "~을 제공하다"라는 의미로 주로 사용되기 때문에 해당 빈칸에는 적합하지 않은 옵션이다.

30.

체크 포인트 "Fernando bajó los ojos, y **ya** iba a alejarse, cuando la anciana se levantó y le llamó por su nombre..."
(페르난도는 시선을 떨구었고 **곧** 떠나려고 했다. 그때, 그 노인이 일어서서 그의 이름을 불렀고)

➡ "이미"라는 뜻으로 완료된 행위를 꾸며주기도 하지만, "이제, 곧"이라는 의미로도 활용되는 부사이다. 30번 빈칸 뒤의 "iba a alejarse"를 받으며 과거 시점 기준으로 "곧" 일어나려고 하는 행위라는 것을 말해주고 있다.

정답 **c)** ya

오답 포인트   a) todavía
➡ "아직"이라는 의미의 부사로서 해당 빈칸에는 적절하지 않다.

b) incluso
➡ "심지어"라는 뜻을 가진 부사이다. 의미상으로는 제거할 수 없으나, 30번 빈칸 바로 앞에 있는 접속사 y가 e로 변형되어야 함께 사용될 수 있으므로 정답이 아니다.
예 Fernando bajó los ojos, e incluso iba a alejarse.

31.

체크 포인트 "**Le preguntó** en un tono que quería parecer sereno."
(그는 침착해 보이고 싶은 말투로 **그녀에게** 질문했다)

➡ 동사 preguntar는 "~에게 질문하다"라는 의미로, 간접 목적대상이 필요한 동사이다. 이 문장에서는 앞서 언급된 "madre María"에게 질문하는 것으로 봐야 한다.

정답 **b)** Le

오답 포인트   a) La
➡ 앞서 언급된 "madre María"를 간접 목적어로 받는 구조이므로, 직접 목적격 대명사는 정답이 될 수 없다.

c) Lo
➡ 31번 빈칸 바로 앞에 있는 문장 "¿Qué desea usted, madre María?" 내용 전체를 받고 있는 중성 대명사로 볼 수 있으나, 이 경우에도 간접 목적격대명사가 동반되어야 하므로 "lo" 혼자 사용될 수는 없다.
예 Se lo preguntó en un tono que quería parecer sereno.

32.

체크 포인트 "Lo de siempre, contestó la vieja, en **cuya** mirada noté cierto extravío..."
(항상 같은 것이지. 노인이 대답했는데, **그녀의** 시선에서 어떠한 상실감을 느낄 수 있었다)

➡ 관계형용사 cuyo/a/os/as는 바로 뒤에 오는 선행사의 소유대상인 명사를 꾸며준다.
이 문장에서는 "mirada"를 성수일치하며 받아주기 때문에, 여성형 단수 형태가 정답이다.

정답 **b)** cuya

오답 포인트   a) cuyo
➡ "mirada"와 성수일치 하지 않으므로 정답이 될 수 없다.

c) la que
➡ 전치사 en과 함께 여자 사람 선행사를 받는 구조를 만들 수 있으나, 이 문장은 소유의 관계가 보이는 구조이므로 해당되지 않는다.

33.

체크 포인트 "Diez años hace que te la **has llevado**..."
(네가 그 아이를 **데려가 버린 지** 십 년이 되었다)

■ "~한 지 얼마의 기간이 되다"라는 뜻의 "hace [기간] que ~" 구조에서 사용되는 동사의 시제를 선택하는 문제이다.

② 이 문장에서는 동사 llevar가 강조 의도를 가진 재귀대명사와 함께 "누구를 데려가 버리다"라는 뜻으로 사용되고 있으며, 이 행동은 상태 묘사로 유지되는 것이 아니라 단발적으로 발생하고 완료되어버리는 행위이다. 즉, 이 행동이 완료된 후에 흐른 시간을 말해주는 구조이므로, 단순 현재 시제가 아닌 현재완료 형태가 사용되는 것이 맞다.

정답 **b)** has llevado

오답 포인트 **a)** llevas
➡ 동사 llevar가 "~을 지니다" 또는 "의복 등을 입고 있다"라는 의미일 때에는 상태 묘사의 기능을 갖게 되므로 현재 시제 형태로 활용될 수 있다.
예 Hace diez años que <u>llevas</u> esa maleta. / Hace diez años que <u>llevas</u> el mismo peinado.

c) habías llevado
➡ 이 문장에서 과거 기준점이 되어줄 만한 표현이 없기 때문에, 과거의 과거를 말해주는 대과거시제 형태는 사용될 수 없다. 단, 10년 전에 발생한 사건을 말하고 있으므로 부정과거 형태였다면 가능했을 것이고, 사실 문법적으로도 더 적절한 옵션이었을 것이다.
예 Diez años hace que te la <u>llevaste</u>.
＊ 10년 전에 발생한 먼 과거의 사건이지만, 마리아 부인의 입장에서는 아직도 생생한 가까운 과거의 일처럼 느껴지기 때문에, 부정과거가 아닌 현재완료를 사용한다고 볼 수 있다.

34.

체크 포인트 "A mi vez le pregunto: ¿dónde **se** <u>encuentra</u> la tumba de la pobre Teresa?"
(이번에는 제가 여쭙니다. 불쌍한 테레사의 무덤은 어디에 **있는 건가요**?)

➡ 동사 encontrar가 재귀 대명사와 함께 "~에 있다"라는 의미로 사용되는 구조이므로 3인칭 재귀대명사 se가 정답이다.

정답 **a)** se

오답 포인트 **b)** le
➡ 간접 목적어를 받는 구조가 아니므로 정답이 될 수 없다.

c) la
➡ 직접 목적격 대명사 "la"가 대체할 만한 여성형 단수 형태의 직접 목적어가 존재하지 않으므로 정답이 될 수 없는 옵션이다.

35.

"…y ¿sabes lo que vi? Un hoyo vacío, y **un poco** más lejos la tierra recientemente removida."
(내가 뭘 봤는지 아니? 텅 빈 구덩이였단다. 그리고 **조금** 더 멀리에는 방금 막 옮겨진 흙도 말이야)

■ 35번 빈칸 바로 뒤에 오는 "más"를 꾸며주는 부사구가 필요한 위치이다.

② un poco (조금) ➜ más (더) ➜ lejos (멀리) 순서로, 뒤에 오는 부사를 차례차례 꾸며주고 있다.

c) un poco

a) un poco de
■ 셀 수 없는 불가산 명사를 꾸며주는 형용사구의 기능을 가지고 있기 때문에, 이 문장처럼 부사를 직접 꾸며줄 수는 없다.

② 긍정적인 의미인지 부정적인 의미인지에 따라 "poco/a"와 구분하여 사용한다.
예 Hay un poco de agua en el vaso. / Hay poca agua en el vaso.

b) unos pocos
■ 셀 수 있는 남성형 가산 명사를 꾸며주는 형용사구이다. 이 문장에서 "lejos"는 남성형 복수 형태의 명사가 아니라 성수개념이 없는 부사이므로 혼동해서는 안 된다.

② 긍정적인 의미인지 부정적인 의미인지에 따라 "pocos/as"와 구분하여 사용한다
예 Hay unos pocos libros en la mesa. / Hay pocos libros en la mesa.

36.

"…y, **como** nadie cuidó de renovarlo y pagar, aquel rincón no le pertenecía ya a mi hija…"
(아무도 계약을 갱신하고 지불하는데 신경 쓰지 **않아서**, 저 구석은 더이상 내 딸의 것이 아니었고)

➡ 36번 빈칸 바로 뒤에서 쉼표까지 이어지는 문장 "nadie cuidó de renovarlo y pagar"을 원인절로 받는 접속사가 필요하므로, "~해서"라는 의미의 접속사 como가 정답이다.

a) como

b) porque
➡ 원인절 접속사는 맞으나, 주문장 뒤에 위치하는 원인절만 이끌 수 있다. 드물게 문장 앞에서 사용되는 경우는 아예 주문장이 생략되었을 때이다.
예 Aquel rincón no le pertenecía ya a mi hija porque nadie cuidó de renovarlo y pagar.
– ¿Por qué ya no le pertenecía a su hija aquel rincón? – Porque nadie cuidó de renovarlo y pagar.

c) por lo que
➡ 오히려 주문장 뒤에 오는 종속절을 결과절로 받아주는 역할을 하는 구조이다.
예 Nadie cuidó de renovarlo y pagar, por lo que aquel rincón no le pertenecía ya a mi hija.

Vocabulario

본문

hacer al caso: 적절하다, 관련이 있다

carruaje: 마차

mula: 노새

prometido/a: 약혼자

sofocar: 숨이 막히게 하다

con bien: (고어) 성공적으로, 무사히

término: 끝

fijar: 고정시키다

reparar en + 명: ~에 마음을 쓰다, 주의하다

contemplar: 둘러보다, 주시하다

delicioso/a: 기분 좋은, 멋진

campiña: 시골, 밭

rodar: 굴러가다, (바퀴로) 움직이다

detenerse: 멈추다

dirigirse a + 명: ~로 향하다

capilla: 작은 성당, 성전

venerar: 숭배하다, 공경하다

Nuestra Señora: 성모 마리아

devoción: 신앙심, 헌신

recitar: 낭송하다, 읊다

oración: 기도(문)

cementerio: 공동묘지

enterrado/a: 땅에 묻은, 매장된

obedecer: 복종하다

penetrar: 들어가다

patio: 마당, 뜰

cuadrado/a: 네모난

tapia: 담벼락

blanqueado/a: 하얗게 칠한

lápida: 비석

mortuorio/a: 장례의

confuso/a: 구별하기 어려운

rincón: 구석, 모서리

al pronto: 처음에

tumba: 무덤, 묘지

mármol: 대리석

desgreñado/a: 머리카락이 헝클어진, 산발한

sereno/a: 차분한

extravío: 상실

ocultar: 숨기다, 감추다

entierro: 장례

camposanto: 공동묘지

acaso: 혹시, 혹여

hoyo: 구멍, 구덩이

removido/a: 옮겨진, 파헤쳐진

fosa: 무덤 구멍

limosna: 헌금, 적선

PRUEBA 2: COMPRENSIÓN AUDITIVA

정답					
1	2	3	4	5	6
a	c	c	c	c	b

지시문

여섯 개의 짧은 대화를 들을 것입니다. 각 대화는 두 번 연속으로 나옵니다. 문제(1-6)에 해당하는 정답(a/b/c)을 선택하세요. 선택한 옵션을 **답안지**에 표시하세요. 문제를 읽기 위해 30초가 주어집니다.

---

1. **NARRADOR**: Va a escuchar una conversación entre dos amigos que están planificando una fiesta sorpresa para un amigo en común.

ROSA: Vale, ya tengo la tarta, las velas y los globos. Ahora solo necesitamos inflarlos y comprar algo para comer. Creo que con algo para picar será suficiente.

FERNANDO: Entonces, yo me encargo de llevar los aperitivos y algún adorno más. Voy a avisar a los demás para que vayan una hora antes y nos ayuden con la decoración.

소개: 서로 아는 친구 한 명을 위한 깜짝 파티를 계획하고 있는 두 친구들의 대화를 들을 것입니다.

로사: 자, 케이크, 초랑 풍선은 준비됐어. 이제 풍선을 불고 먹을 것만 사면돼. 간단히 집어먹을 수 있는 것만 있으면 충분할 것 같아.

페르난도: 그럼, 나는 애피타이저랑 장식품 조금 더 챙겨가는 걸 맡을 게. 다른 사람들에게도 한 시간 일찍 가서 장식하는 것을 도와 달라고 얘기해야겠다.

문제 이 대화에서는...

　　a) 남자와 여자가 파티 준비에 대해서 이야기한다.

　　b) 여자는 이미 파티에 필요한 모든 것을 샀다.

　　c) 남자는 파티 장식과 음악을 담당하고 있다.

체크 포인트 ▷ 대화를 소개하는 지시문을 잘 들었다면 큰 힌트를 얻을 수 있는 문제이다.
　　　　"...dos amigos que **están planificando una fiesta sorpresa** para un amigo en común."
　　　　(서로 아는 친구 한 명을 위한 **깜짝 파티를 계획하고 있는** 두 친구들)
　　　▷ 여자는 이미 준비된 것과 마저 준비해야 하는 것, 남자도 본인이 준비할 것에 대해 이야기 하고 있다.

정답 **a)** el hombre y la mujer hablan sobre la preparación de la fiesta.

오답 포인트 b) "Ahora solo necesitamos inflarlos y comprar algo para comer."
　　　　(이제 풍선을 불고 먹을 것만 사면돼)

　　　c) "Voy a avisar a los demás para que vayan una hora antes y nos ayuden con la decoración."
　　　　(다른 사람들에게도 한 시간 일찍 가서 장식하는 것을 도와 달라고 알려야겠다)
　　　▷ 음악에 대한 언급은 아예 없으며, 심지어 장식도 혼자 하는 것이 아니라 다른 친구들의 도움을 받을 예정이므로 답이 될 수 없다.

2. NARRADOR: Va a escuchar una conversación entre dos amigos que hablan sobre tenis.

HOMBRE: ¿Qué tal el partido? ¿Le ha ido bien a tu jugador favorito?

MUJER: Pues no demasiado. Ha vuelto a perder otra vez por una gran diferencia de puntos y, como no gane contra el siguiente oponente, no va a conseguir clasificarse. Acabo de mirar las redes y los seguidores están que echan chispas...

소개: 테니스에 대해서 이야기하는 두 친구들의 대화를 들을 것입니다.

남자: 경기는 어땠어? 네가 제일 좋아하는 선수가 잘 했어?

여자: 음, 너무 잘하지 못했어. 또다시 큰 점수 차이로 졌고, 다음 상대를 이기지 못한다면 예선에서 떨어질 것 같아. 방금 SNS 봤는데, 팬들이 정말 화가 나 있는 상태야...

문제 이 대화에서는 ...라고 언급한다.

    a) 여자가 좋아하는 선수가 이겼다

    b) 여자가 응원하는 테니스 선수가 예선을 통과할 가능성이 있다

    c) 한 테니스 선수의 나쁜 결과로 인해 팬들이 화가나 있다

체크 포인트 "...los seguidores **están que echan chispas**..."
(팬들이 **정말 화가나 있는 상태야**)

정답 **c)** los aficionados están enfadados debido a los malos resultados de un tenista.

오답 포인트 a) "Ha vuelto a perder otra vez por una gran diferencia de puntos..."
(또다시 큰 점수 차이로 졌고)

    b) "...como no gane contra el siguiente oponente, no va a conseguir clasificarse."
(다음 상대를 이기지 못한다면, 예선에서 떨어질 것 같아)

3. NARRADOR: Va a escuchar una conversación entre un cliente y una dependienta.

HOMBRE: Perdone, ¿tiene este modelo de la percha en una talla XL?

MUJER: Sí, claro. ¿Es para usted?

HOMBRE: Sí.

MUJER: Entonces, le recomiendo una talla L viendo su complexión, ya que esta tela es dada a ensancharse tras el primer lavado.

소개: 손님과 점원의 대화를 들을 것입니다.

남자: 죄송한데, 이 옷걸이에 걸려있는 모델 XL 사이즈 있을까요?

여자: 네, 그럼요. 손님을 위한 것인가요?

남자: 네.

여자: 그렇다면, 손님의 체격을 봤을 때 L 사이즈를 권해드리고 싶어요. 이 원단이 첫 세탁을 하고 나면 늘어나는 경향이 있거든요.

문제 이 대화에서는...

    a) 손님은 더 이상 판매하지 않는 모델을 찾고 있다.

    b) 손님은 선물로 옷을 사고 싶어 한다.

    c) 옷이 늘어날 수 있기 때문에 점원은 더 작은 사이즈를 권한다.

체크 포인트 "**...le recomiendo una talla** L viendo su complexión, ya que esta tela es dada a ensancharse tras el primer lavado."
(손님의 체격을 봤을 때 L **사이즈를 권해드리고 싶어요**. 이 원단이 첫 세탁을 하고 나면 늘어나는 경향이 있거든요)

정답 **c)** la dependienta le recomienda una talla menor dado que la prenda puede agrandarse.

오답 포인트 a) "¿tiene este modelo de la percha en una talla XL?"
       (이 옷걸이에 걸려있는 모델 XL 사이즈 있을까요?)

       b) "¿Es para usted? Sí."
       (손님을 위한 것인가요? 네)

4. **NARRADOR:** Va a escuchar a una pareja que habla sobre un problema con el ordenador.

    MUJER: Jaime, ¡socorro! Necesito tu ayuda.

    HOMBRE: ¿Qué te pasa?

    MUJER: Es que estaba escribiendo un informe crucial para mi trabajo y mi ordenador se ha quedado completamente pillado de repente. No puedo ni siquiera mover la flechita de la pantalla...

    HOMBRE: Voy a ver qué puedo hacer.

    소개: 컴퓨터 문제에 대해 이야기하는 한 커플의 대화를 들을 것입니다.

    여자: 하이메, 도와줘! 네 도움이 필요해.

    남자: 무슨 일이야?

    여자: 일을 위한 중대한 보고서를 쓰고 있었는데 갑자기 컴퓨터가 완전히 먹통이 되어버렸어. 화면에서 화살표를 움직일 수조차도 없어...

    남자: 뭘 할 수 있는지 한번 볼 게.

문제 이 대화에서는 ...라고 언급한다.

    a) 남자가 여자의 컴퓨터를 수리했다

    b) 여자의 컴퓨터는 고장 난지 오래되었다

    c) 여자는 컴퓨터로 매우 중요한 업무를 하고 있었다

체크 포인트 "...estaba escribiendo un **informe crucial** para mi trabajo..."
(일을 위한 **중대한 보고서**를 쓰고 있었는데)

정답 **c)** la chica estaba realizando una tarea muy importante en su ordenador.

오답 포인트 a) "Voy a ver qué puedo hacer."
       (뭘 할 수 있는지 한번 볼 게)

       b) "...mi ordenador se ha quedado completamente pillado de repente."
       (갑자기 컴퓨터가 완전히 먹통이 되어버렸어)

5. **NARRADOR**: Va a escuchar una conversación entre un cliente y una mujer que trabaja en una inmobiliaria sobre la compra de una vivienda.

HOMBRE: Buenos días, estoy buscando un piso céntrico, amplio, luminoso, de 3 habitaciones y, si puede ser, que esté remodelado. Mi presupuesto son unos cincuenta mil euros.

MUJER: Lo siento, pero lo que usted busca requiere de un capital sustancialmente mayor. Por ese precio, solo podría ofrecerle un piso en las afueras que necesite una reforma.

소개: 부동산 중개업소에서 일하는 여자와 손님이 주택 매입에 대해 이야기하는 것을 들을 것입니다.

남자: 안녕하세요, 아파트를 구하고 있는데요. 중심가에 있고, 넓고, 채광이 좋고, 방 3개가 있고 또, 가능하다면, 리모델링된 집을 원해요. 저의 예산은 5만 유로 정도입니다.

여자: 죄송합니다. 손님께서 찾고 계시는 매물은 실질적으로 더 높은 자금을 필요로 해요. 그 가격대로는, 도시 근교에 수리가 필요한 아파트나 제안해 드릴 수 있을 것 같네요.

문제 이 대화에서는...

    a) 손님과 여자는 시내 중심가에 있는 아파트를 보기 위한 약속을 잡는다.
    b) 손님은 매매 비용을 절감하기 위해 수리할 집을 구하고 있다.
    c) 여자는 손님의 필요조건들이 경제적인 이유로 현실성이 없다고 말한다.

체크 포인트 **1** "Lo siento, pero lo que usted busca **requiere de un capital sustancialmente mayor**."
(죄송합니다. 손님께서 찾고 계시는 매물은 **실질적으로 더 높은 자금을 필요로 해요**)

2 "Por ese precio, **solo podría ofrecerle un piso en las afueras que necesite una reforma**."
(그 가격대로는, **도시 근교에 수리가 필요한 아파트나 제안해 드릴 수 있을 것 같네요**)

정답 c) la mujer dice que los requisitos del cliente son inviables por motivos económicos.

오답 포인트 a) ➡ 도시 중심가에 있는 아파트는 남자가 언급하는 조건이긴 하나, 예산에 맞는 매물이 없으므로 약속을 잡은 적은 없다.

b) ➡ 오히려 남자는 이미 리모델링이 되어있는 집을 구하고 있고, 대화 마지막에 여자가 제안하는 도시 근교에 위치한 집이 수리가 필요하다고 언급된다.

6. **NARRADOR**: Va a escuchar a una profesora que habla sobre el formato en el que los estudiantes deben entregar el trabajo final de su asignatura.

PROFESORA: Tenéis que entregar un archivo .doc de diez páginas como máximo con las fuentes que uséis debidamente citadas. Recordad que no se aceptarán los trabajos que se envíen después de la fecha de entrega y que el plagio supone un suspenso automático, por lo que no merece la pena intentarlo.

ESTUDIANTE: Sí, profesora. ¿Y cuándo será la fecha de entrega?

소개: 학생들이 제출해야 하는 한 과목의 학기말 프로젝트 형식에 대한 담당 교수님의 설명을 들을 것입니다.

교수님: 최대 10페이지의 doc 포맷 파일을 제출해야 하는데, 인용되는 출처는 제대로 표기해야 한다. 제출 날짜 이후에 보내는 프로젝트들은 받아들여지지 않을 것이고 표절은 자동적으로 낙제를 의미하니 시도할 가치도 없다는 것 기억하도록.

학생: 네, 교수님. 그럼 제출 날짜는 언제일까요?

문제 이 대화에서는 교수님이 ...라고 설명한다.

   a) 여러 형식을 사용할 수 있다

   b) 프로젝트를 제시간에 제출하지 않거나 베끼는 행위는 과목에 합격하지 못하는 것을 의미한다

   c) 이 과목의 학기말 프로젝트에서 참고되는 출처를 표기할 필요가 없다

체크 포인트 "Recordad que **no se aceptarán los trabajos que se envíen después de la fecha de entrega y que el plagio supone un suspenso automático**, por lo que no merece la pena intentarlo."
(**제출 날짜 이후에 보내는 프로젝트들은 받아들여지지 않을 것**이고 **표절은 자동적으로 낙제를 의미**하니 시도할 가치도 없다는 것 기억하도록)

정답 **b)** no entregar a tiempo el trabajo o copiar supone no aprobar la asignatura.

오답 포인트   a) / c) "Tenéis que entregar un archivo .doc de diez páginas como máximo con las fuentes que uséis debidamente citadas."
       (최대 10페이지의 doc 포맷 파일을 제출해야 하는데, 인용되는 출처는 제대로 표기해야 한다)

    ➡ 학생들이 제출해야 할 파일 형식도 정해져 있으며, 출처 표기도 필수라는 것을 명시하고 있다.

Vocabulario

talla: 사이즈

agrandarse: 커지다, 늘어나다

concertar: (협정 등을) 맺다, 조정하다

reformar: 개혁하다, 변경하다

abaratar: 값을 싸게 하다

requisito: 필요 조건

inviable: 현실성이 없는

스크립트

대화 1

inflar: 부풀리다

picar: 집어먹다

adorno: 장식품

대화 2

como + 접속법: ～하기만 한다면

oponente: 상대, 경쟁자

clasificarse: 예선을 통과하다

seguidor/a: 팬

estar que + 문장: ～하는 상태이다

echar chispas: 불꽃을 튀기다, 잔뜩 화를 내다

대화 3

percha: 옷걸이

complexión: 체격

tela: 천, 원단

ser dado/a a + INF.: ～하는 경향이 있다

ensancharse: 넓어지다, 늘어나다

대화 4

¡socorro!: 구해줘!, 도와줘!

quedarse pillado/a: (컴퓨터가) 먹통 되다

대화 5

inmobiliaria: 부동산 중개업소

vivienda: 주택, 집

céntrico/a: 중심에 있는

luminoso/a: 밝은

remodelado/a: 수리된

capital: (남성명사) 자금, 자산

sustancialmente: 실질적으로

afueras: 교외, 근교

대화 6

formato: 포맷, 서식, 형식

entregar: 제출하다

fuente: (정보의) 출처

citar: 인용하다, 인용 출처를 표기하다

plagio: 표절, 도용

suspenso: 낙제, 유급

PRUEBA 2: COMPRENSIÓN AUDITIVA

정답					
7	8	9	10	11	12
A	B	A	B	C	B

MUJER: Hoy hablaremos sobre algunas de las leyendas sobre Machu Picchu, el famoso antiguo poblado andino que se construyó antes del siglo XV.
Para empezar, doctor Ruiz, ¿podría compartir con la audiencia si es verdad eso de que fue descubierto por el explorador y político estadounidense Hiram Bingham?

HOMBRE: Esta cuestión siempre me hace reír. Para empezar, las personas que vivían allí ya sabían de su existencia, obviamente. Pero si de lo que hablamos es de cuándo llegó a conocerse a nivel mundial, en realidad fue Agustín Lizárraga quien "descubrió" la ciudad en un viaje que hizo en 1902 y en 1911 Bingham hizo pública su existencia.

MUJER: También parece estar extendida la idea de que no se puede visitar Machu Picchu en época de lluvias. ¿Es esto cierto?

HOMBRE: Para nada. Es posible realizar el *tour* a Machu Picchu en cualquier época del año, aunque sí es cierto que se debe tener mucha más precaución en esta época. De todas formas, usted lo sabrá mejor que yo, ya que estuvo allí precisamente en ese período, ¿verdad? ¿Cómo fue su experiencia?

MUJER: Efectivamente, simplemente accedimos por otra ruta distinta al Camino Inca, que fue el que hice la vez anterior. Visitar Machu Picchu en mitad del chaparrón me dio la oportunidad de ver el sitio desde otra perspectiva muy interesante.

HOMBRE: Me imagino. Ahora que lo menciona, el Camino Inca tiene una caminata bastante exigente que requiere de un buen estado físico, así que la verdad es que yo no reúno las condiciones para poder realizarla y siempre he ido en tren por Ollantaytambo. Por cierto, he escuchado que no es posible subir caminando a Machu Picchu desde Aguas Calientes, ¿es verdad?

MUJER: Eso es un mito. De hecho, hay un sendero precioso con escaleras de piedra que en dos horas te lleva allí mismo. Y hablando de mitos, supongo que habrá escuchado que muchas personas mastican la hoja de coca de camino a Machu Picchu y debido a sus efectos se drogan.

HOMBRE: Esa es otra de las cuestiones que me hacen reír. En la época del incanato esta hierba medicinal era sagrada, así que si ellos levantaran cabeza... La hoja de coca no solamente no es una droga, sino que sirve para paliar el frío, cansancio y el mal de altura. Creo que mi experiencia habría sido muy diferente si no la hubiera consumido, por lo tanto, yo la recomiendo.

MUJER: Entonces, tendré que probarla la próxima vez que vaya. Y para terminar, ¿hay alguna curiosidad que le gustaría compartir acerca de Machu Picchu que la mayoría de gente no sepa?

HOMBRE: Bueno, no sé si será algo desconocido a estas alturas, pero me gustaría destacar la maestría arquitectónica que poseían los incas en cuanto a la administración del agua para poder cultivar casi en cualquier sitio. Para ello, construyeron muros colectores y drenajes dignos de tan magnífica civilización. Especialmente, esto puede verse en las terrazas de cultivo, donde se construyeron casi cinco hectáreas de suelo fértil en las laderas de la montaña. Y no solo eso, sino que también destaca el extenso canal que transporta el agua hasta el centro de la ciudad.

여자: 오늘은 마추픽추의 전설들 중 몇 가지에 대해 이야기를 해보겠습니다. 마추픽추는 15세기 이전에 건설된 유명한 고대 안데스 산맥 마을이죠.
먼저, 루이스 박사님, 마추픽추가 미국의 탐험가이자 정치가인 하이럼 빙엄에 의해 발견되었다는 것이 사실인지 청중과 공유해 주시겠어요?

남자: 이 질문은 항상 저를 웃게 만듭니다. 먼저, 거기에 거주하는 사람들은 이미 그곳의 존재를 당연히 알고 있었죠. 하지만 우리가 말하고자 하는 것이 언제 세계적으로 알려지게 되었나에 대한 것이라면, 사실은 아구스틴 리사라가가 1902년에 진행한 여행에서 이 도시를 "발견"하게 되었고 1911년에 빙엄이 그곳의 존재를 공론화했습니다.

여자: 우기에는 마추픽추를 방문할 수 없다는 생각도 퍼져 있는 것 같은데요, 이건 맞나요?

남자: 절대로 아니에요. 마추픽추 투어는 1년 중 아무 시기에나 진행하는 것이 가능합니다. 비록 우기에는 훨씬 더 많이 주의해야 하는 것이 맞긴 하지만요. 어쨌든, 박사님이 저보다 더 잘 아시지 않을까요? 정확히 그 기간에 그곳에 계셨잖아요, 그렇죠? 박사님의 경험은 어떠셨나요?

여자: 실제로 맞습니다. 그냥 그전에 갔었던 잉카 길과는 다른 경로로 지나갔어요. 소나기 한복판에서 마추픽추를 방문하는 것은 또 다른 매우 흥미로운 관점에서 이 장소를 볼 수 있는 기회를 주었죠.

남자: 그럴 것 같네요. 그 말을 듣고 보니, 잉카 길은 좋은 체력 상태를 요하는 꽤나 까다로운 하이킹 경로잖아요. 사실 저는 그걸 할 수 있는 조건을 갖추지 않아서 항상 기차를 타고 올란타이탐보를 통해 갔어요. 그건 그렇고, 아구아스칼리엔테스에서 마추픽추로 걸어 올라가는 것이 가능하지 않다고 하던데, 사실인가요?

여자: 그건 근거 없는 이야기예요. 실제로, 바로 2시간 만에 마추픽추로 갈 수 있는 정말 아름다운 돌계단 오솔길이 있어요. 근거 없는 이야기에 대해서 말하는 김에, 많은 사람들이 마추픽추로 가는 길에서 코카 잎을 씹는데 그 효과로 취한다는 걸 들어 보셨을 거예요.

남자: 그것이 저를 웃게 하는 질문들 중 또 하나입니다. 잉카 제국 시대에서 이 약초는 신성한 것이었기 때문에, 그들은 죽어서도 눈을 감지 못할 거예요. 코카 잎은 마약이 아니라, 추위와 피로, 그리고 고산병을 완화시키는데 도움이 되죠. 코카 잎을 먹지 않았더라면 제 경험은 매우 달랐을 거라서 저는 그것을 권합니다.

여자: 그렇다면, 다음번에 갈 때 저도 코카 잎을 먹어 봐야겠네요. 마지막으로, 마추픽추에 대해 대다수의 사람들이 알지 못하는, 공유하고 싶은 흥미로운 이야기가 있나요?

남자: 음, 이 시점에서 알려지지 않은 것인지 모르겠지만, 거의 아무 장소에서나 경작하기 위한 물 관리에 있어 잉카인들이 가지고 있었던 건축학적 기예를 강조하고 싶습니다. 이것을 위해, 그들은 그 장엄한 문명에 걸맞은 상수도벽과 배수시설을 건설했죠. 특히나, 이것은 계단식 재배에서 볼 수 있는데요, 산 중턱에 거의 5헥타르의 비옥한 토지를 만들어냈죠. 이것뿐만 아니라, 도시 중심가까지 물을 운반해주는 광범위한 수로도 돋보입니다.

0. 마추픽추는 하이럼 빙엄에 의해 발견되지 않았다고 말한다.

체크 포인트 문단2

"...en realidad **fue Agustín Lizárraga quien "descubrió" la ciudad** en un viaje que hizo en 1902 y en 1911 Bingham hizo pública su existencia..."
(사실은 **아구스틴 리사라가가** 1902년에 진행한 여행에서 **이 도시를 "발견"하게 되었고** 1911년에 빙엄이 그곳의 존재를 공론화했습니다)

정답 **B**. Hombre

7. 우기에 마추픽추를 방문했다.

체크 포인트 문단4-5

HOMBRE: "... ya que estuvo allí precisamente **en ese período**, ¿verdad?"
(정확히 **그 기간에** 그곳에 계셨잖아요, 그렇죠?)
MUJER: "**Efectivamente**..." (**실제로 맞습니다**)

▶ 여기에서 남자가 말하는 "en ese período"는 앞서 여자가 언급한 "época de lluvias"를 가리키므로 정답이다.

정답 **A**. Mujer

8. 마추픽추까지 한 번도 걸어 올라간 적이 없다.

체크 포인트 문단6

"...el Camino Inca tiene una caminata bastante exigente que requiere de un buen estado físico, así que la verdad es que yo no reúno las condiciones para poder realizarla y **siempre he ido en tren** por Ollantaytambo."
(잉카 길은 좋은 체력 상태를 요하는 꽤나 까다로운 하이킹 경로잖아요. 사실 저는 그걸 할 수 있는 조건을 갖추지 않아서 **항상 기차를 타고** 올란타이탐보를 통해 갔어요)

정답 **B**. Hombre

9. 마추픽추까지 여러 다른 경로로 올라가 보았다.

체크 포인트 문단5

"...simplemente **accedimos por otra ruta** distinta al Camino Inca, que fue el que hice la vez anterior."
(그냥 그 전에 갔었던 잉카 길과는 **다른 경로로 지나갔어요**)

▶ 여자는 최소 두 다른 경로로 가 본 적이 있다는 것을 확인할 수 있다.

정답 **A**. Mujer

10. 코카 잎을 먹어본 적이 있다.

문단8

"Creo que mi experiencia habría sido muy diferente **si no la hubiera consumido**, por lo tanto, yo la recomiendo."
(**코카 잎을 먹지 않았더라면** 제 경험은 매우 달랐을 거라서 저는 그것을 권합니다)

정답 **B.** Hombre

문단9

MUJER: "Entonces, tendré que probarla la próxima vez que vaya."
(그렇다면, 다음 번에 갈 때 저도 코카 잎을 먹어 봐야겠네요)

➡️ 비록 여자가 먼저 코카 잎에 대해 언급하기 시작했으나, 직접 먹어본 적은 없다는 것을 확인할 수 있다.

11. 마추픽추에서 사고를 당했다.

➡️ 대화 내용에서 사고에 대한 언급은 아예 없다.

정답 **C.** Ninguno de los dos

12. 마추픽추의 계단식 경작을 극찬한다.

문단10

"...me gustaría destacar la **maestría arquitectónica** que poseían los incas en cuanto a la administración del agua para poder cultivar casi en cualquier sitio. Para ello, construyeron muros colectores y drenajes **dignos de tan magnífica civilización**. Especialmente, esto puede verse en las terrazas de cultivo, donde se construyeron casi cinco hectáreas de suelo fértil en las laderas de la montaña."
(거의 아무 장소에서나 경작하기 위한 물 관리에 있어 잉카인들이 가지고 있었던 **건축학적 기예**를 강조하고 싶습니다. 이것을 위해, 그들은 **그 장엄한 문명에 걸맞은** 상수도벽과 배수시설을 건설했죠. 특히나, 이것은 계단식 재배에서 볼 수 있는데요, 산 중턱에 거의 5헥타르의 비옥한 토지를 만들어냈죠)

➡️ "maestría arquitectónica", "dignos de tan magnífica civilización" 등의 표현들이 극찬의 수준을 나타낸다고 볼 수 있다.

정답 **B.** Hombre

Vocabulario

época de lluvias: 우기
consumir: 섭취하다
alabar: 칭찬하다, 찬양하다
terraza: 산기슭에 만들어진 계단식 밭
cultivo: 경작, 재배

질문

문단 1: 여자

poblado: 마을, 촌락
andino/a: 안데스 산맥의
audiencia: (집합명사) 청중
explorador/a: 탐험가

문단 2: 남자

hacer público/a + 명: ~을 공론화하다

문단 4: 남자

para nada: 절대로, 결코 (아니다)
precaución: 조심, 주의
precisamente: 정확히, 하필

문단 5: 여자

acceder: 들어가다, 지나가다
chaparrón: 소나기

문단 6: 남자

caminata: 하이킹, 장거리 산책
exigente: 까다로운

reunir: (조건 등을) 갖추다

문단 7: 여자

mito: 전설, 꾸며낸 이야기
sendero: 오솔길, 산책길
drogarse: 마약 하다

문단 8: 남자

incanato: 잉카 제국
hierba: 풀
medicinal: 약의
sagrado/a: 신성한, 거룩한
si levantar (la) cabeza
        : 죽어서도 눈을 감지 못할 것이다
paliar: 완화시키다, 진정시키다
mal de altura: 고산병

문단 10: 남자

maestría: 숙달, 기예
arquitectónico/a: 건축학의
cultivar: 경작하다, 재배하다
colector/a: 모으는
drenaje: 배수 시설
digno/a de + 명: ~에 상당한
magnífico/a: 장려한, 훌륭한
civilización: 문명 사회
suelo: 땅, 토지
fértil: 비옥한
ladera: 산의 중턱
extenso/a: 넓은, 광범위한
canal: 수로

❖ *Notas*

PRUEBA 2: COMPRENSIÓN AUDITIVA

정답					
13	14	15	16	17	18
b	b	c	a	a	c

지시문

자신의 작품과 작가의 일에 대해 이야기하는 아르헨티나 작가 기예르모 마르티네스와 진행된 인터뷰의 일부를 들을 것입니다. 음성녹음은 두 번 나옵니다. 문제(13-18)에 대한 정답(a/b/c)을 선택하세요.

선택한 옵션을 **답안지**에 표시하세요. 문제를 읽기 위해 30초가 주어집니다.

ENTREVISTADORA: Hoy contamos con Guillermo Martínez, el escritor más traducido en la Argentina, para hablar sobre la felicidad presente en su narrativa y sobre el oficio de escritor. Bienvenido y gracias por concedernos esta entrevista. Para empezar, escribiste un cuento que además da título a un libro tuyo, llamado "Una felicidad repulsiva". ¿Cómo ves esta posibilidad de ser feliz o que los personajes sean felices sin dejar de ser creíbles al mismo tiempo?

GUILLERMO MARTÍNEZ: Antes que nada, muchas gracias por concederme este tiempo. Bueno, yo trabajé el tema de la felicidad en mi cuento "Una felicidad repulsiva" y para escribir ese relato busqué algunas citas sobre la felicidad en la literatura. Comienzo con una frase de Flaubert que dice: "Ser estúpido, egoísta y gozar de buena salud son los tres requisitos para ser feliz". En el cuento intento poner en duda esta afirmación mostrando a una familia que realmente es feliz. Hay algunas otras frases o proverbios sobre el tema en ese cuento como una que repetía mi abuela: "La felicidad, como el arco iris, solo se ve sobre la casa ajena, nunca sobre la propia". De hecho, el propio padre le dice al protagonista que si quiere ser feliz no tiene que analizar nada, ya que la felicidad se contrapone al pensamiento crítico. Este cuento contiene gran parte de lo que yo pienso sobre la posibilidad de ser feliz: que es algo ajeno.

ENTREVISTADORA: ¿Creés que podría decirse que, en cierta medida, la literatura vincula la felicidad con lo efímero?

GUILLERMO MARTÍNEZ: Por ejemplo, si consideramos el caso de "El duelo" de Joseph Conrad, en esta novela el oficial francés no solo tiene que combatir en el campo de batalla, en las guerras napoleónicas y ser herido, sino que además tiene que batirse a duelo con un loco que lo está desafiando constantemente. Curiosamente esta novela tiene un final feliz que no es bobo, lo cual supone un desafío para el escritor: cómo representar la felicidad sin dejar de sonar convincente.

ENTREVISTADORA: Vos sos el escritor más traducido en la Argentina y me imagino que justamente por eso tenés una buena posición económica. ¿Qué opinás sobre la situación financiera que enfrentan los escritores en su profesión?

GUILLERMO MARTÍNEZ: La situación financiera de un escritor varía enormemente según el país en el que resida. Un escritor en los Estados Unidos que publica una novela exitosa, de manera internacional y que es adaptada para una película, se puede convertir en un millonario. Esto se da por las grandes sumas que se pagan por los derechos cinematográficos en otros países. En Argentina estamos con un mercado muy reducido y, aunque se tenga éxito con un libro con adaptaciones al cine o a la televisión, es difícil que uno se convierta en un millonario. En el mejor de los casos, puede significar la oportunidad de conseguir una beca por un año, hacer un viaje, o tal vez comprarse una casa como hice yo cuando se adaptó "Los crímenes de Oxford" de Álex de la Iglesia. Pero nunca tanto dinero como para llegar a ser rico.

(Adaptado de https://www.telam.com.ar/notas)

인터뷰 진행자: 오늘은 기예르모 마르티네스와 함께 하고 있는데요, 아르헨티나에서 가장 많이 번역된 작가이시죠. 작가님의 서사에 등장하는 행복과 작가의 일에 대해 이야기를 나누기 위해 모셨습니다.

어서 오세요, 이 인터뷰를 허락해 주셔서 감사드립니다. 먼저, "혐오스러운 행복"이라는 책의 제목이기도 한 단편소설을 쓰셨죠. 이 행복할 수 있다는 가능성, 또는 인물들이 신빙성을 떨어뜨리지 않으면서 동시에 행복할 수 있다는 가능성을 어떻게 보시나요?

기예르모 마르티네스: 무엇보다도 먼저, 이 시간을 내주셔서 감사드립니다. 음, 제 단편 소설 "혐오스러운 행복"에서 행복이라는 주제를 다루었는데요, 그 이야기를 쓰기 위해 문학계의 행복에 대한 몇 가지 인용문을 찾았습니다. 저는 플로베르의 다음 문장으로 시작해요: "멍청하고, 이기적이며 건강을 누리는 것이 행복의 세 가지 조건이다". 제 작품에서는 정말 행복한 가족을 보여주면서 이 문장에 의문을 가져보는 시도를 합니다. 이 주제에 대한 다른 몇 가지 글귀나 격언도 있는데요, 저희 할머니께서 되풀이하셨던 것처럼 말입니다: "행복은, 무지개처럼, 다른 사람 집 위에서 보이지 자신의 집 위에서는 보이지 않는 단다". 사실상, 주인공에게 그의 아버지가 직접 말해줍니다. 행복하고 싶다면 아무것도 분석할 필요가 없다고요. 행복은 비판적 사고와 대립하기 때문이죠. 이 소설은 제가 행복 여부에 대해 생각하는 것의 대부분을 내포하고 있습니다: 행복은 타인의 것이죠.

인터뷰 진행자: 어느 정도까지는, 문학이 행복을 허무함과 연결한다고 말할 수 있다고 생각하시나요?

기예르모 마르티네스: 예를 들어, 조셉 콘래드의 "결투"의 경우를 보자면, 이 소설에서 프랑스 장교는 전쟁터와 나폴레옹 전쟁에서 싸우고 부상을 당하는 것뿐만 아니라, 그에게 끊임없이 도전하는 미친 사람과도 결투해야 합니다. 기묘하게도 이 소설의 결말은 바보 같지 않은 해피엔딩인데요, 이것은 작가에게 도전을 의미합니다: 어떻게 설득력 있게 보이면서 행복을 표현해야 할지 말이에요.

인터뷰 진행자: 당신은 아르헨티나에서 가장 많이 번역되는 작가이시고 바로 그것 때문에 좋은 경제 상태에 계실 텐데요. 작가들이 직업에 있어서 마주하는 재정상태에 대해 어떤 의견이 있으신 가요?

기예르모 마르티네스: 작가의 재정상태는 거주하는 나라에 따라 굉장히 달라집니다. 미국에서 성공적인 소설을 펴내는 작가는, 국제적으로도 출간하고 영화로도 각색한다면, 백만장자가 될 수 있죠. 이러한 일은 다른 나라들에서 영화 판권으로 지불되는 거액으로 인해 발생합니다. 아르헨티나는 시장이 매우 작고, 영화 또는 TV로 각색되는 책으로 성공하더라도, 백만장자가 되기는 힘들어요. 기껏해야 일 년짜리 보조금을 얻거나 여행을 가거나, 어쩌면 집을 살 수 있는 기회를 의미할 수는 있겠네요. 알렉스 데 라 이글레시아 감독의 "옥스퍼드 살인사건"이 각색되었을 때 제가 한 것처럼 말이에요. 하지만 결코 부자가 될 만큼의 많은 돈은 벌지 못합니다.

13. 기예르모 마르티네스는...

    a) 세계에서 가장 많이 번역된 작가이다.

    b) 작품에서 행복이라는 주제를 반복해서 다룬다.

    c) 책만 쓰는 것이 아니라, 다른 작가들도 양성한다.

> 체크 포인트   문단1
>
> "...la felicidad **presente en su narrativa**..."
> (**작가님의 서사에 등장하는** 행복)
> ➡ 인터뷰 진행자가 작가를 소개할 때 "행복"이라는 주제를 주로 다루는 것을 언급한다.
>   "recurrentemente"에 대한 정확한 동의 표현이 등장하지 않지만, 나머지 두 옵션이 명확하게 제거되므로
>   헷갈릴 만한 문제는 아니다.

정답 **b)** trata recurrentemente el tema de la felicidad en sus obras.

> 오답 포인트   문단1
>
>   a) "...el escritor más traducido <u>en la Argentina</u>..."
>   (아르헨티나에서 가장 많이 번역된 작가)
>   c) ➡ 다른 작가에 대해 언급하긴 하지만 직접 양성한다고 말하는 내용은 없다.

14. "혐오스러운 행복"이라는 단편 소설은...

    a) 그의 할머니의 말씀으로 시작된다.

    b) 행복에 대한 다른 문학작품의 인용문을 포함한다.

    c) 건강하기 위한 필요조건에 대한 플로베르의 문장을 인용한다.

> 체크 포인트   문단2
>
> "Para escribir ese relato **busqué algunas citas sobre la felicidad en la literatura**."
> (그 이야기를 쓰기 위해 **문학계의 행복에 대한 몇 가지 인용문을 찾았습니다**)

정답 **b)** contiene citas sobre la felicidad de otras obras literarias.

> 오답 포인트   문단2
>
>   a) "Comienzo con una frase de <u>Flaubert</u> que dice..."
>   (플로베르의 다음 문장으로 시작해요)
>   ➡ 작가는 작품에 자신의 할머니가 자주 하시던 말씀도 포함되어 있다고 언급하지만, 작품의 시작에 있는 것은
>   아니므로 정답이 아니다.
>   c) "Ser estúpido, egoísta y gozar de buena salud son <u>los tres requisitos para ser feliz</u>."
>   (멍청하고, 이기적이며 건강을 누리는 것이 행복의 세 가지 조건이다)

15. 단편 소설 "혐오스러운 행복"에서는...

    a) 작가의 사고방식이 다루어지지 않는다.

    b) 행복은 자신 스스로에 달려있다고 말한다.

    c) 한 인물이 다른 인물에게 행복하기 위해 생각하지 않는 것을 권한다.

> **체크 포인트** `문단2`
>
> "...el propio padre le dice al protagonista que **si quiere ser feliz no tiene que analizar nada**, ya que la felicidad se contrapone al pensamiento crítico."
> (주인공에게 그의 아버지가 직접 말해줍니다. **행복하고 싶다면 아무것도 분석할 필요가 없다고요**. 행복은 비판적 사고와 대립하기 때문이죠)

`정답` **c)** un personaje le recomienda a otro no pensar para ser feliz.

> **오답 포인트** `문단2`
>
> a) "Este cuento <u>contiene gran parte de lo que yo pienso</u> sobre la posibilidad de ser feliz..."
>   (이 소설은 <u>제가</u> 행복 여부에 대해 <u>생각하는 것의 대부분을</u> 내포하고 있습니다)
>
> b) ▸ 논리적으로 맞는 문장일 수 있으나 아예 언급되지 않는 내용으로 정답이 될 수 없다.

16. 조셉 콘래드의 문학작품 "결투"에 대해 기예르모 마르티네스는 ...라고 말한다.

    a) 긍정적인 결말을 갖고 있다

    b) 작가가 프랑스 장교이다

    c) 주인공이 실제로 전쟁터에서 싸우지는 않는다

> **체크 포인트** `문단4`
>
> "Curiosamente esta novela tiene un **final feliz** que no es bobo..."
> (기묘하게도 이 소설의 결말은 바보 같지 않은 **해피엔딩**인데요)

`정답` **a)** tiene un desenlace positivo.

> **오답 포인트** `문단4`
>
> b) ▸ "oficial francés"는 작가가 아니라 주인공에 대한 설명이므로 정답이 될 수 없다.
>
> c) "...el oficial francés <u>no solo tiene que combatir en el campo de batalla</u>, en las guerras napoleónicas y ser herido, sino que además tiene que batirse a duelo con un loco que lo está desafiando constantemente."
> (프랑스 장교는 전쟁터와 나폴레옹 전쟁에서 싸우고 부상을 당하는 것뿐만 아니라, 그에게 끊임없이 도전하는 미친 사람과도 결투해야 합니다)
> ▸ "no solo A sino también (sino que además) B" 문장구조에서 "no"는 부정을 의미하는 것이 아닌, A와 B 내용 모두 긍정하는 의도로 사용된다는 것을 잘 들어야 한다.

17. 작가들의 경제적 조건에 대해 기예르모 마르티네스는 ...라고 말한다.

   a) 각 나라마다 매우 다를 수 있다
   b) 아르헨티나에는 매우 광범위한 독서 시장이 존재한다
   c) 미국에서는 오직 극장에서 상영되는 영화 작품을 소유하는 작가만이 돈을 벌 수 있다

> 체크 포인트 문단6
>
> "La situación financiera de un escritor **varía enormemente** según el país en el que resida."
> (작가의 재정상태는 거주하는 나라에 따라 **굉장히 달라집니다**)

정답 **a)** pueden ser muy diferentes en cada país.

> 오답 포인트 문단6
>
> b) "En Argentina estamos con un mercado <u>muy reducido</u>..."
>   (아르헨티나는 시장이 <u>매우 작고</u>)
>
> c) "Un escritor en los Estados Unidos que publica una novela exitosa, de manera internacional
>   y que es adaptada para una película, se puede convertir en un millonario."
>   (미국에서 성공적인 소설을 펴내는 작가는, 국제적으로도 출간하고 영화로도 각색한다면, 백만장자가 될 수 있죠)
>   ▶ 물론 이러한 작가들이 돈을 많이 벌 수 있다고 설명하지만, 영화 각색이 거액이 아니더라도 수익을 낼 수 있는
>   유일한 조건이라고 볼 수는 없다. 특히나 문제에서 "solamente"처럼 단 하나의 조건만을 제한시키는 부사가
>   등장할 때에는 주의해야 한다.

18. 자신의 경제 상태에 대해 기예르모 마르티네스는 ...라고 언급한다.

   a) 책 판매 덕분에 백만장자가 되었다
   b) 작품들 덕분에 세계여행을 위한 보조금을 받아냈다
   c) 영화 형식으로 각색한 작품 덕분에 집을 구입했다

> 체크 포인트 문단6
>
> "...**comprarse una casa como hice yo** cuando se adaptó "Los crímenes de Oxford" de Álex de la
> Iglesia."
> (**집을 살 수 있는 기회**를 의미할 수는 있겠네요. 알렉스 데 라 이글레시아 감독의 "옥스퍼드 살인사건"이 각색되었을 때
> **제가 한 것처럼 말이에요**)

정답 **c)** adquirió una vivienda gracias a una obra adaptada a formato cinematográfico.

> 오답 포인트 문단6
>
> a) ■ "...aunque se tenga éxito con un libro con adaptaciones al cine o a la televisión, <u>es difícil
>   que uno se convierta en un millonario</u>."
>   (영화 또는 TV로 각색되는 책으로 성공하더라도, <u>백만장자가 되기는 힘들어요</u>)
>   ■ "Pero <u>nunca tanto dinero como para llegar a ser rico</u>."
>   (하지만 <u>결코 부자가 될 만큼의 많은 돈은 벌지 못합니다</u>)
>   ▶ 기예르모 마르티네스는 자신이 거주하고 있는 아르헨티나에서는 성공적인 작가라도 돈을 많이 버는 것은
>   힘들다는 언급을 여러 번 한다.
>
> b) "En el mejor de los casos, puede significar la oportunidad de conseguir una beca por un
>   año, hacer un viaje, o tal vez comprarse una casa..."
>   (기껏해야 일 년짜리 보조금을 얻거나 여행을 가거나, 어쩌면 집을 살 수 있는 기회를 의미할 수는 있겠네요)
>   ▶ "beca"와 "hacer un viaje"는 직접적인 관련이 없으며, 기예르모 마르티네스는 본인이 집을 샀다고 말하기
>   때문에 정답이 될 수 없다.

Vocabulario

질문

recurrentemente: 연달아, 반복해서

lector/a: 독자, 독서가

adquirir: 취득하다, 구입하다

스크립트

문단 1: 인터뷰 진행자

contar con + 명: ~을 가지고 있다

conceder: 주다, 부여하다

repulsivo/a: 혐오스러운, 역겨운

문단 2: 기예르모 마르티네스

egoísta: 이기주의의

poner en duda + 명: ~에 의문을 갖다

frase: 문장, 글귀

proverbio: 속담, 격언

arco iris: 무지개

ajeno/a: 타인의, 먼

contraponerse a + 명: ~과 대립하다, 대치하다

문단 3: 인터뷰 진행자

en cierta medida: 어느 정도까지

vincular A con B: A를 B와 연결시키다

efímero/a: 하루살이의, 허무한

문단 4: 기예르모 마르티네스

duelo: 결투, 싸움

oficial: 사관, 장교

combatir: 싸우다

campo de batalla: 전쟁터

napoleónico/a: 나폴레옹의

batirse a duelo: 결투하다

desafiar a + 사람: ~에게 도전하다, 대들다

curiosamente: 별나게, 기묘하게

bobo/a: 바보 같은, 단순한

convincente: 설득력이 있는

문단 6: 기예르모 마르티네스

variar: 달라지다, 변동하다

adaptar: 각색하다

darse: (일이) 일어나다, 발생하다

suma: 금액

cinematográfico/a: 영화예술의

reducido/a: 좁은, 작은

en el mejor de los casos: 잘해야, 기껏해야

beca: 장학금, 보조금

PRUEBA 2: COMPRENSIÓN AUDITIVA

정답					
19	20	21	22	23	24
D	A	I	H	B	E

지시문

이어서 회사 창설에 대한 경험을 말하는 여섯 명의 사람들의 이야기를 들을 것입니다. 각 사람의 음성녹음은 두 번씩 나옵니다. 사람(19–24)들이 말하는 주제에 해당하는 문장(A–J)들을 선택하세요. 예시를 포함한 열 가지 문장들이 있습니다. 여섯 개만 고르세요. 선택한 옵션을 **답안지**에 표시하세요.

이제 예시를 들어보세요:

사람 0.

정답은 F입니다.

문제를 읽기 위해 20초가 주어집니다.

A. 성공의 큰 부분이 상점의 좋은 위치 덕분이라고 한다.

B. 최상의 효율을 위해 휴식을 취하는 것이 필수라고 강조한다.

C. 덜 중요한 업무들은 직원들에게 넘기는 것을 권한다.

D. 직원들의 정규 교육을 매우 높게 평가한다.

E. 경쟁상대를 분석하면서 많이 배웠다.

F. 가장 중요한 것은 직장 분위기라고 생각한다.

G. 기업 프로젝트를 위한 많은 투자자를 찾아냈다.

H. 소셜 네트워크를 통해 회사를 홍보한다.

I. 경험 덕분에 좋은 리더가 되었다.

J. 긍정적 강화를 통해 직원들을 보상한다.

---

0. Persona 0 (Ejemplo)

MUJER: Un buen ambiente entre compañeros es algo fundamental en un trabajo, así que para mí este aspecto es prioritario. Tener que ir cada día durante tantas horas al mismo sitio debe ser algo placentero, dentro de lo que cabe, para que los empleados deseen continuar en la empresa. Por lo tanto, celebro todos los cumpleaños de mis empleados y organizo diferentes eventos para que podamos convivir como una gran familia.

사람 0 (예시)

여자: 직장에서 동료들 사이의 좋은 분위기는 기본적이라서, 저에게는 이 측면이 가장 중요합니다. 매일 같은 장소에 그렇게나 많은 시간을 가 있어야 한다는 것은, 수용할 수 있는 범위 내에서, 즐거운 일이어야 합니다. 직원들이 계속 회사에 남아있고 싶어 하도록 말이죠. 그래서, 저는 직원들의 모든 생일을 챙기고 대가족처럼 함께 지낼 수 있게끔 다양한 이벤트도 준비합니다.

체크 포인트 "**Un buen ambiente entre compañeros** es algo fundamental en un trabajo, así que para mí este aspecto es **prioritario.**"
(**동료들 사이의 좋은 분위기**는 기본적이라서, 저에게는 이 측면이 **가장 중요합니다**)

정답 **F.** Piensa que lo más importante es el ambiente laboral.

오답 포인트 **J.** ✪ 가족적인 분위기 조성을 위해 생일을 챙기고 이벤트를 진행한다고 언급하지만, 직원들이 잘해낸 업무를 칭찬하며 긍정적 강화를 하는 것과는 다르므로 정답이 될 수 없다.

19. Persona 1

HOMBRE: Yo solo contrato a personas que se han preparado académicamente como es debido. Los estudios no solamente suponen un título, sino que también implican que se han tenido que desarrollar cualidades como la responsabilidad, la constancia, el deseo de aprender o el desarrollo de estrategias para superar obstáculos, entre otras. Si alguien no es capaz de demostrarme con hechos que es capaz de esto, como mínimo, ¿qué puedo esperar?

사람 1

남자: 저는 제대로 교육을 받은 사람들만 고용합니다. 학교 교육은 학위증만 의미하는 것이 아니라, 책임감, 끈기, 배우려는 욕망, 장애물을 극복하기 위한 전략 개발과도 같은 특성들을 성장시켜야만 했다는 것을 내포하기도 하죠. 이 모든 것을 할 수 있다는 것을 팩트로 증명해낼 수 없다면, 뭘 기대할 수 있겠어요?

체크 포인트 "**Los estudios** no solamente suponen un título, sino que también **implican que se han tenido que desarrollar cualidades como la responsabilidad, la constancia, el deseo de aprender o el desarrollo de estrategias para superar obstáculos**, entre otras."
(**학교 교육**은 학위증만 의미하는 것이 아니라, **책임감, 끈기, 배우려는 욕망, 장애물을 극복하기 위한 전략 개발과도 같은 특성들을 성장시켜야만 했다는 것**을 내포하기도 하죠)

정답 **D**. Valora mucho la formación reglada de sus empleados.

20. Persona 2

MUJER: La verdad es que creo que he tenido mucha suerte con mi negocio y esto, sobre todo, se debe a que mi tienda está en pleno centro, a la salida de la boca del metro. Aunque antes de salir de casa la gente no se plantee comprar un periódico o una botella de agua, pasan por delante de nosotros y siempre cae algo.

사람 2

여자: 사실 사업을 하면서 정말 운이 좋았다고 생각해요. 이건, 특히나, 저의 가게가 시내 한복판, 지하철 출구 앞에 있다는 점 덕분입니다. 비록 집에서 나오기 전에는 신문이나 생수를 또는 우표를 살 생각이 없었더라도, 저희 가게 앞을 지나가면 항상 뭔가 생기기 마련이죠.

체크 포인트 "La verdad es que creo que he tenido mucha suerte con mi negocio y esto, sobre todo, **se debe a que mi tienda está en pleno centro, a la salida de la boca del metro**."
(사실 사업을 하면서 정말 운이 좋았다고 생각해요. 이건, 특히나, **저의 가게가 시내 한복판, 지하철 출구 앞에 있다는 점 덕분입니다**)

정답 **A**. Atribuye gran parte de su éxito a la buena ubicación de su local.

21. **Persona 3**

HOMBRE: Yo antes me creía el rey del mundo por tener una empresa y menospreciaba a mis empleados. Con el tiempo, he adquirido nuevos conocimientos gracias a ellos y he aprendido a ser observador. Creo que la clave está en conocer bien a las personas que te rodean y tratar de sacar lo mejor de ellos. Eso es para mí el auténtico liderazgo y creo que no se me da mal.

사람 3

남자: 예전에 저는 회사 하나가 있다는 이유로 세상의 왕이라고 스스로 생각했고 직원들을 무시했습니다. 시간이 지나면서, 그들 덕분에 새로운 지식들을 얻어가게 되었고 관찰하는 법을 배웠죠. 비결은 본인 주변에 있는 사람들을 잘 아는 것과 그들에게서 최상의 결과를 끌어내려고 노력하는 것이라고 생각합니다. 저에게는 그것이 진정한 리더십이고, 제가 못하지는 않는다고 생각해요.

체크 포인트   **1** "...**he adquirido nuevos conocimientos** gracias a ellos..."
            (그들 덕분에 **새로운 지식들을 얻어가게 되었고**)

          2 "Eso es para mí el **auténtico liderazgo** y creo que **no se me da mal**."
            (저에게는 그것이 **진정한 리더십**이고 **제가 못하지는 않는다**고 생각해요)

정답 **I**. Se ha convertido en un buen líder gracias a su experiencia.

오답 포인트   **C.** ▶ 초반에 직원들을 무시했다는 고백은 하지만, 그들에게 덜 중요한 업무를 넘기라는 언급은 하지 않았으므로 정답이 될 수 없다.

         E. ▶ 경쟁상대를 분석하면서 배운 것이 아니라 주변 사람들, 즉 직원들에게서 많은 것을 배웠다고 말하기 때문에 정답이 될 수 없다.

---

22. **Persona 4**

MUJER: Yo no sabía cómo empezar con mi negocio y se me ocurrió la idea de contactar a mi creadora de contenidos favorita para enviarle algunos de mis productos y que hiciera una reseña sincera sobre ellos en Youtube o Instagram. Su respuesta fue positiva, le encantó mi marca y desde entonces tenemos patrocinadora oficial. Estoy ahorrando mucho en publicidad y llegando a un montón de personas. ¿Qué más puedo pedir?

사람 4

여자: 저는 어떻게 사업을 시작할지 몰랐었는데, 제가 가장 좋아하는 콘텐츠 크리에이터에게 저의 제품 몇 가지를 보내서 유튜브나 인스타그램에 진실된 리뷰를 올려 달라고 연락을 해볼 생각이 떠올랐어요. 그녀의 답은 긍정적이었고, 저의 브랜드를 정말 좋아해 주었어요. 그때부터 공식 스폰서가 생겼죠. 홍보에 돈을 많이 절약하고 있고 엄청 많은 사람들에게 도달하고 있어요. 뭘 더 바랄 수 있겠나요?

체크 포인트   "...se me ocurrió la idea de contactar a mi creadora de contenidos favorita para enviarle algunos de mis productos y que **hiciera una reseña sincera sobre ellos en Youtube o Instagram**."
(제가 가장 좋아하는 콘텐츠 크리에이터에게 저의 제품 몇 가지를 보내서 **유튜브나 인스타그램에 진실한 리뷰를 올려 달라고** 연락을 해볼 생각이 떠올랐어요)

정답 **H**. Promociona su empresa mediante las redes sociales.

G. **1** "...desde entonces tenemos patrocinadora oficial."
(그때부터 공식 스폰서가 생겼죠)

2 "Estoy ahorrando mucho en publicidad y llegando a un montón de personas."
(홍보에 돈을 많이 절약하고 있고 엄청 많은 사람들에게 도달하고 있어요)

➡ 공식 스폰서는 크리에이터 한 명이며, 많은 고객이 생겼다는 의미이지 많은 투자자를 찾아낸 것은 아니므로 정답이 될 수 없다.

23. Persona 5

HOMBRE: Yo quería hacerlo todo solo para ahorrar gastos y en el menor tiempo posible, así que de 24 horas del día, prácticamente 20 las pasaba trabajando. Al final, como era de esperar, mi salud se resintió y tuve que bajar el ritmo. Lo curioso es que tras aumentar mis horas de sueño he aumentado mi productividad, así que me parece esencial dormir bien para ser más eficaz.

사람 5

남자: 저는 비용을 줄이고 되도록 짧은 기간 내로 모든 것을 해내고 싶었어요. 그래서 하루 24시간 중 실질적으로 20시간은 일하면서 보냈습니다. 결국, 예상할 수 있었듯이, 건강이 나빠졌고 속도를 낮춰야만 했어요. 흥미로운 것은 수면 시간이 늘어난 후에 생산성이 올라갔습니다. 그래서 더 능률적이기 위해서는 잠을 잘 자는 것이 필수라고 생각해요.

체크 포인트 "Lo curioso es que **tras aumentar mis horas de sueño he aumentado mi productividad**, así que me parece esencial dormir bien para ser más eficaz."
(흥미로운 것은 **수면 시간이 늘어난 후에 생산성이 올라갔습니다.** 그래서 더 능률적이기 위해서는 잠을 잘 자는 것이 필수라고 생각해요)

정답 **B.** Enfatiza que es necesario descansar para que el rendimiento sea óptimo.

24. Persona 6

MUJER: La verdad es que yo nunca tuve en mente crear mi propia empresa y simplemente quería trabajar por cuenta ajena, por lo que estuve durante varios años en diferentes conglomerados estudiando su forma de actuar. Cada empresa me enseñó diferentes habilidades, pero siempre había algo que no me convencía y sabía que las cosas se podían hacer mejor. Así un día pensé: "¿y si lo hago a mi manera?"

사람 6

여자: 저는 사실 저만의 회사를 차릴 생각은 한번도 없었고 그냥 월급쟁이로 일하고 싶었어요. 그래서 다양한 대기업에서 그들의 행동방식을 공부하며 여러 해 동안 있었죠. 각 회사마다 저에게 다른 능력을 가르쳐주었지만, 항상 납득되지 않는 것이 있었고 일을 더 잘 할 수 있겠다는 걸 알게 되었어요. 그렇게 하루는 생각했죠: "만약 내 방식대로 한다면?"

체크 포인트 **1** "...estuve durante varios años en diferentes conglomerados estudiando su forma de actuar. Cada empresa me enseñó diferentes habilidades..."
(다양한 대기업에서 그들의 행동방식을 공부하며 여러 해 동안 있었죠. 각 회사마다 저에게 다른 능력을 가르쳐주었지만)

2 "...¿y si lo hago a mi manera?" (만약 내 방식대로 한다면?)

➡ 한때 월급쟁이로 일했던 여러 대기업들이 결국 자신의 경쟁상대가 되었다는 것을 마지막 문장에서 암시할 수 있다.

정답 **E.** Aprendió mucho analizando a su competencia.

Vocabulario

질문

atribuir A a B: A를 B의 결과로 보다

rendimiento: 효율, 생산성

óptimo/a 최상의, 최고로 좋은

delegar: 위임하다, 넘기다

envergadura: 규모, 범위

valorar: 높게 평가하다, 존중하다

reglado/a: 규정된

inversor/a: 투자자

empresarial: 기업의

premiar: (상을) 주다, 수여하다

스크립트

사람 0

aspecto: 측면

placentero/a: 즐거운, 유쾌한

caber: 용량이 있다, 수용하다

사람 1

prepararse académicamente: 교육을 받다

constancia: 끈기

estrategia: 전략

obstáculo: 방해, 장애물

사람 2

deberse a que + 문장: ~에 원인을 두다

pleno/a: 가득한, 한창 때의

boca: 출입구

사람 3

creerse: 믿어버리다, 자신을 ~라고 생각하다

observador/a: 관찰자

liderazgo: 리더십

사람 4

patrocinador/a: 후원자, 스폰서

publicidad: 광고, 홍보

사람 5

prácticamente: 사실상, 실질적으로

resentirse: (기력이) 약해지다

bajar el ritmo: 속도를 낮추다

productividad: 생산성

사람 6

tener en mente: 염두에 두다

por cuenta ajena: 다른 사람의 힘으로, 월급쟁이로

conglomerado: 복합 기업, 대기업

❖ Notas

PRUEBA 2: COMPRENSIÓN AUDITIVA

정답					
25	26	27	28	29	30
a	c	c	a	a	b

지시문

이어서 코로나 바이러스 유행기간 동안 라틴아메리카 보건 인력의 정신건강과 관련된 연구에 대해 이야기하는 여자의 독백을 들을 것입니다. 음성녹음은 두 번 나옵니다. 문제(25–30)에 대한 정답(a/b/c)을 선택하세요.

선택한 옵션을 **답안지**에 표시하세요. 문제를 읽기 위해 30초가 주어집니다.

Según los resultados de un estudio liderado por las universidades de Chile y Colombia, con la colaboración de la Organización Panamericana de la Salud (OPS), el personal de salud de once países de América Latina presenta elevadas tasas de síntomas depresivos, pensamiento suicida y malestar psicológico.

El informe *HEROES(The COVID-19 HEalth caRe wOrkErs Study)* revela que en 2020, entre el 14,7% y el 22% del personal de salud entrevistado mostró síntomas que sugerían la presencia de un episodio depresivo, mientras que entre el 5% y el 15% expresaron haber considerado el suicidio. Además, el estudio indica que solo alrededor de un tercio de aquellos que manifestaron necesitar atención psicológica la recibieron en algunos países.

Anselm Hennis, director del Departamento de Enfermedades no Transmisibles y Salud Mental de la OPS, declaró: "La pandemia ha dejado al descubierto el agotamiento del personal sanitario. En los países donde el sistema de salud colapsó, enfrentaron jornadas agotadoras y dilemas éticos que tuvieron un impacto significativo en su bienestar mental. La pandemia aún no ha concluido. Es crucial cuidar a aquellos que están a cargo de nuestro cuidado".

Para la investigación llevada a cabo en el informe *HEROES* se entrevistó a 14.502 trabajadores sanitarios de Argentina, Brasil, Chile, Colombia, Bolivia, Guatemala, México, Perú, Puerto Rico, Uruguay y Venezuela, y se contó con la participación de académicos e investigadores de decenas de instituciones de esas naciones.

La salud mental del personal se vio afectada por diversos factores, incluyendo la necesidad de apoyo emocional y financiero, la preocupación por contagiar a los seres queridos, los desafíos con los familiares de aquellos infectados y las modificaciones en las responsabilidades laborales cotidianas.

Además, algunos profesionales de la salud encontraron alivio en la confianza en las capacidades de la institución sanitaria y el gobierno para manejar la pandemia. También afectaron positivamente a su salud mental el respaldo de sus colegas de trabajo y el amparo que les proporcionaba su fe espiritual o religiosa.

Rubén Alvarado, académico del programa de salud mental de la Facultad de Medicina de la Universidad de Chile y uno de los investigadores principales del estudio, expresó que la pandemia aumentó el estrés, la ansiedad y la depresión de los trabajadores de la salud, dejando al descubierto que los países no han desarrollado políticas específicas para proteger su salud mental, con lo cual existe una deuda sanitaria que se debe pagar.

El informe resalta la necesidad inmediata de implementar políticas concretas destinadas a salvaguardar la salud mental de estos profesionales. En este sentido, sugiere ajustes en el entorno laboral para garantizar condiciones de trabajo óptimas. Además, propone la provisión de salarios justos, contratos estables y la creación de espacios donde los equipos puedan dialogar, desahogarse y practicar el autocuidado.

El informe insta a proporcionar apoyo a los profesionales de la salud que tienen responsabilidades familiares, especialmente a las mujeres que suelen ser cuidadoras principales de hijos y personas mayores. También sugiere implementar directrices para proteger la salud mental del personal en los centros de salud y hacer que los servicios de salud mental sean fácilmente accesibles para estos trabajadores.

(Adaptado de https://www.paho.org/es/noticias)

칠레와 콜롬비아 대학교들이 범미보건기구(PAHO)와 협력하여 이끈 한 연구 결과에 따르면, 라틴아메리카 열한 국가의 보건 의료 인력이 높은 비율의 우울 증상, 자살 생각 및 심리적 불편함을 보인다.

HEROES(The COVID-19 HEalth caRe wOrkErs Study) 보고서는, 2020년에 인터뷰를 진행한 보건 인력 중 14.7%와 22% 사이가 우울증 에피소드의 존재를 암시하는 증상들을 보여준 반면, 5%와 15% 사이가 자살을 고려한 적이 있다는 것을 표현했다고 밝힌다. 또한, 연구는 몇몇 국가에서 심리치료가 필요하다고 밝힌 이들 중 오직 3분의 1만이 치료를 받았다고 알려준다.

PAHO의 정신건강 및 비전염성 질환 부서 책임자인 안셈 헤니스는 다음과 같이 표명하였다: "코로나 바이러스 유행병은 의료계 종사자들의 피로를 드러나게 했습니다. 의료체계가 붕괴된 국가들에서 그들은 힘든 근무 일정과 정신적 행복에 중대한 영향을 미친 윤리적 딜레마를 마주했습니다. 코로나 바이러스 유행병은 아직 끝나지 않았습니다. 우리를 보살피는 것을 책임지는 사람들을 보살피는 것이 중요합니다".

HEROES 보고서에서 진행된 연구를 위해 아르헨티나, 브라질, 칠레, 콜롬비아, 볼리비아, 과테말라, 멕시코, 페루, 푸에르토리코, 우루과이와 베네수엘라의 의료계 종사자 14,502명을 인터뷰하였으며, 그 나라들의 수십 개 기관들의 학자들과 연구자들의 참여가 있었다.

보건 인력의 정신건강은 다양한 요인의 영향을 받는데, 감정적 및 재정적 지원의 필요성, 사랑하는 사람들을 전염시킬 수 있다는 것에 대한 걱정, 감염된 환자들의 가족과의 충돌 및 일상적인 업무의 변경사항들을 포함한다.

또한, 몇몇 의료계 종사자들은 정부와 의료기관의 이 유행병을 다루는 능력에 대한 신뢰에서 안도감을 찾기도 했다. 직장 동료들의 도움과 영적 또는 종교적 믿음이 주는 보호감도 마찬가지로 그들의 정신건강에 긍정적인 영향을 주었다.

칠레 대학교의 의과대학 정신건강 프로그램 담당 학자이자 이 연구의 주요한 연구자들 중 한 명인 루벤 알바라도는 코로나 바이러스 유행병이 의료계 직원들의 스트레스, 불안과 우울증을 증가시켰다고 표현했다. 이러한 사실은 국가들이 이들의 정신건강을 보호하기 위한 구체적인 정책을 실행하지 않았다는 것을 드러나게 하였으며, 이로 인해 갚아야 할 의료계와의 빚이 존재한다고도 밝혔다.

이 연구는 이 종사자들의 정신건강을 보호하기 위한 구체적인 정책 실행의 즉각적인 필요성을 강조한다. 이러한 의미로, 최상의 근무 조건을 보장할 업무 환경에서의 조율을 제안한다. 또한, 합당한 임금 지급, 안정적인 장기 계약 및 팀원들끼리 대화하고, 감정을 풀고, 셀프케어를 할 수 있는 공간 창설을 건의한다.

보고서는 가족 부양 의무가 있는 의료 전문가들에게 지원을 제공하는 것을 당부하는데, 특히 자녀들과 노인들의 주 양육자인 여성에 대해 언급한다. 마찬가지로 보건 시설 인력의 정신건강을 보호하기 위한 가이드라인을 실시하고, 정신건강 서비스에 이 근무자들이 쉽게 접근할 수 있게 만드는 것을 제안한다.

25. HEROES 보고서에서는...

    a) 라틴아메리카 보건 의료 인력의 심리적 상태에 대해 이야기한다.

    b) 인터뷰한 인력의 절반 이상이 자살 생각을 했다고 말한다.

    c) 연구된 모든 국가들에서 적합한 심리치료를 받았다고 밝힌다.

체크 포인트　문단1

"...el personal de salud de once países de América Latina presenta elevadas tasas de **síntomas depresivos, pensamiento suicida y malestar psicológico**..."
(라틴아메리카 열한 국가의 보건 인력이 높은 비율의 **우울 증상, 자살 생각 및 심리적 불편함**을 보인다)

정답 **a)** se habla sobre el estado psicológico de personal sanitario latinoamericano.

오답 포인트　문단2

    b) "...<u>entre el 5% y el 15%</u> expresaron haber considerado el suicidio."
       (<u>5%와 15% 사이가</u> 자살을 고려한 적이 있다는 것을 표현했다)

    c) "...el estudio indica que <u>solo alrededor de un tercio</u> de aquellos que manifestaron necesitar atención psicológica la recibieron <u>en algunos países</u>."
       (연구는 몇몇 국가에서 심리치료가 필요하다고 밝힌 이들 중 <u>오직 3분의 1만이</u> 치료를 받았다고 알려준다)

26. 안셈 헤니스에 의하면, 보건 인력은...

    a) 코로나 바이러스 유행병을 전멸시키는 것을 성공했다

    b) 많은 동료들의 퇴직으로 인해 기력이 소모되었다

    c) 코로나 바이러스 유행 기간 동안 과잉 근무를 했으며 윤리적 딜레마를 마주했다

체크 포인트　문단3

"...enfrentaron **jornadas agotadoras** y **dilemas éticos** que tuvieron un impacto significativo en su bienestar mental."
(그들은 **힘든 근무일정**과 정신적 행복에 중대한 영향을 미친 **윤리적 딜레마**를 마주했습니다)

정답 **c)** ha trabajado en exceso y se ha enfrentado a encrucijadas éticas durante la pandemia.

오답 포인트　문단3

    a) "La pandemia <u>no ha concluido</u>."
       (코로나 바이러스 유행병은 아직 끝나지 <u>않았습니다</u>)

    b) ➡ 기력이 소모된 것은 맞으나 일을 그만두었다는 언급은 어디에도 등장하지 않으므로 정답이 될 수 없다.

27. 보건 인력의 정신건강에 영향을 미친 주 요인들 중 하나는 ...였다.

   a) 감정적 및 경제적 지원
   b) 가족에게서 감염될 수 있을 것에 대한 걱정
   c) 직장에서 일반적으로 수행하던 업무에서의 변화

체크 포인트 [문단5]

"...las **modificaciones** en las **responsabilidades laborales** cotidianas."
(일상적인 **업무**의 **변경사항**들을 포함한다)

정답 **c)** el cambio en las tareas que realizaban normalmente en el trabajo.

오답 포인트 [문단5]

   a) "...la <u>necesidad</u> de apoyo emocional y financiero..."
   (감정적 및 재정적 지원의 <u>필요성</u>)
   ➡ 감정적 및 재정적 지원이 정신건강에 영향을 미친 것이 아니라 그 지원이 필요하다는 것, 즉 지원 부족이
   영향을 미친 것이므로 정답이 될 수 없다.

   b) "...la preocupación por <u>contagiar a los seres queridos</u>..."
   (<u>사랑하는 사람들</u>을 전염시킬 수 있다는 것에 대한 걱정)
   ➡ 의료계 종사자들 본인들이 가족을 전염시킬까 봐 걱정하는 것이기 때문에 전염 대상이 반대되었다고 볼 수
   있다.

28. 보건 인력의 정신건강을 보호하는 것을 도와준 요인들 중 하나는 ...이었다.

   a) 신앙이 있다는 것
   b) 직장 동료들의 경제적 도움이 있다는 것
   c) 정부와 근무시설의 코로나 바이러스 유행병 관리를 비난하는 것

체크 포인트 [문단6]

"...el amparo que les proporcionaba **su fe espiritual o religiosa**."
(**영적 또는 종교적 믿음**이 주는 보호감)

정답 **a)** tener algún tipo de creencia espiritual.

오답 포인트 [문단6]

   b) "...el <u>respaldo</u> de sus colegas de trabajo..."
   (직장 동료들의 <u>도움</u>)
   ➡ 여기에서 "respaldo"는 경제적 지원보다는 도움이 필요할 때 기댈 수 있는 정신적 지지를 의미하므로 정답이
   될 수 없다.

   c) "...algunos profesionales de la salud encontraron alivio en la <u>confianza</u> en las capacidades de
   la institución sanitaria y el gobierno para manejar la pandemia."
   (몇몇 의료계 종사자들은 정부와 의료기관의 이 유행병을 다루는 능력에 대한 <u>신뢰</u>에서 안도감을 찾기도 했다)

29. 루벤 알바라도는...

    a) 대학교 교수이자 이 연구의 학자들 중 한 명이다.

    b) 보건 시설들이 큰 빚을 가지고 있다고 밝힌다.

    c) 코로나 바이러스 유행 기간 동안 보건 의료 근무자들의 스트레스와 우울증이 감소되었다고 언급한다.

> **체크 포인트** `문단7`
>
> "Rubén Alvarado, **académico** del programa de salud mental de la Facultad de Medicina de la Universidad de Chile y **uno de los investigadores** principales del estudio..."
> (칠레 대학교의 의과대학 정신건강 프로그램 담당 **학자**이자 **이 연구의 주요한 연구자들 중 한명**인 루벤 알바라도)
> ➡ 대학교 소속 학자라면 교수라고 칭할 수 있으며, "científico"는 과학자뿐만 아니라 "académico"처럼 일반 학자를 지칭하기도 한다.

`정답` **a)** es profesor universitario y uno de los científicos del estudio.

> **오답 포인트** `문단7`
>
> b) "...existe una deuda sanitaria que se debe pagar."
> (갚아야 할 의료계와의 빚이 존재한다)
> ➡ 여기에서 말하는 "deuda"는 보건 시설들이 금전적으로 보상해야 하는 빚이 아니라 보건 의료 종사자들에 대한 마음의 빚을 의미하므로 정답이 될 수 없다.
>
> c) "...la pandemia aumentó el estrés, la ansiedad y la depresión de los trabajadores de la salud..."
> (코로나 바이러스 유행병이 의료계 직원들의 스트레스, 불안과 우울증을 증가시켰다)

30. 보건 의료 근무자들의 정신 건강을 보호하기 위해 주어지는 몇 가지 제안들은 ...이다.

    a) 근무환경을 어지럽히지 않고 현재 업무 조건들을 유지하는 것

    b) 합당한 임금을 제공하고 안정성을 제공해 줄 수 있는 고용 계약을 확보하는 것

    c) 자녀들과 노인들이 쉽게 접근할 수 있는 정신건강 서비스를 개설하는 것

> **체크 포인트** `문단8`
>
> "...la provisión de **salarios justos**, **contratos estables**..."
> (**합당한 임금** 지급, 안정적인 **장기 계약**)

`정답` **b)** ofrecer sueldos decentes y asegurarse de que los contratos laborales puedan ofrecer estabilidad.

> **오답 포인트** `문단8-9`
>
> a) "En este sentido, sugiere ajustes en el entorno laboral para garantizar condiciones de trabajo óptimas."
> (이러한 의미로, 최상의 근무 조건을 보장할 업무 환경에서의 조율을 제안한다)
>
> c) "...hacer que los servicios de salud mental sean fácilmente accesibles para estos trabajadores."
> (정신건강 서비스에 이 근무자들이 쉽게 접근할 수 있게 만드는 것)
> ➡ 같은 문단에서 이 문장에 앞서 자녀들과 노인들의 주 양육자인 여성에 대한 지원을 언급하지만, 정신건강 서비스는 이 자녀들과 노인들이 아닌 보건 의료 종사자들을 위한 것이므로 정답이 될 수 없다.

Tarea 5 Vocabulario

지시문

contagiarse de + 명: ~에서 감염되다
culpar: 탓하다, 비난하다, 나무라다
perturbar: 혼란하게 하다, 교란시키다
decente: 정직한, 규정대로의
asegurarse de + INF./ + que 접속법
: ~하는 것을 확실히 하다
establecer: 설립하다, 개설하다

질문

desgastarse: 소모되다, 닳아 없어지다
baja: 퇴직
enfrentarse a + 명: ~에 맞서다, 대항하다
encrucijada: 교차점, 기로, 딜레마

스크립트

문단 1
liderar: 지휘하다, 이끌다
panamericano/a: 범아메리카의, 범미의
elevado/a: 높은
síntoma: 증상, 징후
depresivo/a: 우울증의
suicida: 자살의
malestar: 불쾌감, 불편함

문단 2
entrevistar: 인터뷰하다
sugerir: 암시하다, 넌지시 비추다
tercio: 3분의 1
manifestar: 나타내다, 밝히다

문단 3
transmisible: 전염할 수 있는
dejar al descubierto: 노출시키다, 드러나게 하다

agotamiento: 피곤, 피로, 탈진
colapsar: 붕괴되다, 쓰러지다
ético/a: 윤리의

문단 4
académico/a: 학자

문단 5
verse afectado/a por + 명: ~의 영향을 받다
ser querido: 사랑하는 사람
infectar: 감염시키다

문단 6
alivio: 안도
manejar: 다루다, 취급하다
respaldo: 지지, 도움
colega: 동료, 동업자
amparo: 비호, 보호
proporcionar: 제공하다
espiritual: 정신적, 영적인
religioso/a: 종교적

문단 7
aumentar: 증가시키다
específico/a: 특유의, 구체적인

문단 8
destinado/a a + 명/ INF.: ~에 할당된, ~를 위한
salvaguardar: 보호하다, 비호하다
ajuste: 조정, 조율
provisión: 공급, 지급
dialogar: 기분을 풀다, 감정을 토로하다
autocuidado: 셀프 케어

문단 9
instar a + INF.
: ~하는 것을 당부하다, 간절히 바라다
directriz: 지침, 가이드라인

PRUEBA 3: EXPRESIÓN E INTERACCIÓN ESCRITAS

지시문

당신은 12월 말을 위한 왕복 항공편을 예약했고, 항공사가 고작 여행 전 일주일을 앞두고 귀국 날짜를 1월로 사전 공지 없이 변경했습니다. 이 변경은 당신에게 적합하지 않고 당신의 편의에 맞는 날짜로 다시 변경하거나 환불받기 위해 항공사 직원과 통화를 하고 싶지만, 아무도 전화를 받지 않습니다. 한 라디오 프로그램에서 항공사에 대한 항의와 관련하여 이야기하는 한 변호사 사무소 대표가 등장하는 광고를 듣고, 당신에게 적절한 대책을 제안해 달라는 목적으로 항공사에 항의 편지를 쓰기로 결정했습니다. 광고 음성녹음은 두 번 들을 것입니다. 이후에 편지에 활용하기 위한 메모를 하세요. 편지에는:

　– 자신을 소개해야 합니다.

　– 편지의 동기를 설명해야 합니다.

　– 예측하지 못한 변경에 대한 보상을 요구해야 합니다.

　– 이 문제를 해결하기 위한 몇 가지 대안 방식을 제안해야 합니다.

단어 수: **150–180**

◀◀ AUDIO ▶▶

NARRADOR: Usted va a escuchar un anuncio relacionado con las reclamaciones a las compañías aéreas.

En nuestra firma de abogados le asesoramos ante cualquier problema con su vuelo para que pueda recibir la indemnización pertinente.

Los casos más comunes son aquellos en los que las aerolíneas modifican el horario del vuelo con menos de 15 días de antelación. Para su información, en esta situación tiene derecho a reclamación dado que se considera un retraso o cancelación en su vuelo. Si usted decide iniciar el proceso de demanda, le interesará saber que la cuantía de la indemnización que puede esperar se sitúa entre los 400€ y los 600€, dependiendo de cada caso.

En cuanto al plazo para conseguir que se haga efectiva la indemnización, la media está en torno a 3 meses. El motivo de la dilatación temporal es debido a que el juzgado de cada ciudad es el órgano encargado de dictar los plazos. Sin embargo, no debe preocuparse, dado que nosotros siempre logramos acelerar el proceso enviando la reclamación a la mayor brevedad posible y, además, lo mantendremos informado en todo momento sobre el progreso de su solicitud.

Por último, quisiéramos advertir que muchas aerolíneas se escudan en causas extraordinarias que no se corresponden con la realidad, pero en nuestro gabinete disponemos de los medios para verificarlas. El único caso en el que realmente se considera causa de fuerza mayor y no se puede culpar a la aerolínea es cuando las causas son meteorológicas, pero la probabilidad de que esto ocurra es muy reducida.

(Adaptado de https://www.reclamaciondevuelos.com/reclamar-un-vuelo)

소개: 당신은 항공사에 대한 항의와 관련된 광고를 들을 것입니다.

저희 법률 사무소에서는 당신의 항공편과 관련된 어떠한 문제라도 타당한 보상을 받으실 수 있도록 상담해 드립니다.

가장 일반적인 사건은 항공사가 15일 미만 전에 항공편의 시간표를 변경하는 경우입니다. 참고로, 이 상황에서 당신은 항의할 권리가 있습니다. 항공편의 지연 또는 취소로 여겨질 수 있기 때문입니다. 만약 소송 과정을 시작하기로 결정하셨다면, 기대하실 수 있는 배상금액은, 각 소송 건에 따라서, 400유로와 600유로 사이입니다.

배상이 효력을 갖는 지불 기한과 관련해서는, 평균 기간은 약 3개월입니다. 이 시간적 지연의 원인은 각 도시의 법원이 지불 기한 규정을 담당하는 기관이기 때문입니다. 하지만, 걱정하실 필요 없습니다. 저희가 될 수 있는 대로 일찍 항의문을 보내면서 항상 소송 과정을 서두르니까요. 또한, 당신의 소송 신청 과정에 대해 매 순간 알려드릴 것입니다.

마지막으로, 저희가 주의 드리고 싶은 것은 많은 항공사들이 현실과 부합하지 않은 유별난 원인을 변명으로 삼는다는 것인데, 저희 사무소는 이 원인들을 확인하기 위한 모든 수단들을 보유하고 있습니다. 불가항력의 원인으로 간주되며 항공사를 소송할 수 없는 유일한 경우는 기상학적인 원인일 때이지만, 이러한 일이 발생할 확률은 매우 낮습니다.

➡ 작문 구상

글 유형	형식적 편지
서두	Estimado señor: 담당자 귀하:
소개	Mi nombre es ... y he ... 저의 이름은 ...이고 ... 했습니다.
동기	El motivo de esta carta es que ... 이 편지를 쓰는 이유는 ... 때문입니다. A mí no me viene bien este cambio y ..., pero ... 이 변경은 저에게 적합하지 않고 ..., 하지만 ...
정보 전달	He escuchado un anuncio donde ... ...하는 광고를 들었습니다. Según él, ... 그의 말에 따르면, ...
보상 요구	Me gustaría pedirle una compensación por ... ...에 대한 보상을 요청하고 싶습니다.
대책 제안	Querría proponerle que ... ... 해주시는 것을 제안 드립니다.
답변 요청	Espero que me responda lo antes posible. 되도록 빠른 답변 주시기 바랍니다.
작별 인사	Saludos cordiales, 정중히,
서명	이름 + 성

➡ 모범 답안

Estimado señor:

Mi nombre es Isabel Fernández y he reservado un vuelo de ida y vuelta para finales de diciembre mediante su compañía.

El motivo de esta carta es que su compañía me ha cambiado el día de regreso a enero sin previo aviso, apenas una semana antes del viaje. A mí no me viene bien este cambio y me gustaría hablar con alguien de la compañía, pero nadie me coge el teléfono.

He escuchado un anuncio en un programa radiofónico donde el representante de un gabinete de abogados habla sobre las reclamaciones a las compañías aéreas. Según él, si las aerolíneas modifican el horario del vuelo con menos de 15 días de antelación, tengo derecho a reclamar una indemnización de entre 400€ y 600€.

Me gustaría pedirle una compensación por el cambio imprevisto. Querría proponerle que me volviera a cambiar el día de regreso por otro a fines de diciembre o que me devolviera el dinero directamente.

Espero que me responda lo antes posible.

Saludos cordiales,
Isabel Fernández

(171 palabras)

➡ 모범 답안 해석

담당자 귀하:

저의 이름은 이사벨 페르난데스이고 귀사를 통해 12월 말을 위한 왕복 항공편을 예약했습니다.

이 편지를 쓰는 이유는 귀사가 고작 여행 전 일주일을 앞두고 귀국 날짜를 1월로 사전 공지 없이 변경했기 때문입니다. 이 변경은 저에게 적합하지 않고 귀사 직원과 통화를 하고 싶지만, 아무도 전화를 받지 않습니다.

한 라디오 프로그램에서 항공사에 대한 항의와 관련하여 이야기하는 한 변호사 사무소 대표가 등장하는 광고를 들었습니다. 그의 말에 따르면, 항공사가 15일 미만 전에 항공편의 시간표를 변경한다면, 400유로와 600유로 사이의 배상금액을 항의할 권리가 있다고 합니다.

저는 예측하지 못한 변경에 대한 보상을 요청하고 싶습니다. 12월 말로 날짜를 다시 변경하거나 아예 환불 해주시는 것을 제안 드립니다.

되도록 빠른 답변 주시기 바랍니다.

정중히,
이사벨 페르난데스 드림

Vocabulario

ida y vuelta: 왕복

regreso: 귀환

apenas: 고작, 겨우

venir bien/mal: 적합하다/적합하지 않다

conveniencia: 편의, 사정

radiofónico/a: 라디오 방송의

representante: 대표자

gabinete: 사무소

reclamación: 항의, 주장

conveniente: 편리한, 적절한

compensación: 보상(금), 변상(금)

imprevisto/a: 예측하지 못한, 뜻밖의

스크립트

문단 1

firma: 회사

asesorar: 조언하다, 상담하다

indemnización: 보상(금), 배상(금)

pertinente: 적절한, 타당한

문단 2

modificar: 수정하다, 변경하다

antelación: (시간적인) 선행

retraso: 지연

proceso: 과정, 소송

demanda: 고소

cuantía: 양, 분량

situarse: 위치하다

문단 3

plazo: 기간, 기한

efectivo/a: 효력이 있는, 유효한

dilatación: 연장, 연기

juzgado: 법원, 재판 관할 구역

órgano: 기관, 기구

dictar: (법률이나 명령 등을) 발하다, 선언하다

acelerar: 빠르게 하다, 속도를 올리다

brevedad: 시간의 짧음

progreso: 진전, 진행

문단 4

escudarse en + 명: ~을 핑계로 삼다

corresponderse con 명: ~과 일치하다, 부합하다

disponer de + 명: ~을 자유롭게 사용하다

medio: 수단, 방법

verificar: 검증하다, 입증하다

fuerza mayor: 불가항력

probabilidad: 가능성, 확률

OPCIÓN 1

지시문

아래에 제공되는 두 가지 옵션 중 <u>하나만</u> 선택하십시오.

옵션 1

당신은 지역 잡지와 협력을 하는데, 여러 국가에서 교육분야에 실행되는 정부 투자에 대한 기사 글 작성 요청을 받았습니다. 이 기사에는 다음 그래프의 정보를 포함시키고 분석해야 합니다.

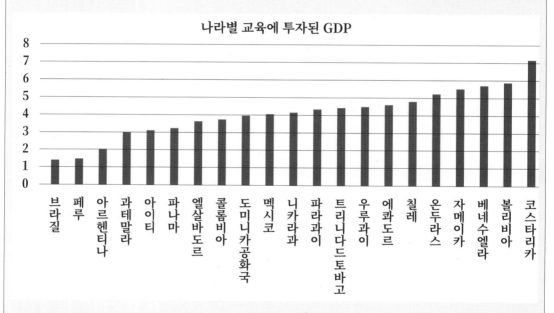

작문하는 글에는:

- 한 국가를 위한 교육이 가지고 있는 중요성을 언급해야 합니다.
- 여러 국가들의 퍼센티지를 전반적으로 비교해야 합니다.
- 가장 중요하게 여기는 데이터를 강조해야 합니다.
- 그래프에서 보여지는 정보에 대해 의견을 표현해야 합니다.
- 간단한 결론을 작성하고 세계적 수준에서 교육의 미래에 대한 예측을 해야 합니다.

단어 수: 150–180

➡ 작문 구상

글 유형	잡지 기사 글
서론: 중요성	La educación es un instrumento primordial para ... 교육은 ... 하기 위한 기본적인 도구이다.

비율 분석	➡ **비교문장 시작하기**
	    Generalmente, podemos observar que ...
	    일반적으로, ... 하다는 것을 관찰할 수 있다.
	
	    Debemos destacar que ...
	    ... 하다는 것을 강조할 필요가 있다.
	
	➡ **비율 및 순위 비교하기**
	    <u>A</u> presenta el mayor porcentaje, mientras que <u>B</u> presenta la tasa más baja.
	    <u>A</u>가 가장 높은 퍼센티지를 보여주는 반면, <u>B</u>는 가장 낮은 비율을 보여준다.
	
	    <u>A</u> ..., ocupando el primer lugar en ...
	    <u>A</u>가 ... 하는데, ...에서 첫 번째 자리를 차지한다.
	
	    <u>B</u> está en el último puesto.
	    <u>B</u>는 마지막 순위에 있다.

의견 표현	En mi opinión, ... 개인적인 의견으로는, ... Quizás ... 어쩌면 ... 하는지도 모르겠다.
결론: 미래 예측	Para concluir, ... 결론적으로, ... Los gobiernos del mundo deben implementar una medida que ... 전세계 정부들은 ... 하는 대책을 실현해야 한다. En caso contrario, ... en el futuro. 그렇지 않을 경우, 미래에 ... 할 것이다.

▶ 모범 답안

OPCIÓN 1.

La educación es un instrumento primordial para concienciar a la población de un país, por lo que es fundamental que el gobierno invierta lo suficiente en esta área. A continuación, analizaremos los datos sobre la inversión gubernamental en Educación de América Latina.

En general, podemos observar que los países centroamericanos muestran el mayor porcentaje, mientras que los sudamericanos presentan la tasa más baja. Debemos destacar que Costa Rica invierte más en la educación, ocupando el primer lugar en toda Latinoamérica.

En mi opinión, el porcentaje de la inversión en el área educativa depende del tamaño del territorio, ya que Brasil, Perú y Argentina están en los últimos puestos y se encuentran entre los países más grandes del continente. Quizás, en estas regiones lleguen a invertir solamente en el sistema educativo de las ciudades más pobladas.

Para concluir, los gobiernos del mundo deben implementar una medida que logre una inversión equitativa en la educación. En caso contrario, la falta de educación afectará a la situación tanto económica como cultural de las próximas generaciones en el futuro.

(177 palabras)

▶ 모범 답안 해석

옵션 1

교육은 한 나라의 국민들의 인식을 높여주는 기본적인 도구이다. 그러므로, 정부가 이 분야에 충분히 투자하는 것이 매우 중요하다. 이어서, 라틴아메리카에서 교육에 실행되는 정부 투자에 대한 정보를 분석해 보겠다.

일반적으로, 중미 국가들이 가장 높은 퍼센티지를 보여주는 반면, 남미 국가들은 가장 낮은 비율을 보여준다는 것을 관찰할 수 있다. 코스타리카가 교육에 제일 많이 투자한다는 것을 강조할 필요가 있는데, 이 나라는 모든 라틴아메리카에서 첫 번째 자리를 차지한다.

개인적 의견으로는, 교육 분야에 대한 투자 퍼센티지는 영토 크기에 좌우되는데, 브라질, 페루 및 아르헨티나는 마지막 순위에 있으며 이 대륙에서 가장 크기가 큰 국가들 사이에 자리하고 있기 때문이다. 어쩌면, 이 지역들에서는 오직 제일 인구가 많은 도시들의 교육 시스템에만 투자를 하게 되는지도 모르겠다.

결론적으로, 세계의 정부들은 교육 분야에 대한 공평한 투자를 성공해 내는 대책을 실현해야 한다. 그렇지 않을 경우, 미래에 교육 부족이 다음 세대들의 경제적 및 문화적 상황에 영향을 끼칠 것이다.

Vocabulario

PIB: (Producto Interior Bruto) 국내 총생산

previsión: 예상, 예측

a nivel global: 세계적 수준

옵션 2

당신은 어제 피부암 예방 캠페인에 대한 설명회에 참석했습니다. 당신의 근무시설에서 이 질환을 예방하기 위해 분명하고 정확한 행동 지침을 알려주는 전단지를 작성해야 합니다. 이것을 위해 설명회에서 받은 팸플릿을 참고할 수 있습니다.

암이 당신의 피부에 닿지 않기를

\# 주 위험 요인 → 장파장/중파장 자외선 노출

\# 가장 취약한 대상 → 임신부 및 아동

\# 예방법:

- 10시와 16시 사이에는 직사광선 피하기
- 그늘 즐기기
- 햇빛 반사 조심하기
- UV 400 차단 선글라스로 시력 건강 보호하기
- 어떠한 경우에도 태양을 직접 쳐다보지 않기
- 매 2–3시간마다 SPF 30 이상의 자외선 차단제 사용하기
- 1세 미만 아동은 절대 직사광선에 노출하지 않기
- 흐린 날 및 바람이 부는 날에도 자외선 조심하기
- 선베드는 피하고 셀프 태닝 크림 사용하기
- 한 달에 한 번 피부 상태 체크하고 일 년에 한 번 피부과 방문하기

작문하는 전단지에는:

- 피부암 예방의 중요성에 대한 간단한 서론을 써야 합니다.
- 주 위험 요인, 가장 취약한 대상과 예방법을 설명해야 합니다.
- 예방 지침을 따르는 것을 권고하고 이 질환을 예방하기 위한 실용적인 조언을 해야 합니다.
- 이 지침들을 따르지 않은 것이 당신 또는 다른 사람에게 피부 건강 문제를 일으킨 구체적인 경우를 이야기해야 합니다.

단어 수: 150–180

➡ 작문 구상

글 유형	전단지
서론: 중요성	El cáncer de piel es ..., pero es sumamente importante ... 피부암은 ..., 하지만 ... 하는 것이 더할 나위 없이 중요합니다.
정보 설명	➡ **자연스럽게 나열하기** 　Para empezar ... 　먼저, ... 　Sin embargo, ... 　그러나, ... ➡ **정보 전달하기** 　Es necesario saber que ... 　...라는 것을 아는 것이 필수입니다. 　Es esencial que ... 　... 하는 것이 매우 중요합니다.
조언	➡ **자연스럽게 나열하기** 　En concreto, ... 　구체적으로, ... 　Por lo tanto, ... 　그러므로, ... ➡ **조언 표현하기** 　Los principales consejos son ... 　주요한 조언은 ... 하는 것입니다. 　Algo que podemos hacer todos los días es ... 　매일 할 수 있는 것은 ... 하는 것입니다.
구체적인 경우 언급	En mi caso particular, ... 저의 경우에도 ... 했습니다.
결론: 경고	No se olviden de ... ... 하는 것을 잊어서는 안됩니다.

> *OPCIÓN 2.*
>
> *El cáncer de piel es una enfermedad que actualmente no es tan famosa como el coronavirus, pero es sumamente importante prevenirlo debido a su gravedad.*
>
> *Para empezar, es necesario saber que el principal factor de riesgo es la exposición a los rayos UVA y UVB del sol y que los grupos más vulnerables son las embarazadas y los niños. Sin embargo, es esencial que todos nos cuidemos y sigamos las pautas de prevención para evitar esta enfermedad.*
>
> *En concreto, los principales consejos son protegerse del sol y revisar la piel cada mes. Por lo tanto, algo que podemos hacer todos los días es llevar siempre en el bolso gafas de sol de buena calidad y protector solar factor 30 FPS o mayor.*
>
> *En mi caso particular, durante un día nublado de verano no utilicé ningún protector solar y me quemé tan seriamente que estuve adolorido/a durante dos semanas. No se olviden de cuidarse los 365 días del año.*

(158 palabras)

■➤ 모범 답안 해석

옵션 2

피부암은 현재 코로나 바이러스만큼 유명한 질환은 아니지만, 그것의 심각성 때문에 예방하는 것이 더할 나위 없이 중요합니다.

먼저, 주 위험 요인이 장파장 및 중파장 자외선 노출이며 가장 취약한 대상은 임신부와 아동이라는 것을 아는 것이 필수입니다. 그러나, 우리 모두가 이 질병을 피하기 위해 조심하고 예방 지침을 따르는 것이 매우 중요합니다.

구체적으로, 주요한 조언은 햇빛으로부터 보호하고 매달 피부를 체크하는 것입니다. 그러므로, 매일 할 수 있는 것은 가방에 항상 좋은 품질의 선글라스와 FPS 30 이상의 자외선 차단제를 챙겨 다니는 것입니다.

저의 경우에도 한 흐린 여름날 자외선 차단제를 바르지 않았는데, 너무 심한 화상을 입어서 2주 동안이나 따가웠습니다. 1년 365일 조심하는 것을 잊어서는 안됩니다.

Tarea 2 Vocabulario

지시문

prevención: 예방

(carta) circular: 회람용 편지, 광고 전단

pauta: 규범, 지침

folleto: 팸플릿, 안내서

rayo: 광선

vulnerable: 취약한

sombra: 그늘, 그림자

ocular: 눈의

protector solar: 자외선 차단제

factor: 지수

exponer: 노출시키다

nublado/a: 구름 낀

ventoso/a: 바람이 많은

radiación ultravioleta: 자외선

autobronceante: 셀프 태닝

revisar: 체크하다, 살피다

dermatólogo/a: 피부과 의사

PRUEBA 4: EXPRESIÓN E INTERACCIÓN ORALES

지시문

발표를 준비하기 위한 몇 가지 지시사항들과 함께 두 개의 주제를 제안합니다. <u>한 가지</u> 주제만 <u>고르세요</u>.

3–4분 동안 특정한 상황에 대해 제안된 해결책들의 장단점을 이야기하세요. 이어서, 2–3분 동안 그 주제에 대해 시험관과 대화해야 합니다.

▣ 제시된 두 개의 옵션 중 하나를 선택했다는 가정 하에 작성된 내용입니다.

주택에 대한 접근성

세계에는 주택 소유에 접근하는 것에 현재 큰 어려움을 겪고 있는 많은 사람들이 있습니다. 이러한 상황의 요인들로는 부동산의 높은 가격, 낮은 임금 또는 재정적 문제가 있는데, 특히 바르셀로나, 런던, 뉴욕 또는 서울과도 같은 대도시에서 발생합니다.

이 분야 전문가들이 이러한 상황을 해결하는 것을 도와줄 몇 가지 대책들을 논의하기 위해 모였습니다.

아래 제안된 의견들을 읽어보고, 3분 동안 장점과 단점을 설명하세요. 최소 네 개의 의견들에 대해 이야기해야 한다는 것을 잊지 마세요. 발표를 끝낸 후, 주제에 대해 시험관과 대화를 나누어야 합니다.

발표를 준비하기 위해, 각 의견을 분석할 때에는 왜 그것이 좋은 해결책이고 어떤 문제점들이 있는지, 누구에게 이익을 주고 누구에게 불리한지, 어떤 다른 문제들을 야기할 수 있는지, 강조할 내용이 있는지 등을 생각해 보아야 합니다.

1 2021년도에 스페인의 90㎡ 주택 한 채의 평균 가격이 평균 연봉의 9배와 동등했어요. 사람들이 집을 소유할 수 있도록 합당한 임금을 확보하는 것이 필수입니다.

2 더 많은 사람들이 집을 구입하는 것 대신에 임대하는 것을 고려해야 한다고 생각합니다. 주택을 소유하지 않아도 아무런 문제가 없으며 이 대안이 결국 더 경제적이에요.

3 때때로 은행에서 담보대출을 받는 게 쉽지 않아서, 특히 청년들을 도와주기 위해 가족 또는 친구들이 가능한 능력안에서 경제적 지원을 제공하는 것이 중요할 것 같습니다.

4 정부가 주택의 낮은 가격을 보장하고, 더 많은 사회주택 프로그램을 제공하며 토지 가격을 삭감하는 법안을 제정하는 것이 필수입니다.

5 점점 더 많은 사람들이 농촌지역에서 대도시로 이사를 가면서 부동산 가격 인상을 부추기기 때문에 이 문제가 야기되었다고 생각합니다. 정답은 이 상황을 되돌리는 것에 있어요.

6 주택구입자와 세입자 모두를 보호하는 정책들을 촉진해야 할 것이라고 생각해요. 예를 들어, 주택구입자를 위해서는 계약금 지불의 편의성을, 세입자를 위해서는 세금 할인을 해주는 정책들 말입니다.

❑ 모범 답안

주제 소개하기

He elegido la opción 1, que habla de la dificultad que experimentan muchas personas en el mundo para acceder a una vivienda. Los principales factores de esta situación son los altos precios de los inmuebles, los salarios bajos y los problemas de financiación, especialmente en ciudades como Barcelona, Londres, Nueva York o Seúl. Para resolver este problema, se plantean varias propuestas que comentaré y valoraré a continuación.

저는 1번 옵션을 골랐는데, 세계에서 많은 사람들이 주택 소유에 접근하는 데 겪는 어려움에 대해 이야기합니다. 이 상황의 주요한 요인들은 부동산의 높은 가격, 낮은 임금 및 재정적 문제인데, 특히 바르셀로나, 런던, 뉴욕 또는 서울 같은 대도시에서 일어난다고 하네요. 이 문제를 해결하기 위해 여러 의견들이 제시되었고, 이 의견들을 언급하고 평가해 보겠습니다.

의견 1

La primera propuesta menciona la necesidad de asegurar un salario adecuado para que la gente tenga acceso a un hogar. Según esta opinión, en España el precio medio de una vivienda de 90 metros cuadrados en 2021 equivalía a 9 salarios medios anuales. Considero que esto es un dato importante para resolver el problema planteado, ya que la gente debe tener la oportunidad de ganar suficiente dinero mediante su trabajo para comprar su propia casa.

첫 번째 의견은 사람들이 집을 소유할 수 있기 위한 적합한 임금 확보의 필요성을 언급합니다. 이 의견에 따르면, 스페인의 90㎡ 주택 한 채의 2021년도 평균 가격이 평균 연봉의 9배와 동등했다고 합니다. 이것은 제시된 문제를 해결하기 위해 중요한 데이터라고 생각하는데요, 사람들이 자신들만의 집을 사기 위한 충분한 금액을 일을 통해서 벌 수 있는 기회를 가져야 하기 때문입니다.

의견 2

Creo que la segunda propuesta no aporta una solución real al problema, ya que recomienda alquilar en vez de comprar una casa, y esto no me parece relevante.

두 번째 의견은 문제에 대한 실질적인 해결책을 제공하지 않는다고 생각합니다. 집을 구입하는 것 대신에 임대하는 것을 권하는데, 이것은 의미 있다고 생각하지 않기 때문입니다.

의견 3

La tercera propuesta sugiere que los amigos y los familiares ayuden financieramente a los jóvenes que quieren comprarse una casa, ya que a veces es complicado obtener una hipoteca del banco. No sé si esta es una buena idea, ya que muchos padres no tienen suficientes recursos económicos y no pueden ayudar a sus hijos, aunque quieran hacerlo. Creo que es una opción que no se puede aplicar a todo el mundo.

세 번째 의견은 친구들과 가족이 집을 구입하려는 청년들을 금전적으로 도와주는 것을 권하는데, 때로 은행에서 담보대출을 받는 것이 복잡하기 때문입니다. 이 의견이 좋은 생각인지는 모르겠습니다. 왜냐하면 많은 부모들은 충분한 경제적 자원이 없고 자녀들을 도와줄 수 없기 때문이죠. 그렇게 하고 싶더라도 말이에요. 이것은 모두에게 적용될 수는 없는 의견인 것 같습니다.

의견 4

La cuarta propuesta me parece muy adecuada, ya que propone la promulgación de leyes del gobierno para mantener bajos precios en las viviendas, ofrecer más programas de casas protegidas y reducir el precio del suelo. Creo que el gobierno es la única institución que puede mejorar esta situación. Por lo tanto, es fundamental que el gobierno tome medidas efectivas para garantizar el acceso a una vivienda para todos.

네 번째 의견은 매우 적합하다고 생각합니다. 낮은 주택 가격을 유지하고, 더 많은 사회주택 프로그램을 제공하며, 토지 가격을 삭감하기 위한 정부의 법안 제정을 제안하기 때문이죠. 저는 정부가 이 상황을 개선할 수 있는 유일한 기관이라고 생각합니다. 그러므로, 정부가 모두에게 주택 소유에 대한 접근을 보장해 주는 효율적인 대책을 세우는 것이 기본적이죠.

의견 5

La quinta propuesta plantea que cada vez más gente se muda a las grandes ciudades y por eso suben los inmuebles, así que hay que revertir esta situación. Me parece que esta opinión tampoco aporta una solución real al problema, ya que es imposible obligar a las personas a quedarse en las zonas rurales. Quizás, puedan mejorar las condiciones de estas zonas para que la gente pueda seguir viviendo allí, por ejemplo, construyendo más hospitales y escuelas.

다섯 번째 의견은 점점 더 많은 사람들이 대도시로 이사하면서 부동산 가격이 인상하기 때문에 이러한 상황을 되돌려야 한다고 제시합니다. 이 의견도 문제에 대한 실질적인 해결책을 제공하지 않는다고 생각하는데요, 사람들이 농촌지역에 남아있는 것을 강요하는 일은 불가능하기 때문입니다. 어쩌면, 사람들이 계속 농촌지역에서 살 수 있도록 이 지역들의 조건을 개선할 수도 있을 텐데요. 예를 들어, 병원과 학교를 더 설립하면서 말이에요.

의견 6

Y, por último, la propuesta número seis habla de las políticas que amparan tanto al comprador como al inquilino con facilidades de pago inicial y rebajas de impuestos. Creo que es una buena medida y podrá aplicarse con la cuarta propuesta, ya que parecen medidas que el gobierno puede llevar a cabo realmente.

마지막으로, 6번 의견은 계약금 지불의 편의성과 세금 할인으로 주택구입자와 세입자 모두를 보호해 주는 정책에 대해 이야기합니다. 저는 이것이 좋은 대책이며 네 번째 의견과 함께 적용될 수 있을 것이라고 생각하는데요, 정부가 실제로 진행할 수 있는 대책 같기 때문입니다.

결론 내리기

En resumen, considero que las propuestas más acertadas son la primera, la cuarta y la sexta, porque me parece necesario mejorar las condiciones económicas de los trabajadores y plantear políticas gubernamentales prácticas para resolver el problema de acceso a la vivienda.

요약하자면, 저는 첫 번째, 네 번째와 여섯 번째 의견들이 가장 적절하다고 생각합니다. 주택 소유에 대한 접근 문제를 해결하기 위해서는 근로자들의 경제적 조건을 개선하고 실용적인 정부 정책을 제시하는 것이 필수라고 여기기 때문이죠.

▶ 질문에 대한 답변하기

Examinador/a	Candidato/a
De acuerdo. Y usted, ¿cree que este tema realmente tiene solución? 알겠습니다. 그렇다면, 이 주제에 실제로 해결책이 있다고 생각하나요?	Me gustaría creer que sí, que el gobierno aplicará las medidas necesarias y algún día la situación a nivel mundial cambiará. Pero en realidad es una situación muy complicada y no creo que se resuelva pronto. 그렇다고 생각하고 싶습니다. 정부가 필요한 대책을 적용하고 언젠가 전세계적 상황이 바뀔 것이라고 말이에요. 하지만 현실적으로 매우 복잡한 상황이고 바로 해결될 것이라고 생각하지는 않아요.
Vale. Y este problema, ¿es un tema que preocupe a las personas de su país? 좋습니다. 그렇다면 이 문제는 당신의 나라에서 우려되는 주제인가요?	Sí, nosotros nos preocupamos mucho por este problema, especialmente los jóvenes, que queremos tener una vida estable pero todavía no la hemos conseguido. En Seúl, los precios de las viviendas están cada vez más altos y solo algunos que pueden recibir la ayuda económica de sus padres logran comprar una casa. Pero la mayoría suele alquilarla. 네, 이 문제로 걱정을 많이 하죠. 특히 안정적인 삶을 원하지만 아직 이루지 못하고 있는 청년들이 걱정합니다. 서울은 주택 가격이 점점 더 높아지고 있고 오직 부모님의 경제적 도움을 받을 수 있는 몇몇만이 집을 삽니다. 하지만 대다수는 주로 임대를 하는 편이죠.

experimentar: 겪다, 체험하다
inmueble: 부동산

의견 1
equivaler a + 명: ~과 동등하다
salario anual: 연봉
asegurar: 확보하다

의견 2
en propiedad: 소유물로서

의견 3
hipoteca: 저당, 담보

의견 4
promulgar: 제정하다, 공표하다
casa protegida: 사회주택

의견 6
pago inicial: 착수금, 계약금
inquilino/a: 세입자
rebaja: 할인, 가격 인하
impuesto: 세금

모범 답안

발표
relevante: 중요한, 의미 있는
acertado/a: 적절한, 적당한

❖ Notas

PRUEBA 4: EXPRESIÓN E INTERACCIÓN ORALES

지시문

2–3분 동안 한 장의 사진에서 상황을 상상하고 묘사해야 합니다. 이어서 이 상황의 주제와 관련된 당신의 경험과 의견들에 대해 시험관과 대화를 나누어야 합니다. 확실한 정답이 있는 것은 아니며 주어진 질문들을 기반으로 상황을 상상하면 됩니다. 두 장의 사진 중 <u>한 장만</u> 선택하세요.

▶ 제시된 두 개의 옵션 중 하나를 선택했다는 가정 하에 작성된 내용입니다.

여행 중 돌발 상황

사진에 있는 사람들은 지금 막 여행을 떠나려고 합니다. 약 2–3분 동안 보이는 장면을 묘사하고, 상황을 상상해 보고 그것에 대해 이야기하세요. 다음 사항에 집중해 보세요.

- 이 사람들이 어디에 있다고 생각하나요? 어떤 종류의 여행을 할 것인가요? 왜 그렇게 생각하나요?
- 이 두 사람은 어떤 관계라고 생각하나요? 서로에게 무슨 말을 하고 있다고 생각하나요? 이유는 무엇인가요?
- 이들은 어떤 사람들이라고 상상되나요? 어디에 살고 있나요? 직업은 무엇인가요? 개인적인 상황은 어떤가요? 왜 그렇게 생각하나요?
- 무슨 일이 일어나고 있다고 생각하나요? 이후에는 어떤 일이 발생할 것이라고 생각하나요? 이 상황은 어떻게 끝날까요? 이들은 여행을 잘 다녀올 수 있을까요? 이유는 무엇인가요?

사진을 묘사한 후에는, 이 Tarea의 총 시간을 채우기 위해 시험관이 해당 상황의 주제에 대해 질문을 할 것입니다.

시험관의 질문 예시:

- 다른 사람들과 여행하는 것이 문제가 될 수 있다고 생각하나요? 이유는 무엇인가요?
- 사진의 상황과 비슷한 일을 언젠가 겪어본 적이 있나요? 그러한 경우에는, 어떤 일이 있었는지, 어떤 결과가 있었는지, 어떤 기분이었는지, 에피소드가 있었는지 이야기해 줄 수 있나요? 그렇지 않은 경우에는, 이러한 상황에 어떻게 대비할 것인가요?
- 당신이 생각하기에, 여행을 잘 다녀오기 위해 가장 중요한 점은 무엇인가요?
- 애인 또는 친구와 함께 가는 여행에서 일어나는 가장 일상적인 문제들은 어떤 것들이라고 생각하나요?

이 Tarea의 총 시간은 **5–6분**입니다.

사진 묘사하기

En esta fotografía solo hay dos personas que parecen una pareja y están en una parada de autobús. El chico está de pie al lado de una maleta amarilla y haciendo gestos de descontento con sus manos. La chica está sentada junto a él, al lado de otra maleta negra con una mano en la cabeza y cara de preocupación. Ambos parecen confundidos y sorprendidos ante una situación inesperada.

이 사진 안에는 커플인 것 같은 두 사람만 있고 그들은 버스 정류장에 있습니다. 남자는 노란색 여행 가방 옆에 서서 불만을 표현하는 손짓을 하고 있네요. 여자는 남자 옆에 앉아있는데요, 검정색 여행 가방 옆에서 머리에 손을 얹고 걱정스러운 얼굴을 하고 있습니다. 두 사람 모두 예상하지 못한 상황 앞에서 혼란스럽고 놀란 것 같아 보입니다.

El hombre tiene barba, y lleva una chaqueta y unos pantalones vaqueros. La mujer lleva un abrigo color amarillo y unos vaqueros de color claro. Al fondo se ve una ciudad con edificios y árboles.

남자는 턱수염이 있고 청재킷과 청바지를 입고 있습니다. 여자는 노란색 외투와 옅은 색의 청바지를 입고 있네요. 배경에는 건물들과 나무들이 있는 도시가 보입니다.

인물에 대해 상상하기

Creo que van a ir de luna de miel después de su boda y están esperando el autobús para ir al aeropuerto. Pero ha pasado ya una hora, tampoco han podido llamar un taxi y están preocupados porque pueden perder su vuelo. Parece que el chico está especialmente estresado y le está preguntando a la chica qué hacer, pero ella tampoco tiene una solución y se siente frustrada.

결혼식을 마치고 신혼여행을 떠날 예정이고 공항에 가기 위해 버스를 기다리고 있다고 생각합니다. 하지만 이미 한시간이 지났고 택시도 잡지 못해서 비행기를 놓칠까 봐 걱정하고 있습니다. 특히 남자가 스트레스를 받는 것 같아 보이고 여자에게 어떻게 할지 물어보지만, 그녀도 마찬가지로 해결책이 없어 보이고 좌절감을 느끼고 있는 것 같습니다.

Parece que son personas tranquilas y amables, y no se ven demasiado enfadados. Creo que ambos se respetan y se quieren, así que no van a discutir en realidad por esto. Ellos acaban de casarse y no quieren arruinar el plan de disfrutar de este viaje juntos.

이 사람들은 차분하고 다정해 보이며, 그렇게 화가 난 것 같지는 않아요. 둘은 서로 존중하고 아끼기 때문에, 이 일로 다투지는 않을 것입니다. 방금 결혼했고 함께 이 여행을 즐기려는 계획을 망치고 싶어 하지 않아요.

상황에 대해 추측하기

Me parece que van a llamar por teléfono a algún familiar que viva cerca de la parada y pedirle que los acerque al aeropuerto en coche. Seguramente esta persona los ayude y puedan coger el vuelo a tiempo.

제 생각에는 정류장 가까이 살고 있는 친척에게 전화를 해서 자동차로 공항에 데려다 달라고 부탁할 것 같아요. 그 사람은 분명 이들을 도와줄 것이고 제시간에 비행기를 탈 수 있을 것입니다.

El final será feliz: correrán hasta su puerta de embarque, se subirán al avión y tendrán un viaje inolvidable. Quizás les cuenten a sus amigos este episodio al volver de la luna de miel.

결말은 행복할 것입니다. 그들은 탑승 게이트까지 뛰어가서 비행기를 탈 것이고, 잊지 못할 여행을 다녀오겠죠. 어쩌면 신혼여행에서 돌아온 후 이 에피소드를 친구들에게 이야기할지도 몰라요.

▶ 질문에 대한 답변하기

Examinador/a	Candidato/a
De acuerdo. Y, ¿a usted le ha ocurrido alguna vez algo parecido a la situación de la fotografía? 알겠습니다. 그렇다면 당신에게도 언젠가 이 사진의 상황과 비슷한 일이 일어난 적이 있나요?	Sí, me ocurrió algo parecido en un vuelo a España. Había perdido el autobús y tampoco pude llamar un taxi, por lo que llegué al aeropuerto una hora más tarde de lo que había planificado. Tuve que correr mucho y al final pude coger el vuelo a tiempo. 네, 스페인으로 가는 비행에서 비슷한 일이 있었어요. 버스를 놓쳤고 택시도 부르지 못해서 계획한 것보다 한시간 늦게 공항에 도착했거든요. 많이 뛰어야만 했고 결국 제시간에 비행기를 탈 수 있었어요.
Me alegro. Y, ¿cuáles cree que son los problemas más habituales que se dan en los viajes en pareja o con otras personas? 다행이네요. 그렇다면, 애인이나 다른 사람들과 함께 가는 여행에서 일어나는 가장 일상적인 문제들은 어떤 것들이라고 생각하나요?	Creo que eso depende de las personas con quienes vaya de viaje. Si una persona va con su novio o novia no habrá tantos problemas, ya que se conocen y pueden hablar libremente de lo que quieren hacer. Pero, si el viaje es con compañeros de trabajo o con varios familiares, siempre es complicado escuchar todas las opiniones y llegar a un acuerdo entre todos. En este caso, hay que hablar y solucionar el problema en cada momento. 누구와 함께 가는지에 따라 다르다고 생각합니다. 만약 남자친구나 여자친구와 함께 가는 것이라면 문제가 그렇게 많지는 않을 거예요. 서로 잘 알고 하고 싶은 것에 대해서 편하게 이야기할 수 있으니까요. 하지만, 직장 동료들이나 여러 식구들과 함께 가는 여행이라면, 모든 의견을 듣고 모두들 함께 의견 일치를 하는 것은 항상 힘든 일이죠. 이 경우에는, 매 순간마다 이야기를 나누고 문제를 해결해야 합니다.
Ajá. Y según su opinión, ¿qué es lo más importante para tener un buen viaje? 그렇군요. 그렇다면 당신이 생각하기에는, 여행을 잘 다녀오기 위해 가장 중요한 점은 무엇인가요?	Creo que la actitud es lo más importante. Hay que tener ganas de disfrutar de cada momento, escuchar las opiniones de otros y no preocuparse demasiado cuando pasa algo imprevisto. Porque, en mi opinión, viajar significa experimentar cosas nuevas. 태도가 제일 중요하다고 생각합니다. 매 순간을 즐기려는 의욕이 있어야 하고, 다른 사람들의 의견을 들어야 하며 예상치 못한 일이 일어났을 때 지나치게 걱정하지 않아야 해요. 왜냐하면, 제가 생각하기에는, 여행하는 것은 새로운 일들을 경험하는 것을 의미하기 때문이에요.

Vocabulario

imprevisto: 뜻밖의 일, 예측하지 못한 일

estar a punto de + INF.: 막 ~하려던 참이다

problemático/a: 문제가 있는

모범 답안

발표

maleta: 여행 가방

descontento: 불만, 난색

confundido/a: 혼란스러운, 당황하는

inesperado/a: 예상하지 못한, 돌발적인

vaquero/a: 데님으로 만든

luna de miel: 신혼 여행

puerta de embarque: 탑승구, 게이트

inolvidable: 잊을 수 없는, 기억에 남을

PRUEBA 4: EXPRESIÓN E INTERACCIÓN ORALES

지시문

2-3분 동안 주어진 기사 또는 설문조사의 정보에 대해 의견을 말해주세요. 그리고, 당신의 의견을 표현하면서 이 정보에 대해 시험관과 대화를 나누어야 합니다.

제시된 두 개의 옵션 중 <u>한 가지만</u> 선택하세요.

이 **Tarea**에서는 사전 준비 시간이 없습니다.

▣ 제시된 두 개의 옵션 중 하나를 선택했다는 가정 하에 작성된 내용입니다.

인터넷 쇼핑

인터넷으로 쇼핑을 하나요? 최근 12개월동안 이 방식으로 어떤 제품들을 구매했나요? 당신의 개인적인 기준에 따라 답변하고 이유를 설명해 주세요.

옷과 액세서리	
전자제품	
금융상품 및 보험	
가정용품 (가구, 장식품 등)	
여행 (비행기 티켓, 호텔 등)	
문화상품 (도서, DVD 등)	
다른 제품/서비스	

이어서, 같은 질문들을 포함하는 스페인에서 진행된 설문조사의 결과와 당신의 답변을 비교하세요.

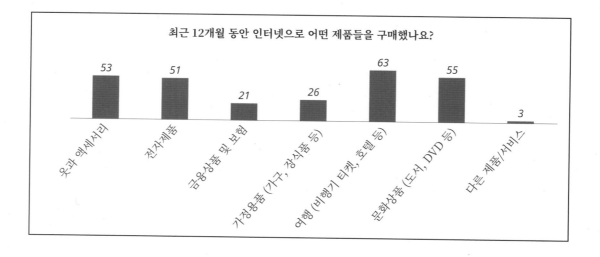

최근 12개월 동안 인터넷으로 어떤 제품들을 구매했나요?

옷과 액세서리	전자제품	금융상품 및 보험	가정용품 (가구, 장식품 등)	여행 (비행기 티켓, 호텔 등)	문화상품 (도서, DVD 등)	다른 제품/서비스
53	51	21	26	63	55	3

설문조사 자료에 대해 시험관과 의견을 이야기하고 당신의 답변과 비교하세요.

- 어떤 점에서 일치하나요? 어떤 점에서 다른가요?
- 특별히 주의를 끄는 자료가 있나요? 이유는 무엇인가요?

시험관의 질문 예시:

- 왜 이 답변을 골랐나요? 예를 들어줄 수 있나요?
- 어떤 답변에 가장 동의하지 않나요? 이유는 무엇인가요?

이 Tarea의 총 시간은 **3-4분**입니다.

➡ 모범 답안

주로 하는 인터넷 쇼핑에 대해 소개하기

La verdad es que yo compro casi todas las cosas por internet porque es más cómodo y barato. Además, no tengo que ir a ningún sitio y lo puedo hacer desde mi móvil. Otra ventaja es que puedo comprar algo en cualquier momento y no tengo que esperar a que se abran las tiendas.

사실 저는 거의 모든 물건들을 인터넷으로 구매합니다. 더 편하고 저렴하기 때문이죠. 게다가, 아무 데도 갈 필요 없고 제 핸드폰으로 할 수 있기도 하죠. 또 다른 장점은 아무 때나 무언가를 살 수 있고 가게들이 열릴 때까지 기다릴 필요도 없다는 점이에요.

최근에 구매한 제품 설명하기

En cuanto a los productos que he adquirido en los últimos 12 meses, lo que he comprado más por internet son servicios, ya que yo compro casi toda la comida de esta manera. Si hago un pedido a casa, no tengo que llevar bolsas pesadas por la calle. Después, me gusta mucho viajar y lo hago a menudo, así que reservar los billetes de avión y los hoteles es mi segunda compra más frecuente por internet.

최근 12개월 동안 구매해온 제품들과 관련해서는, 인터넷으로 가장 많이 산 것은 다른 서비스입니다. 저는 이 방식으로 거의 모든 음식을 사거든요. 집으로 배달 주문을 하면 길에서 무거운 봉지를 가지고 다닐 필요가 없잖아요. 그다음 에는, 여행하는 것을 좋아하고 자주 하기 때문에, 비행기 티켓과 호텔 예약이 제가 두 번째로 가장 자주 구매하는 것입니다.

Examinador/a	Candidato/a
De acuerdo. Entonces, ahora voy a mostrarle el resultado de la encuesta realizada a los españoles. ¿Hay algún dato que le llame especialmente la atención? 알겠습니다. 그렇다면, 이제 스페인 사람들에게 실행된 설문조사의 결과를 보여주겠습니다. 특별히 주의를 끄는 사항이 있나요?	Sí. Lo que más me sorprende es que la categoría que yo he elegido sea algo que consumen menos los españoles. Seguramente en España todavía no esté tan desarrollada la industria de los pedidos de comida por internet. Por otro lado, todos coincidimos en que compramos muchos productos relacionados con los viajes. 네. 가장 놀라운 것은 제가 고른 카테고리가 스페인 사람들이 가장 덜 소비하는 것이라는 점입니다. 분명 스페인에는 아직 인터넷 음식 주문 산업이 그렇게 많이 발달되어 있지 않을 거예요. 또 다른 한편으로는, 여행과 관련된 많은 상품들을 구매하는 것에는 모두 일치합니다.
En general, ¿a qué cree que se deben las diferencias entre sus respuestas y las de los españoles? 전반적으로, 당신의 답변과 스페인 사람들의 답변 간의 차이가 무엇에 원인을 둔다고 생각하나요?	Me parece que la forma de vida es muy diferente. Pero pienso que, si les hacemos esta encuesta a las personas mayores de cincuenta años de mi país, probablemente obtendremos respuestas similares a las de los españoles. Quizás la diferencia no dependa tanto de la nacionalidad, sino de la generación. 생활방식이 매우 다르다고 생각합니다. 비록, 우리나라에서도 50세 이상의 사람들에게 이 설문조사를 한다면, 아마도 스페인 사람들과 비슷한 답변을 얻을 수도 있을 것 같네요. 어쩌면 국적에 따라 그렇게나 달라지는 것이 아니라, 세대에 따라 다른 것일 수도 있어요.
Vale. ¿Podría indicar la frecuencia con la cual usted compra productos por internet? 좋습니다. 당신이 인터넷으로 제품들을 구매하는 빈도를 알려줄 수 있나요?	La verdad es que lo hago todos los días: comida, ropa, un billete de tren o un libro. No gasto demasiado, pero si estoy mirando el móvil y veo algo que me gusta, lo compro enseguida. 사실 매일 합니다. 음식, 옷, 기차 티켓 또는 책 한 권이라도 말이에요. 지나치게 지출하는 것은 아니지만, 핸드폰을 보다가 마음에 드는 것을 보면, 곧바로 구매해요.
Ajá. Y, ¿cuál de todos estos productos considera que no es tan efectivo comprar por internet? 그렇군요. 그렇다면 이 모든 제품들 중에서 인터넷으로 구매하는 것이 그렇게 효율적이지 않다고 여기는 것은 어떤 것인가요?	Quizá los productos bancarios y seguros. Creo que es mejor ir al banco y hablar con el encargado en persona para escuchar la explicación detallada sobre los productos. 어쩌면 금융상품과 보험이요. 은행에 가서 상품들에 대한 자세한 설명을 듣기 위해 담당자와 직접 이야기하는 것이 더 좋다고 생각합니다.

Tarea 3 Vocabulario

bancario/a: 은행의

equipamiento: 장비, 기기

모범 답안

발표

pedido: 주문

bolsa: 봉지, 가방

질문 답변

forma de vida: 생활방식

frecuencia: 빈도

enseguida: 즉시, 당장

Simulacro

DELE
B2
Set 2
해설

Prueba 1
Comprensión de lectura

Prueba 2
Comprensión auditiva

Prueba 3
Expresión e interacción escritas

Prueba 4
Expresión e interacción orales

PRUEBA 1: COMPRENSIÓN DE LECTURA

정답					
1	2	3	4	5	6
c	c	c	c	b	b

지시문

다음 글을 읽고 문제(1–6)에 대한 정답(a/b/c)을 고르세요. 선택한 옵션을 **답안지**에 표시하세요.

비건 식단: 지구를 위한 최고의 선택

영국에서 진행된 한 연구가 밝혀낸 바로는, 심지어 지속 가능성이 제일 낮은 비건 식단조차도 지속 가능성이 제일 높은 육식 식단보다 환경에 더 우호적이다.

'네이처'지에 최근 발표된 새로운 연구는 채식주의자들의 식단이 육류를 많이 섭취하는 사람들이 만들어내는 환경적 영향의 단 30%만 발생시킨다는 것을 암시한다. 그러므로, 비건 식단은 지구에 가장 해롭지 않은 식사 형태이다.

식육 산업 및 동물유래 제품들이 환경에 더 큰 영향을 미치며 기후변화에 중대한 역할을 하는 것은 이미 알려진 사실이었음에도 불구하고, 최근 진행된 연구는 측정 가능한 결과로 이 주장을 증명해 내고자 했다.

연구자들은 영국의 5만 5천여 명의 사람들의 데이터를 분석했고 그들의 식단이 미치는 영향을 측정하는 다섯 가지 형태를 규정했다. 이 형태들은 물의 사용, 흙의 사용, 수질 오염, 온실효과의 가스 배출 및 생물 다양성의 손실이다.

일 년 동안 이 연구의 참가자들을 관찰했고 그들을 비건, 베지테리언, 페스코 베지테리언, 소량, 중량 및 대량 육식가 등의 여섯 가지 식단 그룹으로 분류했다. 학자들은 동시에 5만 7천 가지 식품들의 환경적 영향을 분석하기도 했는데, 이번 기회에는 이 식품들이 어디에서 생산되었는지가 참고되었다.

결과는 반론의 여지가 없었다. 먼 지역에서 나오거나 대량 생산되는 식품이 포함된, 지속 가능성이 가장 낮은 비건 식단조차도 육류를 섭취하는 사람의 지속 가능성이 가장 높은 식단보다 환경에 더 우호적이었다.

이 실험의 저자들은 육류가 더 많은 흙을 필요로 하는데, 이것은 더 많은 산림 벌채와 나무에 저장되는 더 적은 양의 탄소를 의미한다고 설명했다. 또한 동물들의 먹이가 되는 식물들을 키우기 위해 많은 비료를 사용하게 되며, 소와 다른 동물들이 가스를 배출한다는 것은 말할 필요도 없다는 것을 언급했다.

또한, 소량의 고기를 섭취하는 사람들은 대량으로 먹는 자들에 비해 대부분의 환경 대책들에 대한 영향의 대략 70%를 의미한다는 것을 발견했는데, 이것은, 변화를 위해 일으키기 위해 비건 또는 베지테리언이 되어야 한다는 것이 아니라, 육류 섭취를 줄이는 것이 중요하다는 것을 암시한다.

여러 연구에서도 언급된 또 다른 평가는 식량 체계가 세계적으로 막대한 환경적 및 위생적 영향을 미치는데, 식물에 기반한 식단들이 더 실행된다면 감소될 수 있다는 것이다.

마지막으로 학자들은 이 연구가, 정치인들은 관련된 대책을 마련하고, 사람들은 영양적이고 경제적이며 맛있는 것을 먹으며 더 지속 가능한 선택을 할 수 있도록 격려하기를 바란다고 밝혔다.

1. 비건 및 육식 식단에 대한 최근 연구는 ...라고 결론짓는다.

   a) 비건 식단이 지속 가능성이 더 낮다

   b) 육식 식단이 지구에 덜 해롭다

   c) 비건 식단이 지구에 가장 덜 유해하다

체크 포인트 문단2

"...se trata de **la forma de alimentación menos dañina** para el planeta."
(비건 식단은 지구에 **가장 해롭지 않은 식사 형태**이다)

정답 **c)** la dieta vegana es la menos perjudicial para el planeta.

오답 포인트 문단1-2

a) "...incluso <u>la dieta vegana menos sostenible</u> seguía siendo más amigable con el medio ambiente..."
(심지어 <u>지속 가능성이 제일 낮은</u> 비건 식단도 (...) 환경에 더 우호적이다)
➡ 비건 식단의 지속 가능성이 더 낮은 것이 아니라, 여러 비건 식단들 중 한 종류를 언급하는 것이기 때문에 옵션 a) 문장은 옳다고 할 수 없다.

b) "...la dieta de los veganos solo genera un 30% del impacto ambiental que producen quienes consumen mucha carne..."
(채식주의자들의 식단이 육류를 많이 섭취하는 사람들이 만들어내는 환경적 영향의 단 30%만 발생시킨다)

2. 식량의 영향을 측정하기 위한 기준들 중 하나는 ...였다.

   a) 토양 오염

   b) 생선 섭취

   c) 다양한 동식물의 멸종

체크 포인트 문단4

"...establecieron cinco formas de medir el impacto de su alimentación: uso del agua, uso de la tierra, contaminación del agua, emisiones de gases de efecto invernadero y **pérdida de la biodiversidad**."
(그들의 식단이 미치는 영향을 측정하는 다섯 가지 형태를 규정했다. 이 형태들은 물의 사용, 흙의 사용, 수질 오염, 온실효과의 가스 배출 및 **생물 다양성의 손실**이다)

정답 **c)** la extinción de diversas especies animales y vegetales.

오답 포인트 문단4-5

a) ➡ "uso de la tierra"와 "contaminación del agua"에 대한 언급만 있는 것을 확인해야 한다.

b) "...se los clasificó en seis grupos de alimentación: veganos, vegetarianos, <u>consumidores de pescados</u>, y consumidores de baja, media y alta cantidad de carne." (그들을 비건, 베지테리언, <u>페스코 베지테리언</u>, 소량, 중량 및 대량 육식가 등의 여섯 가지 식단 그룹으로 분류했다)
➡ "consumidores de pescados"는 연구 대상들이 분류된 식단 그룹 중 하나이지만, "식량의 영향을 측정하기 위한 기준"은 아니기 때문에 정답이 될 수 없다.

3. 이 실험의 저자들에 의하면, 육류 생산은 어떤 환경적 영향을 미치는가?

    a) 적은 가스 배출

    b) 더 적은 비료 사용

    c) 더 많은 숲 벌목

체크 포인트   문단7

"...la carne requiere más tierra, lo que implica **más deforestación** y menos carbono almacenado en los árboles."
(육류가 더 많은 흙을 필요로 하는데, 이것은 **더 많은 산림 벌채**와 나무에 저장되는 더 적은 양의 탄소를 의미한다)

정답 **c)** Mayor tala de bosques.

오답 포인트   문단7

a) / b) "...y que emplea <u>muchos fertilizantes</u> para alimentar a las plantas que alimentan a los animales, por no mencionar que <u>las vacas y otros animales emiten gases</u>."
(또한 동물들의 먹이가 되는 식물들을 키우기 위해 <u>많은 비료</u>를 사용하게 되며, <u>소와 다른 동물들이 가스를 배출한다</u>는 것은 말할 필요도 없다)

4. 이 연구에 따르면, 육류 섭취량과 관련된 핵심 메시지는 어떤 것인가?

    a) 육식이 가장 건강한 식단이다.

    b) 비건주의가 유일하게 지속 가능한 옵션이다.

    c) 육류 섭취량을 절제하는 것이 중요하다.

체크 포인트   문단8

"...no es necesario ser vegano o vegetariano para marcar una diferencia, sino que lo importante es **reducir el consumo de carne**."
(변화를 위해 일으키기 위해 비건 또는 베지테리언이 되어야 한다는 것이 아니라, **육류 섭취를 줄이는 것이 중요하다**)

정답 **c)** Es fundamental moderar la cantidad de carne consumida.

오답 포인트   문단8

a) / b) ➡ 오히려 육식 식단은 절제해야 되며, 반드시 비건 식단을 지켜야 한다는 내용이 아니기 때문에 두 문장 모두 정답이 될 수 없다.

5. 과학자들은 식량 체계의 환경적 및 위생적 영향에 대해 ...라고 암시한다.

    a) 변화없이 유지되어야 할 것이다

    b) 더 높은 채소 섭취를 향한 변화가 필요하다

    c) 오로지 식품의 대량생산에만 집중해야 할 것이다

체크 포인트　문단9

"...el sistema alimentario tiene un enorme impacto medioambiental y sanitario global que podría reducirse **si se llevaran a cabo más dietas basadas en plantas**."
(식량 체계가 세계적으로 막대한 환경적 및 위생적 영향을 미치는데, **식물에 기반한 식단들이 더 실행된다면** 감소될 수 있다)

정답 **b)** se necesita una transición hacia un mayor consumo de verduras.

오답 포인트　문단9/6

    a) ➡ 전반적인 텍스트의 내용이 채식을 지향하므로, 현재 상황에서 변화가 필요 없다는 옵션 a) 문장은 정답이 될 수 없다.

    c) "...incluso la dieta vegana menos sostenible, por ejemplo, con alimentos que provienen de regiones lejanas o de <u>producción masiva</u>, seguía siendo más amigable con el medio ambiente..."
    (먼 지역에서 나오거나 <u>대량 생산</u>되는 식품이 포함된, 지속 가능성이 가장 낮은 비건 식단조차도 (...) 환경에 더 우호적이었다)
    ➡ 이 텍스트에서 유일하게 "producción masiva"에 대해 언급하는 부분은 여섯 번째 문단에 등장하긴 하나, 이것에 집중해야 한다는 의미로 다루어지는 것이 아니므로 옵션 c) 문장도 제거해야 한다.

6. 텍스트 말미에서 보여지는 저자들의 의도는 ...이다.

    a) 육류에 기반한 식단을 두둔하는 것

    b) 더 지속 가능한 대안들을 선택하게끔 격려하는 것

    c) 식량의 환경적 영향을 무시하는 것

체크 포인트　문단10

"...manifestaron su deseo de que su trabajo pueda **animar** (...) **a la gente a hacer elecciones más sostenibles**..."
(학자들은 이 연구가 (...) **더 지속 가능한 선택을 할 수 있도록 격려하기를** 바란다고 밝혔다)

정답 **b)** alentar a optar por alternativas más sustentables.

오답 포인트　문단10

    a) / c) ➡ 두 옵션 모두 텍스트의 결론 내용과 일치하지 않으므로 정답이 될 수 없다.

제목

vegano/a: 비건, 완전 채식주의의

문단 1

sostenible: 지속 가능한

amigable con + 명: ～에 우호적인

carnívoro/a: 육식하는

문단 2

dañino/a: 유해한, 해로운

문단 3

cárnico/a: 식용 고기의

aseveración: 확언, 주장

medible: 측정할 수 있는

문단 4

efecto invernadero: 온실 효과

문단 5

vegetariano/a: 채식주의자

문단 6

contundente: 명백한, 반론의 여지가 없는

masivo/a: 대량의

문단 7

almacenado/a: 보관된, 저장된

fertilizante: 비료

por no mencionar: ～은 말할 필요도 없이

문단 8

marcar una diferencia

　　　　　: 차이를 만들어내다, 변화를 일으키다

문단 9

apreciación: 평가

문단 10

asequible: 경제적인, 감당할 수 있는 가격의

tala: 벌목, 벌채

moderar: 절제하다

transición: 변화, 과도

alentar a + INF.: ～하라고 격려하다, 장려하다

sustentable: 지속 가능한

❖ Notas

PRUEBA 1: COMPRENSIÓN DE LECTURA

정답									
7	8	9	10	11	12	13	14	15	16
A	B	C	D	B	C	A	C	D	C

지시문

연구 논문을 출간하는 경험에 대해 이야기하는 4명의 사람들의 글을 읽고 문제(7–16)와 텍스트(A, B, C 또는 D)를 연결하세요. 선택한 옵션을 **답안지**에 표시하세요.

A. 마리아

과학논문 출간은, 저의 관점에서 볼 때, 발견을 공유하고 지식의 발전에 기여하는 것을 가능하게 해주는 특권이에요. 각 논문마다 작업의 결실뿐만 아니라 전 세계의 과학계와 대화할 수 있는 기회를 나타냅니다. 동료 심사는, 비록 가끔 까다롭긴 하지만, 연구의 질과 타당성을 보증해 주며, 유익한 개선 과정을 제공해 주죠. 게다가, 출간은 다양한 아이디어와 초점에 스스로를 노출시킴으로써 협력과 지속적인 배움을 장려하기도 합니다. 개방형 플랫폼을 통한 접근 가능성은 작업의 영향력을 넓혀주고, 관심이 있는 사람이라면 아무나 기여하고 이득을 얻는 것을 허용해 주죠. 어려움이 있음에도 불구하고, 논문 출간은 꾸준히 지적 발전을 추진하고, 국경과 학문분야를 초월하는 지식의 공유체를 구성하기 위한 본질적인 도구입니다.

B. 펠리페

제가 생각하기에 과학논문 출간은 학문적 표현의 감동적인 매체입니다. 공유하는 논문마다 나의 정성과 호기심의 메아리 같죠. 과학계에서 울려 퍼지는 메아리 말입니다. 전문가들의 검토로 보증된 나의 아이디어들이 종이에 구체화되어있는 것을 보는 것은 비교할 수 없는 성공의 느낌을 줍니다. 게다가, 출간은 나의 노력을 입증해 주는 것뿐만 아니라, 협력과 지식의 교류를 장려하기도 합니다. 과학계라는 집단에 기여하고, 동시에 동료들에게서 배울 수 있는 기회는 풍요롭게 해줍니다. 비록 이 시스템의 현재 문제점들을 인지하고 있긴 하지만, 그것의 진화하고 개선할 수 있는 능력을 확고히 믿습니다. 과학논문 출간은 연구의 신빙성을 위해 중요한 것뿐만 아니라, 지속적인 발전을 추진하기도 합니다. 과학계 전체의 지적 성장에 영양분을 주면서 말입니다.

C. 타티아나

과학논문 출간은, 저의 관점에서 볼 때, 흔히 좌절감을 주는 일이 되어버렸어요. 비록 지식을 공유한다는 아이디어는 높게 평가하지만, 현재 시스템은 종종 과도한 경쟁을 장려하고 질보다 양을 우선시합니다. 출간에 대한 끊임없는 압박이 논쟁의 여지가 있는 실습들과 인정을 받으려는 왜곡된 결과들의 발표로 이어질 수 있죠. 게다가, 과학잡지들에 대한 제한된 접근성이, 배움을 얻고 다양한 관점에서 기여하려고자 하는 사람들에게 장벽을 둡니다. 동료 심사 과정은, 비록 중요하지만, 가끔은 주관적일 수 있고 중대한 연구의 보급을 지연시킬 수도 있어요. 출간의 중요성을 인정함에도 불구하고, 과정의 진실성을 회복시키기 위해 이 문제들을 다루는 것이 필수입니다. 과학출판물의 문화를 바꾸고, 다가가기 쉽고 진정한 지식을 보장하기 위한 의미 있는 변화가 필요해요.

D. 헤수스

저의 경험으로는, 과학논문 출간은 관료적이고 피곤한 게임처럼 종종 느껴집니다. 명성 높은 잡지들 안의 공간에 대한 매서운 경쟁은, 연구의 질이 출간하려는 절박함으로 가려지는 환경을 만들어내죠. 이러한 종류의 압박은 작업의 깊이 대신 피상적인 부분만 자극할 수 있습니다. 동료 심사 과정은, 비록 필수이긴 하지만, 가끔은 실질적인 혁신보다 학문적 경향과의 일치에 더 집중하는 것처럼 보입니다. 적어도, 최근에는 더 나은 접근성이 지식에 더 다가갈 수 있는 것을 가능하게 해주었습니다. 예전에 지식은 경제적 장벽 뒤에 갇혀 있었죠. 그것의 범위와 유용성을 제한하면서 말입니다. 아이디어 교환의 수단이 되는 것 대신에, 과학 출판물은 가끔 장애물 같습니다. 진실성과 과학계에서 지식을 공유한다는 본래 목적을 되찾기 위한 의미 있는 개혁이 필요합니다.

7. 동료 심사 과정이 논문을 완성시키는 것을 도와준다고 누가 생각합니까?

체크 포인트 "La revisión por pares, aunque a veces exigente, asegura la calidad y validez de la investigación, proporcionando un **valioso proceso de mejora**."
(동료 심사는, 비록 가끔 까다롭긴 하지만, 연구의 질과 타당성을 보증해 주며, **유익한 개선 과정**을 제공해 주죠)

정답 **A.** María

8. 논문을 출간하는 것이 큰 만족감을 제공해준다고 누가 말합니까?

체크 포인트 "Ver mis ideas plasmadas en papel, respaldadas por la revisión de expertos, brinda una sensación de **logro incomparable**."
(전문가들의 검토로 보증된 나의 아이디어들이 종이에 구체화되어있는 것을 보는 것은 **비교할 수 없는 성공**의 느낌을 줍니다)

정답 **B.** Felipe

오답 포인트 A. María
"Cada artículo representa no solo el fruto de mi trabajo, sino también la oportunidad de dialogar con la comunidad científica global."
(각 논문마다 작업의 결실뿐만 아니라 전 세계의 과학계와 대화할 수 있는 기회를 나타냅니다)
➡ 전반적으로 논문 출간에 대해 긍정적인 평가를 하고 있으나, 펠리페에 비해 구체적인 "만족감"에 대한 이야기를 한다고 보기 힘들기 때문에 제거해야 하는 옵션이다.

9. 과학논문을 출간하는 것이 실패의 느낌을 주는 일이라고 누가 말합니까?

체크 포인트 "La publicación de artículos científicos, desde mi perspectiva, a menudo se ha convertido en un ejercicio **frustrante**."
(과학논문 출간은, 저의 관점에서 볼 때, 흔히 **좌절감을 주는 일**이 되어버렸어요)

정답 **C.** Tatiana

오답 포인트 D. Jesús
"Desde mi experiencia, la publicación de artículos científicos a menudo se siente como un juego burocrático y desgastante."
(저의 경험으로는, 과학논문 출간은 관료적이고 피곤한 게임처럼 종종 느껴집니다)
➡ 헤수스도 과학논문 출간의 부정적인 부분과 불만을 표현하지만, "실패의 느낌"과 동일한 내용을 언급하지 않으므로 정답이 될 수 없다.

10. 고급 수준의 잡지에 출간하기 위해 높은 경쟁이 존재한다고 누가 말합니까?

체크 포인트 "**La competencia feroz por espacios en revistas prestigiosas** crea un ambiente donde la calidad de la investigación queda eclipsada por la urgencia de publicar."
(**명성 높은 잡지들 안의 공간에 대한 매서운 경쟁**은, 연구의 질이 출간하려는 절박함으로 가려지는 환경을 만들어 내죠)

정답 **D.** Jesús

11. 과학논문 출간이 과학계의 진화에 기여한다고 누가 알려줍니까?

"La publicación de artículos científicos no solo es esencial para la credibilidad de la investigación, sino que también **impulsa el avance continuo**, nutriendo el crecimiento intelectual de la comunidad científica en su conjunto."
(과학논문 출간은 연구의 신빙성을 위해 중요한 것뿐만 아니라, **지속적인 발전을 추진하기도 합니다**. 과학계 전체의 지적 성장에 영양분을 주면서 말입니다)

정답 **B**. Felipe

오답 포인트   A. María
"...contribuir al avance del conocimiento."
(지식의 발전에 기여하는 것)
➡ 마리아도 동일하게 "avance"라는 단어를 사용하지만, 어떤 대상이 전진 또는 발전하는지에 대한 언급이 다르다. 정답 옵션인 펠리페가 "과학계 전체"의 발전을 암시한다면, 마리아는 단순한 "지식"의 발전을 의미하는 것이므로 차이를 확인할 필요가 있다.

12. 현재 출판물의 가치보다 수가 더 중요하다고 누가 표현합니까?

체크 포인트 "...el sistema actual a menudo fomenta una competencia desmedida y **prioriza la cantidad sobre la calidad**."
(현재 시스템은 종종 과도한 경쟁을 장려하고 **질보다 양을 우선시합니다**)

정답 **C**. Tatiana

오답 포인트   D. Jesús
"La competencia feroz por espacios en revistas prestigiosas crea un ambiente donde la calidad de la investigación queda eclipsada por la urgencia de publicar. Este tipo de presión puede incentivar la superficialidad en lugar de la profundidad del trabajo."
(명성 높은 잡지들 안의 공간에 대한 매서운 경쟁은, 연구의 질이 출간하려는 절박함으로 가려지는 환경을 만들어 내죠. 이러한 종류의 압박은 작업의 깊이 대신 피상적인 부분만 자극할 수 있습니다)
➡ 출판물의 질이 떨어지는 것에 대한 우려를 표현하긴 하지만, 명확하게 "수량"을 언급한다고는 볼 수 없으므로 제거해야 하는 옵션이다.

13. 자유로운 접근이 작업을 더 많은 사람들에게 도달하게 해준다고 누가 생각합니까?

체크 포인트 "**La accesibilidad a través de plataformas de aproximación abierta** amplía el impacto de mi trabajo, **permitiendo que cualquier persona interesada contribuya y se beneficie**."
(**개방형 플랫폼을 통한 접근 가능성**은 작업의 영향력을 넓혀주고, 관심이 있는 사람이라면 **아무나 기여하고 이득을 얻는 것을 허용해주죠**)

정답 **A**. María

14. 과학 논문을 연속적으로 써야 하는 것에 대한 큰 스트레스가 존재한다고 누가 언급합니까?

체크 포인트 "**La presión constante por publicar** puede llevar a prácticas cuestionables y a la publicación de resultados sesgados en busca de reconocimiento."
(**출간에 대한 끊임없는 압박**이 논쟁의 여지가 있는 실습들과 인정을 받으려는 왜곡된 결과들의 발표로 이어질 수 있죠)

정답 **C**. Tatiana

오답 포인트　D. Jesús
"Este tipo de presión puede incentivar la superficialidad en lugar de la profundidad del trabajo."
(이러한 종류의 압박은 작업의 깊이 대신 피상적인 부분만 자극할 수 있습니다)
➡ 헤수스는 명성 높은 잡지에 출간하려고 할 때 받는 압박을 이야기하므로, 연속적인 출간에 대해 언급한다고 볼 수 없다.

15. 동료 심사 과정이 가끔은 혁신을 방해한다고 누가 생각합니까?

체크 포인트 "**El proceso de revisión paritaria**, aunque necesario, a veces parece más centrado en la conformidad con las corrientes académicas que en **la verdadera reforma**."
(**동료 심사 과정**은, 비록 필수이긴 하지만, 가끔은 **실질적인 혁신**보다 학문적 경향과의 일치에 더 집중하는 것처럼 보입니다)

정답 **D**. Jesús

오답 포인트　C. Tatiana
"El proceso de revisión por pares, aunque fundamental, a veces puede ser subjetivo y retrasar la difusión de investigaciones cruciales."
(동료 심사 과정은, 비록 중요하지만, 가끔은 주관적일 수 있고 중대한 연구의 보급을 지연시킬 수도 있어요)
➡ 헤수스처럼 타티아나도 동료 심사 과정에 대해 비판적인 의견을 가지고 있으나, "혁신"에 대해 상세하게 언급하지는 않기 때문에 정답이 될 수 없다.

16. 많은 과학잡지들이 쉽게 접근하기 어렵다고 누가 생각합니까?

체크 포인트 "Además, **la accesibilidad limitada a las revistas científicas** genera barreras para aquellos que buscan aprender y contribuir desde diversas perspectivas."
(게다가, **과학잡지들에 대한 제한된 접근성**이, 배움을 얻고 다양한 관점에서 기여하려고자 하는 사람에게 장벽을 둡니다)

정답 **C**. Tatiana

체크 포인트　D. Jesús
(오답)
"Al menos, últimamente una mayor accesibilidad ha permitido acercarse más al conocimiento, que antes estaba atrapado detrás de barreras económicas, limitando su alcance y utilidad."
(적어도, 최근에는 더 나은 접근성이 지식에 더 다가갈 수 있는 것을 가능하게 해주었죠. 예전에는 지식은 경제적 장벽 뒤에 갇혀 있었죠. 그것의 범위와 유용성을 제한하면서 말입니다)
➡ 헤수스도 접근성에 대해 언급하긴 하지만, 과거에 비해 현재에는 더 나은 상황이 보인다고 표현하기 때문에 정답이 아니라는 것을 확인해야 한다.

Vocabulario

revisión paritaria: 피어 리뷰, 동료 심사
perfeccionar: 완성시키다, 개선하다
rivalidad: 경쟁

A. 마리아
privilegio: 특권
par: 두 개, 동등한 것
revisión por pares: 피어 리뷰, 동료 심사
validez: 효력, 타당성
aprendizaje: 배움
accesibilidad: 접근성
trascender: 초월하다
disciplina: 학문분야

B. 펠리페
vehículo: 전달수단, 매체
dedicación: 헌신, 정성
resonar: 울려 퍼지다
plasmado/a: 모양이 만들어진, 구체화된
respaldado/a: 지지받는, 보증된
validar: 검증하다, 입증하다
enriquecedor/a: 풍요롭게 하는
reto: 도전, 위협
credibilidad: 신빙성
nutrir: 영양분을 주다

C. 타티아나
desmedido/a: 과도한
sesgado/a: 왜곡된, 편향된
retrasar: 지연시키다
revitalizar: 활성화하다, 회복시키다
integridad: 진실성, 온전함

D. 헤수스
burocrático/a: 관료적
desgastante: 몹시 지치게 하는
feroz: 공격적인, 매서운
prestigioso/a: 명성이 있는
eclipsado/a: 가려진
superficialidad: 표면성, 겉치레
conformidad: 동의, 일치
corriente: 기류, 경향
innovación: 혁신, 개혁
atrapado/a: 갇힌, 잡힌
alcance: 범위
utilidad: 유용성
restaurar: 회복하다, 복원하다

❖ *Notas*

PRUEBA 1: COMPRENSIÓN DE LECTURA

지시문

6개의 문장이 발췌되어 있는 다음 글을 읽으세요. 8개의 제안된 문장(A–H)들을 읽어보고 각 문장이 어떤 빈칸(17–22)을 채워야 하는지 결정하세요.

선택할 필요 없는 2개의 문장이 있습니다.

선택한 옵션을 **답안지**에 표시하세요.

남극의 거대한 오존 구멍, 사상 최대 기록 중 하나

유럽 코페르니쿠스 시스템의 센티넬–5P 위성에 의해 실행된 측정에 따르면, 남극 대륙 위의 오존층 구멍이 올해 더 커졌고 사상 최대 기록들 사이에 놓여있다. 이 "오존층 고갈 지역"은, 과학자들이 이렇게 부르는데, 2023년 9월 16일 2천6백만 제곱킬로미터의 크기를 달성했다. **(17) H.** 유럽우주국은 이것은 대략 브라질의 세 배 면적이라고 알린다.

오존층 구멍의 크기는 주기적으로 바뀐다. **(18) E.** 8월부터 10월까지 오존 구멍은 크기가 늘어나는데, 9월 중순과 10월 중순 사이에 최대치에 도달한다. 남반구에서 성층권의 상위 영역 온도가 올라가기 시작할 때, 오존 함량의 감소가 느려지고 극 소용돌이가 약해지며, 일반적으로 12월 후반 무렵에 결국 사라진다.

오존 구멍 크기의 변동은 주로 남극 지역 주변을 순환하는 강력한 기류의 영향을 받는다. **(19) D.** 이것은 지구의 자전 및 극지방과 온대지방 간 강한 온도 차이의 직접적인 결과이다.

기류는 강할 때 장벽의 역할을 하게 되는데, 이로 인해 극지방과 온대지방 사이의 대기 질량이 더 이상 교류할 수 없게 된다. **(20) C.** 그렇다면 대기 질량은 극지방에 고립되고 겨울 동안 차가워진다. 비록 오존의 현재 농도에 대한 이유를 논의하기에 너무 이를 수 있지만, 몇몇 연구자들은 올해 오존층의 이례적인 패턴이 2022년 1월의 훙가 통가–훙가 하파이의 폭발과 관련이 있을 수 있다고 추측한다.

(21) B. 코페르니쿠스의 시니어 과학자인 안트제 이네스는 다음과 같이 설명한다: "화산 폭발은 성층권에 대량의 수증기를 주입했고, 2022년 오존 구멍이 닫히고 난 다음 남극 지역에 도달했습니다. 이 수증기는 더 많은 극 성층권 구름의 형성을 야기했을 수 있는데, 이곳에서는 프레온 가스가 반응하고 오존층 고갈을 촉진할 수 있습니다".

이네스에 의하면, 수증기의 존재는 남극 성층권의 냉각에도 기여할 수 있는데, 이것은 극 성층권 구름의 형성을 훨씬 더 도와주며 결과적으로 더 강력한 극 소용돌이를 생성한다. **(22) A.** 그러나, 남반구의 오존 구멍에 대한 훙가 통가 화산 폭발이 정확한 영향력은 아직 진행 중인 연구 주제라는 것을 짚어내는 것이 중요하다.

17.

체크 포인트 H. **Esto** es aproximadamente tres veces el tamaño de Brasil, informa la Agencia Espacial Europea (*ESA*)
(유럽우주국(ESA)은 **이것이** 대략 브라질의 세 배 면적이라고 알린다)

➡ 이 문장의 시작에 있는 "Esto"는 17번 빈칸 바로 앞 "un tamaño de 26 millones de kilómetros cuadrados"라는 크기에 대한 내용을 지칭하고 있는 중성대명사이다. 이 크기가 얼마나 큰 면적인지 구체적인 예를 들며 설명해 주는 문장으로, 해당 빈칸에 가장 적합하다고 볼 수 있다.

정답 **H**

18.

체크 포인트 E. **De agosto a octubre**, el agujero de ozono aumenta de tamaño, alcanzando un máximo **entre mediados de septiembre y mediados de octubre**
(**8월부터 10월까지** 오존 구멍은 크기가 늘어나는데, **9월 중순과 10월 중순 사이에** 최대치에 도달한다)

➡ 18번 빈칸 바로 앞 "El tamaño del agujero de la capa de ozono varía periódicamente" 문장이 주기에 대한 더 자세한 내용이 이어질 것이라고 암시해주며, E 문장에서 정확한 시기를 언급해 주는 것을 이어보아야 한다.

정답 **E**

오답 포인트 D. Esta es una consecuencia directa de la rotación de la Tierra y de las fuertes diferencias de temperatura entre las latitudes polares y moderadas
(이것은 지구의 자전 및 극지방과 온대지방 간 강한 온도 차이의 직접적인 결과이다)

➡ 사실 "오존층 구멍 크기의 주기적 변화"가 "지구의 자전 및 온도 차이"의 결과라는 관계는 부정할 수 없다. 그러나, 두 가지 이유로 D 문장보다 E 문장이 더 적절하다는 것을 파악해야 한다.

1 18번 빈칸이 포함되어 있는 두 번째 문단은 여러 지역 간의 차이가 아닌 주기에 따른 변화를 다루고 있다는 것을 확인해야 한다. 해당 빈칸 뒤에 이어지는 문장 끝에서도 "hacia finales de diciembre"라는 문구를 통해 구체적인 시기를 언급하며 마무리하기 때문에 같은 맥락의 내용이 중간에 들어가는 것이 맞다.

2 "latitudes"에 대한 내용은 세 번째 및 네 번째 문단에 등장하므로, D 문장이 19번 빈칸에 더 적합하다는 것을 확인한 후 18번 빈칸에서는 제거해야 한다.

19.

체크 포인트 D. **Esta es una consecuencia directa** de la rotación de la Tierra y de las fuertes diferencias de temperatura entre **las latitudes polares y moderadas**
(**이것은** 지구의 자전 및 **극지방과 온대지방** 간 강한 온도 차이의 **직접적인 결과이다**)

1 19번 빈칸 바로 앞 "La alteración en el tamaño del agujero de ozono" 문장의 원인을 말해주는 내용이 들어가야 하는 위치이다.

2 세 번째 문단의 "región antártica" 및 네 번째 문단의 "latitudes polares y templadas" 등이 지구의 여러 지역에 대한 내용을 다루고 있기 때문에, 중간에 놓여있는 19번 빈칸에 같은 주제를 언급하는 문장이 들어가는 것이 맞다.

3 19번 빈칸 다음에 이어지는 네 번째 문단에서, D 문장이 말하는 "las fuertes diferencias de temperatura entre las latitudes polares y moderadas"에 대한 구체적인 설명이 이어지므로, 연결이 자연스러운 것을 확인할 수 있다.

정답 **D**

20.

체크 포인트 C. **Las masas de aire quedan entonces aisladas** en las latitudes polares y se enfrían durante el invierno

(**그렇다면 대기 질량은** 극지방에 **고립되고** 겨울 동안 차가워진다)

> 1 20번 빈칸 바로 앞 문장에서도 "las masas de aire"를 언급하고 있으므로 같은 주제를 다루고 있다는 것을 쉽게 알 수 있다.

> 2 C 문장의 "entonces"가 자연스러운 연결을 만들어주고 있는지 확인하는 것도 필요하다. 20번 빈칸 바로 앞 "ya no se pueden intercambiar" 문장과 C 문장의 "quedan entonces aisladas"가 같은 맥락이므로, 적절하게 사용되고 있다는 것을 파악할 수 있다.

정답 **C**

21.

체크 포인트 B. Antje Inness, científica *senior* de Copérnico, **explica**

(코페르니쿠스의 시니어 과학자인 안트제 이네스는 다음과 같이 **설명한다**)

> ▶ 21번 문제의 가장 큰 힌트는 바로 빈칸 끝에 있는 콜론 부호와 이어지는 따옴표 표기이다. 따옴표 사이에 들어 있는 내용은 인용문이므로, 누가 이 내용을 말하는지 언급해 주는 문장이 필요하다는 것을 확인해야 한다.

정답 **B**

오답 포인트 A. Sin embargo, es importante señalar que el impacto exacto de la erupción de Hunga Tonga en el agujero de ozono del hemisferio sur todavía es un tema de investigación en curso

(그러나, 남반구의 오존 구멍에 대한 훙가 통가 화산 폭발의 정확한 영향력은 아직 진행 중인 연구 주제라는 것을 짚어내는 것이 중요하다)

> 1 21번 빈칸 바로 위의 네 번째 문단 마지막에서 "la erupción del Hunga Tonga—Hunga Ha'apai"에 대해 이야기하므로, 제일 먼저 읽게 되는 A 문장을 일단 21번 빈칸에 넣어보는 것도 나쁘지 않다. 하지만, B 문장이 더 적절하다는 것을 파악한 후 제거할 필요가 있다.

> 2 콜론 부호는 앞 내용의 상세한 설명을 이어줄 때에도 사용되는데, A 문장의 설명으로서 뒤에 이어지는 따옴표 사이의 내용이 적합하지는 않으므로, 이 조합은 성립될 수 없다.

22.

A. **Sin embargo**, es importante señalar que el impacto exacto de la erupción de Hunga Tonga en el agujero de ozono del hemisferio sur **todavía** es un tema de investigación **en curso**
(그러나, 남반구의 오존 구멍에 대한 훙가 통가 화산 폭발의 정확한 영향력은 **아직 진행 중인** 연구 주제라는 것을 짚어내는 것이 중요하다)

1 네 번째 문단 마지막에서 처음 등장하는 "la erupción del Hunga Tonga–Hunga Ha'apai"에 대한 내용이 다섯 번째와 여섯 번째 문단에서도 이어진다는 것을 확인할 수 있다. 이 "화산의 폭발"이 "오존층 고갈"을 야기했을 수 있다는 추측이 나열된 후, 내용이 마무리되는 22번 빈칸에 A 문장이 들어가는 것이 가장 적절하다.

2 특히 A 문장의 "Sin embargo"와 "todavía (...) en curso"라는 문구가 앞에 등장하는 내용이 완전하게 확인된 사실이 아님을 알려주고 있으므로, 자연스럽게 연결된다고 할 수 있다.

정답 **A**

오답 포인트 F. Por lo tanto, también pueden originarse otros problemas de índole meteorológica que provoquen consecuencias catastróficas en nuestro planeta
(그러므로, 지구에 참혹한 결과를 가져올 수 있는 기상학적인 또다른 문제들도 초래할 수 있다)

➡ 물론 여섯 번째 문단에서 언급하는 "극 소용돌이"가 "오존층 고갈" 이외에 다른 문제들을 야기할 수도 있겠지만, 텍스트를 마무리하는 문장에서 단 한 번도 등장하지 않았던 새로운 문제들을 소개만 하고 끝나는 경우는 드물기 때문에, 22번 빈칸에는 F 문장보다는 A 문장이 더 적절하다고 봐야 한다.

■ 오답 문장 제거하기

☑ F. Por lo tanto, también pueden originarse otros problemas de índole meteorológica que provoquen consecuencias catastróficas en nuestro planeta
(그러므로, 지구에 참혹한 결과를 가져올 수 있는 기상학적인 또다른 문제들도 초래할 수 있다)

1 "Por lo tanto"와 "también"이 가장 가장 자연스럽게 이어질 수 있을 것 같은 위치는 22번 빈칸이지만, 텍스트 마지막에서 새로운 문제들을 제기하고 추가 설명 없이 마무리될 수는 없기 때문에 제거해야 하는 옵션이다.

2 나머지 빈칸 중 한 곳에 F 문장이 들어가기 위해서는, 그 뒤에 바로 어떤 "다른 문제"들이 초래될 수 있는지에 대한 설명이 이어져야 하므로, 결국 알맞은 빈칸은 없는 것으로 봐야 한다.

☑ G. Aún no se pueden sacar conclusiones sobre las implicaciones de esta investigación
(아직은 이 연구의 결과에 대한 결론을 내릴 수 없다)

➡ "esta investigación"이 직접적으로 가리킬 수 있는 연구를 언급하는 부분이 없기 때문에, 가장 쉽게 제거할 수 있는 옵션이라고 볼 수 있다.

제목

descomunal: 굉장한, 거대한

agujero: 구멍

Antártida: 남극 대륙, 남극 지방

문단 1

medición: 측정, 측량

satélite: 위성

capa: 층

agotamiento: 고갈, 소모

문단 2

periódicamente: 주기적으로

estratosfera: 성층권

hemisferio: 반구

desacelerarse: 속도가 떨어지다

vórtice: 소용돌이

polar: 극의

문단 3

alteración: 변동

문단 4

masa: 덩어리, 질량

templado/a: 온난한

aislado/a: 고립된

especular: 추측하다

patrón: 패턴

inusual: 이례적인, 색다른

erupción: 분출, 폭발

문단 5

volcánico/a: 화산의

vapor: 수증기

estratosférico/a: 성층권의

clorofluorocarbono: 프레온 가스

문단 6

enfriamiento: 냉각

rotación: 자전

latitud: 위도, (복수) 지역

moderado/a: 중도의

índole: 특징, 본질

implicación: (복수) 영향, 결과

❖ Notas

Tarea 4

PRUEBA 1: COMPRENSIÓN DE LECTURA

							정답						
23	24	25	26	27	28	29	30	31	32	33	34	35	36
c	a	b	c	c	a	a	b	a	c	b	c	a	c

지시문

텍스트를 읽고 빈칸(23–36)에 알맞은 옵션(a/b/c)을 넣으세요. 선택한 옵션을 **답안지**에 표시하세요.

성당은 경이로울 정도로 풍족하게 밝혀져 있었다.

성당 내부를 채우기 위해 제단에서 뿜어져 나오는 강렬한 빛은 귀부인들의 값비싼 보석들에서 반짝반짝 빛났다. 그녀들은, 벨벳 방석 위에 무릎을 꿇고 하녀들의 손에서 건네받은 기도서를 들고서, 사제석 주변에 빛나는 원을 그리며 모였다.

그녀들 뒤에는, 일어서 있는 상태로, 색색의 망토에 둘러싸인 신사들이, 한 손에는 양탄자까지 늘어진 깃털이 있는 모자를 들고 있었고, 또 다른 손으로는 단검 손잡이를 쓰다듬고 있었다. 이 남성들은, 세비야 최고 귀족사회의 대부분을 이루는 사람들이었는데, 평민들과의 접촉에서 자신의 딸들과 부인들을 보호하기 위한 벽을 이루고 있는 것처럼 보였다. 이 평민들은 풍랑이 심해질 때의 바다와 흡사한 소리를 만들어내며 성당 끝에서 술렁이고 있었다. 그들은 대주교의 등장을 보았을 때 기쁨의 환호를 하기 시작했으며, 대주교는 본 제단 옆에 앉은 후에 사람들에게 세 번 축복을 해주었다.

미사가 시작될 시간이었다.

그러나, 사제가 나타나지 않은 채로 몇 분이 흘러갔다. 군중은 조급함을 보이며 꿈틀거리기 시작했다. 귀족 신사들은 낮은 소리로 몇 마디를 서로 나누었고, 대주교는 왜 예식을 시작하지 않는지 물어보기 위해 성구실에 시중들 중 한 명을 보냈다.

– 페레스 선생님의 상태가 매우 안 좋으십니다. 오늘 밤 미사에 참석하시는 것이 불가능할 것입니다.

이것이 시중의 답변이었다.

그 소식은 군중들 사이로 즉시 퍼졌다. 모든 사람들에게 불러일으킨 불쾌한 효과를 덮어버리는 것은 불가능한 일일 것이다. 성당 안에서 웅성거리는 소리가 커지는 것은 말할 것도 없었고, 그러자 보조 사제가 일어섰으며 경비들이 침묵시키러 들어왔으나, 그들은 부글거리는 인파 사이에서 당황했다.

그 순간, 풍채가 좋지 않으며 생기가 없고 뼈가 앙상한 데다가 사팔뜨기인 남자가 성직자가 있는 위치까지 나아갔다.

– 페레스 선생님이 편찮으십니다. – 그가 말했다. – 미사는 시작될 수 없습니다. 원하신다면 제가 대신 오르간을 연주하겠습니다. 페레스 선생님이 세계 최고의 오르간 연주자도 아니시고, 그가 돌아가신다고 연주할 사람이 없어서 이 악기를 못쓸 것도 아니니까요...

대주교는 머리를 끄덕이며 수락의 신호를 보냈고, 산타 이네스 수도원 연주자의 앙숙이자 질투가 많은 오르간 연주자로 그 이상한 인물을 알고 있었던 몇몇 신자들이 불쾌한 탄성을 지르기 시작할 때, 갑자기 앞마당에서 무시무시한 소리가 들렸다.

23.

"La iglesia **estaba** iluminada con una profusión asombrosa."
(성당은 경이로울 정도로 풍족하게 <u>밝혀져</u> **있었다**)

1 성당이 어떤 상태였는지 묘사하는 시제가 필요하므로, 직설법 불완료과거가 사용되는 것이 맞다.

2 이어지는 문장에서 "se desprendía", "chispeaba" 등 과거에 대한 묘사가 계속 이어진다는 것을 확인한다면 쉽게 정답을 고를 수 있는 문제이다.

c) estaba

---

a) estuvo
　　➡ 과거의 단발적인 사건이거나 명확한 기간이 언급된 상태묘사가 아니므로 부정과거 형태가 들어가는 것은 어렵다고 봐야한다.

b) había estado
　　➡ 한 과거의 시점을 기준으로 그 전에 이미 일어난 사건을 언급하려는 의도가 아니기 때문에 대과거도 제거해야 한다.

24.

"...las damas, **que**, arrodillándose (...) y tomando el libro de oraciones (...), vinieron a formar un brillante círculo..."
(<u>귀부인들은</u>, (...) 무릎을 꿇고 (...) 기도서를 들고서, (...) <u>빛나는 원을 그리며 모였다</u>)

1 선행대상 "las damas"를 받아주고 있다.

2 선행대상을 쉼표와 마침표 사이에서 받아주며 추가 설명을 해주는 관계사는 "que" 밖에 없다.

3 빈칸 뒤에서 쉼표 사이에 등장하는 "arrodillándose sobre los cojines de terciopelo y tomando el libro de oraciones de manos de las sirvientas" 문장 안에서는 "arrodillándose"와 "tomando"라는 현재분사 형태가 부사적 기능을 하면서 관계사절의 주 동사 "vinieron"을 꾸며주고 있다. 결국 관계사 que가 이끄는 관계사절의 동사는 조금 멀리 있지만, "vinieron"이라는 것을 확인할 필요가 있다.

a) que

---

b) quienes
　　1 쉼표와 마침표 사이에서 선행사를 받아줄 수는 없는 관계사이므로, 수가 일치하더라도 정답이 될 수 없다.

　　2 만약 쉼표와 쉼표 사이에 있는 추가 설명을 이끌어 주는 위치였다면, 관계사 quien/quienes도 들어갈 수 있다.
　　　　 Las damas, <u>quienes</u> vinieron a formar un brillante círculo, estaban arrodilladas.

c) con las que
　　➡ 선행사인 "las damas"는 관계사절의 동사 "vinieron"의 주어이므로, 전치사가 동반되는 관계사는 들어갈 수 없는 위치이다.

25.

"...<u>tomando</u> el libro de oraciones **de** <u>manos</u> de las sirvientas..."
(하녀들의 <u>손에서</u> <u>건네받은</u> 기도서를 들고서)

　　➡ 어디에서 "el libro de oraciones"를 전달받았는지, 즉 출처를 가리켜주는 전치사가 필요한 위치이므로 "de"를 선택해야 한다.

b) de

오답 포인트   a) con
> 하녀들의 손을 "가지고" 무언가를 하는 것이 아니기 때문에, 주로 도구 또는 동행을 표현하는 전치사 con은 제거해야 한다.

c) a
1 앞으로 나아가는 방향을 가리키는 것이 아니므로, 전치사 a는 적합하지 않다.
2 "손으로 직접" 무언가를 하는 행위를 표현할 때에는 단수형태의 명사 mano와 함께 사용되는 것을 자주 볼 수 있다.
   예 Escribiré una carta a mano.

26.

체크 포인트   "...los caballeros tenían en una mano el sombrero (...), y con **la otra** acariciaban el pomo del puñal."
(신사들이, 한 손에는 (...) 모자를 들고 있었고, **또 다른 손**으로는 단검 손잡이를 쓰다듬고 있었다)
> 양손 중 이미 하나에 대한 언급이 있었고 "남겨진 또 다른 하나"를 지칭하는 대명사 구조가 필요한 위치이므로, 정관사가 동반되는 "la otra (mano)"가 적합하다.

정답 c) la otra

오답 포인트   a) otra
> 여러 개 중 명확하지 않은 또 하나의 무언가를 가리킬 때 정관사 없이 혼자 사용될 수 있다.
   예 Ya he terminado de leer este libro, así que traeré otro.

b) una
> 이미 한 손에 대해 언급한 상태이기 때문에, 또다시 부정관사를 사용할 수는 없으므로 제거해야 하는 옵션이다.

27.

체크 포인트   "Estos hombres (...) parecían formar un muro, destinado a defender a sus hijas y a sus esposas del contacto de los plebeyos. **Estos**, que se agitaban en el fondo de la iglesia, (...) comenzaron a aclamar de alegría al mirar aparecer al arzobispo."
(이 남성들은 (...) 평민들과의 접촉에서 자신의 딸들과 부인들을 보호하기 위한 벽을 이루고 있는 것처럼 보였다. **이 평민들은** (...) 성당 끝에서 술렁이고 있었다. 그들은 대주교의 등장을 보았을 때 기쁨의 환호를 하기 시작했으며)
> 바로 앞 문장에서 등장하며, "se agitaban"과 "comenzaron"의 주어가 될 수 있는 명사는 "los plebeyos"이므로, 남성형 복수 대명사가 필요한 빈칸이다.

정답 c) Estos

오답 포인트   a) Aquellos
> 멀리 있는 대상을 지칭하는 것이 아니기 때문에 제거해야 한다. "los caballeros"에 대한 내용이 아니라, "los plebeyos"를 가리켜야 하므로 가까운 대상을 언급한다는 것을 파악할 필요가 있다.

b) Estas
> "sus hijas"와 "sus esposas"에 대한 내용이 아니기 때문에 여성형 복수 대명사는 적합하지 않다.

28.

체크 포인트 "<u>Era</u> la hora de que **<u>comenzara</u>** la misa." (미사가 **시작될** 시간이었다)

➡ 동사 comenzar의 접속법 불완료과거 3인칭 단수 형태이다.
"ser hora de que" 구조는 뒤에 "ser"의 시제와 일치하는 접속법 동사 변형을 받으며, "～할 시간이다"라는 의미를 가진다. 즉, 직설법 불완료과거 3인칭 단수인 "Era"가 빈칸에 접속법 과거시제 동사가 들어가야 한다는 것을 암시해준다.

정답 **a)** comenzara

오답 포인트 b) comenzó
➡ 접속법 과거시제 동사변형이 들어가야 하는 빈칸이므로 직설법 부정과거 형태는 제거해야 한다.

c) haya comenzado
➡ 접속법 형태이긴 하나, 현재완료 시제이다. 완전히 끝난 과거시점에 대한 동사변형이 필요하므로 정답이 될 수 없다.

29.

체크 포인트 "...los caballeros <u>intercambiaban</u> **entre** sí algunas palabras a media voz..."
(귀족 신사들은 낮은 소리로 몇 마디를 **서로** 나누었고)

➡ 빈칸 바로 뒤에 있는 "sí"는 재귀 형태의 전치격 대명사로서 "스스로"라는 의미를 가지게 된다. 주어인 "los caballeros"가 자신들끼리 사이에서 말을 주고받았다는 내용이기 때문에 전치사 entre가 가장 적합하다고 봐야 한다.

정답 **a)** entre

오답 포인트 b) por
➡ "por sí"에 경우 "스스로" 또는 "혼자 힘으로"라는 의미를 가지는 구조를 만들 수는 있으나, 해석상 이 빈칸에 알맞은 내용이 아니기 때문에 정답이 될 수 없다.

c) contra
➡ 스스로에게 "반대하는" 의미의 전치사가 들어가는 위치는 아니므로 제거해야 하는 옵션이다.

30.

체크 포인트 "...el arzobispo mandó a la sacristía a uno de sus acólitos a <u>inquirir</u> **por qué** <u>no comenzaba la ceremonia.</u>"
(대주교는 **왜** 예식을 시작하지 않는지 물어보기 위해 성구실에 시종들 중 한 명을 보냈다)

➡ "예식이 시작되지 않는" 이유를 물어보는 상황이므로, 의문부사 "por qué"가 필요하다.

정답 **b)** por qué

오답 포인트 a) porque
➡ 의문부사 "왜"가 필요하며, 원인을 설명해주는 의문접속사 "왜냐하면"이 필요한 위치가 아니다.

c) cuándo
➡ inquirir와 함께 등장할 수 있는 의문부사이나, 뒤에 오는 "no comenzaba la ceremonia"와 만났을 때 자연스러운 문장이 만들어지지 않는다. 만약 "cuándo"가 들어가야 한다면, "no"가 생략되어야 한다
예 inquirir <u>cuándo</u> comenzaba la ceremonia (언제 예식이 시작되는지 물어보다)

31.

체크 포인트 "Maese Pérez se ha puesto malo, muy malo, y **será** imposible que asista esta noche a la misa."
(페레스 선생님의 상태가 매우 안 좋으십니다. 오늘 밤 미사에 참석하시는 것이 <u>불가능할 것입니다</u>)

➡️ 대화체 안에서 미래에 대한 이야기를 하고 있다. "ser imposible que" 구조가 받는 동사 asistir의 접속법 현재시제 "asista"가, 빈칸에 직설법 현재시제 또는 미래시제가 들어가야 한다는 것을 알려주고 있다.

정답 **a)** será

오답 포인트 b) fuera
➡️ 일단 접속법이 들어갈 수 있는 구조가 아니며 과거시제는 더더욱 들어갈 수 없으므로, 접속법 불완료과거 형태는 정답이 될 수 없다.

c) habrá sido
➡️ 미래의 한 시점 기준 완료된 일에 대한 내용이 아니기 때문에, 직설법 미래완료 형태도 제거해야 한다.

32.

체크 포인트 "Cubrir el efecto desagradable que causó **en** todo el mundo sería cosa imposible."
(모든 <u>사람들에게</u> 불러일으킨 불쾌한 효과를 덮어버리는 것은 불가능한 일이 것이다)

➡️ 동사 causar는 "누구에게 ~을 불러일으키다"라는 의미로, 전치사 "en"을 통해 사람을 받을 수 있다. 전치사 "a"도 가능한 위치이나, 이 경우에는 주로 간접 목적격대명사와 함께 쓰인다.
예 el efecto desagradable que <u>le</u> causó <u>a</u> todo el mundo

정답 **c)** en

오답 포인트 a) hasta / b) para
➡️ 두 전치사 모두 "누구에게 ~을 불러일으키다"라는 구조에서 사용될 수 없는 옵션들이다.

33.

체크 포인트 "En aquel momento un hombre mal trazado (...) se adelantó hasta <u>el sitio</u> que **ocupaba** el prelado."
(그 순간, 풍채가 좋지 않은 (...) 남자가 성직자가 <u>있는</u> <u>위치</u>까지 나아갔다)
과거시점에서 성직자가 있는 위치를 묘사하고 있으므로 불완료과거 형태가 필요하다.

정답 **b)** ocupaba

오답 포인트 a) ocupó
➡️ "se adelantó" 행위와 동시에 발생한 단발적인 사건을 말하는 것이 아니기 때문에 부정과거 시제는 제거해야 한다.

c) había ocupado
➡️ 한 과거시점 기준으로 그 전에 이미 완료된 행위를 말하는 상황이 아니기 때문에 대과거 형태는 정답이 될 수 없다.

34.

체크 포인트 "...que ni maese Pérez es el primer organista del mundo ni a su muerte **dejará** de usarse <u>ese instrumento</u> por falta de inteligente..."
(페레스 선생님이 세계 최고의 오르간 연주자도 아니시고, 그가 돌아가신다고 연주할 사람이 없어서 <u>이 악기를</u> **못쓸 것**도 아니니까요)

➡ 현재 아픈 상태인 페레스 선생님이 미래에 만약 죽게 된다면 일어날 일에 대한 예측이므로 미래시제가 필요한 위치이다.

정답 c) dejará

오답 포인트 **a)** dejó
➡ 실제로 과거에 발생한 사건이 아니므로 부정과거 형태는 사용될 수 없다.

b) deja
➡ 현재에서 일어나는 일이 아니기 때문에 정답이 아니다.

35.

체크 포인트 "...algunos de los fieles que conocían a aquel personaje extraño **como** un organista envidioso..."
<u>(질투가 많은 오르간 연주자로 그 이상한 인물을 알고 있었던 몇몇 신자들)</u>

1️⃣ 사람들이 "aquel personaje extraño"를 어떻게 생각하고 있는지 설명해 주는 문장이다.
2️⃣ 자격을 언급해주는 전치사가 필요한 위치이므로, "~으로서"라는 의미의 전치사 como가 들어가야 한다.

정답 a) como

오답 포인트 **b)** mediante
➡ 문법 구조상으로는 사용 가능한 전치사이긴 하지만, 한 대상을 "통하여" 다른 대상을 알고 있다는 의미의 문장이 아니기 때문에, 적합하지 않다고 봐야 한다.

c) cuyo
1️⃣ 관계사가 들어갈 수 있는 구조가 아니므로 제거해야 한다.
2️⃣ 만약 관계사가 필요한 위치라면, 빈칸 바로 뒤에 부정관사 un은 없어야 한다.

36.

체크 포인트 "...cuando <u>de repente</u> **se oyó** en el atrio <u>un ruido espantoso</u>."
(갑자기 앞마당에서 무시무시한 소리가 **들렸다**)

➡ 동사 oír의 직설법 부정과거 3인칭 단수. 갑자기 소리가 들린 사건은 과거의 특정한 시점에서 발생한 단발적인 행위로 볼 수 있으며, 수동 대명사 "se"가 특정한 인물이 소리를 들은 것이 아닌, 소리가 발생했다는 것에 초점을 맞춰주고 있다.

정답 c) se oyó

오답 포인트 **a)** oía
➡ 빈칸 바로 앞 "de improviso"가 한 과거 상황의 묘사보다는 갑자기 발생한 단발적 사건을 언급하므로 불완료과거는 적절하지 않은 시제이다. 수동 대명사 "se"도 없기 때문에, 3인칭 단수 형태의 특정 주어를 지목하기도 어려운 조건이다.

b) oyó
➡ 수동 대명사 "se"의 부재로 정답이 될 수 없는 옵션이다.

Vocabulario

본문

iluminar: 비추다, 밝히다

profusión: 풍족함, 풍부함

torrente: 급류, 분출

desprenderse de + 명
: ~에서 떨어지다, (빛 또는 소리가) 나다

altar: 제단, 미사 봉헌대

ámbito: 구역

chispear: 불꽃을 튀기다, 반짝반짝 빛나다

arrodillarse: 무릎을 꿇다

cojín: 방석

terciopelo: 벨벳

sirviente/a: 하인, 하녀

venir a + INF.: ~하는 것처럼 되다

presbiterio: 사제석

envolver: 싸다, 둘러싸다

capa: 망토

pluma: 깃털

tapiz: 융단, 양탄자

acariciar: 쓰다듬다

pomo: 칼의 손잡이 끝

puñal: 단도, 단검

nobleza: 귀족 계급

destinado/a a + 명: ~에 사용되는

plebeyo/a: 평민, 서민

agitarse: 동요하다, 불안하다

alborotarse: (바다의) 풍랑이 심해지다

aclamar: 박수로 맞이하다, 환호하다

arzobispo: 대주교

echar: 던지다, 주다

bendición: 축복

transcurrir: (시간이) 경과하다, 흐르다

celebrante: (미사를 보는) 사제

multitud: 군중, 대중

rebullirse: 꿈틀거리기 시작하다

a media voz: 낮은 소리로

sacristía: (성당의) 성구실

acólito: 미사 시중, 복사

inquirir: 문의하다

ceremonia: 예식

maese: maestro의 고어

instantáneamente: 즉시, 바로

muchedumbre: 군중

desagradable: 불쾌한

baste decir que + 문장: ~이라고 말할 것도 없이

bullicio: 웅성거림

templo: 사원, 성당

asistente: 서품식 등에서 두 주교 중 보조하는 사람

alguacil: 집행관, 경찰관

apiñado/a: 부글거리는

ola: 파도, 인파

mal trazado/a: 풍채가 좋지 않은

huesudo/a: 뼈가 앙상한

bisojo/a: 사팔눈의

por añadidura: 게다가

adelantarse: 앞으로 나아가다

prelado: 고위 성직자

inteligente: 영리한 사람, 사정에 밝은 사람

señal: 신호

asentimiento: 긍정, 동의, 수락

fiel: 신자, 신도

envidioso/a: 질투하는

prorrumpir en + 명
: (감정적으로) 갑자기 ~하기 시작하다

disgusto: 불쾌함, 질색

espantoso/a: 공포의, 무서운

❖ Notas

PRUEBA 2: COMPRENSIÓN AUDITIVA

정답					
1	2	3	4	5	6
c	a	a	c	c	b

지시문

여섯 개의 짧은 대화를 들을 것입니다. 각 대화는 두 번 연속으로 나옵니다. 문제(1–6)에 해당하는 정답(a/b/c)을 선택하세요. 선택한 옵션을 **답안지**에 표시하세요. 문제를 읽기 위해 30초가 주어집니다.

---

1. **NARRADOR**: Va a escuchar una conversación entre dos amigos que hablan sobre llevar su coche a un taller mecánico.

CARLOS: Marta, necesito hacerle una revisión al carro. Creo que pierde aceite y no me vendría mal cambiarle las ruedas de paso. ¿Me recomiendas algún taller por aquí?

MARTA: Si quieres, llévalo al mío. Te dan presupuesto al instante y en unos días está todo resuelto.

CARLOS: Perfecto. Me pasaré por allí.

소개: 정비소에 자동차를 가져가는 것에 대해 이야기하는 두 친구의 대화를 들을 것입니다.

카를로스: 마르타, 나 자동차 점검을 해야 돼. 기름이 새는 것 같고, 가는 김에 타이어를 교체하는 것도 나쁘지 않을 것 같은데. 이 근처에 있는 정비소 추천해 줄래?

마르타: 네가 괜찮다면, 내가 다니는 정비소에 가져가 봐. 견적도 바로 내주고 며칠 안으로 모든 걸 다 해결해 주더라.

카를로스: 완벽해. 거기로 옮겨야겠다.

문제 이 대화에서는...

a) 남자는 자동차 점검을 할 필요가 없다.

b) 여자는 가족의 정비소에 자동차를 가져가는 것을 추천한다.

c) 여자는 자신이 다니는 정비소에 자동차를 가져가는 것을 추천하는데, 일을 빠르게 해주기 때문이다.

체크 포인트 "Si quieres, **llévalo al mío**. Te dan presupuesto **al instante y en unos días** está todo resuelto."
(네가 괜찮다면, **내가 다니는 정비소에 가져가 봐**. 견적도 **바로** 내주고 **며칠 안으로** 모든 걸 다 해결해주더라)

정답 **c)** la mujer recomienda llevar el carro a su taller porque trabajan rápido.

오답 포인트 a) "...necesito hacerle una revisión al carro."
(나 자동차 점검을 해야 돼)

b) "...llévalo al mío."
(내가 다니는 정비소에 가져가 봐)
➡ 여기서 마르타가 말하는 "al mío"는 자신이, 또는 자신의 가족이 소유하는 곳이 아니라 자신이 주로 자동차를 맡기는 정비소를 뜻하기 때문에 정답이 될 수 없다.

---

2. **NARRADOR:** Va a escuchar una conversación entre dos amigos que no se han visto en mucho tiempo y hablan por teléfono.

ANA: ¡Javier! ¡Hace siglos que no hablamos! ¿Cómo estás?

JAVIER: Ana, ¡qué sorpresa! Estoy bien, ¿y tú?

ANA: ¡Genial! Es que estaba mirando mi lista de contactos, he visto tu nombre y he decidido llamarte para ver cómo estabas. Deberíamos quedar un día de estos y ponernos al día, ¿no crees?

소개: 오랫동안 만나지 못하고 전화 통화를 하는 두 친구의 대화를 들을 것입니다.

아나: 하비에르! 우리 얘기 안 한지 너무 오래됐어! 어떻게 지내?

하비에르: 아나, 반갑다! 나는 잘 지내. 너는?

아나: 엄청 잘 지내지! 내 연락처 리스트를 보고 있었는데, 네 이름을 보고 어떻게 지내는지 보려고 전화해 봤어. 언제 한번 약속 잡고 만나서 밀린 수다를 떨어야지. 안 그래?

문제 이 대화에서는 ...라고 말한다.

    a) 여자는 최근 정보를 알고 싶어한다

    b) 남자가 여자에게 곧 만날 약속을 잡자고 권한다

    c) 여자는 남자의 전화번호가 없다

체크 포인트 "Deberíamos quedar un día de estos y **ponernos al día**..."
(언제 한번 약속 잡고 만나서 **밀린 수다를 떨어야지**)

정답 **a)** la mujer quiere actualizarse.

오답 포인트   b) ▶ 약속을 잡고 싶어하는 사람은 여자이므로 제거해야 하는 옵션이다.

    c) "Es que estaba mirando mi lista de contactos, he visto tu nombre..."
      (내 연락처 리스트를 보고 있었는데, 네 이름을 보고)

3. **NARRADOR:** Va a escuchar una conversación de una pareja que recibe una invitación para la boda de un primo.

LAURA: ¿Has visto la invitación? Parece que se casa Tomás.

DAVID: ¡Vaya! ¿Quién nos lo iba a decir? Yo que pensé que esos dos no durarían y ya están de camino al altar. Bueno, ojalá sean felices. Tendremos que comprarnos algo elegante...

소개: 사촌의 결혼식 초대장을 받는 한 커플의 대화를 들을 것입니다.

라우라: 초대장 봤어? 토마스가 결혼하나 봐.

다비드: 이런! 누가 알았어? 나는 그 둘이 오래가지 못할 거라고 생각했는데 벌써 식장으로 가고 있다니. 뭐, 그들이 행복하길 바라. 우리 멋진 옷 좀 사야겠는데...

문제 이 대화에서 이 커플은...

   a) 토마스가 결혼하는 것에 놀라워한다.

   b) 결혼식에 입고 갈 옷을 이미 골랐다.

   c) 토마스의 결혼식에 참석할 것이라고 확정했다.

체크 포인트 "**¡Vaya! ¿Quién nos lo iba a decir?** Yo que pensé que esos dos no durarían y ya están de camino al altar."

(**이런! 누가 알았어?** 나는 그 둘이 오래가지 못할 거라고 생각했는데 벌써 식장으로 가고 있다니)

정답 **a)** se sorprende de que Tomás se case.

오답 포인트 b) "Tendremos que comprarnos algo elegante..."

     (우리 멋진 옷 좀 사야겠는데)

  c) ➡ 결혼식에 입고 갈 옷을 생각하고 있다는 것은 참석할 의지가 있다는 것이지만, 구체적인 확정의 표현을 언급하지는 않았기 때문에 상대적으로 정답이 될 수 없다.

4.   **NARRADOR**: Va a escuchar a dos colegas que hablan sobre una noticia de la baja tasa de natalidad.

    CARMEN: ¿Has oído la noticia de la baja tasa de natalidad? Es alarmante.

    LUIS: Sí, la verdad es que sí. Pero, para serte sincero, yo soy uno de los que no quieren tener hijos. Con lo caro que está el mundo...

    CARMEN: Ya, yo pienso lo mismo. Con la inseguridad que hay...

    소개: 저출산 뉴스에 대해 이야기하는 두 동료의 대화를 들을 것입니다.

    카르멘: 저출산 뉴스 들었어? 걱정스럽던데.

    루이스: 응, 정말 그렇더라. 하지만, 솔직히 말하자면, 나는 아이를 갖고 싶어 하지 않는 사람들 중 한 명이야. 이렇게 세상이 비싸졌는데...

    카르멘: 맞아, 나도 똑같이 생각해. 이렇게 안전하지 않은데...

문제 이 대화에서는 ...라고 말한다.

   a) 남자는 뉴스를 들은 후 아이를 가지는 것을 원한다

   b) 여자는 안전하지 않은 상황에도 불구하고 아이를 가지고 싶어 한다

   c) 남자와 여자는 저출산이 걱정스러운 일이라는 것에 동의한다

체크 포인트 CARMEN: "Es alarmante." (걱정스럽던데)

     LUIS: "Sí, la verdad es que sí." (응, 정말 그렇더라)

정답 **c)** el hombre y la mujer están de acuerdo en que la baja tasa de natalidad es preocupante.

오답 포인트 a) "...yo soy uno de los que no quieren tener hijos."

     (나는 아이를 갖고 싶어 하지 않는 사람들 중 한 명이야)

   b) "Ya, yo pienso lo mismo. Con la inseguridad que hay..."

     (맞아, 나도 똑같이 생각해. 이렇게 안전하지 않은데)

     ➡ 여자는 "아이를 가지고 싶지 않다"는 남자의 말에 동의하는 것이기 때문에 정답이 될 수 없다.

5. **NARRADOR:** Va a escuchar a dos compañeros de trabajo que hablan sobre la utilización de fondos en la empresa.

CRISTINA: Juan, no creo que usar tantos fondos para esta campaña sea necesario.

JUAN: Yo creo que es clave para nuestro crecimiento. ¿No lo ves así? Hay que pensar a lo grande.

CRISTINA: Está bien tener esa mentalidad, pero no es necesario derrochar de esta manera.

소개: 회사에서 자금 사용에 대해 이야기하는 두 직장동료의 대화를 들을 것입니다.

크리스티나: 후안, 이 캠페인에 그렇게나 많은 자금을 쓸 필요는 없다고 생각해.

후안: 나는 우리의 성장을 위해 중요하다고 생각하는데. 그렇게 생각하지 않는 거야? 큰 그림을 봐야지.

크리스티나: 그런 사고방식을 가지는 건 좋은데, 이렇게 낭비할 필요는 없잖아.

문제 이 대화에서는 ...라고 언급한다.

a) 여자는 캠페인에 자금을 허비하는 것에 동의한다
b) 남자는 캠페인에 그렇게나 많은 자금을 투자하는 것이 불필요하다고 생각한다
c) 여자와 남자는 자금 사용에 대해 다른 의견을 가지고 있다

체크 포인트 ▶ 대화 내내 여자는 자금 사용이 과하다는 의견을 표현하고, 남자는 필요하다는 의견을 주장하기 때문에 옵션 c)가 정답이다.

정답 **c)** la mujer y el hombre tienen diferentes opiniones sobre el uso de fondos.

오답 포인트
a) "...no es necesario derrochar de esta manera."
(이렇게 낭비할 필요는 없잖아)

b) "Yo creo que es clave para nuestro crecimiento."
(나는 우리의 성장을 위해 중요하다고 생각하는데)

6. **NARRADOR:** Va a escuchar a dos amigos que hablan sobre una noticia de un volcán en erupción.

ANDREA: Dios mío... ¿Has visto la noticia del volcán?

ALBERTO: Sí, ya van cuarenta fallecidos y más de veinte afectados por la erupción de lava. Es una tragedia.

ANDREA: Qué pena, de verdad. Espero que las cifras no sigan aumentando y que la actividad del volcán cese pronto.

소개: 폭발 중인 화산 뉴스에 대해 이야기하는 두 친구의 대화를 들을 것입니다.

안드레아: 어머나... 화산 뉴스 봤어?

알베르토: 응, 벌써 사망자는 마흔 명이고 용암 분출 피해자는 스무 명 이상이래. 비극이 따로 없네.

안드레아: 너무 안타깝다, 정말. 피해자 수가 계속 늘어나지 않고 화산활동이 곧 멈추길 바라.

문제 이 대화에서는 ...라고 말한다.

  a) 여자는 화산 뉴스를 보지 않았다

  b) 화산은 지금 폭발 중이다

  c) 남자는 이 재해가 제대로 관리되고 있지 않다고 생각한다

체크 포인트 "Espero que las cifras no sigan aumentando y **que la actividad del volcán cese pronto**."
(피해자 수가 계속 늘어나지 않고 **화산활동이 곧 멈추길** 바라)

정답 **b)** el volcán sigue en erupción en este momento.

오답 포인트 a) ▷ 여자가 이미 뉴스를 접한 상태에서 대화를 시작한 것을 파악할 수 있으므로 정답이 될 수 없는 옵션이다.

  c) "Es una tragedia." (비극이 따로 없네)
    ▷ 남자는 안타까움을 표현하지만, 이 상황에 대한 별도의 비판적인 의견은 전혀 언급하지 않으므로 정답이 될 수 없다.

600

Vocabulario

actualizarse: 업데이트되다, 최근 정보를 알다
desperdiciar: 낭비하다, 허비하다
gestionar: 관리하다, 수속을 하다

스크립트

대화 1
de paso: 그러는 김에

대화 2
ponerse al día: 최근 소식을 알다, 밀린 수다를 떨다

대화 3
altar: 제단

대화 5
mentalidad: 정신상태, 사고방식
derrochar: 낭비하다, 함부로 쓰다

대화 6
lava: 용암
afectado/a: 피해자, 희생자
tragedia: 비극

PRUEBA 2: COMPRENSIÓN AUDITIVA

정답					
7	8	9	10	11	12
B	B	B	A	C	C

LOLA: ¿Qué te pareció la clase hoy, Adán?

ADÁN: Honestamente, me siento como un fracasado. No siento que esté mejorando. Sigo atascado en los primeros pasos y me veo incapaz de combinarlos con los nuevos que aprendemos cada vez.

LOLA: ¡Ay, no digas eso! Todos están aprendiendo a su propio ritmo. Además, estás mucho mejor de lo que vos pensás.

ADÁN: No sé, Lola. Y también, siento que el profesor me tiene rencor o algo así. Si no, ¿por qué siempre me tiene que poner a mí como ejemplo de lo que no hay que hacer?

LOLA: ¿Rencor? No seas ridículo, cariño. Te estás montando películas en tu cabeza. El profesor solo está tratando de ayudarnos a mejorar.

ADÁN: Pero veo a los demás progresar, y yo sigo igual que al principio.

LOLA: Adán, todos tenemos nuestras dificultades. La clave es practicar y disfrutar del proceso. ¿Te acordás de cómo nos divertimos la primera vez que vinimos?

ADÁN: Sí, pero ahora siento que debería haberme vuelto mejor después de tantas clases.

LOLA: La paciencia es parte de esto. Todos cometemos errores, pero eso no significa que no estemos avanzando. Mirá todo lo que hemos aprendido juntos.

ADÁN: Sí, es cierto. Pero aún siento que podría hacerlo mejor...

LOLA: Bueno, siempre podés practicar más en casa. Quizá es simplemente cuestión de ampliar el tiempo de práctica. Yo te puedo ayudar, solo tenés que decirme. Pero tratá de mirar lo positivo en vez de ser tan duro con vos mismo. Yo estoy chocha con todo lo que aprendí y me siento más conectada con vos cuando bailamos.

ADÁN: Eso es cierto. Pero, de todas formas, siento que no logro los movimientos tan fluidos como debería...

LOLA: Adán, la clave es divertirse. No tenés que ser perfecto. Además, ¿no notaste lo bien que nos sentimos después de cada clase?

ADÁN: Sí, tienes razón. Me gusta cómo nos sentimos más unidos cuando bailamos.

LOLA: Exacto. Además, creo que deberíamos considerar aprender otros bailes en el futuro. Tal vez salsa o incluso tango. No me digas que no es hermoso el tango...

ADÁN: ¿Salsa o tango? Son bailes indiscutiblemente bonitos, pero, ¿tú me ves a mí bailándolos? ¿Sabes de lo que estás hablando?

LOLA: ¡Claro! ¿Por qué no? Podríamos probar algo nuevo juntos. Va a ser emocionante.

ADÁN: Supongo que por intentarlo no perdemos nada. Además, en tu caso seguro que llevas el tango en la sangre y me puedes ayudar a aprenderlo. Tal vez deberíamos darle una oportunidad a algo diferente.

LOLA: ¡Eso es lo que quiero escuchar! Aprender nuevos bailes no solo va a ser divertido, sino que también nos va a ayudar a mejorar nuestra conexión y habilidades de baile.

ADÁN: Está bien, Lola. Vamos a intentarlo. Pero prométeme que no te vas a reír si piso tus pies.

LOLA: ¡Te lo prometo! Y si piso los tuyos, será solo parte de la diversión. La clave es disfrutar cada momento juntos.

롤라: 오늘 수업 어땠어, 아단?

아단: 솔직히, 실패자 같은 기분이야. 나아가고 있다고 느껴지지 않아. 첫 스텝에서 계속 막히고 매번 새롭게 배우는 것들과 이어갈 수 있는 능력이 없어 보여.

롤라: 에이, 그런 말 하지 마! 모두가 자신만의 속도로 배우고 있잖아. 게다가, 네가 생각하는 것보다 훨씬 더 좋아졌어.

아단: 모르겠어, 롤라. 그리고, 선생님이 나한테 앙심 같은 걸 품었나 봐. 그렇지 않다면, 왜 항상 나를 해서는 안 되는 것의 예로 들지?

롤라: 앙심? 자기야, 말도 안 되는 소리 하지 마. 머릿속에서 영화를 찍고 있구나. 선생님은 그냥 우리 실력이 더 좋아질 수 있도록 도와주려고 하시는 거지.

아단: 하지만 다른 사람들은 발전하는 게 보이는데, 나는 처음이랑 똑같잖아.

롤라: 아단, 모두 각자의 어려움이 있는 거지. 정답은 연습하고 과정을 즐기는 거야. 우리가 처음 왔을 때 얼마나 재미있었는지 기억나?

아단: 응, 하지만 지금은 이렇게 수업을 많이 듣고 난 후인데 좋아져야 됐었다고 느껴.

롤라: 인내심이 이 모든 것의 일부분이야. 모두가 실수를 하지만 앞으로 나아가고 있지 않다는 것을 의미하지는 않아. 우리가 함께 배운 모든 걸 봐 봐.

아단: 응, 네 말이 맞아. 하지만 아직도 우리가 더 잘할 수 있을 것 같은 기분인데...

롤라: 음, 집에서 언제든 연습할 수 있지. 어쩌면 단순히 연습 시간을 늘리는 문제일지도 몰라. 내가 도와줄 게, 말만 해줘. 하지만 너 스스로에게 너무 엄격하지 말고 긍정적인 부분을 보려고 노력해 봐. 나는 배운 모든 것에 만족하고 우리가 춤출 때 너랑 더 연결되어 있는 기분이거든.

아단: 그건 맞아. 하지만, 어쨌든, 원래 해야 하는 것만큼 움직임이 매끄럽지 못한 것 같아.

롤라: 아단, 정답은 즐기는 거야. 완벽할 필요는 없어. 게다가, 매번 수업을 마치고 나서 우리가 얼마나 기분이 좋은 지 못 느꼈어?

아단: 응, 네 말이 맞네. 춤출 때 우리가 더 연결된 느낌인 게 좋더라.

롤라: 그러니까 말이야. 게다가, 나중에 다른 춤을 배우는 것도 생각해 봐야 할 것 같아. 어쩌면 살사, 아니면 탱고도. 탱고가 얼마나 아름다운지 알지...

아단: 살사나 탱고? 둘 다 확실히 예쁜 춤이지만, 내가 그 춤들을 추는 게 상상돼? 무슨 얘기를 하고 있는 건지 알고 있는 거야?

롤라: 당연하지! 해보자! 새로운 걸 같이 시도해 볼 수 있잖아. 재미있을 거야.

아단: 시도해 보는 걸로는 아무것도 손해 보지 않겠지. 게다가, 너에게는 분명히 탱고의 피가 흐르고 있을 거고 내가 그걸 배우는 것을 도와줄 수 있을 거야.

롤라: 그게 바로 내가 듣고 싶은 거야! 새로운 춤을 배우는 건 즐겁기도 하겠지만, 우리 둘의 관계와 댄스 실력을 좋아지게 도와줄 거야.

아단: 알겠어, 롤라. 시도해 보자. 하지만 내가 네 발을 밟아도 웃지 않을 거라고 약속해 줘.

롤라: 약속할 게! 만약 내가 네 발을 밟으면, 그냥 재미로 그런 거라고 하자. 정답은 매 순간을 함께 즐기는 거잖아.

0. 수업으로 인해 좌절감을 느낀다.

체크 포인트 "Honestamente, me siento como un **fracasado**."
(솔직히, **실패자** 같은 기분이야)

정답 **B**. Adán

7. 선생님이 자신에게 원한이 있다고 생각한다.

체크 포인트 "...siento que el profesor me tiene **rencor** o algo así."
(선생님이 나한테 앙심 같은 걸 품었나 봐)

정답 **B**. Adán

8. 상황을 상상하고 있다.

체크 포인트 "¿Rencor? No seas ridículo, cariño. **Te estás montando películas en tu cabeza**."
(앙심? 자기야, 말도 안 되는 소리 하지 마. **머릿속에서 영화를 찍고 있구나**)

정답 **B**. Adán

오답 포인트 A. Lola
➡ 비록 롤라가 정답 내용을 직접 말하고 있지만, 자신에 대한 이야기가 아닌 아단을 향해 말하고 있는 것이기 때문에, 해당 내용의 정확한 주체가 누구인지 확인할 필요가 있다.

9. 발전하지 않은 것에 대해 푸념한다.

체크 포인트 "...pero ahora siento que **debería haberme vuelto mejor** después de tantas clases."
(하지만 지금은 이렇게 수업을 많이 듣고 난 후인데 **좋아져야 됐었다고** 느껴)

정답 **B.** Adán

10. 애인을 도와주겠다고 자청한다.

체크 포인트 "Yo **te puedo ayudar**..."
(내가 **도와줄 게**)

정답 **A.** Lola

11. 수업을 그만두고 싶어한다.

체크 포인트 ▶ 아예 수업을 포기하는 것을 원하는 사람은 없으므로 두 사람 모두 정답이 아니다.

정답 **C.** Ninguno de los dos

오답 포인트 **B.** Adán
▶ 비록 수업이 힘들고 자신의 발전하지 못하는 모습에 대해 여러 번 푸념하지만, 수업을 그만두겠다는 언급은 한 번도 하지 않으므로 정답이 될 수 없다.

12. 그 어떠한 다른 춤도 배우고 싶어하지 않는다.

체크 포인트 ▶ 완전히 부정적인 태도를 보인 사람은 없기 때문에 두 사람 모두 정답이 될 수 없다.

정답 **C.** Ninguno de los dos

오답 포인트 **B.** Adán
"... ¿tú me ves a mí bailándolos? ¿Sabes de lo que estás hablando?"
(내가 그 춤들을 추는 게 상상돼? 무슨 얘기를 하고 있는 건지 알고 있는 거야?)
▶ 처음 제안을 받았을 때에는 아단이 놀라움을 표현하며 거절하는 것 같아 보이지만, 결국 마지막에는 시도해 보겠다는 마음가짐을 보이므로 정답이 아니다.

Tarea 2   Vocabulario

질문

frustración: 좌절감

manía: 마니아, 원한

ofrecerse a + INF.: ～하겠다고 자청하다

progresar: 나아지다, 발전하다

스크립트

문단 2: 아단

fracasado/a 실패자

atascado/a: 막힌

문단 4: 아단

rencor: 앙심, 원한

문단 5: 롤라

ridículo/a: 우스꽝스러운, 터무니없는

문단 12: 아단

fluido/a: 매끄러운

문단 16: 아단

indiscutiblemente: 의론의 여지없이, 확실히

❖ Notas

PRUEBA 2: COMPRENSIÓN AUDITIVA

정답					
13	14	15	16	17	18
a	b	c	c	a	c

지시문

자신의 행보와 사고방식에 대해 이야기하는 스페인 코미디언인 플로렌티노 페르난데스에게 한 인터뷰의 일부를 들을 것입니다. 음성녹음은 두 번 나옵니다. 문제(13–18)에 대한 정답(a/b/c)을 선택하세요.

선택한 옵션을 **답안지**에 표시하세요. 문제를 읽기 위해 30초가 주어집니다.

ENTREVISTADORA: Hoy tenemos el placer de entrevistar al cómico Florentino Fernández. Después de 25 años de éxitos en esta profesión tan inestable, ¿cuál ha sido el desafío más importante que has tenido que superar?

FLORENTINO: Creo que "estar" ya es un gran acierto. En mi caso, creo que "estoy" porque nunca he tenido la pretensión de "estar" realmente.

ENTREVISTADORA: El presentador y cómico Andreu Buenafuente define el tipo de comedia que haces como "comedia de barrio". ¿Crees que es una definición acertada?

FLORENTINO: Yo soy de barrio y siempre lo seré, pero la comedia es internacional. Ésa es la riqueza de la risa: es universal y no entiende de clases sociales.

ENTREVISTADORA: En el espectáculo "El sentido del humor. Dos tontos y yo" haces reír con José Mota y Santiago Segura. ¿Qué es más fácil y qué es más complicado de este *show* con estos dos personajes tan reconocidos?

FLORENTINO: Lo fácil y complejo lo tenemos todos los días: ¡hacer reír! Cuando hace ya seis años empezamos a escribir "El sentido del humor. Dos tontos y yo" teníamos un único reto realmente difícil: hablar y movernos tres cómicos en un escenario sin que la gente notara la complejidad que supone.

ENTREVISTADORA: En este espectáculo se hacen bromas sobre los límites de la comedia. ¿Te sientes más controlado en la televisión que en el teatro?

FLORENTINO: Es verdad que cuantas más personas decidan por encima de tu trabajo, más límites habrá. Nosotros intentamos tener la última palabra y el público lo disfruta, sin límites ni ataduras. Solamente existe el respeto y el sentido común.

ENTREVISTADORA: Durante los últimos meses has ganado el concurso "Me resbala", has presentado el programa "A tu bola" y ahora eres jurado de "*Got Talent*". ¿Qué crees que has hecho para merecer esto?

FLORENTINO: Pues nada, es lo que decía antes. Se trata de "estar" y todo lo que conlleva. Si sabes estar triunfarás, y no solo en la comedia, sino en la vida también.

ENTREVISTADORA: Cuando consigues ahorrar algo de dinero, ¿qué haces con él?

FLORENTINO: El ahorro es algo fundamental en mi vida porque evita que tenga que hacer cosas que no me gustan. En estos 25 años los "síes" de los proyectos han sido muy importantes. Pero también me he dado cuenta de que, para mantenerse, los "noes" han sido determinantes.

ENTREVISTADORA: Has contado que rechazaste un contrato millonario porque tu madre te dijo que "el dinero en grandes cantidades es cáncer". ¿Qué otros consejos te dio?

FLORENTINO: Muchísimos. Los consejos de mi madre me han valido mucho para guiarme por buenos caminos y reconocer los malos. Mi padre y mi madre son lo mejor de mi vida y siempre están conmigo.

ENTREVISTADORA: Si preguntáramos por ti en Sacedón, tu refugio en Guadalajara, ¿qué nos contarían tus vecinos sobre ti?

FLORENTINO: Dirían con total seguridad: "Lo he visto hace un par de días, por ahí está, con su padre en la Churrería del Ángel".

(Adaptado de https://www.larazon.es/gente/famosos)

인터뷰 진행자: 오늘 희극배우이신 플로렌티노 페르난데스를 인터뷰하게 되어 영광입니다. 이렇게나 불안정한 직업에서 성공적으로 25년이라는 시간을 보내신 후에, 어떤 것이 뛰어넘어야만 했던 가장 중요한 도전이었나요?

플로렌티노: "있는 것" 자체만으로도 이미 큰 성공이라고 생각합니다. 저의 경우에는, 실제로 "있는 것"에 대한 야망이 한 번도 없었기 때문에 "있다"라고 생각해요.

인터뷰 진행자: 아나운서이자 희극배우인 안드루 부에나푸엔테는 당신이 하는 코미디의 종류를 "동네 코미디"라고 정의 내리는데요. 적절한 정의라고 생각하시나요?

플로렌티노: 저는 동네 출신이고 항상 그럴 것입니다. 하지만 코미디는 세계적이죠. 그것이 웃음의 훌륭함입니다. 보편적이고 사회계층에 정통하지 않아요.

인터뷰 진행자: "유머감각. 두 바보와 나" 공연에서는 호세 모타와 산티아고 세구라와 함께 웃음을 주시는데요. 이렇게 인정받은 두 인물과 함께 하는 이 쇼에서 무엇이 더 쉽고 무엇이 더 복잡한가요?

플로렌티노: 쉬운 것과 복잡한 것은 매일 있습니다. 바로 웃음을 주는 것이죠! 벌써 6년 전에 "유머감각. 두 바보와 나"를 쓰기 시작했을 때 유일하게 단 하나의 정말 어려운 도전이 있었습니다. 한 무대에서 코미디언 세 명이 이야기하고 움직이는 것인데, 사람들이 그것이 의미하는 복잡함을 눈치채지 못하게끔 하면서 말이에요.

인터뷰 진행자: 이 공연에서는 코미디의 경계에 대한 농담을 하시잖아요. 연극계에서 보다 텔레비전 방송에서 더 통제된다고 느끼시나요?

플로렌티노: 저의 일에 대해 더 많은 사람들이 결정을 내리는 만큼, 더 많은 경계가 있을 것이라는 것은 사실입니다. 저희는 최종 결정권을 가지려고 하고 관객은 그것을 즐기죠. 한계도 속박도 없이 말입니다. 오직 존중과 상식만이 존재합니다.

인터뷰 진행자: 최근 몇 개월 동안, "난 상관없어" 경연 대회에서 우승을 하셨고, "네 멋대로" 프로그램의 사회를 맡으셨으며, 지금은 "갓 탤런트"의 심사위원이시죠. 이 모든 것을 받을 만한 자격을 얻기 위해 무엇을 하셨다고 생각하시나요?

플로렌티노: 음, 아무것도 하지 않은 것 같은데요. 바로 제가 예전에 말하고 있었던 것입니다. "그냥 있는 것"과 이것이 수반하는 모든 것에 대한 일입니다. 있는 것을 할 줄 안다면 성공할 수 있을 거예요. 코미디에서뿐만 아니라, 인생에서도 마찬가지이죠.

인터뷰 진행자: 돈을 조금이라도 모을 수 있을 때에는, 그것을 가지고 뭘 하시나요?

플로렌티노: 저축은 저의 삶에서 기본적인 것입니다. 좋아하지 않는 일들을 해야 하는 것을 막아주기 때문이죠. 지난 25년 동안 프로젝트들의 "네"라는 대답들은 매우 중요했습니다. 하지만 버티기 위해서는 "아니요"라는 대답들도 결정적이라는 것을 마찬가지로 깨달았죠.

인터뷰 진행자: 거액의 계약 제의를 거절하셨다고 이야기해 주셨는데요. "거금은 암이다"라고 어머님이 말씀하셨기 때문이라고 하셨죠. 어떤 다른 조언들을 해 주셨나요?

플로렌티노: 정말 많은 것들이요. 저희 어머니의 조언들은 좋은 길로 나아가고 나쁜 길을 알아볼 수 있게 많이 도와주었어요. 저희 부모님은 제 인생의 최고의 선물이고 항상 제 곁에 계세요.

인터뷰 진행자: 과달라하라에 있는 당신의 아지트인 사세돈에서 당신을 찾는다면, 당신에 대해서 이웃들이 무엇이라고 이야기할까요?

플로렌티노: 완전히 자신 있게 말하겠죠. "며칠 전에 그를 봤어요. 저기 있네요, 천사 츄러스 가게에 아버지와 함께".

---

13. 이 직업에서 25년을 보낸 후, 플로렌티노 페르난데스에게 가장 중요한 도전은 ...이었다.

　a) 코미디계에서 버티는 것

　b) 세계적인 명성을 이루는 것

　c) 이 직업에서 존재하는 불안정성을 극복하는 것

체크 포인트　문단2

> "Creo que **"estar" ya es un gran acierto**. En mi caso, creo que "estoy" porque nunca he tenido la pretensión de "estar" realmente."
> (**"있는 것" 자체만으로도 이미 큰 성공**이라고 생각합니다. 저의 경우에는, 실제로 "있는 것"에 대한 야망이 한 번도 없었기 때문에 "있다"라고 생각해요)

정답 **a)** mantenerse en la comedia.

오답 포인트　문단1-2

> b) ➡ 플로렌티노가 코미디에 대해 정의 내릴 때 "internacional"이라는 단어를 활용하지만, 이것은 세계적으로 유명해지는 것에 대한 내용이 아니므로 정답이 될 수 없다.
>
> c) ➡ 처음 인터뷰 진행자가 질문을 시작할 때 "esta profesión tan inestable"라고 설명하지만, 플로렌티노가 직접 이것을 언급하지 않기 때문에 제거해야 하는 옵션이다.

---

14. 안드루 부에나푸엔테의 말로 인해, 인터뷰 대상자는 코미디를 ...이라고 묘사한다.

　a) 지역에 의해 한정적

　b) 보편적이고 세계적

　c) 한 사회계층만을 위해 독점적

체크 포인트　문단4

> "Yo soy de barrio y siempre lo seré, pero la comedia es **internacional**."
> (저는 동네 출신이고 항상 그럴 것입니다. 하지만 코미디는 **세계적**이죠)

정답 **b)** general y global.

오답 포인트 | 문단4

  a) **1** 문제 문장에 안드루 부에나푸엔테라는 인물이 등장하지만, 결국 인터뷰 대상자가 직접적으로 말하는 것이
      정답이기 때문에 혼동해서는 안 된다.

     2 플로렌티노는 본인이 동네 출신이라는 것과 세계적인 범위를 가지고 있는 코미디를 대조하기 때문에 확실히
       제거해야 하는 정답이다.

  c) "Ésa es la riqueza de la risa: es universal y <u>no entiende de clases sociales</u>."
    (그것이 웃음의 훌륭함입니다. 보편적이고 <u>사회계층에 정통하지 않아요</u>)
    ➡ 오히려 사회계층을 상관하지 않는다는 발언으로 정답이 될 수 없는 옵션이다.

---

15. 인터뷰 대상자에게 "유머감각. 두 바보와 나"를 쓸 때 주요한 도전은 ...이었다.

  a) 관객에게 웃음을 주는 것
  b) 줄거리의 복잡함을 눈치채는 것을 막는 것
  c) 세 명의 코미디언이 공연을 진행하는 것

체크 포인트 | 문단6

"Cuando hace ya seis años empezamos a escribir "El sentido del humor. Dos tontos y yo"
teníamos un único reto realmente difícil: **hablar y movernos tres cómicos en un escenario** sin
que la gente notara la complejidad que supone."
(벌써 6년 전에 "유머감각. 두 바보와 나"를 쓰기 시작했을 때 유일하게 단 하나의 정말 어려운 도전이 있었습니다.
한 무대에서 코미디언 세 명이 이야기하고 움직이는 것인데, 사람들이 그것이 의미하는 복잡함을 눈치채지 못하게
끔 하면서 말이에요)

정답 **c)** llevar a cabo el espectáculo entre tres comediantes.

오답 포인트 | 문단6

  a) "Lo fácil y complejo lo tenemos todos los días: ¡hacer reír!"
    (쉬운 것과 복잡한 것은 매일 있습니다. 바로 웃음을 주는 것이죠!)
    ➡ 웃음을 주는 행위는 "쉽고도 복잡하다"라고 하기 때문에 주요한 도전이라고 볼 수는 없다.

  b) ➡ 플로렌티노가 의도한 것은 "한 무대에서 코미디언 세 명이 이야기하고 움직이는 것"이 얼마나 복잡한
    일인지를 사람들이 눈치채지 못하게 한다는 것이지, 줄거리의 복잡함을 말하는 것이 아니므로 정답이 될 수
    없는 옵션이다.

---

16. 플로렌티노는 코미디의 경계에 대해서 ...라고 말한다.

  a) 텔레비전은 경계가 없다.
  b) 연극계에서 더 많은 문제들이 존재한다.
  c) 자신들이 최종적인 결정을 내리려고 노력한다.

체크 포인트 | 문단8

"Nosotros intentamos tener **la última palabra** y el público lo disfruta..."
(저희는 **최종결정권**을 가지려고 하고 관객은 그것을 즐기죠)

정답 **c)** ellos mismos tratan de tomar la decisión final.

17. 인터뷰 대상자는 자신의 삶에서 ...을 기본적으로 여긴다.

a) 모아온 돈

b) 코미디계에서의 성공

c) 부동산 프로젝트에 대한 투자

체크 포인트   문단12

"**El ahorro** es algo fundamental en mi vida porque evita que tenga que hacer cosas que no me gustan."
(**저축**은 저의 삶에서 기본적인 것입니다. 좋아하지 않는 일들을 해야 하는 것을 막아주기 때문이죠)

정답 **a)** el dinero acumulado.

18. 거액의 돈에 대해 플로렌티노 페르난데스의 어머니가 해주신 조언은 ...였다.

a) 행복을 위해 매우 중요하다

b) 프로젝트에 투자되어야 한다

c) 해로울 수 있다

체크 포인트   문단13

"Has contado que rechazaste un contrato millonario porque tu madre te dijo que "**el dinero en grandes cantidades es cáncer**."
(거액의 계약 제의를 거절하셨다고 이야기해 주셨는데요. "**거금은 암이다**"라고 어머님이 말씀하셨기 때문이라고 하셨죠)

정답 **c)** puede ser perjudicial.

Tarea 3 Vocabulario

질문

humorista: 코미디언
mantenerse: 견디다, 버티다
reconocimiento: 명성
trama: 줄거리
inmobiliario/a: 부동산의

스크립트

문단 1: 인터뷰 진행자
cómico/a: 희극인

문단 2: 플로렌티노
acierto: 적중, 성공
pretensión: 목표, 야망

문단 3: 인터뷰 진행자
presentador/a: 아나운서, 앵커
riqueza: 훌륭함
entender de + 명: ～에 정통하다

문단 7: 인터뷰 진행자
broma: 장난, 농담

문단 8: 플로렌티노
última palabra: 최종 결정(권)
atadura: (주로 복수) 속박
sentido común: 상식

문단 9: 인터뷰 진행자
resbalar a + 사람: ～에게는 상관없다
jurado: 심사위원

문단 12: 플로렌티노
determinante: 결정적인

문단 13: 인터뷰 진행자
millonario/a: 거액의

문단 14: 플로렌티노
valer: 도움이 되다, 쓸모가 있다
guiarse por + 명: ～로 나아가다

문단 15: 인터뷰 진행자
refugio: 아지트

문단 16: 플로렌티노
churrería: 츄러스 가게

PRUEBA 2: COMPRENSIÓN AUDITIVA

정답					
19	20	21	22	23	24
C	E	I	G	D	H

지시문

이어서 비디오게임에 대한 경험을 말하는 여섯 명의 사람들의 이야기를 들을 것입니다. 각 사람의 음성녹음은 두 번씩 나옵니다. 사람(19–24)들이 말하는 주제에 해당하는 문장(A–J)들을 선택하세요. 예시를 포함한 열 가지 문장들이 있습니다. 여섯 개만 고르세요. 선택한 옵션을 **답안지**에 표시하세요.

이제 예시를 들어보세요:

사람 0.

정답은 B입니다.

문제를 읽기 위해 20초가 주어집니다.

A. 젊었을 때, 자신이 가장 좋아하던 비디오게임의 캐릭터처럼 되고 싶어 했다.

B. 비디오게임은 즐거움을 주고 일상에서 벗어나는데 도움이 된다.

C. 비디오게임에 집착했다.

D. 비디오게임이 재택근무를 가능하게 해준다.

E. 비디오게임이 직업이 되어버렸다.

F. 항상 가족에게 비디오게임을 선물한다.

G. 비디오게임 덕분에 개인적인 위기를 이겨냈다.

H. 비디오게임의 매력을 이해하지 못하고 그것의 영향력이 우려된다.

I. 온라인 공동체 덕분에 힘든 상황을 이겨냈다.

J. 게임기 대신 컴퓨터에서 비디오게임을 하는 것을 선호한다.

---

0. Persona 0 (Ejemplo)

HOMBRE: Los videojuegos son mi escape favorito. Me sumergen en un mundo fascinante y me brindan horas de diversión. La narrativa y los gráficos me transportan a lugares asombrosos a los que de otra manera nunca podría tener acceso. Además, también disfruto de la camaradería en línea tanto con mis amigos como con gente nueva. Es una forma increíble de desenchufarse del estrés diario y explorar mundos creativos.

사람 0 (예시)

남자: 비디오게임은 제가 가장 좋아하는 일탈입니다. 저를 매혹적인 세계에 빠져들게 하고 오랜 시간 동안 재미를 주죠. 서사와 그래픽은 저를 놀라운 공간들로 데려가는데, 다른 방식으로는 절대 가볼 수 없는 곳들이잖아요. 게다가, 저의 친구들이나 새로운 사람들과의 온라인 동료애도 즐깁니다. 일상의 스트레스에서 벗어나고 창의적인 세계를 탐험할 수 있는 대단한 방식이에요.

체크 포인트 **1** "Los videojuegos son mi **escape** favorito."
(비디오게임은 제가 가장 좋아하는 **일탈**입니다)

2 "...y me brindan horas de **diversión**."
(오랜 시간 동안 **재미**를 주죠)

3 "Es una forma increíble de **desenchufarse del estrés diario** y explorar mundos creativos."
(**일상의 스트레스에서 벗어나고** 창의적인 세계를 탐험할 수 있는 대단한 방식이에요)

정답 **B**. Los videojuegos lo entretienen y le sirven para desconectar.

19. Persona 1

MUJER: En mi caso, tuve una experiencia negativa con los videojuegos. Mi primera experiencia fue cuando era chica y enloquecí con tantas posibilidades de los mundos virtuales. Me metí tanto en el mundo virtual que perdí la noción del tiempo y descuidé responsabilidades y relaciones. Creo que me volví adicta. Me costó despertar y recuperar mi vida. Ahora juego con moderación y priorizo el tiempo fuera de la pantalla.

사람 1

여자: 저의 경우에는, 비디오게임에 대한 부정적인 경험이 있었어요. 첫 번째 경험은 어렸을 때였고 가상세계의 너무나도 많은 가능성에 미쳐버렸죠. 가상세계에 너무 빠져버려서 시간개념을 잃어버렸고 의무와 ·인간관계를 소홀히 했어요. 제가 중독되어버렸다고 생각해요. 헤어 나와서 삶을 되찾는 것이 힘들었네요. 지금은 절제하면서 게임을 하고 화면 밖에서의 시간을 우선시합니다.

체크 포인트 "**Me metí tanto** en el mundo virtual que perdí la noción del tiempo y descuidé responsabilidades y relaciones. Creo que **me volví adicta**."
(가상세계에 **너무 빠져버려서** 시간개념을 잃어버렸고 의무와 인간관계를 소홀히 했어요. 제가 **중독되어버렸다고** 생각해요)

정답 **C**. Se obsesionó con los videojuegos.

20. Persona 2

HOMBRE: Gracias a los mundos planteados en los gráficos 3D descubrí mi pasión por el diseño de videojuegos. Me fascinaban tanto las historias y el diseño de personajes que crear mundos virtuales se convirtió en mi carrera. Ahora que logré crear varios juegos, es emocionante ver a otros disfrutar de lo que yo hice. Es mucho trabajo, pero la industria es dinámica y me desafía constantemente a innovar.

사람 2

남자: 3D 그래픽으로 현실화된 세계들 덕분에 비디오게임 디자인에 대한 저의 열정을 발견했습니다. 스토리와 캐릭터 디자인에 너무 매료되어서 결국 가상세계를 창조하는 것이 저의 직업이 되어버렸어요. 여러 게임을 만들어 내는 것을 해낸 지금, 다른 사람들이 제가 만든 걸 즐기는 것을 보는 게 감동적이네요. 많은 작업을 요구하지만, 이 산업은 역동적이고 끊임없이 혁신하게끔 저에게 도전장을 내밀어요.

체크 포인트 "Me fascinaban tanto las historias y el diseño de personajes que **crear mundos virtuales se convirtió en mi carrera**."
(스토리와 캐릭터 디자인에 너무 매료되어서 결국 **가상세계를 창조하는 것이 저의 직업이 되어버렸어요**)

정답 **E**. Los videojuegos se han transformado en su profesión.

21. Persona 3

MUJER: Tristemente, yo sufrí acoso en línea mientras jugaba. No esperaba que algo así pudiera suceder en algo tan inocente como una partida *online*. Fue impactante, pero la comunidad del juego se unió para apoyarme y siempre les estaré agradecida por ello. Denuncié el comportamiento y se tomaron medidas. La seguridad en línea es crucial, pero la solidaridad de la comunidad fue reconfortante.

사람 3

여자: 슬프게도, 저는 게임을 하는 동안 온라인 괴롭힘을 당했어요. 그런 것이 온라인 시합과도 같은 순수한 곳에서 일어날 것이라는 것을 예상치 못했죠. 충격적이었지만, 게임 커뮤니티가 저를 지지해 주기 위해 뭉쳤고 그것에 대해 항상 감사할 거예요. 문제행동을 신고했고 조치가 취해졌습니다. 온라인 안전은 매우 중요해요. 하지만 커뮤니티의 연대가 많은 위로가 되었습니다.

체크 포인트 **1** "Fue impactante, pero **la comunidad del juego se unió para apoyarme** y siempre les estaré agradecida por ello."
(충격적이었지만, **게임 커뮤니티가 저를 지지해 주기 위해 뭉쳤고** 그것에 대해 항상 감사할 거예요)

2 "...pero **la solidaridad de la comunidad** fue reconfortante."
(하지만 **커뮤니티의 연대**가 많은 위로가 되었습니다)

정답 **I**. Superó una situación difícil gracias a la colectividad en línea.

오답 포인트 G. ➡ 이 사람이 겪은 "온라인 괴롭힘"을 "개인적인 위기"라고 말할 수는 있겠지만, 도움을 준 것은 비디오게임이 아닌 "온라인 공동체"이기 때문에 정답이 될 수 없다.

---

22. Persona 4

HOMBRE: Los videojuegos me ayudaron a reponerme de la depresión. Tras la muerte de mi madre, que era uña y carne conmigo, pasé un período muy oscuro en el que perdí las ganas de vivir. No quería hablar ni comer. Un día, me regalaron un videojuego y, por pura casualidad, comencé a jugarlo. La inmersión en historias y desafíos me dio un propósito. Agradezco cómo los videojuegos impactaron positivamente en mi salud mental.

사람 4

남자: 비디오게임은 우울증에서 회복하는 것을 도와주었습니다. 저와 떼려야 뗄 수 없는 사이셨던 어머니가 돌아가신 후에, 삶에 대한 의욕을 잃어버리게 된 아주 어두운 시기를 보냈어요. 말하고 싶지도, 먹고 싶지도 않았습니다. 하루는 비디오게임 한 개를 선물받았는데, 순전한 우연으로 게임을 하기 시작했어요. 스토리와 도전들에 대한 몰두가 저에게 목표를 갖게 했습니다. 비디오게임이 저의 정신건강에 긍정적인 영향을 준 것에 대해 감사하고 있어요.

체크 포인트 "Los videojuegos me ayudaron a **reponerme de la depresión**."
(비디오게임은 **우울증에서 회복하는 것**을 도와주었습니다)

정답 **G**. Superó una crisis personal gracias a los videojuegos.

23. Persona 5

MUJER: A mí, los videojuegos me permiten vivir de lo que me gusta y trabajar desde casa con total comodidad. Creo contenido en varias plataformas en línea y hago desde transmisiones en directo hasta guías. Normalmente mis seguidores me recomiendan nuevos juegos, yo los compro y los probamos juntos, comentando qué nos parece. Creo que gracias a ellos puedo crear una conexión especial con mi audiencia.

사람 5

여자: 제 경우에는, 비디오게임은 제가 좋아하는 것으로 생계를 꾸리고 완전히 편하게 집에서 일할 수 있게 해줍니다. 여러 온라인 플랫폼에서 콘텐츠를 창작하고, 생방송부터 가이드까지 하죠. 일반적으로 제 팔로워들이 새로운 게임들을 저에게 추천해 주면 제가 그것들을 구매하고, 어떻게 생각하는지 이야기하면서 함께 게임을 해봅니다. 그들 덕분에 시청자들과 특별한 관계를 만들어낼 수 있다고 생각해요.

체크 포인트 "A mí, los videojuegos me permiten vivir de lo que me gusta y **trabajar desde casa** con total comodidad."
(제 경우에는, 비디오게임은 제가 좋아하는 것으로 생계를 꾸리고 완전히 편하게 **집에서 일할 수 있게** 해줍니다)

정답 **D.** Los videojuegos le permiten el teletrabajo.

24. Persona 6

HOMBRE: Yo, simplemente, no entiendo qué les ve la gente a los videojuegos. No sé si estamos evolucionando o involucionando como sociedad. Nunca he jugado ningún videojuego ni me interesa, pero mis hijos se la pasan delante de la computadora. Me preocupa su salud y desarrollo social. Trato de establecer límites, pero a veces es difícil. Necesitamos encontrar un equilibrio para que disfruten y también se involucren en actividades fuera de la pantalla.

사람 6

남자: 저는 사람들이 비디오게임에서 뭘 보는 건지 그냥 이해가 안 돼요. 우리가 공동체로서 진화하고 있는 건지 퇴화하고 있는 건지 모르겠어요. 단 한 번도 게임을 해본 적도 없고 관심도 없어요. 하지만 우리 아이들은 컴퓨터 앞에서 하루 종일 있더라고요. 저는 아이들의 건강과 사회적 발달이 걱정됩니다. 제한 시간을 정하려고 노력하지만, 가끔은 어렵네요. 즐거운 시간을 보내기도 하고 화면 밖에서도 활동할 수 있도록 균형을 찾아낼 필요가 있습니다.

체크 포인트 **1** "Yo, simplemente, **no entiendo qué les ve la gente a los videojuegos**. No sé si estamos evolucionando o involucionando como sociedad."
(저는 **사람들이 비디오게임에서 뭘 보는 건지** 그냥 **이해가 안돼요**. 우리가 공동체로서 진화하고 있는 건지 퇴화하고 있는 건지 모르겠어요)

2 "**Me preocupa** su salud y desarrollo social."
(저는 아이들의 건강과 사회적 발달이 **걱정됩니다**)

정답 **H.** No comprende el atractivo de los videojuegos y le inquieta su impacto.

오답 포인트 **J.** ➡ 자신의 아이들이 컴퓨터 앞에서 많은 시간을 보낸다고 하지만, 본인이 직접 게임을 하는 것이 아니므로 정답이 될 수 없다.

617

Vocabulario

질문

obsesionarse con + 명: ~에 집착하다

teletrabajo: 재택근무

atractivo: 매력

colectividad: 단체, 공동체

consola: 콘솔, 게임기

스크립트

사람 0

escape: 도망, 도피

sumergir: 담그다, 가라앉히다

transportar: 운반하다

camaradería: 동료애

desenchufarse de + 명: ~과 접촉을 끊다

사람 1

enloquecer(se): 미치다

virtual: 가상의

meterse en + 명: ~에 빠져들다

noción: 개념

descuidar: 소홀히 하다

adicto/a: 중독된

사람 2

plantear: 현실화하다

dinámico/a: 활발한, 역동적인

innovar: 혁신하다

사람 3

denunciar: 신고하다

solidaridad: 연대

reconfortante: 위로가 되는

사람 4

reponerse de + 명: (건강 등을) 회복하다

ser uña y carne: 뗄래야 뗄 수 없는 사이이다

inmersión: 몰두

사람 5

vivir de + 명: ~로 생계를 꾸리다, 먹고 살다

transmisión: 방송

사람 6

involucionar: 퇴화하다

pasarse: 시간을 보내다

❖ Notas

PRUEBA 2: COMPRENSIÓN AUDITIVA

정답					
25	26	27	28	29	30
a	b	c	a	c	c

지시문

이어서 제일 친한 친구와 함께 학원을 창업하는 경험에 대해 이야기하는 여자의 독백을 들을 것입니다. 음성녹음은 두 번 나옵니다. 문제(25–30)에 대한 정답(a/b/c)을 선택하세요.

선택한 옵션을 **답안지**에 표시하세요. 문제를 읽기 위해 30초가 주어집니다.

Montar "Mentes Inquietas" con mi mejor amiga fue una travesía emocionante. Desde la concepción de la idea hasta la realidad de nuestra academia, cada paso fue una lección y un logro.

La chispa inicial surgió en conversaciones sobre educación con Ana. Ambas queríamos un espacio donde el aprendizaje trascendiera la simple transmisión de conocimientos. Decidimos llamar a nuestra academia "Mentes Inquietas", reflejando la creencia en el poder de mentes curiosas y ávidas de conocimiento.

La elección de Ana como socia fue crucial. Más que una compañera de negocios, es una amiga con la que compartía valores y sueños. En los momentos difíciles, tener a alguien en quien confiar y reírme de los desafíos se convirtió en un apoyo invaluable.

La planificación meticulosa fue el cimiento de nuestro sueño. Investigamos el mercado, definimos nuestro público objetivo y trazamos objetivos claros. Cada paso, desde el diseño del currículo hasta la estrategia de *marketing*, fue crucial. La planificación nos dio la dirección necesaria para avanzar.

En este viaje emprendedor, enfrentamos obstáculos. Las primeras inscripciones no fueron tan rápidas como esperábamos, y los nervios se apoderaron de nosotras. Esto nos recordó la importancia de la paciencia y la perseverancia.

La comunicación efectiva fue esencial. Reuniones periódicas con nuestro personal y conexión con nuestros estudiantes fortalecieron la comunidad que estábamos construyendo.

Aprendimos sobre la importancia de la flexibilidad. El plan inicial es un punto de partida, no una hoja de ruta inflexible. Estar dispuestas a adaptarnos a las necesidades cambiantes nos permitió evolucionar y mejorar constantemente.

La relación con nuestros estudiantes se convirtió en el corazón de Mentes Inquietas. Nos esforzamos por ser más que profesoras; queríamos ser guías en su viaje educativo, inspirar su curiosidad y fomentar su amor por el aprendizaje.

Los momentos más gratificantes fueron los pequeños triunfos diarios. Ver a un estudiante entender un concepto difícil o presenciar cómo florecía su creatividad eran las verdaderas recompensas. Cada "*'aha' moment*" nos recordaba por qué iniciamos este viaje.

Con el tiempo, Mentes Inquietas creció más allá de nuestras expectativas. Padres, estudiantes y profesores se convirtieron en una familia educativa unida por la pasión y el compromiso.

Mi consejo para quienes sueñan con emprender una academia es simple pero poderoso: hazlo con pasión. La pasión es el combustible que te impulsará a superar desafíos y disfrutar del proceso.

Recordando los primeros días en nuestra academia, Ana y yo estamos agradecidas por convertir un sueño compartido en una realidad vibrante. Montar una academia no es solo un viaje emprendedor, es un viaje de crecimiento personal y de contribución a la educación de futuras generaciones. Con estas palabras, comparto mi experiencia con la esperanza de inspirar a otros a seguir sus propios sueños emprendedores.

"불안한 마음들"을 제일 친한 친구와 개업하는 일은 신나는 여정이었습니다. 아이디어 발상부터 우리 학원의 현실까지, 한 걸음마다 배움과 성공이었죠.

첫 스파크는 아나와 나누었던 교육에 대한 대화들에서 생겨났습니다. 우리 둘 모두, 배움이 단순한 지식 전달을 초월할 수 있을 공간을 원했죠. 우리 학원을 "불안한 마음들"이라고 부르기로 결정했는데요, 호기심 많고 지식을 갈망하는 마음들의 힘에 대한 믿음을 반영하면서 말이죠.

아나를 동업자로 선택한 것은 결정적이었습니다. 사업파트너이기보다는, 가치와 꿈을 함께 공유하던 친구예요. 힘든 순간에도, 신뢰할 수 있는 사람이 있고 도전에 대해 웃을 수 있는 것이 정말 귀중한 지지가 되었습니다.

세심한 계획이 우리 꿈의 기반이 되었습니다. 시장을 조사하고, 우리의 타깃을 정하고 명확한 목표들을 구상했습니다. 커리큘럼 디자인부터 마케팅 전략까지, 한 걸음마다 매우 중요했어요. 계획이 앞으로 나아가기 위해 필요한 방향을 잡아주었습니다.

이 창업 여정에서 우리는 장애물을 마주하기도 했습니다. 첫 등록은 우리가 기대했던 것만큼 빠르지 않았고, 우리는 신경과민에 사로잡혔어요. 이러한 일은 인내심과 끈기의 중요함을 상기시켜주었습니다.

효율적인 의사소통도 필수였습니다. 직원들과의 정기적인 회의와 학생들과의 관계가 우리가 만들고 있었던 공동체를 강하게 해주었습니다.

융통성의 중요함에 대해서도 배웠습니다. 초기 계획은 출발점이지, 굽혀지지 않는 여행 일정표가 아니죠. 변하는 필요조건에 맞추어 갈 용의가 있는 자세가 끊임없이 발전하고 개선하는 것을 가능하게 해주었습니다.

학생들과의 관계는 "불안한 마음들" 학원의 중심부가 되었습니다. 우리는 선생님 이상의 무언가가 되어주기 위해 노력했어요. 그들의 교육 여정의 가이드가 되어주고, 호기심에 영감을 주고, 배움에 대한 사랑을 장려하고 싶었죠.

가장 만족감을 주는 순간들은 일상의 작은 성공들이었습니다. 학생이 어려운 개념을 이해하는 것을 보는 것, 또는 학생의 창의력이 어떻게 꽃을 피우는지 목격하는 것이 진정한 보상이었죠. "깨달음의 순간"들이 매번 왜 우리가 이 여정을 시작했는지를 상기시켜주었습니다.

시간이 지나면서, "불안한 마음들" 학원은 우리의 예상을 넘어 성장했습니다. 학부모, 학생, 선생님들이 열정과 책임감으로 뭉친 하나의 교육가족이 되어버렸네요.

학원 개업을 꿈꾸는 사람들을 위한 저의 조언은 단순하지만 강력합니다. 바로 열정을 가지고 하는 것이죠. 열정은 도전을 뛰어넘고 과정을 즐길 수 있도록 밀어주는 연료입니다.

우리 학원에서의 첫날들을 기억하면서, 아나와 저는 함께 나누었던 꿈을 감동적인 현실로 만든 것에 대해 감사하고 있습니다. 학원을 차리는 것은 창업 여정뿐만 아니라, 개인적 성장과 미래세대들의 교육에 대한 기여를 하는 여정입니다. 이 말들로, 자신만의 창업 꿈을 좇으려는 사람들에게 영감을 줄 수 있을 것이라는 희망을 가지고, 저의 경험을 공유합니다.

25. 음성녹음에 따르면, "불안한 마음들" 학원을 차리는 아이디어는 ...에서 생겨났다.

    a) 가르침에 대한 토론들

    b) 신앙에 대한 대화들

    c) 아나가 참석한 사업 행사들

체크 포인트 　문단2

> "La chispa inicial surgió en **conversaciones sobre educación** con Ana."
> (첫 스파크는 아나와 나누었던 **교육에 대한 대화들**에서 생겨났습니다)

정답 **a)** en debates sobre la enseñanza.

오답 포인트 　문단2

b) "...reflejando la creencia en el poder de mentes curiosas y ávidas de conocimiento."
   (호기심 많고 지식을 갈망하는 마음들의 힘에 대한 믿음을 반영하면서 말이죠)
   ➡ "creencia"라는 단어를 언급하긴 하지만, 대화들의 주요한 주제가 아니기 때문에 정답이 될 수 없다.

c) ➡ 아나가 사업파트너이긴 하나, "eventos de negocios"에 대해 이야기하는 내용은 전혀 없으므로 제거해야
   한다.

---

26. 음성녹음에서는 창업 경험에서 아나의 역할에 대해 ...라고 말한다.

    a) 초반에는 참여하는 것을 거절했었다

    b) 결정적인 구성원이며 귀중한 도움이 되었다

    c) 웃음을 주긴 했지만, 능동적인 참여는 없었다

체크 포인트 　문단3

> "**La elección de Ana como socia fue crucial**. (...) En los momentos difíciles, tener a alguien en
> quien confiar y reírme de los desafíos se convirtió en **un apoyo invaluable**."
> (**아나를 동업자로 선택한 것은 결정적이었습니다**. (...) 힘든 순간에도, 신뢰할 수 있는 사람이 있고 도전에 대해
> 웃을 수 있는 것이 **정말 귀중한 지지가 되었습니다**)

정답 **b)** fue un miembro clave y una ayuda valiosa.

오답 포인트 　문단3

a) ➡ 아나가 창업에 대해 부정적인 생각을 가지고 있었다는 언급은 전혀 없으므로 정답이 될 수 없는 옵션이다.

c) ➡ 함께 웃을 수 있었다는 내용은 등장하지만, 참여를 제대로 하지 않았다는 언급은 하지 않는다. 문장의 일부분만
   진실이므로 정답으로 선택할 수 없는 옵션이다.

27. 프로젝트에서 계획의 중요성에 대해 이 여자는 ...라고 말한다.

    a) 불필요했다

    b) 단순한 형식주의에 지나지 않았다

    c) 프로젝트의 방향을 정하기 위해 결정적이었다

체크 포인트   문단4

"La planificación nos dio **la dirección necesaria para avanzar**."
(계획이 **앞으로 나아가기 위해 필요한 방향**을 잡아주었습니다)

정답 **c)** fue crucial para establecer la orientación del proyecto.

오답 포인트   문단4

    a) "La planificación meticulosa fue el cimiento de nuestro sueño."
      (세심한 계획이 우리 꿈의 기반이 되었습니다)
      ➡ "cimiento"라고 말할 만큼 필수 요소라는 것을 인정하기 때문에 제거해야 하는 옵션이다.

    b) ➡ 정답 내용과 완전히 반대되는 내용이므로 정답이 될 수 없다.

28. 음성녹음에서는 초기 어려움들에 대해 배운 교훈은 ...이었다고 언급한다.

    a) 근본적인 장점으로서 인내심과 끈기

    b) 파산이 따르더라도 프로젝트에서 버티는 것의 필요성

    c) 결과는 신경 쓰지 않으면서 프로젝트에 대한 믿음을 유지하는 것의 중요성

체크 포인트   문단5

"Las primeras inscripciones no fueron tan rápidas como esperábamos, y los nervios se apoderaron de nosotras. Esto nos recordó **la importancia de la paciencia y la perseverancia**."
(첫 등록은 우리가 기대했던 것만큼 빠르지 않았고, 우리는 신경과민에 사로잡혔어요. 이러한 일은 **인내심과 끈기의 중요함**을 상기시켜주었습니다)

정답 **a)** la tolerancia y constancia como virtudes esenciales.

오답 포인트   문단5

    b) / c) ➡ 두 옵션 모두 현실적으로 가능성이 있는 내용이긴 하지만, 음성녹음에서는 전혀 언급되지 않기 때문에
             정답이 될 수 없다.

29. 음성녹음에서는 학원에서 공동체를 형성하기 위해 본질적인 것은 …이었다고 말한다.

   a) 고립
   b) 첫 학생들을 위한 가격 인하
   c) 직원들 및 학생들과의 소통

체크 포인트 　문단6

> "**La comunicación efectiva** fue esencial. Reuniones periódicas **con nuestro personal** y **conexión con nuestros estudiantes** fortalecieron la comunidad que estábamos construyendo."
> (**효율적인 의사소통**도 필수였습니다. **직원들과**의 정기적인 회의와 **학생들과의 관계**가 우리가 만들고 있었던 공동체를 강하게 해주었습니다)

정답 **c)** la interacción con los empleados y con los estudiantes.

오답 포인트 　문단5-6

   a) ➡ 정답 내용과 완전히 반대되는 내용이므로 정답이 될 수 없는 옵션이다.

   b) "Las primeras inscripciones no fueron tan rápidas como esperábamos…"
   (첫 등록은 우리가 기대했던 것만큼 빠르지 않았고)
   ➡ 처음 등록한 학생들에 대해서 잠깐 언급을 하지만, 가격과 관련된 내용은 등장하지 않기 때문에 제거해야 하는 옵션이다.

30. 음성녹음에서 학원을 개업하기 위해 주어지는 조언은 …이다.

   a) 꾸준히 교육을 받는 것
   b) 타깃을 명확히 정하는 것
   c) 일에 열중하는 것

체크 포인트 　문단11

> "Mi consejo para quienes sueñan con emprender una academia es simple pero poderoso: **hazlo con pasión**."
> (학원개업을 꿈꾸는 사람들을 위한 저의 조언은 단순하지만 강력합니다. 바로 **열정을 가지고 하는 것**이죠)

정답 **c)** apasionarse por el trabajo.

오답 포인트 　문단4

   a) ➡ 이 음성녹음에서 언급되는 교육은 오로지 학생들과 관련된 내용이므로 창업자와는 관련이 없다고 봐야 한다.

   b) "Investigamos el mercado, definimos nuestro público objetivo y trazamos objetivos claros."
   (시장을 조사하고, 우리의 타깃을 정하고 명확한 목표들을 구상했습니다)
   ➡ 네 번째 문단에서 "público objetivo"이라는 표현이 등장하지만, 음성녹음 말미에 창업을 위한 조언으로 언급되는 것이 아니므로 정답이 될 수 없다.

Vocabulario

academia: 학원

emprendedor/a: (어려운 일을) 시작하는, 창업의
negarse a + INF.: ～하는 것을 거절하다, 거부하다
contribuir con + 명: ～을 주다
mero/a: 단순한
formalismo: 형식주의
orientación: 방향
lección: 교훈, 경험
tolerancia: 인내심
virtud: 미덕, 장점
perseverar: 집요하게 계속하다
conllevar: 결과적으로 따르다
bancarrota: 파산
aislamiento: 고립
bajada: 저하
interacción: 소통
precisión: 명확함
apasionarse por + 명: ～에 열중하다

문단 1
travesía: 여정
concepción: 발상, 개념형성
paso: 발걸음

문단 2
chispa: 불꽃, 스파크
ávido/a de + 명: ～을 갈망하는

문단 3
invaluable: 평가할 수 없을 만큼 귀중한

문단 4
meticuloso/a: 세심한
cimiento: 기초, 기반
público objetivo: 타겟
trazar: 구상하다

문단 5
nervio: (복수) 신경 과민
apoderarse de + 명: ～을 사로잡다, 지배하다
perseverancia: 끈기, 근성

문단 7
flexibilidad: 융통성
partida: 출발
hoja de ruta: 여행 일정표
inflexible: 굽히지 않는, 강직한
estar dispuesto/a a + INF.: ～할 용의가 있다

문단 8
corazón: 중심부

문단 9
triunfo: 승리, 대성공
florecer: 꽃이 피다, 터지다
recompensa: 보상

문단 10
más allá de + 명: ～을 넘어

문단 11
combustible: 연료

문단 12
vibrante: 감동적인

PRUEBA 3: EXPRESIÓN E INTERACCIÓN ESCRITAS

지시문

당신은 히스패닉 언어학을 전공했고 외국 대학교에서 스페인어 강사로 일하고 싶어 합니다. 스페인 국제 개발협력 기구가 내년에 진행될 어학 강사직 자리 여러 곳을 위한 채용 모집을 개시하였다는 뉴스를 들었습니다. 이 강사직에 지원하는 편지를 쓰세요. 뉴스 음성녹음은 두 번 들을 것입니다. 이후에 편지에 활용하기 위한 메모를 하세요. 편지에는:

– 자신을 소개해야 합니다.

– 어학 강사직에 대한 정보를 어디에서 얻었는지 설명해야 합니다.

– 편지의 동기를 설명해야 합니다.

– 당신의 장점과 왜 이 강사직을 맡을 자격이 있는지 설명해야 합니다.

단어 수: **150–180**

◀((· AUDIO ·))▶

NARRADOR: Usted va a escuchar una noticia relacionada con una convocatoria de Lectorados.

El Ministerio de Asuntos Exteriores, Unión Europea y Cooperación de España ha anunciado la convocatoria de la septuagésima octava edición de los lectorados MAEC–AECID en Universidades Extranjeras para el curso 2025/2026. Estos lectorados, considerados valiosos instrumentos de la política exterior española, buscan apoyar la enseñanza del español como lengua extranjera.

El período de inscripción se llevará a cabo desde el 9 de enero de 2025 hasta el 30 de enero de 2025, abarcando distintos plazos según el tipo de lectorado. Los solicitantes podrán acceder al formulario electrónico en la Sede Electrónica de la AECID, asegurándose de proporcionar información completa y verídica. Es crucial que los interesados estén registrados en la sede electrónica de la AECID antes de completar el formulario.

La convocatoria incluye lectorados vacantes, nuevos o de renovación en universidades extranjeras especificadas en el anexo I. Los plazos varían según el tipo de lectorado, siendo esenciales para garantizar la participación en el proceso de selección. Es importante destacar que la aplicación informática dejará de estar operativa una vez agotados los plazos establecidos.

La dotación económica para los lectorados incluye una ayuda mensual, ajustada según el país y la universidad de destino, con deducciones fiscales aplicables. Además, se otorgan compensaciones por gastos de desplazamientos, estancias y manutención, junto con una asignación de hasta 250€ para la adquisición de material didáctico.

La Presidencia de la AECID emitirá resoluciones parciales de concesión en un plazo máximo de seis meses, tras la aceptación de la propuesta por parte de los beneficiarios. Los requisitos y detalles adicionales se encuentran disponibles en la convocatoria publicada en el Boletín Oficial del 21 de diciembre de 2024.

(Adaptado de https://www.injuve.es/convocatorias/becas)

소개: 당신은 어학 강사직 채용 모집과 관련된 뉴스를 들을 것입니다.

스페인 외교 · 유럽연합 · 협력부는 외교 협력부와 스페인 국제 개발협력 기구가 2025/2026년도 과정을 위해 주최하는 제78회 외국어 대학교 어학 강사직의 채용 모집을 알렸습니다. 이 어학 강사직은 스페인 외교정책의 귀중한 도구로 여겨지며, 외국어로서의 스페인어 교육을 지원하는 것을 목표로 합니다.

응모 기간은 2025년 1월 9일부터 2025년 1월 30일까지 진행될 계획이며, 강사직 종류에 따라 기간이 달라질 예정입니다. 지원자들은 스페인 국제 개발협력 기구의 홈페이지에 접속하여 온라인 신청서를 다운로드할 수 있습니다. 신청서 작성시, 스페인 국제 개발협력 기구의 홈페이지에 가입된 상태여야 하며, 진실되고 완전한 정보를 제공해야 합니다.

채용 모집은 부속서 I에 명시되어 있는 외국 대학교의 공석, 신규 또는 갱신 강사직을 포함하고 있습니다. 모집기간은 강사직 종류에 따라 달라지며, 이것은 선정 과정에 참여하기 위한 매우 중요한 정보입니다. 정해진 기간이 마감된 후에는 온라인 신청서 접속이 불가능 해진다는 것을 명심할 필요가 있습니다.

어학 강사직의 금전적 보상은 목적지의 국가 및 대학교에 따라 맞춰질 월급을 포함하며, 세금공제가 적용될 예정입니다. 또한, 이동, 체류 및 유지 비용을 위한 보상도 주어지는데, 교재 구입을 위한 250유로 이하의 수당도 추가됩니다.

합격자 측이 고용 제안을 수락한 이후에는, 스페인 국제 개발협력 기구의 회장이 6개월 이하의 기간 내로 채용의 부분적인 허가를 표명할 예정입니다. 필요조건과 부가적 세부 사항은 2024년 12월 21일 자 관보에 공시된 채용 모집에서 확인 가능합니다.

▶ 작문 구상

글 유형	형식적 편지	
서두	Estimado señor: 담당자 귀하:	
소개	Mi nombre es ... 저의 이름은 ...입니다.	
동기	Me dirijo a usted con el objetivo de expresar mi interés en ... ...에 대한 관심을 표명하기 위해 당신께 이 편지를 씁니다.	
정보 설명	Yo estudié ... 저는 ...을 공부했습니다. Durante ..., tuve la oportunidad de ... ... 동안, ... 하는 기회가 있었습니다. La experiencia fue ... y me di cuenta de que ... 그 경험은 ... 했고, ...라는 것을 깨닫게 되었습니다. Además de ..., ... 이외에도, ... por lo cual no tendré problemas en ... 그러므로, ... 하는데 문제가 없을 것입니다.	
자격 확신	Estoy seguro/a de tener suficientes méritos como ... 제가 ...로서 충분한 장점들을 가지고 있다고 확신합니다. Espero poder obtener la oportunidad de ... ... 하는 기회를 얻을 수 있길 바랍니다.	
작별 인사	Cordialmente, 정중히,	
서명	이름 + 성	

➡ 모범 답안

Estimado señor:

Mi nombre es Natalia Ruiz y me dirijo a usted con el objetivo de expresar mi interés en trabajar como Lectora en una universidad extranjera.

He escuchado en la radio una noticia que dice que la Agencia Española de Cooperación Internacional para el Desarrollo ha abierto una convocatoria con varias plazas de Lectorados para el próximo año. Yo estudié Filología Hispánica y, durante el programa de intercambio realizado en el último año de la carrera, tuve la oportunidad de enseñar español a varios amigos extranjeros. La experiencia fue maravillosa y me di cuenta de que la enseñanza del español como lengua extranjera era mi vocación.

Además de estar especializada en este campo, mi nivel de inglés es sumamente alto ya que viví en Inglaterra durante 8 años cuando era niña, por lo cual no tendré problemas en comunicarme y residir en el exterior.

Estoy segura de tener suficientes méritos como Lectora y me gustaría solicitar dicho puesto. Espero poder obtener la oportunidad de difundir la lengua y la cultura española en el mundo.

Cordialmente,
Natalia Ruiz

(178 palabras)

➡ 모범 답안 해석

친애하는 귀하:

저의 이름은 나탈리아 루이스이며 외국 대학교에서 스페인어 강사로 일하는 것에 대한 관심을 표명하기 위해 당신께 이 편지를 씁니다.

저는 라디오에서 스페인 국제 개발협력 기구가 내년에 진행될 어학 강사직 자리 여러 곳을 위한 채용 모집을 개시하였다는 뉴스를 들었습니다. 저는 히스패닉 언어학을 공부했고 졸업반에서 진행된 교환학생 프로그램에서 여러 외국인 친구들에게 스페인어를 가르치는 기회가 있었습니다. 그 경험은 아주 멋졌고, 외국어로서의 스페인 교육이 저의 천직이라는 것을 깨닫게 되었습니다.

이 분야를 전공한 것 이외에도, 어렸을 때 8년 동안 영국에서 살았기 때문에 저의 영어 실력은 매우 높습니다. 그러므로, 외국에서 의사소통을 하고 거주하는데 문제가 없을 것입니다.

제가 어학 강사로서 충분한 장점들을 가지고 있다고 확신하며, 이 강사직에 지원하고 싶습니다. 세계에 스페인의 언어와 문화를 널리 알릴 수 있는 기회를 얻을 수 있길 바랍니다.

정중히,
나탈리아 루이스 드림

Vocabulario

filología: (대문자 표기) 언어학과
lector/a: (자국어의) 외국인 강사
convocatoria: 소집, 모집
lectorado: 어학 강사직

스크립트

문단 1
Ministerio de Asuntos Exteriores: 외무부, 외교부
septuagésimo/a: 70번째의

문단 2
solicitante: 신청자, 지원자
formulario: 용지, 신청서
verídico/a: 진실성 있는
interesado/a: 이해당사자, 이해관계자
registrado/a: 등록된

문단 3
renovación: 갱신
especificado/a: 명시된
anexo: 부속 문서, 부록
aplicación: 지원, 신청서
informático/a: 컴퓨터 과학의
operativo/a: 활동 중의, 작동 중의
una vez + 과분: 일단 ~하면
agotado/a: 바닥난, 매진된, 품절된
establecido/a: 준비된, 정해진

문단 4
dotación: 지급, 부여

ayuda: 수당
ajustado/a: 꼭 맞는
destino: 목적지
deducción: 공제
fiscal: 국고의, 재정의
aplicable: 적용할 수 있는, 해당하는
otorgar: 주다, 수여하다
compensación: 보상(금)
desplazamiento: 이동, 이전
estancia: 체류
manutención: 유지(비)
asignación: 수당, 급여
adquisición: 구입, 취득
material: 자료
didáctico/a: 교육의

문단 5
emitir: 표명하다, 방송하다
resolución: 결정, 대답
parcial: 일부분의, 부분적인
concesión: 승인, 허가
beneficiario/a: 수혜자, 수취인
detalle: 세부사항
adicional: 부가적인
disponible: 이용 가능한
boletín: 정기 간행물, 보고서, 발표
Boletín Oficial: 관보, 공고 기관지

모범 답안

dirigirse a + 명: ~에게 말을 걸다, 편지를 쓰다
sumamente: 대단히, 굉장히

지시문

아래에 제공되는 두 가지 옵션 중 하나만 선택하십시오.

옵션 1

당신은 대학교 잡지와 협력하는데, 군대에 대한 스페인 사람들의 평가를 다루는 기사 글 작성 요청을 받았습니다. 이 기사에는 다음 그래프의 정보를 포함시키고 분석해야 합니다.

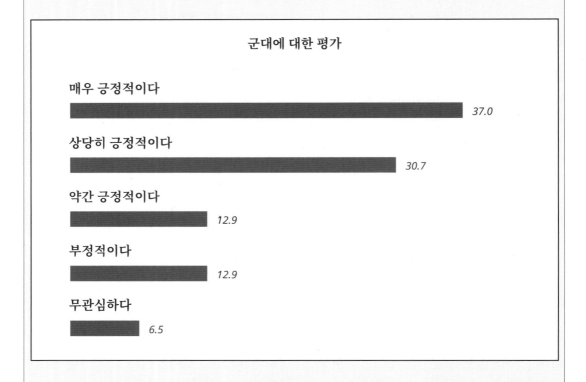

군대에 대한 평가

- 매우 긍정적이다 — 37.0
- 상당히 긍정적이다 — 30.7
- 약간 긍정적이다 — 12.9
- 부정적이다 — 12.9
- 무관심하다 — 6.5

작문하는 글에는:

- 군대가 가지고 있는 중요성을 언급해야 합니다.
- 여러 답변들의 퍼센티지를 전반적으로 비교해야 합니다.
- 가장 중요하게 여기는 데이터를 강조해야 합니다.
- 그래프에서 보여지는 정보에 대해 의견을 표현해야 합니다.
- 군대에 대한 의견을 개선시키기 위한 대책들이 다루어지는 결론을 작성해야 합니다.

단어 수: 150-180

▶ 작문 구상

글 유형	잡지 기사 글	
서론: 중요성	... juega(n) un papel fundamental en ... ...는 ...에 있어 근본적인 역할을 한다. Y esto es un factor esencial para ... 이것은 ...을 위해 없어서는 안 될 요소이다.	
비율 분석	▶ 비교 문장 시작하기 　Los resultados generales indican que ... 　전반적인 결과들은 ... 한다는 것을 알려준다. 　El dato más destacado es que ... 　가장 강조할만한 정보는 ... 하다는 것이다. ▶ 비율 비교 및 가장 높은 퍼센티지 그룹 강조하기 　Más de OO por ciento de los encuestados ...., 　설문조사 응답자 중 OO퍼센트 이상이 하는 반면, 　mientras que solo un poco más de 10 por ciento ... 　오직 10퍼센트를 조금 넘는 사람들이 ... 한다. 　El grupo que presenta el mayor porcentaje ...., 　제일 높은 퍼센티지를 보이는 그룹이 ... 한다는 것인데, 　lo que significa ... 　이것은 ...을 의미한다.	
의견 표현	En mi opinión, ... 내가 생각하기에는, ... Pero no debemos ignorar que ... 하지만 ... 하다는 것을 무시해서는 안 된다.	
결론: 미래 예측	En conclusión, ... 결론적으로, ... el gobierno español debería esforzarse por ... para que pudiera(n) ... 스페인 정부는 ... 할 수 있도록 ... 하기 위해 노력해야 할 것이다.	

➡ 모범 답안

OPCIÓN 1

Las Fuerzas Armadas juegan un papel fundamental en la seguridad de un país y esto es un factor esencial para el orden de la sociedad. En el gráfico, podemos observar la valoración de los españoles sobre las Fuerzas Armadas.

Los resultados generales indican que más de 80 por ciento de los encuestados realiza una valoración positiva acerca de las Fuerzas Armadas, mientras que solo un poco más de 10 por ciento presenta una opinión negativa.

El dato más destacado es que el grupo que presenta el mayor porcentaje valora a las Fuerzas Armadas de una manera muy positiva, lo que significa que el Ejército está haciendo muy bien su trabajo.

En mi opinión, los españoles en general están satisfechos con sus Fuerzas Armadas, pero no debemos ignorar que el 6,5 por ciento de ellos se muestran indiferentes con respecto al tema.

En conclusión, el gobierno español debería esforzarse por mejorar la promoción de las actividades y las contribuciones de las Fuerzas Armadas, para que pudieran ser un orgullo nacional para todo el pueblo.

(173 palabras)

➡ 모범 답안 해석

옵션 1

군대는 국가의 안전에 있어 근본적인 역할을 하며, 이것은 사회의 질서를 위해 없어서는 안 될 요소이다. 이 그래프에서는, 군대에 대한 스페인 사람들의 평가를 살펴볼 수 있다.

전반적인 결과들은 설문조사 응답자 중 80퍼센트 이상이 군대에 대해 긍정적인 평가를 한다는 것을 알려준다. 반면, 오직 10퍼센트를 조금 넘는 사람들이 부정적인 의견을 보여주고 있다.

가장 강조할 만한 정보는 제일 높은 퍼센티지를 보이는 그룹이 군대를 매우 긍정적인 방식으로 평가한다는 것인데, 이것은 군대가 일을 아주 잘 하고 있다는 것을 의미한다.

내가 생각하기에는, 일반적으로 스페인 사람들은 스페인 군대에 대해 만족해하고 있지만, 그들 중 6.5퍼센트가 이 주제에 대해 무관심하다는 것을 무시해서는 안 된다.

결론적으로, 스페인 정부는, 모든 국민들의 국가적인 자부심이 될 수 있도록, 군대의 활동들과 기여에 대한 홍보를 개선시키기 위해 노력해야 할 것이다.

Tarea 2

valoración: 평가
Fuerzas Armadas: 군대, 국군
levemente: 경미하게, 약간

모범 답안

jugar un papel: 역할을 하다
ejército: 군대

옵션 2

당신은 스포츠 세계에 아이들을 가까이하게 하고 매력을 느낄 수 있게 만들기 위한 체육 교실의 주최를 맡게 되었습니다. 이 일을 위해, 한 웹페이지에서 가져온 다음 정보를 참고할 수 있습니다.

지역 유아 선수 체육 교실이 라틴아메리카 스페셜 올림픽 단체에 의해 파라과이 아순시온에 위치한 체육부 시설물에서 실행될 예정입니다. 이 행사는 2025년 10월 5일부터 7일까지 진행되는데, 국제 라이온스클럽 협회와 파라과이 체육부가 후원하며, 라틴아메리카 19개 국가와 유아 선수 (2세에서 7세 사이 아동) 프로그램 및 스페셜 올림픽 체육활동 훈련 프로그램의 코치와 코디네이터들이 모일 전망입니다.

유아 선수 프로그램은 2세에서 7세 사이의 지적장애가 있거나 없는 아이들의 스포츠, 포용, 존중, 소통 및 우정을 장려합니다. 가장 어린아이들을 위한 스포츠로의 입문 기능을 하기 위해 설계되었으며, 아동의 정신운동 발달을 도와주는 던지기, 발차기와 뛰기 같은 기본적인 기술을 가르칩니다. 동시에, 아이들은 실력이나 장애 수준을 상관하지 않고 다른 친구들과 공유하며 노는 법을 배우는데, 이것은 미래 세대들에 포용의 씨앗을 심어주는 일입니다. 또한 이 프로그램은 교사, 보호자 및 가족들이 학교, 공동 오락시설이나 심지어 집에서도 실천하기 쉬운 방식으로 개입할 수 있도록 개설되었습니다.

이 교실은 지식을 업그레이드하고 이 프로그램들의 더 나은 실천을 허용해 줄 경험을 공유할 수 있는 기회를 트레이너들에게 제공할 목적을 갖고 있으며, 지적장애인들을 위한 스포츠 참여 기회 종류의 수준과 품질이 더 성장할 수 있게끔 이끌려는 계획을 세우고 있습니다.

작문하는 체육 교실 프로그램에는:

- 아이들의 스포츠 장려의 중요성에 대한 간단한 서론을 써야 합니다.
- 체육 교실을 통해 달성하려 하는 목표들을 나열해야 합니다.
- 내용, 진행 날짜 등 무엇에 대한 일인지 자세하게 설명해야 합니다.
- 체육활동의 신체적 및 사회적 장점을 강조해야 합니다.

단어 수: 150–180

▶ 작문 구상

글 유형	체육 교실 프로그램
서론: 중요성	Para los niños el deporte es una herramienta útil para ... 아이들에게 스포츠는 ... 하기 위한 유용한 도구입니다. por lo que es importante fomentar ... 그러므로, ...을 장려하는 것이 중요합니다.
목표 나열	El principal objetivo de ... es brindar ... ...의 주 목적은 ...을 제공하는 것입니다. Por otro lado, también busca ofrecer ... 또 한편으로는, ...을 제공하려고 합니다.
정보 설명	El taller se llevará a cabo de O a O en ... 체육 교실은 O일부터 O일까지 ...에서 진행될 예정입니다. Allí, ... 그곳에서는, ...
장점 강조	Las actividades deportivas no solo ..., sino también ... 체육활동은 ... 하는 것뿐만 아니라, ... 하기도 합니다.
마무리	Para ..., deberíamos hacer esfuerzos para ... ...을 위해, ... 하도록 많은 노력을 해야 할 것입니다.

➡ 모범 답안

> *OPCIÓN 2*
>
> *Para los niños el deporte es una herramienta útil para aprender sobre la inclusión, el respeto, la comunicación y la amistad, por lo que es importante fomentar varios tipos de programas de actividades interesantes.*
>
> *El principal objetivo del Taller Regional de Atletas Jóvenes y Actividades Motoras es brindar una introducción al deporte para los más pequeños. Por otro lado, también busca ofrecer a los entrenadores la oportunidad de actualizar conocimientos y compartir experiencias.*
>
> *El taller se llevará a cabo de 5 a 7 de octubre en las instalaciones de la Secretaría Nacional de Deportes, en la Ciudad de Asunción, Paraguay. Allí, se les enseñará a los niños habilidades básicas como lanzar, patear y correr, que los ayudarán a desarrollarse debidamente y a aprender a compartir y jugar con otros niños.*
>
> *Las actividades deportivas no solo son esenciales para el desarrollo psicomotor, sino también logran sembrar la semilla de la inclusión. Para la salud tanto física como psicológica de las futuras generaciones, deberíamos hacer esfuerzos para acercarlos al mundo del deporte y hacer que les resultara atractivo.*

(176 palabras)

➡ 모범 답안 해석

옵션 2

아이들에게 스포츠는 포용, 존중, 소통 및 우정에 대해 배울 수 있는 유용한 도구입니다. 그러므로, 흥미로운 활동들을 포함하는 다양한 종류의 프로그램을 장려하는 것이 중요합니다.

지역 유아 선수 체육 교실의 주 목적은 가장 어린아이들을 위한 스포츠로의 입문을 제공하는 것입니다. 또한편으로는, 트레이너들에게 지식을 업그레이드하고 경험을 공유할 수 있는 기회를 제공하려고 합니다.

체육 교실은 10월 5일부터 7일까지 파라과이 아순시온에 위치한 체육부 시설물에서 진행될 예정입니다. 그곳에서는 아이들에게 던지기, 발차기와 뛰기 같은 기본적인 기술을 가르칠 것인데, 아이들이 올바르게 발달하는 것을 도와줄 것이며 다른 친구들과 공유하고 노는 법을 배우는 것에도 도움이 될 것입니다.

체육활동은 정신운동 발달을 위해 매우 중요한 것뿐만 아니라, 포용의 씨앗을 심어 주기도 합니다. 미래 세대들의 신체 및 정신건강을 위해, 스포츠 세계에 그들을 가까이하게 하고 매력을 느낄 수 있게 만들도록 많은 노력을 해야 할 것입니다.

atleta: 운동선수, 육상선수

motor/a: 운동의

olimpiada: (주로 복수) 올림픽 경기

instalación: (복수) 시설

secretaría: 사무국, 청

auspiciado/a: 후원 되는

entrenador/a: 트레이너, 코치, 감독

coordinador/a: 코디네이터, 조정자

inclusión: 포용

discapacidad: 장애

intelectual: 지적인

lanzar: 던지다

patear: 발로 차다

psicomotor: 정신운동의

sembrar: 씨앗을 뿌리다, 심다

semilla: 씨

esparcimiento: 기분전환, 오락

모범 답안

útil: 유용한

PRUEBA 4: EXPRESIÓN E INTERACCIÓN ORALES

> **지시문**
>
> 발표를 준비하기 위한 몇 가지 지시사항들과 함께 두 개의 주제를 제안합니다. <u>한 가지</u> 주제만 고르세요.
>
> **3–4분** 동안 특정한 상황에 대해 제안된 해결책들의 장단점을 이야기하세요. 이어서, 2–3분 동안 그 주제에 대해 시험관과 대화해야 합니다.

▶ 제시된 두 개의 옵션 중 하나를 선택했다는 가정 하에 작성된 내용입니다.

저출산

세계적으로 저출산이 점점 더 증가하고 있습니다. 생식력은 1950년 기준 여성 한 명당 평균 5회의 출산에서 2021년 기준 2.3회로 감소했으며, 이것은 인구가 자신의 생식활동에 대해 더 많은 통제를 하고 있다는 것을 알려줍니다. 직업 관련 이유 및 가정과 일 사이의 타협 관련 이유들이, 경제적 원인들과 함께, 많은 사람들이 기대치보다 더 적은 수의 자녀를 갖게 되는 것에 대한 대체적인 책임을 가지고 있습니다.

이 분야 전문가들이 이러한 상황을 해결하는 것을 도와줄 몇 가지 대책들을 논의하기 위해 모였습니다.

아래 제안된 의견들을 읽어보고, 3분 동안 장점과 단점을 설명하세요. 최소 네 개의 의견들에 대해 이야기해야 한다는 것을 잊지 마세요. 발표를 끝낸 후, 주제에 대해 시험관과 대화를 나누어야 합니다.

발표를 준비하기 위해, 각 의견을 분석할 때에는 왜 그것이 좋은 해결책이고 어떤 문제점들이 있는지, 누구에게 이익을 주고 누구에게 불리한지, 어떤 다른 문제들을 야기할 수 있는지, 강조할 내용이 있는지 등을 생각해 보아야 합니다.

---

1 정부는 출산휴가 기간을 늘리는 것, 부모의 근무시간을 유연하게 하는 것, 경제적 도움을 주는 것과 같은 대책들을 실천해야 할 것입니다.

2 부모가 일과 육아를 병행할 수 있도록, 아이들이 늦게까지 남아있을 수 있는 질 좋은 무료 학교들을 더 창설하는 것이 필수입니다.

3 저는 이 문제를 되돌릴 수 없다고 생각합니다. 개개인의 의지에 반대할 수 없기 때문이죠. 경제적 문제들은 이기적인 사회의 변명일 뿐이라고 생각해요.

4 기업들은 유급 출산휴가를 제공하고, 일자리를 잃지 않게 집에서부터 근무하는 것을 허용해주며 직원들을 배려해야 합니다.

5 사람들이 아이를 갖는 것을 감당할 수 있도록 경제적 조건을 개선해야 할 것입니다. 주택 또는 유아 용품의 가격을 인하하는 것이 첫 번째 걸음이 될 수도 있겠어요.

6 많은 여성들은 아이를 갖는 것으로 인해 커리어를 포기해야 한다는 딜레마를 겪게 됩니다. 남성들도 여성들과 같은 수준으로 아이들의 양육에 개입하게끔 만들어야 할 것입니다.

▶ 모범 답안

주제 소개하기

He elegido la opción 1, que consiste en el problema de la baja tasa de natalidad. Se comenta que se ha reducido de un promedio de 5 nacimientos en 1950 a 2,3 en 2021, y que las razones laborales y económicas son en muchas ocasiones las responsables de la tasa actual. Ante este problema, se han planteado varias propuestas para solucionar la situación y compartiré mi perspectiva sobre cada una de ellas.

저는 1번 옵션을 골랐는데, 저출산 문제에 대한 내용입니다. 1950년 기준 평균 5회의 출산에서 2021년 기준 2.3회로 감소했으며, 직업 관련 및 경제적 이유들에 현재 비율의 대체적인 책임이 있다고 언급합니다. 이 문제와 관련하여, 상황을 해결하기 위한 다양한 제안들이 제시되었으며 각 제안에 대한 저의 관점을 공유해 보겠습니다.

의견 1

Primero, me parece bastante adecuada la idea de aumentar la duración del permiso de maternidad y paternidad, flexibilizar los horarios laborales y dar ayudas económicas. Imagino que esto permitirá a los padres dedicar más tiempo a sus hijos en los primeros meses, fortaleciendo la conexión con ellos. Sin embargo, me preocupa que las empresas reaccionen de manera negativa ante esta medida, especialmente las pequeñas y medianas empresas, ya que puede suponer un gran aumento de costos.

첫 번째로, 출산휴가 기간을 늘리고 부모의 근무시간을 유연하게 하며 경제적 도움을 주는 아이디어는 상당히 적합한 것 같습니다. 이것은 부모들이 첫 몇 달간 아이들에게 더 많은 시간을 할애하고 그들과의 관계를 더 견고하게 하게끔 허용해 줄 것이라고 생각합니다. 그러나 이 대책에 대해 회사들, 특히 중소기업들이 부정적으로 반응할 것이 걱정되는데요, 이것이 여러 비용의 큰 증가를 의미할 수 있기 때문입니다.

의견 2

Segundo, creo que también es atractiva la propuesta de crear más escuelas de calidad y gratuitas en las que los niños puedan quedarse hasta tarde. Esto podrá aliviar la carga de las familias donde ambos padres trabajan, pero al mismo tiempo mucha gente podrá estar en contra de esta medida, ya que se necesitará inversiones importantes.

두 번째로는, 아이들이 늦게까지 남아있을 수 있는 질 좋은 무료 학교들을 더 창설하는 제안도 마찬가지로 매력적이라고 생각합니다. 이것은 부모가 모두 일하는 가정의 부담을 덜어줄 수 있을 거예요. 하지만 동시에 많은 사람들이 이 대책에 반대할 수도 있는데, 상당한 투자가 필요할 것이기 때문입니다.

의견 3

La tercera propuesta parece muy pesimista, ya que considera que este problema no se puede revertir y no se puede ir en contra de la voluntad individual. Es cierto que la decisión de tener hijos es muy personal, pero estoy seguro/a de que hay algo que podemos hacer como sociedad para solucionar la situación.

세 번째 의견은 매우 비관적인 것 같은데요, 이 문제는 되돌릴 수 없으며 개개인의 의지에 반대할 수 없다고 여기기 때문입니다. 아이를 갖는 것에 대한 결정이 매우 개인적이긴 하지만, 이 상황을 해결하기 위해 우리가 사회 공동체로서 할 수 있는 일이 있다고 확신합니다.

의견 4

La siguiente idea de conceder permisos de paternidad retribuidos y permitir el trabajo desde casa suena bastante razonable. Imagino que esto podrá fomentar la participación activa de los padres en la crianza y proporcionar una mayor flexibilidad laboral. Pero, obviamente, no todas las empresas podrán adoptar estos cambios.

유급 출산휴가를 제공하고 재택근무를 허용하는 다음 아이디어는 꽤 합리적으로 보입니다. 이것은 부모의 양육에 대한 활발한 참여를 장려하고 더 높은 근무 유연성을 제공할 수 있을 것입니다. 하지만 당연히도, 모든 회사들이 이 변화를 받아들일 수는 없겠죠.

의견 5

Luego, me parce crucial la quinta propuesta de mejorar las condiciones económicas para tener hijos. Reducir el precio de la vivienda y de productos infantiles puede ser un paso fundamental para hacer que tener hijos sea más viable. Sin embargo, esta medida seguramente requerirá una intervención gubernamental, y podrá generar controversias.

그다음으로는, 아이를 갖기 위해 경제적 조건을 개선한다는 다섯 번째 의견이 결정적인 것 같습니다. 주택과 유아 용품의 가격을 인하하는 것이 아이를 갖는 것을 더 실현성 있게 만들기 위한 중대한 걸음일 수 있습니다. 그러나 이 대책은 분명히 정부 개입을 필요로 할 것이고, 논란을 일으킬 수 있을 거예요.

의견 6

Por último, la idea de involucrar más a los hombres en la crianza es esencial para mejorar esta situación. Si logramos que los hombres participen al mismo nivel que las mujeres, desaparecerá el dilema de las mujeres que renuncian a su carrera por tener hijos. Además, los niños podrán pasar tiempo con ambos padres, lo que les servirá para un mejor desarrollo emocional.

마지막으로, 남성들을 양육에 더 개입시키는 아이디어는 이 상황을 개선하기 위해 본질적입니다. 만약 남성들이 여성들과 같은 수준으로 참여하게끔 만든다면, 아이를 갖는 것으로 인해 커리어를 포기하는 여성들의 딜레마가 사라질 것입니다. 게다가 아이들은 부모 모두와 시간을 보낼 수 있게 되는데, 이것은 그들의 정서적 발달에도 도움이 될 것입니다.

결론 내리기

En resumen, todas estas propuestas son buenas opciones, pero personalmente, las propuestas 1 y 5 son las más factibles, dado que tratan tanto los aspectos económicos como las condiciones laborales. En fin, creo que debemos encontrar un equilibrio entre medidas que fomenten la responsabilidad individual y aborden los factores estructurales.

요약하자면, 이 모든 의견들이 좋은 옵션들이지만, 개인적으로는 1번과 5번 의견이 제일 실현 가능한 것 같습니다. 경제적인 부분뿐만 아니라 근무 조건에 대해서도 다루기 때문입니다. 결국, 개인적 책임을 장려하고 구조적인 요인들을 다루는 대책들 사이에서 균형을 찾아내야 한다고 생각합니다.

▶ 질문에 대한 답변하기

Examinador/a	Candidato/a
Vale. Entonces, dado que usted está a favor de prolongar tanto el permiso de maternidad como el de paternidad, ¿cuánto tiempo considera que debería durar cada uno? ¿Sabe cuánto duran ambos permisos en su país? 알겠습니다. 그렇다면, 당신이 부모의 출산휴가를 연장하는 것에 찬성하기 때문에, 아버지와 어머니의 휴가 기간은 얼마나 되어야 한다고 생각하나요? 당신의 나라에서 두 사람의 휴가 기간이 얼마인지 알고 있나요?	En mi país, creo que el permiso de maternidad dura 90 días y, el de paternidad, 10 días. Es obvio que las madres disponen de un permiso más largo ya que son las que dan a luz, pero me parece que todavía es un período demasiado corto para reponerse de todo el proceso física y psicológicamente. Y ni hace falta hablar de la duración del permiso de paternidad, ya que en diez días no se puede hacer casi nada. 우리나라에서는 여성의 출산휴가는 90일이고 남성의 출산휴가는 10일인 것 같습니다. 어머니가 바로 출산하는 사람이기 때문에 더 긴 휴가를 받는 것이 당연하지만, 육체적 및 심리적으로 모든 과정에서 회복하기에는 아직 너무 짧은 기간이라고 생각합니다. 그리고 남성의 출산 휴가 기간에 대해서는 말할 필요조차도 없네요. 10일 동안은 거의 아무것도 할 수 없으니까요.
De acuerdo. Y en relación a la propuesta 5, con la que también dice estar muy de acuerdo, ¿no cree que reducir el precio de la vivienda y de productos infantiles a familias con bebés conllevaría una desigualdad social con aquellas personas que realmente no quisieran tener hijos? 그렇군요. 그럼 당신이 매우 동의한다고 말한 5번 의견에 대해서는, 아기가 있는 가정에게 주택과 유아용품의 가격을 인하해 주는 것이, 아이를 갖고 싶어 하지 않는 사람들과의 사회적 불평등을 가져올 것이라고 생각하지는 않나요?	Este tema puede ser polémico, pero creo que se debe ofrecer beneficios a las personas que ayudan a mantener a la población. Además, en el futuro la generación de estos bebés pagará los impuestos y las pensiones de las personas mayores, por lo que es una inversión social necesaria. 이 주제는 논쟁을 일으킬 수 있는데요. 하지만 인구 유지에 기여하는 사람들에게 혜택을 제공해야 한다고 생각합니다. 게다가, 미래에는 이 아기들의 세대가 세금과 노인들의 연금을 내줄 것이므로, 사회적으로 필요한 투자입니다.
Ajá. Y, ¿cree que este problema de la baja tasa de natalidad beneficia a alguien? 그렇군요. 그럼 이 저출산 문제가 누군가에게는 이익을 준다고 생각하나요?	No, no creo que este problema beneficie a nadie. La baja tasa de natalidad es un problema que perjudica a toda la población del mundo, por lo que debemos encontrar una solución efectiva lo antes posible. 아니요. 이 문제가 그 누구에게도 이익을 준다고는 생각하지 않습니다. 저출산은 전 세계 인구에게 해를 끼치는 문제이기 때문에, 되도록 빨리 효율적인 해결책을 찾아내야 합니다.

Vocabulario

지시문	모범 답안

지시문

fecundidad: 생식력

reproductivo/a: 생식의, 번식의

conciliación: 타협, 중재

의견 1

permiso de maternidad/paternidad: 출산 휴가

flexibilizar: 유연하게 하다

의견 2

compatibilizar: 병행하다

의견 3

voluntad: 의지

의견 4

mirar por + 명: ~을 배려하다

retribuido/a: 유급의

의견 5

permitirse + INF.: ~ 하는 것을 감당하다

의견 6

crianza: 양육, 육아

발표

pequeñas y medianas empresas: 중소기업

aliviar: 가볍게 하다, 덜어주다

carga: 부담

롤플레이

dar a luz: 출산하다

polémico/a: 논쟁을 일으키는

❖ Notas

PRUEBA 4: EXPRESIÓN E INTERACCIÓN ORALES

지시문

2–3분 동안 한 장의 사진에서 상황을 상상하고 묘사해야 합니다. 이어서 이 상황의 주제와 관련된 당신의 경험과 의견들에 대해 시험관과 대화를 나누어야 합니다. 확실한 정답이 있는 것은 아니며 주어진 질문들을 기반으로 상황을 상상하면 됩니다. 두 장의 사진 중 **한 장만** 선택하세요.

▶ 제시된 두 개의 옵션 중 하나를 선택했다는 가정 하에 작성된 내용입니다.

교통사고

사진에 있는 남자는 사고를 당했고 몇몇 사람들이 그를 구조하러 갔습니다. 약 2–3분 동안 보이는 장면을 묘사하고, 상황을 상상해 보고 그것에 대해 이야기하세요. 다음 사항에 집중해 보세요.

- 이 사람들이 어디에 있다고 생각하나요? 어떤 종류의 사고가 발생했나요? 왜 그렇게 생각하나요?
- 이 사람들에게 공통점이 있나요? 그들의 복장, 태도, 자세 등에 차이가 보이나요?
- 이들은 각각 어떤 사람들이라고 상상되나요? 어디에 살고 있나요? 직업은 무엇인가요? 개인적인 상황은 어떤가요? 어떤 기대를 가지고 있나요? 왜 그렇게 생각하나요?
- 이후에 무슨 일이 일어날 것이라고 생각하나요? 당신이 생각하기에, 이 남자는 회복할 수 있을까요? 이유는 무엇인가요?

사진을 묘사한 후에는, 이 Tarea의 총 시간을 채우기 위해 시험관이 해당 상황의 주제에 대해 질문을 할 것입니다.

시험관의 질문 예시:

- 사진과 비슷한 경험을 겪은 적이 있나요? 그러한 경우에는, 무슨 일이 있었는지, 어떤 결과가 있었는지, 어떤 기분이었는지, 에피소드가 있었는지 이야기해 줄 수 있나요? 그렇지 않은 경우에는, 이러한 상황에서 어떤 기분일 것 같나요?
- 교통사고 또는 다른 종류의 사고를 예방하기 위한 조언을 받은 적이 있나요?
- 당신이 생각하기에, 운전 시 사고를 예방하기 위해 가장 중요한 점은 무엇인가요?
- 당신의 나라에는 일반적으로 교통사고가 많은가요? 특별한 점이 있나요?

이 Tarea의 총 시간은 **5–6분**입니다.

▶ 모범 답안

사진 묘사하기

En la fotografía vemos a tres hombres: parece que uno acaba de tener un accidente y los otros dos lo están asistiendo.

사진에는 세 명의 남자들이 보입니다. 한 명은 방금 사고를 당했고 나머지 두 명은 그를 돕고 있는 것 같습니다.

El hombre que ha sufrido el accidente está en el centro de la escena. Parece mayor, tiene el pelo corto y blanco. Lleva gafas, una camiseta gris de manga corta, un pantalón azul con un cinturón negro y unas zapatillas de deporte blancas. Está acostado en una camilla y parece que está consciente, así que creo que no se encuentra muy grave.

사고를 당한 남자는 이 장면의 중앙에 있습니다. 나이가 있어 보이고, 머리는 짧고 흰색입니다. 안경을 쓰고, 회색 반팔 티셔츠와 검은색 벨트가 있는 파란 바지를 입고 있으며, 흰색 운동화를 신고 있습니다. 들것에 누워있는데 의식이 있는 것 같네요. 그래서 매우 심각한 상태는 아니라고 생각합니다.

Los dos hombres que están a ambos lados de la camilla parecen bomberos, ya que cada uno lleva un uniforme negro y amarillo, un casco blanco, guantes negros y una mascarilla azul. Creo que están trasladando al señor que está en la camilla.

들것 양쪽에 있는 두 남자들은 소방관 같습니다. 각각 검은색과 노란색 유니폼을 입고 있고 흰색 헬멧, 검은색 장갑과 파란색 마스크를 쓰고 있기 때문이죠. 들것에 실려 있는 남성을 이동시키고 있다고 생각합니다.

Estas personas se encuentran a un lado de una carretera, delante de un coche blanco con una puerta abierta. Pienso que los bomberos están trasladando al señor que ha sufrido el accidente al camión de bomberos que está a la derecha.

이 사람들은 도로 한쪽에 있는데, 문 한 개가 열려 있는 흰색 자동차 앞에 있습니다. 소방관들이 사고를 당한 남성을 오른쪽에 있는 소방차로 이동시키고 있다고 생각합니다.

Al fondo, se ven árboles y parece que hay una ciudad o un pueblo a lo lejos.

배경에는 나무들이 보이고 저 멀리 도시 또는 마을이 있는 것 같습니다.

인물에 대해 상상하기

Creo que el hombre chocó con el coche que iba delante de él. Por suerte, se ve que los coches no estaban yendo a gran velocidad y el señor no se ha herido gravemente.

이 남자가 앞에 가고 있던 자동차와 부딪쳤다고 생각합니다. 다행히도, 자동차들이 아주 빠른 속도로 가고 있지는 않았고 이 남자는 심각하게 다치지는 않은 것으로 보입니다.

Seguramente el señor que ha sufrido el accidente y los bomberos no se conocen, pero estos dos sí, ya que son compañeros de trabajo y han llegado juntos para auxiliarlo.

분명히 사고를 당한 남성과 소방관들은 서로 알지 못하지만, 이 둘은 아는 사이이겠죠. 그들은 직장동료이고 이 남자를 구조하기 위해 함께 도착했으니까요.

Imagino que el señor es una persona un poco irresponsable. Estaba llegando tarde al trabajo y empezó a conducir el coche demasiado rápido, lo que terminó provocando el accidente. Los bomberos, en cambio, son profesionales especializados en rescates desde hace mucho tiempo y sienten una gran vocación por su trabajo, aunque no es nada fácil.

이 남성은 조금 무책임한 사람으로 상상됩니다. 일에 늦게 도착할 것 같아서 지나치게 빠른 속도로 차를 운전하기 시작했는데, 이 일이 결국 사고를 내버리고 말았습니다. 소방관들은, 반면에, 오래전부터 구조작업에 전문화된 프로들이고, 비록 하나도 쉽지 않은 일이지만, 자신들의 직업에 대한 대단한 소명감을 가지고 있습니다.

Creo que todos viven en la ciudad o el pueblo que se ve al fondo de la fotografía.

모두 사진 배경에 보이는 도시 또는 마을에서 살고 있다고 생각합니다.

상황에 대해 추측하기

Me parece que todos van a ir al hospital en el camión de bomberos y, al final, el señor se recuperará pronto y no volverá a conducir demasiado rápido el coche.

모두 소방차를 타고 병원에 갈 것 같은데요. 결국, 이 남성은 곧 회복하게 될 것이고 다시는 자동차를 너무 빠르게 운전하지 않을 것입니다.

▶ 질문에 대한 답변하기

Examinador/a	Candidato/a
De acuerdo. Y, ¿usted ha vivido alguna experiencia similar a la de la foto? En caso afirmativo, ¿puede contarme cómo fue su experiencia? En caso negativo, ¿cómo se sentiría en una situación así? 알겠습니다. 그렇다면, 당신은 사진과 비슷한 경험을 겪은 적이 있나요? 그러한 경우에는, 당신의 경험이 어땠는지 이야기해 줄 수 있나요? 그렇지 않은 경우에는, 이런 상황에서 어떤 기분일 것 같나요?	Afortunadamente, no he tenido ninguna experiencia similar a la de la foto. Si me pasara algo así, seguramente me sentiría muy desconcertado/a y me daría mucho miedo. 운 좋게도, 사진과 비슷한 경험은 겪어본 적이 없습니다. 이러한 일이 저에게 일어난다면, 분명 아주 당황할 것 같고 많이 무서울 것 같아요.
Entiendo. Según su opinión, ¿qué es lo más importante para evitar los accidentes al volante? 그렇군요. 당신이 생각하기에는, 운전 시 사고를 예방하기 위해 가장 중요한 점은 무엇인가요?	Yo creo que la precaución es fundamental. Es necesario prestar una atención constante a lo que está ocurriendo en el entorno, ya que en la carretera pueden suceder muchas cosas inesperadas de repente. 저는 주의하는 것이 중요하다고 생각합니다. 주위에서 일어나는 일에 꾸준히 신경을 쓰고 있는 것이 필수인데요, 도로에서는 예상치 못한 많은 일들이 갑자기 발생할 수 있기 때문이죠.
Y, ¿normalmente hay muchos accidentes de tráfico en su país? 그렇다면, 당신의 나라에는 일반적으로 교통사고가 많이 발생하나요?	Por suerte yo no he tenido ningún accidente ni conozco a nadie que lo haya tenido, pero parece que ocurren muy a menudo. En las principales carreteras y autovías de mi país, tenemos instaladas pantallas grandes donde muestran números de accidentes, personas lesionadas y fallecidas del día anterior, y a veces solo ver los números me deja un gran impacto, aunque no lo haya vivido en persona. 다행히도 저는 사고를 당한 적이 한 번도 없고 그런 일을 겪은 사람도 알지 못하지만, 자주 발생하는 것 같습니다. 우리나라의 주요한 도로들과 고속도로에는 전날 발생한 사고와 부상자 및 사망자 수치를 보여주는 대형 스크린들이 설치되어 있는데요. 가끔은 그 숫자들을 보는 것만으로도 큰 충격이 남더라고요. 비록 직접 겪지 않았는데도 말이죠.

Tarea 2　Vocabulario

지시문

auxiliar: 구조하다
volante: 운전대, 핸들

모범 답안

발표

camilla: 들것
consciente: 의식이 있는
mascarilla: 마스크
trasladar: 이동시키다
herirse: 다치다, 부상당하다
rescate: 구조

롤플레이

desconcertado/a: 당황한

❖ Notas

PRUEBA 4: EXPRESIÓN E INTERACCIÓN ORALES

지시문

2–3분 동안 주어진 기사 또는 설문조사의 정보에 대해 의견을 말해주세요. 그리고, 당신의 의견을 표현하면서 이 정보에 대해 시험관과 대화를 나누어야 합니다.

제시된 두 개의 옵션 중 <u>한 가지만</u> 선택하세요.

이 Tarea에서는 사전 준비 시간이 없습니다.

➡ 제시된 두 개의 옵션 중 하나를 선택했다는 가정 하에 작성된 내용입니다.

대학교의 필요조건

당신은 당신의 나라 대학교 수준에 만족하나요? 대학교 환경이 어떤 필요조건을 갖고 있다고 생각하나요? 당신의 개인적인 기준에 따라 답변하고 이유를 설명해 주세요.

우리나라 대학교에서는 무엇을 개선해야 할까요?	
모두에게 경제적으로 접근하기 쉬워야 할 것이다.	
제공하는 교육을 사회의 변하는 수요에 맞춰야 할 것이다.	
수업을 위한 새로운 과학기술들을 활용해야 할 것이다.	
특정 분야에 전문화된 대학교가 있어야 할 것이다.	
자율적이어야 하며 목표 수행과 사회 및 공공의 복지에 대한 기여에 관하여 상세하게 설명해야 할 것이다.	
학업을 시작하고 지속할 수 있도록 학생들에 대한 요구 수준을 높여야 할 것이다.	

이어서, 같은 질문들을 포함하는 스페인에서 진행된 설문조사의 결과와 당신의 답변을 비교하세요.

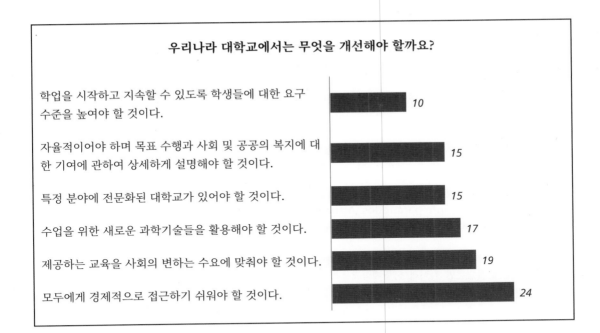

우리나라 대학교에서는 무엇을 개선해야 할까요?

항목	값
학업을 시작하고 지속할 수 있도록 학생들에 대한 요구 수준을 높여야 할 것이다.	10
자율적이어야 하며 목표 수행과 사회 및 공공의 복지에 대한 기여에 관하여 상세하게 설명해야 할 것이다.	15
특정 분야에 전문화된 대학교가 있어야 할 것이다.	15
수업을 위한 새로운 과학기술들을 활용해야 할 것이다.	17
제공하는 교육을 사회의 변하는 수요에 맞춰야 할 것이다.	19
모두에게 경제적으로 접근하기 쉬워야 할 것이다.	24

설문조사 자료에 대해 시험관과 의견을 이야기하고 당신의 답변과 비교하세요.
- 어떤 점에서 일치하나요? 어떤 점에서 다른가요?
- 특별히 주의를 끄는 자료가 있나요? 이유는 무엇인가요?

시험관의 질문 예시:
- 왜 이 답변을 골랐나요? 예를 들어줄 수 있나요?
- 어떤 답변에 가장 동의하지 않나요? 이유는 무엇인가요?

이 Tarea의 총 시간은 **3-4분**입니다.

➡️ 모범 답안

우리나라 대학교 수준에 대한 소개하기

Creo que en mi país hay un número limitado de universidades que se consideran como aquellas de alta calidad y la mayoría de los estudiantes se esfuerzan por entrar en ellas. Además, muchos hablan de la diferencia de calidad según la ubicación, ya que, las universidades que se encuentran en la capital, Seúl, son las más reconocidas y parecen tener un buen nivel educativo.

우리나라에는 높은 수준을 가졌다고 여겨지는 대학들이 제한되어 있고 대다수의 학생들이 그곳에 들어가기 위해 노력을 한다고 생각합니다. 게다가, 많은 사람들은 위치에 따른 수준 차이에 대해서도 이야기하는데요. 수도인 서울에 있는 대학교들이 가장 명성이 높고 좋은 교육수준을 가진 것 같아 보이기 때문이죠.

개선해야 할 점 설명하기

Con respecto a las necesidades que posee el ámbito universitario de mi país, creo que debería ser accesible económicamente para todos. Actualmente el costo de las matrículas es demasiado alto, tanto de las universidades privadas como de las públicas, y muchos terminan por solicitar préstamos para estudios.

우리나라의 대학교 환경이 가지고 있는 필요조건에 관련해서는, 모두에게 경제적으로 접근하기 쉬워야 할 것이라고 생각합니다. 현재 사립뿐만 아니라 국립대학교들의 등록금 비용은 지나치게 높으며, 많은 학생들이 결국 학자금 대출을 신청하게 되어버립니다.

Además, las universidades deberían adaptar su oferta formativa a las demandas cambiantes de la sociedad. Aunque últimamente están surgiendo algunas carreras nuevas, debería haber una mayor diversidad para que los estudiantes pudieran tener más opciones.

게다가, 대학교들은 제공하는 교육을 사회의 변화하는 수요에 맞춰야 할 것입니다. 비록 최근에 몇몇 새로운 전문과정들이 생겨나고 있긴 하지만, 학생들이 더 많은 선택지를 가질 수 있도록 더 다양한 학과들이 있어야 할 것입니다.

▶ 질문에 대한 답변하기

Examinador/a	Candidato/a
De acuerdo. ¿Con qué opción está menos de acuerdo y por qué? 알겠습니다. 어떤 답변에 가장 동의하지 않나요? 그리고 이유는 무엇인가요?	Yo estoy menos de acuerdo con la opción que dice que las universidades deberían rendir cuentas sobre el cumplimiento de sus objetivos y su contribución a la sociedad y al bienestar común. Si las universidades lo hicieran, obviamente sería una gran ayuda para todos, pero no pienso que la contribución a la sociedad y al bienestar común sea una tarea obligatoria de las instituciones educativas. 저는 대학교들이 목표 수행과 사회 및 공공의 복지에 대한 기여에 관하여 상세하게 설명해야 할 것이라고 말하는 답변에 가장 동의하지 않습니다. 만약 대학교들이 그렇게 한다면, 당연히도 모두에게 큰 도움이 될 것입니다. 하지만 사회와 공공의 복지에 대한 기여는 교육기관들의 의무적인 과제라고 생각하지는 않아요.
Vale. Ahora voy a mostrarle el resultado de la encuesta realizada a los españoles. ¿Hay algún dato que le llame especialmente la atención? 알겠습니다. 이제 스페인 사람들에게 실행된 설문조사의 결과를 보여주겠습니다. 특별히 주의를 끄는 정보가 있나요?	Me sorprende que todas las opciones tengan porcentajes bastante similares, aunque la opción que habla de la accesibilidad económica para todos presenta un 24 por ciento, ocupando el primer lugar con una diferencia relativamente grande. 모든 보기들이 상당히 비슷한 퍼센티지를 가지고 있다는 것이 놀랍네요. 비록 모두를 위한 경제적 접근성에 대해 이야기하는 답변이 24퍼센트를 나타내면서 비교적 큰 차이로 첫 번째 자리를 차지하고 있지만 말이에요.
¿Estas respuestas se parecen a las suyas? 이 답변들은 당신의 답변과 비슷한가요?	Sí, nuestras respuestas coinciden, ya que yo he mencionado la opción que dice que las universidades deberían ser accesibles económicamente para todos y la que habla de adaptar su oferta formativa a las demandas cambiantes de la sociedad, y justamente son las opciones que los españoles también han elegido en los primeros puestos. 네, 우리들의 답변이 일치합니다. 제가 모두에게 경제적으로 접근하기 쉬워야 할 것이라고 말하는 답변과, 제공하는 교육을 사회의 변화하는 수요에 맞추는 것에 대해 이야기하는 답변을 언급했는데, 마침 스페인 사람들도 첫 순위들로 선택한 내용이네요.

Ajá. Y, en su caso, ¿cómo valora su experiencia en la universidad?

그렇군요. 그럼 당신의 경우에는, 대학교에서의 경험을 어떻게 평가하나요?

En mi caso, la experiencia en la universidad fue muy positiva. Aunque hubo momentos buenos y malos dependiendo de las asignaturas y profesores, en general pude aprender mucho. Creo que aprendí muchas cosas no solo sobre la teoría, sino también de la vida social y las relaciones con otras personas.

저의 경우에는, 대학교에서의 경험은 매우 긍정적이었습니다. 비록 과목과 교수님에 따라서 좋고 나쁜 순간들이 있었지만, 전반적으로 많이 배울 수 있었어요. 이론뿐만 아니라, 사회생활과 다른 사람들과의 관계에 대해서도 많은 것들을 배웠다고 생각합니다.

formativo/a: 양성하는

docente: 가르치는, 교육의

autonomía: 독립성, 자율성

rendir cuentas

: 계산서를 제출하다, 상세하게 설명하다

Hoja de respuestas

DELE
B2
답안지

DELE

Fecha de examen:

Inscripción:

Examen: **DELE B2**

Prueba: **Comprensión de lectura**

Centro: **Instituto Cervantes de Seúl**

Candidato/a:

PARA CUMPLIMENTAR POR EL CENTRO DE EXAMEN: ☐ No presentado ☐ No se califica

INSTRUCCIONES: Debe seleccionar <u>una única</u> respuesta para cada una de las preguntas de la prueba del modo que se indica:

■ Bien marcado	☒ ◩ ☑ Mal marcado

Tarea 1

1 A B C
2 A B C
3 A B C
4 A B C
5 A B C
6 A B C

Tarea 2

7 A B C D
8 A B C D
9 A B C D
10 A B C D
11 A B C D
12 A B C D
13 A B C D
14 A B C D
15 A B C D
16 A B C D

Tarea 3

17 A B C D E F G H
18 A B C D E F G H
19 A B C D E F G H
20 A B C D E F G H
21 A B C D E F G H
22 A B C D E F G H

Tarea 4

23 A B C
24 A B C
25 A B C
26 A B C
27 A B C
28 A B C
29 A B C
30 A B C
31 A B C
32 A B C
33 A B C
34 A B C
35 A B C
36 A B C

DELE

Examen: **DELE B2**
Prueba: **Comprensión auditiva**
Centro: **Instituto Cervantes de Seúl**
Candidato/a:

Fecha de examen:
Inscripción:

PARA CUMPLIMENTAR POR EL CENTRO DE EXAMEN: ☐ No presentado   ☐ No se califica

INSTRUCCIONES: Debe seleccionar <u>**una única**</u> respuesta para cada una de las preguntas de la prueba del modo que se indica:

■ Bien marcado   ☒ ☒ ☑ Mal marcado

Tarea 1

1   A B C
2   A B C
3   A B C
4   A B C
5   A B C
6   A B C

Tarea 2

7   A B C
8   A B C
9   A B C
10   A B C
11   A B C
12   A B C

Tarea 3

13   A B C
14   A B C
15   A B C
16   A B C
17   A B C
18   A B C

Tarea 4

19   A B C D E F G H I J
20   A B C D E F G H I J
21   A B C D E F G H I J
22   A B C D E F G H I J
23   A B C D E F G H I J
24   A B C D E F G H I J

Tarea 5

25   A B C
26   A B C
27   A B C
28   A B C
29   A B C
30   A B C

DELE

Fecha de examen:

Inscripción:

Examen: **DELE B2**
Prueba: **Expresión e interacción escritas**
Centro: **Instituto Cervantes de Seúl**
Candidato/a:

PARA CUMPLIMENTAR POR EL CENTRO DE EXAMEN: ☐ No presentado   ☐ No se califica

Tarea 1. Escriba la respuesta ÚNICAMENTE dentro del cuadro.

DELE

Fecha de examen:

Inscripción:

Examen: **DELE B2**
Prueba: **Expresión e interacción escritas**
Centro: **Instituto Cervantes de Seúl**
Candidato/a:

Tarea 1. Escriba la respuesta ÚNICAMENTE dentro del cuadro.

DELE

Fecha de examen:

Inscripción:

Examen: **DELE B2**
Prueba: **Expresión e interacción escritas**
Centro: **Instituto Cervantes de Seúl**
Candidato/a:

Tarea 2. Escriba la respuesta ÚNICAMENTE dentro del cuadro.

DELE

Fecha de examen:
Inscripción:

Examen: **DELE B2**
Prueba: **Expresión e interacción escritas**
Centro: **Instituto Cervantes de Seúl**
Candidato/a:

Tarea 2. Escriba la respuesta ÚNICAMENTE dentro del cuadro.

DELE
델레 B2

델레 감독관
출제